堀井純二著

『大日本史』本紀の『日本書紀』研究

錦正社

『大日本史』本紀の『日本書紀』研究

目次

第一部　研究篇

第二部 資料篇

凡例

一、本書は『大日本史』本紀の『日本書紀』研究について考察したものである。
二、本書の第一部は、「研究篇」として、神武天皇本紀より持統天皇本紀に至る研究について考察してゐる。
三、本書の第二部の「資料篇」は、第一部考察のための資料である。
イ、第一章は『大日本史』本紀と『日本書紀』を比較検討したものであり、細線は『日本書紀』と変はらないことを示してゐる。その他太線・点線・波線・二重線は『日本書紀』との相違を示すために用ゐたものである。
ロ、第二章の『日本書紀』と『大日本史』本紀の記事対照表は、『日本書紀』の記事を「本紀」が採用してゐるか否かを示したものである。
ハ、第三章は『大日本史』本紀の引用文献の一覧を各「本紀」ごとに掲載したものである。
四、本文中「1、2、……」や「イ、ロ、……」は『大日本史』本紀の通し番号であり、「研究篇」の番号は、「資料篇」第一章の番号と対応してゐるので「研究篇」を読む場合の参照として頂きたい。
五、漢字は通行の書体に改めたが、仮名遣ひは旧仮名遣ひ（歴史的仮名遣ひ）を使用した。
六、研究篇本文の「〇〇天皇本紀」は「本紀」、『日本書紀』は「紀」、『古事記』は「記」と略称する。
七、附論一〜三については、誤植の変更を除き、敢へて変更を加へず、『日本書紀』・『日本紀』・『古事記』等論文発表時のままとする。

第一部　研究篇

第一章　神武天皇本紀

はじめに

『大日本史』はその完成までの間、何度も改訂されてゐるが、「神武天皇本紀」（以下「〇〇天皇本紀」については「本紀」と略称する）についても同様である。現行の「本紀」は、その巻頭に、

天祚大日孁尊治二高天原一（中略）総而称レ之曰二神代一云、(1)

から始まる二百六十七字にわたる天祖の世系が記されてゐるが、それは享和三年（一八〇三）に、高橋広備・藤田幽谷が六代藩主文公治保に進言して書き加へられたもの(2)であり、それ以前は、天和四年四月四日に出された光圀の、

神代は怪異之事斗に候而、神武の口へも難レ載候間、別に天神本紀・地神本紀を立、七代　五代の事を可レ書。(3)

との意により記されてゐなかつた。それはともかくも、この「本紀」の執筆は、吉田一徳博士が大著『大日本史紀伝志表撰者考』に於いて明らかにされたやうに板垣宗憺により執筆されたものである。(4)

第一節　神武天皇本紀の記述

今現行本により、その執筆状況を把握するに、以下の如き事がいへるであらう（現行本に記されてゐる神代に関することは略すこととする）。以下本文及び文字の移動などについては資料篇に記載するが、その記載内容について解説していくことにしよう（なほ『日本書紀』〈以下「紀」と略称する〉と同文等特に解説を加へる必要のない場合は省略することとする）。

イ、本条は「紀」が和風諡号で記してゐるところを漢風諡号で記すとともに、

古事記曰、名若御毛沼、又名豊御毛沼、

と『古事記』（以下「記」と略称する）により別名を註記し、さらに神代下、神皇承運章により「小名」を記し、

小名、本書一説、及旧事紀、

と、その出典を註記してゐるのである。

ロ、本条は注して、

本書一説、第二子、作㆓或第三子㆒、

とする。神武天皇を「葺不合尊第四子」とするのは、「紀」神武天皇即位前紀に、

彦波瀲武鸕鷀草葺不合尊第四子也、

とあるのに基づいてゐる。ところが「紀」神代下では、葺不合尊の子供について、その本文・第一の一書・第二の一書は、彦五瀬命・稲飯命・三毛入野命に次いで神武天皇を挙げてゐて、神武天皇は第四子となるのに対し、第三

の一書は三毛入野命と神武天皇の順序が入れ替はつてゐて神武天皇は第三子としてをり、また第四の一書は彦五瀬命の次に神武天皇を挙げて第二子とし、稲飯命・三毛入野命はその弟としてゐるのである。それ故「本紀」は厳格にそれらの異説を註記してゐるのである。

ハ、本条のうち「母曰㆓玉依姫㆒」の部分は問題ないが、後半の誕生年は「紀」には記されてゐない事柄である。それ故に、

　拠㆓水鏡、歴代皇紀、及本書崩年一百二十七歳之文㆒、

とその根拠を明らかにしてゐるのであるが、その『流布本水鏡』[5]には、

　ちゝのみかどの御世庚午のとしむまれ給。[6]

と記されてゐる。また『歴代皇紀』には、

　庚午歳誕生[7]

と記されてゐる。「本紀」はこれら先行書の記述に基づいて記述がなされてゐるのである。しかしさらに注意しなければならないことは、これら先行書の記述に頼るのみでなく、

　拠㆓（中略）本書崩年一百二十七歳之文㆒、

と、「紀」の、

　七十有六年春三月甲午朔甲辰。天皇崩㆓于橿原宮㆒。時年一百廿七歳。

の記事に基づいてその生年を計算し、「庚午歳」誕生と記してゐることである。これは『大日本史』の実証的研究の一端を示してゐるところである。そして「本紀」はさらに、

　愚管鈔、皇年代略記、為㆓正月庚辰朔生㆒、

と、その誕生日についても『愚管鈔』・『皇年代略記』の説を記してゐるが、『愚管鈔』には、

正月一日庚辰。令レ生給フ云々。(8)

とあり、また『皇年代略記』には、

神代庚午正月庚辰降誕(9)

とあり、それを註記してゐるのである。

このやうに、その誕生の年月日について註記しながら、その生年についての異説については言及されてゐない。すなはち「記」では、

神倭伊波礼毘古天皇御年、壱佰参拾漆歳。(10)

とあり、これに従ふならば、その生年は「庚辰歳」となるのである。他の部分では「記」は活用されてゐるに拘はらず、この部分では活用されてゐないことは不思議である。本来であるならば、

古事記崩年一百三十七歳の文によるに庚辰歳生まれとなるなり。

とでもあるべきところであらう。

へ、本条では「甲寅歳」が最初に記されてゐるが、「紀」では東征出発決定の最後に、

是年也大歳甲寅、

と記されてゐるのを編年記述にするために最初に持つてきたものである。「在二高千穂宮一」については、

高千穂宮、拠二古事記一

と註記されてゐるやうに「記」によつて記されたものである。

ト、本条は東征以前の全国状況を、「紀」に基づいて要領よく、且つ大和に関しては具体的に記してゐるのであつて、

苦心の跡が偲ばれる記述である。

チ、本条は「紀」の記述通りであり、註記で、

古事記曰、與㆓兄五瀬命㆒議、

と記されてゐる。

ヌ、本条は、「紀」の諸皇子の言を省略し「賛成」の一語に要約してゐる。

ル、本条は、「紀」では「諸皇子」となつてゐる部分を他の部分の記述に基づいて具体名を記したものである。それと共に注意しなければならないのは、「紀」では全て干支のみで　記されてゐる日を、干支と共に換算した日を記してゐることであり、以下すべて同様である。これは『大日本史』の見識の一つとしてよいであらう。

ヲ、本条は東征の順路の記述であるが、「紀」本文には珍彦との詳しい問答が記されてゐるが、結論としての郷導を命じ、名を椎根津彦と賜はつたことのみを記してゐる。その後の順路についても「紀」の記述を基準にそれを要約して記してゐることは、他の記述の場合と変はらない。但しこの順路などについて、「記」の記述は「紀」と相違してゐる。そのため、

古事記曰、天皇行至㆓筑紫㆒、居㆓岡田宮㆒、一年、又抵㆓阿岐国㆒、居㆓多祁理宮㆒七年、又入㆓吉備国㆒居㆓高島宮㆒八年、及㆘発㆓吉備㆒到㆗速吹門㆖、遇㆓槁根津日子㆒、

と、宇佐を略し、その後の滞在地及びその年数を記して参考に供してゐるのである。

カ、本条は大和（中州）に入らうとして長髄彦に阻まれた部分の記述であり、おほむね「紀」の文字を活用要約してゐるが、一部分文字を変へてゐるところがある。即ち、

路狭嶮→路嶮隘

踰二東胆駒山一而入二中洲一→東歴二膽駒山一而入二中洲一

の二例は単に文字を変へたのみといふことができるが、

　悉レ衆

は、

　則盡起二屬兵一

を要約したものであり、また、

　與戦不レ利

は、

　與之会戦

とのみあつて、「不レ利」の部分は記されてゐない。しかしその後の五瀬命が流矢に中り、「皇師不レ能二進戦一」との「紀」の記述は「戦不レ利」を物語るものであり、文意よりすれば、このやうに記されてゐる方がよく理解できるところであり、板垣宗儋の苦心の窺はれるところである。

ヨ、本条の天皇の言葉はほぼ「紀」をそのまま記してゐるのであり、わづかに「紀」では「逆二天道一」と記してゐるところを「逆レ天」と記してゐるのと、「則」の字を補つてゐるのみである。「紀」ではこれを天皇の言としてゐるのであるが、「記」では、

　五瀬命、於二御手一負二登美毘古之痛矢串一。故爾詔、吾者為二日神之御子一、向レ日而戦不レ良。（下略）

とあり、五瀬命の言となつてゐる。それ故に、「本紀」では、

　古事記、為二五瀬命之言一。

と註することを忘れないのである。

タ、本条も「紀」の記述そのままであり、わづかに「紀」では「却」とあるところを「退」と改め、「改」とあるところを「更」と変更してゐるのみである。

一方「記」では、

故、従二其国一上行之時、経二浪速之渡一而、泊二青雲之白肩津一。此時、登美能那賀須泥毘古（註略）興レ軍待向以戦。爾取下所レ入二御船一之楯上而下立。故、号二其地一謂二楯津一。於二今者一云二日下之蓼津一也。

と記されてゐる。「紀」と「記」では、その時期に相違があり、伝承にも相違が生じてゐる。そこで「本紀」では、

古事記曰、天皇自二浪速一至二白肩津一、時長髄彦逆戦、乃取二舟中之楯一禦レ之、号二其地一曰二楯津一、

と註記し、その伝承の相違を明らかにするのである。

レ、本条では「紀」が「撫レ剣而雄誥之曰」とあるところを「慨然撫レ剣曰」と改め、又「被二傷於虜手一」とあるところを「為レ虜所レ傷」となつてゐるが、その文意には全く変更はない。また「至紀伊」の「至」は「紀」では「到」となつてゐる。更に「本紀」は「紀伊国」の「国」を略してゐる。

ソ、本条の前半は「紀」の文を活用省略しながら記述してゐるといつてよい。が、「入二名草邑一」は「紀」では「至二名草邑一」となつてゐる。「至」を「入」に変更した理由は不明である。次の「歴二狭野一」も「紀」では「越二狭野一」となつてゐる。これも変更の理由は明らかではないが文飾とみるべきであらう。ところが次の「絶レ海」は「紀」では「海中」となつてゐる。この点以下に関しては次節に於いて述べることにしよう。

なほ「本紀」は荒坂津に註して、

本書註、又名二丹敷浦一、

と記してゐる。

ツ、本条は頭八咫烏による郷導の部分である。「紀」に基づいて記された部分が大部分であり、その他の部分では、「紀」に「皇師欲㆑趣㆓中洲㆒」とあるところを、「既而欲㆔進入㆓中州㆒」と記してゐるが、意味するところは同一であり、また「会㆓頭八咫烏至㆒」としたところは、「紀」では、

　果有㆓頭八咫烏㆒。自㆑空翔降。

と記されてゐるところであるが、要領良くまとめたものといへやう。また「大喜」は「紀」には　天皇の詔が記されてゐるところであり、それを「大喜」といふ表現に置き換へたものである。さらに「従㆓頭八咫烏㆒而啓行」は「紀」では、

　踏㆑山啓行。乃尋㆓烏所向㆒、仰視而追之。

と記されてゐるところを要約したものである。なほ「道臣命」は「紀」では、

　大伴氏之遠祖日臣命

となつてゐるが、菟田下県に達した記事の後に、

　于㆑時勅誉㆓日臣命㆒曰。汝、忠而且勇。加能有㆓導之功㆒。是以、改㆓汝名㆒為㆓道臣㆒。

とあるところから、改名後の名を前に及ぼして記したものである。

ネ、本条は兄猾の討伐と弟猾の服従に関する部分であり、「紀」本文は長文の記事であるが、兄猾の謀略には全く触れず、単に「誅㆑之」とのみ記し、また久米歌に関しても、その伝来について語るところはない。が、これは兄猾誅滅の事実が記されれば充分といふ事からの記述であらう。また久米歌についても大和平定の経緯に直接関係ないところから省略したものであらう。

ナ、本条は吉野巡幸の記事であるが、「土人」は井光の言に「臣是国神」とあるのを「土人」と表現したものである。「紀」ではこの井光に続いて磐排別の子、苞苴担が子の服属記事があるが、それを「等来属」と記してゐるのである。

ラ、本条は天香山の埴土で八十平瓮などを造り神祇を祭つた記事であり、「紀」の文字を活用しながら要約してゐる。ただ天皇の見られた夢の内容、また弟猾の言は省略されてゐるが、是はその後の事実により明白といふことから省略されたものと考へてよいであらう。

ム、本条は八十梟帥を国見岳に滅ぼした記事であるが、道臣命による余党の討伐については、「紀」は詳しく記してゐるが、「本紀」は、

誘二其余党一殲レ之

と要約してゐる。それに対して、天皇の言は「本紀」では、若干の省略はしてゐるが、略そのままで記してゐる。

ウ、本条は「紀」に基づきながら、その要約を示したものであり、為に「紀」の文字の活用は少ないとしなければならない。が、その要約は当を得た要約となつてゐる。すなはち「紀」では頭八咫烏を遣はして磯城彦を召されたことを、

遣レ使召二其魁一

と要約し、「紀」では頭八咫烏と磯城彦（兄磯城・弟磯城）との交渉経緯を詳述してゐるのに対し、「本紀」はその結果を、

兄磯城拒レ命、弟磯城来降

と簡明に記し、その後の兄磯城討滅に至る経緯についても、「紀」では、

諸将曰、兄磯城黠賊也。宜下先遣二弟磯城一暁諭之。并説中兄倉下、弟倉下上。（中略）乃使下二弟磯城一開中示利害上。
而兄磯城等猶守二愚謀一不レ肯二承伏一。

と記されてゐる部分を、

因使三弟磯城暁二諭兄磯城、及兄倉下、弟倉下一、皆不レ聴、

と要約し、ついで「紀」では詳細に述べられてゐるその討滅の経緯についても、

用二椎根津彦計一、設二奇兵一、自二墨坂一出二其後一、夾撃破レ之、遂斬二兄磯城一

と簡潔に要約してゐるのである。

ヰ、本条は長髄彦討伐の部分であるが、これも「紀」を要約したものであることはいふまでもない。が「本紀」のこの部分は、要約といふよりも省略文といふべきであらう。ところが最初の、

天皇以二五瀬命為下長髄彦上隕レ命、意欲レ殄二滅之一、

の部分は「紀」では、鵄の飛来により長髄彦の軍が戦意を喪失した話の後に、

昔孔舎衛之戦。五瀬命中レ矢而薨。天皇銜之。常懐二憤懟一。至二此役一也。意欲二窮誅一。

と記されてゐるのであるが、「本紀」は、長髄彦討伐の理由として、五瀬命の戦死に対する仇打ちといふことを強調するために、その最初に記したのである。これは「本紀」の工夫の表れといふべきであらう。

ノ、本条は「紀」の省略文であり、特にいふべきことはないが、「本紀」は註して、

釈日本紀曰、時謂二賊之穴居者一為二土蜘蛛一、

と、土蜘蛛について『釈日本紀』の説を引用してゐる。

オ、本条も「紀」の省略文であり特にいふことはないが、「本紀」は、

按本書、先レ是、弟猾奏、高尾張邑有二赤銅八十梟帥一、拠レ之則此云二土蜘蛛一者、蓋赤銅八十梟帥之類一、

と註記し、高尾張邑の土蜘蛛を赤銅八十梟帥と推定してゐるが、正しい判断としてよいであらう。

ク、本条は「八紘為宇の詔勅」を述べた部分であるが、「至レ是中州平定」の部分は従前の中州平定事業を総括した記述である。また、

時習俗朴陋、巣棲穴處。天皇欲三経下営宮室上、以鎮二民心一、

の部分は、詔勅の一部分を少しく文字を変へて記したものである。「本紀」は橿原奠都を記すためにこのやうな記述を為したものと考へられる。但し次節に於いて述べるやうに、この詔勅の重要部分については記されてはゐない。

ヤ、本条では、「乙巳」に註して、

本書作二己巳一、推二甲子一、是月壬午朔、無二己巳一、今従二旧事紀一、

と記し、「己巳」を『旧事本紀』に従って「乙巳」に訂正してゐる。この点については次節に於いて述べることにしよう。

マ、本条は天皇即位の記事であるが、「紀」が、

辛酉年春正月庚辰朔。天皇即二帝位於橿原宮一。是歳為二天皇元年一。

と記してゐる部分を改変記述してゐるのであるが、注意するべきは「時年五十二」とその即位時の年齢を記してゐることである。「紀」には甲寅年の記事に、

及二年卌五歳一、謂二諸兄及子等一曰、

云々と東征を決定された時が四十五歳であったと記されてをり、即位元年辛酉年は五十二歳となる。またその崩御の年である七十六年が百二十七歳であるから、元年は五十二歳である。どちらから計算しても間違ひはないが、

「本紀」が特にその即位年の年齢を記してゐるところに、一つの見識を窺ふことができやう。

フ、本条は「紀」には載せられてゐない記事であるが、註に、

　建㆓神籬㆒以下、旧事紀、古語拾遺、

と記されてゐる。この記事については次節に於いて述べることにしよう。

コ、本条は、次条と一連の功賞記事であるが、第一に注意しなければならないのは、

　二年壬戌

とその年の干支を記してゐる点である。「紀」には干支は記されてゐないのであるが、「本紀」は毎年の干支を記してゐるのであり、以下変はるところはないのである。これは『大日本史』の記述の注意すべき事柄である。

第二には、次節に於いて述べるやうに、『旧事本紀』の記事に対して、

　本書所レ不レ載、頗可レ疑、姑附備レ考、下倣レ此、

と記してゐる。

エ、本条は大体が「紀」の省略文であるが、「紀」が「珍彦」としてゐるところを「椎根津彦」としてゐる点と、「剣根」について、

　高皇産霊尊五世孫

と記してゐる点が、「紀」と相違してゐる点である。「珍彦」を「椎根津彦」としてゐるのは、「本紀」では「椎根津彦」で統一してゐるからであり、問題とするには及ばない。また「剣根」については註として、

　高皇産霊尊五世孫、拠㆓姓氏録㆒、

として、その記述の根拠を記してゐるのである。すなはち『新撰姓氏録』五三八番には、

葛木忌寸　高御魂命五世孫、劔根命之後也[11]

と記されてゐるのであり、問題とすることはない。といふより、諸書を博捜して記述してゐる例の一つといへるのである。

テ、本条は「紀」の詔の部分を省略して鳥見山に霊畤を作つて皇祖天神を祭つたことを記した部分であり、これについては問題はない。が、「作」は「紀」の「立」を変更してゐる。但し本来であれば『古語拾遺』の、

爾乃立㆓霊畤於鳥見山中㆒。(中略)是以中臣斎部二氏倶掌㆓祠祀之職㆒。

といふ記事に基づいて、

天種子命、天富命、共に祭祀を掌る、

といふことが何らかの形で記されるべきことであつたが、先に記してゐるために記されなかつたものである。

ア、本条は天皇の巡幸と国号についての記述であるが、「紀」では種々の国号を列挙してゐるが、「本紀」は「秋津洲」の由来のみを採用してゐる。考へるにヤマトの由来は記してよいと思はれるに拘はらず、記されてゐないのは、その命名が饒速日命によるために記さなかつたのではないかと考へられる。すなはち「本紀」はあくまで神武天皇に関することを記すといふことから記さなかつたものと考へられるのである。

サ、本条は神渟名川耳尊を皇太子とした記事で、「四十」の記し方に相違があり、「紀」には二年の前に「有」字があるのみである。

キ、本条は「紀」の記述に従つて記述されてゐる。そして註して、

古事記曰、壹佰参拾柒歳、按古事記所㆑載崩年、多與㆓本書㆒不㆑合、今標㆓其異㆒、以備㆓考索㆒、下傚㆑此、

と記してゐる。が、先に記したやうに即位時の年齢考察に於いて「記」の説を記す必要はあつたのではないだろう

か。

ユ、「紀」本文では、

　明年秋九月乙卯朔丙寅。葬二畝傍山東北・陵一。

と記されてゐるが、「本紀」では葬つた年月の記述を省略してゐる。

メ、これは「紀」には見られない記述である。漢風諡号は「紀」編纂後のものであり、「紀」に見られないのは当然のことである。しかし一般に漢風諡号が通用してゐるところからこのやうに記したものである。そのために、次節に於いて述べるやうに、「本紀」はこれに続けて註して、漢風諡号制定についての考察を挙げてゐるのである。

第二節　神武天皇本紀の検討

前節に於いて見てきたやうに「本紀」は「紀」を基本としてゐることは「紀」を称して、

　本書

と記してゐることでも明らかであるが、他の書籍に見られる異説をも明記してゐる。「本紀」が活用してゐる書物については資料篇に譲ることにしよう。

以下「本紀」の記述の中で問題となる記述の幾つかについて検討を加へて行くことにしよう。

第一には、神武天皇の即位時の年齢記述に於いて「記」の、

　神倭伊波礼毘古天皇御年、壱佰参拾漆歳。

といふ記述を全く活用してゐないことである。他の部分では「記」は活用されてゐるに拘はらず、この部分のみ全く異説として挙げることをしてゐないことである。「本紀」はその崩御記事に於いて前節に於いても記したやうに、

古事記曰、壹佰参拾柒歳、按古事記所レ載崩年、多與二本書一不レ合、今標二其異一、以備二考索一、下傚レ此、

と述べ、「記」の崩御年齢を註記することにして「以備二考索一」とするのであるが、前節に於いても述べたやうに、異説として記載するべきではなかつたかと考へられる。

第二には、「紀」には「海中」とあるところを「本紀」では「絶海」と記してゐることである。熊野灘は海の難所ではあるが、当時の航法は沿岸航法であり、「絶海」と表現することは単なる修飾と見るよりも、誇張といはなければならないであらう。それを「絶海」と表現したのは、現地を知らずに「紀」の記述からそのやうに理解したためであらう。古代の航法を知らず、現地を知らないために犯した誇張であらう。

第三には稲飯命と三毛入野命の入水に関する記述についてである。「本紀」は稲飯命と三毛入野命は「憤惋」して入水されたとしてゐるが、「紀」では稲飯命については、

乃歎曰

と記されてをり、三毛入野命については、

亦恨之曰

と記されてゐる。「憤惋」の表記は「歎」「恨」を文字を変へて表記したものであり、特に問題となることではない。ところが「入レ海」は、「紀」では稲飯命についての記述であり、三毛入野命については、

往二乎常世郷一

となつてをり相違してゐる。が、この「本紀」の記述は、両者ともに「入レ海」としてゐるのである。それは「往二

乎常世郷」といふのも、その実態としては「入ㇾ海」ことに他ならないのであるから、その実態に基づいて記したものと見るべきであり、記述に於ける一つの工夫とすべきであらう。

第四には、高倉下が献じた霊剣の由来に関して一切記されてゐない点であるが、「紀」ではこの霊剣は天照大神と武甕雷神とが相談されて高倉下に下された経緯が詳述されてゐる。「本紀」では次の頭八咫烏の派遣に関しては天照大神の働きが記されてゐるに拘はらず、霊剣の由来に関して記されることがない理由は不明である。但し考へてみるに天照大神は頭八咫烏を派遣し、「郷導者」とすることを神武天皇の夢に現はれて訓へられたとするのに対し、本条の場合は同じく夢であるが、その夢を見たのは高倉下であつて、神武天皇に直接関係するのは献上された霊剣であり、その献上された霊剣によつて天皇以下が目覚めた事実を主体に記したためにその霊剣の由来には言及しなかつたものと考へてよいであらう。

第五にはク条である。「本紀」は橿原奠都に関連して「八紘為宇の詔勅」の一部を活用してゐるが、建国の理想に当たる部分については全く触れるところがない。すなはちこの「八紘為宇の詔勅」は、建国の理想を述べたものであり、その理想である「利民」「答徳」「養正」「八紘為宇」に全く言及されてゐないのは残念なことといはなければならない。しかし考へてみるに、今日のやうに、国家成立の要件が強調されるやうになるのは、西洋近代の学問が流入してからの事であると考へられるところからして、江戸時代初期に於いては建国の理想といふことは特に強調されるやうな時期ではなかつたのではないかと思はれる。「本紀」はそれ故に建国の理想については触れるところがなかつたのではないかと考へられるのである。

第六にはヤ条の干支についてである。「本紀」は「己巳」を『旧事本紀』に従つて「乙巳」に訂正してゐる。板垣宗憺が用ゐた「紀」が何本であるか、私には確認できないが、新訂増補国史大系本は寛文九年刊本を底本としてゐる[12]

が、その頭註に、

乙、原作己、今従舊紀[13]

と記し、同様に「乙巳」に訂正し、また小学館新編日本古典文学全集本も同様の校訂を行つてゐる。「本紀」が最新の研究成果と同様の見識を示してゐることは、その編纂が如何に科学的研究に基づいて実証主義に徹してゐるかを示す好例である。

第七には、元年条の、

建二神籬一以下、旧事紀、古語拾遺、

として『旧事本紀』及び『古語拾遺』によつて記されてゐる部分である。即ち『旧事本紀』には、

宇摩志麻治命先献二天瑞宝一。亦堅二神楯一以斎矣。謂二五十櫛一。亦云。今木刺繞二於布都主剣一。大神奉二斎殿内一。即蔵二天璽瑞宝一。以為二天皇一鎮祭之時。天皇寵異特甚。詔曰。近宿二殿内一矣。因号二足尼一。其足尼之号自レ此而始矣。高皇霊尊児天富命率二諸斎〔神〕部一。擎二天璽鏡剣一。奉二安正殿矣一。天児屋命児天種子命。奏二神代古事天神寿詞一也。宇摩志麻治命率二内物、部一乃竪二矛楯一。厳増二威儀一。道臣命帥二来目部一。帯レ杖掌二其開闔一衛二護宮門一矣。並使下二四方之国一以観中天位之貴上。亦俾下二率土之民一以示中朝廷之重上者也。于レ時。皇子大夫率二臣連伴造国造一而賀正朝拝矣。凡厥建レ都。即位践祚。賀正。如レ是之儀。並始二此時一也[14]。

とあり、『古語拾遺』には、

日臣命帥二来目部一衛二護宮門一。掌二其開闔一。饒速日命師二内物部一造二備矛盾一。其物、既備。天富命率二諸斎部一捧二持天璽鏡剣一。奉二安正殿一。并懸二瓊玉一。陳二其弊物一。殿祭祝詞。（註略）次祭二宮門一。（註略）然後物部乃立二矛盾一。大伴来目達レ仗開レ門。令下朝二四方之国一。以観中天位之貴上[15]。

となつてゐる。『旧事本紀』は『古語拾遺』などを引用して記されてゐる部分があるのであるから、同様の内容が記されるのは当然であり、『旧事本紀』に波線を引いた部分は『古語拾遺』の文を用ゐた文である。即ち『古語拾遺』の右線を引いた部分が『旧事本紀』に採用されてゐるといふことである。「本紀」がこのやうに『旧事本紀』・『古語拾遺』により、この記事を記したのは、これが天皇の即位に関する記事であるからに他ならないのである。ここに記されてゐるやうな儀式が何時から行はれたかは明確にはしがたい面があるが、水戸に於いては神武天皇に始まるといふ認識があつたのであらう。それ故に神武天皇即位記事に続けてこの記事を記したものであることは明らかである。

　第八には前項の記事の最後に、

　　天種子命、天富命、共掌二祭祀一

と記してゐることである。ところがこの記述は、『旧事本紀』『古語拾遺』共にこの部分には記されてゐないのである。このことが記されてゐるのは、『古語拾遺』では、

　　爾乃立二霊畤於鳥見山中一。（中略）是以中臣斎部二氏倶掌二祠祀之職一。[16]

とあつて、四年条の記事である。「本紀」はこれを元年条として記してゐるのである。これは『古語拾遺』を誤読したものである。但し一言弁解をするならば、『古語拾遺』の文は、年代が記されてゐるわけでなく、元年の祭祀の記事に続いて記され、『旧事本紀』には天種子命のことも記されてゐるために、一連の記事と誤解したものと考へられるのである。

　以上は「本紀」を検討して、問題となる点であるが、全体としては「紀」を基本としながら、他の文献をも活用して実証的、科学的な記述がなされてゐるわけである。ことに注意しなければならないことの一つには、『旧事本紀』の記事をそのまま承認してはゐないことである。すなはち二年二月乙巳条に見られるやうに、本文に続けて、註の形

で、

按旧事紀、是日可美真手命、天日方奇日方命、為二申食国政大夫一、本書所レ不レ載、頗可レ疑、姑附備レ考、下倣レ此、

と記してゐることである。『旧事本紀』では、宇摩志麻治命の功績を「大功」とし、「股肱之職」として「永為二亀鏡一」として、

此日物部連等祖宇摩志麻治命與二大神君祖天日方奇日方命一。並拝為下申二食国政一大夫上也。其天日方奇日方命者皇后之兄也。[17]

とあり、『旧事本紀』はさらに続けて、

但申二食国政一大夫者。今之大連大臣是矣。

と記してゐることに対して、「紀」には見えないことであることから、「本紀」は「頗可レ疑」と疑ひを存してゐるのであるが、それは単に二年条に記されてゐないといふのみでの疑義ではないであらう。すなはちここに「今大連大臣」とあるが、以後大臣や大連が史上に現れるのは武内宿禰命が最初であり、年代的に離れてゐることが疑義を挟むことになつた理由であらう。

そもそも水戸に於いては、今井有順が『神道集成』を編纂した際、その第二巻に「三部本書弁」と題して『旧事本紀』・「記」・「紀」について述べ、『旧事本紀』に後世の記事が存することから論難し、徳川光圀は、その校訂本を作成し、その始めに、

按二釈日本紀一神武等謚、淡海三船奉レ勅所レ撰也。考二正史一不レ見二何代追謚一。至二続日本紀天応元年一、始称二神功皇后一。延暦九年、称二応神仁徳敏達天皇一。拠レ之則始二于光仁桓武之際一乎。此書毎二帝紀一首二掲謚号一尤為レ可レ疑。

且一書之体、多是剽二窃日本紀文一。後人附会、而託二名於旧事紀一者乎。其可レ疑者、標二乎各条上一又按二此書一往往以二天皇尊号一為レ諱。宜下与二日本紀一昭看上。[18]

と、『旧事本紀』には淡海三船が選定した漢風諡号が記されてゐるとし、その成立時期について、

光圀詳考二此書一。矛盾不レ少。杜撰居多。況記二馬子卒後之事一乎。竊謂蘇我之厄。応仁之乱。国史大半亡矣。当二此時一旧事本紀亦罹二兵燹一旧本不レ伝。纔遺二其十之一二一。而後人托二旧名一。牽強附会者必矣。嗚呼哀哉。古来無二一人之注レ意沃レ眼者一。[19]

として、応仁の乱以後と推定してゐるのである。しかし偽書として単に排斥してしまふのではなく、採るべきは採るといふ態度であつたことは、元年条によつて明らかであるが、その場合は他に傍証するものがある場合に採用するといふ態度であつたと考へられる。それ故に二年条の記事はそれを傍証する記述が他に全く存せず、また前述したやうに、以後大連や大臣が史上に現れるのは武内宿禰命が最初であり、年代的に離れてゐるところから、その記事に疑義を挟むことになつたものと考へられる。しかし、疑義を挟んだ事項でも、それを完全に否定するのではなく、註記して、

本書所レ不レ載、頗可レ疑、姑附備レ考、下傚レ此、[20]

と記してその判断を後世の研究に委ねてゐるのである。ここにも『大日本史』の特徴が表れてゐるのである。

さらには、漢風諡号制定についての考察である。「本紀」では、

追謚曰二神武天皇一。

と記した後に註して、

追謚之制、未レ審三其在二何帝時一、釈日本紀引私記曰、神武等謚、淡海三船奉レ勅撰也、親長記曰、神武以下至二文武一、四十二代謚号、淡海公所レ制也、二説不レ同、按古事記、日本紀正文、絶不レ書二追謚一。則知和銅養老間、未

レ有二此制一、明非二不比等所一レ撰矣、三船歴二事孝謙廃帝光仁桓武数朝一、而続日本紀、姓氏録等諸書、成二於桓武以後一者、皆挙二追謚一、則元正以前諸帝謚、蓋孝謙以後所二追奉一也、然史無二明文一、故不レ書二某朝追謚一、下倣レ此、

と記し、漢風謚号制定の時期について検討を加へてゐるのである。すなはち『釈日本紀』所引の「日本紀私記」の淡海三船説と、『親長（卿）記』の藤原不比等説を比較し「紀」本文に漢風謚号が記されてゐないことを理由に不比等説を否定し、三船説を採用し、その制定時期についても、

　蓋孝謙以後所二追奉一也、

と結論してゐるのである。今日に於いては坂本太郎博士により、極く一部（文武・聖武天皇）以外は天平宝字七・八年頃に淡海三船により一斉に撰進されたものと考へられてゐるのであり[21]、「本紀」の推定は大体に於いて正しいといふことができるのである。

むすびにかへて——水戸史学における神武天皇景仰——

前節までに述べてきたやうに、水戸史学に於いては、「神武天皇本紀」の記述に於いては、「紀」を基準としながら、他史料と比較検討できるものについては比較検討し、元年条に於いては即位に関する記述を『旧事本紀』・『古語拾遺』に基づいて「紀」の記述を補ふと共に、異説については「記」の崩年年齢以外についてはその異説を明記し、疑ひの存する事柄についても、そのことを明示して後世の検討課題とするなど、断定的態度をとることなく、科学的実証的研究に徹してゐるのである。そのことは「漢風謚号」の撰進時期について検討した結果に於いても理解されると

ころである。

このやうに実証的研究を取りながら、初代天皇としての神武天皇に対する景仰の念が強かつたことは、別稿に於いて述べたやうに、[22]『大日本史』が神代より記述せず、神武天皇から記述してゐることは、その敬仰を示すものであり、その敬仰が林家の呉の太伯始祖説批判となり、実現は見なかつたとはいへ、光圀による御陵修復・宗廟建設となり、さらに斉昭による御陵修復実現への運動となるのである。また皇紀の使用は光圀時代から行はれてをり、それはやがて天保十一年が二千五百年に当たるところから、皇紀が非常に重視される機運の高まりとなつていつたのである。「諸事神武創業の始めに基づき」と述べられた明治維新は、これら水戸史学に於ける神武天皇景仰が、実を結んだものに他ならないのである。

補註

(1)『大日本史』は昭和三年十月発行の大日本雄弁会本による。
(2) 執筆は青山延于である。
(3)「御意覚書」吉田一徳氏著『大日本史紀伝志表撰者考』二四一頁による。
(4) 吉田一徳氏前掲書二三七頁。
(5)『大日本史』は『水鏡』についていては流布本を使用してゐる。この点については第三章第三節第八を参照されたい。
(6) 新訂増補国史大系第二十一巻上『流布本水鏡』八頁。
(7) 岩波書店日本古典文学大系『愚管抄』四四頁頭註五による。
(8) 岩波書店日本古典文学大系『愚管抄』四四頁。
(9) 岩波書店日本古典文学大系『愚管抄』四四頁頭註五による。
(10)『古事記』は岩波書店日本古典文学大系本によるが、頁は略す。
(11) 田中卓氏「新校・新撰姓氏録」(田中卓著作集第九巻『新撰姓氏録の研究』所収) 四七三頁。
(12) 新訂増補国史大系第一巻上『日本書紀』前篇凡例一頁。

（13）新訂増補国史大系第一巻上『日本書紀』前篇一三一頁。
（14）『旧事本紀』には巻五「天孫本紀」神武天皇条と、巻七「天皇本紀」神武天皇条の二か所にほぼ同文が掲載されてゐる。引用文は「天孫本紀」による（鎌田純一氏著『先代舊事本紀の研究　校本の部』一三六頁、なほ「天皇本紀」は同書一九九頁）。
（15）『新校群書類従』第十九巻『古語拾遺』三六三頁。
（16）新校群書類従本『古語拾遺』三六三頁。
（17）鎌田純一氏前掲書一三六頁。
（18）鎌田純一氏著『先代舊事本紀の研究　研究の部』七四頁による。
（19）鎌田純一氏註（18）前掲書七五頁による。
（20）水戸史学における『旧事本紀』研究については、鎌田純一氏（18）前掲書一六五～一六六頁及び七四～七五頁による。
（21）坂本太郎氏「列聖漢風諡号の撰進に就いて」（坂本太郎著作集第七巻『律令制度』所収参照）
（22）「水戸史学に於ける神武天皇景仰とその影響」『水戸史学』第三十三号（平成二年十月発行）附論一として附載。

第二章　綏靖天皇本紀より開化天皇本紀

第一節　綏靖天皇本紀より開化天皇本紀の記述

本章に於いて扱ふ「綏靖天皇本紀以下開化天皇本紀」に至る執筆は、吉田一徳博士によるに「神武天皇本紀」と同じく板垣宗憺である。[1] 以下、その記述状況を把握していくことにしよう。なほ資料篇に於いて述べる文字の異同などについてのみの場合は省略することにする。

1、綏靖天皇本紀

イ、本条は綏靖天皇を「神武帝第五子也」[2] と記してゐる部分であるが、これについては第二節に於いて述べることにしよう。また「紀」[3] では天皇名は和風諡号で記されてゐるのに対し、「本紀」では漢風諡号で記されてゐ

る。(4)

ハ、本条は天皇の容姿・性格を記した部分であり、一部分「紀」を要約してゐる。

ニ、本条は、神武天皇紀四十二年条に基づいて記された立太子記事である。

ホ、本条は「紀」即位前紀の要約文であるが、「紀」即位前紀では、神武天皇の崩御について、

　至㆓冊八歳㆒、神日本磐余彦天皇崩。

と記されてゐるのに対し、「本紀」は「七十六年」と神武天皇の年代を記してゐる点が相違してゐる。また「資性純孝」の部分は「紀」が、「孝性純深」と記されてゐる部分の意訳といつてよいであらう。

ヘ、本条は「紀」即位前紀の要約文であり、神武天皇紀に、

　明年秋九月乙卯朔丙寅。葬㆓畝傍山東北・陵㆒。

とあるのに基づいて、

　丁丑歳九月十二日丙寅、葬㆓神武天皇㆒

と記し、次いで手研耳命について記してゐるのであるが、「紀」では、

　苞㆓蔵禍心㆒、図㆑害㆓二弟㆒。

とあるところを、「本紀」では、

　皇太子

としてゐるところが相違してゐる。また「紀」はこの文に続けて、

　于㆑時太歳己卯。

と記されてゐるのに対して、「本紀」は次条の頭に記し、逆に「紀」では次条に該当する、

皇太子知二其情一、密為二之備一、

を、本条に記してゐる。

ト、本条は「紀」の要約文である。但し、「紀」ではその手研耳命誅滅を「十一月」と明記してゐるに拘はらず、「本紀」では全く触れられてゐない。それは即位以前のことであるところから略したものである。また「紀」では神八井耳命と謀つたとするのに対し、「本紀」では神八井耳命に加へて母の媛蹈鞴五十鈴媛とも相談したことになつてゐる。この点に関しては次節に於いて述べることにしよう。

チ、本条は「紀」の省略文であるが、年の干支は「紀」には記されてゐないが、「本紀」は干支を記すのが通例であり、また日付を記してゐるのも「本紀」の通例であり、以下も同様に記されてゐるところである[5]。但し即位時の年齢は「紀」には記されてゐない。その為に、「本紀」は、

年拠二水鏡、皇代記、歴代皇紀、及本書崩年八十四之文一、

と、『流布本水鏡』に、

庚辰のとし正月八日己卯位につきたまふ。御とし五十二[6]。

とあるのを始め、『皇代記』・『歴代皇紀』の記述、及び「紀」の、

卅三年夏五月。天皇不豫。○癸酉崩。時年八十四。

と記されてゐるところより逆算して記してゐるのである。

リ、本条は和風諡号を記したものであるが、「紀」には記されてゐない。が、「本紀」は歴代天皇即位記事に続いて天皇号(和風諡号)を記してゐるので、本条はその例に従つたものである。但し「記」には、

入殺二当藝志美美一。故亦称二其御名一、謂二建沼河耳命一。[7]

と記されてゐる。その為に「本紀」は、

古事記曰、天皇既殺二手研耳命一、改称二健沼河耳命一、

と記すのであるが、「記」は「称名」としてゐるのに対し、「本紀」は「改名」としてゐるのは問題といへよう。

ヌ、本条は「紀」と同文である。但し「紀」はこれに続けて、

尊二皇后一曰二皇太后一。

とあり、「本紀」も以後の歴代天皇本紀に於いては記してゐるに拘はらず、「綏靖天皇本紀」のみ記されてゐない。その理由は不明であるが、恐らくは単なる誤脱であらう。

ル、本条は「紀」の省略文である。但し「紀」には異説が記されてゐるが、「本紀」には記されてゐない。この点については次節に於いて述べることとする。

「本紀」はこれに続けて、

旧事紀曰、三年正月、以二彦湯支命一為二申食国政大夫一。

と註記してゐる。これは『旧事本紀』の巻第七「天皇本紀」に、

宇摩志麻治命之児彦湯支命。為下曰二食国政一大夫上也。(8)

とする『旧事本紀』の独自記事を記したものであるが、その理由については次節に於いて述べることにしよう。

カ、本条は崩御記事であり、「紀」の要約文であるが、それに続けて、

古事記曰、肆拾伍歳、

と、その年齢について「記」の異説を掲げ参考としてゐる。

ヨ、本条は、安寧天皇紀元年条の、

冬十月丙戌朔丙申、葬二神渟名川耳天皇於倭桃花鳥田丘上陵一。

によつて記したものである。

タ、本条は、天皇の漢風諡号を記したものである。(9)

2、安寧天皇本紀

ロ、本条は即位前紀の内、立太子記事の要約文である。なほ「紀」には、

年廿一。

と記されてゐるが、「本紀」には記されてゐない。が、それは以下の歴代「天皇本紀」も同様であるところよりして、「本紀」は立太子記事には年齢を記さない原則を設けてゐるためと考へられる。

ニ、本条は、即位前紀の要約文である。但し普通には「本紀」は即位記事に続けて即位時の年齢を記すのが通例である。しかるに安寧天皇本紀では年齢が記されてゐない。その為に分註で、

按拠下本書立為二皇太子一時年二十一之文上推レ之、則天皇即レ位年二十九、然與二本書崩年五十七之文一不レ合、若拠二崩年一推レ之、則此時年十九。然拠下本書懿徳帝立為二太子一時年十六之文上、則天皇年十五、懿徳帝已生、頗為レ可レ疑。蓋立為二太子一年二十一近レ是。而崩年五十七、五或六之誤、又按二水鏡、愚管鈔一並云、元年年二十、此亦拠二本書崩年一推レ之耳、今姑闕レ疑、不レ註二即位時年幾一、

及び、

旧事紀、水鏡、皇代記、愚管鈔並云、元年癸丑即レ位、附以備レ考、

といふ註記をしてゐるのである。即ち前者は天皇の即位時の年齢について、異説が存し、決定することができないために、その年齢を記さないことの説明である。対して後者は、「紀」が翌年を元年としてゐる為に、『旧事本紀』以下の書が天皇即位を翌年としてゐることに対して疑問を呈してゐるのである。これら異説との関係については、次節に於いて述べることにしよう。

チ、本条は立后記事であり、「紀」の要約文であるが、「紀」には異説や皇子名などが記されてゐるが、「本紀」は全く触れてゐない。その点に関しては、次節に於いて言及することにする。そして「綏靖天皇本紀」と同様、『旧事本紀』に基づいて、

旧事紀曰、四年四月、以㆓出雲色命㆒為㆓申食国政大夫㆒、大禰命為㆓侍臣㆒、

といふ記事を註記してゐる。

リ、本条は大日本彦耜友尊の立太子記事であり、「紀」と同文であるが、「紀」には磯城津彦命のことも記されてゐるが、「本紀」には記されてゐない。

ヌ、本条は崩御記事であり、「紀」の省略文であるが、「本紀」は分註で、

古事記曰、肆拾玖歳、

と、『古事記』の異説を記してゐる。但し天皇の崩年については先にも触れたやうに問題が存するのであり、次節に於いて述べることにしよう。

ル、本条は懿徳天皇紀元年八月条によって記されたものである。但し「本紀」は分註で、

延喜式、山下有㆓西字㆒、

と、『延喜式』がその所在地について、

畝傍山西南御陰井上陵[10]

と記してゐることを註記してゐる。

3、懿徳天皇本紀

イ、本条は、懿徳天皇即位前紀と同意文であるが、分註で、

按水鏡、皇代記、為㆓第三子㆒誤、

と、『水鏡』以下の書が「第三子」と記してゐるのは誤りであることを註記してゐる。

ホ、本条は、「紀」の省略文であるが、即位時の年齢を記してゐる。そして分註で、

年拠㆘皇代記、及本書立為㆓太子㆒年十六之文㆖、

と、その根拠を明らかにするとともに、

按愚管鈔作㆓三十四㆒誤。

と、『愚管抄』の誤りをも指摘してゐるのである。

リ、本条は、ほぼ「紀」と同文である。但し分註で、

古事記作㆓境岡宮㆒。

と、異説を記してゐる。

ヌ、本条は「紀」の省略文である。但し「紀」には異説が記されてゐるが、「本紀」には記されてゐない。この点については次節に於いて述べることとする。

ル、本条は、「紀」の省略文である。但し「本紀」は「十二日戊午」の下に分註で、

　本書作㆓戊子㆒、今推㆓甲子㆒従㆓旧事紀㆒

と註記してゐる。『大日本史』作成に際し参考された「紀」と考へられる寛文九年刊本は、「戊子」となつてゐる。その為に新訂増補国史大系本は、

　午、原作子、今従北本玉本勢本信本及紀略旧紀[11]

と、記して「戊午」に訂正してゐるのである。「本紀」は「紀」が、

　二月丁未朔

としてゐるところから、計算するとともに、『旧事本紀』を参照確認して、「戊午」と決定してゐるのである。実に実証的な態度といはなければならない。

ヲ、本条は、「紀」の省略文である。但し「紀」には崩御時の年齢は記されてゐない。それ故に「本紀」は分註で、

　本書享年闕、今拠㆘水鏡、皇代記、皇年代略記、及本書立為㆓太子㆒年十六之文㆖、

と、『水鏡』以下の書及び即位前紀の立太子記事の「年十六也」に基づいて「年七十七」と記したことを明記するのである。そして更に「古事記曰」として、

　肆拾伍歳、

と、「記」の異説をも忘れること無く記すのである。

4、孝昭天皇本紀

ロ、本条は、次条と一連の天皇即位記事であるが、「本紀」は、その日について、

　本書作二甲子一、今推二干支一従二帝王編年記一

と記してゐる。寛文九年刊本は、「甲子」となつてゐる。その為に新訂増補国史大系本は、

　午、原作子、拠北本玉本勢ィ本及紀略旧紀改[12]

と記してゐるのであるが、「本紀」は、その朔日が「丙戌」であること、及び『帝王編年記』によつて「甲午」に訂正するとしてゐるのである。但しこの件については次節に於いて述べることにしよう。

ハ、本条は、「紀」の省略文である。但し「紀」にはその年齢は記されてゐない。その為に、分註で、

　年拠下本書立為二太子一年十八之文上。

と、懿徳天皇紀二十二年条の、

　二十二年春二月丁未朔戊午、立二観松彦香殖稲尊一、為二皇太子一。年十八。

の記事に基づいて「三十二」と記してゐるのである。そしてまた異説として、

　水鏡作二三十二一、歴代皇紀三十四、

と、『水鏡』及び『歴代皇紀』の説を挙げてゐるのである。

ト、本条は「紀」の省略文である。但し「紀」に記されてゐる異説についての言及はない。この事については次節に於いて述べることにしよう。

リ、本条は、「紀」の省略文である。但し、「紀」には崩御の年齢は記されてゐない。「本紀」がそれを記してゐるのは、通例に拠つてゐるのである。が、「本紀」は、

本書享年闕、今拠下水鏡、皇代記一説、皇年代略記、及本書立為二太子一年十八之文上

と、その年齢の根拠を明記するとともに、

古事記曰、玖拾参歳、

と「記」の異説をも明記するのである。

5、孝安天皇本紀

ロ、本条は、「紀」の要約文であるが、その年齢については、

年拠下水鏡、歴代皇紀、愚管鈔、本書立為二太子一年二十之文上

と註記してゐるやうに、『水鏡』以下の書及び立太子記事の「年二十」の記事に基づいて記してゐるのである。

ホ、本条は、「紀」の要約文である。これに続けて「本紀」は、『旧事本紀』に拠つて、

旧事紀曰、三年八月、以二六見命、三見命一並為二宿禰一、

と記してゐるが、これも従前通りである。

へ、本条は、「紀」の要約文であるが、「紀」に記されてゐる異説には言及されてゐないが、この点については次節に於いて述べることにしよう。

ト、本条は「紀」の要約文であるが、「本紀」は、この記事に続けて分註として、

按葬事不レ応二稽延至レ此、旧事紀為二元年己丑八月葬一、近レ是、今姑拠二本書旧文一、不二輙改一焉、

と、その葬礼の時期が余りにも延びてゐることに不審を抱き、『旧事本紀』の記事に拠るべきではないかとしながらも、「紀」の年代を尊重して「今姑拠二本書旧文一、不二輙改一焉」として、その決定を後世の研究に委ねてゐるのである。

リ、本条は、「紀」の要約文であるが、「紀」には年齢は記されてゐない。その為に、

本書享年闕、今拠下水鏡、皇代記、皇年代略記、及本書立為二太子一年二十之文上、

と、『水鏡』以下の書、及び立太子記事に基づいてその享年が記されてゐるのである。そして、さらに、

古事記曰、壹佰貳拾参歳、

と、「記」の異説をも記してゐるのである。

6、孝霊天皇本紀

ホ、本条は、「紀」の要約文である。但し「紀」には年齢は記されてゐないために、「本紀」は註して

年拠下水鏡、愚管鈔、異本皇代記、及本書立為二太子一年二十六之文上、

と、『水鏡』以下の書、及び立太子記事に基づいてその年齢を記すとともに、

歴代皇紀、皇代記、並二三十四一、

と、その異説にも言及するのである。

チ、本条は、「紀」の要約文であるが、「紀」に記されてゐる異説には言及されてゐない。この点については次節に於

いて述べることにしよう。「本紀」は、この記事に続けて従前通り『旧事本紀』に拠り、

旧事紀曰、三年正月、以二大水口命、大矢口命一並為二宿禰一、

の記事を記してゐる。

ヌ、本条は、「紀」の省略文である。但し「紀」にはその年齢が記されてゐないために、

本書享年闕、今拠下皇年代略記、愚管鈔、及本書立為二太子一年二十六之文上、

との註を記し、『皇年代略記』・『愚管抄』及び立太子記事に基づいて「一百二十八」と記すのであるが、さらに、

古事記曰、壹佰陸歳、水鏡百二十四、愚管鈔百十、

と、「記」以下の異説を記してゐるのであるが、ここで『愚管抄』がさらに記されてゐるのは、『愚管抄』が、

百十或百廿八[13]

と記してゐるためである。

7、孝元天皇本紀

イ、本条は、「紀」の要約文である。但し「長子」とは「紀」には記されてゐないのであり、次節に於いて言及することにする。また天皇名の記述は従前通りである。

ロ、本条は、「紀」の省略文である。但し「紀」には年齢が記されてゐない。その為に「本紀」は従前の如く、

年拠下水鏡、愚管鈔、及本書立為二太子一年十九之文上、

と、その根拠を示すとともに、

皇代記作二五十一一、歴代皇紀、皇代記一説、並六十一、

と、異説についても明記してゐるのである。

ホ、本条は、次条に続くものであるが、その年代に疑問が存するために、註して、

按本書曰、春三月甲申朔甲午、今推二甲子一、三月癸未朔、十二日甲午、正月甲申朔、十一日甲午、蓋正訛作レ三乎、然無レ所二校正一、

の文を記してゐるのである。この点については次節に於いて述べることとする。

ト、本条は、「紀」の省略文である。但し天皇名については従前通りの記述である。そして、

旧事紀係二四年一。

と、『旧事本紀』の異説を掲げてゐる。

チ、本条は、「紀」の要約文であるが、「紀」に記されてゐる異説には言及されてゐない。この点については次節に於いて述べることにしよう。そして、その下に、

旧事紀曰、八年正月、以二大綜杵命一為二大禰一、

と、『旧事本紀』の記事を註記してゐる。

リ、本条は、「紀」の省略文である。

「本紀」はこの立太子記事に続けて、註として、

水鏡、皇代記、皇年代略記並曰、三十九年六月、大雪、

と、『水鏡』などの記事をも記載してゐる。

ヌ、本条は、「紀」の省略文である。但し、通例によつて天皇の年齢を記してゐる。そして、その根拠として、

本書享年闕、今拠下皇年代略記、異本愚管鈔、及本書立為二太子一年十九之文上、

と『皇年代略記』・異本『愚管抄』及び立太子記事に基づいたことを記し、さらに、

古事記曰、伍拾柒歳、水鏡、愚管鈔、並曰、一百十七、

と、異説を掲げてゐる。

ル、本条は、開化天皇紀五年条に基づいて記されてゐる。そして、

古事記曰、剣池中岡上陵、

と註してゐる。

8、開化天皇本紀

ロ、本条は、「紀」の省略文であり、通例に従つて即位時の年齢を記してゐるのである。そして、その根拠として、

年拠下水鏡、愚管鈔、皇代記、及本書立為二太子一年十六之文上、

と、『水鏡』以下の書、及び立太子記事に基づくことを記すとともに、

歴代皇紀作二五十二一、異本皇代記五十六、

と、異説をも掲げるのである。

ヘ、本条は、「紀」の省略文である。そして「本紀」は、この文に続けて、

按旧事紀係二六年一、蓋以二即位年一紀レ元、故與二本書一差二一年一、今不レ取、如二安康紀雄略紀仁賢紀一亦以二即位年一為二元年一、與二本書一異、而其他以レ事繫レ年。則與二本書一同、如二宣化紀紀元一、繆誤殊甚、今不三悉標二

各処一。

と註してゐる。これについては次節に於いて言及することにしよう。

ト、本条は、「紀」の要約文であるが、「紀」に記されてゐる異説には言及されてゐない。この点については次節に於いて述べることにしよう。そして、その下に、

旧事紀曰、八年正月、以二武建命、大峯命一、並為二大禰一、

と、『旧事本紀』の記事を註記してゐる。

リ、本条は、「紀」の省略文である。但し「紀」には年齢は記されてゐない。そこで、

本書享年闕、今拠下皇年代畧記、及本書立為二太子一年十六之文上、

と、『皇年代略記』と立太子記事に基づいて記したことを明らかにするとともに、

本書註旧事紀並曰、百十五、古事記曰、陸拾参歳。

と異説を記してゐる。

ヌ、本条は、「紀」の省略文である。但し「本紀」は、

延喜式本作レ上。

と記してゐる。それは『延喜式』には、

春日率川坂上陵[14]

としてゐる為に註記してゐるのである。

第二節　「本紀」記述の問題点

前節に於いて見てきた「本紀」の記述の問題点について、以下検討を加へていくことにしよう。

1、綏靖天皇本紀から開化天皇本紀に渉る問題

以下、「本紀」の記述の中で問題となる部分の検討に入るが、最初に歴代「天皇本紀」に共通する問題について見ていくことにしたい。

第一には、立后記事についてである。すなはち「綏靖天皇本紀」(ル)は、五十鈴依媛の立后しか記さないのであるが、「紀」は、

一書云。磯城県主女川派媛。一書云。春日県主大日諸女糸織媛也。

と記されてゐる。また「記」にも、

此天皇、娶二師木県主祖、河俣毘売一。(下略)

とあるが、「本紀」はこれらの異説については全く言及がなされないのである。しかもそれは「綏靖天皇本紀」のみではないのである。

すなはち「安寧天皇本紀」(チ)は渟名底仲媛のみを記してゐるが、「紀」は、

一書云。磯城県主葉江女川津媛。一書云。大間宿禰女糸井媛。

とあり、「記」にも、

娶₂河俣毘売之兄、県主波延之女阿久斗比売₁。（下略）

とある。「懿徳天皇本記」（ヌ）は天豊津媛のみであるが、「紀」には、

一云。磯城県主葉江男弟。猪手女泉媛。一云。磯城県主太真稚彦女飯日媛也。

とあり、また「記」は、

娶₂師木県主祖、賦登麻和訶比売命、亦名飯日比売命₁。（下略）

とある。「孝昭天皇本紀」（ト）は世襲足媛のみであるが、「紀」には、

一云。磯城県主葉江女渟名城津媛。一云。倭国豊秋狭太媛女大井媛。

とあり、また「記」は、

娶₂尾張連之祖、奥津余曾之妹、名余曾多本毘売命₁。（下略）

とある。「孝安天皇本紀」（ヘ）は、押媛のみであるが、「紀」には、

一云。磯城県主葉江女長媛。一云。十市県主五十坂彦女五十坂媛。

とあり、また「記」は、

娶₂姪忍鹿比売命₁。（下略）

とある。「孝霊天皇本紀」（チ）は、細媛のみであるが、「紀」には、

一云。春日千乳早山香媛。一云。十市県主等祖女真舌媛。

とあり、「記」も、

> 娶二十市県主之祖、大目之女、名細比売命一。（中略）又娶二春日之千千速真若比売命一。（中略）又娶二意富夜麻登玖邇阿礼比売命一。（中略）又娶二阿礼比売命之弟、蠅伊呂杼一。（下略）

とある。「孝元天皇本紀」（チ）は欝色謎命のみであるが、「紀」には欝色謎命に続けて、

> 妃伊香色謎命（中略）次妃河内青玉繋女埴安媛、

とあり、「記」には、

> 娶二穂積臣等之祖、内色許男命妹、内色許売命一。（中略）又娶二内色許男命之女、伊迦賀色許売命一。（中略）又娶二河内青玉之女、名波邇夜須毘売命一。（下略）

とある。「開化天皇本紀」（ト）は伊香色謎の立后のみであるが、「紀」は伊香色謎命の立后に続けて、

> 納二丹波竹野媛一為レ妃、（中略）次妃和珥臣遠祖姥津命之妹姥津媛、

と記されてゐるのである。また「記」には、

> 娶二丹波之大県主、名由碁理之女、竹野比売命一、（中略）又娶二庶母伊迦賀色許売命一、（中略）又娶二丸邇臣之祖、日子国意祁都命之妹、意祁都比売命一、（中略）又娶二葛城之垂見宿禰之女、鸇比売命一、（下略）

と記されてゐる。

これらの内、孝元天皇と開化天皇については、「紀」がそれぞれ立后記事に続けて「妃」「次妃」として名を挙げてゐるのであるから、「本紀」がその立后記事に続けて「妃」等の名前を記す必要はないのであり、「本紀」の記載に問題があるとは言へない。しかし、それ以前については、「紀」が異説として記してゐるのであるから、「本紀」がこれらの異説に対して全く考慮すること無く、全くそれらを無視して註記してゐないのは、その理由は不明ではあるが、問題と言はなければならないであらう。

第二には、「綏靖天皇本紀」(ル)の本文に続けて記されてゐる註記についてである。すなはち「本紀」には、

旧事紀曰、三年正月、以二彦湯支命一為二申食国政大夫一。

と、『旧事本紀』に基づく記事を註記してゐる。「本紀」はその後、前節に於いて指摘したやうに、「安寧天皇本紀」(チ)・「孝安天皇本紀」(ホ)・「孝霊天皇本紀」(チ)・「孝元天皇本紀」(チ)・「開化天皇本紀」(ト)に於いて同様な記事を註記するのであるが、「紀記」に見られない独自記事を註記するのには理由がなければならない。この六例を見るに、

彦湯支命→申食国政大夫(綏靖天皇本紀)
出雲色命→申食国政大夫(安寧天皇本紀)
大禰命→侍臣(同)
六見命→宿禰(孝安天皇本紀)
三見命→宿禰(同)
大水口命→宿禰(孝霊天皇本紀)
大矢口命→宿禰(同)
大綜杵命→大禰(孝元天皇本紀)
武建命→大禰(開化天皇本紀)
大峯命→大禰(同)

と、その任命された内容は、それぞれ「申食国政大夫」「侍臣」「宿禰」「大禰」であるが、前の二例は官職と考へてよいが、後の二例は、一般的には姓と見られるものである。しかし『旧事本紀』の「天孫本紀」は、宿禰について、

四世孫大木食命。(註略)弟六見宿禰命。(註略)弟三見宿禰命。(註略)此命。秋津嶋宮御宇天皇御世。並縁二近宿

一元為二足尼一。次為二宿禰一。奉レ斎二大神一。其宿禰者始起二此時一也。⑮

と記されてをり、また大禰についても、

弟大綜杵命。此命。軽境原宮御宇天皇御世為二大禰一。⑯

とあり、また、

六世孫武建大尼命。（中略）此命。同天皇（開化天皇）御世為二大尼一供奉。⑰

とあつて、いづれも官職としての宿禰・大禰と判断されるのである。すなはち「本紀」が記した『旧事本紀』の記事はいづれも官職の任命記事であり、天皇大権に基づくものであることから、「紀・記」には記されてゐない内容であり、「中食国政大夫」が後の「大臣・大連」を指す語であるとするところから、第一章に於いても述べたやうに「神武天皇本紀」に於いては、

本書所レ不レ載、頗可レ疑。姑附備レ考。下傚レ此、

と記したところから「疑ふべ」き内容ではあるが註記したといへるのである。ところがさうした場合、『旧事本紀』「天皇本紀」懿徳天皇条には、

（二年）二月申二食國政一大夫出雲色命為二大臣一。⑱

と記されてゐる記事を始めとして、孝照（昭）天皇条・孝安天皇条・孝元天皇条・開化天皇条に大臣任命記事が存するのであるが、そのいづれも採用されてゐない。その理由は、第一章に於いて述べたやうに「紀」の大臣の任命記事は、成務天皇朝の武内宿禰からであるところから、これを採用しなかつたものと考へられる。

第三には、天皇即位の日時と元年との関係についてである。すなはち「安寧天皇本紀」に於いて、（二）の註記の後半に、

旧事紀、水鏡、皇代記、愚管鈔並云。元年癸丑即レ位。附以備レ考。

といふ註記をしてゐる。これは「紀」が翌年を元年としてゐる為に、『旧事本紀』以下の書が天皇即位を翌年としてゐることに対して疑問を呈してゐるのである。これは安寧天皇紀の即位記事が異例な記述であるがために『旧事本紀』以下のやうな異説が生じる余地が生じた為である。すなはち「紀」の先帝の崩御記事と新帝の即位記事を一覧にすると次の通りである。なほ孝徳天皇の即位は皇極天皇の退位によるものであるが、他の崩御と同様に扱つた。

天皇名	崩御記事・即位記事
神武天皇	辛酉年の春正月の庚辰の朔に、天皇、橿原宮に即帝位す。
綏靖天皇	七十有六年の春三月の甲午の朔にして甲辰に、天皇、橿原宮に崩ります。 元年の春正月の壬申の朔にして己卯に、神渟名川耳尊、即天皇位す。
安寧天皇	三十三年の夏五月（中略）癸酉に、崩ります。 その年の七月の癸亥の朔にして乙丑に、太子、即天皇位す。（翌年元年）
懿徳天皇	三十八年の冬十二月の庚戌の朔にして乙卯に、天皇崩ります。 元年の春二月の己酉の朔にして壬子に、皇太子、即天皇位す。
孝昭天皇	三十四年の秋九月の甲子の朔にして辛未に、天皇崩ります。（一年空位） 元年の春正月の丙戌の朔にして甲午に、皇太子、即天皇位す。
孝安天皇	八十三年の秋八月の丁巳の朔にして辛酉に、天皇崩ります。 元年の春正月の乙酉の朔にして辛亥に、皇太子、即天皇位す。
孝霊天皇	百二年の春正月の戊戌の朔にして丙午に、天皇崩ります。 元年の春正月の壬辰の朔にして癸卯に、太子、即天皇位す。
孝元天皇	七十六年の春二月の丙午の朔にして癸丑に、天皇崩ります。 元年の春正月の辛未の朔にして甲申に、太子、即天皇位す。

開化天皇	五十七年の秋九月の壬申の朔にして癸酉に、大日本根子彦国牽天皇崩ります。 冬十一月の辛未の朔にして壬午に、太子、即天皇位す。（翌年元年）
崇神天皇	六十年の夏四月の丙辰の朔にして甲子に、天皇崩ります。 元年の春正月の壬午の朔にして甲午に、皇太子、即天皇位す。
垂仁天皇	六十八年の冬十二月の戊申の朔にして壬子に、崩ります。 元年の春正月の丁丑の朔にして戊寅に、皇太子、即天皇位す。
景行天皇	九十九年の秋七月の戊午の朔に、天皇、纏向宮に、崩りましぬ。 元年の秋七月の己巳の朔にして己卯に、太子、即天皇位す。
成務天皇	六十年の冬十一月の乙酉の朔にして辛卯に、天皇、高穴穂宮に、崩りましぬ。 元年の春正月の甲申の朔にして戊子に、皇太子、即位す。
仲哀天皇	六十年の夏六月の己巳の朔にして己卯に、天皇崩ります。 元年の春正月の庚寅の朔にして庚子に、皇太子、即天皇位す。
応神天皇	九年の春二月の癸卯の朔にして丁未に、（中略）明日に崩ります。 元年の春正月の丁亥の朔に、皇太子、即位す。是歳太歳庚寅にあり。
仁徳天皇	四十一年の春二月の甲午の朔にして戊申に、天皇、明宮に崩ります。（二年空位） 元年の春正月の丁丑の朔にして、己卯に、大鷦鷯尊、即天皇位す。
履中天皇	八十七年の春正月の戊子の朔にして癸卯に、天皇崩ります。 元年の春二月の壬午の朔に、皇太子、磐余稚桜宮に即位す。
反正天皇	（六年）三月の壬午の朔にして丙申に、天皇（中略）稚桜宮に崩ります。 元年の春正月の丁丑の朔に戊寅に、儲君、即天皇位す。
允恭天皇	五年の春正月の甲申の朔にして丙午に、天皇、正寝に崩ります。（一年空位） 元年の冬十有二月、（中略）乃ち即帝位す。是年、太歳壬子にあり。

安康天皇	四十二年の春正月の乙亥の朔にして戊子に、天皇崩ります。 （四十二年）十二月の己巳の朔にして壬午に、穴穂皇子即天皇位す。（翌年元年）
雄略天皇	三年の秋八月の甲申の朔にして壬辰に、天皇、眉輪王の為に弑せられたまふ。 （三年）十一月の壬子の朔にして甲子に、天皇（中略）即天皇位す。（翌年元年）
清寧天皇	（二十三年）八月の庚午の朔にして丙子に、天皇、（中略）大殿に崩ります。 元年の春正月の戊戌の朔にして壬子に、（中略）陟天皇位す。
顕宗天皇	五年の春正月の甲戌の朔にして己丑に、天皇、宮に崩ります。 元年の春正月の己巳の朔に、（中略）即天皇位す。
仁賢天皇	（三年四月）庚辰に、天皇、八釣宮に崩ります。 元年の春正月の辛巳の朔にして乙酉に、皇太子、石上広高宮に即天皇位す。
武烈天皇	十一年の秋八月の庚戌の朔にして丁巳に、天皇、正寝に崩ります。 （十二月）是に太子、陟天皇位す。（翌年元年）
継体天皇	（八年）冬十二月の壬辰の朔にして己亥に、天皇、列城宮に崩ります。 （元年）二月の辛卯の朔にして甲午に、（中略）即天皇位す。
安閑天皇	二十五年の春二月（中略）丁未に、天皇、磐余玉穂宮に崩ります。（二年空位） 二十五年の春二月（中略）丁未に、男大迹天皇、大兄を立てて天皇とす。（翌年元年）
宣化天皇	（二年）冬十二月の癸酉の朔にして己丑に、天皇、勾金橋宮に崩ります。 二年の十二月、（中略）群臣、奏して剣、鏡を武小広国押盾尊に上りて即天皇之位さしむ。（翌年元年）
欽明天皇	四年の春二月の乙酉の朔にして甲午に、天皇、檜隈廬入野宮に崩ります。（四年の冬十月に、武小広国押盾天皇崩ります。）（欽明天皇即位前紀） （四年）冬十二月の庚辰の朔にして甲申に、天国排開広庭皇子即天皇位す。（翌年元年）
敏達天皇	（三十二年四月戊寅の朔）是の月に、天皇、遂に内寝に崩ります。 元年の夏四月の壬申の朔にして甲戌に、皇太子、即天皇位す。

用明天皇	（十四年）秋八月の乙酉の朔にして己亥に、天皇、病弥留りて、大殿に崩ります。 （十四年）九月の甲寅の朔にして戊午に、天皇、即天皇位す。（翌年元年）
崇峻天皇	（二年四月）癸丑に、天皇、大殿に崩りましぬ。 （二年）八月の癸卯の朔にして甲辰に、天皇、即天皇位す。（翌年元年）
推古天皇	（五年）十一月の癸卯の朔にして乙巳に、馬子宿禰、（中略）東漢直駒をして、天皇を弑せまつらしむ。 （五年）冬十二月の壬申の朔にして己卯に、皇后、豊浦宮に、即天皇位す。（翌年元年）
舒明天皇	（三十六年三月）癸丑に天皇崩りましぬ。 元年の春正月の癸卯の朔にして丙午（中略）即日に、即天皇位す。
皇極天皇	（十三年の冬十月の己丑の朔にして丁酉に、天皇、百済宮に崩りましぬ。 元年の春正月の丁巳の朔にして辛未に、皇后、即天皇位す。
孝徳天皇	（四年六月）庚戌に、位を軽皇子に譲り、中大兄を皇太子としたまふ。 （四年六月庚戌）軽皇子（中略）壇に升りて即祚す。（同年大化元年）
斉明天皇	（白雉五年十月）壬子に、天皇、正寝に崩ります。 元年の春正月壬申の朔にして甲戌に、皇祖母尊、飛鳥板蓋宮に即天皇位す。
天智天皇	（七年）秋七月の甲午の朔にして丁巳に、天皇、朝倉宮に崩ります。（六年称政） 七年の春正月の丙戌の朔にして戊子に、皇太子、即天皇位す。
天武天皇	（十年）十二月の癸亥の朔にして乙丑に、天皇、近江宮に崩りましぬ。 （二年）二月の丁巳の朔にして癸未に、天皇（中略）飛鳥浄御原宮に即帝位す。
持統天皇	（朱鳥元年九月）丙午に、天皇の病、遂に差えずして、正宮に崩りましぬ。（三年称政） 四年の春正月の戊寅の朔に（中略）皇后、即天皇位す。

一覧表を一見するに、綏靖天皇から持統天皇までの三十九例中、崩御の年に即位してゐる例は、安寧天皇・開化天皇・安康天皇・雄略天皇・安閑天皇・宣化天皇・欽明天皇・用明天皇・崇峻天皇・推古天皇の十例（皇極天皇の譲位に

よる孝徳天皇の即位を入れても十一例）である。しかも安寧天皇・開化天皇以外は安康天皇以降であることからして、古い時代の部分に於いては、「紀」は踰年即位を原則としてゐたものと考へられるのである。に拘はらず「紀」が安寧天皇・開化天皇のみ踰年即位とせずに、先帝崩御の当年即位としたのは不思議な記述といつてよいであらう。それ故に『旧事本紀』は、安寧天皇については、

　元年癸丑。皇太子尊即二天皇位一。[19]

と記し、『水鏡』は、

　ちゝのみかどうせ給てあくるとし十月廿一日ぞ、位につき給し。御年廿。[20]

と、その即位を「紀」に依らずに、綏靖天皇崩御の翌年の即位とするのである。

しかるに『旧事本紀』は開化天皇については、

　元年癸未春二月。皇太子尊即二天皇位一。[21]

と記してゐるのであるが、この「癸未」といふのは孝元天皇五十七年に当たるのである。しかも孝元天皇の崩御といふのは、その年の九月二日（癸酉）のことなのである。しかるに『旧事本紀』はその年の二月に開化天皇は即位されたこととするのであり、明らかな間違ひとしなければならないのである。本来『旧事本紀』は開化天皇の即位を、踰年即位とする予定であつたのではないだらうか。に拘はらず、当年即位となつたのは、その干支を間違へたためではないだらうか。その為に以後の年紀に一年の誤差が生じることとなつたものと考へられる。[22]

「本紀」はこの『旧事本紀』の記事について、前節に於いても掲げたやうに、

　按旧事紀係二六年一、蓋以二即位年一紀レ元、故與二本書一差二一年一、今不レ取、

と記し、さらに、

如二安康紀雄畧紀仁賢紀一亦以二即位年一為二元年一、與二本書一異、而其他以レ事繫レ年。則與二本書一同。如二宣化紀
　紀元一、繆誤殊甚、今不三悉標二各処一、

と註してゐる。これは『旧事本紀』が、

（安康天皇紀）
元年十二月己巳朔壬午。穴穂皇子即二天皇位一。[23]

（雄略天皇紀）
元年十一月壬午朔甲子。天皇（中略）即二天皇位一。[24]

（仁賢天皇紀）
元年歳次戊辰春正月辛巳朔乙酉。皇太子尊即二天皇位一。[25]

と記してゐる事に対して、「本紀」は、

　以二即位年一為二元年一、與二本書一異。

として安寧天皇紀や開化天皇紀と同様に「紀」と異なつてゐるとするのである。傍線は「紀」と同文の部分に引いたのであるが、一覧表を一見して理解されるやうに安康天皇紀と雄略天皇紀に関しては、その即位は「元年」の前年に行はれてゐるのである。に拘はらず『旧事本紀』はそれを「元年」に掛け、以後記事は「紀」と誤差が生じることとなつてゐるのである。[26]ところが仁賢天皇紀に関しては「紀」と異なるところがないのである。に拘はらず「本紀」が同様に記してゐるのは失考といはざるを得ないのである。

「本紀」は続けて、

　如二宣化紀紀元一、繆誤殊甚、

と記してゐるが、これも一覧表を見れば明らかなやうに、「紀」には宣化天皇即位前紀に、

　二年十二月、(中略)群臣、奏二上剣鏡於武小広国押盾尊一。使レ即二天皇之位一焉。

とあるに拘はらず、『旧事本紀』は、

　元年丁巳。使レ即二天皇之位一。為二元年一。(27)

とし、以後一年のずれが生じてゐるのである。その為に「本紀」は「繆誤殊甚」と記してゐるのであるが、宣化天皇の一代前の安閑天皇については、「紀」は継体天皇崩御年の即位、翌年元年であるのに対して、『旧事本紀』は、

　元年歳次甲寅(中略)三月癸未朔戊子。有司即二天皇位一。(28)

と記してゐるのである。「本紀」はこれについては触れてゐないが、「本紀」が「仁賢天皇紀」としたのは「安閑天皇紀」の誤りではないかと考へられる。

2、各天皇本紀の問題

次に各天皇本紀の問題について見ていくことにしよう。

A　綏靖天皇本紀

綏靖天皇本紀で、まず問題となるのは、(イ)の、

　綏靖天皇、神武帝第五子也、

の部分である。「本紀」は第一章に於いても述べたやうに「紀」を、

錦正社 図書案内 ⑥ 新刊

〒162−0041 東京都新宿区早稲田鶴巻町544−6
電話03(5261)2891 FAX03(5261)2892
https://kinseisha.jp/

現代語訳でやさしく読む

「中朝事実」 日本建国の物語

山鹿 素行原著、秋山 智子編訳

尊い国柄を次代に伝える

現代の私たちにも大きな価値を有し、儒教や仏教などの外来思想が入ってくる以前の日本古来の精神を究明し、わが国の国柄を明らかにした『中朝事実』を、やさしい現代語訳で丁寧にひもといていく。

定価3,080円
〔本体2,800円〕
四六判・320頁
令和6年6月発行
9784764601536

大和魂・大和心の語誌的研究

若井 勲夫著

日本人固有の魂・心の本質を見つめなおす

大和魂・大和心は、「魂」・「心」に大和を冠することによって、日本人の精神面・生活面において、どのように意識され、発想され、言語に表されてきたのか。

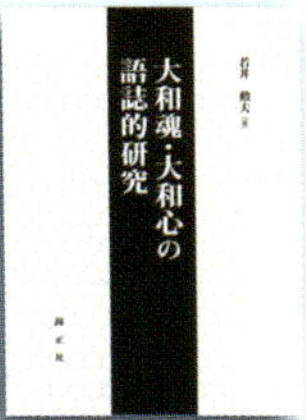

定価5,500円
〔本体5,000円〕
A5判・400頁
令和5年9月発行
9784764601512

伝統芸能と民俗芸能のイコノグラフィー〈図像学〉

児玉 絵里子著

時を超え意匠から鮮やかに蘇える
近世期―珠玉の日本文化論

初期歌舞伎研究を中心に、近世初期の芸能（歌舞妓・能楽・琉球芸能）と絵画・工芸・文芸を縦横に行き来し、日本文化史を図像学の観点から捉えなおす。

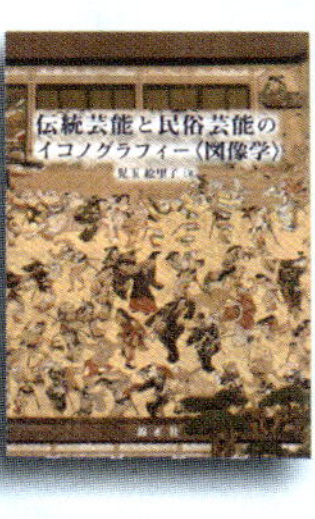

定価1,980円
〔本体1,800円〕
四六判・192頁
令和6年8月発行
9784764601543

初期歌舞伎・琉球宮廷舞踊の系譜考

三葉葵紋、枝垂れ桜、藤の花

児玉 絵里子著

数百年の時を超えて今蘇る、初期歌舞伎と近世初期絵画のこころ

初期歌舞伎研究に関わる初の領域横断研究。舞踊図・寛文美人図など近世初期風俗画と桃山百双、あるいは大津絵「藤娘」の画題解釈、元禄見得や若衆歌舞伎「業平踊」の定義などへの再考を促す、実証的研究の成果をまとめた珠玉の一冊。

定価11,000円
〔本体10,000円〕
A5判・526頁
令和4年7月発行
9784764601468

陸軍航空の形成
軍事組織と新技術の受容

松原　治吉郎著

陸軍航空の草創期を本格的かつ系統的に明らかにした実証研究

「陸軍航空の形成期を鮮やかに浮かび上がらせている。近代日本の軍事史に対する重要な貢献であるとともに、防衛力のあり方を考える上で示唆に富む一冊だ。」――北岡伸一（東京大学名誉教授）

今日的なインプリケーションも多く含む、近代日本の軍事史研究に必読の書。

定価5,940円
〔本体5,400円〕
A5判·432頁
令和5年3月発行
9784764603554

竹内式部と宝暦事件

大貫　大樹著

竹内式部の人物像を明らかにし、宝暦事件の真相に
歴史・神学・思想の各視点から迫る総合研究書

竹内式部の人物像・学問思想及び式部門弟の思想的背景を明らかにするとともに、江戸時代を代表する社会的事件である宝暦事件を、歴史・社会・神学・思想の各視点から多角的かつ実証的に真相に迫る。

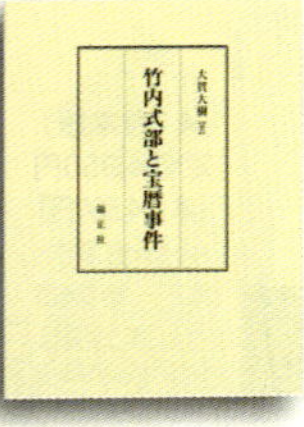

定価11,000円
〔本体10,000円〕
A5判·556頁
令和5年2月発行
9784764601505

第一次世界大戦と民間人
「武器を持たない兵士」の出現と戦後社会への影響

鍋谷　郁太郎編

「銃後」における民間人の戦争を検証する

「総力戦」といわれる第一次世界大戦を「武器を持たない兵士」としての民間人が、どの様に受け止め、如何に感じ、そして生き抜いていったのか。

ドイツ史、フランス史、イタリア史、ロシア史、ハンガリー史、そして日本史の立場からの研究成果をまとめた論集。

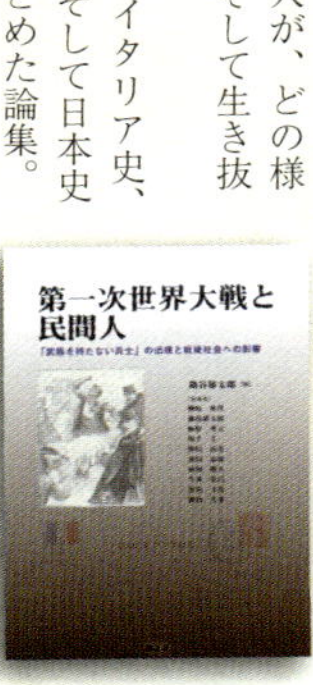

定価4,950円
〔本体4,500円〕
A5判·334頁
令和4年3月発行
9784764603547

日本海軍と東アジア国際政治
中国をめぐる対英米政策と戦略

小磯　隆広著

日本海軍の対英米政策・戦略を繙く

満州事変後から太平洋戦争の開戦に至るまで、日本海軍が東アジア情勢との関係において、英米の動向をいかに認識・観測し、いかなる政策と戦略を講じようとしたのか。

歴史学的検証により、昭和戦前期における日本の対外関係に海軍が果たした役割を解明する。

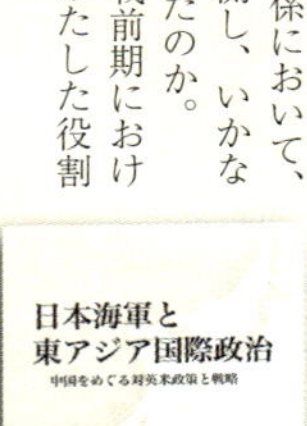

定価4,620円
〔本体4,200円〕
A5判·320頁
令和2年5月発行
9784764603523

錦正社 図書案内 ③神道・国学・歴史

〒１６２−００４１　東京都新宿区早稲田鶴巻町５４４−６
電話０３（５２６１）２８９１　ＦＡＸ０３（５２６１）２８９２
https://kinseisha.jp/

東京大神宮ものがたり
大神宮の一四〇年

藤本　頼生著

日比谷から飯田橋へ神前結婚式創始の神社・東京大神宮の歴史を繙く

神宮司庁東京皇大神宮遥拝殿として創建され、戦前期には広く「日比谷大神宮」「飯田橋大神宮」の名称で崇敬されてきた東京大神宮。伊勢の神宮との深い由緒と歴史的経緯を持ち「東京のお伊勢さま」とも称される東京大神宮の創建から現在までのあゆみを多くの史料や写真をもとに紹介。

定価1,980円
〔本体1,800円〕
A5判・328頁
令和3年12月発行
9784764601451

神道とは何か 小泉八雲のみた神の国、日本
What is Shintō?
Japan, a Country of Gods, as Seen by Lafcadio Hearn

平川祐弘・牧野陽子著

日本語と英語で「神道」の核心に小泉八雲を介し、迫る

神道は海外からしばしば誤解されてきた。その神道への誤解を解くため、最初の西洋人神道発見者といえる小泉八雲（ラフカディオ・ハーン）を通じて、ハーン研究の第一人者である二人の著者が、日本文と英文で双方から日本の神道の宗教的世界観を明らかにする。

定価1,650円
〔本体1,500円〕
四六判・252頁
平成30年9月発行
9784764601376

即位禮 大嘗祭 平成大禮要話
鎌田　純一著

平成の即位礼・大嘗祭を正確に伝える貴重な資料

世界各国、日本全国各地からの祝意の中、厳粛にまた盛大に執り行われた平成の即位礼・大嘗祭に御奉仕した著者が、その盛儀の大要を正確に記し、その真義をわかりやすく解説。誤解にみちた妄説を払拭する。

定価3,080円
〔本体2,800円〕
四六判・320頁
平成15年7月発行
9784764602625

日本人を育てた物語
国定教科書名文集

『日本人を育てた物語』編集委員会編

戦前の国語・修身の国定教科書から心に残る名文を厳選し収録

日本全国津々浦々、戦前の子供たち誰もが読んだ偉人伝や歴史物語など日本人としての心を育てた多くの文章の中から後世に伝えていきたい名文を厳選し収録。戦後忘れかけた日本人としての心を再認識する。

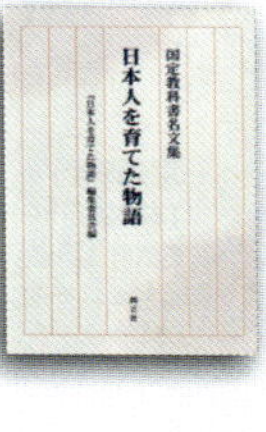

定価2,200円
〔本体2,000円〕
四六判・288頁
平成24年12月発行
9784764602946

台湾と日本人
松井　嘉和編著

台湾に関心を持つ人がぜひ知っておきたい台湾の歴史

今も残る日本統治時代の遺産、台湾近代化に貢献した日本人、日本の領有時代の意義、後藤新平の統治理念、李登輝元総統の言葉に込められた思い、これからの日台関係……歴史から豆知識まで。台湾を知りたい人、必見。

定価2,200円
〔本体2,000円〕
四六判・320頁
平成30年4月発行
9784764601352

慰霊と顕彰の間

近現代日本の戦死者観をめぐって

國學院大學研究開発推進センター編

慰霊・追悼・顕彰研究の基盤を築くために

近現代日本における戦死者の慰霊・追悼・顕彰をめぐる諸制度や担い手の言説の歴史的変遷について、多彩な分野の研究者たちが多角的かつ冷静な視点から論究する。

定価3,520円
〔本体3,200円〕
A5判・328頁
平成20年7月発行
9784764602823

霊魂・慰霊・顕彰

死者への記憶装置

國學院大學研究開発推進センター編

戦死者「霊魂・慰霊・顕彰」の基礎的研究

政治的・思想的な対立軸を受けやすい戦没者慰霊に関する諸問題の中で神道的慰霊・顕彰と「怨親平等」思想、近代における戦没者慰霊の場や招魂祭祀、仏教の関与、災害死者との差異など霊魂観の性格に直結する事象を中心に多彩な研究者が思想信条の垣根を越え実証的かつ冷静に論究。

定価3,740円
〔本体3,400円〕
A5判・360頁
平成22年3月発行
9784764602847

招魂と慰霊の系譜

「靖國」の思想を問う

國學院大學研究開発推進センター編

「招魂と慰霊の系譜」を問いなおす

「靖國問題」に代表される近代日本に於ける慰霊・追悼のあり方や招魂・顕彰といった問題に迫る論集。客観的かつ実証的な研究から思想的対立を超えた真の自由な議論を導く。

定価3,740円
〔本体3,400円〕
A5判・352頁
平成25年3月発行
9784764602960

天地十分春風吹き満つ

大正天皇御製詩拝読

西川　泰彦著

「真の大正天皇像」を知る為の本

英邁にして剛健なる、大正天皇の御姿を知りませう。平易な意訳と、懇切な参考欄の説明とに依り、「大正天皇御製詩（漢詩）」の世界に親しみませう。神道文化賞受賞。

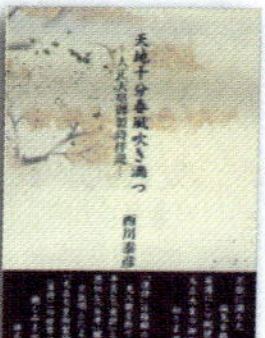

定価3,080円
〔本体2,800円〕
A5判・480頁
平成18年4月発行
9784764602700

貞明皇后　その御歌と御詩の世界

『貞明皇后御集』拝読

西川　泰彦著

貞明皇后の御歌と御詩とを拝読し、御坤徳を仰ぎ奉る

御歌の註と、御詩の語釈・意訳・参考の解説により、貞明皇后の美しい御歌と御詩を玩味しませう。「尊きを敬ひ、美しきを称へる、そんな素直な心をあらためて覚えさせて呉れる書である。」（富山縣護國神社　栂野守雄宮司　序文）

定価3,080円
〔本体2,800円〕
A5判・418頁
平成19年10月発行
9784764602793

歴代天皇で読む日本の正史

吉重　丈夫著

歴代天皇毎に皇紀で読む日本の通史

皇紀元年に初代・神武天皇が橿原の地で即位された日本の建国から明治維新に至るまでの日本の正史を『日本書紀』『古事記』等の記述をもとに皇紀で綴る。日本の歴史を歴代天皇毎に、編年体で分り易くまとめた日本の通史。

定価3,960円
〔本体3,600円〕
A5判・656頁
平成27年4月発行
9784764601222

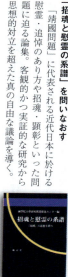

錦正社 図書案内 ⑤水戸学

〒162-0041 東京都新宿区早稲田鶴巻町544-6
電話03(5261)2891 FAX03(5261)2892
https://kinseisha.jp/

水戸斉昭の『偕楽園記』碑文

安見 隆雄著

《水戸の碑文シリーズ5》

水戸偕楽園造営の趣意を示した『偕楽園記』の解説書

原文・書き下し文・平易な意訳と丁寧な解説の他、偕楽園と好文亭、斉昭と茶道、付録には徳川斉昭・偕楽園・『偕楽園記』の貴重な英文史料も収録。斉昭の宇宙観や芸術観、為政者としての姿勢などを読み取る。

定価1,320円
〔本体1,200円〕
B6判・112頁
平成18年7月発行
9784764602717

原伍軒と『菁莪遺徳碑』

久野 勝弥著

《水戸の碑文シリーズ4》

原伍軒（原市之進）の生涯と業績を知る

水戸偕楽園の一画に建つ原伍軒の顕彰碑『菁莪遺徳碑』の碑文によって藤田東湖亡き後の水戸藩を代表する人物・原伍軒の生涯と業績を解説し、その歴史的位置を考察する。

定価1,320円
〔本体1,200円〕
B6判・118頁
平成17年4月発行
9784764602670

水戸学の窓 原典から読み解く水戸学

宮田 正彦著　水戸史学会発行、錦正社発売

「水戸学」本当の姿を考える

水戸学とは、本当はどのような姿をしているものなのか。漢文で書かれた先人たちの文章を味読し、その疑問に応える。

定価2,750円
〔本体2,500円〕
A5判・212頁
平成29年11月発行
9784764601321

水戸光圀の『梅里先生碑』

宮田 正彦著

《水戸の碑文シリーズ3》

梅里先生碑の文は水戸光圀の自伝である

全文僅か二九九文字のものであるが、水戸光圀自身が後世に残すつもりで書き記し、この中に水戸光圀七十三年の生涯のエキスが詰め込まれている。Q&Aも必読。

定価1,320円
〔本体1,200円〕
B6判・96頁
平成16年3月発行
9784764602656

水戸烈公と藤田東湖『弘道館記』の碑文

但野 正弘著

《水戸の碑文シリーズ2》

天下の名文『弘道館記』碑文の解説書

「弘道館」の、建学の精神を格調高く天下に宣言した『弘道館記』の原文と書き下し文・平易な現代語訳と語釈。

定価1,100円
〔本体1,000円〕
B6判・120頁
平成14年8月発行
9784764602618

栗田寛博士と『継往開来』の碑文

照沼 好文著

《水戸の碑文シリーズ1》

現代の私たちが失っている「学問の意味」とは？

内藤耻叟撰文の『継往開来』の碑文を中心に、明治の碩学栗田寛の生涯について述べる。その生涯と業績は、総てこの碑文の中に濃縮されている。

定価1,540円
〔本体1,400円〕
B6判・90頁
平成14年3月発行
9784764602588

水戸藩と領民

仲田　昭一著　《水戸史学選書》

水戸藩と領民が織りなす厳しくも温かく美しい人間模様

水戸藩と領民とが諸課題に立ち向かい、謙虚に、誠実に未来を開こうとした先人達の「誠意」を抽出してその想いを今に伝える。

定価2,970円
〔本体2,700円〕
B6判・256頁
平成20年7月発行
9784764602816

大日本史の史眼 その構成と叙述

梶山　孝夫著　《水戸史学選書》

水戸の学問の集大成である『大日本史』の神髄に迫る

『史記』に依拠したものとされる『大日本史』の構成と叙述に於ける相違点を徹底的に検証し、その特色を探求しようと試みる。

定価3,740円
〔本体3,400円〕
B6判・336頁
平成25年2月発行
9784764602953

大日本史と扶桑拾葉集

梶山　孝夫著　《水戸史学選書》

大日本史と扶桑拾葉集の今日的役割を明らかにする

水戸藩が総力をあげて編纂した「大日本史」と「扶桑拾葉集」どちらも汲めども尽きない巨大な学問大系を有している。

定価3,190円
〔本体2,900円〕
B6判・230頁
平成14年7月発行
9784764602595

北方領土探検史の新研究

その水戸藩との関はり

吉澤　義一著　《水戸史学選書》

幕末の日露交渉の真相に迫る

間宮林蔵、木村謙次、松浦武四郎らと水戸藩とのつながりを考究。

定価3,740円
〔本体3,400円〕
B6判・256頁
平成15年7月発行
9784764602632

新版 佐々介三郎宗淳

但野　正弘著　《水戸史学選書》

黄門様の片腕助さんこと佐々介三郎の実像に迫る

定価3,311円
〔本体3,010円〕
B6判・262頁
昭和63年7月発行
9784764602106

水戸光圀と京都

安見　隆雄著　《水戸史学選書》

義公薨後三百年記念出版

義公が朝廷を深く崇敬したことは多くの史料などから明らかであり、そこに光圀の学問・精神があり、これによって興ったのが水戸学である。

定価4,290円
〔本体3,900円〕
B6判・404頁
平成12年2月発行
9784764602533

水戸の學風 特に栗田寛博士を中心として

照沼　好文著　《水戸史学選書》

水戸出身の明治の碩学で『大日本史』の完成者

定価3,520円
〔本体3,200円〕
B6判・286頁
平成10年7月発行
9784764602465

水戸光圀の遺猷

宮田　正彦著　《水戸史学選書》

「水戸黄門」の真実の一端を明らかにする

定価3,960円
〔本体3,600円〕
B6判・300頁
平成10年2月発行
9784764602458

水戸の國學 吉田活堂を中心として

梶山　孝夫著　《水戸史学選書》

古典研究の流れに大きな役割を果たしてきた水戸学

定価3,740円
〔本体3,400円〕
B6判・300頁
平成9年4月発行
9784764602328

他藩士の見た水戸

久野　勝弥編　《水戸史学選書》

近代日本の成立に重大な影響があった水戸の思想と行動

定価2,970円
〔本体2,700円〕
B6判・222頁
平成3年7月発行
9784764602168

新版 水戸光圀

名越　時正著　《水戸史学選書》

義公から脈々と著者に伝わる「興廃継絶」の精神

定価3,098円
〔本体2,816円〕
B6判・228頁
昭和61年7月発行
9784764602038

本書

と記して、明らかな間違ひでない場合は「紀」の記述に従つてゐることは、前節の記述を見ても理解されるところである。に拘はらず、この部分のみは「紀」の記述ではなく「記」に従つてゐるのである。

神武天皇の皇子について、「紀」では、神武天皇即位前紀に於いて、

長而娶二日向国吾田邑吾平津媛一。為レ妃。生二手研耳命一。

とあり、さらに神武天皇元年紀正月条に、

尊二正妃一為二皇后一。生二皇子神八井命。神渟名川耳尊一。

とあつて、綏靖天皇は手研耳命、神八井命に次いで第三子である。ところが「記」では、

娶二阿多之小椅君妹、名阿比良比売一生子、多藝志美美命、次岐須美美命、二柱坐也。

とあり、さらに、皇后選定記事の最後に、

阿礼坐之御子名、日子八井耳命、次神八井耳命、次神沼河耳命、三柱。

としてゐるのである。すなはち「記」には「紀」には見えない岐須美美命、日子八井耳命の名が挙げられてゐて、これに従ふならば、綏靖天皇は確かに第五子となる。しかし、「本紀」が「記」に従つた理由として、

按本書為二第三子一、蓋拠二皇后所レ生而書也、然帝有二二庶兄一、則古事記作二第五子一為レ得矣、

として、「記」に従ふとするのである。しかし「紀」が「第三子」とする理由を、

蓋拠二皇后所レ生而書也、

とするのであるが、「紀」では先に掲げたやうに皇后所生の皇子は神八井命と神渟名川耳尊の二人であり、「本紀」のいふやうに三人ではないのである。つまり「本紀」は最初から「記」の記事に引きずられて皇后所生の皇子を三人と

誤解してゐるのである。その為に「紀」が神武天皇の皇子を手研耳命と神八井命・神渟名川耳尊の三人とするのを皇后所生の皇子を三人とし、それに吾平津媛所生の皇子をも「記」に従ひ多藝志美美命と岐須美美命の二人として都合五人とするのであるが、この部分も「記」に引きずられたものであり、「紀」には庶兄としては手研耳命しか記されてゐないのである。すなはち「本紀」の、この部分の記述は「記」の記述にひきずられた誤解といはざるを得ない記述であり、本来ならば、

　　綏靖天皇、神武帝第三子也。

と記し、

　古事記第五子となす、すなはち阿比良比売、多藝志美美命・岐須美美命の二柱を生み、皇后、日子八井耳命・神八井耳命・神沼河耳命の三柱を生むとなす。

とでも記すべきところであらう。

　第二には、(ト)の記述である。すなはち「本紀」は、

　己卯歳、山陵事畢、命造二弓矢一、陰與二母兄神八井耳命一謀、将レ射二殺之一、

と、二重線を引いた部分のやうに、手研耳命射殺を、母の媛蹈鞴五十鈴媛及び兄の神八井耳命と謀つたとしてゐるのであるが、「紀」は、

　冬十一月。神渟名川耳尊。與二兄神八井耳命一。陰知二其志一而善防之。

と記し、さらにその実行場面に於いても、

　夫言貴レ密事宜レ慎。故我之陰謀本無二預者一。今日之事唯吾與レ爾自行之耳。

と、専ら兄弟二人で計画・実行したやうに記述されてゐる。に拘はらず、「本紀」が母の媛蹈鞴五十鈴媛を加へてゐ

るのはどうしてであらうか。それは、「記」が、

故、天皇崩後、其庶兄当藝志美美命、娶二其嫡后伊須気余理比売一之時、将レ殺二其三弟一而謀之間、其御祖伊須気余理比売患苦而、以レ歌令レ知二其御子等一。

と、歌を以て当藝志美美命の計画を知らせたとするのを「本紀」は「共に謀つた」と解した為と考へられるのである。しかしこの解釈は「記」を正しく解釈したものとはいへないのであり、「本紀」の勇み足と言はざるを得ないのである。「本紀」が「紀」を「本書」とする以上は、「紀」に従ひ、「記」説は註記するべきであつたと考へられるのである。(29)

B　安寧天皇本紀

安寧天皇本紀で問題となるのは即位時の年齢である。即ち「本紀」は(二)のやうに、

七月三日乙丑、皇太子即二天皇位一、

と記した後に、註として、

按拠下本書立為二皇太子一時二十一之文二推レ之、則天皇即レ位年二十九、然與二本書崩年五十七之文一不レ合、若拠二崩年一推レ之、則此時年十九、然拠下本書懿徳帝立為二太子一時年十六之文上、則天皇年十五、懿徳帝已生、頗為レ可レ疑。蓋立為二太子一年二十一近レ是、而崩年五十七、五或六之誤、又按二水鏡愚管鈔一並云、元年年二十、此亦拠二本書崩年一推レ之耳、今姑闕レ疑、不レ註二即位時年幾一、

と記し、即位時の年齢を記さない理由を述べるのである。すなはち安寧天皇は綏靖天皇二十五年に皇太子となつてゐるのであるが、綏靖天皇紀にはその時の年齢は記されてゐない。しかし安寧天皇即位前紀には、

年廿一。

と記されてゐるのであり、綏靖天皇はその三十三年五月に崩御され、安寧天皇はその年の七月に即位されてゐるのであるから、単純に計算すれば二十九歳となるのである。ところが安寧天皇崩御は、その三十八年十二月であるから、即位時の年齢から計算すれば六十七歳でなければならない。しかるに「紀」は、

時年五十七。

となつてゐて、十歳の誤差が生じるのである。そこで「本紀」は懿徳天皇即位前紀の、

磯城津彦玉手看天皇十一年春正月壬戌。立為二皇太子一。年十六。

の記事から天皇の年齢を推定するならば、①即位時二十九歳ならば懿徳天皇は天皇二十五歳時の誕生、②崩御時五十七歳ならば懿徳天皇は天皇十五歳時の誕生となるのである。この場合②は天皇十五歳時の誕生といふのは不自然であるところから、「本紀」は、崩年の「五十七」は「六十七」の誤りではないかと推定するのであるが、根拠とするべき史料を見出すことができないために、

今姑闕レ疑、不レ註二即位時年幾一、

として、即位時の年齢を記さなかつたのである。ちなみに「本紀」は「記」の年齢を記してゐないが、「記」には、

天皇御年、肆拾玖歳。

と記されてをり、これを以て懿徳天皇誕生時の天皇年齢を計算すると僅か五歳といふことになり、余りにも不自然な年齢となる。その為に「本紀」は触れなかつたものと考へられる。

C　孝昭天皇本紀

「孝昭天皇本紀」で問題となるのは、(ロ)の即位日について、分註に於いて、

　本書作二甲子一、今推二干支一従二帝王編年記一、

と記してゐる点である。「本紀」は「紀」が「甲子」となつてゐるのを、前節「4　孝昭天皇本紀」に於いて記したやうに、朔日が「丙戌」であることと、『帝王編年記』によつて「甲午」に訂正したとするのであるが、『帝王編年記』は、

　元年丙寅。佛滅後四百七十五年。当二周敬王三十六年[30]一。

とあるだけで、即位日については何ら記されてゐないのである。に拘はらず「本紀」が『帝王編年記』を掲げてゐるのは不思議である。或いは『旧事本紀』とするべきところを誤つて『帝王編年記』としたのかもしれない。このやうに考へられるのは、「本紀」が「紀」の干支を訂正する場合には、例へば前節「3　懿徳天皇本紀」(ル)のやうに、常に『旧事本紀』を参照してゐるのであり、この部分でも、新訂増補国史大系本は、『旧事本紀』により訂正してゐる[31]からである。ともかくも「本紀」のこの記述は誤りと断ぜざるを得ないのである。

D　孝元天皇本紀

「孝元天皇本紀」に於いて問題となるのは(イ)の孝元天皇を孝霊天皇の「長子」と記してゐる点である。孝霊天皇紀二年条には、

　春二月丙辰朔丙寅。立二細媛命一為二皇后一。(一云。春日千乳早山香媛。一云、十市県主等祖女真舌媛也。)后生二大日本

根子彦国牽天皇一。妃倭国香媛、（亦名絙某姉。）生二倭迹迹日百襲姫命。彦五十狭芹彦命（亦名吉備津彦命。）倭迹迹稚屋姫命一。亦妃絙某弟生二彦狭嶋命。稚武彦命一。

と記されてゐるのであり、「長子」とは記されてゐない。に拘はらず「本紀」が「長子」と記したのは、孝霊天皇の皇子の中で最初に記されてゐる為に「長子」と判断したものと思はれる。しかし、孝霊天皇には他に三人の皇子が存在するのであり、その順序については、稚武彦命が彦狭嶋命の弟であること以外は明らかでないのであり、孝元天皇を「長子」としたのは誤りとしなければならないであらう。

また（ホ）については、新訂増補国史大系本も一四九頁頭註に於いて「当誤」として、正月説を正とみてゐる。「本紀」の実証的研究を示すものである。

むすび

『大日本史』の「綏靖天皇本紀」から「開化天皇本紀」の記述を検討してきたが、歴代「本紀」は「紀」を基本として記してゐるのであるが、上述のやうにいくつかの問題点が存在することが明らかになつた。すなはち第二節に於いて述べたやうに、

一、綏靖天皇から孝霊天皇の皇后について「紀」には異説が記されてゐるのであるが、「本紀」はそれを記載してゐない。が、これは註記すべきものではないだらうか。

一、綏靖天皇を神武天皇の「第五子」と記してゐるのは「記」に引きずられた失考である。

一、「綏靖天皇本紀」に於いて手研耳命射殺を母の媛蹈鞴五十鈴媛及び兄の神八井耳命と謀つたとしてゐるのは、「記」の記事を誤解したものと考へられる。

一、孝元天皇を孝霊天皇の「長子」と記すのは、他の妃出生の皇子との前後関係が不明であるところよりして、「本紀」の書き過ぎといふべきものである。

以上の四点は、「本紀」の記述の中で問題とすべきものとみられるが、「本紀」は『旧事本紀』の記事について、いくつかの検討を行つてゐる。殊に先帝崩御と新帝即位の関係について第二節第一項に於いて述べたやうな検討を行つてゐる。その結論は「紀」に従つて『旧事本紀』を批判してゐるのであり、是認されるものではあるが、安閑天皇とすべきところを仁賢天皇とする大きな間違ひと見られる記述も見られるのである。その他、『旧事本紀』を活用して干支を決定してゐると考へられるに拘はらず、『帝王編年記』としてゐる例があつたりもしてゐる。

総じていへば、本章で取り上げた「本紀」は、概ね「紀」によつて記されてゐるのであり、安寧天皇即位時の年齢について考察を加へ、その結論を将来の検討に委ねるやうな慎重な部分も存するのであるが、「神武天皇本紀」と比較するに「記」等の記述に迷はされてゐる部分もあり、誤記その他が多いのであり、同じく板垣宗憺の執筆と思へないやうな間違ひや軽率といふやうな記述が存したりもしてゐるのである。

以上が「綏靖天皇本紀」から「開化天皇本紀」の実相といへるであらう。

補註

（1）吉田一徳氏著『大日本史紀伝志表撰者考』二四〇頁による。

（2）『大日本史』は昭和三年十月発行の大日本雄弁会本による。

（3）『日本書紀』は新訂増補国史大系本を用ゐる。

(4) 以下各天皇本紀も同様であるから、一々註記することはしない。
(5) 以下、年の干支及び日付については註記しない。
(6) 新訂増補国史大系第二十一巻上『流布本水鏡』八頁。
(7) 『古事記』は岩波書店日本古典文学大系本による。但し大系本の頁数は原則として省略する。諒せられたい。
(8) 『旧事本紀』は、鎌田純一氏著『先代舊事本紀の研究　校本の部』による。同書二〇八頁。
(9) 「紀」編纂時には漢風諡号は制定されてゐないから、これは「本紀」が独自に記すことにしたものであるが、第一章に於いても述べたやうに「神武天皇本紀」以下一貫して記されてゐる。
(10) 新訂増補国史大系第二十六巻『延喜式』五四七頁。
(11) 新訂増補国史大系第一巻上『日本書紀』前篇一四四頁。
(12) 新訂増補国史大系第一巻上『日本書紀』前篇一四四頁。
(13) 岩波書店日本古典文学大系『愚管抄』四七頁。
(14) 新訂増補国史大系第二十六巻『延喜式』五四八頁。
(15) 鎌田純一氏前掲書一三九頁。
(16) 鎌田純一氏前掲書一四〇頁。
(17) 鎌田純一氏前掲書一四一頁。
(18) 鎌田純一氏前掲書二一〇頁。
(19) 鎌田純一氏前掲書二〇九頁。
(20) 新訂増補国史大系第二十一巻上『流布本水鏡』九頁。
(21) 鎌田純一氏前掲書二一八頁。
(22) なほ『旧事本紀』は開化天皇崩御の年代については「紀」に合致してゐる。
(23) 鎌田純一氏前掲書二五九頁。
(24) 鎌田純一氏前掲書二六三頁。
(25) 鎌田純一氏前掲書二七五頁。
(26) 『旧事本紀』の雄略天皇紀では清寧天皇の立太子・天皇の崩御記事の年代については「紀」に合致してゐる。
(27) 鎌田純一氏前掲書二八七頁。

(28) 鎌田純一氏前掲書二八六頁。

(29) 本文に於いては手研耳命射殺を、母の媛蹈鞴五十鈴媛及び兄の神八井耳命と謀つたと解釈したが、或いは「與二母兄神八井耳命一謀」の「母兄」は「同母兄」を略したものである可能性がある。さうすると手研耳命射殺は「紀」と同じく兄弟で実施したこととなる。第二十章「天武天皇本紀」補註5を参照されたい。

(30) 新訂増補国史大系第十二巻『帝王編年記』三九頁。

(31) 新訂増補国史大系第一巻上『日本書紀』前篇一四四頁頭註参照。

第三章　崇神天皇本紀

第一節　崇神天皇本紀の記述

本章に於いて扱ふ「崇神天皇本紀[1]」は、吉田一徳博士によるに、板垣宗憺の執筆である。[2]なほ「本紀」の文章が「紀[3]」と字句の変更などについては資料篇に譲り省略する。

ロ、本条は即位前紀の中の天皇の性格を記した部分であるが、この中で「紀」と異なる記述は、「紀」が「識性」としてゐるところを①「資性」としてゐる部分、「好㆓雄略㆒」を②「有㆓雄略㆒」と要約してゐる部分、及び「紀」が「既壮寛」と記してゐるのを③「及壮」としてゐる部分である。②・③については文字の綾であり、特に問題とすることはないが、①については、その意味する所が異なることになると考へられるので、第三節に於いて述べることにしよう。

ニ、本条の前半は即位前紀の記事であり、天皇名を漢風諡号に改めてゐる。対して後半は開化天皇紀に基づき陵名を略して天皇名を記してゐる。なほ「本紀」は月の前に春夏秋冬を附けるのが恒例で有るに拘はらず、本条ではそれがなされてゐない。この点については第三節に於いて述べることとしよう。

ホ、本条は元年条の要約文であり、「本紀」の通例により、年の干支と月の日付を加へると共に、即位時の年齢を記してゐる。そして、その年齢については註で、

年拠㆘水鏡、皇代記、愚管鈔、及本書立為㆓太子㆒年十九之文㆖

と、その根拠を記してゐる。

チ、本条は「紀」の省略文である。但し「紀」には記されてゐる皇后処生の六皇子女の名及び妃とその処生の皇子女の名は略されてゐる。この点については次節に於いて言及しよう。

ヌ、本条は、四年紀十月壬午条の詔を一部分文字を略して記したものである。「本紀」はこれに続けて、

旧事紀曰、是歳二月、以㆓建胆心命㆒為㆓大禰㆒、多辨命為㆓宿禰㆒、安毛建美命為㆓侍臣㆒、

の文を註の形で記してゐる。是は第二章にに於いて述べたやうに『旧事本紀』独自の記事であり、疑はしい内容ではあるが、天皇大権による任命記事であるところから記されたものである。

ヲ、本条は六年紀の趣意文であるが、「神鏡霊剣」「遷」及び「別摸㆓鏡剣㆒、奉㆓安殿内㆒、以為㆓護身御璽㆒」は「紀」に記されてゐない文である。それを何に基づいて記したかといふことは、「本紀」に、

遷摸鏡剣拠㆓古語拾遺㆒

と註されてゐることから、『古語拾遺』に基づいて記してゐることは明らかであるが、この点については第三節に於いて述べることにしよう。

ワ、本条は六年紀の要約文であるが、「紀」が「託」としてゐる処を「命」としてゐる。それは垂仁天皇紀二十五年

条の一説に、

命二渟名城稚姫命一。定二神地於穴磯邑一、祠二於大市長岡岬一。

とある二重線の記事に従つたものと思はれる。「本紀」はこの記事に続けて、

按本書垂仁紀註一説、為二垂仁帝二十六年事一、其説與レ此異、今不二悉註一、

と註してゐる。この説の異同については第三節に於いて述べることにしよう。

カ、本条は七年紀二月条及び八月条の要約文であり、(ヨ)・(タ)条と共に大物主神奉祭に関する記事である。その中で「紀」では大物主神が倭迹迹日百襲姫を通じて述べられたことになつてゐる大物主神の託宣を、「夢大物主神告曰」と、直接天皇に述べられたことにしてゐるが、これはその託宣を聞いて、大田田根子を探されることになるために、天皇に関する内容として記述したものと考へられる。また大田田根子発見の場所については、「記」と異なることから、

古事記作二河内美努村一、

と註記してゐる。

ヨ、本条は次条と一連の記事であるが、その干支に問題があるために、

按本書諸本作二丁卯一、今推二干支一、拠二卜部兼永本一訂レ之、

と註記してゐるのである。すなはち「紀」の諸本は、

十一月丁卯朔己卯。命二伊香色雄一、

となつてゐるのである。その為に、新訂増補国史大系本は、

丁卯、当誤、集解推暦改壬申〇朔、拠北本熱本玉本勢本及紀略補〇己卯、拠北本玉本勢本及紀略補[4]

と記してゐるのである。「本紀」は卜部兼永本に基づいて「丁卯朔」を誤りとして、己卯を「八日」としてゐるのである。小学館新編日本古典文学全集本は、この「丁卯朔」に註して、

底本「十一月丁卯」、北野本や熱田本などは「十一月丁卯朔己卯」とある。しかし『集解』説のごとく、儀鳳暦によれば十一月朔は壬申で、原本は「十一月壬申朔己卯」とあったはず。それによれば「己卯」は八日となるが、今はしばらく北野本等のままとし、「己卯」を十三日としておく。(5)

としてゐるのであるが、「本紀」は正しく朔日の干支を計算し、「八日」としたのであり、厳密な校訂といへる。

タ、本条は崇神天皇の神祇祭祀の実行を述べた部分であるが、第一に伊香色雄を「為㆘班㆓神物㆒者㆖」と記してゐるが、「紀」は、

命㆓伊香色雄㆒而以㆓物部八十手所作祭神之物㆒。即以㆓大田田根子㆒。(以下略)

とあつて、これでは意味が明瞭ではなく、何らかの脱漏があるものと思はれるのであるが、「本紀」はそれを「為㆘班㆓神物㆒者㆖」とし、意味が通じるやうにしてゐるのであり、恐らくは正しい解釈であらう。また「年豊民安」は「紀」が、

国内漸謐。五穀既成。百姓饒之。

としてゐる部分をその趣旨に基づいて書き変へたものである。

第二に「疾」は「紀」には「病」とあるのを変へたものであるが、何故に変更したのか、その意図は明確ではない。

レ、本条は大神神社の祭典に関した記事であるが、「大物主神」は「紀」では「大神」とある。「本紀」はそれを祭神名に変へて記してゐる。また「天皇臨焉、祭畢」は「紀」には記されてゐない内容である。しかし天皇が祭典に臨

まれたことは、宴が終はつて、

開二神宮門一而幸行

とあることにより知られるのであり、またその宴は祭典終了後の直会であるから、「祭畢」と記したものである。

ソ、本条は、三月戊寅の夢に基づいて、墨坂神と大坂神を祭つた記事であるが、「天皇」「祠」は三月条に基づいて記されてゐる。また「感」は「紀」では「依二夢之教一」となつてゐるが、そのやうに記すと、三月条の内容を記す必要が出てくるために「感」と記したものと思はれる。

ツ、本条は四道将軍派遣の記事であるが、詔は「紀」を一部分省略したものである。その中で「悉息」「未レ霑」「意」「命」は、「紀」ではそれぞれ①「皆耗」②「未レ習二王化一」③「悳」④「詔」となつてゐるが、①は意を採つて記したものであり、②は「紀」が、

猶不レ受二正朔一。是未レ習二王化一。

と記してゐるのを一部分省略した為に「未レ霑」と変更したものである。そして③は意味の上から文字を修飾したものとして良い。さらに④は「詔」は「命令」であることからこのやうに記したものと考へてよいであらう。
また「彦五十狭芹彦命」は「紀」では「吉備津彦」となつてゐるのであるが、それを敢へて「彦五十狭芹彦命」と記したのは、孝霊天皇紀二年条の「彦五十狭芹彦命」に、

亦名吉備津彦命

と記されてゐるところから、「彦五十狭芹彦命」を本名（本来の名）として採用したものと考へられる。「将軍始二于此一」は「本紀」が、

将軍始二于此一、拠二職原鈔、神皇正統記一、

と註してゐるやうに『職原鈔』及び『神皇正統記』によつて記したものであるが、『職原鈔』には、

崇神天皇十年。命㆓四道将軍㆒遣㆓四方㆒云々。将軍之号正起㆓於此㆒歟。[6]

と記され、また『神皇正統記』には、

将軍ノ名始メテミユ。[7]

と記されてゐる。「本紀」はこれに基づいて記したのである。

ところで四道将軍の派遣については、「記」には異説が記されてゐる。そこで「本紀」は、

古事記載遣㆓大彦命于高志道、武渟川別命于東方十二道㆒、令㆑平㆓不㆑順者㆒、又遣㆓彦坐王于丹波㆒、殺㆓玖賀耳御笠㆒、而不㆑載㆓彦五十狭芹彦命、丹波道主命㆒、與㆓本書㆒異、

と記してゐるのであるが、この点については第三節に於いて述べることにしよう。

ネ、本条は武埴安彦の反乱についての記事であり、「紀」を簡単に要約して、反乱の事実とその平定のみを記してゐる。そして平定後の四道将軍発遣を記してゐるのであるが、「其速発」は「紀」が「今急発之」とあるところを「速」と書し、また「紀」に、

将宣等共発路

とあるところを「大彦命等各赴㆓四道㆒」と書き直してゐる。

ナ、本条は一部省略されて部分があるが、ほぼ「紀」と同文である。但し「異俗帰附」の部分のみは、「紀」は、

異俗多帰

と記されてゐるのを若干変更して記してゐる。

ム、本条は造船を命じた詔であるが、略ぼ「紀」と同文であり、「要用」を「利用」としてゐるのと、「由」を「以」

と記してゐるのと「而」を付け加へてゐるだけである。ところが「本紀」はこの文に続けて分註で、

按皇代記、皇年代略記、歴代皇紀、濫觴鈔並曰、十四年丁酉、伊豆国献二巨船一、歴代皇紀又曰、帝世始名《ママ》二人民一、製二衣冠一、造二酒酢及橋車一、未レ知二何拠一、附以備レ考、

と、『皇代記』などが、伊豆国が十四年に巨船を献上したこと、また『歴代皇紀』の記事について、その根拠が不明であるとして、「附以備レ考」と、後世の研究に備へるために記してゐるのである。

ウ、本条は活目尊の立太子記事であるが、豊城命の東国統治のことも「紀」同様に記されてゐる。しかし豊城命のことは、その年正月の夢占のことが前提となるのであるから、それを記さなければ唐突の感を免れないことになるのであり、抹消しても良かつたのではないだらうか（但し垂仁天皇本紀には記されてゐる）。

ヰ、本条は出雲神宝の検校についての記事であるが、その詔の内容は省略して、「遣二使出雲一、求二神宝一」と使者を派遣して神宝を求められた事実と、出雲振根が弟の飯入根を殺したこと、及び彦五十狭芹彦と武渟川別を派遣して、「討二振根一。振根伏レ誅」と振根を誅したことのみを記してゐる。なほ「彦五十狭芹彦命」は「紀」では吉備津彦となつてゐるが、上述のやうにその本名とされる彦五十狭芹彦命の名で記されてゐる。

ノ、本条はほとんど「紀」と同文である。「紀」は一説を記してゐるが、「本紀」は、

本書註一説曰、帝居二桑間宮一、造二此三池一、

と、分註として記してゐる。

オ、本条は任那の朝貢記事であるが、「紀」では蘇那曷叱知とその名前が記されてゐるのを、「使」としてゐる。それと共にこれが朝貢記事の最初であるところから、「始」と記してゐる。

「本紀」はこの記事に続けて、

　水鏡、皇年代畧記、熊野畧記引古今皇代図、並曰、是歳始造二熊野本宮一、

と『水鏡』以下の書に熊野本宮創建記事があるところから註記してゐる。

ク、本条は天皇の崩御記事であるが、「紀」では、

　時年百廿歳。

と記されてゐるのに拘はらず「本紀」では「一百十九」と記してゐる。その為に註して、

　年拠下水鏡、及本書立為二太子一年十九之文上〇本書、旧事紀並曰、百二十、古事記曰、壹伯陸拾捌歳、戊寅歳
　十二月崩、

と記してゐるのであるが、この点については第三節に於いて述べることにしよう。

第二節　崇神天皇紀と崇神天皇本紀の比較

前節に於いては、崇神天皇本紀の記述について見てきたが、次に資料篇の比較表に基づき崇神天皇紀との比較をしていくことにしよう。

比較表のやうに「本紀」は「紀」の記載の大部分を忠実に記してゐるのである。その中で記載されてゐない内容や、記事が至つて簡潔に事実のみを記してゐる部分について見ていくことにしよう。

第一には母の系譜記事である。すなはち「紀」には、

　母曰二伊香色謎命一。物部氏遠祖大綜麻杵之女也。

とあるのであるが、「本紀」は母の名だけしか挙げてゐない。これは他の「本紀」でも同様であり、母の系譜に関しては当該の后妃伝に於いて記されてをり、「本紀」に於いては記す必要が無いために記載されてゐないのである。

第二には皇后や妃所出の皇子女について記載の無いことである。これも例へば御間城姫皇后の伝には、

生二垂仁帝、彦五十狭茅命、国方姫命、千千衝倭姫命、倭彦命、五十鶴彦命一[8]。

と記されてゐるのであり、子供は女性の働きにより出生するといふ考へから、これを「本紀」から除いたものと考へられるのである。

第三には妃の記載の無いことである。この点に関しては次節に於いて述べることにしたい。

第四には太歳記事が記されてゐない点である。「紀」は歴代即位元年紀の末尾に太歳記事が記載されてゐる。しかし「本紀」に於いては歴代に渉り太歳記事は省略されてゐる。それは「紀」では年の干支が記されてゐないところから太歳記事が必要であつたのであるが、「本紀」は各条に年の干支が記されてゐるところから特に太歳記事を必要としないところから省略されてゐるのである。

第五には七・八年条についてである。この中で記載のない倭迹速神浅茅原目妙姫等の夢記事については次節に於いて言及することにするが、天皇の浅茅原行幸が省略されたのは、そこで行はれた質疑応答が大田田根子の出自に関するものであつたから省略されたものと見られるのである。また活日為大神掌酒記事は、次の大神社祭祀記事、殊にその直会記事が簡潔であるところから、活日の事を特に記載する必要がなかつたために記されなかつたものとみられ、その大神社祭祀記事自体が(レ)条のやうに簡潔に纏められてゐるのである。

第六には武埴安彦の謀反や出雲神宝検校記事が、武埴安彦や振根の誅殺の事実しか記されてゐないことである。それはこれらの誅殺自体は天皇の行為ではないことから「本紀」ではその事実のみを記し、具体的内容に関してはその

誅殺者の伝に於いて記すことにしたものである。すなはち武埴安彦に関しては彦国葺伝（巻一百七）にその概略が記されてをり、また出雲振根に関しては彦五十狭芹彦命伝（巻八十六）に詳述されてゐるのである。

第七には七年条の大物主神の神託を含めて倭迹迹日百襲姫命関係記事が全く記されてゐないことである。しかしこれは元々倭迹迹日百襲姫命伝に記されるべきものであり、事実巻一百に詳細に記されてゐるのであるから、「本紀」に記載が無いのは当然である。

第八には立太子記事に関してであるが、これについては次節に於いて述べることにしよう。

第九には出雲大神奉祭記事についてである。これは振根誅殺後出雲臣が朝廷を恐れて祭祀を中断してゐたが、丹波の子供に神懸りがあり、その事を父親が皇太子の活日尊に奏したので、尊はそれを天皇に奏上し、勅して出雲大神を祭らしめたといふものである。この記事は一見「本紀」に載せられても良いやうに見られるのであるが、天皇は単に出雲臣にその奉ずる所の神を祭らせしめられたものであり、天皇自ら祭られたものでないところから記載されなかつたものと見られるのである。

第十の任那の地理記載については、特に記載しなくともよいものであり、省略されても何ら問題となるものではない。

第十一の天皇の葬送記事の年月については、「紀」が「明年」としてゐるやうに、垂仁天皇元年のことであるところから、崇神天皇紀に於いては記さなかつたものであり、次の「垂仁天皇本紀」に於いては、

冬十月十一日癸丑、葬二崇神天皇一、

と記してゐるのである。「本紀」は歴代天皇の崩御記事に続けて葬送記事を記してゐるが、その何れにも年月の記載は無いのであり、ここも通例に従つたものとみてよいであらう。

第十二に「本紀」は諡号を記してゐるが、これも通例である。

以上「紀」と「本紀」を比較し、「本紀」に記載されてゐない部分の大部分は、それぞれ理由の明確なものであることが明らかとなつたが、若干問題の存するものがある。本節に於いて触れなかつた部分については次節に於いて述べることとしたい。

第三節　崇神天皇本紀記述上の問題点

前節に於いて「崇神天皇本紀」の記述の全体を概観してきたが、その結果は、「紀」に忠実に、その内容を十分把握し要約した記述が行はれてゐると判断してよいであらう。しかしその中には問題と考へられる部分の存在することもまた事実である。本節に於いては、「本紀」の中で問題と考へられる記述について検討を加へていくことにしよう。

第一には（ロ）の「資性」と記されてゐる部分についてである。先にも記したやうに、「紀」では「識性」と記されてゐる。この「識性」について小学館新編日本古典文学全集本の頭註には、

物事の是非善悪を分別する性質[9]。

と説明されてゐる。対して「資性」の意味は、『大漢和辞典』に拠るに、

うまれつき。もちまへ。天性。天資。資質[10]。

と記されてゐる。「識性」も「資性」の一部分であるが、「紀」はより厳格な意味で使用してゐるのである。「本紀」が「識性」を「資性」に変更した理由は、天皇の性格をより広く理解しようとしたためと考へられる。それは「綏靖

天皇本紀」に於いても「紀」が「孝性純深」と記してゐる部分を、「資性純孝」と記してゐることによつても理解されるところである。

第二には(二)条の開化天皇崩御及び葬送記事に於いて月の頭に春夏秋冬が記されてゐないことである。「本紀」は、「元年甲申、春正月十三日甲午、天皇即位」といふやうに月の頭に春夏秋冬を付すことにしてゐる。に拘はらず、この部分に於いてはそれが付されてゐないのである。よつて今崇神天皇本紀前後の崩御・薨去記事を検討するに、

神武天皇本紀　七十六年丙子、春三月十一日甲辰、天皇橿原宮に崩ず。

綏靖天皇本紀　即位前紀　七十六年三月神武帝崩ず。

　　丁丑歳、九月十二日丙寅、神武天皇を葬る。

　四年癸未、夏四月、神八井耳命薨ず。

　三十三年壬子、夏五月、天皇不予、十日癸酉崩ず。

安寧天皇本紀　即位前紀　三十三年五月、綏靖帝崩ず。

　元年癸丑、冬十月十一日丙申、綏靖天皇を葬る。

　三十八年庚寅、冬十二月六日乙卯、天皇崩ず。

懿徳天皇本紀　即位前紀　三十八年十二月、安寧帝崩ず。

　(元年)秋八月丙午朔、安寧天皇を葬る。

　三十四年甲子、秋九月八日辛未、天皇崩ず。

孝昭天皇本紀　即位前紀　三十四年九月、懿徳帝崩ず。明年乙丑、十月十三日庚午、懿徳天皇を葬る。

　八十三年戊子、秋八月五日辛酉、天皇崩ず。

孝安天皇本紀　即位前紀　八十三年八月、孝昭帝崩ず。

　　　　　　　三十八年丙寅、秋八月十四日己丑、孝昭天皇を葬る。

　　　　　　　一百二年庚午、春正月九日丙午、天皇崩ず。

孝霊天皇本紀　即位前紀　一百二年正月、孝安帝崩ず。九月十三日丙午、孝安天皇を葬る。

　　　　　　　七十六年丙戌、春二月八日癸丑、天皇崩ず。

孝元天皇本紀　即位前紀　七十六年二月孝霊帝崩ず。

　　　　　　　六年壬辰、秋九月六日癸卯、孝霊天皇を葬る。

　　　　　　　五十七年癸未、秋九月二日癸酉、天皇崩ず。

開化天皇本紀　即位前紀　五十七年九月孝元帝崩ず。

　　　　　　　五年戊子、春二月六日壬子、孝元天皇を葬る。

　　　　　　　六十年癸未、夏四月九日甲子、天皇崩ず。

崇神天皇本紀　(二)・(ク)

垂仁天皇本紀　即位前紀　六十八年十二月、崇神帝崩ず。

　　　　　　　(元年)冬十月十一日癸丑、崇神天皇を葬る。


初代神武天皇本紀から十一代垂仁天皇本紀までの表記を掲げたが、一見して明らかなやうに、即位前紀に於ける崩御、また葬送記事については月の頭に春夏秋冬は記してゐないのである。対して元年以後の葬送記事や崩御記事には必ず春夏秋冬が記されてゐるのであり、(二)条は即位前紀である故に春夏秋冬が記されてゐないのである。

第三に問題となるのは、(チ)条である。本条は御間城姫立后の記事であるが、前節に見たやうに、妃や皇后・妃処

生の皇子女の名は記されてゐない。すなはち「紀」には、

先レ是。后生二活目入彦五十狭茅天皇。彦五十狭茅命。国方姫命。千千衝倭姫命。倭彦命。五十日鶴彦命一。又妃紀伊国荒河戸畔女遠津年魚眼眼妙媛。生二豊城入彦命。豊鍬入姫命一。次妃尾張大海媛（一云、大海宿禰女八坂振天某辺。）生二八坂入彦命・渟名城入姫命・十市瓊入姫命一（注、括弧内は割註、以下同様）

と記されてゐるのである。また「記」にも、

此天皇、娶二木国造、名荒河刀辨之女、（註略）遠津年魚目目微比売一、生御子、豊木入日子命。次豊鉏入日売命。又娶二尾張連之祖、意富阿麻比売一、生御子、大入杵命。次八坂之入日子命。次沼名木入日売命。次十市之入日売命。又娶二大毘古命之女、御真津比売一、生御子、伊玖米入日子伊沙知命。（註略）次伊邪能真若命。（註略）次国片比売命。次千千都久和（註略）比売命。次伊賀比売命。次倭日子命。

と記されてゐる。ところが「本紀」はこれらの妃や、皇子女の名は一切省略してゐるのである。これはこの「崇神天皇本紀」だけでなく第二章に於いても述べたやうに、綏靖天皇本紀から第九代開化天皇本紀も同様であるが、次の垂仁天皇本紀では十五年丙午条に、

秋八月壬午朔、立二日葉酢媛一為二皇后一、納二其三妹渟葉田瓊入媛、真砥野媛、筋瓊入媛一、並為レ妃、

と、妃も記されてゐるのであり不統一となつてゐる。やはり妃名は付記すべきであつたらう。

第四には（ヲ）条である。「本紀」が註で記してゐるやうに、本条は『古語拾遺』を活用してゐる。『古語拾遺』はこの部分を、

至二于磯城瑞垣朝一。漸畏二神威一。同レ殿不レ安。故更令下斎部氏率二石凝姥神裔。天目一箇神裔二氏一。更鋳レ鏡造上レ剣。以為二護身御璽一。是今践祚之日所レ献神璽鏡剣也。仍就二於倭笠縫邑一。殊立二磯城神籬一。奉レ遷二天照大神及草

薙剣一。令二皇女豊鍬入姫命奉一レ斎焉。[11]

と記してゐるのである。「本紀」は「紀」が記してゐない鏡剣を鋳造して、「護身御璽」としたこと、及び神鏡だけでなく、草薙剣をも共に祭つたことを『古語拾遺』に基づいて記したのは、現実に践祚の時に献られる鏡剣の由来が記されてゐるのであり、また草薙剣は伊勢神宮に齋されてゐたことは、日本武尊の神宮参拝記事により明白であるから、『古語拾遺』の記事を事実と認定して記したものと考へて過ちはないであらう。

第五には(ワ)条の註記についてである。「本紀」は第一節に於いても記したやうに、

按本書垂仁紀註一説、為二垂仁帝二十六年事一、其説與レ此異、今不二悉註一、

と註してゐる。ここに「本書垂仁紀註一説、為二垂仁帝二十六年事一」と記してゐるのは、垂仁天皇紀二十五年三月条に記されてゐる天照大神御鎮座記事について「紀」では、「一云」として、天照大神を、

取二丁巳年冬十月甲子一。遷二于伊勢国渡遇宮一。

と記してゐるのであるが、この「丁巳年」とは、垂仁天皇二十六年に当たるため[12]に「本紀」は上述のやうに記したのである。但しこれが神宮御鎮座に関する異説であるならば、ここに取り上げる必要はないのであるが、「紀」ではこれに続けて、

是時倭太神。著二穂積臣遠祖大水口宿禰一。而誨之曰。太初之時期曰。天照大神。悉治二天原一。皇御孫尊。専治二葦原中国之八十魂神一。吾親治二大地官一者。言巳訖焉。然先皇御間城天皇。雖レ祭二祀神祇一。微細未レ探二其源根一。以粗留二於枝葉一。故其天皇短レ命也。是以。今汝御孫尊。悔二先皇之不及一而慎祭。則汝尊寿命延長。復天下太平矣。時天皇聞二是言一。則仰二中臣連祖探湯主一而卜レ之。誰人以令レ祭二大倭大神一。即渟名城稚姫命食レ卜焉。因以命二渟名城稚姫命一。定二神地於穴磯邑一。祠二於大市長岡岬一。然是渟名城稚姫命。既身体悉痩弱以不レ能レ祭。是以命二大倭

直祖長尾市宿禰一。令レ祭矣。

といふ記事が記されてゐるのである。これは崇神天皇六・七年紀の異説であるが、「本紀」はこの記事の註記を省略した為に「今不二悉註一」と記すのであるが、第二節に見たやうに、実は「本紀」は七年紀八月条の倭迹速神浅茅原目妙姫・穂積臣の遠祖大水口宿禰・伊勢麻積君の見た夢（長尾市に倭大国魂神を祭る主とすれば天下泰平となるとの夢）についても記してゐないのである。「本紀」が七年紀八月条を記さなかつたの(13)は、天皇が直接見られたものでないために記さなかつたものと思はれる。

第六には（ツ）条の「記」との相違である。すなはち彦五十狭芹彦命については、「記」孝霊天皇段に、

比古伊佐勢理毘古命、亦名大吉備津日子命。（中略）若日子建吉備津日子命。（中略）大吉備津日子命與二若建吉備津日子命一、二柱相副而、於二針間氷河之前一、居二忌瓮一而、針間為二道口一以言二向和吉備一也。(14)

と記されてゐる為に崇神天皇段には記されなかつたものと考へられるが、丹波については、全くその伝を異にしてゐるのである。但し異伝とはいへ、彦坐王と丹波道主命は垂仁天皇五年紀十月条の註に、

道主王者。稚日本根子太日日天皇之孫。彦坐王子也。一云。彦湯産隅王之子也。

とあり、異説を別にすれば、彦坐王と道主王は父子であり、行動を共にしてゐたとも考へられるのであり、仮にさうとすれば、父子の内どちらに重点を置くかにより所伝が異なることになるのであり、「紀・記」所伝の相違はそのやうに考へてよいものと考へられる。

第七には（オ）条の註記である。すなはち「本紀」は『水鏡』以下の記述に基づいて熊野本宮の創始を記してゐるのであるが、『流布本水鏡』には、

六十五年と申しに、くまのゝ本宮はいでおはしましゝなり。(15)

と記されてゐるのみであり、天皇が何らかの関与をされたといふことでもないのであるから、この註記は不要であつたのではないかと考へられる。が、「本紀」としては熊野本宮といふ大社の創始を物語るものであるところから記したものであらう。

第八には（ク）条の天皇の年齢についてである。「本紀」は『水鏡』と「紀」の立太子記事に基づいて「一百十九」と記してゐるが、新訂増補国史大系『水鏡』[16]は、

六十八年崩。年百十五。[17]

とある。ただし同じく新訂増補国史大系に所収してゐる『流布本水鏡』には、

六十八年崩ず。年百十九。[18]

とあるので、『大日本史』編纂に於いて利用された『水鏡』は『流布本水鏡』であつたことが知られるのである。ところが「紀」の崩年記事では、

時年百廿歳。

と記されてをり、一歳の差が生じるのである。また「記」は、

天皇御歳、壹佰陸拾捌歳。（戊寅年十二月崩。）

と記されてゐて、三者それぞれ食ひ違つてゐるのである。そのために「本紀」は立太子記事に基づいて「一百十九」と記すとともに、異説となる百二十歳説（「紀」本文・『旧事紀』）百六十八歳（『古事記』説）を註記したのであるが、単に「紀」の記述を盲目的に信ずるのではなく、異説と比較検討して、事実を確定しようとしてゐるのであり、ここに『大日本史』の科学的実証主義が示されてゐるのである。

むすび

『大日本史』の「崇神天皇本紀」の記述について見てきたが、第一節に於いて述べたやうに、その記述は概ね妥当な内容とみてよいであらう。また第二節に於いて検討したやうに「紀」の記述の中で省略された部分は、直接天皇が関与された事柄でないものであり、その多くは列伝に於いて記されてゐることが明らかにされた。さらに第三節に於いて見たやうに、その問題点として挙げた内容も、その多くは解決のつくものであるが、一部分問題も存してゐることも事実である。それは妃記載についてのやうに編集方針の未決定からか、巻により記載されたりされてゐない場合があつたりもしてゐるといふことも存在してゐるのである。また、熊野本宮の創始のやうに、単に崇神天皇朝に創建されたといふだけのことを記載してゐる場合もあり、一見未定稿ではないかと思はれるところが存するのである。

しかしながら『大日本史』はより多くの史料に基づいてより正確な記述をしようと努めてゐたことは、天照大神の笠縫邑奉祀の記事に『古語拾遺』を利用して草薙剣も遷されたことを明記したり、天皇の崩年齢を単純に「紀」の記載を盲信すること無く、その実年齢を検証しようとする科学的実証主義の態度が見られるのである。

補註

（1）『大日本史』は昭和三年十月発行の大日本雄弁会本による。

（2）吉田一徳氏著『大日本史紀伝志表撰者考』二四〇頁。

（3）『日本書紀』は新訂増補国史大系本を用ゐる。

(4) 新訂増補国史大系第一巻上『日本書紀』前篇一六一頁頭註。
(5) 小学館新編日本古典文学全集『日本書紀』①二七四頁頭註八。
(6) 白山芳太郎氏著『職原鈔の基礎的研究』二七五頁。
(7) 岩波書店日本古典文学大系『神皇正統記　増鏡』七三頁。
(8) 『大日本史』第七十四（大日本雄弁会『大日本史』第四巻列伝一　八頁）。
(9) 小学館新編日本古典文学全集『日本書紀』①二六六頁頭註九。
(10) 諸橋轍次氏著『大漢和辞典』巻十　七五一頁。
(11) 『新校群書類従』第十九巻所収『古語拾遺』三六三頁。
(12) 但しこの丁巳年の記事は、実は垂仁天皇朝のことではなく、雄略天皇二十一年の外宮御鎮座の託宣が下つた年の伝承が、誤つて内宮御鎮座の異説として「紀」に採用されたものであることは田中卓氏により明らかにされてゐる（同氏著作集第四巻『伊勢神宮の創祀と発展』所収「外宮御鎮座の年代と意義」参照）。
(13) 例へば「神武天皇本紀」に於いても、高倉下の見た夢は記されてゐないのであり、「本紀」は直接天皇が関与された事以外は記載しないことにしてゐるのである。（第一章参照）。
(14) 『古事記』は岩波書店日本古典文学大系本に拠るが、以下頁数は省略する。
(15) 新訂増補国史大系第二十一巻上『流布本水鏡』一一頁。
(16) 新訂増補国史大系『水鏡』は、前田侯爵家本を底本としてゐる。対して次に引用する『流布本水鏡』は伊勢高田専修寺所蔵本であり、両者出入が多々存するとのことである。（新訂増補国史大系『水鏡』凡例）。
(17) 新訂増補国史大系第二十一巻上『水鏡』一四頁。
(18) 新訂増補国史大系第二十一巻上『流布本水鏡』一一頁。

第四章　垂仁天皇本紀

第一節　垂仁天皇本紀の記述

本章に於いて扱ふ「垂仁天皇本紀」[1]は、吉田一徳博士によるに、板垣宗憺の執筆である。[2]以下その記述状況を把握していくことにしよう。なほ資料篇と重複する記述は省略することにする。

二、本条は垂仁天皇元年紀によつて記されてゐるが、「時年四十二」については、「紀」には記されてゐないところである。しかし「本紀」に於いては天皇即位時の年齢を記すのが通例であるところより記してゐるのであるが、

年拠㆓本書崇神帝二十九年生之文㆒、

とその根拠を記し、

按水鏡、愚管鈔、皇代記作㆓四十三㆒誤、

と『水鏡』以下の書の過ちをも指摘するのである。

ヘ、本条は崇神天皇葬送の記事であるが、崇神天皇紀の、

　明年（崇神天皇六十八年の翌年）秋八月甲辰朔甲寅。葬二于山辺道上陵一。

と相違してゐるために、本文は垂仁天皇紀に従つて記してはゐるが、

　按本書崇神紀曰、八月甲寅葬、蓋有二一誤一、未レ知二孰是一、

と註記し、その葬送の日付に付き異説のあることを明記するのである。

チ、本条は「紀」と同文である。但し「紀」はこの記事に続けて誉津別命のことが記してゐるが「本紀」には記されてゐない。それは皇后出生の子女については「本紀」に於いては記さないとする「本紀」の通例によるのである。

ル、本条は天日槍来日記事であるが、「来帰」を「帰化」と変更してゐる。「紀」はその将来物や出石定住の経緯について記してゐるが「本紀」は省略してゐる。(3)

ワ、本条は当麻蹶速と、出雲の人野見宿禰の相撲の記事であるが、「紀」には「観二其角力一」の部分は記されてゐない。が、その文面からして天皇が観覧されたことは事実であるところからこのやうに記したものと考へられる。なほ「角力」は「紀」では「捔力」と記されてゐる。

カ、本条は日葉酢媛の立后及びその妹たちを妃と為した記事であるが、「三妹」は「紀」では「弟三女」となつてゐるが、意味するところに相違はない。なほ「本紀」は、これに続けて、

　水鏡曰、是月、星隕如レ雨、

を註記してゐる。是は『流布本水鏡』に、

　そのとしの八月に。ほしのあめのことくにてふりしをこそ見侍しかあさましかりし事に侍り。(4)

とあるのに基づいて記されたものであるが、「本紀」がこれを採用したのは、「本紀」は『流布本水鏡』を「紀」を補ふものとみてゐるために記したものとみられる。

ヨ、本条は次条と一連の文であるが、氏の名を省略したのみで「紀」と同文である。「本紀」はこれに続けて、

旧事紀曰、二十三年八月、以二十市根命一為二大夫一

の文を註記してゐるのであるが、それは『旧事本紀』巻五「天孫本紀」に、

弟十市根命。此命。纏向珠城宮御宇天皇御世賜二物部連公姓一。元為二五大夫一[5]。

と十千根の任命記事が記されてゐるために記したものである。

レ、本条は神宮鎮座の記事であり、「紀」の要約文である。「建」は「紀」では「興」と記してゐる。このやうに「紀」と相違する記述の部分も存するが、その意味するところは変はらない。また「本紀」は、

本書註一説云、倭姫命奉二天照大神一、鎮二座於磯城厳橿之下一而祭レ之、後随二神誨一、以二丁巳年冬十月一、遷二于伊勢国渡遇宮一、

と「紀」の異説をも記してゐるが、これは神宮の鎮座といふ重要事項に関する異説であるところから記したものである。ただこの異説は「紀」が外宮の鎮座を内宮の鎮座と誤解して記したもの[6]であり、真に異説といふことはできない。しかしその事は『大日本史』編纂当時には認識されてゐないことであり、「本紀」がこの異説を記してゐることは丁寧な記述といふべきであらう。

ソ、本条は次条に続く文であるが、物部十千根の記述について若干の問題が存するために註記して、

按旧事紀、八十一年、十千根命賜二姓物部連公一、然本書此条書二物部大連一、似二既賜一レ姓、豈追二書之一乎、今姑従二旧文一、

と述べるのである。物部氏が「物部」の姓を賜つたのが『旧事本紀』のいふやうに垂仁天皇八十一年のことであるかどうかは別として、「紀」ではこの直前の二十五年二月甲子条では、

　物部連遠祖十千根

と記されてゐるのである。に拘はらず、ここでは「遠祖」の文字は記されてゐないのである。その為に「本紀」は、

　本書此条書二物部大連一、似二既賜一レ姓、

と記し、

　豈追二書之一乎、

と疑問を呈するのであるが、当然の疑問とすべきである。しかし「本紀」は私見によつて訂正することなく、飽くまで「紀」の記述を尊重して、

　今姑従二旧文一、

として、将来の判断に待つ態度に徹するのである。

ム、本条は埴輪製作記事であるが、「崩」は「紀」が「薨」とあるところを「崩」としたものである。この点については第三節に於いて述べることとしよう。

　また建真利根命については、

　　建真利根命以下姓氏録。

と註記してゐるやうに、『新撰姓氏録』巻十三「左京神別下」の四〇五番「石作連」条に、

　火明命六世孫、建真利根命之後也。垂仁天皇御世、奉二為皇后日葉酢媛命一作二石棺一献レ之。仍賜二姓石作大連公一也。(7)

と記されてゐるのに基づいて記されてゐるのである。

ウ、本条は山背行幸記事であり、「紀」が「幸」としてゐるところを「行幸」と記してゐる点が相違してゐるだけである。但しこの行幸に於いて綺戸辺を後宮に納れたこと、及びこれより先に苅幡戸辺を娶つたことは記されてゐない。この点については後に述べることにする。

ヰ、本条は「紀」と変はるところはない。但し「記」には異説が記されてゐるために「本紀」は、

　古事記曰、作二血沼池、狭山池、高津池一、

と註記するのである。

ク、本条は殆んど「紀」と変はるところはなく、僅かに「掌」が「紀」では「主」としてゐるだけである。但しその後の「為定二河上部一」は、

　為定以下古事記。

と註記されてゐるやうに「記」に、

　坐二其宮一、定二河上部一也。[8]

とあるのを活用して一文としてゐるのである。

ヤ、本条は前条に続いて石上神宮の神宝管理についての記事であるが、「紀」では本条は直接天皇の命じられたことではない。に拘はらず「本紀」が「以二物部十千根一代二五十瓊敷命一」と記してゐるのは問題であり、第三節に於いて検討することにしたい。なほ「本紀」は、以下のやうな註記をしてゐる。すなはち、

　按歴代皇紀、濫觴鈔並云、八十六年、始遣二使于漢一、蓋拠二後漢書光武紀、中元二年、倭奴国遣レ使朝貢之文一、今検二倭国伝一曰、倭奴国奉貢、使人自称二大夫一、倭国之極南界也、然則辺邑私通、非二朝廷所一レ命明矣、故不レ

取、

といふ註記である。これは『歴代皇紀』などが『後漢書』光武紀の記事に基づいて垂仁天皇八十六年に漢（後漢）に遣使したとするのに対して、「本紀」は『後漢書』東夷伝を引用した上で、

則辺邑私通、非㆓朝廷所㆑命明矣、

と、朝廷の正式な遣使ではないと否定し、「故不㆑取」と明言するのである。「本紀」がそのやうに断言する理由は、その記事に「倭国之極南界也」とあるからである。この記述を以て「非㆓朝廷所㆑命」ずと断定し、「故不㆑取」とするのは、「本紀」の見識といつてよいであらう。

フ、本条は「紀」と変はるところはないのであるが、「本紀」は、

今推㆓干支㆒、七月乙巳朔、戊午十四日也、疑有㆓脱誤㆒、旧事紀戊子朔、亦誤、

と註記してゐる。これについて新編日本古典文学全集本は何らの註記もなされてゐないが、新訂増補国史大系本は、頭註に於いて、

戊午朔、旧紀作戊子朔、集解通釈推長暦改乙巳朔戊午(9)

と記してゐるが、『集解』や『通釈』以前に於いてその干支に疑問を呈したのが「本紀」である。しかし「本紀」は、「戊午十四日也」としながらも、「疑有㆓脱誤㆒」と改訂するための傍証を得られないところから慎重な姿勢を保つて、敢へて本文の改定はしてゐないのである。

コ、本条は「紀」と変はるところはない。但し、

本書景行紀曰、春二月崩、與㆑此異、未㆑知㆓孰是㆒、

と註記してゐるやうに、景行天皇即位前紀には、

　九十九年春二月、活目入彦五十狭茅天皇崩。

とあり、新編日本古典文学全集本は、

　伊勢本に「三月」垂仁紀に「七月」など不定。しばらく底本による。[10]

と記してゐるやうに、その崩御の日時が一定してゐない。その為に「本紀」は、

　未レ知二孰是一、

と、その決定をせずに両説を併記してゐるのである。慎重な態度といつてよいであらう。

エ、本条は「紀」には、

　時年百卌歳。

と記されてゐるのであるが、それを「年一百三十九」とした理由を、

　本書、旧事紀、並曰、百四十、拠二本書一帝以二崇神帝二十九年壬子一生、則至二庚午一実一百三十九歳也、正差二一年一。

と註記してゐるのである。これは「紀」の記載に盲目的に従ふのではなく、自らきちつとそれを検証していくといふ科学的実証主義に徹してゐることを証して余りないのである。そしてまた「記」の異説をも、

　古事記曰、壹佰伍拾參歲、

と註記することを忘れないのである。

テ、本条は「紀」と変はるところはないが、「本紀」が、

　延喜式曰、伏見東陵、古事記、作二菅原御立野一、続日本紀作二櫛見山陵一、

と註記してゐるのは、『延喜式』は、

菅原伏見東陵（纏向珠城宮御宇垂仁天皇。在㆓大和国添下郡㆒。兆域東西二町、南北二町。陵戸二烟。守戸三烟。）(11)

と記してをり、「記」は、

御陵在㆓菅原御立野中㆒。

と記してをり、また『続日本紀』霊亀元年四月庚申条には、

櫛見山陵（生目入日子伊佐知天皇之陵也。）充㆓守陵三戸㆒。(12)

と記されてゐるが、何れも現在の奈良市尼辻西町を指してゐる。

第二節　垂仁天皇紀と垂仁天皇本紀の比較

前節に於いては、垂仁天皇本紀の記述について見てきたが、次に資料篇の比較表に基づき垂仁天皇紀との比較をしていくことにしよう。

比較表で明らかなやうに「本紀」は「紀」の記載の大部分を忠実に記してゐるのである。その中で記載されてゐない内容や、記事が至つて簡潔に事実のみを記してゐる部分について見ていくことにしよう。

第一には母系の系譜の記されてゐないことであるが、第三章第三節に於いて述べたやうに、母の系譜に関しては当該の「后妃伝」に於いて記されてをり、「本紀」に於いては記す必要が無いために記載されてゐないのである。

第二には立太子記事が「紀」よりも詳しく記されてゐる点である。これは「崇神天皇本紀」に於いては四十八年条の皇太子決定に到る経過記事が省略されてゐる為に、即位前紀のみではその事情を把握することが困難である。その

ために崇神天皇四十八年紀に基づいて記されたので詳しい記述となつゐるのである。

第三には太歳記事である。これも第三章に於いて述べたやうに、「本紀」は年の干支を必ず記すことにしてゐる為に、元年の干支のみを特別に記す必要が無いために記されてゐないのである。

第四には誉津別命記事についてである。二年条は狭穂姫出生の皇子として記されると共に、天皇の寵愛、さらに皇子が唖であることが記されてゐる。そしてさらに二十三年条に於いては、鵠を得て話すことができるやうになつたことが記されてゐるのであるが「本紀」では全く記されてゐない。その理由は、一つには出生に関することは第一節に於いて述べたやうに、「本紀」では記さない原則が存すること（第三章参照）、二つには「皇子伝」（巻八十六）にその伝が記されてゐるところよりして「本紀」では記されなかつたものである。

第五には都怒我阿羅斯等来日記事が記されてゐないことである。が、これは蘇那曷叱智帰国記事の異説であり、次節に於いて検討することにしよう。

第六には天日槍来日記事についてである。「本紀」もその来日の事実は（ル）条のやうに記してゐるのであるが、その齎した神宝の事は記されてゐない。また「一云」に記されてゐる但馬出石に定着する経緯なども全く記されてゐない。その理由については次節に於いて検討することにしたい。

第七には狭穂彦の謀反についてである。「紀」ではその経緯について四年から五年にかけて詳述されてゐるのに拘はらず、（ヲ）条のやうに至つて簡略に謀反の事実とその誅滅のみを記してゐるのである。それはその誅殺自体は天皇の行為ではないところから「本紀」では謀反とその誅伐の事実のみを記し、具体的内容については狭穂姫の伝に於いて詳述してゐるのである。

第八には相撲の記事である。「本紀」では両者をして何故に相撲を取らせることになつたかは不明である。またその勝敗についても触れられるところが無いのである。しかし勝敗が記されてゐないのは、勝敗は天皇の行為、または意志で左右されるものではないから記さなかつたとも考へられるのである。そして両者が相撲を取ることになつた経緯を省略したのは、これを天皇の観覧の為といふ理由にする為であつたからと考へられるのである。それを物語るのが「紀」には記されてゐない「観二其角力一」といふ記述がなされてゐることと考へられるのである。

第九には妃記事の中で竹野媛に関することが省略されてゐることであるが、これは竹野媛のみは妃とされなかつたために記されなかつたものと見られるのである。なほ竹野媛については「列伝」にもその名は見えない。

第十には后・妃の子女について全く記されてゐない点であるが、これは先にも述べたので略す。

第十一には、神宮御鎮座の異説記事に続いて見られる倭大神関連記事についてであるが、これが記載されなかつた理由については次節に於いて検討することにしよう。

第十二には、三十年条の皇位継承者決定記事が「本紀」には記されてゐないことであるが、この決定は垂仁天皇よりも次の景行天皇に関係することである為に、ここには記されなかつたものとみられる。ちなみに「崇神天皇本紀」にも垂仁天皇皇位継承決定記事は無く、第一節に於いて見たやうにその即位前紀に於いて詳述されてゐるのであり、本条も「景行天皇本紀」に於いて詳述されてゐる。

第十三には山背行幸は記しながら、その目的ともいへる苅幡戸辺を後宮に納れたこと、及びそれより前に綺戸辺を娶つたことが記されてゐないことであるが、この両者は妃とは記されてゐないところよりして「本紀」はこれを正式な「妻」の一人と認識しなかつたところから記載しなかつたものと考へられる。但し「后妃伝」（巻七十四）に於いては「紀」を引用して詳細に記されてゐる。またその子女の記載がみられないのは前述のやうな理由からである。

第十四には五十瓊敷命石上神宮神宝管掌記事の「一云」の記事に「本紀」が全く触れてゐない点とその管掌者交代

の経緯についても記されてゐないことについてであるが、これについては次節に於いて触れることにしよう。

第十五には天日槍神宝献上について、その具体的な内容が記されてゐない点であるが、これはその神宝は最終的に全て官庫に蔵されることとなつたところから、その事実を記したものであり、官庫に蔵される経緯は清彦に関することであるところから省かれたものとみてよい。

第三節　垂仁天皇本紀の問題点

前節に於いて述べたやうに「垂仁天皇本紀」は、その多くが「紀」に基づいて忠実に記されてをり、その省略されてゐる部分も、多くは理由の明確なものである。が、その中にあつて一部理由の不明なものも存する。本節に於いては、以下そのやうな部分について検討を加へていくことにしよう。

第一には、(ム)条が日葉酢媛の死亡を記すのに「崩」の文字を用ゐてゐる点である。第一節に於いて述べたやうに「紀」は「薨」としてゐるのである。この死亡記事の書法については『大日本史』編纂に関する一つの大きな問題の一つであつた。すなはち元禄九年「重修紀伝義例」作成に当たり、「薨・卒・死の書法」に関して一つの議論が存在したのである。詳しくは但野正弘氏著『新版佐々介三郎宗淳』(13) に譲るが、その結論は「喪葬令」の規定に従つて記述するといふことであつた。

すなはち「令制」の規定では、

凡百官身亡者。親王及三位以上称㆑薨。五位以上。及皇親称㆑卒。六位以下。達㆓於庶人㆒。称㆑死。(14)

となつてゐる。しかしこれは飽くまで親王以下官人及び庶人に対する既定であり、皇后に対する規定ではない。実は天皇や皇后についての規定は「令」には記されてゐないのである。その為に、喪葬令集解の薨奏条では、

　朱云、問。親王称㆑薨者。未㆑知。於㆓三后皇太子㆒何可㆑称。額云。不㆑見。可㆑求者何(15)。

とも記されてゐるのである。

　一方シナに於いては、天子について『礼記』には、

　天子死曰㆑崩、諸侯曰㆑薨、大夫曰㆑卒、士曰㆑不禄、庶人曰㆑死(16)。

と記されてゐるが、皇后などには何ら記すところがない。

よつて今「紀」の記述例を検するに以下の通りである。なほ下（段）に『大日本史』「后妃伝」に於ける表記を参考に挙げることにする。

垂仁天皇紀	皇后狭穂姫↓死	（五年十月条）	（死）
	皇后日葉酢媛命↓薨	（三十二年七月条）	（崩）
景行天皇紀	皇后播磨太郎姫↓薨	（五十二年五月条）	（崩）
神功皇后紀	皇后神功皇后↓崩	（摂政六十九年四月条）	（崩）
仁徳天皇紀	皇后磐之姫命↓薨	（三十五年六月条）	（崩）
宣化天皇紀	皇后橘仲皇女↓崩	（四年十一月条）	（崩）
敏達天皇紀	皇后広姫命↓薨	（四年十一月条）	（崩）
孝徳天皇紀	（皇太子＝天智天皇の妃）蘇我造媛↓死	（大化五年三月是月条）	（卒）
天智天皇紀	（孝徳天皇皇后）間人皇女↓薨	（四年二月条）	（崩）

天武天皇紀

（大海人皇子妃）大田皇女↓（記載無し）（天智天皇六年二月以前）　（薨）
（大友皇子＝弘文天皇妃）十市皇女↓薨　（七年四月条）[17]　（薨）
（夫人）氷上娘↓薨（十一年正月条）　（卒）

「紀」の中で后妃の死亡に関する表記の存在してゐるのは以上である。これを一見すれば明瞭なやうに皇后の場合は殆どが「薨」となつてゐる。[18]その中で例外は垂仁天皇紀の狭穂姫を「死」としてゐるのと、神功皇后紀の神功皇后及び宣化天皇紀の橘仲皇女を「崩」と記してゐる三例のみである。といふことは「紀」は皇后については「薨」と記すことを原則としてゐたといふことが推測されるのである。例外の三例の中、垂仁天皇紀の狭穂姫は、兄の狭穂彦の謀反の中で共に焼死したのであるから、皇后位剝奪と同様と認識され「死」と記されたものと考へられるのである。また神功皇后紀の神功皇后については「紀」が天皇と同様の扱ひをしてゐるのであるから、天皇に准じて「崩」と記されて当然である。それに対して宣化天皇紀の橘仲皇女について「崩」と記した理由は判然としない。一方妃や夫人については「死」と「薨」が存在してゐる。その中で「死」と記されてゐる蘇我造媛はその父である蘇我倉山田石川麻呂が謀反の罪で自殺したことから、「紀」は狭穂姫と同様に妃位を剝奪されたものと認識して「死」と記されたものと考へられるのである。その他の十市皇女・氷上娘については「薨」と記されてゐるのであるが、十市皇女は天武天皇の皇女であり、令の規定にも合致するものであり、氷上娘は藤原氏の出身であるが夫人であるから、「令」の規定では、

　夫人三員
　　右三位以上[19]

とされてゐるのであるから、これも「令」の規定に合致するのである。

以上の検討の結果は「紀」は后妃については「薨」と記すことを原則としてゐたと考へられるのであるが、唯一宣化天皇皇后橘仲皇女のみ「崩」としてゐる事情だけが不明瞭であるといふことになるのである。[20]

これに対して『大日本史』「后妃伝」では、皇后については狭穂姫を「死」としてゐる以外はすべて「崩」としてゐる。狭穂姫を「死」としてゐるのは「紀」と同じ理由に拠るものと考へられるが、その他の皇后を「崩」とした理由は明瞭ではない。が、これは皇后を天皇と同等一体のものと考へた為であらう。

その他蘇我造媛を「死」から「卒」に変更してゐるが、蘇我造媛の位階は不明であるところよりして、「卒」とする根拠が何であるのか明らかではない。また氷上娘についても「薨」を「卒」としてゐるが、上述のやうに氷上娘は夫人となつてゐるのであるから、三位以上に叙せられてゐることは明らかであり、「令」制からすれば「薨」とあるべきである。先に記したやうに『大日本史』編纂に際しては「薨・卒・死の書法」に関する議論が存し、「令」の規定に従ふこととなつたのであるから、当然「薨」とあるべきに拘はらず「卒」としてゐるのは何らかの誤解により生じたものであらう。

議論は発展してしまつたが、元に戻り「本紀」が日葉酢媛を「崩」と記してゐる問題であるが、上述のやうに『大日本史』「后妃伝」を検討するに、皇后については「崩」を用ゐるのが『大日本史』の書法であることが知られるのであり、この部分もその書法に従つたものであつたことが理解されるのである。

第二には（ヤ）条の五十瓊敷命に代へて物部十千根に石上神宮の神宝を掌らしめたとする記述である。「紀」ではこの部分は次のやうに記されてゐる。

八十七年春二月丁亥朔辛卯。五十瓊敷命謂二妹大中姫一曰。我老也。不レ能レ掌二神宝一。自レ今以後。必汝主焉。大中姫命辞曰。吾手弱女人也。何能登二天神庫一耶。（註略）五十瓊敷命曰。神庫雖レ高。我能為二神庫一造レ梯。豈煩レ登レ倉乎。故、諺曰二神之神庫随樹梯之一。此其縁也。然遂大中姫命授二物部十千根大連一而令レ治。故物部連等至二于今一治二石上神宝一。是其縁也。

この文では五十瓊敷命が妹の大中姫命に石上神宮の神宝管理を委ねたのに対し、大中姫はその管理を物部十千根にさせることとしたとするのであり、物部氏が神宝を管理することになつた理由を述べるのが、この条の内容であり、本旨であり、「本紀」の記すやうに「以二物部十千根一代二五十瓊敷命一、掌二石上神宝一」めたものではないのである。では何故に「本紀」はこのやうな記述をしたのであらうか。それは(ク)条に見られるやうに、石上神宮の神宝の管理は五十瓊敷命に命じられたものであるから、それが物部十千根に変更されるには天皇の諒解、といふよりも許可が必要であり、「紀」はそれを脱してゐると考へたために上述のやうな記述を為したと考へざるを得ないのである。しかしこれは「紀」の記述を基本とするといふ原則からすると、やはり書き過ぎといふべきであらう。

続いて第二節に於いて見たやうな省略された部分に於ける問題点について見ていくことにしよう。

第一には都怒我阿羅斯等来日記事である。

この都怒我阿羅斯等来日記事は二つの「一云」から成り立つてゐる。すなはち第一の「一云」は、崇神天皇朝に都怒我阿羅斯等が敦賀に来航した経緯と、垂仁天皇朝に於ける帰国の経緯について記したものであるが、その内、帰国に関する部分は、任那国名の由来に関する記事(崇神天皇の名前を国名として与へたこと)は独自のものであるが、その主要内容である新羅との対立理由については本文の蘇那曷叱智帰国記事と相違はない。一方第二の「一云」は、都怒我阿羅斯等来日の理由が比売語曾社の神を追つて来たものであるとするものである。

都怒我阿羅斯等来日記事を「本紀」が省略した理由であるが、第二の「一云」は都怒我阿羅斯等来日の理由は、国家的理由ではないことから「本紀」に記す必要がないと判断されて省略されたものと見てよいであらう。一方第一の

「一云」については、その事実は記されてもよいものであるが、その来日時期は崇神天皇朝であるから「垂仁天皇本紀」に記載する必要のないことであるから記載しなかつたと考へられるのである。が、垂仁天皇朝に関したことは記すべきではないかとの意見が出る可能性は存在するであらう。しかし、その主要内容である任那と新羅の対立については蘇那曷叱智帰国記事で記されてゐるところから省略して当然である。但し蘇那曷叱智に、

本書一云、都怒我阿羅斯等。

とでも註記してもよかつたのではないだらうか。また任那国名については、任那のこととして省略されたものであらう。

第二には天日槍来日記事の内、その将来した神宝の内容及び「一云」記事が省略されてゐる理由であるが、将来した神宝の内容については、その後官庫に収めることとなる（マ条）ことからして記してもよかつたのではないかと考へられる。一方「一云」記事は、天日槍が但馬出石に定着する経過と神宝及びその系譜を記したものである。「本紀」がこれを記さなかつたのは、その定着経緯は天日槍に関したことであるところから省略したものであり、神宝はその本文部分でも省略したものであるから、「一云」記事で記す必要のないものであり記さなかつたものとしてよい。またその系譜は「本紀」としてはその必要のないものであるから省略したものである。すなはち天日槍来日記事のうちで省略された部分は、その神宝の内容は記されてもよいものではあるが、その他の内容については「本紀」に記す必要のないものであり、省略されて当然のことであるといへるのである。

第三には　倭大神鎮座の異伝についてである。これは崇神天皇六・七年条の異伝であり、垂仁天皇朝に倭大国魂神を大市の長岡岬で大倭直の祖の長尾市に祀らしめたとするものである。が、これは飽くまでも「異伝」であり『大日本史』は「崇神天皇本紀」に於いて、

六年己丑、(中略)又命二皇女渟名城入姫一祭二大国魂神一、

と記し、次いで七年条に於いて、

長尾市祭二倭大国魂神一、

と、記してゐるのであり、垂仁天皇紀の記事は飽くまでも「異伝」であるところからこれを省略したものであり妥当な判断と考へられる。

第四には三十九年条の石上神宮神宝管掌記事の異説及び八十七年条の交替経緯について省略されてゐることであるが、三十九年条の「本紀」は(ク)条のやうに記されてゐるが、その異説は五十瓊敷命が①菟砥河上で鍛の河上に刀を作らしめたこと、②楯部以下十の品部を賜つたこと、③最初忍坂邑に蔵め、後に石上神宮に蔵めたこと、④神の教へにより春日臣市河に治めさせたこと、⑤市河は物部首の祖であることが記されてゐる。先づ①は五十瓊敷命が作つたことに相違ないのであり、敢へて記す必要はない。②は五十瓊敷命所有の品部の由来であり、必ずしも記す必要のないことである。③についても最終的に石上神宮に蔵められてゐるのであるから記す必要はない。また④・⑤は物部首の祖市河についての記事であるから、無くてもよい記事である。唯これに関しては註記することも可能であつたであらう。

以上「本紀」の記述に中で問題となる部分について検討を加へてきたが、日葉酢媛を「崩」と記したのは『大日本史』の書法に従つて記したものであり、問題とはならない。また「紀」を省略した部分は、その多くが「異伝」の内容であり、特に記す必要のないものである。但し(ヤ)条の物部十千根に石上神宮の神宝を掌らしめたとする記述は、「紀」の記述と異なつてをり、「本紀」の書き過ぎとするべきであらう。

むすび

『大日本史』の「垂仁天皇本紀」の記述を検討してきたが、その記述は第一・二節に於いて述べたやうに「紀」を適切に要約した記述となつてゐる。また省略してゐる部分も敢へて記述しなければならないものではなく、それぞれ省略されるべき理由の考へられるものであり、概ね妥当な内容とみてよいであらう。

そしてまた「紀」の記述をそのまま信ずるのではなく、それぞれの記事について検討を加へ、例へば二十六年条の物部十千根について「豈追二書之一乎」と記しながらも、私見でそれを訂正すること無く飽くまでも「紀」を尊重する態度を崩さないのである。

しかしながら、日葉酢媛の死亡表記について「紀」は「薨」と記してゐるに拘はらず「本紀」は「崩」字を用ゐてゐることや、石上神宮神宝管理者の交代のやうに一部分「紀」と違つた独自の記述を為してゐる部分もあり、後者の神宝管理者交代記事については「本紀」の考へ過ぎからきた書き過ぎと見られるのである。

補註

（1）『大日本史』は昭和三年十月発行の大日本雄弁会本による。

（2）吉田一徳氏著『大日本史紀伝志表撰者考』二四〇頁。

（3）天日槍については巻一百七列伝第三十四に記されてゐる。

（4）新訂増補国史大系第二十一巻上『流布本水鏡』一三頁。

(5)『旧事本紀』は、鎌田純一氏著『先代舊事本紀の研究　校本の部』による。同書一四三頁。なほ「天皇本紀」にも「廿三年秋八月丙申朔己亥、（中略）十市根命為二五大夫一」（二二五頁）とある。

(6) この丁巳年の記事は、実は垂仁天皇朝のことではなく、雄略天皇二十一年の外宮御鎮座の託宣が下つた年の伝承が、誤つて内宮御鎮座の異説として「紀」に採用されたものであることは田中卓氏により明らかにされてゐる（同氏著作集第四巻『伊勢神宮の創祀と発展』所収「外宮御鎮座の年代と意義」参照）。

(7) 田中卓氏「新校・新撰姓氏録」（田中卓著作集第九巻『新撰姓氏録の研究』所収）四三〇頁。

(8)『古事記』は岩波書店日本古典文学大系本に拠るが、以下頁数は省略する。

(9) 新訂増補国史大系第一巻上『日本書紀』前篇一九二頁。

(10) 小学館新編日本古典文学全集『日本書紀』①三四一頁頭註一一。

(11) 新訂増補国史大系第二十六巻『延喜式』五四八頁、括弧内は割註。

(12) 岩波書店新日本古典文学大系『続日本紀』一　二二四頁。

(13) 但野正弘氏著『新版佐々介三郎宗淳』（錦正社刊）二〇五頁参照。

(14) 新訂増補国史大系第二十二巻『令義解』二九五頁。

(15) 新訂増補国史大系第二十四巻『令集解』後篇九七〇頁。

(16) 新釈漢文大系二七巻『礼記』巻二「曲礼」第二　七四頁。

(17)『大日本史』巻七十五十市皇女条には天武天皇六年となつてゐるが、これは『大日本史』が即位年を元年としてゐるところから、「紀」と一年のずれが生じてゐる為である。

(18) なほ敏達天皇皇后の推古天皇、舒明天皇皇后の皇極・斉明天皇、天武天皇皇后の持統天皇については「崩」となつてゐることはいふまでもない。

(19) 新訂増補国史大系第二十二巻『令義解』六五頁。

(20) 宣化天皇皇后の橘仲皇女については「紀」本文に於いては宣化天皇陵に合葬したとする記事であり、「崩」が記されてゐるのは、その註記である。即ち、

皇后崩年伝記無レ載。

との文である。しかしこの註は原註であらうか。「紀」が「伝記無レ載」といふことを記すことがあるだらうか。また同じやうな合葬記事としては、安閑天皇紀（二年十二月是月条）にその皇后の春日山田皇女の例が存するのであるが、春日山田皇

女の亡くなつた時期についても不明であるに拘はらず、こちらにはこのやうな註記は行はれてゐないのである。これらのことよりして、この註記は原註では無くして、後人の書き入れの可能性が存すると考へられるのである。仮にさうとすれば「紀」に於いては皇后の死亡記事については、本文に記したやうな理由の存する狭穂姫と神功皇后以外は全て「薨」と記してゐることになるのであり、「紀」は皇后については例外なく「薨」と記すことにしてゐたことがより明白となるのである。一案として記しておく。

第五章　景行・成務天皇本紀

第一節　景行天皇本紀・成務天皇本紀の記述

「景行天皇本紀及び成務天皇本紀[1]」の執筆は吉田一徳博士によるに板垣宗憺である。[2]以下、その記述状況を把握していくことにしよう。

1、景行天皇本紀

ロ、本条は、

天皇身長以下古事記、

と註してゐるやうに「記」垂仁天皇段に、

御身長、一丈二寸、御脛長、四尺一寸也。[3]

と註されてゐる文により記されたものである。

ホ、本条は垂仁天皇崩御及び葬送記事であるが、景行天皇即位前紀では、

九十九年春二月。活目入彦五十狭茅天皇崩。

とあるのであるが、垂仁天皇紀九十九年条では、

九十九年秋七月戊午朔、天皇崩二於纒向宮一。

とあつて、その崩御の月が相違してゐる。「本紀」は垂仁天皇紀に従つて記したのである。

へ、本条は即位記事であるが、「本紀」はその日付を計算して記すことにしてゐる。そこで「十一日」と記してゐるのである。「本紀」は即位記事に続けて即位時の年齢を記すことを通例としてゐるが、本条には記されてゐない。その理由については、第三節に於いて述べることにしよう。

ト、本条は前条に続く記述であるが、

旧事紀曰、尊二皇后一曰二皇太后一、

と、『旧事本紀』が巻七天皇本紀景行天皇条に於いて、即位記事に続けて、

尊二皇后一曰二皇太后一。尊二皇太后一追二贈太皇太后一。[4]

と記してゐることについて、

按本書垂仁帝三十二年、皇后日葉酢媛崩、其後無二立レ后之文一旧事紀所レ書、不レ知二何人一、且旧事紀孝元帝以後、尊二皇后一曰二皇太后一下、毎紀必書下尊二皇太后一追中贈太皇太后上、而太皇太后称謂、本書一無レ所レ見、蓋後人所二妄加一、今不レ取、

と記してゐる。これは垂仁天皇の皇后である日葉酢媛は垂仁天皇三十二年に崩御されてゐるのであり、それ以後新たに立后が行はれた記事は存しないところから、『旧事本紀』がいふ所の皇后について、

　不レ知二何人一、

と述べ、更に『旧事本紀』が孝元天皇以後常に太皇太后追贈記事を記してゐることについても、

　太皇太后称謂、本書一無レ所レ見、

と、「紀」には一切記されてゐないことであり、「蓋後人所二妄加一」と断じて、

　今不レ取、

とするのである。妥当な結論といつてよい記述である。

チ、本条は垂仁天皇紀の要約文であり、「紀」が、

　明年春三月辛未朔壬午

と、その月日を明確に記してゐるのに対し、「是歳」と記してゐる。是については第三節に於いて述べることにしよう。

リ、本条は「紀」と変はるところはないが、その日付については、

　旧事紀作二二月一。

と、『旧事本紀』が「三月」ではなく「二月」としてゐることを註してゐる。

ヌ、本条は「紀」の要約文であるが、「紀」は、

　春二月庚寅朔

と、その日まで記してゐるに拘はらず、「本紀」は日を略してゐる。その理由は明らかでない。また「親」は「紀」

に無い文言であるが、「紀」の文よりして親祭を卜されたことは明らかであり、「本紀」の丁寧な記述といへよう。

ル、本条は美濃行幸の始終を記したものであるが、「紀」には行幸時の動静について詳しく記されてゐるのに対し、「本紀」は一切省略してゐる。その理由については後節に於いて述べることにしよう。

ヲ、本条は熊襲の反乱の事実と親征記事であるが、「紀」では単に「幸二筑紫一」とある所を、「車駕親征」に変更してゐるが、それは実態に即して記されたものである。

カ、本条は「紀」の要約文であるが、「紀」が単に「石」としてゐるところを「巨石」と記してゐる。「紀」ではその「石」について「長六尺」と記し、続けて「広三尺、厚一尺五寸」と記し、その「石」が巨石であることを示してゐる。「本紀」が単にその長さのみを記し、その広さと厚さを記さずに「巨石」とした理由は明瞭で無いが、六尺のみでも「巨石」であることが推定できるところから略したものであらう。またそれに続く「祝」は「紀」では「祈」とあるのであるが、この点については第六章に於いて述べることにしよう。

レ、本条は語順が相違してゐるのみで変はるところはない。が「本紀」は、是に註して、

皇代記、皇年代畧記、歴代皇紀、濫觴鈔、並云、是月賜二諸国民姓一、附以備レ考、

と記してゐる。これは例へば『濫觴鈔』に、

景行天皇十三年癸未五月諸国平民始賜二百姓一[5]

とあるが、「紀」には記されてゐないところから「附以備レ考」と註記したものである。

ウ、本条は「紀」の要約文であるが、「浮羽邑」は「紀」では「的邑」とあるところを変へたものであるが、この点については第三節に於いて述べることにしよう。

ヤ、本条は、その年代について『旧事本紀』は二十年としてゐる所から、

旧事紀係㆓二十年㆒、蓋誤、

と註記してゐる。

フ、本条は「紀」の趣意文であるが、日本武尊による東征決定に至る経緯は全て省略されてゐる為に、大碓命に関する記事が、不自然な処に記されることになつてゐる。また「京師」は「紀」には無い。

コ、本条は「紀」では四十年是歳条に記されてゐる内容に基づいて記されたものであるが、「紀」には、

是歳也。天皇践祚卌三年焉。

とあるところから「四十三年癸丑」として記されてゐるのである。

テ、本条は三つの内容が記されてゐる。その中稚足彦尊を皇太子とした記事は「紀」と変はることは無く、又武内宿禰についても「紀」が「命」としてゐるところを「以」と変更してゐるのみであり、それは立太子と同日の事として「紀」には記されてゐる。ところが日本武尊が神宮に献じた蝦夷の処置については、「紀」が「初、日本武尊」云々として続けて記されてゐるところから、「本紀」も同様に記したものであり、「紀」の要約文となつてゐる。但し「伊予」については、

伊予、諸本作㆓伊勢㆒、今拠㆓兼永本㆒訂㆑之、

と註してゐる。これは諸本では「伊勢」とあるところを兼永本に拠つて「伊予」と訂したことを述べるのであるが、この点に関しては第三節に於いて記すことにしよう。

シ、本条は要約文である。「本紀」は是に続けて、

熊野畧記引古今皇代図云、是歳造㆓熊野新宮㆒。帝王編年記係㆓二十年㆒、水鏡不㆑係㆑年、附以備㆑考、

と註記してゐる。これは『熊野略記』が引用する「古今皇代図」に、この年に熊野新宮の造営の事が記されてをり、

また『帝王編年記』は二十年条に造営記事があるところから此処に註記して、「附以備レ考」と記すのである。

ヌ、本条は「紀」と変はらない。但しその年齢について、

水鏡曰、年一百四十三、蓋拠下本書立為二太子一年二十一之文上推レ之也、然本書旧事紀並曰、一百六歳、本書前後矛盾、故不レ書二享年一、古事記曰壹佰參拾柒歳、

と註記してゐる。この点については第三節に於いて述べることとする。

2、成務天皇本紀

イ、本条は「本紀」の通例により天皇名は漢風謚号で記し、先帝には「帝」と記してゐる。なほ「本紀」は、

水鏡曰、天皇容貌魁偉、身長一丈、

と、『水鏡』の記事を註記してゐる。

ハ、本条は景行天皇紀五十一年条により記されてゐるが、成務天皇即位前紀に於いては、

大足彦天皇卌六年、立為二太子一。年廿四。

とあつて、その立太子の年代が相違してゐるのである。その為に「本紀」は、

按本書曰、四十六年、立為二皇太子一、而景行紀五十一年正月、書二皇子一、八月壬子、書三立為二皇太子一、其文明確、雖レ無二他考證一、事実不レ可レ移、今従二景行紀一

と註記してゐる。この点については第三節に於いて述べることにしよう。

ホ、本条の天皇は「紀」では「皇太子」とあるところを変更したものであり、「高穴穂宮」については、

高穴穂宮、拠二古事記、旧事紀一

と、「記」『旧事本紀』により補つて記したことを註記してゐる。「本紀」はこれに続けて、

水鏡、愚管鈔、皇年代略記並曰、時年四十九、皇代記曰、四十八、未レ知二孰是一、

と、その即位時の年齢に諸説があるために記さない理由を挙げてゐる。また「本紀」は通例のやうに和風諡号を記してゐる。

へ、本条は景行天皇の葬送記事であり、陵地を略し、天皇名を漢風諡号にしてゐるだけである。が、皇后記事について『旧事本紀』が元年の即位記事に続けて記してゐるところから、

尊二皇后一、旧事紀係二元年一、

と註記してゐる。

ト、本条の大部分は「紀」と変はらないが、「大臣始二于此一」の部分は『公卿補任』『神皇正統記』によつて記したところから、

大臣始二于此一、拠二公卿補任、神皇正統記一、

と註記してゐる。ところが『旧事本紀』は大臣の始まりを懿徳天皇朝の出雲色命とするところから、

按旧事紀、自三懿徳朝以下出雲色命上為二大臣一以下、書レ任二大臣一亦多、而本書所レ不レ載、今不レ取、

と、「紀」に記されてゐないことを根拠として『旧事本紀』の記述を否定したことを明記してゐる。

ヌ、本条の「皇姪足仲彦」は、「紀」では「甥足仲彦尊」となつてゐるところである。また「本紀」は、

古事記曰、帝娶二建忍山垂根女弟財郎女一、生二和訶奴気王一。而本書旧事紀仲哀紀、及水鏡、皇年代略記等諸書皆云、帝無レ男、且無下納二后妃一之文上、古事記所レ載、無レ所レ考レ実、故今不レ取、

と、「記」には成務天皇に皇子が存したことになつてゐるが、「紀」を始め諸書には「帝無レ男」とあり、また后妃を納るの文が見えないところから、「記」の記事を否定し、「今不レ取」と採用しないことを明言するのである。ル、本条は「紀」と変はるところはない。が、その年齢について「本紀」は、

本書曰、一百七歳、古事記曰、玖拾伍歳。註云、乙卯年三月五日崩、水鏡曰、一百九、按本書紀首書下景行帝四十六年、為二皇太子一、時年二十四上。姑従二此文一推レ之、則九十八歳。然其文難レ拠、説見レ上、今以二景行紀五十一年、立為下太子上年為二二十四一算レ之、則九十三歳、皆與二百七歳一不レ合、今無レ所レ取レ決、故不レ書、

と註記してゐる。これについては第三節に於いて述べることにしよう。

第二節　景行・成務天皇紀と景行・成務天皇本紀の比較

前節に於いては、景行・成務天皇本紀の記述について見てきたが、次に資料篇の比較表に基づき景行・成務天皇紀との比較をしていくことにしよう。

1、景行天皇紀と景行天皇本紀

比較表のやうに「本紀」は「紀」の記載の大部分を忠実に記してゐるのである。その中で記載されてゐない内容や、記事が至つて簡潔に事実のみを記してゐる部分について見ていくことにしよう。

第一には、母の系譜記事の無いことであるが、これは后妃伝に記される内容であるところから略されてゐるのである。

第二には「本紀」に皇太子決定の記事が存することであるが、これは第一節に於いて述べたやうに垂仁天皇紀三十年条を要約して記されたものであるが、景行天皇が皇太子に決定された経緯が記された記事であるところから此処に記載されたものである。

第三には「本紀」には垂仁天皇葬送記事が存することであるが、これは葬送の主体者が景行天皇であるところから記したものと考へられる。

第四には田道間守帰国記事であるが、これは第三節に於いて述べることにしよう。

第五には太歳記事の無いことであるが、これは「本紀」が毎年の干支を記してゐる為に必要が無いところから省略されたものである。

第六には立后記事中、皇子女の記載がない点であるが、これは皇子女については后妃伝に於いて記されるところから省略されたものである。

第七には屋主忍男武雄心命紀伊派遣記事中、武内宿禰系譜記事のない点であるが、これは武内宿禰伝に於いて記されるものであるところから省略されたものである。

第八には四年条の美濃行幸について、「本紀」はその事実のみを記してゐる点であるが、これについては第三節に於いて述べることにしよう。

第九には十三年条の刀媛を妃とする記事が略されてゐる点であるが、是は前条同様第三節に於いて述べることにしよう。

第十には十七年条の日向命名記事が略されてゐる点であるが、是はその後の地名説話と同様と解して略されたものと考へられる。

第十一には、思邦歌記事の中で歌が略された点であるが、「本紀」は歌を詠まれた事実のみで足りると解したところから略したものと考へられる。

第十二には十八年条の火国行幸記事・筑後巡幸記事が簡略であつたり阿蘇国行幸記事が記載されてゐない点であるが、前者はいづれも地名説明であるところから略されたものであり、また阿蘇国行幸記事が記載されなかつたのは、阿蘇は火国の一部分と解されたために略されたものと考へてよいであらう。

第十三には二十七年条の武内宿禰の報告記事が略されてゐる点であるが、その報告内容は蝦夷に関する事実のみであるところから略されたものとみてよいであらう。

第十四には日本武尊に関する一連の記事の大部分が略されて僅かに熊襲平定派遣と尊の報告、東国派遣と薨去記事のみが記されてゐる点である。その略された部分は「皇子伝」に於いて詳述されてゐるところから「本紀」では略されたものであり、記載された部分は天皇の行為とその結末であるところから「本紀」に記されたものである。なほ第一節に於いて述べたやうに「紀」は尊の薨去を四十年是歳条に於いて記し、

是歳也。天皇践祚卌三年焉。

と記してゐるのであるが、「本紀」は四十三年条を独立して記してゐるのである。これは『大日本史』の飽くまで事実に基づいた記述をしていくといふ態度の表れである。

第十五には五十一年条の群卿招宴記事の中で稚足彦尊・武内宿禰に関することが略されてゐる点であるが、これは成務天皇に関することであるところから、後述するやうに成務天皇即位前紀に於いて記されてゐるところから省略さ

れたものである。

第十六には草薙剣に関する点であるが、それはその所在地に関する記事であり、景行天皇と直接関係しないところから略されたものと考へられる。

第十七には日本武尊の妃皇子女記事であるが、これは「皇子伝」に於いて記されるものであるから略されたものである。

第十八には五十五年・五十六年条であるが、これは天皇の東山道十五国都督任命記事であり、「本紀」はその事実のみを記したのであるが、それは「紀」の内容は、それぞれ彦狭島王・御諸別王に関するものであるところから略したのである。

第十九に「本紀」が葬送記事や謚号記事を記してゐるのは通例により記されたものである。

2、成務天皇紀と成務天皇本紀

比較表で明らかなやうに「本紀」は「紀」の記載の大部分を忠実に記してゐるのである。その中で記載されてゐない内容や、記事が至つて簡潔に事実のみを記してゐる部分について見ていくことにしよう。なほ前項に於いて述べたことと重複する部分は省略に従ふことにする。

第一に景行天皇五十一年条の記事が即位前紀に記されてゐる点であるが、この記事の内容は、成務天皇と武内宿禰が宴に参加せずに警備に従事したことを記したものであり、直接には成務天皇に関することであるところから「本紀」はその即位前紀に記したのである。

第二には立太子記事であるが、「紀」はその時期を景行天皇四十六年としてゐるのであるが、景行天皇紀では五十一年条に記されてゐて、その立太子の年代が相違してゐるのである。「本紀」はそのために第一節に於いて述べたやうに景行天皇紀に従つてゐるのであるが、これについては第三節に於いて述べることにしよう。

第三には三年条の武内宿禰大臣任命記事の中の武内宿禰が天皇と同日の誕生であるとする記事であるが、これは武内宿禰に関する内容であるところから略されたものと考へられる。

第三節　景行・成務天皇本紀の検討

さて以下「本紀」の検討に入ることにするが、まづ「景行天皇本紀」に於いて問題となる第一は、（ヘ）条の即位時の年齢である。『大日本史』では即位時の年齢を記すことを原則としてゐるのであるが、ここでは記されてゐない。その理由について「本紀」は、

按愚管鈔云、年四十四、皇代記六十四、皇年代略記二十四、未レ知二何拠一、今拠下本書立為二太子一年二十一之文上推レ之、則時年八十四、然與二本書崩年一百六歳之文一不レ合、故不レ書二時年幾一、

と、諸書により異同があり、また「紀」に於いても、その立太子時の年齢と崩御時の年齢が一致しないところから、即位時の年齢を記載してゐないのである。『大日本史』の正確に事実を記さうとする姿勢の表れである。

第二には（チ）条の田道間守の帰国記事をその月日を記さずに単に「是歳」とした点であるが、それは田道間守の派遣、帰国は垂仁天皇に関する事柄であり、その帰国がたまたま景行天皇元年になつたところから、元年条に記すこと

になつたのである。その為に詳しい月日を記さずに「是歳」と記したものと考へられる。なほ「紀」は帰国した田道間守の言動について詳述してゐるが、「本紀」は略してゐる。それもその為に略されたものといつてよいであらう。

第三には(ル)条の美濃行幸時の動静についてである。行幸時の動静について「紀」は、弟媛を妃としようとされたが結局はそれは実現せず、弟媛の推挙により、その姉の八坂入媛を妃とされた（媛所出の皇子女記事を含む）ことや、兄遠子・弟遠子の姿を大碓命に観察せしめられたところ、大碓命は二人と密通したために天皇は大碓命を怨まれたことを記してゐるのである。前者については、八坂入媛所出の第一皇子が成務天皇であるところよりしても、弟媛のことはともかくも八坂入媛を妃とされたことは記述されるべき内容であつたらう。後者のことが記されなかつたのは、天皇の命を大碓命は実行しなかつたのであり、それは天皇権威を損なふ事柄であるところから記さなかつたものとみられる。或いは弟媛のこともそのために記されなかつたものかもしれないが、やはり八坂入媛については、

　八坂入媛を妃と為す

との文言は記されるべきであつたと思はれる。

第四には(ウ)条についてであるが、本条の「紀」の内容は、天皇がこの地に於いて食事をされた際、膳夫が盞を忘れた所を浮羽と称した。今的といふのは訛である。とするものである。「本紀」はその訛を重視して、本来の地名は浮羽であるところから「的邑」を採用せずに「浮羽邑」としたものとみられる。「本紀」筆者の厳格性を示す部分といへよう。

第五には(テ)条についてである。「紀」の寛文九年版本を始めとして多くは「伊勢」としてゐるのを、

　伊予、諸本作二伊勢一。今拠二兼永本一訂レ之。

と訂してゐるのである。この点について最近の校訂では、新訂増補国史大系本は、「伊豫」に訂正し、その頭註に於

いて、

豫、原作勢、今従北本熱本勢本及姓氏録、玉本作預[6]

として、「伊予」に訂してゐるのである。[7] ところが小学館新日本古典全集本は「伊勢」のままにしてゐる。[8] ではこれはいづれが正しいのであろうか。この問題を解決する上で注意しなければならないことは、元々これらの移住せしめられた蝦夷は日本武尊により神宮に献ぜられたものであり、彼らが騒ぐところから他国に移住せしめられたとするのであるから、伊勢国に移住といふことは考へられないところである。それと共に『新撰姓氏録』第五巻佐伯直条（一六八番）には、

己等是日本武尊平二東夷一時、所レ俘蝦夷之後也。散二遣於針間・阿芸・阿波・讃岐・伊予等国一。仍居二此等州一氏也。[9]

とあり、これは「伊予」とするのが正しいと判断されるのである。といふことは『大日本史』は『新撰姓氏録』は見ることなしに、卜部兼永本に基づいて「伊予」に訂正してゐるのであるが、正しい校訂であつたといへるのである。

第六には(ヌ)条の天皇の年齢についての記述である。「本紀」の記述を再掲すると、

水鏡曰、年一百四十三、蓋拠下本書立為二太子一年二十一之文上推レ之也、然本書旧事紀並曰、一百六歳、本書前後矛盾、故不レ記二享年一、○古事記曰壹佰参拾柒歳、

と記してその年齢を記してゐないのであるが、その理由は『水鏡』はその即位前紀に、

活目入彦五十狭茅天皇三十七年、立為二皇太子一。時年二十一。[10]

とあるのに基づいて「一百四十三」と記してゐるのに対し、「紀」や『旧事本紀』は「一百六歳」とし、さらに「記」は「壹佰参拾漆歳」としてゐるために、

　本書前後矛盾、故不レ記二享年一、

として、その年齢を記してゐないのであるが、公正な態度といつてよいであらう。

続いて「成務天皇本紀」に於いて問題となるのは(八)条の立太子の時期についての記述についてである。つまり成務天皇前紀は、

　大足彦天皇卌六年、立為二太子一。年廿四。

と記してゐるのであるが、景行天皇紀五十一年条には、

　秋八月己酉朔壬子。立二稚足彦尊一為二皇太子一。

とあり、いずれが是か判断することが困難である。「本紀」はこれについて景行天皇五十一年説を採用してゐるのであるが、その理由について、

　景行紀五十一年正月、書二皇子一、八月壬子、書三立為二皇太子一、其文明確、雖レ無二他考證一、事実不レ可レ移、今従二景行紀一、

と、景行天皇五十一年紀では、その正月戊子条の招宴記事に於いて、

　時皇子稚足彦尊・武内宿禰、不レ参二赴于宴庭一。

と記してゐるのに対し、八月壬子条は先に記したやうに「為二皇太子一」と明記してゐるところから、「其文明確」であり「雖レ無二他考證一、事実不レ可レ移」として、景行天皇五十一年八月壬子を立太子の年月と断定するのである。が、これは「本紀」の恣意ではなく、あくまで「紀」の記述に基づいて判断した結果として記してゐるのである。

むすび

水戸史学に於ける景行天皇・成務天皇御事績の研究について「景行・成務天皇本紀」を中心に見てきたが、全体としては「紀」に基づきながら記されてゐることは他の「本紀」と変はることが無い。その中で、「紀」に記されながら「本紀」が省略した事柄の内、天皇に直接関係する事柄の大部分は天皇権威に関係する事柄であることから省略されたものと見られる。その他では日本武尊に関する記述が略されてゐるが、是は「皇子伝」に記されてゐることから略されたものである。が、その他「本紀」は「紀」に基づいて忠実に記してゐるのであるが、「紀」の記述に疑問がある場合は、徹底的に考証を加へ、その訂正は私見を以て訂正する事無く、明白な場合のみ訂正するといふ態度を維持してゐるのである。

補註

（1）『大日本史』は昭和三年十月発行の大日本雄弁会本による。また『日本書紀』は新訂増補国史大系本を用ゐる。
（2）吉田一徳氏著『大日本史紀伝志表撰者考』一二四〇頁。
（3）『古事記』は岩波書店日本古典文学大系本に拠るが、以下頁数は省略する。
（4）『旧事本紀』は、鎌田純一氏著『先代舊事本紀の研究　校本の部』による。同書二二七頁。
（5）『新校群書類従』第二十巻『濫觴鈔』上三五六頁。
（6）新訂増補国史大系第一巻上『日本書紀』前篇二二二頁。
（7）岩波書店日本古典文学大系『日本書紀』上は「伊予」としてゐる。

（8）小学館新編日本古典文学全集『日本書紀』①三三八頁。
（9）田中卓氏「新校・新撰姓氏録」（田中卓著作集第九巻『新撰姓氏録の研究』所収）三五〇頁。
（10）新訂増補国史大系第一巻上『日本書紀』前篇一九七頁により記したが、「時年廿一」は割註となつてゐる。『水鏡』はこれに基いて崩年時の年齢を計算してゐるのであるが、『水鏡』は立太子の年代を垂仁天皇三十年としてをり、崩御時の年齢に矛盾が生じてゐる。

第六章　仲哀・応神天皇本紀

第一節　仲哀天皇・応神天皇本紀の記述

本章に於いて扱ふ「仲哀天皇本紀・応神天皇本紀[1]」は、吉田一徳博士によるに、板垣宗憺の執筆である。[2]以下、前章に倣ひ、その記述状況を把握していくことにしよう。

1、仲哀天皇天皇本紀

イ、本条は仲哀天皇の系譜記事である。「紀[3]」は天皇名を和風諡号で記すのに対し、「本紀」は漢風諡号で記すことを通例としてゐる。また「紀」には無い「景行帝孫」を記してゐる。但しその母について「紀」は、

母皇后曰二両道入姫命一。

としてゐる。その為に「本紀」は、

按本書書二母皇后一、然無二為下皇后上之文一、故不レ取、

と註記してゐるのである。この皇后の記述について、小学館新編日本古典全集本は、

日本武尊は天皇ではないが、子が天皇（仲哀）となつたので、母（両道入姫命）を追尊して「皇后」といつたもの。(4)

と記してゐる。但し「紀」が「皇后」とは記してゐても、それは飽くまでも「追尊」であり、事実は「皇后」ではないのであるから、「本紀」が「無二為下皇后上之文一。故不レ取」としたことは、飽くまで事実に基づいて記述しようとしたところからのことであり、『大日本史』の識見といつてよいであらう。

ニ、本条は成務天皇の崩御と葬送記事であるが、「紀」が崩御の年しか記してゐないのに対し、成務天皇紀によつて「六月」とその月を記すと共に、「紀」が単に「天皇」としてゐるところを「成務帝」とし、また「紀」が陵名を記してゐるのを唯だ「葬」と記してゐる。陵名が記されてゐないのは、「成務天皇本紀」に於いて記してゐるために本条では記してゐないのである。なほ『大日本史』は一般的には月の頭に春夏秋冬を記すことにしてゐるが、それは即位後に限られるものであり、(5)即位前紀に於いては省略されてゐる。本条に於ける「六月」・「九月」の前に「夏」・「秋」が付いてゐないのもそのためである。

ホ、本条は即位記事であるが、元年の干支を記し、また「紀」は日付の干支のみであるのに対し「本紀」はその日付をも記してゐるが、これは「本紀」の通例である（以下特別の事がなければ特に指摘することはしない）。即位記事に続けて「本紀」はその年齢を記すのが通例であるが、本条では記されてゐない。その理由については第三節に於いて述べることにしよう。また『大日本史』の通例により和風謚号を記してゐる。

ヘ、本条は、「紀」が「母皇后」としてゐるところを「両道入姫命」としてゐる。それは（イ）条に於いて記したやう

に「本紀」は両道入姫命を「皇后」とする「紀」の記載を否定してゐるところから実名を記したものである。

ト、本条は、

冬十月以下、公卿補任、愚管鈔、

と註記してゐるやうに「紀」には記されてゐない記事であるが、『公卿補任』などにより記載したものである。即ち『公卿補任』には、

大連　大伴健持連　元年正月天皇即位。冬十月詔大伴健持。始為大連曰。朕不及弱冠。而父王既崩云々。大連之号始於此也。[6]

と記されてゐるので、これを採用したものである。「本紀」が「武以」と記したのは「紀」に従つたものである。

「本紀」はこの註記に続けて、さらに、

按旧事紀、垂仁帝二十三年、以二物部大新河命一為二大臣一、尋改二大臣一号二大連一、今不レ取、

と記してゐる。これは『旧事本紀』巻七「天皇本紀」に於いて、

(垂仁天皇)廿三年秋八月丙申朔己亥。大新河命為二大臣一。

と記し、続けて、

同月丙申朔丁巳大臣大新河命賜二物部連公姓一。即改二大臣一号二大連一。[7]

としてゐるのであるが、「本紀」が「今不レ取」としたのは、「紀」では大臣の始まりは武内宿禰となつてをり、『公卿補任』成務天皇条では、武内宿禰に註して、

三年正月己卯、為大臣(年五十)。大臣之号於此而起。[8]

と記されてをり、また大連についても『公卿補任』が大伴健持について先に記したやうに「大連之号始於此也」と

記してゐるところから『旧事本紀』の記事を採用しなかつたのである。[9]

チ、本条は十一月朔日の詔に基づく記事であるが、「養二之於日本武尊陵域之池一」は詔の内容の一部分である。

リ、本条は「紀」の省略文であるが、「紀」の「閏十一月」を「閏月」としてゐる。これは「景行天皇本紀」などに於いても見られたものであり、『大日本史』の書法である。

ヌ、本条は前条と一連の記事であるが、蘆髪蒲見別王について「紀」は「異母弟」と記してゐるところを「皇弟」と記してゐる。「有レ罪伏レ誅」の部分は「紀」ではその罪の内容が明記されてゐるのであるが「本紀」はこのやうに要約したものである。

レ、本条の中の「自レ是毎歳六月、魚浮如レ酔、」は、「紀」の「故、其処之魚、至二于六月一常傾浮如レ酔、其是之縁也」を変へたものであるが、若干の意味の相違を来たすことになつてゐると見られる。

ラ、本条は五十迹手の奉迎記事であるが、文字の異同はさて置き、この記事は先の熊鰐の記事と共に「紀」自体にも問題が存するのであるが、今は述べないこととする。

ウ、本条は神功皇后に神が託つて新羅を討つことを述べたが、天皇はそれを拒否し、熊襲攻撃をされたとする部分の要約である。ところが、「與二群臣一討二熊襲一議」は、「紀」には「詔二群臣一以議レ討二熊襲一」とあるのを書き換へたものであるが、「紀」では議したのは群臣であるのに対して「本紀」では天皇と群臣が共に議したことになり、その意図する処に相違が生ずることになるのであり、第三節に於いて改めて検討することにしたい。また「有レ身」は「紀」が「皇后始之有レ胎」を改変したものであるが、もつと率直に「懐妊」とでも記すべきではなかつただらうか。

ヰ、本条は、

是歳以下姓氏録、

と記してゐるやうに『新撰姓氏録』によつて記されたものであるが、この点については第三節に於いて述べることにしよう。

ノ、本条は天皇の崩御記事であり、「紀」が「忽有二痛身一」としてゐるところを「忽有レ痛」と要約し、「明日」を「六日戊申」と日付で記してゐるのと、さらに崩御場所としての橿日宮を記してゐる。この天皇崩御については「紀」に異説が記されてゐるので「本紀」は、

本書一説曰、天皇親伐二熊襲一、中二賊矢一而崩、

と「一云」をそのまま記すと共に、

又曰、天皇不レ信二神誨一、忽病而崩、

とも記してゐる。この文は「紀」が天皇の崩年を記した後に記されてゐるのを改変して記したものであるが、これを異説とすることは問題であり、第三節に於いて述べることとしよう。「本紀」はこれに続けて、

古事記曰、天皇将レ①討二熊曾国一而②弾レ琴、健内大臣居二沙庭一請二神命一、ⓐ皇后以二神言一白二天皇一、天皇不レ信、遂舎レ琴不レ弾、神大③怒、ⓑ健内大臣勧使レ弾レ之、未レ幾不レ聞二琴音一、挙レ火而④視、既崩矣、

と、「記」を要約して記してゐるのである。ちなみに「本紀」は「記」の文のうち点線の部分の①「討」は「撃」を、②「弾」は「椌」を、③「怒」は「忿」を、④「視」は「見」の文字を変更したのみであり、また、太線「未レ幾」は「未二幾久一」の「久」を省略したものである。一方波線ⓐ「皇后」云々は「記」の神言を省略したものであり、ⓑ「健内大臣」云々は「記」の「勧めた」内容を省略して要約したものである。対して二重線の「天皇」云々はその結論のみを要約して記したものである。

「本紀」はこのやうに「紀」「記」にみられる諸説を記した後に、

諸説粉紜、未レ知二孰是一、今以二当時大勢一考レ之、天業草創、経綸方始、則西伐二三韓一、時務之最所レ当レ急、而天皇之専事二熊襲一、不レ能二決レ策遠討一者、殆不レ可レ解、且任那人蘇那曷叱智之入貢、在二崇神之時一、新羅王子天日槍之帰化、在二垂仁之時一、是人人之所レ知、而天皇之謂二有レ海無一レ国者、本書所レ載、亦不レ為レ無レ疑也、

と記し、「本紀」としての見解を述べてゐるが、これについては第三節に於いて述べることにしよう。「本紀」は更に、

又按本書註、古事記、並言、崩年五十二、古事記註曰、壬戌年六月十一日崩、然生年無二定説一、故今不レ取、

と記してゐるが、この天皇の崩年については、その即位時に既に検討されてゐること先述の通りであるから再言することは略さう。

オ、本条は天皇崩後の処置を記した部分であるが、「帥」は「領」の、「密」は「窃」の文字を変更したものであり、また「至」は「遷」を変更したものである。対して「秘不レ発レ喪」「奉二梓宮一」は「紀」を要約したものである。なほ「本紀」は四名に註して、

旧事紀載二物部多遅麻一、

と記してゐる。これは『旧事本紀』が四名に加へて物部多遅麻を記してゐる(10)ところから註記したものである。

ク、本条以降は、神功皇后摂政前紀に記されてゐる部分である。「本紀」が神功皇后摂政前紀を仲哀天皇本紀に続けて記してゐる点については第三節に於いて述べることにしよう。

本条の「百寮」は「紀」が「群臣及百寮」としてゐる中の「群臣」を省いたものであるが、「本紀」が何故に「群臣」を省略したのかは不明である。

ヤ、本条の「奏」は「撫」を、「嚮」は「先日」を、「嚮誨二・・者何」は「教・・者誰」を変更したものである。また「涓レ吉」は「選二吉日一」を変へたものであり、「禱」は「請曰」を意によりて変更したものであり、「尋」は「然後」を変更したものである。「旬日」は「未レ経二浹辰一」を意によりて変更したものである。[11] 一方「神各告以レ名。乃従二神語一祭レ之」は、禱りに対する神の答へ及び祭祀を要約したものである。

マ、本条は羽白熊鷲討滅記事であるが、「人身鳥翼、強健能飛、劫盗作レ害。」の部分は羽白熊鷲の様相を要約記述したものであり、「誅レ之」は「撃二熊鷲一」を変更したものであり、「発」と「到」は「紀」が「自二橿日宮一遷二于松峡宮一」としてゐるのを変へたものであり、また「軍」は「挙レ兵」を変へたものである。対して「出」は「至」を変更したものであるが、単なる語句の変更に止まらず、皇后の意志を明瞭にするために変更したものとみられる。なほ「之」は羽白熊鷲を指してゐることといふまでもない。

ケ、本条はその前半は「紀」と変はらず、「其」は修飾して加へたものである。対して後半は「紀」の「興レ軍而迎来」を「帥レ衆来迎」と変更し、「其妹」を本名で記してゐるのであるが、「紀」が「逃」とあるのを「即亡」としてゐる。「逃」と「亡」とでは一見意味が違ふやうに見られるが、逃亡は即ちその支配地の喪失であるから、事実上は滅亡であり、同一の表現と見てよいであらう。

フ、本条は新羅遠征を決する記事であるが、「作レ鈎」は「為レ鉤」を、「以レ飯」は「取レ粒」を、「糸」は「縷」を変更したものであり、その意図する処に相違はない。が、「河上」は「紀」には記されてゐない。単に「玉嶋里小河」と記されてゐるのみである。また「磯」は「河中」であり、「投レ竿祝」は「投レ鉤祈」を変更したものである。それらの理由は不明な点が多いが、「祈」を「祝」としてゐる点については第三節に於いて述べることにしよう。

テ、本条は多く文字を改め、文を改変してゐるが、その殆んどは問題は無いといつてよい。しかし「紀」が「祈」としてゐるのを「祝」としてゐる部分については第三節に於いて述べることにしよう。その他「本紀」が修飾又は文を整へるために補つた文字が存するが、問題となる部分は殆んどないといつてよいであらう。しかし「以祭」は「紀」に無い文であり、刀・矛を奉るといふ行為そのものが祭典を意味するのであるから、わざわざ記す必要は無かつたのではないだらうか。

本条には、その最後に「後人伝為二鎮懐石一」と記し、

後人以下拠二万葉集一。○按万葉集、鎮懐石両顆在二筑前怡土郡深江村子負原一、或曰、在二肥前彼杵郡一、古老相伝、皇后袖レ之為二鎮懐一、古事記曰、所レ纏二御裳一之石、在二筑紫伊斗村一、釈日本紀引筑紫風土記、筑前風土記、並曰、在二怡土郡児饗原一、

と註してゐる。これは『万葉集』巻五の八一三番歌[12]である、

かけまくは　あやに畏し
足姫　神の命
韓国を　むけ平げて
御心を　鎮め給ふと
い取らして　斎ひ給ひし
真珠なす　二つの石を
世の人に　示し給ひて
萬代に　云ひ継ぐがねと
海の底　奥つ深江の

海上の　子負の原に
御手づから　置かし給ひて
神ながら　神さびいます
奇御魂いまのをつつに
尊きろかむ

の歌の題詞に、

筑前国怡土郡深江村子負原、臨レ海丘上有二二石一。大者長一尺二寸六分、囲一尺八寸六分、重十八斤五両。小者長一尺一寸、囲一尺八寸、重十六斤十両。並皆楕円状如二鶏子一。其美好者不レ可二勝論一。所謂径尺璧是也。（或云、此二石肥前国彼杵郡平敷之石、当レ占而取レ之。）去二深江駅家一二十許里。近在二路頭一。公私往来、莫レ不二下レ馬跪拝一。古老相伝曰。往者息長足日女命征二討新羅国一之時、用二茲両石一挿二著御袖之中一、以為二鎮懐一。（実是御裳中矣。）所以行人敬二拝此石一。乃作レ歌曰、

とあるのである。「本紀」は此の題詞に基づいて鎮懐石の説明をしてゐるのであるが、それに止まらずに「記」を引用し、さらに『釈日本紀』に引用[13]されてゐる「筑紫風土記」や「筑前風土記」をも引用して、鎮懐石に関する史料を網羅するのである。

ア、本条は、「紀」の要約であり、和魂と荒魂の順が変はつてゐるだけである。本条はこれに続けて分註に於いて、

古事記曰、皇后従二神教一、以二真木灰一実レ瓠、多作二箸比羅伝一、浮二之海一而度、

と、「記」を記してゐる。但し「本紀」の記し方は皇后の行動として記されてゐるが、「記」のこの部分は神の教への内容となつてをり、「記」はこれに続けて、

　故、備如二教覚一、整レ軍雙レ船、度幸之時、

と記してゐるのである。「本紀」はこの点をも考慮して皇后の行動として記したものと考へられる。なほ傍線は「記」の通りに記された部分である。

サ、本条は「紀」の要約文であり、神功皇后の新羅征伐の概要を記した部分である。その中の新羅王の名前については、「紀」の第一の「一云」の中に宇流助富利智干とあるところから、波沙寐錦の下に註して、

　本書註一本、作二宇流助富利智干一

と記すのである。本条では、更に、

　本朝文粋載二三善清行意見封事一曰、本朝戎器、強弩為レ神、相伝神功皇后奇巧妙思、別所二製作一也、唐雖レ有二弩名一、曾不レ如二此器之勁利一也、按造二強弩一。蓋在二征韓之時一乎、然本書所レ不レ載、附以備レ攷、

と記してゐる。すなはち『本朝文粋』所引の「三善清行意見封事」は神功皇后の時に強弩が制作されたとしてゐるのであるが、「紀」には記されてゐないところから、

　然本書所レ不レ載。附以備レ攷。

と、後世の考察に委ねてゐるのである。

キ、本条も「紀」の要約文であるが、「従レ是新羅調貢以二八十船一為レ制」について「紀」は、

　常以二八十船之調一。貢二于日本国一。其是之縁也。

とあるのを、「制」と記したものである。

ユ、本条は、高句麗・百済の服属記事を要約したものであり、「本紀」は、

　古事記曰、以二百済国一為二渡屯家一、

と註記してゐるが、これは「記」の文を改変して記したものである。「於㆑是三韓悉服」は「紀」が、

　是、所謂之三韓也。

と記してゐるのをその事実に基づいて記したものである。また「祭㆓荒魂㆒以鎮㆓其国㆒」については、

　祭以下古事記

と註記してゐるやうに、「記」が、

　即以㆓墨江大神之荒御魂㆒、為㆓国守神㆒而祭鎮、

とあるのに基づいて記されたものである。また「振旅而還」は、「紀」は「所謂之三韓也」に続けて、

　皇后、従㆓新羅㆒還之。

とあり、「紀」が、墨江大神の鎮座に続けて、

　還渡也。

とあるのを変へたものであるが、何故に「振旅」といふ語句を加へたのか不明である。

メ、本条は応神天皇の誕生記事であるが、「紀」はその日を記してゐるに拘はらず「本紀」は記してゐない。その理由については第三節に於いて述べることにしよう。

なほ「紀」はこれに続けて二つの「一云」が記されてゐる。その異説は神功皇后の新羅征伐全体に拘はる異説である。第一の異説は「紀」本文と大同小異であるが、第二の異説は全くの異説である。その異伝について「本紀」は触れてゐないが、この点については第三節に於いて述べることにしよう。

ミ、本条は、墨江大神の託宣による鎮祭記事であるが、「祭㆓表筒男、中筒男、底筒男神之荒魂㆒」は墨江大神そのものとして記されてゐるのを祭る主体としての皇后による祭祀として記したものである。

シ、本条は、「紀」では神功皇后摂政二年十一月条の記事であるが、註記して、

　延喜式曰、恵我長野西陵

と、『延喜式』諸陵式の名称を記してゐる。

2、応神天皇本紀

イ、本条は応神天皇出生についての記事であり、概ね応神天皇即位前紀を基に要約、書き換へをしてゐるが、その趣意に変はる所は無い。なほ「十二月十四日辛亥二」は、神功皇后摂政前紀に基づいて記されたものであり、応神天皇即位前紀には記されてゐない。また応神天皇の名である誉田の由来については幾つかの異伝が存在する。その為に「本紀」は先づ「記」仲哀天皇段に拠つて、

　古事記曰、大鞆和気命、亦名品陀和気命、

と記し、その「ホムダ」と称する理由について、

　按本書註、古呼レ鞆曰二誉田一、

と「紀」の註を挙げて説明してゐる。但し「紀」の註は正しくは「上古時俗。号レ鞆謂二褒武多一焉」と記されてゐるのであり、「本紀」の記述はその趣意文である。

「本紀」はこれに続けて、

　本書註一説、太子拝二笥飯大神一時、大神與二太子一相二易其名一、故号二大神一曰二去来紗別神一、太子名二誉田別尊一、

と「紀」の異説である敦賀の笥飯大神との名前の交換により誉田別尊と称されたとの説を記し、

然則太子初名去来紗別尊也、

と述べ、「記」にも同様の記述があることから、

古事記亦曰、伊奢沙和気大神、與㆓太子㆒易㆑名、

と記し、

附以備㆑考、

と、その名前の由来についての判断を将来に委ねるのである。

そして応神天皇の称呼についてはさらに本文に於いて、

亦称㆓胎中天皇㆒

と「胎中天皇」との称もあることを明記し、その根拠として、

亦称以下、本書継体紀、神皇正統記、

と「継体天皇紀」二十四年四月条の「胎中天皇」(14)と『神皇正統記』応神天皇段の、

是ヲ胎中ノ天皇トモ申ス(15)

を挙げるのである。

ロ、本条以下（タ）条までは、「紀」は神功皇后摂政期間として、巻九に独立巻としてゐる部分の後半部(16)であり、それぞれ「元年」以下「六十九年」と記されてゐるが「本紀」では摂政期間中は干支のみで記し、また月の頭の春夏秋冬を附することもしてゐない。それはその摂政期間は飽くまで応神天皇即位前紀として扱ふこととしてゐる為である。『大日本史』が神功皇后を「后妃伝」に記し「神功皇后本紀」を立てなかつた理由については第三節に於いて述べることとしよう。

本条は次条と一連の麛坂王・忍熊王の反乱とその誅滅についての要約趣意文であるが、応神天皇が南海より紀伊に趣かれた時のことについて「記」の、

於レ是息長帯日売命、於レ倭還上之時、因レ疑二人心一、一二具喪船一、御子載二其喪船一、先令レ言二漏之御子既崩一。(17)

の記事に基づいて「古事記曰」として、

皇后内懐二疑懼一、陽具二喪船一、載二皇子一、声言皇子既夭、

と、その趣意文を掲げてゐる。

ハ、本条は忍熊王討伐記事であるが、「紀」に記されてゐる経過は全て省略してその結果のみを記してゐる。難波根子武振熊は、「紀」では、

和珥臣祖武振熊

となつてゐるのを「記」仲哀天皇段や仁徳天皇段に基づいて記したものである。また「忍熊敗死」は、「紀」では、

沈二瀬田済一而死之。

とあるのを変へたものである。

ニ、本条の前半は「紀」と同一であるが、後半の「臨レ朝摂レ政」は「本紀」独自の文である。これは「紀」では以後六十二年間に渡り神功皇后が摂政されたことになつてゐることから記されたものである。また「大臣武内宿禰如レ故」は、

大臣以下公卿補任

と註記してゐるやうに『公卿補任』によつて記してゐるが、「本紀」は更に、

按旧事紀、是日以二物部多遅麻一為二大連一、

と註記してゐる。これは『旧事本紀』巻七「天皇本紀」に記されてゐるものをそのまま記したもの[18]である。

ホ、本条は摂政二年条（以下神功皇后摂政紀はこのやうに表記する）である。それを要約し天皇名を加へたものである。

ヘ、本条は摂政三年条であり、殆んど変はりは無い。相違点は「皇太后」を加へたことと、「誉田別皇子」を「天皇」に変更してゐるだけである。「本紀」はこれに続けて、

本書註曰、是謂二若桜宮一、按若桜宮号、実起二于履中帝一、是時未レ得レ有二其号一、蓋太后所レ都、履中仍都焉、遂有二此号一、故追二称之一也、

と記してゐる。この註記については第三節に於いて述べることにしよう。

「本紀」はこの註記に続けて、更に、

旧事紀曰、是日以二物部五十琴一為二大連一、

と註してゐる。これは『旧事本紀』が立太子記事に続けて、

以二物部五十琴宿禰一為二大連一。[19]

と記してゐることを註したものである。

ト、本条は摂政五年条を要約したものであるが、使者の名前は省略されてゐる。また「紀」では微叱許智が欺いて帰国を申請したことになつてゐるが、「本紀」では帰国申請と、許可の事実及び葛城襲津彦の派遣しか記してゐない。この点については第三節に於いて述べることにしよう。

チ、本条は摂政十三年条であり、笥飯大神参拝と還りて後の宴の要約文であるが、「紀」が「従二太子一」としてゐるところを「奉二皇太子一」と変へてゐるが、その意味するところに変化は無い。また「代二皇太子一答歌」は「為二太子一答歌之曰」とあるところを変へたものである。これらの記述が皇太子（応神天皇）を中心とした記述になつてゐ

るのは、皇太子（応神天皇）が幼少の為に武内宿禰がその補佐をしてゐる形式であるからである。

「本紀」ではこの記事に註して、

本書註引魏志云、己未歳、庚申歳、癸亥歳、與レ魏通レ使、然我史策所レ不レ載、故不レ取、

と記してゐる。この点については第三節に於いて述べることにしよう。

リ、本条は摂政四十六年条であるが、「斯摩宿禰遂綏二撫百済一而還」の記述については第三節に於いて述べることにしよう。

ヌ、本条は摂政四十七年条であるが、「時新羅劫二百済使一、易二其貢物一而献レ之」について「紀」は詳しく記してゐるが、「本紀」は新羅が百済使を劫して貢物を易へて献上した事実のみを記してゐる。

タ、本条は摂政六十二年条の省略文であり、「討」は「撃」を変へたものである。但し『百済記』の記事は記されてゐない。それについては後節に於いて触れることにする。

レ、本条は摂政六十四・六十五年条の省略文であり、文字の配列を変更した部分がある。また（ヨ）と同様に「卒」は「薨」を変へてゐる。「本紀」はこれに続けて、

本書註引二晋起居註一云、丙戌歳、通二使於晋一、然我史策所レ不レ載、故不レ取、

と註してゐる。この点については『魏志』と合はせ第三節に於いて述べよう。

ツ、本条は「紀」の省略文に、通例により即位時の年齢と都を記したものである。そしてその年齢については、

年、拠二水鏡、愚管鈔、皇代記、及本書生年一、

と、その根拠を明らかにすると共に、その都については、

都二軽島一、拠二旧事紀、古事記一、○旧事紀、作二豊明宮一、

と、『旧事本紀』及び「記」に拠ることを註し、その宮名について『旧事本紀』は「豊明宮」としてゐることを述べるのである。

ネ、本条は「紀」と変はらないが、「本紀」の通例の何日が記されてゐない。この点については第三節に於いて述べることにしよう。

ラ、本条は「紀」と殆んど変はらないが、「擾動」は「訕哤」を変更したものであり、「安㆓輯之㆒」は「平㆓其訕哤㆒」を変へたものである。

ム、本条は「紀」の趣意文である。「紀」が「失礼」としてゐる部分を「無礼」としてゐる。

ヰ、本条は「紀」の趣意文であるが、「作」は「造」を変へたものであり、「試㆓之於海㆒」は「試浮㆓于海㆒」を変へたものであり、「軽疾如㆑馳」は要約である。

オ、本条は「紀」の趣意文である。但し池の名前について、

古事記、作㆓百済池㆒、

と註してゐる。

ク、本条は、その註に、

本書註引㆓百済記㆒。

と記してゐるやうに、『百済記』によつて記された部分であるが、是については第三節に於いて述べることにしよう。

ヤ、本条は「紀」と変はるところは無い。但し「紀」ではこれに続いて甘美内宿禰（武内宿禰の弟）による兄を讒言した関連記事が記されてゐるが、「本紀」には記されてゐない。これについては後節に於いて述べるであらう。

「本紀」はこの記事に続けて、

　按帝王編年記、十年己亥創二軽市一、未レ知二何拠一、姑附二于此一、

との註を付してゐる。これは『帝王編年記』が記してゐる、

　十年己亥。始立二軽市一。[20]

との記事について、

　未レ知二何拠一、

と、その根拠が不明な事を述べながらも、その記事を否定すること無く、

　姑附二于此一、

として註記してゐるのである。

マ、本条は「紀」と変はらない。しかしこれに続いて記されてゐる日向の髪長媛を召した記事は全て省略してゐる。これについては後節に於いて述べるであらう。

ケ、本条は「紀」の要約文であり、弓月君の来帰を語つてゐるが、「来帰」を「請二帰化一」としてゐる。これは弓月君の言を採用したものである。また「迎レ之」は「召二弓月之人夫於加羅一」を変へたものである。

フ、本条は「紀」の趣意と変はる所が無いが、「阿花」と王名を記してゐる。このことについて「本紀」は註に、

　古事記曰、百済照古王使三阿知吉師献二牝牡馬各一匹、横刀、大鏡一、

と「記」の趣意文を記してゐるが、そこには「照古王」としてゐるのである。それを「本紀」が「阿花王」と記してゐるのであるが、この点については第三節に述べることにしよう。

「紀」では献上記事に続けて阿直岐に馬を飼育させたこと、また天皇と阿直岐との会話が記されてゐるが、「本

紀」はそれらを省略して、直ちに、

　遣㆓荒田別、巫別於百済㆒、徴㆓王仁㆒、

と記してゐる。この部分は「紀」の省略文である。

コ、本条は「紀」が、

　十六年春二月。王仁来之。

とあるものを、「記」を参考に改変したものである。それ故に、

　率㆓治工㆒以下古事記

と註記してゐるのであるが、「記」には、

　和邇吉師。即論語十巻、千字文一巻、并十一巻、付㆓是人㆒即貢進。（割註略）貢㆓上手人韓鍛、名卓素、亦呉服西素二人㆒也。又秦造之祖、漢直之祖、及知㆑醸㆑酒人、名仁番、亦名須須許理等参渡来也。

とあるのに基づいて記し、仁番には「亦名」があるところから、丁寧に、

　古事記又曰、仁番又名須須許理、

と註してゐるのである。

テ、本条は(ケ)条の結末を記したものであり、「紀」の趣意文であつて、「率」「討」はそれぞれ「進」「撃」を変へたものであり、「将㆓襲津彦及弓月人口㆒而帰」は「乃率㆓弓月之人夫㆒、與㆓襲津彦㆒共来焉。」を改めたものである。

ア、本条は国樔人の奉献記事であるが、その歌や人となり等は省略してゐる。「奏㆑歌」は歌詞を略したための書き改めである。

サ、本条は阿知使主の来朝記事であり「紀」と殆んど変はらない。異なるところは「漢主劉宏之裔」の部分であるが、

それについては、

　阿知使主、書㆓漢主之裔㆒、拠㆓姓氏録㆒、

と註してゐるのである。即ち『新撰姓氏録』巻二十三「右京諸蕃上」坂上大宿禰条（八一二番）には、

　坂上大宿禰　後漢、霊帝男、延王之後也。[21]

とあり、また檜原宿禰（八一三番）には、

　檜原宿禰　坂上大宿禰同祖、都賀直□賀提直之後也。[22]

と記されてゐるのである。「本紀」が「霊帝」と記さずに「漢主劉宏」と記したのは、霊帝は外国の皇帝であるから、名分上その諡号を記すことを避けたものである。

キ、本条は兄媛の帰国と天皇の吉備行幸記事である。「本紀」は「紀」を要約したものであり、兄媛が帰国することになつた経緯については省略し、「帰㆓寧吉備㆒」と記されてゐる。また「兄媛兄御友別献㆑食、封㆓其子弟於吉備諸県㆒」は、御友別の子弟を吉備の各地に封じた事実を記したものであるが、「紀」ではそれぞれ次のやうである。

　川嶋県↓（長子）稲速別（下道臣）

　上道県↓（中子）仲彦（上道臣・香屋臣）

　三野県↓弟彦（三野臣）

　波区芸県↓（弟）鴨別（笠臣）

　苑県↓（兄）浦凝別（苑臣）

「本紀」はこれを「封㆓其子弟於吉備諸県㆒」としたのである。なほ「本紀」はこれに註して、

　按姓氏録載、帝欲㆑定㆓国界㆒、車駕巡幸到㆓播磨㆒、蓋在㆓是歳㆒乎、附以備㆑考、

と記してゐる。この点については第三節に於いて述べることにしよう。

メ、本条は高句麗の遺使記事であり、その表文が無礼であつた為に使者を責め、それを破つたとするものであるが、「本紀」ではその主体者である菟道稚郎子の名を記してゐない。

シ、本条は阿知使主、都加使主を呉に遣はし、縫工女を求めた事実のみを記してゐる。なほ「本紀」は、

　按是時呉亡入レ晋、蓋沿二称旧号一、下倣レ此、

と記してゐる。これは応神天皇三十七年は三〇六年に当たるが、シナ江南の呉は二八〇年に晋により滅ぼされてゐるところからこのやうな註記をしたのである。なほ小学館新編日本古典文学全集本は呉について、

　日本が中国の江南王朝を「呉（くれ）」と呼称したのは、たまたま日本が交渉した中国王朝がかつての呉（ご）の地を拠点とした王朝であったことによる。[23]

と註記してゐる。

ヌ、本条は百済王妹の来朝記事である。が、「使二其妹新斉都媛入侍一」は「紀」では「以令レ仕」とあり、また七婦女の来日について「本紀」は記してゐない。そして「本紀」は、

　按本書二十五年、直支卒、子久爾辛立、拠二東国通鑑一、是歳百済比流王五年、此云二直支一者、疑有レ誤、

と、二十五年条に直支王の死亡記事があるところから、この記事に誤りがあるものと疑つて註してゐるのであるが、それを考へるに『東国通鑑』をも参考にしてゐるのである。

ヒ、本条は菟道稚郎子立太子記事の趣意文である。但し前提となる大山守命と大鷦鷯尊に対する四十年正月戊申記事は無い。「本紀」はこれに続けて、

　旧事紀曰、以二物部印葉一為二大連一、

と註してゐる。この点については第三節に於いて述べることにしよう。

モ、本条は天皇の崩御記事であり、前半は「紀」と変はる所は無い。そして「紀」の異伝についても、

　本書註一説云、大隅宮、

と註記することを怠らないのである。そしてその年齢については、

　本書作二一百一十歳一、與下立為二皇太子一下註、時年三歳之文上合、然本書明言帝以二仲哀帝九年庚辰一生、則至二庚午一、実百十一歳也、故従二水鏡、皇年代略記、帝王編年記一、

と、その誕生年より計算すれば百十一歳となることを明らかにし、『水鏡』などに従ふとするのである。そしてさらに、

　古事記曰、年壹佰参拾歳、甲午年、九月九日崩、

と「記」の説をも記すのである。

セ、本条は(シ)条に続く内容であるところから、「本紀」では「工女」の名を(シ)条に基づいて記してゐる。

ス、本条前半の葬送記事は「紀」に記されてゐない。その為に註して、

　本書葬闕、今拠二古事記、延喜式、皇年代略記一、

と、「記」・『延喜式』及び『皇年代略記』に拠つて記したものであることを明記するのである。対して後半は宇佐八幡宮・石清水八幡宮への奉祀について『宇佐託宣集』また『石清水八幡縁起』・『神皇正統記』によつて記したものであり、それぞれその根拠を註記してゐるのである。

第二節　仲哀天皇・応神天皇紀と仲哀天皇・応神天皇本紀の比較

前節に於いては、仲哀天皇本紀・応神天皇本紀の記述について見てきたが、次に資料篇の比較表に基づき仲哀天皇紀・応神天皇紀と「本紀」との比較をしていくことにしよう。

1、仲哀天皇紀と仲哀天皇本紀

比較表のやうに「本紀」は「紀」の記載の大部分を忠実に記してゐるのである。その中で記載されてゐない内容や、記事が至つて簡潔に事実のみを記してゐる部分について見ていくことにしよう。

第一には母系の系譜の記されてゐないことであるが、母の系譜に関しては当該の「后妃伝」に於いて記されてをり、「本紀」に於いては記す必要が無いために記載されてゐないのである。

第二に立太子記事に於いて「紀」は、

稚足彦天皇、無レ男。故、立為レ嗣。

と記してゐるのであるが、「本紀」はこれを記してゐない。その理由は明らかではないが第三節に於いて検討することにしよう。

第三に陵名を省略してゐるのは「成務天皇本紀」に記してゐるためである。

第四に、元年条の大連任命記事は「紀」には記されてゐないものであるが、第一節に述べたやうに『公卿補任』に基づいて記されたものである。

第五に、同じく元年条の白鳥献上記事が趣意文となつてゐるのは、諸国をして白鳥を献上させることになつた事実を重視したためと思はれる。

第六には「太歳」記事の無いことであるが、「紀」は各「天皇紀」は「元年」「二年」と記すためにその元年の干支を明らかにする必要から「太歳」記事が存するのであるが、「本紀」は各年の干支を記すことにしてゐる為に「太歳」記事は必要が無いために省略したものである。

第七に、二年条の立后記事に於いて妃や子の記載が無いのは、「后妃伝」に於いて記すことから「本紀」に於いては記さないのである。

第八に、八年条の功満王帰化記事であるが、これについては第三節に於いて述べることにしよう。

第九には九年条の神功皇后系譜記事が記されてゐないことであるが、これは神功皇后が「后妃伝」に記されたことから当然のことである。なほ神功皇后が「后妃伝」に記されたことについては第三節に於いて述べることにする。

第十には、神功皇后摂政前紀に記されてゐる異説問題であるが、これは第三節に於いて述べることにしよう。

第十一の追謚記事は『大日本史』の通例により記されたものである。

2、応神天皇紀と応神天皇本紀

「本紀」は「紀」の記載の大部分を忠実に記してゐるが、その中で記載されてゐない内容や、記事が至つて簡潔に事実のみを記してゐる部分について見ていくことにしよう。

第一には小竹宮に於ける暗夜の如き日が続いたとする記事である。「紀」はその原因について詳細に述べてゐるが、「本紀」に於いては「昼晦如㆑夜連日」と、その事実のみを記してゐる。それはその原因が応神天皇や神功皇后に存しないところから、事実のみを記したものである。

第二には忍熊王反乱の平定記事であるが、平定そのものは武内宿禰と難波根子武振熊によるものであるから、「本紀」では反乱平定の事実のみを記したものである。

第三には「太歳」記事の無いことは、前項に説明したので省略するが、神功皇后紀には「太歳」記事が元年・三十九年・六十九年にも記されてゐる。「本紀」は全て略されてゐるが、それは「本紀」は全て応神天皇即位前紀として干支で記してゐるところから必要が無く略したのである。

第四には摂政五年の記事及び三十九年・四十年・四十三年の「魏志」の註記、更には六十五年の「晋起居註」の註記であるが、これらについては第三節に於いて述べることとしよう。

第五には七枝刀等献上の事実のみを記し、百済王の言上を省略してゐる点であるが、この言上は以後の連年の朝貢を約束したものであり、記述されても良かつた内容と考へられるが、百済の朝貢約束は「本紀」では既に仲哀天皇九年（神功皇后の朝鮮出兵）に行はれてゐるところから省略したものと考へられるのである。

第六の葛城襲津彦による新羅討伐について、『百済記』では、沙至比跪が派遣されたが沙至比跪は新羅に誑かされて加羅を攻撃したとするものであり、またそこに引かれてゐる「一云」は『百済記』の異伝であるか、別伝であるか不明であるが、沙至比跪は天皇の怒りに触れ自害したとするものである。この伝承は他にこれを傍証するものの無い外国史料であるところから「本紀」は採用しなかつたのである。

第七に神功皇后の諡号を記さなかつたのは、神功皇后については「后妃伝」に記されてゐるところから「本紀」では記さなかつたのである。

第三節　仲哀天皇本紀・応神天皇本紀の検討

両「本紀」を通じて問題となるのは神功皇后についての扱ひである。周知の如く『大日本史』の三大特筆といはれるものの一つが、神功皇后を「后妃伝」に入れたことである。「紀」は神功皇后を歴代天皇と同等に扱ひ一巻を立てたのであるが、『大日本史』は神功皇后は天皇に非ずとして、これを后妃伝に移して記したのである。そして『大日本史』はその移した理由について巻七十四の神功皇后伝に註して、

按仲哀之崩、天下無レ主、皇后奉二遺腹一、以号二令四海一、称為二胎中之帝一、然応神既生、宜三立為二天子一、而立為二太子一[24]、名実不レ正、皇后疑二乎即レ真矣、後世徒見二其迹一、遂列二皇統世次一、大失二旧史之旨一、古事記歴三叙帝王治二天下一、直以二応神一接二仲哀之後一、不レ数二皇后一、至二於日本紀一、則特書曰二摂政元年一、其義亦厳矣、且女主即レ真、如二推古持統一、皆称二天皇一、而皇后則否、其後議二定追謚一、亦曰二神功皇后一、而不レ奉二天皇之号一、由レ是、観レ之、其不レ宜レ列二于帝紀一審矣、雖レ然、仲哀応神之際、皇后称レ制、実行二天子之事一、故今不レ没二其実一、備二后挙動於二帝本紀一、而不三別作二皇后紀一、

と述べるのである、すなはち『大日本史』が「神功皇后本紀」を立てなかつた理由は、

一、応神天皇を称して胎中天皇と称してゐること。然るに神功皇后が即位されたとするならば、名実が正しくない

こと。

二、「記」は仲哀天皇の次を応神天皇とし、神功皇后を世系に数へてゐないこと。

三、「紀」では特に「摂政元年」と記してゐること。

四、推古天皇や持統天皇のやうに真に即位された女帝に対しては「天皇」と称してゐるのに対して、神功皇后については、諡も「皇后」となつてゐること。

と、その理由を列挙して、

其不レ宜レ列二于帝紀一審矣

と結論し、後世天皇として扱つてゐるのは、「大失二旧史之旨一」と述べるのである。この『大日本史』の結論は理路整然としたものであり、何人と雖も服さざるを得ないものである[25]。『大日本史』はこの結論に基づいて神功皇后を「后妃伝」に記したのであるが、「紀」に記された皇后の事績は「実行二天子之事一」つたものであるところから、これを「仲哀天皇本紀」、「応神天皇本紀」に分載することにしたとして、摂政前紀を「仲哀天皇本紀」に附載し、摂政元年紀より六十九年紀は「応神天皇本紀」に附載することにしたと説明するのである。即ち摂政前紀は三韓征伐に関する記事であり、且つ仲哀天皇九年の内容であるところから、これを「仲哀天皇本紀」に附載したのである（なほ仲哀天皇葬送記事は摂政二年十一月条の記事であるが、葬送記事であるところから「仲哀天皇本紀」に記されてゐるのは当然のことである）。一方元年紀以降は、応神天皇の摂政であるからこれを「応神天皇本紀」に附載することにしたのは当然の処置であるが、このやうに両本紀に分載したのは『大日本史』の苦心の結果と見てよいであらう。

以下各「本紀」の問題点について検討していくことにしよう。

1、仲哀天皇本紀

さて「本紀」記述の問題点であるが、第一には（ホ）条の即位時に於ける年齢の記載のない点である。『大日本史』は天皇即位時の年齢を記すことを通例とするのであるが、何らかの事情がある場合は記さないことがある。本条もその例であるが、「本紀」はその理由を註に於いて、

按水鏡、愚管鈔、皇代記、皇年代略記並云、時年四十四、與二本書崩年五十二之文一合、然拠レ此逆二推之一、以二成務帝十九年一生、與下本書註、及旧事紀並云、成務帝四十八年立為二皇太子一、時年三十一者上、差二一年一、且距二日本武尊薨一、三十余年、本書元年詔、有下朕未レ逮二弱冠一、而父王既崩之文上、其誤可レ知、故不レ取、

と記してゐる。すなはち『水鏡』以下の書は即位時の年齢を「四十四」と記してをり、仲哀天皇九年紀の崩御記事には、

時年五十二

とあるところから逆算すると、即位時の年齢は四十四歳となるのであり、間違ひのないやうに見えるのであるが、その即位前紀の立太子記事には、

時年卅一

とあり、それよりするならば即位時の年齢は四十五歳となるのである。何故ならば立太子は成務天皇四十八年に行はれたのであり、成務天皇の崩御は六十年のことであるから、この時皇太子は四十三歳である。普通ならば次の年が即位年であるが、仲哀天皇の場合は翌年の即位ではなく、一年の空位の後に即位されてゐるのである。すなはち仲哀天

皇紀は次のやうになつてゐる。

六十年（庚午）、（成務）天皇崩。

明年秋九月壬辰朔丁酉。葬二于倭国狭城盾列陵一。

元年春正月庚寅朔庚子。太子即二天皇位一。（中略）是年也、太歳壬申。

何故に一年の空位が生じたのかは明らかでないが、立太子の時の年齢からするならば、その即位時の年齢は四十五歳となるのは明らかであり、『水鏡』などとは一年の差が生じることとなるのである。これのみならば「本紀」は「年四十五」と記し、その理由を註記したであらうが、記載しなかつた理由がさらに存在したのである。すなはち註記の後半に記されてゐるやうに、父である日本武尊の薨去との関係である。日本武尊の薨去は、景行天皇の四十年または四十三年[26]といふことになるが、成務天皇四十八年に三十一歳であつたとするならば、その誕生は成務天皇十八年のこととなり、日本武尊の薨去より三十六年または三十九年の後の誕生となるのである。しかるに仲哀天皇紀元年十一月乙酉条には、

朕、未レ逮二于弱冠一。而父王既崩之。

とあり、この詔からすれば、日本武尊生前中の誕生といふことになるのであり、「紀」に記されてゐる年齢関係記事は全てに矛盾が生じてゐるのである。その為に「本紀」は、

其誤可レ知、故不レ取、

と記して、その即位時の年齢を記さなかつたのである。「本紀」の慎重な態度の現れである。

第二には（ウ）条である。本条は「紀」が「詔二群臣一以議レ討二熊襲一」としてゐるところを「與二群臣一議レ討二熊襲一」と変更してゐる点であるが、「紀」の記述では議したのは群臣であるのに対して「本紀」では天皇と群臣が共に議し

たことになるのであるが、神功皇后の神憑りなどよりして、天皇もその会議を共にされてゐることは明らかであり、「本紀」の記事は正確を期して「與二群臣一議レ討二熊襲一」と記したものと考へられるのである。

第三には(ヰ)条についてである。本条は『新撰姓氏録』太秦宿禰条(七四〇番)に、

秦、始皇帝三世孫、孝武王之後也。男、功満王、仲哀天皇八年来朝。男融通王、(一云二弓月王一。) 応神天皇十四年来朝、率二百廿七県百姓一帰化、献二金銀玉帛等物一。[27](以下略)

とあり、「本紀」はこの記事に基づいて記したのである。ところが『日本三代実録』光孝天皇紀仁和三年七月十七日条には、

左京人従五位下行采女正時原宿禰春風賜二朝臣姓一、春風自言、先祖、出レ自二秦始皇十一世孫功満王一也、帯仲彦天皇四年帰化入朝、奉レ献二珍宝蚕種等一[28]

と記されてゐるところから、「本紀」は、

按三代実録、仁和三年載功満王以二帝四年一帰化、献二珍宝蚕種一

と記し、『新撰姓氏録』と『日本三代実録』では帰化年代に相違があり、更に『日本三代実録』がその「献二珍宝蚕種一」じたのが功満王とするのに対し、『新撰姓氏録』では上述のやうに融通王(一に弓月王)による奉献となつてゐることを指摘し、

拠二姓氏録一、献二玉帛蚕種一者、功満王子弓月王也、

と記して、

附以備レ考

と、自らその当否を判断すること無く、後世の研究に委ねるのであり、『大日本史』の慎重な態度の表れといつてよ

いところである。

第四には(ノ)条の天皇崩御に関する記述についてである。即ち「本紀」は、

一説曰、天皇親伐二熊襲一、中二賊矢一而崩、

の記事を記した後に、「又曰」として、

天皇不レ信二神誨一、忽病而崩、

と記すのであるが、「紀」は、

九年春二月癸卯朔丁未、天皇忽有二痛身一、而明日崩。(年齢略)即知、不レ用二神言一而早崩。

と記されてゐるのであり、この一文は天皇崩御の理由を説明した一文であり、決して異説では無い。に拘はらず「本紀」がこれを「又曰」と、異説として掲げたのは失考とせざるを得ないのである。

更に本条に於いては、三韓征伐に関する「紀」「記」にみられる諸説を記した後に、「本紀」としての見解を述べてゐる。再掲すると次の如くである。

諸説粉紜、未レ知二孰是一、今以二当時大勢一考レ之、天業草創、経綸方始、則西伐二三韓一、時務之最所レ当レ急、而天皇之専事二熊襲一、不レ能二決レ策遠討一者、殆不レ可レ解、且任那人蘇那曷叱智之入貢、在二崇神之時一、新羅王子天日槍之帰化、在二垂仁之時一、是人人之所レ知、而天皇之謂二有レ海無レ国者、本書所レ載、亦不レ為レ無レ疑也、

即ち、仲哀天皇が新羅の存在を知られなかつたとする「紀」「記」の記述について、「任那人蘇那曷叱智之入貢、在二崇神之時一、新羅王子天日槍之帰化、在二垂仁之時一」として、その記事に疑問を呈してゐるのであるが、当然の疑問といへるものである。この点についてはさらに第四節に於いて触れることにする。なほ「応神天皇本紀」に於いては朝貢記事は記されてゐるが、「先帝」云々は記されてゐない。

第五には(フ)条及び(テ)条の「祈」を「祝」としてゐる点である。今『大漢和辞典』によつて「祈」と「祝」の意味を検討するに次の通りである。(29)

「祈」①いのる(神にねがつて福を求める)②もとめる③つげる(イ神にさけび告げる。ロ人に告げる)④むくいる(以下略)

「祝」一、①はふり(かんぬし)②男の巫③いのる④ねがふ⑤のりと⑥いはふ⑦いはひ(以下略)

二、①のる(神に告げる)②のりと③のろふ④そそぐ

すなはち「祈」の①や③の意味と「祝」の一、④⑥また二、①とは同一の意味であることが知られるのであり、「本紀」が「祈」を「祝」に変更したのは特別の理由ではなく、文字の綾であつたことが知られるのである。

第六には(メ)条の応神天皇誕生の日付についてである。「紀」では、

十二月戊戌朔辛亥、生二誉田天皇於筑紫一。

と記してゐるに拘はらず「本紀」は略してゐる。一方「応神天皇本紀」に於いては、「紀」がその即位前紀に於いて、

天皇以下皇后討二新羅一之年。歳次庚辰冬十二月上。生二於筑紫之蚊田一。

としてゐるのに対し、

以二仲哀帝九年十二月十四日辛亥一、生二于筑紫蚊田一、

と記してゐるのである。即ち「紀」と「本紀」ではその日付の記述位置が逆転してゐることになる。その理由は、「紀」に於いては神功皇后紀に於いて応神天皇誕生を明記したことから、応神天皇紀に於いてはその日付までは記さなかつたものと考へられるのであるが、一方『大日本史』では、応神天皇の誕生は、「応神天皇本紀」に於いて記すのが本来であるところから、その日附けは「応神天皇本紀」に於いて記したものと考へられるのである。そもそも「紀」では天皇の誕生を即位前紀以外に於いて記した例は他にはないのである(ちなみに天皇の誕生年月日を即位前紀に

於いて記した例も、応神天皇以外では垂仁天皇のみである）。それよりするならば「仲哀天皇本紀」に応神天皇の誕生記事は記さないでもよかつたといへるのであるが、『大日本史』は「紀」を尊重して誕生記事を記したといへるのであり、次の「応神天皇本紀」に於いて、その誕生記事は記されるところから日付は省略したものと考へられるのである。

　第七には「紀」に記されてゐる二つの異説についてである。先にも記したやうにこれらの異説は神功皇后の新羅征伐全体に拘はるものである。第一の異説は「紀」本文と大同小異であるが、相違点を表にすれば次の如くである。

	本文	一に云はく
神託の時期	仲哀天皇八年九月及び九年三月	（不明→仲哀天皇在世中）
憑依者	神功皇后	内避高国避高松屋種→神功皇后
宝の国の否定	西方を見ての否定	（確認無くして否定）
憑依神名	（神功皇后紀）表筒男命等七神	表筒男命等三神と別二神
天皇の崩御	仲哀天皇九年二月	神託の当日
新羅王の名	波沙寐錦	宇流助富利智干

　大きな相違点はこの六つである。「本紀」はこの中の憑依神名以外は「紀」本文により記述してゐるのであるが、「一云」のことには全く触れてゐない。それは、（ノ）条に記したやうに天皇崩御の理由について「本紀」は「諸説紛紜、未ㇾ知㆓孰是㆒」と述べてゐるのであり、「紀」の一説も諸説の一つである為に繁を避けるために記さなかつたものと考へてよいであらう。

　対して第二の「一云」は本文とは全く異なる内容である。すなはち新羅王を捕へて殺し埋めた処、王の妻はその所在を知るため宰を欺いてその場所を知り、宰を殺し埋め悪口を述べた。それを聞いた皇后は大軍を以て新羅を攻撃したところ、国民は王の妻を殺し謝罪した。とするものである。これを全く付記しなかつたのは、本文に於いては摂政前紀九月条の三軍に詔された内容の一つに、

自服勿レ殺。

とあり、また十月条にも、

時或曰。欲レ誅二新羅王一。於レ是皇后曰。初承二神教一。将レ授二金銀之国一。又号二令三軍一曰。勿レ殺二自服一。今既獲二財国一。亦人自降伏。殺レ之不祥。乃解二其縛一為二飼部一。

とあつて、服従者に対する保護を述べてゐるのであり、この異説は本文と全く逆の説である為に一切採用しなかつたものと考へられるのである。

2、応神天皇本紀

次に「応神天皇本紀」記述の問題点であるが、第一には（へ）条の若桜宮の名称についての註記についてである。「本紀」は若桜宮について、

本書註曰、是謂二若桜宮一、按若桜宮号、実起二于履中帝一、是時未レ得レ有二其号一、蓋太后所レ都、履中仍都焉、遂有二此号一、故追二称之一也、

と記してゐる。すなはち「若桜宮」の名の由来として履中天皇紀には、

三年冬十一月丙寅朔辛未。天皇泛二両枝船于磐余市磯池一。與二皇妃一各分乗而遊宴。膳臣余磯献レ酒。時桜花落二于御盞一。天皇異之。則召二物部長真胆連一詔之曰。是花也。非レ時而来。其何処之花矣。汝自可レ求。於レ是。長真胆

連。独尋レ花。獲二于掖上室山一而献之。天皇歓二其希有一。即為二宮名一。故謂二磐余稚桜宮一。其此之縁也。

と記されてゐるところから、「若桜宮」の名は履中天皇時代に始まるとして、神功皇后の宮名は「追称」と判断して記したものであるとするのであり、妥当な判断として良いであらう。

第二には(ト)条についてである。「紀」の記述を意訳して示せば次の通りである。

新羅王が質として派遣してゐた微叱許智伐旱を取り返さうとして、許智伐旱に嘘を言はせて帰国の許しを請うた。皇太后は許し葛城襲津彦を副へて帰国させた。ところが新羅の使者らは対馬で襲津彦を欺いて微叱許智を帰国させた。襲津彦は欺かれたことを知り、使者を焼き殺し、草羅城を攻撃して俘人を連れて帰還した。

以上である。「本紀」がこの記事について、帰国の許可と襲津彦の派遣しか記さなかつたのは、その帰国許可が騙されて認めたものであることから、これは皇太后の人格(権威)に拘はることから記さなかつたものと推察されるのであり、また襲津彦の行動は直接皇太后に関係しないところから記されなかつたものと考へられるのである。

第三には(チ)条の註についてである。すなはち「本紀」は、

本書註引魏志云、己未歳、庚申歳、癸亥歳、與レ魏通レ使、然我史策所レ不レ載、故不レ取、

と記してゐる。これは摂政三十九年条に、

是年也。大歳己未。

とした後に『魏志』(倭人伝)を引用して「倭女王」の遺使記事を註記し、続けて四十年・四十三年条にも『魏志』を引用してゐるのである。これは「紀」の編者が神功皇后の年代を『魏志』の「倭女王」の年代と一致させようとして記したものとみられるが、「本紀」はこれを、

我史策所レ不レ載

として、神功皇后による遣使ではないとして採用しないとしてゐるのである。また「本紀」は丙戌年（摂政六十六年）の「晋起居註」の遣使記事についても、

本書註引二晋起居註一云、丙戌歳、通二使於晋一、然我史策所レ不レ載、故不レ取、

と記して『魏志』と同様に「我史策所レ不レ載」として採用しないことを明らかにしてゐるのである。これは第四章に於いて述べたところの『後漢書』の光武帝中元二年の記事について、

則辺邑私通。非二朝廷所レ命明矣。

と、朝廷の正式な遣使ではないと否定し、「故不レ取」と明言したのと同一の態度といつてよいものであり、飽くまで我が国の史書を基本として、外国のものは参考にしていくとするのであり、『大日本史』の名分論の表れた記述といつてよいものである。

第四には（リ）条の「斯摩宿禰遂綏二撫百済一而還。」との記述についてである。「紀」のこの部分は、斯摩宿禰が卓淳国に派遣されたところ、卓淳国の王が言ふには、百済の使者が来て日本への道を問ふたが、不明であることを答へたとのことである。そこで斯摩宿禰は従者の爾波移を百済に遣はし王を慰労した。王は珍宝の献上を約束した。斯摩宿禰は爾波移の報告を聞いて帰国した。といふものである。「本紀」はこの内容を「綏撫」の一語で表現したものである。「綏撫」の意味についてては『大漢和辞典』[3]には、

安んじてなでる。安んじいたはる。

とあり、その用例の一つに『呉志』孫瑜伝の、

虚心綏撫、得二其歓心一。

を挙げてゐる。斯摩宿禰（実は爾波移）の行動は、百済王の歓心を得たものであり、「本紀」が「綏撫」の一語で表現し

たことは理解されるものではあるが、本条は以後の百済との友好関係の始まりの記事であり、少し詳しい記述がなされても良かつたのではないだらうか。

第五には(ネ)条の日付が記されてゐない問題である。それについて「本紀」は註して、

本書曰、春三月庚戌朔壬子、今推二甲子一、三月庚辰朔、無二壬子一、四月庚戌朔、壬子三日也、干支錯繆無レ所二考定一、

と註してゐる。それは儀鳳暦では三月朔日は「庚辰」であるべきであるが、さうすると「壬子」の日は存在せず、「紀」の「庚戌朔」は四月であり、「壬子」は三日となる。しかしそれを訂正する根拠が無いために「本紀」は「紀」の通り記し、その日付を記さないことにしたのである。至つて実証的な態度である。

第六には(ク)条である。本条は「本紀」に記されてゐるやうに「紀」が「百済記」により記した記事である。その為に「紀」では百済の立場で記述されゐて、資料篇に於いて波線・二重線で示した部分は「奪」「遣二王子直支于天朝一、以脩二先王之好一也」となつてゐる部分である。それを「本紀」は我が国を主体とする記述に書き換へたものである。また我が国が「削」つたとする「忱彌多禮及峴南、支侵、谷那、東韓」について、小学館新編日本古典文学全集本では、

忱彌多礼と峴南・支侵・谷那の東韓の地を奪はる。

と記し、その頭註に於いて、

「東韓」を独立させ四者を並列とみる説もあるが、応神十六年是歳条の「高難城」を谷那とみると、「東韓」は前三者の総称か。[31]

と記してゐる。応神天皇十六年是歳条は、直支王に「賜二東韓地一」帰国させた記事であるが、「紀」ではそれに註し

て、

東韓者。甘羅城。高難城。爾林城是也。

と記してゐるのである。小学館新編日本古典文学全集本は、この註記を根拠にして「東韓」を「峴南・支侵・谷那」の「総称」と見るのであるが、十六年是歳条とは地名が異なつてをり、簡単に「総称」と見ることは困難であり、「本紀」のやうに「東韓」を独立とみて、忱彌多禮以下五箇所の地を削り、直支王帰国に際し東韓のみを賜つたとみてよいのではないだらうか。

第七には(フ)条の百済王の名前である。第一節に於いて述べたやうに、「紀」では「照古王」としてゐるのであるが、「本紀」は「阿花王」と記してゐるのである。「本紀」が「紀」が「照古王」としてゐることを認識しながら「阿花王」と記したのは、「紀」では照古王(肖古王)の死亡は神功皇后摂政五十五年のことであり、その後王位は貴須王・枕流王・辰斯王を経て応神天皇三年より十六年までが阿花王の在位期間となるのである。それ故に「本紀」は「紀」に記されてゐない王名を明記し、「紀」との相違を明らかにしてゐるのである。

第八には(キ)条についてである。「本紀」は「封二其子弟於吉備諸県一」に註して、

按姓氏録載、帝欲レ定二国界一、車駕巡幸到二播磨一、蓋在二是歳一乎、附以備レ考、

と記してゐる。これは『新撰姓氏録』巻五「右京皇別下」佐伯直条(一六八番)に、

景行天皇皇子、稲背入彦命之後也。男御諸別命。稚足彦天皇(諡成務。)御代、中二分針間国一給レ之。仍号二針間別一。男阿良都命(一名伊許自別。)誉田別天皇為レ定二国堺一、車駕巡幸。到二針間国神埼郡瓦村東崗上一。于時、青菜葉自二崗辺川一流下。天皇詔レ応二川上有一レ人也。仍差二伊許自別命一往問。即答曰、己等是日本武尊平二東夷一時、所レ浮蝦夷之後也。散二遣於針間・安芸・阿波・讃岐・伊予等国一。仍居二此等州一氏也。(後改為二佐伯一。)伊許自別命以レ状復

奏。天皇詔曰、宜㆓汝為㆑君治㆑之。即賜㆓氏針間別佐伯直㆒。（佐伯所㆑賜氏姓也。直者謂㆑君也）爾後至㆓庚午年㆒、脱㆓落針間別三字㆒、偏為㆓佐伯直㆒。[32]

と記されてゐる記事である。「紀」には応神天皇の播磨行幸は記されてゐないために、「本紀」ではこの播磨行幸をもこの二十二年の吉備行幸と同時のものではないかと推定してこの註を記したのである。しかも『新撰姓氏録』では天皇の播磨行幸の目的を「為㆑定㆓国界㆒」としてゐるのであり、先に記したやうに、天皇が吉備に於いて御友別の子弟を吉備の各地に封じてゐるといふ事実があり、この播磨行幸と吉備行幸を一連のものと考へることはさほど無理なことではないのである。「本紀」はそれ故に、

附以備㆑考。

と記して参考に供してゐるのである。

第九には(ヒ)条に続けて記されてゐる、

旧事紀曰、以㆓物部印葉㆒為㆓大連㆒

との註記についてである。この註記は『旧事本紀』「神皇本紀」応神天皇四十年条の立太子記事に続けて、

以㆓物部印葉連公㆒為㆓大臣㆒。[33]

と記されてゐるのに基づいて記されたものであるが、『旧事本紀』が「大臣」としてゐるに拘はらず「本紀」が「大連」としたのは、「天孫本紀」では、

十世孫物部印葉連公。多遅麻大連之子。此連公。軽嶋豊明宮御宇天皇御世。拝為㆓大連㆒奉㆑斎㆓神宮㆒。[34]

とあり、物部氏は歴代「大連」に任命されてゐるところから、「神皇本紀」の「大臣」を誤記と判断して「大連」と訂正したものと考へられる。

第四節　仲哀天皇・応神天皇研究の深化

最後に水戸史学に於ける仲哀天皇・応神天皇研究の深化として、藤田東湖の仲哀天皇・応神天皇観について見ておくことにしたい。

藤田東湖がその仲哀天皇・応神天皇観を述べてゐるのは、彼の主著である『弘道館記述義』(35)（上巻）に於いてである。即ち東湖は「蛮夷戎狄以レ之率服」条に於いて、仲哀天皇について、

仲哀帝親二征熊襲一中道而崩。神功皇后。因二神祇之教一。奉二帝之遺意一。（註略）決レ意遠征。

と記し、神功皇后による三韓征伐は「帝之遺意」を継承したものであるとするのである。東湖はその理由として、「奉二帝之遺意一」に註して以下のやうに論じてゐる。即ち、

案二書紀一仲哀帝西征条。有レ神憑二皇后一曰。征二新羅一則熊襲亦自服矣。帝疑レ焉。便登レ岳遥望曰。有レ海無レ国。神何誘レ我。

と「紀」の内容を記し、

拠レ此則帝不二啻不一レ欲二遠征一。併不レ信二海外有一レ国。

と「紀」の記述では天皇は遠征を望まれなかつたのみならず、国の存在をも知られなかつたことになるとし、

然先レ是、外夷朝貢及投化者。不二一而足一。帝豈有下不レ知二海外有一レ国之理上耶。

と、「紀」の述べるやうなことはあり得ないことを明らかにし、

況以二眼界一論二有無一者。真児童之見。以二帝之明一。豈合レ有二斯語一耶。

と「紀」の記述を否定し、更に神功皇后摂政四十七年(丁卯)紀によつて、

且丁卯歳。百済遣レ使。與二新羅使一朝貢。皇太后太子曰。先帝所レ欲国人今来朝。痛哉。不レ及レ見也。羣臣皆為レ掩涕。

と記し、これに基づいて、

拠レ此則征韓之役。出二於帝之遺志一也明矣。

と三韓征伐は仲哀天皇の意思であることを明言するに至るのである。

東湖はさらに続けて、

蓋書紀所レ載。前後矛盾。前説頗渉二怪誕一。後説著実近レ情。而後世皆拠二前説一。不レ知レ徴二諸後説一。可乎哉。此実大義所二関係一。故敢弁焉。

と述べてゐるが、東湖のこの議論は「仲哀天皇本紀」（ノ）条の註記に基づき、それを発展深化させたことは明らかである。

また応神天皇については、「而聖子神孫。尚不二敢自足一。楽下取二於人一以為上レ善」条に於いて、

神武帝以還。十有四世九百余年。其間未レ有二書契一。其有レ之則実始二於応神帝一云。

と記し、応神天皇時代の状況を、

天下乂安。四海粛静。無レ有下一物不レ得二其所一者上。自二常情一観レ之。則尚何外求レ之為。

と記して、応神天皇の御代は「外に求むる」必要のない時代であつたとしながら、事実として、

当二帝之時一、三韓称レ藩朝貢。

として、阿直岐・王仁・辰孫王や、縫衣女・冶工卓素・呉服西素・醸酒仁香らが来日したことを挙げ、海外の文物が伝来した理由を、「外求レ之為」に続けて、

独聖主之心則不レ然也。

として、次表の如き説明をするのである。

現状	事実	結果
衣食既に饒かに、兵甲既に足る	織縫醸冶の工を召す	厚生利用の政↓益々広し
風俗既に美に、綱紀既に張る	文献を異域に求む	正徳の教↓大いに備はる

そしてこのやうな結果を招来したことを、

苟非下光明正大視二宇内一為中一家者上。則其孰能與二於此一。

と、天皇の光明正大の性格に求めるのである。そしてその後「列聖相承。崇二尚儒教一。以培二養斯道一者」することとなつたのは、

皆本二於帝之美意一也。

と、結論付け、孟子の舜に対する評価を引用して、天皇の聖徳を、

嗚呼、神州之與二西土一。絶レ海殊レ域。帝之於二虞舜一隔レ世異レ代。而其取二於人一為レ善之美。若レ合二符節一。抑亦所謂先聖後聖其揆一也者。其斯之謂歟。

と、舜と同一の聖徳であると讃へるのである。そして応神天皇が八幡神として祀られてゐることに言及して、

世徒称二賛其武徳一。不レ知二其大有レ功二於文教一。是以弓馬之士皆致二崇敬一。縉紳之家或闕二欽仰一。豈可乎哉。

と、八幡神は単に武神であるのみではなく、文神でもあることを強調して、世に警鐘を鳴らすのである。

これによつて東湖が如何に応神天皇を敬仰してゐるかが理解されるのであるが、東湖の応神天皇観は、安積澹泊の「論賛」と比較するに、澹伯が単に「天の昌運を啓く」ものとしてゐるのに対し、「列聖相承け、儒教を崇尚して、以て斯の道を培養」することとなつた基礎をうち立てたものであると絶賛してゐるのであり、その研究、敬仰の深化が窺はれるところである。

むすび

『大日本史』巻第三の記述について見てきたが、その記述の中で最も特徴的な事柄は、「紀」が天皇と同等に扱つてゐる神功皇后を后妃伝に移しながらも、その事績は「実に天子の事を行」つたものであるところから、これを「仲哀天皇本紀」、「応神天皇本紀」に分載し、摂政前紀を「仲哀天皇本紀」に、摂政元年紀より六十九年紀は「応神天皇本紀」に附載することにしてゐるが、これは『大日本史』の苦心の結果と見てよいであらう。

その他の記載については、「紀」に基づいて記されてゐる部分が大部分であり、概ね妥当な記述がされてゐることは、他の「本紀」と変はる所が無い。が、「本紀」は仲哀天皇崩御記事について一部誤解して「異伝」として扱つてゐる部分が存するものの、「紀」やその他史料に於ける異伝については、新羅王を殺害したとする異伝以外は、慎重に検討を加へながらも、独自の判断で決定すること無く、その結論は後世の判断に委ねるといふ姿勢を崩さないのである。

また「応神天皇本紀」に於いては、「紀」(「神功皇后摂政紀」)が『魏志』等を引用してその年代決定に利用してゐるのに対し、「我史策所レ不レ載」として採用してゐないのは、飽くまでも我が国を基本とした記述を為さうとしたものであり、それは対三韓の記述にも見られるものである。

その他の記述は、単に「紀」の記述を信じて記すのではなく、傍証するものがあれば、それにより検討を加へるなど科学的研究に基づいて記述がなされてゐることは、他の「本紀」の記述と変はることが無いのである。

その後水戸に於いて仲哀天皇・応神天皇について言及したものとしては、藤田東湖の『弘道館記述義』を挙げることができるが、彼は神功皇后の三韓征伐は、仲哀天皇の意思であると断じ、応神天皇については、天皇をシナの舜に匹敵する聖人と称へ、単に武神であるのみではなく、文神でもあることを強調して、世に警鐘を鳴らすのである。ここに仲哀天皇・応神天皇研究の深化を視ることができるのである。

補註

（1）『大日本史』は昭和三年十月発行の大日本雄弁会本による。
（2）吉田一徳氏著『大日本史紀伝志表撰者考』二四〇頁。なほ板垣宗儋は神武天皇本紀から武烈天皇本紀と仁明天皇本紀・後三条天皇本紀・白河天皇本紀を執筆してゐる。
（3）『日本書紀』は新訂増補国史大系本に拠る。以下頁数は省略する。
（4）小学館新編日本古典文学全集『日本書紀』①四〇〇頁頭註四。
（5）第三章参照。
（6）新訂増補国史大系第五十三巻『公卿補任』第一篇三頁。
（7）『旧事本紀』は、鎌田純一氏著『先代舊事本紀の研究　校本の部』による。同書二一五頁。なほ『旧事本紀』は巻五「天孫本紀」（同書一四二頁）に於いても同様の任命記事を記してゐる。
（8）新訂増補国史大系第五十三巻『公卿補任』第一篇三頁。
（9）水戸では『旧事本紀』は偽書と判断してゐるところから、他に根拠ありと判断した場合には、『旧事本紀』以外を優先させてゐる。この場合もその一例である。なほ第一・二章参照。

(10) 鎌田純一氏前掲書二三八頁。

(11) 「浹辰」について小学館新編日本古典文学全集『日本書紀』①三七三頁頭註一八は、

　『左伝』成公九年の「浹辰ノ間」の杜預注に「浹辰、十二日也」とあり、その正義に「浹、周匝ト為ス也。甲ヨリ癸ニ至ルヲ十日ト為シ、子ヨリ亥ニ至ルヲ十二辰ト為ス」とあるように、十二日間をひとめぐりする意。それを経ないとは、短時日をいう。(下略)

と説明してゐる。すなはち「未レ経ニ浹辰一」とは十二日未満であるところから「本紀」は「旬日」と記したことが知られるのである。

(12) 澤瀉久孝氏著『万葉集注釈』巻五、八五頁による。

(13) 因みに両風土記は何れも『釈日本紀』巻十一に引用されてゐる。新訂増補国史大系第八巻『釈日本紀』一五一頁。

(14) 「継体天皇紀」には他に六年十二月条に「胎中誉田天皇」とも記されてをり、また「宣化天皇紀」元年五月条には「胎中之帝」とも記されてゐる。

(15) 岩波書店日本古典文学大系『神皇正統記　増鏡』七八頁。

(16) 前半部は仲哀天皇九年の三韓服属記事であり、前述のやうに「仲哀天皇本紀」に収録されてゐる。

(17) 『古事記』は岩波書店日本古典文学大系本に拠る。以下頁数は省略する。

(18) 鎌田純一氏前掲書二四〇頁。なほ『旧事本紀』巻五「天孫本紀」(同書一四六頁)に於いては多遅麻(武諸隅連の子)は景行天皇朝に大連に任命されたことになつてをり、神功皇后の時には、五十琴宿禰(胆咋宿禰の子)が大連に任じられたことになつてゐる。また「天皇本紀」では神功皇后摂政三年に五十琴宿禰を大連に任じたことになつてゐる。

(19) 鎌田純一氏前掲書二四〇頁。鎌田氏はこの記事の頭註に於いて、

　物部五十琴事、天孫本紀無之

と記してゐる。しかし註(19)に於いて記したやうに記されてゐるのであり、鎌田氏の誤解である。鎌田氏がこのやうな誤解をされた理由は、「磐余若桜宮御宇神功皇后」の「磐余若桜宮」に右註して〔履中〕としたことから、五十琴の大連任命を履中天皇朝と誤認した為では無いかと考へられる。

(20) 新訂増補国史大系第十二巻『帝王編年記』六八頁。

(21) 田中卓氏「新校・新撰姓氏録」(田中卓著作集第九巻『新撰姓氏録の研究』所収)五七〇頁。

(22) 田中卓氏「新校・新撰姓氏録」（田中卓著作集第九巻『新撰姓氏録の研究』所収）五七〇頁。
(23) 小学館新編日本古典文学全集『日本書紀』①四九四頁頭註三。
(24) 大日本雄弁会『大日本史』は「天子」となつてゐるが、明治三十三年吉川半七発行和本により「太子」に訂正する。
(25) 但し『大日本史』が神功皇后を后妃伝に移した理由は「紀」に基づいてゐるからであり、「紀」の記述を離れて客観的に判断する時は、神功皇后は即位してゐたと考へるべきであると考へられる。詳しくは附論二「神功皇后・飯豊青皇女即位考」参照。
(26) 日本武尊の薨去については、景行天皇紀では、四十年是歳条に記されるが、その最後に「是歳也天皇践祚卌三年焉」と記されてゐるのであり、その薨去は四十三年のことと考へてよいであらう。但し本文では一応四十年と四十三年を併記しておく。
(27) 田中卓氏「新校・新撰姓氏録」（田中卓著作集第九巻『新撰姓氏録の研究』所収）五三五頁。
(28) 新訂増補国史大系第四巻『日本三代実録』六三六頁。
(29) 『大漢和辞典』第八巻四二四頁及び四三九頁。
(30) 『大漢和辞典』第八巻一〇七一頁。
(31) 小学館新編日本古典文学全集『日本書紀』①四七四頁頭註一一。
(32) 田中卓氏「新校・新撰姓氏録」（田中卓著作集第九巻『新撰姓氏録の研究』所収）三五〇頁。
(33) 鎌田純一氏前掲書二四五頁。
(34) 鎌田純一氏前掲書一四七頁。
(35) 『弘道館記述義』上巻は『新訂　東湖全集』により示す。（全集本一五三〜一五五頁）

第七章　仁徳天皇本紀

第一節　仁徳天皇本紀の記述

本章に於いて扱ふ「仁徳天皇本紀[1]」は、吉田一徳博士によるに、板垣宗憺の執筆である。[2]先づその記述状況を把握していくことにしよう。

ロ、本条は、「紀[3]」では元年条に記されてゐるが、「本紀」は天皇の誕生に関する説話の趣意文であるところから、即位前紀の最初に記してゐるのである。

ニ、本条は即位前紀の応神天皇の崩御から大山守皇子の謀反と誅滅、更に菟道稚郎子との皇位の譲り合ひと稚郎子の自殺に至る内容の要約である。

ホ、本条は仁徳天皇の即位記事であり、和風諡号を記すことも通例である。ところが通例の即位時の年齢が記されてゐない。その点については、

水鏡、皇年代略記、並為二時年二十四一、與二本書一不レ合、説見二于下一、

と註してゐる。この点については第三節に於いて述べることにしよう。

へ、本条の前半は「紀」の省略文であり、後半は、

大臣以下公卿補任

と註されてゐるやうに『公卿補任』によつて記されたものである。

ヌ、本条は(リ)・(ヲ)・(ワ)条と一連の課役免除の記事である。但し「本紀」は、

水鏡、神皇正統記並曰、此時天皇喜而歌曰、多加岐夜珥能保利氏美礼波、計布利多豆、多美能加麻斗波、珥岐和比珥計利、按延喜中講日本紀竟宴和歌、藤原時平詠二天皇一、其詞與レ此相近、恐後人改易以為二天皇御製一歟、然新古今集亦収レ之、既膾二炙於人口一、姑附二于此一、

と註してゐる。この点については第三節に於いて述べることにしよう。

ル、本条は壬生部・葛城部設置の記事であるが「本紀」は「定二壬生部一」に註して、

按本書履中紀、三十一年、立為二皇太子一下註、時年十五、崩下註、時年七十、拠レ此則是時履中帝未レ生、或有二謬誤一、説見二履中紀一、

と履中天皇の年齢との関係から「紀」の記事に疑問を呈してゐる。この点については第三節に於いて述べることにしよう。

ワ、本条は(リ)・(ル)・(ヲ)条と一連の課役免除の記事であり、本条はその要約である。但し「紀」が、

故於レ今称二聖帝一也。

と記してゐる部分は略されてゐる。それは「本紀」がその最後に「賛」を記し、その中で記してゐるところから略

したものである。

タ、本条は「紀」と変はらない。が、「紀」が茨田堤の労役に使用したことは記してゐない。それは「本紀」は朝貢を重視したことに依るのである。

レ、本条は「紀」と殆んど変はる所が無い。が、これに続く盾人宿禰等のことには触れてゐない。それは単に繁を避けた為と考へられる。

ソ、本条の「鑿」「漑」はそれぞれ「掘」「潤」を変更したものである。また「民被二其利一」は「百姓毎年豊之」とあるのを、その結果として民が利益を得ることになることから変更したものである。

ネ、本条は「造」を「作」としてゐるのみであるが、

古事記曰、又作二依網池一、掘二小椅江一、定二墨江之津一、按作二依網池一、在二崇神帝時一、古事記重出、

と「記」の記事を掲げると共に、依網池について「記」が重出してゐることを指摘してゐる。

ラ、本条は「紀」の要約文であるが、これにより百姓に凶年の患が無くなつたことは記してゐない。

ウ、本条は天皇と皇后の不和について記した部分であるが、第三節に於いて検討することにしよう。なほ「冬十月」は「十一月」の間違ひである。

ノ、本条は皇后の崩御記事であり、「紀」が「薨」としてゐるのを「崩」としてゐる以外変はらない。「本紀」が「崩」と記したのは第四章で述べたやうに通例である。

ヤ、本条は隼別皇子・雌鳥皇女死罪記事であるが「紀」を大幅に省略した記述となつてゐる。この点については第三節に於いて述べることにしよう。

マ、本条は紀角宿禰の百済派遣記事であり、「郷土所出」を「物産」に変へてゐるのみである。但し酒君のことは略

されてゐる。

ケ、本条は鷹甘部設置譚であり「紀」の趣意文であるが、「依網阿弭古」は「紀」が「依網屯倉阿弭古」としてゐるのを変更したものである。が、「紀」の記述は依網屯倉に「居住する」阿弭古の意であるが、「本紀」の記述では「依網」が姓となつてしまふのであり、略し過ぎといふべきである。「得レ鷹」は「紀」に、

今時鷹也。

とあるところから、それを採用して記したものである。「百済」については第三節に於いて述べることにしよう。また「調養」は「令二養馴一」を変更したものである。

フ、本条は「紀」が「産」としてゐるところを「生レ子」としてゐるだけで他に相違は無い。が、「紀」の記す天皇と武内宿禰との応答歌は無い。なほ「本紀」は、

古事記曰、天皇将二豊楽一而行二幸日女嶋一時島雁生レ卵、

と註記してゐる。

コ、本条は竹葉瀬及び田道の新羅派遣記事である。「責レ之」は「紀」が「令レ問二其闕貢一」とあるのを変更したものであるが、実態は「責」であるからこのやうに変へたものである。「途」は「道路」を変更したものであるが、新羅への途中であるから実態に即した変更である。が、「本紀」の記述では竹葉瀬の白鹿献二は任務を果たした後のやうになつてゐるが、「紀」の記述では白鹿を得たので一旦帰国して献上し、「更改レ日而行」つたのであるから、「本紀」はそのことを明記すべきであつたであらう。「新羅叛、田道撃破レ之」は新羅討伐の趣意文である。

エ、本条は蝦夷の反乱に於ける田道の敗死の趣意文であるが、田道死後のことは述べられてゐない。

テ、本条は武内宿禰薨去記事であるが、

是歳以下、水鏡、公卿補任、皇年代略記、

と註してゐるやうに『水鏡』『公卿補任』『皇年代略記』によつて記されたものである。また、

帝王編年記曰、七十八年薨、

と、異説である『帝王編年記』の七十八年薨去説をも明記してゐるのである。

キ、本条は「紀」の一部を書き換へた趣意文であり、「用造二御船一」は難波回航を略したものである。

ユ、「紀」では額田大中彦皇子による氷室発見のことが詳述されてゐるが、「本紀」は単に氷室を設置したとするのみである。

メ、本条は宿儺誅滅記事であるが、宿儺の容貌については略し、代はりに「賊」と記してゐる。

ミ、本条は御陵造営記事であるが、本条については第三節に於いて述べることにしよう。

シ、本条は天皇の崩御記事であり、「本紀」は、

本書享年闕、水鏡、皇代記、皇年代略記、神皇正統記並曰、一百一十歳、拠レ此推レ之、則帝以二応神帝二十一年一生也、然本書載下帝與二平羣木菟一同レ日而生上、而木菟使二百済一、見二于応神帝三年紀一、帝悦二髪長媛一、見二于十三年紀一、諸書之説、其誤可レ知、故不レ取、○古事記曰、八十三年丁卯、八月十五日崩、

と註記がされてゐる。この点については第三節に於いて述べることにしよう。

ヱ、本条は葬送記事であり、『延喜式』の陵名を、

延喜式曰、百舌鳥耳原中陵、

と、註記してゐる。

ヒ、本条は、仁徳天皇の「賛」に当たる文章である。この点については第三節に於いて述べることにする。

第二節　仁徳天皇紀と仁徳天皇本紀の比較

前節に於いては、仁徳天皇本紀の記述について見てきたが、次に資料篇の比較表に基づき仁徳天皇紀との比較をしていくことにしよう。

比較表のやうに「本紀」は「紀」の記載の大部分を忠実に記してゐるのである。その中で記載されてゐない内容や、記事が至つて簡潔に事実のみを記してゐる部分について見ていくことにしよう。

第一には母の系譜記事が記されてゐないことであるが、これは「后妃伝」に於いて記される内容の為に省略されたものである。(4)

第二には倭の屯田記事である。これは倭の屯田の管轄に関するものであり、次節に於いて述べることにしよう。

第三には元年の太歳記事の無い点であるが、第一章以下で述べてゐるところであり説明は略す。

第四には十一年条の茨田築堤時の人身御供のことが記されてゐない点であるが、次節に於いて述べることにしよう。

第五には十二年条の高麗が鉄盾・鉄的を献上した時、盾人宿禰のみがその鉄的を射通すことができたとする記事であるが、これは直接的には盾人宿禰に関することであるので省略されたものである。

第六には十六年条の桑田玖賀媛に関する記事であるが、これは天皇が玖賀媛と播磨速待の結婚の仲立ちをされたが不首尾に終はつたとするものであるが、その主体は玖賀媛と速待であるところから「本紀」に記載する必要のないものであり、採用されなかつたものと考へられる。

第七には二十二年条であるが、これについては次の三十年条と合はせ次節に於いて述べることにしよう。

第八には三十八年条の菟餓野の鹿に関する記事が記されてゐないことであるが、これは末の「賛」に於いて記載するために省略されたものであらう。

第九には四十年条の隼別皇子・雌鳥皇女謀反未遂記事であるが、これは第三節に於いて述べることにしよう。

第十には四十一年条の酒君記事が省略されてゐる点であるが、これは直接的には紀角宿禰に対する無礼に関することである為に省略されたものであるが、更に次節に於いても触れることにする。

第十一には五十年条についてである。本条は雁が子を産んだことに関する記事であり、「紀」では天皇が武内宿禰に雁が子を生むといふことがあるかと歌で訊かれたところ、武内宿禰は聞いたことが無いと答へた内容であるが、これは雁が子を産んだことに付随する記事であるから省略されたものである。

第十二には五十五年の蝦夷の叛乱による田道敗死の記事であるが、「紀」ではその死を知つた妻の自殺、蝦夷が田道の墓を暴いたところ大蛇がゐてその毒気により蝦夷の多くが死亡したことなどが記されてゐる。がこれらは田道に関することであるところから省略されたのである。

第十三には六十二年の氷室に関する記事であるが、「紀」は額田大中彦皇子による氷室の発見、その用ゐ方、天皇への献上を詳しく記し、

自レ是以後。毎当二季冬一必蔵レ氷。至二于春分始一散レ氷也。

としてゐるのである。「本紀」は発見などのことは一切省略し、引用した部分に基づいて、

是歳、始置二氷室一

と記したのである。それはその発見は額田大中彦皇子によるものであるところから、簡単に設置の事実のみを記した

のである。

第十四には六十七年条の寿陵築造記事の中の地名説話の省略であるが、これは直接天皇に関するものでないから記されなかつたものである。また大虬殺害記事はその「賛」に於いて述べられるところから省略されたものであり、改めて次節に於いて述べることとする。

第三節　仁徳天皇本紀の検討

以下「本紀」の検討に入ることにしよう。

第一には天皇の年齢についてである。「本紀」は即位時にその年齢を記すのが通例であるが、「仁徳天皇本紀」では、その即位時には、

水鏡、皇年代略記、並為二時年二十四一、與二本書一不レ合、説見二于下一、

と註して、その年齢を記してゐない。そして「説見二于下一」とした説は、八十七年条(シ)条に、

本書享年闕、水鏡、皇代記、皇年代略記、神皇正統記並曰、一百一十歳、拠レ此推レ之、則帝以二応神帝二十一年一生也、然本書載下帝與二平羣木菟一同レ日而生上。而木菟使二百済一、見二于応神帝三年紀一、帝悦二髪長媛一、見二于十三年紀一、諸書之説、其誤可レ知。故不レ取、

と註してゐるのである。すなはち『水鏡』以下の諸書は天皇崩御の年齢を百十歳としてゐるのであるが、さうすると天皇の誕生は応神天皇二十一年となるのである。ところが天皇と同日に生まれたとする平群木菟について応神天皇紀

三年是歳条に、

是歳百済辰斯王立之失㆓礼於貴国天皇㆒。故遣㆓紀角宿禰・羽田矢代宿禰・石川宿禰・木菟宿禰㆒、嘖㆓譲其无㆑礼状㆒。

と記されてゐて、紀角宿禰・羽田矢代宿禰・石川宿禰と共に百済に派遣されてゐることになつてゐる。是を事実とするならば、応神天皇三年には既に成人になつてゐたことになるのであり、仁徳天皇も同様に成人となつてゐなければならないのである。更に応神天皇紀十三年九月条には、応神天皇の召しに応じて日向より参上した髪長媛を配偶者とされたことが記されてゐるのであり、いづれも『水鏡』以下の諸書のいふ応神天皇二十一年以前に既に成人としての行動が見られるところから、「本紀」は応神天皇二十一年誕生説を否定し、天皇の生年は不明として元年・八七年条のいづれにもその年齢を記さないことにしたのである。『大日本史』の実証的記述の表れである。

第二には(ヌ)条の註記についてである。「本紀」は、

水鏡、神皇正統記並曰、此時天皇喜而歌曰、多加岐夜珥能保利氏美礼波、計布利多豆、多美能加麻斗波、珥岐和比珥計利、按延喜中講日本紀竟宴和歌、藤原時平詠㆓天皇㆒、其詞與㆑此相近、恐後人改易以為㆓天皇御製㆒歟、然新古今集亦収㆑之、既膾㆓炙於人口㆒、姑附㆓此㆒、

と註してゐる。『水鏡』には「みかどよませ給し」として、

たかきやにのぼりてみればけぶりたつたみのかまどはにぎはひにけり[5]

と記されてゐる。また『神皇正統記』にも、

高屋ニノボリテミレバ煙立民ノカマドハニギハヒニケリ　トゾヨマセ給ケル[6]。

と記されてゐるのである。ところが『日本紀竟宴和歌』には、

得大鷦鷯天皇

左大臣従二位兼行左近衛大将藤原朝臣時平

多賀度能児乃保利天美礼波安女能之多與母爾計布理弖伊万蘇渡美奴留

たかとのにのほりてみれはあめのしたよもにけふりていまそとみぬる(7)

とあるところから、「本紀」は、

恐後人改易以為㆓天皇御製㆒歟、

と疑問を呈するのであるが、『新古今和歌集』巻七の巻頭歌には、

みつぎ物ゆるされて、くにとめるを御覧じて　仁徳天皇御歌

たかき屋にのぼりてみれば煙立つ　たみのかまどはにぎはひにけり(8)

とあるところから、

既膾㆓炙於人口㆒、姑附㆓于此㆒、

と一応天皇の御製として掲げてゐるのである。

第三には七年紀八月条（ル条）の壬生部設置記事に対する疑問についてである。即ち「本紀」は「定㆓壬生部㆒」に註して、

按本書履中紀、三十一年、立為㆓皇太子㆒下註、時年十五、崩下註、時年七十、拠㆑此則是時履中帝未㆑生、或有㆓謬誤㆒、説見㆓履中紀㆒、

と履中天皇の年齢との関係から「紀」の記事に疑問を呈してゐるのである。その疑問とは履中天皇即位前紀の、

大鷦鷯天皇卅一年春正月、立為㆓皇太子㆒。

に註して、

時年十五。

と記されてゐることである。これに拠れば履中天皇は仁徳天皇十七年の誕生になるのである。ところがその六年紀三月条の崩御記事には、

時年七十。

と記されてゐるのであり、これに拠れば履中天皇は仁徳天皇二十四年の誕生となるのである。「本紀」はこの履中天皇の年齢について「説見二履中紀一」としてゐるやうに「履中天皇本紀」の崩御記事に註して、

本書立為二太子一下註、時年十五、崩下註、時年七十、旧事紀同、按天皇年十五立為二太子一、則以二仁徳帝十七年一生、崩年七十七、一書矛盾、拠二仁徳帝七年、定下壬生部上之文一、其繆誤可レ知、水鏡為二太子一年五、即位年六十二、崩年六十七、古事記崩年陸拾肆歳、壬申年正月三日崩、神皇正統記六十七、歴代皇紀即位六十四、崩年七十、諸説不レ一、不レ可二考拠一、

と記して、履中天皇の年齢については確定することができないことを明らかにするのである。が、それは兎も角それらの諸説の何れを採用するにしても仁徳天皇七年に於いては未だ誕生以前となるのである。それ故に「本紀」は七年条の壬生部設置記事は「或有二謬誤一」と疑問を呈することになるのであり、妥当な結論といつてよいであらう。

第四には（ウ）条についてである。「紀」では二十二年条で天皇が矢田皇女を妃とする意向を皇后に伝へられたが、皇后は拒否されたことから天皇は矢田皇女を妃とすることを断念されたことが記されてゐる。「本紀」ではこの事は記されてゐない。それは解決の着かなかつた事柄であり、その解決は（ウ）条となるのであるが、「本紀」は矢田皇女を妃と為した事実を記すことで十分と考へ、二十二年条は省略されたのであらう。そして（ウ）条については、「紀」では皇后が筒城宮に居住される経緯や天皇の筒木宮訪問など詳しく記されてゐるが、「本紀」はそれらを一切省略し

て、皇后の紀国行啓と、矢田皇女の妃擁立、そして皇后の筒城宮居住と天皇の行幸の事実のみを記してゐるのである。しかしこれでは何故に皇后が筒城宮に於いて居住されることとなつたか明確ではなく、不十分な記述といふべきであらう。『大日本史』の立場からいふならば、皇后のことについては「后妃伝」に於いて記すので「本紀」では一切省略し、天皇の山城行幸の説明の為に皇后の筒城宮居住を記したと見られるのである。が、ここでは矢田皇女を「為㆑妃」の後に「為」の語を入れておけば意味も通じたのではないかと考へられる。

第五には（ク）条の隼別皇子と雌鳥皇女に死を賜つたとする記事である。「本紀」は単に「有㆑罪」と記してゐるが、事実は二人が謀反の野望を持ち、それが発覚して逃亡したのを、伊勢の蔣代野に於いて殺害したものである。それを「本紀」が「罪」と記したのは、それが謀反そのものに至らなかつたところから「謀反」とせずに「罪」としたものと考へられる。なほ「紀」では雌鳥皇女の珠に関する後日譚が記されてゐるが、「本紀」は略してゐる。それは天皇に直接関しないところから略したものとみられる。

第六には（ケ）条の酒君に「百済」と記したことである。「本紀」がここで「百済」と記したのは、「紀」では（マ）条に続けて百済王の親族の酒君が礼を失したので、紀角宿禰が抗議したところ、百済王は酒君を葛城襲津彦に託して引き渡した。ところが酒君は来日後偽つて天皇の赦しが出たと称して逃亡したが、「久しくして」天皇は其の罪を赦されたと記してゐるのを略した為に、その出自を明らかにするために「百済」と明記したものである。

第七には（ミ）条についてである。「本紀」が「寿陵」と記したのは、天皇生前中に於ける造営であるから問題は無い。問題としなければならないのは、その造営の日付である。すなはち「本紀」の記してゐる十月五日といふのは陵地を決定した日であり、その造営は丁酉（十八日）より始まつたのであるから、「十八日丁酉、作㆓寿陵㆒」とでもあるべきところであらう。

第八には(ヒ)条である。本条は第一節に於いても述べたやうに仁徳天皇の「賛」に当たる文章である。一般に『大日本史』の「論賛」といへば安積澹泊が編したものとされるが、実は『大日本史』にはその本文末に「賛」が記されてゐるのである。その「賛」の記されてゐる「本紀」は梶山孝夫氏によるに、[9] 称徳天皇(巻十九)・光仁天皇(巻二十)・桓武天皇(巻二十一)・平城天皇(巻二十二)・淳和天皇(巻二十四)・仁明天皇(巻二十六)・文徳天皇(巻二十七)・光孝天皇(巻三十)・宇多天皇(巻三十一)・醍醐天皇(巻三十二)朱雀天皇(巻三十三)・村上天皇(巻三十四)・円融天皇(巻三十六)・一条天皇(巻三十八)・後一条天皇(巻四十)・後朱雀天皇(巻四十一)・後三条天皇(巻四十三)・白河天皇(巻四十四)・堀河天皇(巻四十五)・鳥羽天皇(巻四十六)・近衛天皇(巻四十八)・後白河天皇(巻四十九)・二条天皇(巻五十)・高倉天皇(巻五十二)・後鳥羽天皇(巻五十四)・土御門天皇(巻五十五)・順徳天皇(巻五十六)・後堀河天皇(巻五十八)・四条天皇(巻五十九)・後嵯峨天皇(巻六十)・後深草天皇(巻六十一)・亀山天皇(巻六十二)・後宇多天皇(巻六十三)・伏見天皇(巻六十四)・花園天皇(巻六十七)・後醍醐天皇(巻六十九)・後村上天皇(巻七十)の多きに及んでゐるのである。ところがそれは巻十九の称徳天皇からであり、それ以前の「本紀」には存在しないことになつてゐる。氏は「賛といつてよい記述は他にもみられるが、澹泊の論賛と比較する上であくまでも紀末に限定してゐる」[10]としてをられるが、実は本章の仁徳天皇(巻四)を始めとして以下反正天皇(巻四)・雄略天皇(巻五)・顕宗天皇(巻五)・仁賢天皇(巻五)・武烈天皇(巻六)・欽明天皇(巻七)・孝徳天皇(巻九)・斉明天皇(巻九)・天智天皇(巻十)・天皇大友(巻十)の紀末に「賛といつてよい記述」が見られるのであり、その最初が「仁徳天皇本紀」なのである。[11] 以下その「賛」の内容の根拠について検討していくことにしよう。

○天皇幼而聡明、容貌美麗、及レ壮、寛仁慈恵、

本条は、即位前紀の、

天皇幼而聡明叡智。貌容美麗。及レ壮仁寛慈恵。

に基づいて略そのまま記されたものである。

○夙興夜寐、専二心政理一、通二溝渠一、作二堤防一、墾二闢郊原一、是以百姓楽レ業、海内富庶、称為二聖帝一、

本条の「夙興夜寐」は六十七年是歳条の記述を採用して記したものであり、「専二心政理一」も、

軽レ賦薄レ斂、以寛二民萌一、布レ徳施レ恵、以振二困窮一、弔レ死問レ疾、以養二孤孀一。

に基づいて記したものとみられる。更に溝渠云々は、十一年・十三年・十四年条を基にした記述であり、「称為二聖帝一」は、十年条による記述であり、天皇の慈愛を総括したものである。

○嘗與二矢田皇后一避二暑高台一。聞二菟餓野鹿鳴一而愛レ之、一夕鹿不レ鳴、明日猪名県佐伯部、献レ鹿供レ膳、天皇問二何処獲一レ之。曰、得二之菟餓野一、天皇謂二皇后一曰、計二獲レ鹿之日一、與二所レ獲之地一、蓋朕所レ愛者也、獲者雖レ無レ心、朕有レ不レ忍、不レ欲レ使三彼近二皇居一、乃命移二佐伯部於安芸渟田一、

本条は三十八年条の要約であるが、「本紀」が「賛」に於いてこれを記したのは、百姓に対してのみならず、動物をも慈しめられる天皇の慈愛の広さを語るためと思はれる。

○及二天皇末年一、吉備中国有二大虬一、為二民害一、是時妖気稍動、或有二叛者一、天皇軽レ賦薄レ斂、布レ徳施レ恵、是以風化大行、二十余年天下復無レ事、

本条は六十七年是歳条の記述に基づいた記述であり、天皇の徳により「風化大行、二十余年天下復無レ事」となつたことを述べて「賛」の結びとするのである。

次に第二節に於いて述べた中で、未だ検討の済んでゐない倭の屯田の管轄に関する記事と茨田築堤の人身御供の問題について検討を加へることにしよう。

倭の屯田の管轄に関する記事について「紀」ではこの倭の屯田を額田大中彦皇子が自分の領地としようとしたが、大鷦鷯尊が倭直吾子籠に訊いたところ、倭の屯田は天皇以外の者が領することはできないことが判明したので、額田大中彦皇子はどうすることもできなかつた。大鷦鷯尊は額田大中彦皇子の悪行を罰せられなかつた。とするものである。「本紀」がこれを記さなかつたのは即位以前の話であり、その罪を問はれなかつたところから、大山守皇子の謀反とは違ひ、実害が発生したわけではないところから記されなかつたものと考へられるのである。

また十一年条の茨田築堤の人身御供の話は以下の通りである。茨田築堤に際し、二か所の切れ目を塞ぐことが困難であつた。その時天皇の夢に神が現れ、武蔵国の強頸と河内国の茨田連杉子を河伯に捧げれば塞ぐことができるといはれた。そこで二人を探し出して川神に捧げた。強頸は泣き悲しみながら沈んで死んだが、杉子は瓢を川に投げ入れ、真の神か否かを確かめたところ、偽の神であると判断され、杉子は死ぬこと無く堤も完成したといふ記事である。「本紀」がこの記事に触れなかつたのは、一つにはこれが茨田築堤に拘はるエピソードであることと、更には天皇が偽の神に騙されて人身御供を行ふことになつたといふことが、天皇の権威を汚すことになるところから記さなかつたものであらう。

むすび

水戸史学に於ける仁徳天皇御事績の研究について「仁徳天皇本紀」を中心に見てきたが、全体としては「紀」に基づきながら記されてゐることは他の「本紀」と変はることが無いが、それ以前の「本紀」と大きく異なる点は、その最後に「賛」に当たる記述が記されてゐることである。『大日本史』では、以後多くの「本紀」に於いて同様の記述が行はれてをり、その最初の記述がこの「仁徳天皇本紀」なのであり、その「賛」は安積澹泊の「論賛」と比較するに、「論賛」は漢籍を活用して記されてゐるのに対し、「紀」の記述を活用したものになつてゐることに特徴がある。その他、「本紀」はその記述に於いて「紀」の記述と他の史料とを比較検討し、正確な記述をするやうに心掛けてゐる。それは天皇の年齢について『水鏡』などの年齢記事と、「紀」の種々の記事とを比較し、それが不正確であるとして年齢を「書せず」としてゐることなどに表れてゐるのである。

補註

(1)『大日本史』は昭和三年十月発行の大日本雄弁会本による。
(2)吉田一徳氏著『大日本史紀伝志表撰者考』一二四〇頁。
(3)『日本書紀』は新訂増補国史大系本を用ゐる。
(4)第三章参照。
(5)新訂増補国史大系第二十一巻上『流布本水鏡』一九頁。なほ『大日本史』が用ゐた『水鏡』が流布本であることは第二章に於いて述べた。
(6)岩波書店日本古典文学大系『神皇正統記』八四頁。
(7)『続群書類従』巻四百四　続群書類従完成会本第十五輯上五九頁。
(8)岩波書店日本古典文学大系『新古今和歌集』一六〇頁。
(9)梶山孝夫氏「『大日本史』本紀の構成について」(『水戸史学』第七〇号)。
(10)梶山孝夫氏前掲論文(『水戸史学』第七〇号)三二頁。
(11)梶山氏が「仁徳天皇本紀」から「天皇大友本紀」に至る「紀」の部分の「賛」を見落とされたのは、氏が三一頁下段に於いて論賛について説明をした後「『日本書紀』には全く見あたらないが、『続日本紀』の称徳天皇について」云々と記述してをられるところよりして、「本紀」に於いても「賛」は無いものと誤解されたためと推察される。

補記　『日本書紀』記載の「賛」についての梶山氏の誤解に対して本文のやうに指摘をしたが、その後梶山氏は『大日本史の史眼』に収録される際に訂正され、「堀井純二氏の御指摘により若干を修正した」と記してをられるが、私がどのやうなことを指摘したかを明らかにしておくために本文及び註は『水戸史学』発表時のままにしておく。

第八章　履中・反正・允恭天皇本紀

第一節　履中・反正・允恭天皇本紀の記述

本章に於いて扱ふ「履中・反正・允恭天皇本紀」[1]は、吉田一徳博士によるに、板垣宗憺の執筆である[2]。以下その記述状況を把握していくことにしよう。

1、履中天皇本紀

イ、本条は天皇の系譜記事であり、天皇名を漢風諡号て記し、先帝を「帝」と称してゐる点が「紀」と相違してゐるが、これは「本紀」の通例である。また「紀」では「太子」とされてゐるのを変更してゐる。

ニ、本条は「紀」の趣意文であるが、「挙」は「輿」を変へたものであり、「皇太子方被㆑酒臥」は「紀」の一説を採

用して記されたものである。「本紀」はこれに続けて、

本書註一説曰、大前宿禰抱二太子一上レ馬、古事記曰、阿知直竊奉二太子一、上レ馬而遁、

と、一説及び「記」の説を註記してゐる。

ホ、本条は「紀」と殆ど変はらないが、

埴生坂、古事記作二多遅比野一、

と「記」の説を註記してゐる。

チ、本条は「紀」の省略文であり、「皇太子」を「天皇」と変へてゐる以外変はらない。「本紀」はこれに続けて、

水鏡、皇代記、皇年代略記並曰、時年六十二、歴代皇紀六十四、帝王編年記六十五、諸説紛紜、今不レ取、説在レ下、○旧事紀曰、尊二皇后一曰二皇太后一、然與二太皇太后一連書、故不レ書、説見二景行紀一、

と註記してゐる。その前半は天皇即位時の年齢についての諸説を列記したものであり、諸説一致しないところから「諸説紛紜、今不レ取」とし、さらに「説在レ下」と述べるのである。これについては第三節に於いて述べることにしよう。後半は『旧事本紀』が皇太后・太皇太后記事を記載してゐることについて記載しない旨を述べたものであり、その理由は「景行天皇本紀」に於いて記してゐる[3]とするのである。

ヨ、本条は「紀」の要約文であるが、物部長真胆をして桜の在りかを探しめたことは略されてゐる。この点については第三節に於いて述べることにしよう。また「本紀」は、

按本書元年、既有二此名一、蓋追二書之一、

との註記をしてゐる。これは「紀」が即位条に於いて、

即二位於磐余若桜宮一。

と記してゐるところから、元年紀の宮名は追記と断定したものであり、「応神天皇本紀」に於いても神功皇后の宮名について「追記」としてゐる。[4]

ナ、本条は「紀」と同文であるが、

古事記曰、仲皇子之乱平、以二阿知直一、始任二蔵官一、蓋在二此時一歟、

との註記をしてゐる。これは「記」では墨江中王（「紀」では住吉仲皇子）の反乱平定に続けて「天皇、是」として、阿知直を蔵官に任じたことが記されてゐるが、「本紀」はそれを「紀」に従つて「蓋在二此時一歟」と記したのである。

ラ、本条は「紀」の省略文であるが、「大姫郎姫」の「大」を新訂増補国史大系本や小学館新編日本古典全集本では「太」となつてゐる。これについて新訂増補国史大系本は頭註に於いて、

太、原作大、今従寮本北本中本[5]

と記してゐるのであり、誤りとはいへない。

ム、本条は「紀」の省略文であるが、「本紀」は本文に続けて、

本書立為二太子一、註、時年十五、崩年註、時年七十、旧事紀同、按天皇年十五立為二太子一、則以二仁徳帝十七年一生、崩年七十七。一書矛盾、拠二仁徳帝七年、定下壬生部上之文一、其繆誤可レ知、水鏡為二太子一年五、即位年六十二、崩年六十七、古事記崩年陸拾肆歳、壬申年正月三日崩、神皇正統記六十七、歴代皇紀即位六十四、崩年七十、諸説不レ一、不レ可二考拠一、

と註記してゐる。これについては第三節に於いて述べることにしよう。

ウ、本条は「紀」と変はらないが、「本紀」は、

延喜式、陵上有二南字一
と註記してゐる。

2、反正天皇本紀

イ、本条は「紀」の趣意文であるが、「本紀」は「歯」に、
古事記曰、歯長一寸、広二分、上下斉等如二貫珠一
との註を記し、「飄落」に、
姓氏録曰、花飛入二湯瓮中一
との註を記し、「曰二多遅比瑞歯別皇子一」に、
古事記、作二蝮之水歯別命一
との註を記し、「為二湯沐邑一」に、
置二多治部一以下姓氏録○古事記曰、為二水歯別命之御名代一、定二蝮部一
との註を記してゐる。これらの註記の中で「姓氏録」としてゐるのは、『新撰姓氏録』「右京神別下」の丹比宿禰条（四六〇番）に、
火明命三世孫、天忍男命之後也。（中略）色鳴。大鷦鷯天皇御世、皇子瑞歯別尊誕二生淡路宮一之時、淡路瑞井水奉レ灌二御湯一。于時、虎杖花飛二入御湯瓮中一。色鳴宿禰称二天神壽詞一、奉レ号曰二多治比瑞歯別命一。乃定二多治部於諸国一、為二皇子湯沐邑一。即以二色鳴一為レ宰、令レ領二丹比部戸一。因号二丹比連一遂為二氏姓一。[6]（下略）

と記されてゐるところから註記してゐるのである。

ロ、本条の「身長九尺二寸五分」の部分は、

　身長以下古事記

と註記されてゐるやうに「記」に、

　御身之長、九尺二寸半(7)

と記されてゐるところから「身長九尺二寸五分」と記したものである。対して「及㆑長」は「本紀」の独自記事であるが、これについては第三節に於いて述べることにしよう。

ハ、本条は履中天皇即位前紀の趣意文である。「本紀」は「誅㆓刺領巾㆒」について、

　古事記曰、瑞歯別命、誘㆓墨江中王隼人曽婆加理㆒、使㆑殺㆓中王㆒。許㆔事済則授以㆓大臣位㆒、曽婆加理許諾、竊伺㆓中王在㆑厠、刺殺㆑之、瑞歯別皇子以為彼雖㆑有㆑功㆓於我㆒、既殺㆓其君㆒、是不義、然不㆑酬㆓其功㆒、則不㆑信、於㆑是、授㆓之大臣位㆒、令㆓羣臣拝㆒、特賜㆑宴寵㆑之、曽婆加理大喜、以為㆑得㆑意、行㆑酒之間、伺㆑間手㆓刃之㆒、

と「記」の記事を註記してゐる。

ニ、本条は履中天皇元年紀及び二年紀の趣意文であるが、「紀」が二年としてゐる部分を「明年」とし、また「儲君」を「皇太子」としてゐる。但し反正天皇即位前紀では「二年立為㆓皇太子㆒」と記されてゐる。

ヘ、本条は「紀」と殆ど変らない。但し「本紀」は「即位」に続けて、

　水鏡、帝王編年記、歴代皇紀、皇年代略記並曰、時年五十五、按本書天皇享年闕、故不㆑取、

と註記してゐる。これについては第三節に於いて述べることにしよう。

リ、本条は「紀」が「六年」としてゐるところを「五年」として「丙午」に、

本書作二六年正月甲申朔丙午一、允恭紀首亦云、六年正月崩、推二干支一、六年正月戊申朔、無二丙午一、類聚国史作二五年正月丙午一、旧事紀五年正月甲申朔丙午、按五年歳在二庚戌一、允恭帝元年在二壬子一、崩在二五年一、則辛亥年空位、二書所レ書、與下允恭紀位空既経二年月一之文上足二互相証一、因定為二五年一、

と註してゐる。この点については第三節に於いて述べることにしよう。また「崩」に、

本書享年闕、古事記、旧事紀、水鏡、神皇正統記等諸書、皆云、六十、拠レ此則以二仁徳帝四十年一生、然皇母磐之姫、以二仁徳帝三十五年一崩、諸説不レ足レ信、今無レ所レ攷、〇古事記云、丁丑歳七月崩、

と註してゐるが、これも第三節に於いて述べることにしよう。

ヌ、本条は允恭天皇五年紀十月条により記されてゐるが、「紀」には「百舌鳥」は記されてゐない。また「本紀」は、

延喜式、陵上有二北字一、

を註記してゐる。

ル、本条は「本紀」の「賛」に当たる文であり、元年紀十月条により記されてゐる。則ち元年紀十月条は、遷都記事に続けて、

当二是時一、風雨順レ時、五穀成熟。人民富饒、天下太平。

と記してゐるのであるが、「本紀」はこれを反正天皇の御代全体に亘ることと解釈して記したものであるが、この点については第三節に於いて述べることにしよう。

3、允恭天皇本紀

ハ、本条は「紀」の要約文であるが、「本紀」はこれに続けて、

　水鏡、帝王編年記、皇年代略記並曰、時年三十九、歴代皇紀三十八。今不レ取、説見二于下一、

と註記してゐる。この点については第三節に於いて述べることにしよう。

ニ、本条は、

　都以下古事記

と註記してゐるやうに「記」に基づいて記されたものである。

ト、本条の前半は「紀」の要約文であり、後半は趣意文となつてゐる。則ち「療二天皇疾一」は「令レ治二天皇病一」を変へたものであり、「得レ瘳」は「病已差」を変更したものである。また「遣レ之」は「本紀」独自の文である。「本紀」はこれに続けて、

　古事記曰、新羅使金波鎮漢紀武善レ医、故治二帝疾一

と「記」の記事を註記してゐる。

ル、本条の前半は、「紀」八年二月条と変はらない。但し「紀」が「幸」としてゐるところを「行幸」としてゐる（以下特に触れないことにする）。対して中間は十一年三月条により記されてゐる。また後半は、八年二月条の要約文である。

タ、本条は「為定二軽部一」以外は「紀」と変はらない。「為定二軽部一」の部分について「本紀」は、

定㆓軽部㆒拠㆓古事記㆒

と註記してゐるやうに「記」に、

為㆓木梨之軽太子御名代㆒、定㆓軽部㆒（以下略）

とあるところから記したものである。「本紀」はこの註記に続けて、

旧事紀曰、是日以㆓物部麦入宿禰、物部大前宿禰㆒、並為㆓大連㆒

と『旧事本紀』の大連任命記事を註記するのである。

レ、本条は「紀」の要約文であるが、「罪」の内容については触れられてゐない。

ソ、本条は「紀」と変はるところはない。但し「本紀」は、

本書享年闕、旧事紀云、七十八、古事記云、柒拾捌歳、甲午年正月十五日崩。水鏡、愚管鈔、神皇正統記等諸書並云、八十、今按天皇反正帝同母弟也、母后崩、至㆓今歳㆒九十八年、則諸書皆誤、故不㆑取、

と註記してゐる。この点については第三節に於いて述べることにしよう。

ツ、本条は「紀」と変はるところはないが、その月日を記してゐない。それは葬送の主体は後継天皇の任務として記されるためにここでは月日は記されてゐないのである。「本紀」はこの文に続けて、

古事記曰、恵賀長枝、延喜式曰、恵我長野北陵、

と註記してゐる。

第二節　履中・反正・允恭天皇紀と履中・反正・允恭天皇本紀の比較

前節に於いては、履中・反正・允恭天皇本紀の記述について見てきたが、次に資料篇の比較表に基づいて履中・反正・允恭天皇紀と「本紀」との比較をしていくことにしよう。

1、履中天皇紀と履中天皇本紀

比較表のやうに「本紀」は「紀」の記載の大部分を忠実に記してゐるのである。その中で記載されてゐない内容や、記事が至つて簡潔に事実のみを記してゐる部分について見ていくことにしよう。

第一には母系の系譜の記されてゐないことであるが、従前より述べてゐるやうに、母の系譜に関しては当該の「后妃伝」に於いて記されてをり、「本紀」に於いては記す必要が無いために記載されてゐないのである。

第二には仲皇子反乱記事の中で瑞歯別皇子の行動が記されてゐない点であるが、これは本節第二項によつて知られるやうに反正天皇本紀に記されることから履中天皇本紀では省略されてゐるのである。

第三には「本紀」では仁徳天皇葬送記事が存することであるが、これは仁徳天皇紀により記されたものである。

第四には元年条の太歳記事が記載されてゐない点であるが、これは従前通り「本紀」では必要ないところから略されてゐるのである。

第五には磐余市磯池遊宴記事の中で物部長真胆に関する記事が省略されてゐる点であるが、これについては第三節に於いて述べることにしよう。

第六には五年条の筑紫三神関連の記事がすべて略されてゐる点であるが、これについては第三節に於いて述べることにしよう。

2、反正天皇紀と反正天皇本紀

本項に於いても前項同様「本紀」は「紀」の記載の大部分を忠実に記してゐるのであるが、一部「紀」と相違してゐる部分がある。それらについて見て行くことにしよう。

第一には天皇の身長が記されてゐる点であるが、これは「記」によつて記されたものである。なほこの記事については第三節に於いても触れることにする。

第二には仲皇子反乱記事について詳述されてゐる点であるが、皇子の誅滅は天皇によりなされたものであるから、即位前紀に詳しく描かれることになるのは当然のことである。

第三に立太子記事と履中天皇葬送記事が履中天皇紀により記されてゐる点であるが、前者は天皇に関する事柄であるところから、「本紀」には記されるべきものであり、また後者も先帝の葬送は次帝の行為であるところからここに記されたものである。

第四の治政記事については第三節に於いて述べることにしよう。

3、允恭天皇紀と允恭天皇本紀

本項に於いても前項同様「本紀」は「紀」の記載の大部分を忠実に記してゐるのであるが、一部「紀」と相違してゐる部分がある。それらについて見て行くことにしよう。

第一には「紀」が、

及ㇾ壮篤病。容止不便、

と記されてゐる部分が略されてゐる点であるが、天皇が病気がちであつたことは、群卿の推戴に対して辞退された言にも記されてゐるところであり、「本紀」も辞退理由の中では明記してゐるのであり、「本紀」が天皇の性格等を記す所で病弱であることを略したのは、後文（辞退記事）に於いて記されるところから重複を避けたものと考へてよいであらう。

第二には元年条の遷都記事であるが、これは註により明らかなやうに「記」により記されたものである。

第三には闘鶏国造に関する記事であるが、これは忍坂大中姫命に関することであるところから省略されたものである。

第四は五年条の葛城玉田宿禰に関して誅滅の事実のみが記されてゐる点であるが、誅滅される罪は玉田宿禰に関することであるところから省略され「有ㇾ罪伏ㇾ誅」と事実のみが記されたものである。

第五には七年条以下の弟姫（衣通姫）関連の記事（茅野行幸を含む）が記されなかつたり簡単な記事であつたりしてゐることであるが、これについては第三節に於いて述べることにしよう。

第六には十四年条の淡路行幸について「本紀」は、

猟二于淡路島一

としか記されてゐない。この点については第三節に於いて述べることにしよう。

第七には四十二年条の新羅使の弔問と帰国に関する記事が記されてゐない点であるが、弔問は天皇の崩後のことであるところから「本紀」は省略したのであり、安康天皇本紀に於いて、

四十二年正月、允恭帝崩、新羅遣レ使来弔、献二調船八十艘、楽工八十人一、皆素服哭泣、捧レ調張レ楽、遂会二殯宮一、

と記されてゐるのである。但し帰国関係の記事は省略されてゐるが今は触れないでおく。

第三節　履中・反正・允恭天皇本紀の検討

1、履中天皇本紀

履中天皇本紀に於いて問題となる第一は（チ）条及び（ム）条の履中天皇の年齢についてである。「本紀」は（チ）条に於いて、

水鏡、皇代記、皇年代略記並曰、時年六十二、歴代皇紀六十四、帝王編年記六十五、諸説紛紜、今不レ取、説在

レ下、

と記して、即位時の年齢を記してゐないが、更に（ム）条の崩御記事に於いても、

本書立為二太子一下註、時年十五、崩下註、時年七十、旧事紀同、按天皇年十五立為二太子一、則以二仁徳帝十七年一生、崩年七十七、一書矛盾。拠二仁徳帝七年、定下壬生部上之文一、其謬誤可レ知、水鏡為二太子一年五、即位年六十二、崩年六十七、古事記崩年陸拾肆歳、壬申年正月三日崩、神皇正統記六十七、歴代皇紀即位六十四、崩年七十、

諸説不レ一、不レ可二考拠一、

と記して、その年齢を記してゐないのである。今これらの諸説を一覧にすると次のやうである。

	誕生	立太子	即位	崩御
日本書紀	（仁徳天皇十七年）	十五歳	（七十二歳）	（七十七歳）
	（仁徳天皇二十四年）	（八歳）	（六十五歳）	七十歳
	（仁徳天皇七年以前）			
水鏡	（仁徳天皇二十七年）	五歳	六十二歳	六十七歳
古事記	（仁徳天皇三十年）		（五十九歳）	六十四歳
神皇正統記	（仁徳天皇二十七年）		（六十二歳）	六十七歳
歴代皇紀	（仁徳天皇二十四又は五年）		六十四歳	七十歳
皇代記	（仁徳天皇二十七年）		六十二歳	（六十七歳）
皇年代略記	（仁徳天皇二十七年）		六十二歳	（六十七歳）
帝王編年記	（仁徳天皇二十四年）		六十五歳	（七十歳）

表を見れば明らかなやうにその即位の年齢について六十二歳説・六十四歳説・六十五歳説が存在してゐるが、その

中で『歴代皇紀』は即位年齢と崩御年齢に一年の誤差があり、何れが是か判断できないのであり除外するとしても、即位年齢として六十二歳説と六十五歳説が存し、また崩御年齢に於いても六十四歳説・六十七歳説・七十歳説が存してゐるのである。しかも「紀」の立太子時の年齢を「十五歳」とするならば、その崩年は七十七歳となるのであり、「本紀」が註するやうに「諸説紛紜」「諸説不レ一、不レ可ニ考拠一」といふ状況であり、何れが正しいか判断することは不可能であるところから「本紀」は「今不レ取」として即位時・崩御時の年齢を記さなかつたのであり、妥当な処置であつたといへるのである。

第二には(ヨ)条の物部長真胆に関する記事が省略されてゐる点である。「紀」では盞に落ちた桜の花を物部長真胆に命じて探し求められたところ、掖上の室山に獲て献上したと記されてゐる部分である。「本紀」は物部長真胆に命じて探し求められたことを略して、単に、

天皇以為レ瑞

と記し、宮名を「磐余稚桜宮」と名付けたとするのであるが、これでは宮名決定の経緯が不明になつてゐる。「本紀」は「紀」を略しすぎたと思はれるのであり、ここは「天皇以為レ瑞」に続けて、

物部長真胆をして桜を求めしめ、掖上の室山に獲る。

の一文を加へるべきではなかつたらうか。

第三には第二節に於いて指摘した五年条の筑紫三神関連の記事がすべて略されてゐる点である。これは三月に筑紫三神が宮中に現れ、「何奪ニ我民一矣。吾今慚レ汝。」といはれた。そこで祈禱されたが祀られなかつた。その後九月に淡路に行幸されたが、怪異現象があり、皇妃が薨去された報告があり天皇は還幸された。翌十月、皇妃を葬るとともに、神の祟りの原因を求められると車持君が筑紫の車持部を管轄し、神戸とされてゐた民を奪つたためであることが

判明した。そこで祓禊を実施し、筑紫の車持部を没収し、改めて三神に奉納したとするものである。「本紀」がこれを記さなかつたのはその原因が車持君の所行にあつたとはいへ、天皇が神により祟られたといふことは天皇の権威・名誉に拘はるところから省略されたものと判断されるのである。

2、反正天皇本紀

第一には(ロ)条の「及ㇾ長」の部分である。この部分は第一節に於いて述べたやうに「本紀」の独自記事である。「本紀」が「紀」やその他史料に基づかずして記すことは珍しいことといはねばならない。「本紀」がこの独自記事を記すことになつたのは、「紀」が、

　生而歯如㆓一骨㆒。容姿美麗。

と、誕生時のこととしてゐる「容姿美麗」を「記」の「御身長、九尺二寸半」を活用したために成長後のこととせざるを得なくなり、「及ㇾ長」といふ独自の言を挿入することとなつたものと考へられるのである。しかしながら「紀」は飽くまでも「生而」と記してゐるのであり「容姿美麗」も「生而」に繫るものである。このことからすれば「本紀」の記述は「記」に引きずられてその身長を記したがために文の整合性を保つために「及ㇾ長」といふ独自の言を挿入せざるを得なくなつたものと考へられるのである。「本紀」とすればここは「紀」に従つて記し、「記」説は註記するに留めるべきではなかつたかと考へられる。

第二には(ホ)条及び(リ)条の即位時及び崩御時の年齢を「本紀」が記してゐない点であるが、それは「本紀」が(へ)条に於いては、

水鏡、帝王編年記、歴代皇紀、皇年代略記並曰、時年五十五、按本書天皇享年闕、故不レ取、

と註記し、(リ)条に於いても、

本書享年闕、古事記、旧事紀、水鏡、神皇正統記等諸書、皆云、六十、拠レ此則以二仁徳帝四十年一生、然皇母磐之姫、以二仁徳帝三十五年一崩、諸説不レ足レ信、今無レ所レ攷、○古事記云、丁丑歳七月崩、

と註記してその年齢を記してゐないのである。『水鏡』以下の書物には即位時の年齢を「五十五歳」としてゐるのであり、それが正しいとすれば崩御時の年齢は、「紀」の六年正月崩御が正しければ六十歳となるのであり、「記」以下の諸書とも一致することになるのである。「本紀」は他に問題となることが無ければ「紀」に年齢の記載が無くてもこれらの諸書を根拠として即位時、崩御時の年齢を記したものと考へられる。ところがこの年齢より誕生年を計算すると崩御記事の註に記されてゐるやうに仁徳天皇四十年の誕生となるのである。ところが天皇の母である磐之媛は仁徳天皇三十五年に崩御されてゐるのであり、四十年の誕生といふのはあり得ないこととなるのである。しかも次に問題とするやうに、天皇の崩御年代が「紀」の記すやうに六年ではなく五年であつたとすれば、即位時の年齢と崩御時の年齢に一年の齟齬が生じるのである。その為に「本紀」は、

諸説不レ足レ信、今無レ所レ攷、

として、その年齢を記さなかつたのである。「本紀」の慎重な態度の表れといつてよいであらう。

第三には(リ)条の崩御年についてである。「本紀」は履中天皇の崩年を「五年」とし、その理由について、

本書作二六年正月甲申朔丙午一、允恭紀首亦云、六年正月崩、推二干支一、六年正月戊申朔、無二丙午一、類聚国史作二五年正月丙午一、旧事紀五年正月甲申朔丙午、按五年歳在二庚戌一、允恭帝元年在二壬子一、崩在二五年一、則辛亥年空位、二書所レ書、與下允恭紀位空既経二年月一之文上足二互相証一。因定為二五年一、

と註記してゐるのである。すなはち「本紀」は①六年正月は「紀」では「正月甲申朔丙午」とあるが、六年正月の干支は「戊申朔」が正しく「丙午」は存在しないこととなる。②には『類聚国史』や『旧事本紀』は「五年正月丙午」「五年正月甲申朔丙午」とある。③反正天皇五年の干支は「庚戌」であり、次の允恭天皇の即位年である「壬子」との間に一年の空位が存することになるが、『類聚国史』・『旧事本紀』は辛亥年を空位としてゐるのであり、「紀」に忍坂大中姫命の言として「位空之、既経㆓年月㆒」とあるのと一致する。といふ三点を挙げて、

　因定為㆓五年㆒

と記して崩御年を五年としてゐるのであるが、慎重な検討の結果の結論といつてよいであらう。

第四には(ル)条である。本条を再掲すると次の通りである。

　在位之間、風雨時順、五穀成熟、人民富饒、海内無事、

本条は第一節に於いても述べたやうに「本紀」の「賛」に当たる文であるが、「本紀」が元年十月条の記事を「賛」として記述するために「在位之間」との詞を加へてゐるのである。「本紀」がこの言葉を付け加へてまで「賛」として記述することにしたのには理由が無ければならないが、それは一つにはその内容が反正天皇の治世を象徴するやうな内容であり、「賛」として相応しい内容であることはいふまでもないが、あと一つの理由として反正天皇紀は元年十月条の次は六年正月条の崩御記事となるのであるところから「本紀」はこれを「紀」は「賛」として記したものと判断して記したものと推定できるのである。

3、允恭天皇本紀

第一には(ハ)条及び(ソ)条の天皇の年齢についてである。すなはち(ハ)条に於いては、

水鏡、帝王編年記、皇年代略記並曰、時年三十九、歴代皇紀三十八、今不レ取、説見二于下一、

と註記し、また(ソ)条では、

本書享年闕、旧事紀云、七十八、古事記云、柒拾捌歳、甲午年正月十五日崩、水鏡、愚管鈔、神皇正統記等諸書並云、八十、今按天皇反正帝同母弟也、母后崩、至二今歳一九十八年、則諸書皆誤、故不レ取、

と註記してゐるのである。即ち即位時の年齢を『水鏡』等により三十八歳とすると四十二年崩御時の年齢は八十歳となるのであり一致してゐるのであるが、「記」や『旧事本紀』は崩御時の年齢を七十八歳としてゐて『水鏡』とは一致しない。また『歴代皇紀』の即位時の年齢三十八歳とも一致しないのである。しかも允恭天皇は履中天皇、反正天皇の同母弟である。先に本節第二項に於いて述べたやうに天皇の母である磐之媛は仁徳天皇三十五年に崩御されてゐるのであり、その崩御より天皇の崩御までは九十八年になるのであり、天皇の崩年齢を八十歳としても七十八歳としても何れにせよ崩御後の誕生となるのである。それ故に「本紀」は、

諸書皆誤、故不レ取、

としてその即位時・崩御時の年齢を記さなかつたのであり、慎重な実証的態度を示すものといつてよい事柄である。

第二には第二節に於いて触れた七年条以下の弟姫(衣通姫)関連の記事(茅野行幸を含む)が記されなかつたり簡単な記事であつたりしてゐることであるが、七年条の「紀」の内容は、天皇が皇后の妹である弟姫を召さうとされたが、弟

姫は姉の皇后の嫉妬を憚つて容易に参上しなかつた。が、やがて中臣烏賊津使主に従ひ上京した。しかし皇居には参上しないで藤原に居を造つた。天皇は皇后の出産の日に藤原に赴かれた。皇后はそれを知り自殺しようとされ、天皇は謝罪されたといふものである。「本紀」はこの七年条を省略してゐるが、その大部分は皇后と弟姫に関する事柄であるところから省略されたものと判断されるのであり、天皇と弟姫（衣通姫）との関係については八年二月条の藤原行幸・藤原部の設置・茅渟宮造営と茅渟宮行幸により理解されるとして詳述を避けたものと考へられるのである。

第三には十四年条の淡路行幸について、「本紀」は行幸の事実のみしか記してゐない点である。「紀」では猟が不首尾に終はつたために卜したところ神の祟りによることが判明し、神の要求する明石の真珠を阿波の海人の男狭磯が見つけて献上したところ多くの獣を得ることができた。が、男狭磯は鰒を引き揚げたところで息絶えたため、墓を作つて手厚く葬つたとするのであるが、「本紀」が単に行幸の事実しか記さなかつたのは履中天皇紀五年条の筑紫三神の祟りと同様に天皇が神に祟られるといふのは、天皇の名誉・権威に拘はるところから記されなかつたものと考へられるのである。

むすび

「履中・反正・允恭天皇本紀」について概観してきたが、基本的に「本紀」が「紀」に基づいて記されてゐることはいふまでもないことである。その中に於いて特に注意すべきことの第一は、三天皇の年齢についての考察である。すなはち「本紀」はそれぞれの天皇の年齢を記した史料をあまねく収集して、それらの矛盾点を指摘するとともに、反正・允恭天皇については、母后の磐之媛崩御の年代と誕生年が齟齬するところから、その年齢を記さないといふ科学的実証主義を貫いた記述に徹してゐることである。第二には、「履中天皇紀」の筑紫三神の祟りや「允恭天皇紀」の弟姫関連記事、また淡路の神の祟りが記されなかつたり簡単な記事となつてゐる等、天皇の名誉・権威に拘はる事柄に関しては之を省略・簡素化してゐることが挙げられるのである。その他「履中天皇本紀」の物部長真胆に桜を求めしめたことを略したり、反正天皇本紀のやうに「紀」「記」を一部誤読した部分も存在するものの妥当な記述をしてゐるのである。

補註

（1）『大日本史』は昭和三年十月発行の大日本雄弁会本による。
（2）吉田一徳氏著『大日本史紀伝志表撰者考』一二四〇頁。
（3）第五章参照。
（4）第六章参照。
（5）新訂増補国史大系第一巻上『日本書紀』前篇三二九頁頭註。
（6）田中卓氏「新校・新撰姓氏録」（田中卓著作集第九巻『新撰姓氏録の研究』所収）四四九頁
（7）岩波書店日本古典文学大系『古事記』による。但し以下頁数は略す。

第九章　安康・雄略天皇本紀

第一節　安康・雄略天皇本紀の記述

本章に於いて扱ふ「安康天皇本紀」「雄略天皇本紀[1]」は、吉田一徳博士によるに、板垣宗憺の執筆である。[2] 以下前章に倣ひ、その記述状況を把握していくことにしよう。

1、安康天皇本紀

イ、「母忍坂大中皇后」は允恭天皇紀二年条に拠つてゐる。また「第三子也」は、

本書為二第二子一、其下註一云、第三子也、今考二允恭紀一、其為二第三子一明矣、古事記亦同、故従レ之、

と註記してゐるやうに「紀[3]」本文は、

穴穂天皇。雄朝津間稚子宿禰天皇第二子也。

と記されてゐるのである。この点については第三節に於いて述べることにしよう。

ロ、本条は允恭天皇紀四十二年条により記されてゐる。（崩御記事は安康天皇即位前紀にも記されてゐる）新羅使の弔問記事は「紀」の趣意文であるが、「本紀」がこれをここに記したのは、その弔問は允恭天皇に関する事柄ではあるが既に崩後のことであり、殯宮の主催は次帝に拠るものであるところから即位前本紀に記したものである。ところが「紀」には記されてゐる十一月の帰国記事は省略されてゐる。この点については第三節に於いて述べることにしよう。

ニ、本条は「紀」と殆ど変はらないが、「本紀」は、

帝王編年記、歴代皇紀並曰、年五十四、皇年代略記五十三、按本書天皇享年闕、故不レ書、

と註して、即位時の年齢を記さない理由を明記してゐる。また大臣の任命記事を記し、

大臣以下公卿補任

と『公卿補任』により任命記事を記したことを明らかにするとともに、

旧事紀曰、以二物部木連子一為二大連一

と『旧事本紀』が物部木連子を大連に任じたと記してゐることをも註記してゐる。

へ、本条は「紀」の要約文であるが、「皇叔」と天皇と大草香皇子との関係を記してゐる。

チ、本条は雄略天皇即位前紀により、前半は天皇崩御の理由を「眉輪王有レ怨二于天皇一」と記し、後半で崩御の事実を「暴崩」と記してゐる。「本紀」が「暴崩」としてゐる点については第三節に於いて述べることにしよう。なほ「本紀」は、

本書亨年闕、古事記、旧事紀、水鏡並云、年五十六、

と註記してゐる。

リ、本条は「紀」が「三年後」とあるのを「後三年」とする以外変はらない。なほ「本紀」は、

延喜式、陵上有二西字一、

と註記してゐる。また通例により漢風謚号を記してゐる。

2、雄略天皇本紀

イ、本条では「同母弟」と「紀」にはない安康天皇との関係を記してゐる。

ホ、本条は「紀」と殆ど変はらない。が、「本紀」は、

水鏡、皇代記、皇年代略記並曰、年七十、歴代皇紀八十二、與二本書一不レ合、説見二于下一、

と註記してゐる。この点については第三節に於いて述べることにしよう。「本紀」はさらに、

姓氏録曰、役二諸秦氏一、構二八丈大蔵於宮側一、以納二貢物一、故名二其地一曰二長谷朝倉宮一、

とも註記してゐる。これは『新撰姓氏録』第二十五巻山城国諸蕃「秦忌寸」条（九一四蕃）を引いて宮名の由来を記したものである。

へ、本条は「記」と殆ど変るところはないが、吉備稚媛を略してゐる。それについては、

本書曰、是月立二三妃一、吉備稚媛在二其中一、今按納二稚媛一在二七年一、故不レ取、

と略した理由を記してゐる。

ワ、本条はほとんど「紀」と変はらない。但し蜾蠃のエピソードについては略されてゐるが、それは蜾蠃に関することであるから略されてゐて当然である。

ネ、本条は「紀」の要約趣意文であるが、「薨」を「卒」に変へた理由は不明である。[4]

ウ、本条は「紀」の趣意文であるが、「来帰化」は「逃化来」を改めたものである。「本紀」が特に「帰化」と記したのは「紀」が、

　磐余呉琴弾壃手屋形麻呂等。是其後也。

とあるところから、帰化したことが明らかであるところからこのやうに記したものである。

ノ、本条は「紀」と変はらない。但し天皇が御田を誤解して処刑しようとされたことには触れられてゐない。この点については第三節に於いて述べることにしよう。

ケ、本条は「紀」の省略文であるが、根使主の罪の内容には触れず「伏㆑誅」と事実のみを記してゐる。

フ、本条は「紀」の趣意文であるが、「聚㆓秦氏百八十部㆒」に、

　姓氏録曰、九十二部、一万八千六百七十人、

と註記してゐる。これは『新撰姓氏録』山城国諸蕃の「秦忌寸」条(九一四番)に、

　秦公酒、雄略天皇御世、奏偁、普洞王時、秦氏惣被㆓却略㆒。今見在者、十不㆑存㆑一。請㆘遣㆓勅使㆒検括招集㆖。天皇遣㆘使小子部雷率㆓大隅阿多隼人等㆒、捜括鳩集㆖。得㆓秦氏九十二部一萬八千六百七十人㆒、遂賜㆓於酒㆒。[5]

とあるところから註記したものである。更に「本紀」は、

　役㆓秦氏㆒以下、参㆓取姓氏録㆒、

と記してゐるやうに、『新撰姓氏録』の同条に、

役二諸秦氏一、構二八丈大蔵於宮側一、納二其貢物一。故名二其地一曰二長谷朝倉宮一是時、始置二大蔵官員一、以レ酒為二長官一。(6)

とあるのに従つたものである。

キ、本条は百済滅亡記事であるが、「紀」では二十年とされてゐる。そこで「本紀」は、

本書係二二十年一、而註引二百済記一曰、蓋鹵王乙卯年、狛大軍来攻、王城陥、乙卯十九年也、故今従レ之、

と記し、十九年是年条に記してゐる。これについては第三節に於いて述べることにしよう。

ユ、本条は「紀」の趣意文であが、「立二加須利君弟汶洲一為二百済王一」について「本紀」は、

汶洲、書二加須利君弟一、拠二本書註一

と記してゐるが、これは「紀」の註に、

汶洲王蓋鹵王母弟也。

と記されてゐるものを指してゐるとみられる。が、この記事には問題があると考へられるので、第三節に於いて検討することにしよう。

メ、本条は「紀」と変はるところはない。但し「本紀」は、

旧事紀曰、是日以二物部布都久留一為二大連一

と『旧事本紀』巻八「神皇本紀」の記述を註記してゐる。

ミ、本条は「紀」には記されてゐない豊受大神鎮座の記事であり、「本紀」はこれを、

秋七月以下神皇正統記

と記すやうに『神皇正統記』によつて記したのである。すなはち『神皇正統記』には、

二十一年丁巳冬十月ニ、伊勢ノ皇太神大和姫ノ命ニヲシヘテ、丹波国與佐ノ魚井ノ原ヨリシテ豊受太神ヲ迎ヘ奉ラル。大和姫ノ命奏聞シ給シニヨリテ、明年戊午ノ秋七月ニ勅使ヲサシテムカヘタテマツル。九月ニ度会ノ郡山田ノ原ノ新宮ニシヅマリ給。[7]

と記されてゐるところから、此処に記したのであるが、この点については第三節に於いて述べることにしよう。

ヒ、本条は「紀」の省略文であるが、「大臣」の部分は「紀」では「百寮」となつてゐる。「本紀」がこれを「大臣」とした理由は不明である。[8] 或いは「大臣以下」とするところを「以下」を脱したのかもしれない。但し「紀」には大臣任命記事は存在してゐない。「本紀」はこれに続けて、

本書享年闕、旧事紀、古事記並曰、一百二十四、古事記註云、己巳年、八月九日崩、水鏡、一代要記並曰、九十三、神皇正統記曰、八十、愚管鈔曰、百四、按本書允恭帝七年十二月、皇后産二大泊瀬天皇一之夕、帝始幸二藤原宮一、拠レ此、推レ之、則実為二六十二一、

と註記してゐる。これについては第三節に於いて述べることにしよう。

モ、本条は「紀」の省略文であるが、詔の部分の大半は「一本」によつて記されてゐる。そのために、

星川王以下、参二取本書一説一、

と註記してゐるのである。

ス、本条は「本紀」の「賛」に当たる部分であるが、これについては第三節に於いて述べることにしよう。なほ最後の「末年」以下について「本紀」は、

逮二末年一以下、拠二本書遺詔之文一、

と註記してゐる。

第二節　安康・雄略天皇紀と安康・雄略天皇本紀の比較

前節に於いては、安康・雄略天皇本紀の記述について見てきたが、次に資料篇の比較表に基づき安康・雄略天皇紀と「本紀」との比較をしていくことにしよう。

1、安康天皇紀と安康天皇本紀

比較表で明らかなやうに「本紀」は「紀」の記載の大部分を忠実に記してゐるのである。その中で記載されてゐない内容や、記事が至つて簡潔に事実のみを記してゐる部分について見ていくことにしよう。

第一には母系の系譜の記されてゐないことであるが、従前より述べてゐるやうに、母の系譜に関しては当該の「后妃伝」に於いて記されてをり、「本紀」に於いては記す必要が無いために記載されてゐないのである。

第二には新羅使弔問記事であるが、「紀」では允恭天皇紀に記されてゐるのを、「本紀」は天皇崩御の事として省いたところからここに記したものである。

第三には葬送記事は「本紀」では次天皇の行為として記すことを通例としてゐるところからここに記されたのである。

第四には大泊瀬皇子求婚記事が「本紀」には記されてゐない点であるが、これは安康天皇に関することではないところから省略されたものである。

第五には大草香皇子殺害記事が、「本紀」では殺害の事実のみが記されてゐる点であるが、これは第三節に於いて述べることにしよう。

第六には大泊瀬皇子婚姻記事が記されてゐないのは、安康天皇に関することではないところから省略されたものである。

第六に「本紀」に太歳記事が無いのは、「本紀」は常に年の干支を記してゐる処よりして太歳記事は必要が無いために省略されてゐるのである。

第七に「本紀」に追謚記事が存するのは通例によるものである。

2、雄略天皇紀と雄略天皇本紀

雄略天皇本紀に於いても安康天皇本紀と同様「本紀」は「紀」の記載の大部分を忠実に記してゐるのである。その中で記載されてゐない内容や、記事が至つて簡潔に事実のみを記してゐる部分について見ていくことにしよう。なほ前項と共通する部分は省略することとする。

第一には元年条の三妃記事に於いて二妃しか記されてゐない点であるが、これは既に第一節に於いて述べたので略すことにする。

第二には、「紀」に記されてゐる年代には記されてはゐないが「賛」に記されてゐるのが、二年条の池津姫記事、大悪天皇記事、四年条の一言主神との邂逅記事、十一年条の鳥養部記事、十三年条の木工猪名部真根記事である。この点については第三節に於いて述べることにしよう。

第三には六年条の少子部蜾蠃嬰児献上記事及び七年条の三諸岳の神の姿を見る為に少子部蜾蠃に命じて捕へさせようとし、蜾蠃は大蛇を捕えて天皇に見せたが、天皇は斎戒せず、その姿を遂に見ることができなかったといふ記事が省略されてゐる点であるが、前半は少子部蜾蠃が天皇の命を誤解して嬰児を集め献上しようとしたが、その子らを蜾蠃に賜つたとの記事であり、直接的には蜾蠃に関するものであるから略されたものである。後半は、天皇が神の姿を見ようとして見ることができなかつたといふもので、天皇の権威に拘はることであるところから略されたものである。

第四には九年条の埴輪馬記事が記載されてゐない点であるが、これは田辺史伯孫に関することであるところから省略されたものである。

第五には十年条の水間君による鴻及び養鳥人献上記事が無い点であるが、これについては第三節に於いて述べることにしよう。

第六には十三年条の歯田根命記事が記載されてゐない点であるが、これについては前条と共に第三節に於いて述べることにしよう。

第七には十四年条の呉坂建設記事についてであるが、「本紀」は誤解して記してゐる。このことについては第三節に於いて述べることとする。

第八には百済滅亡記事を「紀」の二十年を「本紀」は十九年として記してゐるが、このことについては第三節に於いて述べることとする。

第九には二十二年条の浦島子記事を「本紀」が記載してゐない点であるが、これは浦島子に関するものであるから略されたものである。

第十には「本紀」が外宮鎮座記事を記してゐる点であるが、改めて第三節に於いて述べることにしよう。

第十一には二十三年条の百済朝貢記事であるが、「紀」が特にこの年の百済朝貢を記したのは、

百済調賦益二常例一。

との理由から記したのみであるから、「本紀」は例年の朝貢と判断して記載しなかつたものと考へてよいであらう。

第十二には天皇百寮会見記事であるが、「紀」が「百寮」としてゐる処を「本紀」が「大臣」と記述したことは、第一節に於いて述べたやうにその理由は明らかでない。

第十三には遺詔記事についてであるが、「本紀」が「紀」の本文に拠らずに一書により記載したのは、本文の内容は「賛」に集約して記載されてゐるところから略され、天皇崩御後の星川皇子反乱に結びつける意味から一書により記載したものと考へられる。

第三節　安康・雄略天皇本紀の検討

1、安康天皇本紀

第一には（イ）条についてである。「紀」では第一節に於いて指摘したやうに安康天皇は允恭天皇の「第二子」と記されてゐるのである。に拘はらず「本紀」は「第三子」としてゐるのである。「本紀」はその為に、

本書為二第二子一、其下註一云、第三子也、今考二允恭紀一、其為二第三子一明矣、古事記亦同、故従レ之、

との註記を行つて、「第三子」とした理由を説明してゐるのである。すなはち「本紀」は「紀」一説に「第三子」とあること、允恭天皇紀二年条及び「記」では「第三子」とあることを根拠として変更したと説明してゐるのである。殊に允恭天皇紀二年春二月丙申朔己酉条では、

皇后生二木梨軽皇子。名形大郎皇女。境黒彦皇子。穴穂天皇。軽大娘皇女。八釣白彦皇子。大泊瀬稚武天皇。但馬橘大娘皇女。酒見皇女一。

とあり、また「記」も允恭天皇段に於いて、

此天皇、娶二意富本杼王之妹、忍坂大中津比売命一、生御子、木梨之軽王。次長田大郎女。次境之黒日子王。次穴穂命（下略）

と記してゐて両書ともに一致してゐるところから「本紀」は「第三子」と決したのであるが妥当な結論といつてよいであらう。

第二には新羅弔問使の帰国記事が省略されてゐることである。允恭天皇紀四十二年十一月条には次の記事が記されてゐる。

新羅弔使等喪礼既闋而還之。爰新羅人恒愛二京城傍耳成山。畝傍山一。則到二琴引坂一。顧之曰。宇泥咩巳椰。弥弥巳椰。是未レ習二風俗之言語一。故訛二畝傍山一謂二宇泥咩一。訛二耳成山一謂二瀰瀰一耳。時倭飼部、従二新羅人一。聞二是辞一而疑之以為。新羅人通二采女一耳。乃返之啓二于大泊瀬皇子一。皇子則悉禁二固新羅使者一而推問。時新羅使者啓之曰。無レ犯二采女一。唯愛二京傍之両山一而言耳。則知二虚言一皆原之。於レ是新羅人大恨。更減二貢上之物色及船数一。

これがその記事の全文であるが、「本紀」がこれを略した理由は、「禁二固新羅使者一而推問」したのは、安康天皇ではなく大泊瀬皇子であり、天皇は関知してをられない事柄であることから略されたものと考へられる。なほ雄略天皇紀でもこれについては触れてゐないが、それは大泊瀬皇子が「禁二固新羅使者一而推問」することになつた原因が倭飼部の誤解（虚言）を信じられたことによるのであり、それは皇子の名誉（権威）に関はることになるために触れなかつたものと考へられるのである。

第三には（チ）条の天皇崩御に関する記述についてである。「紀」は三年八月条で、

天皇為二眉輪王一見レ弑。

と記し、また雄略天皇即位前紀に於いてもその経緯を詳述してゐるのであるが、「本紀」は両本紀共に「暴崩」としか記してゐないのである。またそれは後の崇峻天皇本紀に於いても同様であるが、之は天皇が従弟である眉輪王に弑逆されたといふことは、天皇の権威に拘はることであるところから弑逆そのものは記さずに「暴崩」といふ表現で間接的に弑逆の事実を表現したものと考へられるのである。「暴」については数多くの意味が存するが(9)、この場合は「にはか」と解するのが妥当であるが、「暴」には他に「しのぐ」・「犯す」の意味があり、『大漢和辞典』に拠るに、

〔呂覧、至忠〕何ぞ其の暴にして不敬なるや。〔注〕下其の上を陵す、之を暴と謂ふ(10)。

とある。また陵については、「しのぐ」として、その意味の一つに「をかす」を挙げ、その例として『玉篇』の「陵犯なり」を挙げてゐる(11)。このことからして、「本紀」は「暴」の文字を用ゐることにより、弑逆の事実を表現したものと見てよいであらう。

第四には第二節に於いて保留にしておいた大草香皇子殺害記事が、「本紀」では殺害の事実のみが記されてゐる点であるが、天皇が叔父の大草香皇子を殺害するに至つた理由が、根臣の虚言を信じられたことに拠るのであり、虚言

を信じられたといふのは天皇の権威を損ふことになるところから、殺害の事実のみを記したものと考へられるのである。

2、雄略天皇本紀

第一には(ホ)条及び(ヒ)条の天皇の年齢についてである。すなはち「本紀」は(ホ)条に於いては即位時の年齢について、

　水鏡、皇代記、皇年代略記並曰、年七十、歴代皇紀八十二、與㆓本書㆒不㆑合、説見㆓于下㆒、

と註記し、(ヒ)条に於いては、

　本書亨年闕、旧事紀、古事記並曰、一百二十四、古事記註云、己巳年、八月九日崩、水鏡、一代要記並曰、九十三、神皇正統記曰、八十、愚管鈔曰、百四、按本書允恭帝七年十二月、皇后産㆓大泊瀬天皇㆒之夕、帝始幸㆓藤原宮㆒、拠㆑此、推㆑之、則実為㆓六十二㆒、

と記してゐる。すなはち即位時の年齢について『水鏡』・『皇代記』・『皇年代略記』は七十歳とし『歴代皇紀』は八十二歳とし、その崩年についても『旧事本紀』・「記」は百二十四歳、『水鏡』・『一代要記』は九十三歳、『神皇正統記』は八十歳、『愚管鈔』は百四歳と諸説が存在するのであるが、「紀」には雄略天皇の即位時の年齢も崩御時の年齢も記されてゐないのである。に拘はらず「本紀」が即位時の註記に於いて「與㆓本書㆒不㆑合」としてゐるのは、崩御時の註記に於いて、

　按本書允恭帝七年十二月、皇后産㆓大泊瀬天皇㆒之夕、帝始幸㆓藤原宮㆒、拠㆑此、推㆑之、則実為㆓六十二㆒、

と記し、「記」以下の諸説は天皇崩御の年齢を「紀」の記述より推定される六十二とするのと一致しないところから「與二本書一不レ合」と記したのである。この註記は允恭天皇紀七年十二月壬戌朔条に記されてゐる弟姫（衣通姫）を茅渟に住まはせた一連の記事の中に、

適下産二大泊瀬天皇一之夕上。天皇始幸二藤原宮一。

と記されてゐるものである。この一連の記事は十二月朔日条に係る内容のみではないのであり、正確には何時のことであるか明らかではない。が、仮に雄略天皇の誕生が允恭天皇七年十二月とした場合には、天皇は六十二歳で崩御されたことになるのである。さうすると諸書に記されてゐる年齢とは一致しないところから、「本紀」は何れの説をも採用しないで「本書享年闕」として、註に諸説を列挙するに留めたのであり実証的態度の表れである。

第二には百済滅亡の年についてである。「紀」は二十年紀にかけてゐるのであるが、「本紀」は、

本書係二二十年一、而註引二百済記一曰、蓋鹵王乙卯年、狛大軍来攻、王城陥、乙卯十九年也、故今従レ之、

と記し、十九年是年条に記してゐる。この点については、小学館新編日本古典文学全集本もその頭註に於いて、

書紀紀年に従えば四七六年。ここは「百済記」の「蓋鹵王乙卯年（四七五）冬」を書き違えたか[12]

と記してゐるやうに、漢城の陥落、百済の南遷は蓋鹵王二十一年のことであり、「紀」の記述には誤りがあるのであり、「本紀」はそれを正しく訂正してゐるのである。なほ「本紀」がその王名を「加須利君」としてゐるのは雄略天皇五年紀に、

百済加須利君、蓋鹵王也

とあるのに従つたものであるが、他国の王であるところから王名ではなく通称（?）を記したものであり、水戸学の強調する内外の弁の示されたところである。

第三には、(ノ)条に於いて、天皇が誤解から御田を処刑しようとされたことが記されてゐない点であるが、天皇が誤解するといふことは天皇の人格・権威に拘はることであるから略されたものと考へてよいであらう。

第四には(ユ)条の汶洲王を加須利君の弟とした点である。「本紀」は、

汶洲、書二加須利君弟一、拠二本書註一、

と記してゐるが、これは、

汶洲王蓋鹵王母弟也。

とある「紀」の註により記したものとみられる。しかし「紀」のこの註については、小学館新編日本古典全集本は、

この条には二つの解釈がある。汶洲王を蓋鹵王の母の弟とみるか、同母の弟とみるか。何れも『三国史記』の所伝とは異なる。(13)

と記されてゐるやうに解釈に異論が存してをり、また『三国史記』では、

文周王〈或作汶洲〉蓋鹵王之子也。(14)

と記されてゐるのであり、「本紀」のやうに断定はできないのであり、「本紀」の勇み足といつてよいのではないだらうか。但し一言弁解するとすれば、「本紀」は百済の王位継承も我が国の場合と同様に父系相続とみ、「母の弟」の継承はあり得ないと考へ、「加須利君の弟」と解釈したものと考へられるのである。(15)

第五には(ミ)条である。「本紀」は、

秋七月以下神皇正統記

と記すやうに『神皇正統記』によつて記したのである。第一節に於いて掲げた『神皇正統記』を再掲すると次の通りである。

二十一年丁巳冬十月ニ、伊勢ノ皇太神大和姫ノ命ニヲシヘテ、丹波国與佐ノ魚井ノ原ヨリシテ豊受太神ヲ迎ヘ奉ラル。大和姫ノ命奏聞シ給シニヨリテ、明年戊午ノ秋七月ニ勅使ヲサシテムカヘタテマツル。九月ニ度会ノ郡山田ノ原ノ新宮ニシヅマリ給。

『神皇正統記』のこの記述は『御鎮座本紀』により記されてゐることは明らかであるが、[16]「本紀」が『御鎮座本紀』を引かずして『神皇正統記』を引用したことは、水戸に於いては「本紀」編纂時『御鎮座本紀』など神宮関係の史料を見てゐなかつたことを物語つてゐるが、それはともかくも「本紀」が「紀」に記されてゐない外宮御鎮座の事実を記してゐる意義は大きいとしなければならないであらう。伊勢の神宮は、内宮と外宮から成り立つてゐるのであり、「伊勢二所皇太神宮」と称される宮である。そのどちらが欠けても「伊勢二所皇太神宮」と称することはできない。然るに「紀」には内宮の御鎮座については記されてゐるが、外宮については何ら語られてゐないのである。「本紀」は「紀」の欠を補ふべく『神皇正統記』によつて両宮の御鎮座を明記したのであり、「本紀」の見識を示す記述である。

第六には(ス)条である。本条は雄略天皇の「賛」に当たる部分である所よりして段落に分けてみて行くことにしよう。

① 天皇初以レ心為レ師、好軽殺レ人、嬖二幸史部身狭青、檜隈博徳等一、天下謗曰二大悪天皇一

本条は二年十月是月条に基いて記されてゐるが、「好軽」は「誤」を変更したものであり、「衆」を略してゐる。また、「愛寵」を「嬖幸」と変へてゐる。この条は天皇の一面を的確に表現したものである。

② 猟二葛城山一、與二一言主神一遇、並レ轡馳逐、及レ昏而罷、神送二天皇於来目水一、百姓更称二有徳天皇一

本条は四年二月条に基いて記されたものであり、①と正反対の評価を記したものである。この①と②は天皇の

「賛」の総論といふべきものである。

③ 百済釆女池津媛與二石河楯一姦、使三来目部執二二人一、縛二手足於木一、置二仮庪上一、焼二殺之一、

本条は二年七月条により記されたものであり、「縛二手足於木一」は「張下夫婦四支於木上」を変へたものであるが、意味は変はらない。本条は①の例である。

④ 猟二御馬瀬一、大獲二鳥獣一、顧問二群臣一曰、猟場之楽、使二膳夫割一レ鮮、孰二與自割一、群臣莫二能対一。天皇怒、手斬二御者大津馬飼一、見者震慄、

本条は二年十月条により記されたものであり、「見者震慄」は「本紀」の補ひである。本条も①の例である。

⑤ 菟田人所レ畜狗、齧二鳥官之禽一、天皇怒鯨二其人一、為二鳥養部一、時信濃武蔵直丁相謂曰、我郷多レ鳥、積如二丘陵一、何以二一鳥之故一黥レ人乎、天皇聞而趣聚レ禽積レ之、直丁不レ能二遽弁一、并為二鳥養部一、

本条は十一年十月条により記されたものである。「如二丘陵一」は「同二於小墓一」を、「弁」は「忽備」を変へたものである。本条も①の例である。

⑥ 其厳峻如レ此、

本条は③から⑤を総括した文言であり、「大悪天皇」「悪行之主」の姿をこのやうに評したものである。

⑦ 嘗見二木工猪名部真根斲一レ木、以レ石為レ質終日揮レ斧、不レ毀二其刃一、天皇異レ之、問曰、汝無二誤中一レ石耶、答曰、不レ誤、乃使二釆女裸体相撲一、真根心動、誤毀二其刃一、天皇怒二其言欺妄一、将レ刑レ之、其徒歎惜、作レ歌諷レ之、天皇聞而赦レ之、

本条は十三年九月条により記されたものであるが、これは一旦は③から⑤のやうに刑を実行しようとしながらも、諷刺の歌を聞いてその罪を許したといふ点に於いて従前の「厳峻」な姿から変化してゐるのである。この賛には他

の例は挙げられてゐないが、同様の例として、十二年十月条の木工闘鶏御田を処刑しようとして秦酒公の琴歌によりてその罪を許されたといふことが記されてゐる。これらの例は天皇の心情の変化を示すものであり、②の「有徳天皇」の姿を示さうとしたものとみてよいであらう。そしてその結論として示されるのが⑧である。

⑧　逮㆓末年㆒留㆓心政事㆒、国家無為、

本条は「本紀」が、

逮㆓末年㆒以下、拠㆓本書遺詔之文㆒、

と註してゐるやうに、大伴室屋及び東漢掬への遺詔の大意に基いて記されたものであり、天皇が政事に心を留められた結果、「国家無為」となつたと評してゐるのである。

第六には第二節に於いて保留にしておいた点である。

その一つは十年条の水間君による鴻及び養鳥人献上記事が無い点（第二節第五）及び十三年条の歯田根命記事が記載されてゐない点（第二節第六）であるが、これは両者共に処刑されても致し方ない内容である。つまり水間君の罪といふのは、呉より献上された鵝を水間君の犬が噛み殺したものである。同様の事は十一年十月条にも記されてをり、鳥官の禽が菟田の人の狗に噛み殺され、その人は黥され鳥養部にされ、またそれを批判した信濃と武蔵の直丁も同じく鳥養部にされたといふ前条「賛」の⑦の内容である。相違するのは水間君は自ら罪を償ふために鴻十隻と養鳥人を献上したことにより罪を許されたとするのである。菟田の人はその犬の行つたことに対してどのやうな態度に出たかは明らかではないが、信濃と武蔵の直丁は天皇を批判したことは明らかであり、その為に鳥養部にされたところよりして、菟田の人もそれを罪と認識しなかつたために罪せられたものと考へてよいであらう　また歯田根命記事は、歯田根命が采女山辺児島子を姧したことが発覚し、物部目大連に「責譲せしめ」られたところ、歯田根命は馬と太刀を以て罪過を祓除つた。天皇は歯田根命の資財を餌香市の辺の橘の本に置かせ、餌香の長野邑を物部目に賜つたとするものである。これと同様の内容は二年七月条の池津姫と石河楯との話（前条「賛」の③）と酷似してゐるに拘はらず、歯田根命の場合は贖罪で許されたのに対し、後者の場合は極刑となつてゐるのである。

　これによつて考へられるのは、省略された記事は両方共に赦免された記事であるといふことである。「本紀」は一方で「大悪天皇」の例として菟田の人や信濃・武蔵の直丁を鳥養部としたといふ記事や池津姫と石河楯を極刑とした記事を挙げてゐるところから、一方で赦免した記事を掲げるのは、天皇の行動として一貫性が保たれないところから記載されなかつたものと考へられる。しかし、この二例は「賛」に於いて、「有徳天皇」の例として掲げることも可能であつたのではないかと考へられる。

　その二つは呉坂建設記事を「本紀」が誤解して記述してゐる点である。すなはち「紀」では、

（十四年正月）是月。為二呉客道一通二磯歯津路一。名二呉坂一。

とあるのである。然るに「本紀」は、

　是月、為二呉使一闢二磯歯津路一、

としてゐるのである。「紀」は磯歯津路に通じる道を建設し、それを「呉坂」と名付けたとするに拘はらず、「本紀」が「闢二磯歯津路一」としたのは、磯歯津路＝呉坂と認識した為であり、これは「本紀」の誤解に拠る記述といはざるを得ないであらう。

むすび

「安康・雄略天皇本紀」について概観してきたが、一部分誤解に基づく記述もあるが、基本的に「本紀」が「紀」に基いて記されてゐることは他の「本紀」と変はるところはない。が、その中にあつて「紀」の過ちは他の史料によりそれを訂正し、より正確な記述を為そうとしてゐることは、安康天皇を允恭天皇の第三子と訂したり、百済滅亡を雄略天皇二十年では無く十九年と訂したりしてゐることにより理解されるのである。更に「紀」には記されてゐない外宮御鎮座の事実を『神皇正統記』により記してゐることは、国家の宗廟である伊勢の神宮の創祀を明確にしようとしたものであり、『大日本史』の見識を物語るものである。また天皇の名誉、権威に拘はる事柄については、例へば安康天皇弑逆については単に「暴崩」とするやうに婉曲な表現をしたり、また記事を略したりしてゐるが、雄略天皇「本紀」に於いては「賛」に於いて天皇の性格を余すところなく記してゐるのであり、『大日本史』の「事に拠りて直書す」といふ精神は失はれてゐないのである。

補註

（1）『大日本史』は昭和三年十月発行の大日本雄弁会本による。

（2）吉田一徳氏著『大日本史紀伝志表撰者考』二四〇頁。なほ板垣宗憺は神武天皇本紀から武烈天皇本紀と仁明天皇本紀・後三条天皇本紀・白河天皇本紀を執筆してゐる。

（3）『日本書紀』は新訂増補国史大系本により比較することとする。

（4）『大日本史』は「令」に従ひ「薨」「卒」「死」を書き分けてゐる（第四章参照）が、雄略天皇朝に於いては位階は存在せず、『大日本史』が何を根拠として変更したのか明らかでない。

（5）田中卓氏「新校・新撰姓氏録」（田中卓著作集第九巻『新撰姓氏録の研究』六〇四頁）。

（6）註5前掲書六〇五頁。

（7）岩波書店日本古典文学大系『神皇正統記　増鏡』八六頁。

（8）『公卿補任』には大臣として平群真鳥を挙げ、

　元年十一月為二大臣一

と記され、同時に大伴室屋と物部目が大連に任命されたことになつてゐる。「本紀」はこの『公卿補任』の記事に引きずられて「大臣」と記したものであらうか。

（9）『大漢和辞典』巻五、九二八頁には「暴」の第一の意味として①あらい、②つよい、③きびしい、⑤しひたげる、⑥そこなふ、⑦わるい、⑧はやい、⑨にはか、⑩しのぐ、⑪とぼしい、⑫はやて、⑬から手でうつ、⑭方六里の地、⑮五十家の部落、⑯地名、⑰姓、（第二以後の意味は略す）が挙げられてゐる。

（10）『大漢和辞典』巻五、九二八頁。

（11）『大漢和辞典』巻十一、八九九頁。

（12）小学館新編日本古典文学全集『日本書紀』②二〇三頁頭註三。

（13）小学館新編日本古典文学全集『日本書紀』②二〇六頁頭註一。

（14）朝鮮史学会編『三国史記』巻第二十六（百済本紀第四）二五九頁。

（15）なほこれは「本紀」編纂時に於いて『三国史記』を見てゐなかつたといふ前提であるが、版本としては正徳壬申（一五一二）本が存在するのであり、若し見てゐたとするならば、それには、

　文周王（或作汶洲）蓋鹵王之子也。

と、記されてゐるのであり、「本紀」がそれを見落とすことは考へられないのであり、水戸に於いては『三国史記』は見てゐなかつたと考へてよいものと考へられる。そのことは朝鮮史学会編『三国史記』の「記」於いて今西龍氏が、

　当時（明治年間の末）慶州槧本の世に知られしもの、前田家本のみ

と記してゐる処よりしても水戸に『三国史記』が存在しなかつたことが類推されるのである。

（16）北畠親房が伊勢神道に造詣深かつたことは周知のところであり、親房が『神皇正統記』執筆に際して史料とした『元元集』

に於いてもその第七「外宮遷座篇」に於いては『御鎮座本紀』が引用されてゐるのであるが、それ以上に『神皇正統記』のこの記事が『御鎮座本紀』に基いてゐることが明らかなのは、その御鎮座を、

九月ニ度会ノ郡山田ノ原ノ新宮ニシヅマリ給

としてゐることから明らかである。すなはち神宮関係の諸書（『等由気太神宮儀式帳』『太神宮諸雑事記』「神道五部書」）の中でその御鎮座の月を「九月」と明記してゐるのは『御鎮座本紀』のみである処よりして『神皇正統記』が『御鎮座本紀』に基いて記されてゐることは明らかである。

第十章　清寧天皇本紀以下武烈天皇本紀

第一節　清寧天皇本紀以下武烈天皇本紀の記述

本章に於いて扱ふ「清寧天皇本紀」以下「武烈天皇本紀」[1]は、吉田一徳博士によるに板垣宗憺の執筆である。[2]以下その記述状況を把握していくことにしよう。

1、清寧天皇本紀

イ、本条の「初称㆓白髪皇子㆒」の部分はその根拠が明白でない。

ホ、本条は星川皇子討伐記事であるが、事実のみを記し、その経過などは略してゐる。

ト、本条は「紀」[3]と変はらない。が、なほ「本紀」は「春正月十五日壬子」に註して、

水鏡為二四日一、一代要記四日壬子、今推二干支一正月戊戌朔、四日辛丑也、二書誤、

と記してゐる。これは『水鏡』と『一代要記』が「壬子」を四日とする誤りを指摘したものである。またその即位時の年齢についても、

水鏡、皇年代略記並曰、年三十七、按本書享年闕、故不レ書、

と、『水鏡』及び『皇年代略記』が「年三十七」としてゐるが、「紀」に記されてゐないところから採用しないことを註してゐる。

ヌ、本条は要約文であり、「天皇憂三無レ子而名不二レ伝於後一」の部分は天皇の気持ちを記してものである。

ル、本条は「紀」の要約文であるが、「播磨国司」については第三節に於いて述べることにしよう。また「本紀」は、

古事記載、清寧帝崩無レ嗣、飯豊王居二角刺宮一、時山部小盾任二針間国宰一、飲二酒土人志自牟家一、命レ衆舞、億計王、弘計王、共居二竈前一爇レ火、次至二二王一二王歌舞、小盾聞レ歌、知二其皇胤一、大驚、馳レ駅、告レ状、飯豊王喜、迎取入レ宮、一代要記曰、二年二月、天皇憂レ無二継嗣一、遣二大伴室屋大連於諸国一、求二皇胤一、十月、至二播磨赤石郡一、使三小盾奉二迎皇孫等一、神皇正統記亦為三遣下人諸国上求二皇胤一、按諸説與二本書一異、姑存以備レ考、

と註してゐる。「本紀」が「記」と『一代要記』及び『神皇正統記』を挙げて、

按諸説與二本書一異、姑存以備レ考、

と、諸説のあることを明記してゐる。なほ「本紀」が『播磨国風土記』を挙げてゐないのは、未だその写本が発見されてゐなかつたためである。

ラ、本条は「紀」の省略文である。「本紀」は、

本書享年闕、水鏡、一代要記、皇年代略記並曰、四十一、皇代記、歴代皇紀並曰、四十二、未レ知二孰是一、

と註記してゐる。これは天皇の崩年の年齢を記した諸説を列挙したものである。

ム、本条はその葬送の年月を略してゐる。が、それは次帝の行為であるところから略されたものである。「本紀」は、

帝王編年記、皇年代略記、坂門作二稚田一、

と、陵名の異説を註記してゐる。

2、顕宗天皇本紀

イ、本条は天皇の系譜記事であるが、「初」「第二」は「紀」にはない文言である。また「一」は「更」を変へたものである。「本紀」は「来目稚子」に註して、

古事記作二袁祁之石巣別命一

と記してゐる。

ロ、本条は「紀」の趣意文であり、「本紀」は日下部使主に註して、

本書註、使主、日下部連之名也、

とし、また「曰二田疾来一」に註して、

旧事紀、作二田狭来一

と記してゐる。

ハ、本条は「紀」の省略文である。「本紀」は「至二赤石郡一」に続けて、

本書註一曰、巡二行郡県一、収二田祖一也、

と註してゐる。

へ、本条は「紀」の趣意文であるが、「本紀」は「作二殊舞一」に、

　本書註、殊舞謂二之立出舞一、立出読云二陀豆豆一、謂二乍起乍居而舞一、

と註し、さらに「天万国万押磐尊御裔僕是也」に、

　按押磐皇子未三嘗登二帝位一、仁賢帝諫レ帝語亦曰、先王雖レ為二皇胤一、不レ登二天位一、此蓋欲レ彰三其為二皇孫一、而故修二其言一乎、

と註してゐる。

ル、本条は「紀」では（ヌ）条の前に記されてゐるが、「本紀」は清寧天皇の葬送記事を前にしたところから「是月」としてゐる。また「紀」では「崩」となつてゐるのを「薨」としてゐる。この点については第三節に於いて述べることにしよう。

ワ、本条は「紀」の省略文である。「本紀」は即位の後に、

　本書註一本曰、弘計天皇宮有レ二、一宮二於少郊一、一宮二於池野一、或云、宮二於甕栗一

と「紀」の註を註記するとともに、

　水鏡曰、年三十六、皇年代畧記、歴代皇紀、並四十六、按本書享年闕、故不レ書、

と『水鏡』以下の書の即位時の年齢記事を掲げ、

　按本書享年闕、故不レ書、

と、「紀」に年齢記載が無いことを理由として年齢を記さないことを明記するのである。また「本紀」は通例により天皇の和風諡号を記してゐる。

カ、本条は仁賢天皇即位前紀の、

　為二皇太子一如レ故。

により記されたものと考へられる。この条については第三節に於いて述べることにしよう。

ヨ、本条の前半は「紀」の趣意文であり、後半は、

　大臣以下、公卿補任、

と有るやうに『公卿補任』に拠つて記されたものであるが、「本紀」はさらに、

　旧事紀曰、物部小前為二大連一

と、『旧事本紀』の記事をも註記してゐる。

ソ、本条は「紀」と殆ど変はらないが、「始設二曲水宴一」と記されてゐる。そして「本紀」は、

　本書、二年三年、三月上巳、並書二曲水宴一其後不レ書、続日本紀、文武帝大宝元年、三月三日、書レ宴二王親百寮於東安殿一、聖武帝神亀三年以後、往往書二曲水宴一、未レ知三何時定為二永式一、然年中行事、以二是歳一為二曲水之始一、故此後不レ書、公事根源曰、始二于雄略帝元年一、未レ知二何拠一

と註記してゐる。この部分については、曲水の宴について、その始まりを何時とするか諸説あるところから、ここに「始設」と記し、以後記さないこととしたとするのである。これについては第三節に於いて述べることにしよう。

ネ、本条は「紀」の要約文であるが、「本紀」は、

　古事記曰、初天皇避レ難、逃至二山代刈羽井一、山代猪甘老人、来奪二其糧一、及レ即レ位、斬二之於飛鳥河原一、刖二其族一、其孫入レ倭者、必病レ跛云、拠二本書一、天皇有二人レ君之徳一、必不三以下一飯之故上、而施二刑戮一、今以レ宥二韓俘罪一観レ之、疑非二事実一、姑附二于此一、

と註してゐる。これについては第三節に於いて述べよう。

ウ、本条は「紀」と変はらない。「本紀」は、

本書享年闕、古事記、水鏡並曰、三十八、一代要記、歴代皇紀、神皇正統記、皇年代畧記、並四十八、未レ知二孰是一、

と、天皇の享年に諸説があることを述べ、「未レ知二孰是一」として、享年を記してゐないのである。

ヰ、本条は仁賢天皇元年十月条により記されてゐる。「本紀」は、

延喜式、陵上有二南字一、

と、註してゐる。

ノ、本条は顕宗天皇の「賛」に当る部分であり、「天皇久」より「若レ納二溝隍一」の内、「屏二省徭役一」以外は、即位前紀の趣意文であり、「不二数年一而」以後は二年十月条の要約文である。その説明は第三節に於いて述べることにしよう。

3、仁賢天皇本紀

イ、仁賢天皇、諱大脚、字島郎、初称二億計王一、

本条は殆ど「紀」と変はらないが、「初称二億計王一」を加へ、

本書註、又名大為、顕宗紀註、億計王、又名二島稚子一、又大石尊、今按大石大為、共読如二大脚一、島郎與二島稚子一、亦恐非二別称一也、又按本書註曰、自余天皇、不レ言二諱字一、至レ此特書者、拠二旧本一耳、

と「紀」の註記を記してゐる。また「顕宗帝母兄也」の部分は「紀」では、

　弘計天皇同母兄也

とあり、「本紀」は「同」を脱したものである。なほこれについては第三節第二項に於いて述べることにする。

ロ、本条は「紀」の要約文であり、「語在二顕宗紀一」は「本紀」の補ひである。

ハ、本条は「紀」では清寧天皇元年の事とされてゐる。この点については第三節に於いて述べることとしよう。

ニ、本条は「紀」の省略文であるが、「紀」では二年条に記されてゐる。この点については前条と合はせ第三節に於いて述べることとしよう。

ト、本条は顕宗天皇三年是歳条により記されてゐるが、「紀」の趣意文である。「大」は「紀」では「生」となつてゐるが、「本紀」は雄略天皇九年紀五月条と一致させるために「大」を用ゐたものである。

チ、本条は「紀」の省略文である。「本紀」は「即位」に、

　水鏡、皇年代畧記並曰、年四十、按本書享年闕、故不レ書、

と註し、即位時の年齢を記さない理由を明記してゐる。「本紀」はこの註記に続けて、

　本書註一本曰、億計天皇之宮二、一在二川村一、一在二縮見高野一、

と「紀」の註記を付記し、さらに大臣・大連を挙げ、

　大臣以下、公卿補任、

と、その根拠を記してゐる。

ル、本条は「崩」以外変はらないが、第三節に於いて述べることにしよう。

カ、本条は「勅二諸国一」を補ふほか「紀」と殆ど変はらない。

ソ、本条は「紀」と変はらない。「本紀」は、

本書享年闕、水鏡、神皇正統記、歴代皇紀、愚管鈔、皇年代略記並曰、年五十、一代要記、帝王編年記並年五十一、未レ知二孰是一、

とその享年についての諸説を挙げ、「未レ知二孰是一」と記してゐる。

ツ、本条は「河内」を補つてゐるが、他は変はらない。但し年月が略されてゐる。

ネ、本条は仁賢天皇の「賛」に当る部分であるが、「顕宗帝嘉従焉、」に続けて「記」により、

按古事記載顕宗帝欲三遣レ人毀二雄略帝陵一、天皇請二自行一、帝許レ之、天皇至二其所一、少鑿二陵側一、還奏陵既毀矣、帝怪二其速一問レ之、天皇対以二其状一、帝曰、欲三毀下其陵上以報二先王之仇一、何如レ此乎、対曰、大泊瀬天皇雖レ為二父仇一、天子也、従父也、欲レ報レ仇而毀二其陵一、後世必謗二誹之一、然父仇不レ可レ不レ報、故少鑿二陵側一以辱レ之、亦足三以示二後世一、帝善レ之、與レ此小異、附以備レ考、

と註記してゐる。この「賛」については第三節に於いて述べることにしよう。

4、武烈天皇本紀

ヘ、本条は「紀」の要約文であるが、「本紀」は「即位」に註して、

水鏡云、年十歳、歴代皇紀、皇年代略記並云、四十九、今按二説可レ疑、説見二于下一、

と記してゐる。これについては第三節に於いて述べることにしよう。

チ、本条は「大伴」を略してゐる以外「紀」と変はらないが、「本紀」は、

　　旧事紀曰、物部麻佐良為二大連一、

と註記してゐる。

ヌ、本条は「紀」と変はらない。なほここに「大連大伴室屋」とある点については第三節に於いて述べることにしよう。

ヨ、本条は「紀」と変はらないが、「本紀」は、

　　本書享年闕、水鏡、神皇正統記並曰、年十八、歴代皇紀、皇年代畧記、皇代記、帝王編年記、並五十七、今按主二前説一、則帝未レ即レ位、挑二影媛一時、方十歳、豈有二此事一乎、主二後説一、則帝在レ位八年、応二以下四十九歳上即レ位、仁賢帝寿五十、或云五十一、是二三歳而生レ帝也、豈復有二此理一、二説共不レ可レ信、

と註記してゐる。これについては第三節に於いて述べることにしよう。

タ、本条は継体天皇二年紀十月条により記されてゐるが、「本紀」は、

　　延喜式、丘下有二北字一、

と註してゐる。

レ、本条は武烈天皇の「賛」に当る部分であり、最後に、

　　且帝以下、参二取本書継体紀詔文一、

と註記してゐる。本条については第三節に於いて述べることにしよう。

第二節　清寧・顕宗・仁賢・武烈天皇紀と清寧・顕宗・仁賢・武烈天皇本紀の比較

前節に於いては、清寧・顕宗・仁賢・武烈天皇本紀の記述について見てきたが、次に資料篇の比較表に基づき清寧・顕宗・仁賢・武烈天皇紀と「本紀」との比較をしていくことにしよう。

1、清寧天皇紀と清寧天皇本紀

比較表の如く「本紀」は「紀」の記載の大部分を忠実に記してゐるのである。その中で記載されてゐない点について見ていくことにしよう。

第一には元年の、

臣連。伴造等各依二職位一焉。

とある記事が略されてゐる点であるが、この点については第三節に於いて述べることにしよう。

第二に太歳記事が略されてゐるのは、従前より述べてゐるやうに、「本紀」は毎年の干支を記してゐる処よりして不必要であり略したものである。この点は以下の「本紀」でも同様であるところから再言しないこととする。

第三には三年紀の飯豊皇女記事であるが、これは飯豊皇女に関することであるところから「本紀」では略したものである。

2、顕宗天皇紀と顕宗天皇本紀

比較表のやうに「本紀」は「紀」の記載の大部分を忠実に記してゐるのである。その中で「紀」と「本紀」で相違する点について見ていくことにしよう。

第一には「紀」には立太子記事が記載されてゐないに拘はらず「本紀」が記してゐる点であるが、これは仁賢天皇即位前紀に、

　天皇以㆓天下㆒譲㆓弘計天皇㆒。為㆓皇太子㆒如㆑故。

とあるところから記されたものである。

第二に二年・三年の曲水宴記事が記載されてゐない点であるが、これは第三節に於いて述べることにしよう。

第三には雄略天皇陵破壊計画記事であるが、これは億計王の諫めにより中止されたものであり、敢て記載する必要が無いところから記されなかつたものである。

第四には置目帰郷記事が記載されてゐない点であるが、これは直接には置目に関することであるところから記載されなかつたものである。

第五には二年紀の賜宴記事が記載されてゐない点であるが、「紀」が賜宴記事に続けて「是時」として記されてゐる部分を「賛」として記してゐるところから略したものと考へられるが、賜宴記事のみは記すべきであつたと思はれる。

第六には月神及び日神の託宣記事が記載されなかつた点であるが、この託宣は阿閉臣事代に対して為された託宣で

あり、託宣に従って歌荒樔田及び磐余の田十四町を献じたのも阿閉臣事代であるところから、「本紀」は省略したものである。

第七には紀生磐百済交戦記事が記されてゐない点であるが、「紀」の記載順序が天皇崩御記事に続いて記されてゐるところから「本紀」はこれを天皇崩後の事と解し、仁賢天皇本紀に於いて記載することにしたために省略されたものである。

3、仁賢天皇紀と仁賢天皇本紀

比較表のやうに「本紀」は「紀」の記載の大部分を忠実に記してゐるのである。その中で「紀」と「本紀」で相違する点について見ていくことにしよう。

第一には「本紀」が紀生磐百済交戦記事を記載してゐることであるが、これは第2項に於いて述べたから略さう。

第二には難波小野皇后崩御記事であるが、これについては第三節に於いて述べることにしよう。

第三には日鷹吉士高麗派遣記事のうち女人に関することが総て略されてゐる点であるが、これは日鷹吉士の従者である鹿寸の妻が鹿寸の身を心配して泣いたといふ話であり、「本紀」としては記載する必要が無いところから略したものである。

4、武烈天皇紀と武烈天皇本紀

比較表のやうに「本紀」は「紀」の記載の大部分を忠実に記してゐるのである。その中で「紀」と「本紀」で相違する点について見ていくことにしよう。

第一には平群鮪討伐記事に関連する影媛についての事柄が全て省略されてゐるが、この点については第三節に於いて述べることにしよう。

第二には「本紀」は仁賢天皇葬送記事が記されてゐる事であるが、これは仁賢天皇十一年紀により記されたものである。「本紀」が葬送記事を記したのは、葬送は次帝により行はれるものであるからここに記したものである。

第三には即位前紀の人となり、二年紀・三年紀・四年紀・五年紀・八年紀の天皇の暴虐記事が記されてゐない点であるが、これらはその「賛」に記してあり、為に略されてゐるのである。

第四に葬送記事は、継体天皇二年紀により記したものである。

第三節　清寧・顕宗・仁賢・武烈天皇本紀の検討

1、清寧天皇本紀

第一には(ル)条の久米部小楯の官職である播磨国司についてである。「紀」では、

遣二於播磨国一司[4]

とあり、単純に「播磨国司」とすることには慎重でなければならないのであり、小学館新編日本古典文学全集本も、その頭註に於いて、

常駐の国司ではなく、臨時派遣の国司[5]

と記してゐるのである。これからすれば「本紀」は、

播磨国派遣の久米部小楯

とでも記すはうが事実に近い表記であつたとみられるが、顕宗天皇紀や仁賢天皇紀に於いては、

播磨国司

と記され、また「記」に於いても、

山部小盾、任二針間国之宰一時

と記されてゐるところよりして、「本紀」が「播磨国司」と記したのを間違ひと断ずることはできないのである。因みに『播磨国風土記』では、

　針間国之山門領　所レ遣山部連少楯⑹

と記されてをり、当時『播磨国風土記』の写本が発見され、披見可能な状況であつたならば、「本紀」の記し方も変はつたのでは無いかと考へられる。

　第二には、第二節第一項に於いて指摘した元年条の、

　臣連。伴造等各依二職位一焉。

とある記事が略されてゐる点である。改めて清寧天皇元年紀の即位関連記事を掲げると次のやうである。

　元年春正月戊戌朔壬子。命二有司一。設二壇場於磐余甕栗一陟二天皇位一。遂定レ宮焉。尊二葛城韓媛一為二皇太夫人一。以二大伴室屋大連一為二大連一。平群真鳥大臣為二大臣一。並如レ故。臣連。伴造等各依二職位一焉。

問題は大連、大臣記事に続けて「臣・連・伴造等」云々と記されてゐることである。「紀」の即位に関連しての任命記事を一覧にすると次のやうである。

天皇	任命記事
神武天皇（二年）	珍彦→倭国造・弟猾→猛田県主・弟磯城→磯城県主・剣根→葛城国造
綏靖天皇〜景行天皇	無し
成務天皇（三年）	武内宿禰を以て大臣と為す
仲哀天皇	無し（九年紀に大臣武内宿禰と有り）
応神天皇	無し

仁徳天皇	無し
履中天皇（二年）	平群木菟宿禰・蘇我満智宿禰・物部伊莒弗大連・円大使主、共に国事を執る
反正天皇〜安康天皇	無し
雄略天皇	平群臣真鳥を以て大臣と為し、大伴連室屋・物部連目を以て大連と為す
清寧天皇	大伴室屋大連を以ちて大連とし、平群真鳥大臣を大臣とすること、並びに故の如し。臣・連・伴造等、各職位の依につかへまつる
顕宗天皇	無し
仁賢天皇	無し
武烈天皇	大伴金村を以て大連と為す
継体天皇	大伴金村大連を以て大連と為し、許勢男人大臣を以て大臣と為し、物部麁鹿火大連を以て大連と為すこと並びに故の如し。是を以て、大臣・大連等、各職位の依にす。
安閑天皇	大伴金村大連・物部麁鹿火大連を以て大連と為すこと並びに故の如し。
宣化天皇	大伴金村大連を以て大連と為し、物部麁鹿火大連を以て大連と為すこと並びに故の如し。又蘇我稲目宿禰を以て大臣と為し、阿倍大麻呂を大夫と為す。
欽明天皇	大伴金村大連・物部尾輿大連を大連と為し、及蘇我稲目宿禰大臣を大臣と為すこと、並びに故の如し。
敏達天皇	物部弓削守屋大連を以て大連と為すこと、故の如し。蘇我馬子宿禰を以て大臣と為す。
用明天皇	蘇我馬子宿禰を以て大臣と為し、物部弓削守屋連を以て大連と為すこと、並びに故の如し。
崇峻天皇	蘇我馬子宿禰を以て大臣と為すこと故の如し。卿大夫の位も故の如し。
推古天皇	無し
舒明天皇	無し
皇極天皇	蘇我臣蝦夷を以て大臣とすること、故の如し。

孝徳天皇	阿倍内麻呂臣を以て左大臣とし、蘇我倉山田石川麻呂臣を右大臣とす。大錦冠を以て中臣鎌子連に授け、内臣とし、封増すこと若干戸なり。
斉明天皇～持統天皇	無し

「紀」で大臣・大連以外の官職関係記事（孝徳天皇紀の左右大臣、内臣は略す）が記されてゐるのは清寧天皇紀・継体天皇紀・宣化天皇紀・崇峻天皇紀の四例であるが、『大日本史』は宣化天皇本紀に於いては、

阿倍火麻呂為㆓大夫㆒

と記してゐるが、継体天皇紀の、

是以大臣。大連等各依㆓職位㆒。

崇峻天皇紀の、

卿大夫之位亦如㆑故。

は記してゐない。といふことは『大日本史』は具体名が記されてゐる官僚の任命記事は採用するが、一般的な官職記事は省略することとしてゐたと考へられ、清寧天皇本紀の場合もその方針に基づいて省略したものと考へられるのである。

2、顕宗天皇本紀

第一には(ル)条の飯豊青尊薨去記事についてである。「紀」は、

飯豊青尊崩。葬㆓葛城埴口丘陵㆒。

と記してゐるのであり、「崩」「陵」と天皇に準じた表現が使はれてゐるのである。「本紀」がそれを「薨」としたのは「本紀」は「崩」は厳格に天皇と皇后のみに用ゐることにしてゐるところから、[7]飯豊青尊の場合は「臨朝秉政」であつて即位されたものでないところから「紀」には従はず「薨」としたのである。『大日本史』の識見を示してゐる一例である。

第二には（カ）条であるが、「本紀」は億計王を、

母兄

と記してゐる（是は仁賢天皇本紀に於いても同様である）。億計王は弘計王の兄であり、荑媛の兄ではないのであり、「同母」の「同」を脱したものかとも考へられるのであるが、「雄略天皇本紀」ではその二十一年条に於いて、

立㆓加須利君弟汶洲㆒為㆓百済王㆒。

と記し、

汶洲、書㆓加須利君弟㆒、拠㆓本書註㆒、

と註してゐるのであるが、その註とは「紀」の、

汶洲王蓋鹵王母弟也。

とあるものである。この文の解釈については第九章に於いて述べたやうに二説が存するが、『大日本史』はこれを「同母」と理解してゐたことは、その註記により明らかであり、この部分も単に「母兄」と記すことで「同母兄」を表すとして「同」を略したものとも考へられる。[8]

第三には（ソ）条である。「本紀」は、

始設㆓曲水宴㆒、

と記し、

本書、二年三年、三月上巳、並書二曲水宴一、其後不レ書、続日本紀、文武帝大宝元年、三月三日、書レ宴二王親百寮於東安殿一、聖武帝神亀三年以後、往往書二曲水宴一、未レ知三何時定為二永式一、然年中行事、以二是歳一為二曲水之始一、故此後不レ書、公事根源曰、始二于雄畧帝元年一、未レ知二何拠一、

と註記してゐる。すなはち「紀」には顕宗天皇紀元年条に続けて、二年・三年条に、

春三月上巳。幸二後苑一曲水宴。

とあるが、以後の天皇紀には記されてをらず、『続日本紀』に至り、文武天皇大宝元年三月丙子条に、

賜二宴王親及群臣於東安殿一。[9]

とあり、次いで神亀三年三月辛巳条に、

宴二五位已上於南苑一。[10]

とあり、以後神亀五年三月己亥条以下に散見されるのであるが、それが「永式」と定められた時は不明としながらも、『年中行事秘抄』に「以二是歳一為二曲水之始一」とあるとして、顕宗天皇元年より始まつたものとしてゐるのである。但し『年中行事秘抄』が、

曲水起二於此一。[11]

と記してゐるのは、「漢書志云」として述べられてゐる最後に記されてゐるのであり、顕宗天皇元年を受けたものではなく『大日本史』の誤解とすべきである。が、それはともかくも「紀」に於ける曲水の宴の記事は顕宗天皇元年を最初とするのであり、顕宗天皇元年に始まるとするのは誤りとはいへないのであり、以後は永式として記載しないこととしたことは一応承認されることである。またこの註記では『公事根源』が雄略天皇元年開始と記してゐる根拠は

不明としてゐるが、『年中行事秘抄』に、

日本紀云、雄略天皇元年三月上巳、幸二後苑一曲水宴云々。

と記してゐるのであり、雄略天皇元年開始説は『公事根源』に始まるものではないが、『年中行事秘抄』が「日本紀云」として雄略天皇元年としてゐるのは、顕宗天皇元年の誤解と考へるべきであらう。

第四には(ネ)条である。「本紀」は狭狭城山君韓帒の罪を減じて陵戸としたことを記した後に、

古事記曰、初天皇避レ難、逃至二山代刈羽井一、山代猪甘老人、来奪二其糧一、及レ即レ位、斬二之於飛鳥河原一、刖二其族一、其孫入レ倭者、必病レ跛云、拠二本書一、天皇有二君レ人之徳一、必不三以下一飯之故上、而施二刑戮一、今以レ宥二韓帒罪一観レ之、疑非二事実一、姑附二于此一、

と註してゐる。これは「本紀」が「記」を引用してゐるところより明らかなやうに、山代猪甘の老人により糧食を奪はれたことを憎み、処刑に処したとする「記」の記述を、

天皇有二君レ人之徳一、必不三以下一飯之故上而施二刑戮一、今以レ宥二韓帒罪一観レ之、疑二事実一。姑附二于此一。

と、天皇には仁君としての徳があるのであり、「一飯の故を以て」罪するとは考へられないばかりでなく、市辺押磐皇子殺害に関与した狭狭城山君韓帒の罪を減じて陵戸としたことを例証として、

疑非二事実一、

と記すのであるが、確定する証が無いところから断定することなく、

姑附二于此一、

と述べるのである。『大日本史』の実証に徹した態度の表れた部分である。

第五には(ノ)条である。この部分は顕宗天皇の「賛」に当る部分であるが、第一節に述べたやうに「天皇久」から

「若レ納二溝隍一」の内、「屛二省徭役一」以外は即位前紀に基づいて記されてゐる。すなはち、

①天皇久在二民間一、知三百姓所二疾苦一、

本条は、

天皇、久居二辺裔一悉知二百姓憂苦一

を変更したものである。

②及レ登二天位一、

本条は「賛」として意が通じるやうに補つた部分である。

③専留二心政事一、

本条は、

布レ徳施レ恵、政令流行。

を変更したものである。

④賑二卹孤寡一、

本条は、

卹レ貧養レ孀、

を変更したものである。

⑤屛二省徭役一、

本条は二年十月条の、

民無二徭役一

を変更したものである。

⑥毎レ見二枉屈一、若レ納二溝隍一、

本条は、

恒見二枉屈一若レ納二四体溝隍一。

を要約したものである。

⑦不二数年一而

本条は「本紀」の補ひであるが、以下の部分は二年十月条に基くのであるが、「二年」とせずに、文の綾として「不二数年一而」としたものである。

⑧百姓殷富、天下乂安、歳又比稔、穀斛銀銭一文、牛馬被レ野、

本条は、

是時天下安平。民無二徭役一、年比登稔。百姓殷富。稲斛銀銭一文、馬被レ野。

を変更したものである。

この「賛」は上述のやうに、「紀」の記述の中の「賛」として相応しい部分に基づいて記されたものであり、「本紀」の恣意により記されたものではなく、飽くまで「紀」に基づいた記述がなされてゐるのであり、『大日本史』の実証主義の表れた記述といつてよいであらう。

3、仁賢天皇本紀

第一には（ハ）（ニ）条についてである。「本紀」は億計王を京に召した時期を清寧天皇二年とし立太子を「明年」すなはち三年の事としてゐるのであるが、「紀」の即位前紀では、

白髪天皇元年冬十一月。播磨国司山部連小楯。詣レ京求レ迎。白髪天皇尋遣下二小楯一持レ節将二左右舎人一至二赤石一奉上レ迎。二年夏四月。遂立二億計天皇一為二皇太子一。

となつてゐるのである。に拘はらず「本紀」はこれをそれぞれ二年、三年に変更してゐるのである。「本紀」が「紀」に従はずに二年、三年に変更したのは、清寧天皇紀に於いては二王の発見は二年十一月の事とし、二王の入京は三年三月、立太子は三年四月となつてをり、また顕宗天皇即位前紀に於いても二王の発見は二年十一月の事とし、三年正月に摂津に到着し「使二臣連一持レ節。以二王青蓋車一迎二入宮中一」とあり、四月条に、

立二億計王一為二皇太子一。立二天皇一為二皇子一。

とあるのであり、仁賢天皇紀のみが一年早くなつてゐるのである。「本紀」は各天皇の事績はそれぞれの天皇紀に従つて記すことを原則としてゐるのであり、この場合も二王の発見は清寧天皇の御代であるから、清寧天皇紀に従つて記されるのが自然であり、しかも顕宗天皇紀に於いても清寧天皇紀と同様に記されてゐるところから、仁賢天皇紀の年代記述は誤りとしてそれぞれ二年・三年に変更したものである。

第二には難波小野皇后崩御記事についてである。「紀」には崩御理由が詳細に記されてゐるのであるが、「本紀」は（ル）条のやうに、単に「崩」としか記されてゐない。「紀」では皇后には「薨」字を用ゐてゐるが、「本紀」は「崩」

字を用ゐてゐることは第四章に於いて述べたところであるが、問題はその崩御理由が全く記されてゐないことである。難波小野皇后は顕宗天皇の皇后であるが、顕宗天皇在位中、億計王に対して無礼な態度があつたところから、億計王即位により誅されることを恐れて自死されたのである。が、自死といふことは難波小野皇后自身に関することであるから、それは皇妃伝に譲り「本紀」では単にその崩御の事実のみを記したのである。

第三には(ネ)条であるが、これは天皇の「賛」として記されたものであるが、次の通りである。

初顕宗帝即レ位、謂二天皇一曰、先王無レ罪、而大泊瀬天皇殺レ之、棄二骨郊野一、至レ今未レ獲、憤歎盈レ懐、臥泣行号、志雪二讎恥一、吾聞父之讎、弗二与共戴一レ天、夫匹夫有二父母之讎一者、遇二諸市朝一、不レ反レ兵而闘、況吾既為二天子一、今欲下発二其陵一砕二其骨一以報上レ之。不二亦可一乎、天皇泣諫曰、大泊瀬天皇、躬綜二万機一、照二臨天下一、先王雖レ為二皇胤一、遭遇迍邅、不レ登二天位一、以レ此観レ之、尊卑分定、而忍レ壊二陵墓一、何以奉二天之霊一、其不可一也、陛下與二億計一、共蒙二白髪天皇殊恩一、以至二于此一、大泊瀬天皇非二其父一乎、億計聞、無二言不一レ酬、無二徳不一レ報、陛下饗レ国、徳行広聞、而以レ此見二於華裔一、恐非二莅レ国子レ民之道一、其不可二也、顕宗帝嘉従焉、天皇幼而聡敏、仁恵謙恕、在レ位之間、吏二称其官一、民安二其業一、五穀豊登、戸口蕃殖、遠近清平、海内帰レ仁、

この「賛」の内、「初顕宗帝」から「顕宗帝嘉従焉」までは即位前紀に「温慈」とあるのを具体的に顕宗天皇二年紀八月条に拠り要約して示してゐるのである。そして「記」により、

按古事記載顕宗帝欲三遣レ人毀二雄略帝陵一、天皇請二自行一、帝許レ之、天皇至二其所一、少鑿二陵側一、還奏陵既毀矣、帝怪二其速一問レ之、天皇対以二其状一、帝曰、欲三毀下其陵上以報二先王之仇一、何如レ此乎、対曰、大泊瀬天皇雖レ為二父仇一、天子也、従父也、欲レ報レ仇而毀二其陵一、後世必謗二誹之一、然父仇不レ可レ不レ報、故少鑿二陵側一以辱レ之、亦足三以示二後世一、帝善レ之、與レ此小異、附以備レ考、

と註記し、「與レ此小異」として「記」との相異を明らかにしながらも「附以備レ考」と慎重な態度を持してゐる。対して「天皇幼而聡敏、仁恵謙恕」は、即位前紀の、

　幼而聡頴、才敏多識。壮而仁恵、謙恕温慈。

を省略したものであり、また「在レ位之間」以下は八年紀十月条の「百姓言」である、

　是時国中無レ事。吏称二其官一。海内帰レ仁。民安二其業一。

と、是歳条の、

　五穀登衍。蚕麦善収。遠近清平。戸口滋殖焉。

とあるのに基づいて記されたものであり、この「賛」が「紀」を活用して記述されたものであることを証してゐる。

4、武烈天皇本紀

第一には(ヘ)条及び(ヨ)条の天皇の年齢についての註記についてである。今それぞれの註記を再掲すれば次の通りである。

（ヘ）　水鏡云、年十歳、歴代皇紀、皇年代畧記並云、四十九、今按二説可レ疑、説見二于下一、

（ヨ）　本書享年闕、水鏡、神皇正統記並曰、年十八、歴代皇紀、皇年代畧記、皇代記、帝王編年記、並五十七、今按主二前説一、則帝未レ即レ位、挑二影媛一時、方十歳、豈有二此事一乎、主二後説一、則帝在レ位八年、応二以下四十九歳上即レ位、仁賢帝壽五十、或云五十一、是二三歳而生レ帝也、豈復有二此理一、二説共不レ可レ信、

すなはち武烈天皇の年齢については、十八歳崩御とする『水鏡』『神皇正統記』説と、五十七歳崩御とする『歴代

皇紀』以下の説の二つが存するのであるが、十八歳崩御（十歳即位）説に拠るに即位に先立ち影媛を娶らうとされたのは十歳といふことになり、これは早すぎることになるのであり、五十七歳崩御説の場合、仁賢天皇は五十歳または五十一歳で崩御（第一節第三項（ソ）条参照）されてゐるとするならば、武烈天皇は仁賢天皇二歳または三歳での誕生となり、これも有り得ないこととなるところから「本紀」は、

　二説共不レ可レ信、

として、その年齢を記さないのである。科学的実証主義に徹した態度の表れたところである。

第二には第二節第四項に於いて指摘した平群鮪討伐記事に関連する影媛についての事柄が全て省略されてゐる点であるが、天皇は影媛を娶らうとされたが、結果としてそれは実現しなかつたのであり、影媛は平群鮪討伐の要因となつたのみであるところから「本紀」に記す必要が無いと判断され記載されなかつたものと考へてよいであらう。

第三には（ヌ）条に「大連大伴室屋」とある点である。これは「紀」に記されてゐるところであり、何ら問題とする必要は無いやうであるが、その即位時に、

　是日、以二大伴金村連一為二大連一。

とあり、武烈天皇時の大連は、大伴室屋ではなく、その孫の大伴金村である。に拘はらず「紀」がここで「大伴室屋大連」と書してゐるのは不思議である。そのために小学館新編日本古典文学全集本は、

　ここに室屋大連の名が出るのは不自然。孫の金村が大連の時代である。[12]

と註してゐるのである。「本紀」に於いても何らかの註記があつてもよかつたと考へられる。

第四には（レ）条についてである。この条は武烈天皇の「賛」に当るものである。再掲すると次の通りである。

　天皇好二刑理一、法令分明、日晏坐レ朝、幽枉必達、断レ獄得レ情、然性忍酷好レ殺、凡諸惨刑、皆自臨視、刳二孕婦

一観二其胎一、解二人指甲一、使レ掘二薯蕷一、使三人伏入二塘槭一、自持二三刃矛一、候二其流出一刺レ之、又抜二人頭髪一、使二之上樹一、而伐二仆其樹一、或射二墜之一為レ快、且帝承二累聖隆平之余一、百姓殷富、四海無レ虞、於レ是、大極二奢侈一、錦繍為レ席、綺紈為レ衣、造二作苑囿陂池一、多畜二禽獣一、或駆レ馬、走レ狗、出入無レ時、不レ避二風雨一、又集二侏儒倡優一、縦作二淫楽嬉戯一、日夜与二宮人一沉二湎于酒一、然而知レ人善任、各竭二其才一、是又其所レ長也、

以下節に分つて説明していかう。

①天皇好二刑理一、法令分明、日晏坐レ朝、幽枉必達、断レ獄得レ情、

本条は即位前紀に拠りて記されてゐる。

②然性忍酷好レ殺、凡諸惨刑、皆自臨視、

本条は即位前紀に拠つて記されてゐるが、「然性忍酷好レ殺」は、

又頻造二諸悪一、不レ修二一善一。

を変更したものであり、「凡諸惨刑、皆自臨視」は、

凡諸酷刑、無レ不二親覧一。

を変更したものである。

③刳二孕婦一観二其胎一、

は二年九月条に、

④解二人指甲一、使レ掘二薯蕷一、

は三年十月条に、

⑤使三人伏入二塘槭一、自持二三刃矛一、候二其流出一刺レ之、

は五年六月条に、

⑥又抜二人頭髪一、使二之上樹一、而伐二仆其樹一、或射二墜之一為レ快、

の「伐仆」までは四年四月条に、後半は七年二月条に基いて「性忍酷殺」の姿を掲げるのであるが、

⑦且帝承二累聖隆平之余一、百姓殷富、四海無レ虞、

と継体天皇二十四年紀二月丁未朔条の詔が、

幸承二前聖一、隆平日久。

と記してゐるのに基づいて記し、再びその「性忍酷殺」の様を、

⑧於レ是、大極二奢侈一、錦繍為レ席、綺紈為レ衣、造二作苑囿陂池一、多畜二禽獣一、或駆レ馬、走レ狗、出入無レ時、不レ避二風雨一、又集二侏儒倡優一、縦作二淫楽嬉戯一、日夜與二宮人一沉二湎于酒一、

と八年三月条に拠りて記すのである。しかし「賛」は天皇の「性忍酷殺」の面のみを挙げるのではなく、

⑨然而知レ人善任、各竭二其才一、是又其所レ長也、

と継体天皇二十四年紀二月丁未朔条の詔の先に引用した部分に続けて記されてゐる、

俗、漸蔽而不レ寤。政、浸衰而不レ改。但須二其人各以レ類進一。有二大略一者、不レ問二其所レ短、有二高才一者、不レ非二其所レ失。故獲二奉宗廟一、不レ危二社稷一。

によつてその「長ずるところ」を記し、公平を期するのである。

なほ「本紀」はこの賛に、

且帝以下、参二取本書継体紀詔文一、

と⑦以後は継体天皇二十四年紀二月丁未朔条の詔を参取して記したとするのであるが、⑧は八年三月条に基づいて記

されてゐるのであり、誤解を与へる註記となつてゐる。

むすび

清寧・顕宗・仁賢・武烈天皇本紀について概観してきたが、基本的に「本紀」が「紀」に基いて記されてゐることは、他の「本紀」と変はることはない。が、仁賢天皇本紀に於いては、その発見・皇太子任命時期について清寧・顕宗天皇紀に基いて「紀」の記述を間違ひとして一年繰り下げる他、異説についてはそれを註記して「姑存以備㆑考」「姑附㆓于此㆒」「附以備㆑考」などと記し、私見による判断を避け後世の判断に委ねるなど、飽くまで科学的実証主義に徹した記述をしてゐるのである。ただ曲水の宴の始まりについて『年中行事秘抄』を誤読してゐる部分が存してゐるのは残念な点といへるであらう。

また「本紀」は顕宗・仁賢・武烈天皇については「賛」を記してゐるが、それらは「紀」の本文を活用して「賛」としたものであり、妥当な「賛」といふべきである。

補註

（1）『大日本史』は昭和三年十月発行の大日本雄弁会本による。

（2）吉田一徳氏著『大日本史紀伝志表撰者考』二四〇頁。

（3）『日本書紀』は、清寧天皇紀・顕宗天皇紀・仁賢天皇紀は新訂増補国史大系第一巻上『日本書紀』前篇、武烈天皇紀は新訂増補国史大系第一巻下『日本書紀』後篇に依る。

（4）新訂増補国史大系本では、

遣二於播磨国司山部連先祖伊與来米部小楯一。於二明石郡縮見屯倉首忍海部造細目新室一。

としてゐるが、これは小学館新編日本古典文学全集『日本書紀』②のやうに、

遣二於播磨国一司、山部連先祖伊與来米部小楯、於二明石郡縮見屯倉首忍海部造細目新室一

と読むのが正しいと考へられる。

（5）小学館新編日本古典文学全集『日本書紀』②二二二頁頭註二。

（6）『播磨国風土記』（岩波書店日本古典文学大系本三五〇頁）。

（7）第四章参照。

（8）第二十章補註5参照。

（9）新訂増補国史大系第二巻『続日本紀』九頁。

（10）新訂増補国史大系第二巻『続日本紀』一〇五頁。

（11）『年中行事秘抄』（『新校群書類従』第四巻四八一頁）。

（12）小学館新編日本古典文学全集『日本書紀』②二七七頁頭註一七。

第十一章　継体・安閑・宣化天皇本紀

第一節　継体天皇本紀以下宣化天皇本紀の記述

最初にその記述状況を把握していくことにしよう。

1、継体天皇本紀[1]

イ、本条は系譜記事であるが、「本紀」は続けて、

按本書、旧事紀、古事記、只言五世之孫、不レ記二其世系一、釈日本紀引上宮記曰、応神天皇、生二稚野毛二派皇子一、皇子生二大郎子一、大郎子一名意富富等王、生二彦主人王一、即天皇之父也、古事記曰、品陀天皇子若野毛二俣王、生二大郎子一、一名意富富杼王、王三国君等之祖也、旧事紀曰、二派皇子者、三国君祖也、姓氏録曰、三

国真人、出レ自二継体皇子椀子王一、蓋天皇初在二三国一、故其裔孫冐二三国姓一乎、然則出レ自二二派皇子一明矣、水鏡、神皇正統記、皇胤紹運録一説並云、隼総別命生二大迹王一、大迹王生二私斐王一、私斐王生二彦主人王一、恐誤、

との註を記してゐる。これについては第三節に於いて述べることにしよう。

ロ、本条は彦主人王に関した「紀」の要約記事である。

ハ、本条は「紀」の趣意文である。「本紀」は、

　本書注曰、高向、越前邑名、

と註してゐる。

へ、本条は「紀」の要約であるが、「本紀」は、

　古事記曰、至レ自二淡海国一、

と、「記」が武烈天皇段において、

　品太天皇五世之孫、袁本杼命、自二近淡海国一、令二上坐一而、合レ於二手白髪命一、授二奉天下一也。[2]

と記してゐるところから、註記してゐるのである。

ヌ、本条は「紀」の要約、趣意文である。「本紀」はその年齢に註して、

　年拠二水鏡、愚管鈔、皇代記、及本書崩年年八十二之文一

と、『流布本水鏡』に、

　廿五年崩。年八十二。[3]

とあるのを始め、『愚管抄』『皇代記』が崩年を八十二年、また「紀」も二十五年紀二月条に、

　時年八十二。

と記されてゐるところから、その即位年を五十八歳としたものである。「本紀」は、

　本書注、一名彦太尊、

と註記し、さらに、

　旧事紀曰、尊二皇妃一為二皇太夫人媛一

と註記してゐるが、これは『旧事本紀』が天皇の即位を記した後に皇妃云々と記してゐるのを註記したものである。

ル、本条は「紀」が姓を人名の後に付けてゐるのを前にしたのみで変はらないが、「本紀」は、

　按男人為二大臣一年月、本書前無レ所レ見、而此言レ如レ故可レ疑、麁鹿火為二大連一年月、亦未レ詳、按公卿補任曰、

　宣化帝元年、麁鹿火薨、在レ官二十年、拠レ此今年為二大連一明矣、

と註記してゐる。これについては第三節において述べることにしよう。

ヲ、本条は立后記事であるが、「紀」では立后に関係する記述が二月庚子（十日）条、三月庚申（一日）条にも存し、本条では欽明天皇の誕生について記されてゐるのであるが、実際はこの日に立后されたものであるから「本紀」は、二重線のやうに記したものである。

ワ、本条は「紀」の要約趣意文である。が、「本紀」は戊辰に、

　按本書戊辰癸酉、錯在二二月一、今推二干支一訂レ之、

と註記してゐる。この点については第三節において述べることにしよう。

カ、本条は「納二八妃一」を後にするのみで「紀」と変はらない。但し皇子女名は略されてゐる。「本紀」は、

　本書註、納二八妃一、雖レ有二先後一、而此曰二癸酉納一者、拠下即二天位一占二択良日一、初拝中後宮上為レ文、他皆效レ此、

と、「紀」の註を記すと共に、

按両広媛、同名異人、詳見二于后妃伝一、

と、広媛について、坂田大跨王の女の広媛と、根王の女の広媛と両者があるところから、「本紀」が誤つて重複して記載したのではないことを明かにするために註記してゐる。

タ、本条は「紀」の要約である。「本紀」は、

本書註引百済本記曰、久羅麻致岐彌従二日本一来、

と、「紀」が註してゐる『百済本記』を註記してゐる。

ソ、本条は「紀」の要約であり、穂積押山に「哆唎国守」と官職を記してゐるが、これは十二月条によつて記したものである。

ラ、本条は勾大兄皇子の立太子記事であるが、「本紀」が「為二皇太子一」に、

本書無二立下皇太子上之文一、今拠二詔文一書レ之、

と註記してゐるやうに、詔に基いて記されたものである。すなはち「紀」には十二月戊子条の詔において、

処二春宮一、助レ朕施レ仁、翼レ吾補レ闕。

と述べられてゐるところから立太子と判断して「為二皇太子一」と記したものである。「本紀」はこの註記に続いて、

旧事紀係二八年正月一

と、『旧事本紀』は、

八年春正月、勾大兄皇子宜下処二春宮一。助レ朕施レ仁。翼レ吾補上レ闕之矣。(4)

としてゐるところから、この註記をしてゐるのである。

ヰ、本条は「紀」の趣意文であるが、

物部連名闕、本書註引百済本記云、物部至至連、

と註記してゐる。

ノ、本条は「紀」の趣意文である。「本紀」は、

本書註曰、汶慕羅、嶋名也、

と、註記してゐる。

フ、本条は「紀」と変はらない。「本紀」は「紀」の註を、

本書註一本為二七年一

と註記してゐる。

コ、本条は「紀」の趣意文であるが、「紀」は「夏六月壬辰朔甲午」としてゐるに拘はらず日を記してゐない。この点については第三節において述べることにしよう。

サ、本条は「紀」の趣意文であるが、「和二解諸蕃一」の部分は日本の働きであるが、事実としては和解は実現してゐない。「本紀」がその事に言及してゐない事については、次条と共に第三節において述べることにしよう。

キ、本条の「訴二新羅背レ約侵掠一」の部分は任那王の訴への趣意文である。また「和二解二国一」の部分は勅（「紀」では「詔」）の趣意文である。前条と本条はいづれも「和解せし」めようとしたものであつたが事実としては、それは実現に至つてゐない。「本紀」がその事に言及してゐない事については、前条と共に第三節において述べることにしよう。

シ、本条は「紀」の二月条の「天皇、病甚」と丁未条により記されたものであるが、さらに安閑天皇即位前紀の、

二十五年春二月辛丑朔丁未。男大迹天皇、立二大兄一為二天皇一。

の文によつて「伝二位皇太子一」と記し、「本紀」は次のやうに註記してゐる。

本書注一本曰、天皇二十八年、歳次二甲寅一崩、而此云二二十五年歳次下辛亥上崩一者、取二百済本記一為レ文、其文云、太歳辛亥三月、師進至二安羅一、営二乞徳城一、是月、高麗弑二其王安一、又聞二日本天皇及太子皇子倶崩薨一、由レ是而言、辛亥之歳、当二二十五年一矣、旧事紀並存二両説一、古事記云、丁未歳、四月九日崩、年肆拾参歳、與二本書一不レ合、其余諸書、皆以為二二十五年辛亥歳崩一、今按安間帝元年太歳甲寅、而継体帝崩在二辛亥一、則壬子癸丑二年空位、然拠二本書安間帝即レ位、是日天皇崩之文一、不レ応レ有二空位一、本書註一本、二十八年甲寅崩之説近レ是、但二月無二丁未一、且安間帝二月即レ位、而正月遷レ都、事理不レ通、然今無レ所二考正一、姑従二旧文一、

この註記については第三節において述べることにしよう。

ヌ、本条の葬送記事は「紀」と変はらない。但しその月日を略してゐるのは天皇崩後のことであるところから略したものである。「本紀」は陵地について、

延喜式曰、摂津三嶋藍野陵、

と註記してゐる。

2、安閑天皇本紀

イ、本条は天皇名を通例により漢風謚号で記してゐるが、「紀」の「安閑」に従はずに「安間」としてゐるのは不審である。(5)「本紀」はそれに続けて本名を「初称二勾大兄皇子一」と継体天皇紀元年三月条により記し、「庶」を補ひ、その母に「妃」と記してゐる。

ハ、本条は「本紀」独自の記載である。その為に、

　本書無㆓立為㆘皇太子㆖之文㆒、説見㆓于前帝紀㆒

と註記してゐる。

ニ、本条は「紀」の趣意文である。その年齢については、

　年拠㆓水鏡、愚管鈔、歴代皇紀及本書崩年七十之文㆒

としてゐるが、これについては第三節に於いて述べることにする。亦通例により天皇に和風諡号を記してゐる。

ヘ、本条は「紀」の省略文であるが、「金村」を補つてゐる。「本紀」は本条について、

　按本書元年、載㆓物部大連尾輿事㆒、欽明紀亦曰、物部尾輿為㆓大連㆒如㆑故、拠㆑此則尾輿為㆓大連㆒、蓋在㆓此時㆒、

　公卿補任曰、尾輿、初任、年月未㆑詳、故不㆑書、

と記してゐる。この註記については第三節に於いて述べることにしよう。

ヌ、本条は「紀」の趣意文であり、伊甚屯倉を定めることとなつた理由は一切省略されてゐる。

ヲ、本条は「紀」の要約、趣意文であるが「三妃」は「紀」では「皇后次妃」とあり、併せると四人となるのであるが、屯倉を賜つたのは紗手媛、香香有媛、宅媛の三妃であるところから「本紀」は「三妃」と記したものである。なほ因みに皇后には既に(リ)条にあるやうに伊甚屯倉が与へられてゐる。

レ、本条は「紀」と殆ど変はらないが、「膣碕」に註して、

　膣一本作㆑腠

と記してゐる。これについては第三節において述べることにしよう。

3、宣化天皇本紀

イ、本条は本名を「初称㆓檜隈高田皇子㆒」と継体天皇紀元年三月条により記してゐるが、

　兼永本、高田作㆓高向㆒

と註記してゐる。

ハ、本条は「紀」の趣意文であるが、「鏡剣于」の部分は「紀」では「剣・鏡於」となつてゐる。これを「本紀」がその順を変へた理由は明瞭ではない。そして即位時の年齢を「時年六十九」と記し、

　年拠㆓水鏡、愚管鈔、及本書崩年七十三之文㆒

と、その根拠と註記してゐる。さらに和風諡号を記すと共に、

　神皇正統記、為㆓明年即位㆒

と註記してゐる。これは『神皇正統記』が、

　丙辰の年即位。

と記してゐるところより記したものである。(6)

ニ、本条は元年紀二月壬申の朔条を即位記事に続けて記したものであり「紀」の趣意文であるが、「本紀」は、

　物部尾輿、亦為㆓大連㆒如㆑故、説見㆓安閒紀註㆒

と註記してゐるが、これは第三節において述べるやうに誤解を与へる記述といつてよいであらう。

ト、本条は（二）条の続きであり、本来はこの位置に（二）条も記されるべきものである。「本紀」は阿倍火麻呂につい

て、

火一作レ大

と、註記してゐるが、新訂増補国史体系本は頭註に、

火、原ィ本北本中本水校本及補任作大、或是。(7)

と記してゐるのであり、水戸では校訂にも注意を払つてゐたことが理解される註記である。

ル、本条は「紀」と変はらないが、「紀」では次条の最初に記されてゐる文を「本紀」は独立して記してゐる。

ワ、本条は「紀」と変はらない。但し「本紀」は、

本書欽明紀、為二十月事一、未レ知二孰是一、

と註記してゐる。これは欽明天皇即位前紀では、

四年冬十月、武小広国押盾天皇崩。

と記されてゐるところから、「未レ知二孰是一」と記したものである。

第二節　継体・安閑・宣化天皇紀と継体・安閑・宣化天皇本紀の比較

前節に於いては、継体・安閑・宣化天皇本紀の記述について見てきたが、次に資料篇の比較表に基づき継体・安閑・宣化天皇紀と「本紀」との比較をしていくことにしよう。

1、継体天皇紀と継体天皇本紀

比較表のやうに「本紀」は「紀」の記載の大部分を忠実に記してゐるのである。その中で記載されてゐない点について見ていくことにしよう。

第一には母である振媛の系譜が記されてゐない点であるが、振媛については継体天皇の母であることが理解されればよいことから、敢てその系譜は記載しなかつたものと考へられる。

第二には「紀」では后妃の皇子女が記されてゐるに拘はらず「本紀」では記されてゐないことであるが、これは「本紀」では皇妃伝において記すことにしてゐるところから記されてゐないのである。

第三に太歳記事が「本紀」には記されてゐない点であるが、「本紀」は毎年の干支を記してゐるところから、敢て太歳を記す必要が無いために略してゐるのである。

第四には耽羅人百済国通交記事が「本紀」に記されてゐない点であるが、これは半島のことで我が国に直接関係のないことであるところから略されたものである。

第五に百済太子薨去記事が略されてゐるのも第四と同様我が国に直接関係のないことであるところから略されたものである。

第六には勾大兄皇子が春日皇女を娶つた記事が「本紀」では略されてゐることであるが、これは勾大兄皇子に関係することであるから「本紀」では略したものである。

第七に加羅・新羅同盟記事が略されてゐる点は、原因は日本による多沙津割譲にあるとはいへ、半島のことであるところから略されたものと考へられる。

第八に近江毛野に関係する事柄が多く略されてゐるのは、毛野の行動に問題があり、半島において紛争となつてゐる事柄であるところから、「本紀」では扱つてゐないものである。

2、安閑天皇紀と安閑天皇本紀

ここでも「本紀」は「紀」の記載の大部分を忠実に記してゐるのである。その中で記載されてゐない良田選定拒否記事、田部設置記事、廬城部連屯倉献上記事ついては第三節において述べることにしよう。その他太歳記事は必要のないところから略されたものであり、また皇后・神前皇女合葬記事もそれぞれ皇后・神前皇女に関する事柄であるところから「本紀」では略されたものである。

3、宣化天皇紀と宣化天皇本紀

ここでも「本紀」は「紀」の記載の大部分を忠実に記してゐるのであるが、「紀」が元年二月としてゐる大連任命を、「本紀」が即位当日に懸けた点については、第三節において述べることにしよう。

第三節　継体天皇本紀以下宣化天皇本紀の検討

1、継体天皇本紀の検討

第一には(イ)条の天皇系譜についてである。今「本紀」の註記を再掲すれば次のやうである。

案本書、旧事紀、古事記、只言二五世之孫一、不レ記二其世系一、釈日本紀引上宮記曰、応神天皇、生二稚野毛二派皇子一、皇子生二大郎子一、大郎子一名意富富等王、生二彦主人王一、即天皇之父也、古事記曰、品陀天皇子若野毛二俣王、生二大郎子一、一名意富富杼王、王三国君等之祖也、旧事紀曰、二派皇子者、三国君祖也、姓氏録曰、三国真人、出レ自二継体皇子椀子王一、蓋天皇初在二三国一、故其裔孫冒二三国姓一乎、然則出レ自二二派皇子一明矣、水鏡、神皇正統記、皇胤紹運録一説並云、隼総別命生二大迹王一、大迹王生二私斐王一、私斐王生二彦主人王一、恐誤、

「本紀」は「紀」「記」『旧事本紀』ともに単に「五世孫」とのみ記し、その世系を記してゐないとして、『釈日本紀』に引く『上宮記』一云により、その世系を、

応神天皇――稚野毛二派皇子――大郎子（意富富等王）――彦主人王――継体天皇

と記してゐるのである。ところが「本紀」はここで大きな間違ひをしてゐるのである。それは大郎子の子を彦主人王としてゐる点である。『上宮記』では大郎子の子は乎非王となつてをり、彦主人王は大郎子の孫である。「本紀」がこ

のやうな間違ひをしたのは『上宮記』一云の本文では正しく記されてゐるに拘はらず、それを系図化したものでは大郎子の子として、乎非王・汶斯王（彦主人王）・都奴牟斯君・布利比弥命の四人を挙げ[8]、汶斯王の子として乎富等大公王、即ち継体天皇を挙げてゐるのである。「本紀」はこの系図化されたものにより記したものと考へられるが、かうすると継体天皇は応神天皇四世の孫となつてしまひ、「本紀」本文の、

　応神帝五世孫也

との記述とも矛盾することになつてしまふのである[9]。

「本紀」はこの『上宮記』の記述を証明するために「記」が、

　此品陀天皇之御子、若野毛二俣王（中略）生子、大郎子。亦名意富富杼王、

として、意富富杼王は三国君以下七氏の祖であると記してゐるのによつて、

　　王三國君等之祖也

と記し、また『旧事本紀』も、稚沼筒二俣皇子に註して、

　三國君等祖[10]

と記し、『新撰姓氏録』の左京皇別（五番）には、

　三國真人、謚継体皇子、椀子王之後也。依㆓日本紀㆒附[11]。

とあり、右京皇別（三三番）や山城国皇別（四二番）にもほぼ同様に記されてゐるところから、「本紀」は、

　蓋天皇初在㆓三国㆒、故其裔孫冐㆓三国姓㆒乎、然則出㆑自㆓二派皇子㆒明矣、

と、継体天皇を若野毛二俣王の子孫であると断定し、『水鏡』以下の書が、

　応神天皇第八御子・隼総別皇子と申き。その御子を太迹王と申き。その子を私斐王と申き。又その御子に彦主人

の王と申し王の御子にてこの帝はおはしまし、なり[12]。

と、隼総別皇子以下の系譜を記してゐるのを、

恐誤

と断定をせずに記してゐるのである。これは「本紀」の慎重な記述の表れといつてよいであらう。

第二には(ル)条である。「本紀」の註記を再掲すれば次の通りである。

按男人為二大臣一年月、本書前無レ所レ見、而此言レ如レ故可レ疑、麁鹿火為二大連一年月、亦未レ詳、按公卿補任曰、

宣化帝元年、麁鹿火薨、在レ官二十年、拠レ此今年為二大連一明矣、

これは許勢男人について、その大臣任官の年月が不明であるに拘はらず「如レ故」としてゐるところから、その「如レ故」とする点に疑問を呈し、さらに物部麁鹿火についてもその大連に任じられた時は「未詳」であり、『公卿補任』によれば宣化天皇条に、

物部麁鹿火大連元年七月薨。(在官卅年[13])。

とあるところより逆算すれば、継体天皇元年となるところよりして、「本紀」は「紀」の記す「如レ故」とするのは誤りであり、元年の任命であると断じるのである。「本紀」の正確な記述を心掛けようとする姿勢の表れた処と言つてよいであらう。

第三には(ワ)条である。「本紀」は元年三月戊辰癸酉条について、

按本書戊辰癸酉、錯在二二月一、今推二干支一訂レ之、

と註記するのである。この註記よりすれば、『大日本史』が用ゐた「紀」は、戊辰条及び癸酉条は二月に懸けられてゐたことになる。ところが新訂増補国史大系本等にはそのやうな註記は全く存しないため、水戸で用ゐた「紀」は下

文(2安閑天皇本紀の検討第三)の推定に誤りが無ければ北野神社本系統のものとみなすことができるが、今は水戸に於いて用ゐられた原本を直接披見することができない為に確認することができない。そのために今は「本紀」は干支に基いて三月に記したといふことのみを指摘するに留めることにする。

第四には(コ)条である。「紀」では近江毛野の出兵を「夏六月壬辰朔甲午」としてゐるに拘はらず「本紀」は単に「夏六月」としか記してゐない。それはこの出兵が筑紫国造磐井の叛乱につながるものであるところからその日を略したものと考へられるのであり、「本紀」の慎重な記述とみてよいものである。

第五には(サ)(キ)条の「諸蕃」「二国」の和解が実現しなかつたことを「本紀」が記してゐない点であるが、「本紀」に記されなかつた理由として、一つには何れも朝鮮半島における事柄であるといふことが考へられる。が、それ以上に天皇の命により「和解」が図られてゐるに拘はらず、それが成功しないといふことは、天皇の権威に傷がつくことになる事柄であることから記さなかつたと考へてよいであらう。しかもそれが実現しなかつた直接の原因は近江毛野の対処の仕方にあつたのであり、その具体的な事柄は『大日本史』巻一〇九「列伝」第三十六の近江毛野の伝に記されてゐるので「本紀」では省略されることになつたのである。因みに天皇の権威に拘はることで「本紀」では記されてゐない例として、眉輪王による安康天皇殺害事件等がある。

第六には(シ)条の天皇の崩御年代についてである。「本紀」は「紀」の註を、

本書注一本曰、天皇二十八年、歳次二甲寅一崩、而此云二二十五年歳次下辛亥上崩一者、取二百済本記一為レ文、其文云、太歳辛亥三月、師進二至安羅一、営二乞徳城一、是月、高麗弑二其王安一、又聞二日本天皇及太子皇子倶崩薨一、

と記し、

由レ是而言、辛亥之歳、当二二十五年一矣、

と、『百済本記』に従ふならば辛亥の歳は二十五年に当るとして、「紀」本文の年代を一応は是認するのであるが、

旧事紀並存二両説一、

と『旧事本紀』は二十五年説と二十八年説の両説併記であると記してゐる。これは『旧事本紀』が「紀」に従つて二十五年天皇崩御とし、次いで皇子女名を記載した後に、二年、五年、八年の記事を記し、次いで、

廿八年春二月天皇病甚丁未崩二于磐余玉穂宮一[14]

年と記し、さらに葬送記事、皇子女名を記してゐるのである。鎌田純一氏はその頭註において、

此行以下六行、重複、延本无、當削[15]

と二年条以下を重複としてをられるが、その年代を二十八年としてゐるところよりして単なる重複とはいへないのであり、「本紀」の記すやうに併記とみておくことにしておく。「本紀」はさらに、

古事記云、丁未歳、四月九日崩、年肆拾参歳、

と「記」の説を記し、

與二本書一不レ合、其余諸書、皆以為二二十五年辛亥歳崩一、

と述べた後に、

今按安間帝元年太歳甲寅、而継体帝崩在二辛亥一、則壬子癸丑二年空位、然拠二本書安間帝即レ位、是日天皇崩之文一、不レ応レ有二空位一、本書註一本、二十八年甲寅崩之説近レ是、但二月無二丁未一、且安間帝二月即レ位、而正月遷レ都、事理不レ通、然今無レ所二考正一、姑従二旧文一、

と、崩御年代に検討を加へ、辛亥年崩御とすると、安閑天皇の即位年である甲寅年との間に二年の空位期間が生じることになるが、安閑天皇即位前紀によると、継体天皇は皇太子に譲位をした日に崩御されてゐることになつてをり、

空位期間が存在することはあり得ないのである。対して二十八年崩御とした場合は空位期間は存在せず、安閑天皇即位前紀の記載が生きてくることになる。そこで「本紀」は、

本書註一本、二十八年甲寅崩之説近レ是、

とするのであるが、二十八年崩御説を採用した場合の問題点として、

但二月無二丁未一、且安閑帝二月即レ位、而正月遷レ都、事理不レ通、

と、二月に丁未が無いこと、及び即位前の正月に遷都記事がみられることの二点を挙げ、「今無レ所二考正一」と、この二点の解決をすることができないとして、

姑従二旧文一

と「紀」本文の二十五年説に従ふことにすることを述べるのである。「本紀」の慎重な態度の表れた部分である。

2、安閑天皇本紀の検討

第一には(二)条の安閑天皇の年齢についてである。「本紀」は即位時の年齢を「時年六十八」と記し、

年拠二水鏡、愚管鈔、歴代皇紀及本書崩年七十之文一

と註記してゐるが、『水鏡』は「第廿九代　安閑天皇」に註記して、

二年崩ず。年七十。(16)

と記し、本文においては、

癸丑の年二月に位につき給。御とし六十八。

と記してゐるが、「癸丑年」といふのは継体天皇二十七年に当るのであり、甲寅元年説を採用するならば、癸丑年は六十八歳に当ることになる。但し癸丑の年二月即位といふのは、継体天皇二十五年二月即位といふ「紀」の説を一説に応用しただけのことで何ら根拠は存しない。また『愚管抄』も、

安閑天皇　二年　元年癸丑　六十八即位　七十。(17)

としてゐる。しかし元年が癸丑であり六十八歳の即位とすれば、その崩御の乙卯は三年であり、年齢も七十一歳でなければならないのであり、この年齢査定も信を置けないのである。然るに「本紀」は「拠二本書崩年七十之文一」と記して継体天皇二十五年を六十八歳と判断してゐるのであるが、天皇の崩御は乙卯年であり、その時七十歳であったとすれば、継体天皇二十五年は六十六歳でなければならないのである。に拘はらず「本紀」が六十八歳と記したのは、『水鏡』等に引きづられて記したものであり、「本紀」の失考としなければならないところである。

第二には(へ)条の註記についてである。註記を再掲すれば次の通りである。

按本書元年、載二物部大連尾輿事一、欽明紀亦曰、物部尾輿為二大連一如レ故、拠レ此則尾輿為二大連一、蓋在二此時一、
公卿補任曰、尾輿、初任、年月未レ詳、故不レ書、

すなはち「本紀」は安閑天皇紀元年閏十二月是月条に、「物部大連尾輿」と見えてゐるが、その後物部尾輿の大連任命記事が見えるのは、欽明天皇即位前紀の宣化天皇四年十二月条の、

大伴金村大連。物部尾輿大連為二大連一。及蘇我稲目宿禰大臣為二大臣一。並如レ故。

であり、始めて大連に任命されたのが何時かが不明である。その為に「本紀」はその大連任命時期を大伴金村等と同時の任命と推察したのであるが、『公卿補任』は欽明天皇条において物部尾輿を掲げ、

元年正月。為二大連一如レ元。初任年未詳。(18)

と記されてゐるところから、「故不レ書」と、その大連任命については記さないと記してゐるのであるが、「本紀」のいふやうに尾輿の任命時期を安閑天皇即位直後とすることは疑問である。それは一つには宣化天皇紀元年二月壬申朔条に、

以二大伴金村大連一為二大連一。物部麁鹿火大連為二大連一。並如レ故。

とあり、宣化天皇の御代に於いても麁鹿火が大連であつたことが明らかである。また安閑天皇元年紀の尾輿の記事は。大連としての記事ではないのであり、この大連は追称と見てよいのであり、その大連任官を安閑天皇朝まで遡らせる必要はないのであり、「本紀」が『公卿補任』に従つたとはいへ、本文に尾輿の大連任官を記さなかつたのは賢明であつたといふべきであらう。

第三には(レ)条の塍の文字について「本紀」が、

塍一本作レ腠

と註記してゐる点である。小学館新編日本古典文学全集『日本書紀』②は何の説明も無しに「腠」としてゐるが、[19] 新訂増補国史大系『日本書紀』後篇は、

腠、北本作塍、勢本作塍、通證云当作湊[20]

と頭註において記してゐるのであり、水戸において用ゐた『日本書紀』が北野神社本系統のものであつたことが理解されるのである。

第四には第二節の安閑天皇紀の良田選定拒否記事、田部設置記事、廬城部連屯倉献上記事が「本紀」において略されてゐる点について検討して行くことにしよう。

一には元年七月辛巳条であるが、これは天皇が皇后の宮殿建設のために良田を選定されたところ、大河内直味張は

選ばれた雌雉田の献上を偽つて拒否したといふものである。「本紀」がこれを記載しなかつたのは、大河内直味張が天皇の勅に対し偽つて拒否したといふことは天皇の権威に拘はることであるところから記載しなかつたものと考へてよいであらう。二には同じく元年閏十二月条の三島行幸記事に続いて記されてゐる記事であるが、その内容は大河内直味張が贖罪として田部を献上したとするものであり、一の継続記事であるところから記載しなかつたものと考へられるのである。三には廬城部連枳莒喩が、娘の贖罪として廬城部屯倉を献上したとするものであり、天皇に直接拘はることではないところから省略したものと考へられるのである。

3、宣化天皇本紀の検討

「宣化天皇本紀」で問題となるのは、「紀」が元年二月としてゐる大連任命を、「本紀」が即位当日に懸けた点である。「紀」が大連（大臣も同様）任命記事を何時の時点にしてゐるかを一覧にすると次の通りである。

天皇	年代	人名	任命	大日本史掛年
景行天皇	五十一年八月	武内宿禰	棟梁臣	五十一年八月
成務天皇	三年正月	武内宿禰	大臣	三年正月
仲哀天皇		大伴武以	大連	元年十月*1
		武内宿禰	（大臣）	
応神天皇		武内宿禰	（大臣）	即位前紀（如レ故）*2

仁徳天皇		武内宿禰	（大臣）	元年正月*3
履中天皇	二年十月	平群木菟宿禰・蘇賀満智宿禰 物部伊莒弗大連・（葛城）円大使主	（執国事）	二年十月
雄略天皇	即位前紀 十一月即位	（円大臣） 平群臣真鳥 大伴連室屋・物部連目	 大臣 大連	即位前紀 十一月即位 十一月即位
清寧天皇	元年正月	大伴大連室屋・平群大臣真鳥	如レ故	元年正月
（仁賢天皇）		平群真鳥	（大臣）	元年*4
武烈天皇	十二月即位 三年十一月	大伴連金村 （大伴室屋）	大連 （大連）	十二月即位 三年十一月
継体天皇	元年二月	大伴大連金村・許勢大臣男人・物部大連麁鹿火	如レ故	元年二月
安閑天皇	二月即位	大伴大連金村・物部大連麁鹿火	如レ故	二月即位
宣化天皇	元年二月	大伴大連金村・物部大連麁鹿火 蘇我稲目宿禰 阿倍臣大麻呂	如レ故 大臣 大夫	即位十二月 元年二月 元年二月
欽明天皇	十二月即位	大伴大連金村・物部大連麁鹿火・蘇我大臣稲目	如レ故	十二月即位
敏達天皇	元年四月	物部弓削大連守屋 蘇我馬子宿禰	如レ故 大臣	元年四月
用明天皇	即位九月	物部弓削大連守屋 蘇我大臣馬子	（大連） （大臣）	即位九月
崇峻天皇	即位前紀 即位八月	（物部弓削大連守屋） （蘇我大臣馬子） 蘇我大臣馬子	（大連） （大臣） 如レ故	即位前紀 即位前紀 即位八月

推古天皇		(蘇我馬子宿禰)	(大臣)	即位十二月*5
		(蘇我蝦夷)	(大臣)	
舒明天皇		(蘇我蝦夷)	(大臣)	即位前紀・元年正月
皇極天皇	元年正月	蘇我大臣蝦夷	如レ故	元年正月
孝徳天皇	即位六月	阿倍内麻呂	左大臣	即位六月
		蘇我山田石川麻呂	右大臣	
		中臣鎌足	内臣	
		巨勢臣徳陀古	左大臣	
	大化五年四月	大伴連長徳	右大臣	大化五年四月
斉明天皇	(四年正月)	巨勢臣徳太	(左大臣)	元年正月*6
天智天皇	(三年五月)	(蘇我連大臣)	(大臣)	(三年五月)
	八年十月	藤原鎌足	内大臣	八年十月
	十年正月	大友皇子	太政大臣	十年正月
		蘇我赤兄	左大臣	
		中臣金	右大臣	
		蘇我果安・巨勢人・紀大人	御史大夫	
天武天皇	(九年七月)	舎人王	(納言)	
持統天皇	元年正月	(布勢朝臣御主人)	(納言)	
	四年七月	高市皇子	太政大臣	四年七月
		丹比真人島	右大臣	
	六年三月	(大三輪朝臣高市麻呂)	(中納言)	六年三月

＊1・＊2・＊3・＊5　『公卿補任』により記載
＊4　『公卿補任』により「大臣平群真鳥、大連大伴室屋」と記載
＊6　『公卿補任』により「左大臣巨勢徳太古、内臣中臣鎌足並如故」と記載

この表を見れば明らかなやうに「如レ故」と記されてゐるのは、清寧天皇紀・継体天皇紀・安閑天皇紀・宣化天皇紀・欽明天皇紀・敏達天皇紀・崇峻天皇紀・皇極天皇紀であるが、清寧天皇の場合は、その即位が元年正月壬子（十五日）であり、その日に大連・大臣の任命が行はれてゐるのであるから、前代からの継続人事であるとして「如レ故」と記されたこと明らかである。継体天皇の場合も元年二月甲午（四日）に即位され、その日に大連・大臣の任命が行はれてゐるのであるから、これも前代からの継続人事である。次の安閑天皇の場合も継体天皇の譲りを受けて即位されたのが二月丁未（七日）であり、「是月」に大連の任命が行はれてゐるのであるから、やはり前代からの継続人事である。以下欽明天皇・敏達天皇・皇極天皇の場合も同様である。ところが宣化天皇の場合は安閑天皇が二年十二月己丑（二十七日）に崩御され、群臣が「剣・鏡」を「上りて、即天皇之位さし」たのであるに拘はらず、大連等の任命は二月壬申朔であり、即位と任命の日に開きがあるのである。に拘はらず「紀」は大連については「並如レ故」と前代からの継続人事であるとしてゐるのである。「本紀」は大連任命は前代からの継続人事であるとするならば、二月壬申朔では開きがあり過ぎるとして、その即位の日に大連の任命記事を記し、二月壬申朔には蘇我稲目の大臣任命及び阿倍臣大麻呂の大夫任命記事のみを記したものと考へられるのであり、「本紀」の合理的解釈に基く記述といってよいであらう。

むすび

継体・安閑・宣化天皇本紀について概観してきたが、基本的に「本紀」が「紀」に基いて記されてゐることは、他の「本紀」と変はるところはない。が、この三天皇本紀に於いては「紀」の註記を数多く註記し、他の文献との比較検討を行ふなどして、よりその記述の正確さを図らうとしてゐるといつてよいのである。に拘はらず、それが災ひして継体天皇の世系について系譜を見誤る等の幾つかの失考と考へられる過ちを犯すことになつてゐる点は残念といはなければならない。

補註

（1）『大日本史』は昭和三年十月発行の大日本雄弁会本による。

（2）「記」は岩波書店日本古典文学大系本に依るが、以下頁数は省略する。

（3）新訂増補国史大系第二十一巻上『流布本水鏡』三〇頁。

（4）鎌田純一氏著『先代舊事本紀の研究　校本の部』二八四頁。

（5）明治三十三年吉川半七蔵版本・大日本雄弁会本及び昭和十三年十月発行の『譯註大日本史』では「安間」と記載されてゐるが、安積澹泊が編した『大日本史論賛』の「継体天皇以下至宣化天皇紀賛」（『漢和両文大日本史論賛集』）では「安閑」とされてゐるところよりして明治三十三年吉川半七蔵版本・大日本雄弁会本の誤記の可能性があるが、今江戸時代の版本を見る機会を得ないため註記しておく。

（6）『神皇正統記』は各天皇の元年（太歳年）をその即位年としてゐる。以下一覧に示すと次のやうである。

天皇	実際の即位年	太歳年	正統紀の即位年
神武天皇	辛酉歳	辛酉年	辛酉年
綏靖天皇	庚辰歳	庚辰年	庚辰年
安寧天皇	壬子歳	癸丑年	癸丑年
懿徳天皇	辛卯歳	辛卯年	辛卯年
孝昭天皇	丙寅歳	丙寅年	丙寅年
孝安天皇	己丑歳	己丑年	乙丑年＊1
孝霊天皇	辛未歳	辛未年	辛未年
孝元天皇	丁亥歳	丁亥年	丁亥年

開化天皇	癸未歳	甲申年	甲申年
崇神天皇	甲申歳	甲申年	甲申年
垂仁天皇	壬辰歳	壬辰年	壬辰年
景行天皇	辛未歳	辛未年	辛未年
成務天皇	辛未歳	辛未年	辛未年
仲哀天皇	壬申歳	壬申年	壬申年
応神天皇	庚寅歳	庚寅年	庚寅年
仁徳天皇	癸酉歳	癸酉年	癸酉年
履中天皇	庚子歳	庚子年	庚子年
反正天皇	丙午歳	丙午年	丙午年
允恭天皇	壬子歳	壬子年	壬子年
安康天皇	癸巳歳	甲午年	甲午年
雄略天皇	丙申歳	丁酉年	丁酉年
清寧天皇	庚申歳	庚申年	庚申年
顕宗天皇	乙丑歳	乙丑年	乙丑年
仁賢天皇	戊辰歳	戊辰年	戊申年*2
武烈天皇	戊寅歳	己卯年	己卯年
継体天皇	丁亥歳	丁亥年	丁亥年
安閑天皇	（辛亥歳）	甲寅年	甲寅年
宣化天皇	乙卯歳	丙辰年	丙辰年
欽明天皇	己未歳	庚申年	庚申年
敏達天皇	壬辰歳	壬辰年	壬辰年
用明天皇	乙巳歳	丙午年	丙午年
崇峻天皇	丁未歳	戊申年	戊申年
推古天皇	壬子歳	癸丑年	癸丑年
舒明天皇	己丑歳	己丑年	癸丑年*3
皇極天皇	壬寅歳	壬寅年	壬寅年
孝徳天皇	乙巳歳	乙巳年	乙巳年
斉明天皇	乙卯歳	乙卯年	乙卯年
天智天皇	戊辰年	壬戌年	壬戌年

天武天皇	庚辰歳	庚辰年	壬申年
持統天皇	壬子	癸丑年	庚寅年

註＊1　『神皇正統記』は乙丑としてゐるが、これは己丑が正しい。
註＊2　『神皇正統記』は戊申としてゐるが、これは戊辰が正しい。
註＊3　『神皇正統記』は癸丑としてゐるが、これは己丑が正しい。

(7)　新訂増補国史大系第一巻下『日本書紀』後篇四四頁。
(8)　新訂増補国史大系第八巻『釈日本紀』一七二頁。
(9)　継体天皇の世系について『上宮記』一云を誤つて解釈してゐる例は現在も多く存在してゐる。詳しくは田中卓氏「『上宮記』の校訂と解読」（田中卓著作集第二巻『日本国家の成立と諸氏族』所収）を参照されたいが、「本紀」がこのやうな間違ひをしたことは実に残念なことといはねばならない。
(10)　鎌田純一氏著『先代舊事本紀の研究　校本の部』二四六頁。
(11)　田中卓氏「新校・新撰姓氏録」（田中卓著作集第九巻『新撰姓氏録の研究』所収）二七七頁。
(12)　新訂増補国史大系第二十一巻上『流布本水鏡』三〇頁。
(13)　新訂増補国史大系第五十三巻『公卿補任』第一篇五頁。
(14)　鎌田純一氏前掲書二八五頁。
(15)　鎌田純一氏前掲書二八四頁。
(16)　新訂増補国史大系第二十一巻上『流布本水鏡』三一頁。
(17)　岩波書店日本古典文学大系『愚管抄』五七頁。
(18)　新訂増補国史大系第五十三巻『公卿補任』第一篇五頁。
(19)　小学館新編日本古典文学全集『日本書紀』②三四二頁。
(20)　新訂増補国史大系第一巻下『日本書紀』後篇四二頁。

第十二章　欽明天皇本紀

第一節　欽明天皇本紀の記述

本章に於いて扱ふ「欽明天皇本紀[1]」の執筆者は不明である。以下その記述状況を把握していくことにしよう。

3、本条は天皇位を山田皇后に移譲せんとの意思表示と皇后の返答記事であり、一部分文字を変へてゐる以外は「紀[2]」と変はることは無く、「紀」の要約文としてよい。但し「二月」は宣化天皇紀によつて記されたものであり、欽明天皇即位前紀では「十月」となつてゐる。「欽明天皇本紀」に於いては何の註記もされてゐないが、それは「宣化天皇本紀」で崩御記事に註して、

　本書欽明紀為二十月事一、未レ知二孰是一、

と記してゐる。その為に「欽明天皇本紀」では特に註記をしてゐないのである。また「群臣胥議、奉二天皇一承二纘大統一」の部分は「本紀」独自の文である。

5、本条は「遂」以外「紀」と変はるところは無い。が、

皇年代畧記、一代要記並云、年三十一、按本書亨年闕、故不レ書、

と、『皇年代略記』及び『一代要記』が、即位時の年齢を「年三十一」と記してゐることを記すと共に、「紀」には、

時年若干。

とあつて、年齢が記されてゐないところから、記さない旨を明記するのである。

6、本条の皇太后の尊号贈与は「紀」と変はらないが、「手白香」と皇后名を記したのは、この時点では継体天皇皇后の手白香皇后と宣化天皇皇后の山田皇后が存在するために、混乱を避けるために名前を記したものとみられる。

大連・大臣記事は「紀」では、

大伴金村大連。物部尾輿大連為二大連一。及蘇我稲目宿禰大臣為二大臣一。

とあるところを変更したものである。なほ「本紀」は、「並如レ故」に註して、

旧事紀曰、物部目為二大臣一、而不レ載二稲目一、公卿補任曰、物部目、雄畧帝十三年以後、不レ見二事蹟一、蓋年未レ詳、拠レ此、蓋旧事紀誤以二稲目一為二物部目一也

と記してゐるが、これは『旧事本紀』が「帝王本紀」欽明天皇元年条に於いて、

物部尾輿連公為二大連一、物部目連公為二大臣一。[3]

と記してゐることについて、「本紀」は『公卿補任』雄略天皇条に、

物部目連　同時為二大連一。自二十三年以後一不レ見二行事一。蓋年未レ詳。[4]

と記されてゐることを根拠として、

蓋旧事紀誤以二稲目一為二物部目一也

と結論してゐるのであるが、妥当な結論といつてよいであらう。なほ物部目については、雄略天皇十三年三月に罪を犯した歯田根命を「収二付於物部目大連一而使二責譲一」記事を最後として以後記事は見られないのである。『公卿補任』が「薨年未詳」としてゐる所以である。

7、年にその干支を記すのは「本紀」の通例である。また「正月」の前に「春」と記してゐるが、『大日本史』では元年以降には春夏秋冬を記すことを原則とし、それ以前（即位前紀）には記さないこととなつてゐる。[5]「本紀」はこれに、

按旧事紀以為二宣化帝在位三年一、故以二去年己未一紀レ元、繆妄不レ足レ取、

との註を付してゐる。これは宣化天皇の在位期間は四年であるに拘はらず、註のやうに『旧事本紀』が在位期間を三年とし、[6]欽明天皇の即位年を「己未」としたものであり、「本紀」の指摘するやうに誤りである。「本紀」は続けて立后記事を記してゐるが「紀」と変はるところは無い。

12、本条は「紀」の省略文である。なほ「本紀」は、

釈日本紀引天書曰、己卯、行二幸難波一、庚辰、進二幸祝津宮一、

の註を加へてゐる。「本紀」は続けて、

大伴金村、物部尾輿、許勢稲持等従焉、遣レ使祭二住江神一、賜二民爵及帛一、各有レ差、

と記し、

遣レ使以下、釈日本紀引天書、

と註してゐる。「本紀」が引用してゐる「天書」は「各有レ差」までであるが、『釈日本紀』ではそれに続けて、

初将レ征二新羅一。[7]

と記されてゐる。「本紀」がそれを記してゐないことについては第三節に於いて述べることにしよう。

13、本条は「紀」の省略文である。「本紀」は続けて、

　古事記無二稚綾姫、日影皇女一而有二皇后妹小石姫一、凡四妃、

と註してゐる。それは「記」では、

　天皇、娶二檜坰天皇御子、石比売命一、（中略）又娶二其弟小石比売命一、（中略）又娶二春日之日爪臣之女、糠子郎女一、（中略）又娶二宗賀之稲目宿禰大臣之女、岐多斯比売一、（中略）又娶二岐多斯比売命之姨、小兄比売一、（下略）

とあつて、「本紀」の指摘するやうに稚綾姫と日影皇女は記載されず、代はりに小石比売命が記されてゐる。それのみならば何ら問題は無いのであるが、「記」には小兄比売が記されてゐる。小兄比売は小姉君と伝承上の相違と見られるものであるが、「本紀」はそれらについても明記すべきものであつたらう。

24、本条は「紀」の趣意文である。「紀」は救援依頼は記してゐるが、「将三撃下新羅上復二任那一」の部分は記されず、「侍衛」もない。これらについては後節に於いて述べることとしよう。

26、本条は「本紀」は前条に続けて記されてゐるが「紀」では次条に註記されてゐる内容である。

30、本条は人名を略し「百済使」としてゐる以外変はらないが、移那斯、麻都について、

　按本書五年文、阿賢移那斯、佐魯麻都、註、二人名也、

と註記してゐる。「本紀」が「本書五年文」としてゐるのは五年三月の百済の上表文の中に出てくる人名であるところから註記したのである。「本紀」はこれに続けて、

　陰通二高麗一、朕当レ験二虚実一、所レ許援兵、依レ請停レ之、

と記してゐるが、これは「紀」の趣意文である。

31、本条は「紀」のままであるが、「本紀」は、

　本書註、引百済本記曰、日本使人阿比多、

と註記してゐる。これは「紀」が、

　百済本紀云、三月十二日辛酉。日本使人阿比多率㆓三舟㆒来至㆓都下㆒。

と記してゐるのを註記したものであるが、「本紀」は続けて、

　賜㆓矢三十具㆒、

と詔を事実として記してゐる。

34、本条は「紀」の要約文であるが、内容は百済のことであり、「本紀」が何故記したか不明であるが、後節に於いて述べることにしよう。

37、本条は仏教公伝の記事であるが、「紀」の趣意文であり、「紀」そのままの記述は少ない。即ち「百済王明」は「紀」では「百済聖明王」とあるところを、他国の王であるところからその本名である「明」とのみ記して名分を明らかにしてゐるのである。その他は「紀」の内容を要約してゐる。なほ「本紀」は「冬十月」に註して、

　一代要記、有㆓十三日辛酉五字㆒、

と記してゐる。即ち『一代要記』には、

　十三年壬申冬十月十三日辛酉、百済国聖明王、始献㆓金銅釈迦像一軀、彌勒石像并経論幡蓋等㆒。又献㆓阿弥陀像一尺五寸、観音勢至像一尺㆒。善光寺像是也、又貢㆓五経博士暦博士楽人等㆒。[8]

と記されてゐるのであるが、「本紀」はその日付に関してのみを註記してゐるのである。「本紀」が日付以外の記事を記さなかつたのは、『一代要記』は欽明天皇十三年以外の彌勒石像記事などをも十三年のこととして掲載してゐ

るために全てを略したのである。

40、本条は趣意文であるが、「夏五月」は、「紀」では「戊辰朔」とあるに拘はらずその日を脱してゐる。この点については後節に於いて述べることにしよう。

44、本条は趣意文であるが、百済のことであり、なぜ「本紀」に記載したか不明であるが、後節に於いて述べよう。

47、本条は内臣派遣記事であるが、「如二百済一、倶伐二新羅一」の部分は何による記述であるか不明である。

52、本条は「紀」の要約文であり、殆ど変はるところはないが、「遣二阿倍臣、佐伯連、播磨直一」に、

　三人名闕

と註記してゐる。

54、本条は本文は「紀」と変はること無く、「韓人」に、

　本書註曰、百済也、

と註すると共に、さらに「高麗人小身狭屯倉」に、

　本書註一本曰、以二処処韓人一為二大身狭屯倉田部一、高麗人為二小身狭屯倉田部一、因為二屯倉之号一也、

の註を附してゐるのみである。

57、本条は「紀」の要約であるが、「新羅復叛」は、「紀」が、

　築二城於阿羅波斯山一。以備二日本一。

と記してゐるところから「叛」としたものである。

61、本条の前半は「紀」の趣意文であり、「獲二婦女宝貨一而帰」は獲得品を要約して記したものである。対して後半は、

呉人以下姓氏録

と註記してゐるやうに、『新撰姓氏録』第二十三巻「和薬使主」条（七七七番）には、

出レ自二呉国主、照淵孫、智聡一也。欽明天皇御世、随二使大伴佐弖比古一、持二内外典・薬書・明堂図等百六十四巻、仏像一軀、伎楽調度一具等一入朝。(9)（下略）

と記されてゐるものによりてその来日について記してゐるのである。

64、本条の「詔」は「紀」には無い。またその内容は「紀」の趣意文である。なほ「本紀」は、

按公事根源云、毎年五月賑給、始二于欽明帝一、蓋拠レ此為レ説也、

と註してゐる。『公事根源』の五月「賑給」条に、

これは賤しき民に米塩などを給ふなり。京中の条里小路を分けて、検非違使承りてこれをひく。米塩の勘文など申す事の侍るなり。大臣陣につきて是れを定む。欽明天皇の御宇より始まる。季春の月に天子倉廩を開きて、貧窮の者に給ふといふこと、礼記の月令にも見ゆ。(10)

と記してゐるところから、「本紀」は、その根拠を欽明天皇二十八年紀のこの条であらうとして註記したものである。

69、本条は天皇崩御記事であるが、「紀」は「是月」とあるのを、「本紀」は『皇年代略記』によりて「是日」と改めて、

本書日作レ月、今拠二皇年代畧記一訂レ之、

と註してゐるのであるが、小学館新編日本古典文学全集『日本書紀』②は頭註に於いて、

『魏志』明帝紀・景初三年正月条に「即日」とあるので、「是月」は「是日」の誤りかとする説がある。『扶桑

略記』『皇年代略記』などは、天皇の崩を「四月壬辰」とする。十五日である。[11]

と記してゐる。

「本紀」はさらに崩御を記した後に、

本書享年闕、一代要記、皇年代畧記並曰、六十二、皇代記曰、六十三、神皇正統記曰、八十一、未レ知二孰是一、

と、天皇の年齢に諸説があるとしてそれらを列挙して「未レ知二孰是一」と述べるのである。

70、本条は「賛」と称すべきものである。[12]この記事の前半部分は即位前紀により記されたものであり、後半部分は、

天皇在レ位以下、本朝月令、公事根源、

と記されてゐるやうに、『本朝月令』に、

志貴嶋宮御宇天皇之御世。天下挙国。風吹雨零。爾時勅二卜部伊吉若日子一令レト。乃賀茂神祟也。撰二四月吉日一、馬繋レ鈴。人蒙二猪影一而駈馳。以為二祭祀一。[13]

とあり、また『公事根源』に、

七十八　賀茂祭

未の日、まづ上卿陣に着いて、六府を召して警固の由を仰す。当日の使は、近衛の中将つとむ。昔夢の告げ侍りしより、けふ人々葵かつらの蔓をかくるなり。賀茂松尾の社司、前の日より然るべき所へ奉る。欽明天皇の御宇より此の祭は始まる。下鴨の御祖、上賀茂の別雷二柱の神祭なり。[14]（下略）

とあるのに基づいて記されたものであるが、それと共に、

按一代要記以二天智帝丁卯歳一為レ始、誤、

と、『一代要記』が賀茂祭を「天智帝丁卯歳」（天智天皇六年＝六六七）とするのを「誤」としてゐる。なほこの「賛」

について後節に於いて言及することにする。

第二節　欽明天皇紀と欽明天皇本紀の比較

前節に於いては、欽明天皇本紀の記述について見てきたが、次に資料篇の比較表に基づき欽明天皇紀との比較をしていくことにしよう。

まず指摘しておくべきことは「本紀」独自と見られる記事についてである。即ち即位前紀の宣化天皇崩御と葬送記事、及び「賛」と謚号記事についてであるが、宣化天皇崩御は第一節に於いて述べたやうに宣化天皇紀の「四月」に従つたのであり、葬送記事は宣化天皇紀の、

冬十一月庚戌朔丙寅。葬㆓天皇于大倭国身狭桃花鳥坂上陵㆒。

に基づいて記されたものであるが、「本紀」は先帝の葬送記事を記すことを通例としてゐるところから記したものである。また謚号も最後に記すことを通例としてゐるのであり、特に問題となるものではない。一方「賛」については「紀」には無いものであるが、これについては後節に於いて述べることにしよう。

次には「本紀」に記されてゐない事柄についてであるが、第一には立后及び妃記事に於いて、その子女のことが記されてゐない点である。これは従前述べているやうに子供は女性の働きにより出生するといふ考へから、これを「后妃伝」に於いて記すことにしてゐる為に「本紀」から除いたものである。

第二には大伴金村の失脚記事であるが、これについては後節に於いて述べることにしよう。

第三には太歳記事であるが、これは「紀」が元年の干支を示す必要から記してゐるのであるが、「本紀」はそれぞれの年の干支を記すことを通例としてゐるところから敢へて太歳記事を載せる必要が無いところから省略されてゐるのである。

第四には二年七月条であるが、これは百済による任那遣使であり、直接我が国に関することでないところから省略したものである。また四年四月条の百済使帰国記事も我が国から離れることであるところから省略されてゐる。このやうに我が国に直接関係しない事柄や使者の帰国記事については「本紀」はその殆んどを省略してゐるのであり、それはそれ以後、四年九月条・同十二月条・五年正月条（二回）・同二月条・同三月条・同十月条・同十一月条・六年九月条、同是月条・九年閏七月条・十四年正月条・十五年三月条・十六年八月条を指摘できるのである。逆に十年六月条の使者帰国記事が記されてゐることが問題となる。またその他に百済に関することで、「本紀」が記してゐるものとしては、十二年是歳条・十三年是歳条・十四年十月条・十五年十二月条・十八年三月条が存する。その点については後節に於いて述べることにしよう。

その他外国関係記事としては、六年是歳条及び七年是歳条の「高麗大乱」記事が記されてゐる点と、三十二年条の新羅使来日及び帰国記事が記されてゐないことであるが、これも合はせ後節に於いて述べることにしよう。

第五には七年条七月の倭今来郡言上記事であるが、これは今来郡在住の民直宮に関する事柄であることから記載されなかつたものである。

第六には二十三年条六月是月の或る人物が馬飼首歌依を讒言した記事であるが、是については後節に於いて述べることにしよう。

第七には三十年条の白猪田部調査記事であるが、これは詔により胆津が調査し籍を定めたとするものであり、「本紀」がこれを記載しなかつた理由は不明である。

第八には三十二年条三月の高麗朝貢奏上延期記事であるが、是は天皇在世中には奏上が行はれなかつた（奏上は敏達天皇元年五月のことである）事から記さなかつたものである。

さらに注意しなければならないのは、「本紀」に記載はされてゐるが、その内容が至つて簡略されてゐる記事である。

第一には二年条四月記事（「本紀」14）であるが、これは天皇が詔を百済及び任那諸国に下して、新羅に侵略された任那地域の回復を命じ、これについて百済王と任那諸国の使者との応答の内容が中心であることから、「本紀」は欽明天皇の詔の趣旨のみを記したものである。

第二には四年条十一月記事（「本紀」16）であるが、これも任那回復を命じた詔であるところから、「図㆑復㆓任那㆒」とのみ記したのである。

第三には五年条三月記事（「本紀」17）であるが、これは百済による任那復興策の上表であるところから、上表の事実のみを記したものである。

第四には五年条十二月記事（「本紀」18）であるが、「本紀」が粛慎人の佐渡来航の事実のみを記したのは、「紀」に記されてゐる事柄は、粛慎人の行動の報告であるところから省略したものである。

第五には六年条十一月記事（「本紀」19）であるが、「本紀」は膳把提便帰国の事実のみを記し、把提便の百済に於ける虎退治については触れられてゐないが、それは把提便に関する内容であるところから記載されなかつたものである。

第六には九年条四月記事（「本紀」27）であるが、「紀」では援軍辞退の理由について詳述してゐる。その理由といふのが、安羅国と（任那）日本府が高麗と内通して百済攻撃をしたことに拠る不信の為であるとする。「本紀」がその理由を記さず、また天皇の返詔に触れないのは、万一内通が事実であるならば我が国の恥と為るといふこともあるが、後になつて一部官人の個人的内通であつたことが明らかとなつた（十年六月条・十一年四月条）ことが理由を記さないことになつた理由であると考へられる。

第七には十四年条五月記事（「本紀」40）である。「本紀」はその所在地を省略してゐるが、「紀」はその編纂時の仏像の状況及び所在地を記してゐるのであり、安置記事でないところから省略したものと考へられる。

第七には十四年条十月記事（「本紀」44）・十五年条十二月記事（「本紀」49）については次節に於いて述べることにしよう。

第八には十六年条二月記事（「本紀」50）である。「紀」は恵に対する質問アドバイスを記してゐるが、「本紀」は単に恵の来日の事実のみを記してゐる。それはその質問アドバイスは恵や百済に関することであるところから省略したものである。

第九には三十一年条四・五・七月記事（「本紀」66）であるが、「本紀」が郡司の道臣が調物を横領したことを記さなかつたのは、膳臣傾子の調査により実害がなかつたことから記さなかつたものとみられる。

第三節　欽明天皇本紀の検討

次に「本紀」の中で問題となるところを検討していくことにしよう。「本紀」の記述の中で検討すべき第一は12条に於ける『天書』に基づく文であるが、「本紀」は、

遣レ使祭二住江神一、賜二民爵及帛一、各有レ差、

までを引用しながら、それに続く、

初将レ征二新羅一。

は除外してゐるのである。その理由は明白ではないが「征新羅」を略したといふことは、「本紀」は住江神の祭祀と「征新羅」を別の事項と考へたためと考へる以外にはないであらう。が、「紀」は祝津宮行幸の目的は明言してゐないが、そこで新羅征討を議してゐるところ[15]よりして、少なくとも行幸の目的の中に新羅征討に関する事柄が含まれてゐたと見るのが自然である。といふよりも「紀」の記述からすれば、その目的は新羅征討に関する事柄であつたとする以外には無いのである。さうするとその目的は『天書』に記されてゐる住江神の祭祀であつたと考へられるのである。住江神が三韓征伐の神であることは周知のところであり、この神を祭つて「征新羅」を実行しようとして祝津宮行幸は行はれたと解することができるのである。とするならば「本紀」が「初将レ征二新羅一」を略したことは失考としなければならないであらう。

第二には24条についてである。「紀」では百済が援兵を要請した事は記されてゐるが、その目的は記されてゐないのである。に拘はらず「本紀」はその目的として新羅を撃ち任那を回復するためであると記すのである。「本紀」がこの目的をこの条に於いて記した理由、またその根拠は何であらうか。思ふにわが国から百済に任那回復を指示したのは二年四月以前を始めとして、四年十一月、五年二月、十月の三回である。これに対して百済が任那復興の具体策を示したのが五年十一月のことである。その具体策とは、第一に新羅と安羅の境界に六城を築き、日本の援兵三千と百済軍で新羅の農耕を妨害すること。第二には新羅攻撃の橋頭保として南韓に郡領・城主設置を承認して貰ふこと。第三には吉備臣等四人を排除することである。百済はこの策に従つて八年四月に援兵を要請してきたのである。「本

紀」はこれらの前提に基づく援兵要請であるところから、新羅を撃ち任那を回復するといふ目的を記したものと考へられるのである。

第三には40条である。本条で第一に問題となるのは、「紀」には「戊辰朔」と、その日が記されてゐるに拘はらず「本紀」には記されてゐないことである。またそのことについての註も記されてゐない。此の五月一日の干支について、小学館新編日本古典文学全集本は、

この年の五月朔は戊辰ではない。『集解』では「壬戌朔戊辰」とする。(16)

と記してゐる。また新訂増補国史大系本もその頭註に於いて、

戊辰朔、当誤、集解推暦改作壬戌朔戊辰(17)

と記してゐるやうに、干支が相違してゐる為に記さなかつたのである。が「本紀」はこのやうな場合そのことを明記するのが通例であるに拘はらず、本条では記されてゐないのは註記を脱したものと考へてよいであらう。また「河内国」の「国」字が無いのは単なる脱誤として良いであらう。対して「紀」が「遣」と記してゐるのを「勅」と改めたのは、天皇の意思をより強調しようとした修辞と見てよいであらう。

次には第二節に於いて問題とした部分について検討していくことにしよう。

第一には大伴金村の失脚について「本紀」が述べてゐないことであるが、これは金村が自ら住吉の宅に引籠つたものであり、天皇は「不レ為レ罪。優寵弥深」かつたのであるから、「本紀」としては記す必要を認めなかつたものと考へられる。

第二には百済関連記事の大部分を省略してゐる「本紀」が記載してゐる内容についてである。それら「本紀」が記載してゐる事柄を列挙すると、十年六月条の使者帰国記事や十二年是歳条・十三年是歳条・十四年十月条・十五年十

二月条・十八年三月条である。また外国関連記事としては六年是歳条及び七年是歳条の「高麗大乱」記事が記されてゐるのと、三十二年条の新羅使来日及び帰国記事が記されてゐない。

以下これらについて見ていくと、十年六月条は天皇が延那斯・麻都の内通の事実調査の実施と援兵の中止を述べた詔が記されてゐるところから記されたものである。次に十二年是歳条・十三年是歳条は百済の漢城・平譲奪還と放棄記事である。「本紀」がこれを記載した理由は不明であるが、十二年条では漢城・平譲奪還には、任那や新羅の軍も共同して参加してゐるところから、任那は日本の統治下にあるところから、日本の行動としてその顚末を記したものと見て良いであらう。更に十四年十月条であるが、「本紀」は百済王子余昌の高句麗に対する勝利の事実のみを記し、その具体的戦闘状況は記してゐない。本来であるならば、この記事は記載する必要のないものであるが、それを記載したのは、後の聖明王の戦死、及び皇子恵の来日原因となる事件の為に記したものと考へてよいであらう。その為に具体的戦闘状況は記してゐないのである。また十五年十二月条では「紀」は聖明王戦死に至る状況を詳述してゐるが、「本紀」は戦死の事実のみを記してゐるのである。それは「本紀」は「紀」に従つて百済王の死亡記事は記すことを通例としてゐる為である。また十八年三月条も百済王の即位記事は記載する通例により記されたものである。

次には六年是歳条及び七年是歳条の「高麗大乱」記事が記されてゐることであるが、この「高麗大乱」は我が国に直接関係しないことであり、「紀」も『百済本記』に基づいて記してゐることであるから、「本紀」がこれを記す必要はないことであり、「本紀」がこれを採用した理由は不明である。また三十二年条の新羅使来日及び帰国記事が記されてゐない点であるが、新羅使来日の目的は欽明天皇崩御による弔問であり、「本紀」は天皇に関すること（伝記的記事）を記すことが基本であり、天皇に対する弔問記事であるから本来記載されるべき事項と考へられる。然るにそれが記されてゐない理由は、その来日が崩後のことであるから、「本紀」は次の敏達天皇本紀に於いて記すことにしたのである。その為に「本紀」には記されなかつたのであり、「本紀」がこの来日記事を記さなかつたのであるから、その帰国記事も省略されてゐるのは当然である。

むすび

『大日本史』の欽明天皇本紀の記述について見てきたが、その内容が「紀」に基づき記されてゐるのは当然のことであり、「紀」が対外関係記事を多く記してゐるところから、その記述の中心が対外関係記事と為るのは止むを得ないことである。

それら「本紀」の記述の中で検討する必要があると考へられる点については第三節に於いてあらかた記したが、それらの点の大部分は理由のあることであり、また『大日本史』の識見によるものとして良いのであるが、一部分に誤解からか記述すべきであらうことを記してゐないところや、必要無いと考へられる事柄を記してゐる部分も存するが、ほぼ妥当な記述がなされてゐるとしてよいであらう。殊にその賛に当たる部分は「紀」に基づきながら、人材の登用と祭祀の重視を挙げてゐるのは「本紀」の見識の表れとして良いであらう。

補註

（1）『大日本史』は昭和三年十月発行の大日本雄弁会本による。
（2）『日本書紀』は新訂増補国史大系第一巻下『日本書紀』後篇による。
（3）鎌田純一氏著『先代舊事本紀の研究　研究の部』二九〇頁。

（4）新訂増補国史大系第五十三巻『公卿補任』四頁。
（5）第三章参照。
（6）『旧事本紀』が宣化天皇の在位期間を三年と誤つた理由は、「紀」が宣化天皇崩御の年（「己未」）の十二月甲申条に即位記事を掲げながら翌年を元年としてゐるのを、『旧事本紀』の作者は即位そのものを踰年即位と考へたためと考へられる。
（7）新訂増補国史大系第八巻『釈日本紀』一七五頁。
（8）改訂史籍集覧第一冊『一代要記』甲集一〇頁。
（9）田中卓氏「新校・新撰姓氏録」（田中卓著作集第九巻『新撰姓氏録の研究』所収）五五四頁。
（10）関根正直著『修正公事根源新釈』下巻三三頁。
（11）小学館新編日本古典文学全集『日本書紀』②四六一頁頭註五。
（12）「本紀」の賛については第七章に於いて述べた。参照されたい。
（13）『新校群書類従』第四巻公事部所収『本朝月令』三〇九頁。
（14）関根正直著『修正公事根源新釈』下巻二一頁。
（15）小学館新編日本古典文学全集本は「祝津宮」の頭註（『日本書紀』②三六二頁頭註二六）に於いて、
『摂津志』は川辺郡西難波村（兵庫県尼崎市西難波町）とし、『地名辞書』は西成郡難波村（大阪市浪速区）とするが、確証はない。「祝」には神を祭る意味があるから、後に八十島祭の斎場となる淀川（天満川）河口の津をいふのではないか。

八十島祭の名が起る以前から、この河口で神を祭つたのであらう。

と記し、後の八十島祭に当る祭が行はれたもののやうに記し、祝津宮行幸の目的が後の八十島祭に当る祭の実施が目的であつたかのやうに記してゐるが、八十島祭については岡田精司氏等のやうに五世紀代に起源を求める説もあるものの、文徳天皇の時から始められたものと考へられる（田中卓氏等＝田中卓著作集第十一巻－Ⅰ『神社と祭祀』所収「八十嶋祭の研究」「再び八十嶋祭について」「大嘗祭と八十嶋祭」参照）ものであり、この欽明天皇の祝津宮行幸を後の八十島祭と結びつけることはできないものと考へられる。
（16）小学館新編日本古典文学全集『日本書紀』②四二一頁頭註一〇。
（17）新訂増補国史大系第一巻下『日本書紀』後篇七八頁。

第十三章　敏達・用明・崇峻天皇本紀

第一節　敏達・用明・崇峻天皇本紀の記述

本章に於いて扱ふ「敏達・用明・崇峻天皇本紀[1]」の執筆者は明らかではないが、以下その記述状況を把握していくことにしよう。

1、敏達天皇本紀

ロ、本条は立太子記事であるが、「本紀」は、

本書係二二十九年一、今従二欽明紀一、

と、註記してゐる。則ち敏達天皇即位前紀では、立太子は欽明天皇二十九年となつてゐるが、欽明天皇紀では、

十五年春正月戊子朔甲午。立二皇子渟中倉太珠敷尊一為二皇太子一。(2)

となつてゐて、その立太子の時期が相違してゐるのである。「本紀」は欽明天皇紀に基づいて記してゐるところからこのやうな註記をしたのであるが、この点については第三節に於いて述べることにしよう。

ハ、本条の前半は「紀」と変はらない。が、後半の「八月丙子朔、新羅弔使来拝二殯宮一、九月、葬二欽明天皇一」は即位前紀には記されてゐない内容である。この点については第三節に於いて述べることにしよう。

ニ、本条は年の干支、日付を加へると共に「皇太子」を「天皇」と変へてゐるが、いづれも「本紀」の通例である。「本紀」はこれに続けて、

皇年代畧記云、年三十五、按本書享年闕、故不レ書、

と註してゐる。是は「本紀」は即位時の年齢を記すことを原則としてゐるが、「紀」にはその年齢が記されてゐないところから、『皇年代略記』に「年三十五」と記されてゐるものの、それを証することができないところから「不レ書」とするのである。

ホ、本条は殆ど「紀」と変はるところはない。が、「本紀」は「大連物部弓削守屋如レ故」に、

按本書守屋至レ此初見、然曰下為二大連一如上レ故、則尾輿薨後、既為二大連一乎、公卿補任亦曰、初任未レ詳、○旧事紀曰、物部大市御狩為二大連一

との註を記してゐる。前半の守屋に関する註記は、「紀」に守屋が見える初出であるに拘はらず、既に任命記事が存するやうな記述となつてゐるところから、尾輿薨去後に任命されたものと推定して記されたものである。この点については改めて第三節に於いて述べることにしよう。また後半の『旧事本紀』については、その巻五「天孫本紀」に、

十四世孫物部大市御狩連公。尾輿大連之子。此連公。訳田宮御宇天皇御世。為㆓大連㆒奉㆑斎㆓神宮㆒。[3]

とあり、また巻九「帝王本紀」敏達天皇元年条に、

物部大市御狩連公為㆓大連㆒。[4]

とあるところから註したものである。

ル、本条は「紀」の要約である。但し老女子を「老女君」としてゐる。この点については第三節に於いて述べることにしよう。

ヲ、本条の前半は百済朝貢の趣意文である。但しその日付に関して「本紀」は、

今推㆓甲子㆒、是月無㆓乙丑㆒、蓋己丑之誤、己丑四日也、

と註記してゐる。「本紀」は「乙丑」は「己丑」の誤りではないかと考へて記してゐるのであるが、それを実証する事ができないことから「紀」のままにして註記したのである。この点については第三節に於いて述べることにしよう。また後半の部分は任那回復を指示された趣意文である。

ヨ、本条は「紀」が「薨」としてゐるところを「崩」としてゐるが、「本紀」は第四章において述べたやうに皇后は天皇に準じて「崩」としてゐる。

タ、本条は「紀」では(ヨ)条の前に記されてゐるが、それは不自然であるところから後ろに回したものであり、「紀」の要約文である。「本紀」は「為㆑宮」の後に、

旧事紀糸作㆑照

と註してゐる。また本条の最後に、

按皇年代畧記、皇代畧記、以㆓営宮㆒為㆓六月㆒、歴代皇紀、元年即㆑位、遷㆓都於磐余㆒、皆誤、

と註してゐる。これは『皇年代略記』・『皇代略記』が造営を六月としてをり、また『歴代皇紀』が元年条において磐余遷都としてゐるのをいづれも「誤」として否定してゐるのである。

ネ、本条は「紀」の要約文である。が、「紀」が、

　百済国王、付二還使大別王等一

と記してゐるのに対し、「本紀」は大別王の帰国を主体に記してゐる。

ナ、本条の二重線の部分は「紀」では、

　即奸二池辺皇子一。事顕而解。

と為つてゐるところであるが、「本紀」は露骨な表現を避けて記してゐるのである。

ム、本条は前条と同じく新羅使の名前を略し、「進」を「貢」にするとともに、「紀」が、

　不レ納以還之。

とあるところを「郤」としてゐる。

ノ、本条は「紀」の趣意文であるが、問題となるのは「冬十月」の部分である。この点については第三節に於いて述べることにしよう。

ク、本条は大部分「紀」の要約であるが、「仏法自レ茲瀰漫」の部分は「紀」には直接記されてゐないところであるが、「本紀」は「紀」が、

　仏法之初自レ茲而作。

とあるところから「瀰漫」と表現したものである。

ヤ、本条の波線の部分は「紀」の趣意文・要約文であり、「請厳禁二断其法一」は天皇の詔の趣意文であるが、「本紀」

では守屋・勝海の言としてゐる。その為に「詔可レ之」と詔の内容を略して結論のみを記してゐるのである。

マ、本条は「紀」の趣意文であるが、「是時、京師患レ瘡死者甚多、」の部分は「紀」では、

又発レ瘡死者充二盈於国一。

となつてゐるところであり、これを「京師」に限定した理由は明らかでない。

フ、本条は「紀」の省略文である。「本紀」はこれに続けて、

本書享年闕、神皇正統記、如是院年代記並曰、六十一、皇代記、皇年代畧記、歴代皇紀、皇胤紹運録並四十八、未レ知二孰是一、水鏡、愚管鈔、作二二十四一誤、

と註記してゐる。是は「紀」にその年齢が記されてゐないところから諸書に記されてゐる説を列挙し「未レ知二孰是一」と記すとともに、『水鏡』・『愚管鈔』が、「二十四」としてゐる点については「誤」と断定してゐるのである。

コ、本条は「紀」と変はらない。但し葬送記事は崇峻天皇紀によつて記されてゐる。そして「本紀」は、

延喜式曰、河内磯長中尾陵、

との註記を忘れないで記してゐる。

2、用明天皇本紀

イ、本条の「初称二大兄皇子一」は欽明天皇紀二年条に基づいて記されてゐる。また「尊二神道一、信二仏法一」は「紀」では神道と仏教の順が逆である。これは水戸に於いては神道を重視したことから逆にしたものである。

ハ、本条は「紀」と殆ど変るところはない。但し「即二天皇位一」に続けて、

　皇年代畧記云、年六十七、按本書享年闕、故不レ書、

と註記してゐる。これは『皇年代略記』が天皇の即位時の年齢を記してゐるのに対し、「本書享年闕」としてその年齢を記さない理由を明らかにしてゐるのである。

へ、本条は「紀」を大幅に略し、三輪逆殺害の事実を記し、その理由を「謀二不軌一」とのみ記してゐる。「本紀」がこのやうに記した理由については第三節に於いて述べることにしよう。

ト、本条は天皇の罹病から、仏教信仰を通じての守屋と馬子の対立といふ一連の事柄が記されてゐるが、「奏、仏蕃神不レ足レ敬」は守屋・勝海の奏言の趣意文であり、「賛二成詔旨一」以下は「紀」の要約である。なほここで「引レ僧入レ宮」つたのは、「本紀」では馬子とされてゐるが、「紀」では、

　於レ是皇弟皇子（皇弟皇子者穴穂部皇子。即天皇庶弟。）引二豊国法師一（闕レ名也。）入二於内裏一。

とあるのである。に拘はらず「本紀」が馬子としてゐる点については第三節に於いて述べることにしよう。なほ「本紀」は「夏四月二日丙午」に註して、

　按本書作二丙子一、此月乙巳朔、無二丙子一、今推二甲子一訂レ之、

と、「丙子」を「丙午」に訂正してゐることを註記してゐる[5]のである。

リ、本条は崩御記事であり、変はるところはない。但し「本紀」は、

　本書享年闕、神皇正統記、如是院年代記、倭漢合符並曰、四十一、皇代略記、皇年代略記並六十九、未レ知二孰是一、

と註記してゐる。これは『神皇正統記』以下の諸書に崩御時の年齢が記されてゐるが、「紀」には記されてゐないところから何れを採用すべきか判断できないところから記してゐないのであり、そのことを註記してゐるのである。

ヌ、本条は葬送記事である。後半は推古天皇紀九月条に由って記されてゐる。「本紀」はさらに、

延喜式、長下有㆓原字㆒、古事記曰、御陵在㆓石寸掖上㆒、後遷㆓科長中陵㆒、

と、『延喜式』及び「記」の記述を註記してゐるのである。

3、崇峻天皇本紀

イ、本書は通例により天皇名を漢風謚号で記し、先帝を「帝」とする以外変はらない。但し「十二子也」に、

按旧事紀、聖徳太子伝暦、愚管鈔、皇年代略記、帝王編年記為㆓第十五子㆒、歴代皇紀第十六子、一代要記第六子、水鏡、神皇正統記、與㆓本書㆒合、

と註して『旧事本紀』以下の異説を挙げると共に、『水鏡』以下「紀」と合致するものをも掲げるのである。

ハ、本条は「紀」の要約であるが、佐伯丹経手に註して、

聖徳太子伝暦、作㆓佐伯連舟径縄手㆒、

と註してゐる。

ホ、本条は物部守屋討滅の趣意文であり、討滅の事実のみを記してゐる。

ト、本条は即位記事であり「紀」と殆ど変はらない。ただ「尊」としてゐるところを「皇后」とし、「定策」を加へてゐる。そして即位記事に註して、

皇年代略記、一代要記並云、年六十九、按本書享年闕、故不㆑書、

と『皇年代略記』などに記されてゐる即位時の年齢を記し、「紀」に無いところから記さない旨を述べるのである。

さらに和風諡号について、

古事記作二長谷部若雀一

と註し、さらに宮についても、

古事記曰、倉椅柴垣宮、

と、註記してゐる。

チ、本条は「紀」では「是月」となつてをり、六月の来朝である。然るに「本紀」が「是歳」とした理由は明らかでない。

ヌ、本条は「紀」の要約文であるが、波線の「僧九人」としてゐる点については、第三節に於いて述べることにしたい。

ル、本条は「紀」の省略文である。但し「近江満於東山道」に註して、

聖徳太子伝暦、満作レ蒲、

と註記してゐる。

ワ、本条の「議レ封二任那一」の部分は、任那復興についての詔とその返答についての趣意文であるが、この記述については第三節に於いて述べることにしよう。

カ、本条は任那復興軍の編成と、使者派遣の要約文であるが、その日付について、

本書曰、十二月己卯朔壬午、今拠二干支一従二聖徳太子伝暦一

と註してゐる。新訂増補国史大系本は頭註に、

十一、原作十二、今従寮本北本中本勢本及紀略略記伝暦。[6]

と記して十二を十一に訂正してゐるのであり、「本紀」の校訂の正しいことが証される。巨勢比良夫、狭臣については、

聖徳太子伝暦、作二巨勢臣猿一、而無二比良夫三字一、

と註し、また吉士磐金についても、

磐金本書無二磐字一、拠二推古紀一補レ之、

と註してゐる。この両者の名前については第三節に於いて述べることにしよう。

ヨ、本条の「何当三斬下朕所レ悪之人上、如レ断二此猪頭一」は天皇の言の要約文であり、「大臣馬子聞而懼」の部分は「紀」では、

恐嫌二於己一

と記されてゐるところであり、続けて弑逆を謀ったことが記されてゐるが、「本紀」は「懼」の文字を使用してゐる。

タ、本条は天皇の崩御記事であるが、「紀」では蘇我馬子が東漢直駒をして弑せしめたことが記されてゐるが「本紀」は「暴崩」と記してゐる。その理由については第三節に於いて述べることにしよう。なほ「本紀」は、

本書享年闕、水鏡、神皇正統記、皇代記、一代要記並曰、七十二、皇胤紹運録、皇年代畧記、歴代皇紀七十三、
未レ知二孰是一、

と註記してゐる。これは「紀」には崩御時の年齢は記されてをらず、諸書に記されてゐる年齢に相違があるために列記したものである。

ソ、本条は殆ど「紀」と変はらないが、「告二将軍紀男麻呂等一」の部分は「紀」が「遣（中略）将軍所」とあるのを変

更したものである。「本紀」は本条に註記して、

崇峻帝崩、推古帝未レ即レ位、馳二駅筑紫一、蓋馬子所レ為也、然本書無レ所レ考、

と記してゐる。

第二節　敏達・用明・崇峻天皇紀と敏達・用明・崇峻天皇本紀との比較

前節に於いては、敏達・用明・崇峻天皇本紀の記述について見てきたが、次に資料篇の比較表に基づき敏達・用明・崇峻天皇紀との比較をしていくことにしよう。

1、敏達天皇紀と敏達天皇本紀

「紀」と「本紀」を比較するに、表の如くその殆どは「紀」の項目を忠実に記してゐることが理解される。しかし若干相違するところも存在する。以下それらについて見て行くことにしよう。

第一には「本紀」即位前紀の新羅吊使記事である。「紀」では欽明天皇紀三十二年条に、

秋八月丙子朔。新羅遣二弔使未叱子失消等一奉二哀於殯一。

とあるのであるが、欽明天皇はその年四月に崩じてをられるので「本紀」は欽明天皇本紀に記さず、敏達天皇本紀に於いて記したものである。

第二には欽明天皇葬送記事であるが、葬送は敏達天皇の行はれたことであるところから敏達天皇本紀に於いて記されたものである。

第三には元年条の高麗表読解記事が「本紀」にはないことであるが、この表を読解したのは王辰爾であるところから省略されたものである。

第四には高麗大使殺害記事が至つて簡略にその殺害の事実を記してゐるのみであるが、その殺害は高麗人同士の対立によるものであり、「本紀」としては記さなくてもよかつたと判断されるものであり、簡略なのは当然である。

第五には高麗使帰国記事の無いことであるが、これは「本紀」の通例により記されなかつたものである。

第六には太歳記事の無いことであるが、これは従前から述べてゐるやうに「本紀」は年の干支を記してゐるところから必要が無いためである。

第七には吉備海部直難波偽報告記事の無い点であるが、天皇に対して偽の報告をするといふことは天皇の権威を傷つけるものであるところから省略したものと見られる。

第八には三年条の高麗使越来泊記事の無い点であるが、これは次条の高麗使請問記事の前提であり記事が重複することになるところから省略されたものと考へられる。

第九には津史賜姓記事の無い点であるが、姓は天皇より与へられるものであり、この条に於いても、

　戊戌。詔船史王辰爾弟牛賜㆑姓為㆓津史㆒。

とあるのであり、「本紀」としては記載するべき内容であつたと判断される。に拘はらず記載されてゐない理由は明らかでない。

第十には四年条の広姫立后記事・老女子記事及び五年条の豊御食炊屋姫尊立后記事に於いて何れも子女の記載が省

略されてゐる点であるが、これは従前より指摘してゐるやうに子女は女性の働きにより誕生するものとの考へから、その記載は全て「皇妃伝」に譲つてゐるために「本紀」には記載されないのである。

第十一には蘇我馬子復命記事の無いことであるが、これはその復命自体は馬子であるところから記載されなかつたものと考へられる。

第十二には十二年条の百済遣使（日羅帰国）記事が簡略に記されてゐることである。「本紀」は日羅ついて、百済王の拒否と帰国の事実のみしか記してゐない。が、それはその帰国に至る経緯は天皇の関与されたことではないところから記されなかつたものと考へてよい。

第十三には十三年条の馬子崇仏記事であるが、「本紀」は鹿深臣と佐伯連が仏像持参で帰国したことと、馬子が堂を造つてそれを安置したことと、その結果として仏法が広がつたことのみを記してゐるのである。それは水戸に於いては仏教を外来宗教として余り好感を持たなかつたことから簡略にしたものと考へられる。

第十四には十四年条の蘇我馬子立塔記事の無い点であるが、これは立塔そのものは蘇我馬子の行つたことであるから記されなかつたものと考へられる。

第十五には馬子仏法信仰許可記事であるが、「本紀」はここで「紀」の即位前紀に記されてゐる天皇の人となりを馬子のみの信仰許可の理由として記してゐるのである。

2、用明天皇紀と用明天皇本紀

「本紀」が「紀」を殆ど忠実に記してゐることは、敏達天皇本紀の場合と同様である。その中で元年条の穴穂部間人皇女立后記事と石寸名為嬪記事に子女記事が無いのと、太歳記事が無いのは敏達天皇の処で記したので省略する。また穴穂部皇子三輪君逆殺害記事が簡略であるのは、天皇に直接関係ない事柄であるところから、その事実のみを記すことにしたためである。

3、崇峻天皇紀と崇峻天皇本紀

「本紀」が「紀」を殆ど忠実に記してゐることは、この場合も同様である。その中で「本紀」に記事が無かつたり、相違してゐる部分には次の如くである。

第一には即位前紀の崇峻天皇の母の系譜が記載されてゐない点であるが、これは小姉君に関する事であり、「皇妃伝」に記載されるところから略されたものである。

第二には同じく即位前紀の物部守屋討伐記事の中で厩戸皇子勝利祈願記事・四天王寺建立記事・法興寺建立記事及び補鳥部万奮戦記事が記されてゐない点であるが、勝利祈願と四天王寺建立は厩戸皇子に関する事であり、法興寺建立は蘇我馬子に関することであるところから略されたものである。また補鳥部万奮戦記事は、守屋の資人の奮戦であり、勝敗を左右したものでもないところから略したものと考へられる。

第三には元年条の太歳記事であるが前述してゐるから省略する。

第四には三年条の尼善信帰国記事・寺（法興寺）資材伐採記事・出家僧尼記事が記されてゐない点であるが、これらはいづれも国家的立場で行はれたものではなく、馬子関係の私的な事柄であるところから、「本紀」は略したものと考へられる。

第五には馬子による弑逆計画及びその実行が記されずに崩御記事となつてゐる点であるが、是は第三節に於いて述べることにしよう。

なほこれに関連して東漢直駒殺害記事が記されてゐないのは、その殺害の理由が天皇弑逆と直接繋がらないところから略されたものと考へられる。

第三節　敏達・用明・崇峻天皇本紀の検討

1、敏達天皇本紀

第一には（ロ）条の立太子の時期が欽明天皇紀と敏達天皇即位前紀との間で相違してをり、「本紀」は欽明天皇紀に従つてゐる点である。立太子の時期が即位前紀と先帝紀との間で相違してゐるのは、敏達天皇即位前紀のみではなく、敏達天皇以前に於いても垂仁天皇・成務天皇・仁賢天皇の三例が存してゐる。今それらを一覧にすれば次のやうである。

	即位前紀	先帝紀	本紀（即位前紀）
垂仁天皇	崇神天皇五十二年	崇神天皇四十八年四月丙寅	崇神天皇四十八年
成務天皇	景行天皇四十六年	景行天皇五十一年八月壬子	景行天皇五十一年八月

仁賢天皇	清寧天皇二年	清寧天皇三年四月辛卯	清寧天皇三年
敏達天皇	欽明天皇二十九年	欽明天皇十五年正月甲午	欽明天皇十五年

一覧表を見れば明らかなやうに「本紀」はいづれも先帝紀に従つてゐることが明らかであるが、以下「本紀」が何故に先帝紀に従つてゐるか検討していくことにしよう。

垂仁天皇の立太子については「本紀」は崇神天皇四十八年条に於いて、

夏四月十九日丙寅、立㆓活目尊㆒為㆓皇太子㆒、

と記し、垂仁天皇本紀即位前紀に於いては、崇神天皇四十八年正月の夢占を記して、

遂立為㆓皇太子㆒、

と記してゐるのである。「本紀」は「紀」の即位前紀では崇神天皇五十二年立太子とある事については触れてゐないが、それは崇神天皇四十八年正月の夢占を事実と判断して、その結果立太子に至つたものであるところから、崇神天皇四十八年の立太子と決したものと考へられる。

成務天皇の立太子については、「本紀」は景行天皇五十一年条に於いて、

秋八月四日壬子、立㆓稚足彦尊㆒為㆓皇太子㆒、

と記し、成務天皇本紀即位前紀に於いては、

景行帝五十一年(中略)八月、立為㆓皇太子㆒、

と記し、

按本書曰、四十六年、立為㆓皇太子㆒、而景行紀五十一年正月、書㆓皇子㆒、八月壬子、書㆔立為㆓皇太子㆒、其文明確、

雖レ無二他考証一、事実不レ可レ移、今従二景行紀一、

と註して、景行天皇紀に従つて景行天皇五十一年の立太子に決した理由を述べるのである。つまり「本紀」は景行天皇紀が五十一年正月には「皇子」と記し、八月条で立太子記事を記してゐるところから景行天皇紀の五十一年八月壬子の立太子と決定してゐるのである。

仁賢天皇の立太子については、「本紀」は清寧天皇三年条に於いて、

夏四月七日辛卯、立二億計王一為二皇太子一、

と記し、仁賢天皇即位前紀に於いては、

清寧帝二年、召二至京師一、明年立為二皇太子一、

と記してゐる。「本紀」は仁賢天皇即位前紀の異説については何ら述べてゐないが、考へるに「紀」が、億計王・弘計王の発見を清寧天皇二年十一月のこととしてをり、三年四月の立太子と考へて辻褄が合ふのであり、これを二年のこととすると、前後記事に齟齬をきたすことになるところから、三年四月を妥当と考へたものと推察されるのである。

敏達天皇の立太子については、第一節に於いて述べたやうに、欽明天皇紀に従つて記してゐるのである。「本紀」は、

本書係二二十九年一、今従二欽明紀一、

と記すのみで、その根拠は記してゐない。が、立太子の時期に相違のある前三者が何れも先帝紀に従つてゐるところから、この部分も前例に従つて先帝紀に従ふことにしたものと考へられる。

第二には（ホ）条の物部守屋に関する記述である。「本紀」は守屋について「紀」に大連任命記事が無いに拘はらずに「紀」が、

為二大連一。如レ故。

としてゐるところから、その任命を物部尾輿薨去に従ひ任命されたものと推定したものであり、妥当な推定と考へられるものではある。だが、この註記の後半に記されてゐるやうに『旧事本紀』は敏達天皇朝の大連は大市御狩としてゐるのであり、守屋については大市御狩の弟として、

弟物部守屋大連公「子」曰二弓削大連一。此連公。池辺双槻宮御宇天皇御世。為二大連一奉レ斎二神宮一。[7]

と記されてゐることに言及してもよかつたのではないかと思はれる。但し、守屋の大連任命は「本紀」の推定してゐるやうに尾輿薨去に伴ふ任命であつたとみてよいであらう。

第三には(ル)条の老女子を「老女君」としてゐる点であるが、これは老女子の更の名と記されてゐる「薬君娘」とを混同して記したものと見られ、「本紀」の失考としてよいであらう。

第四には（ヲ）条の日付についてである。即ち敏達天皇四年二月には「乙丑」は存在しないところから「本紀」は「己丑」の誤りではないかと推定したのである。この点について、新訂増補国史大系本は、頭註に於いて、

乙丑、水校本云盖己丑之誤、集解作三月乙卯朔乙丑[8]

と記してゐる。ここに記されてゐる「水校本」といふのは、宮内庁書陵部所蔵水戸光圀校合本のことであり、水戸では「乙丑」を「己丑」の誤りと判断しながらも、「蓋」と慎重な姿勢をとるのである。それはともかくも新訂増補国史大系本はこの水戸の校訂と共に集解の三月説を記してゐるのであるが、小学館新編日本古典文学全集本では、

二月に乙丑はないので、「三月乙卯朔、乙丑」とすべきか（『集解』ほか）[9]

とのみ記し、「己丑」説には触れられてゐない。

第五には（ノ）条についてである。「本紀」は羽島の再度の百済派遣を「十月」としてゐるのであるが、十月は羽島

の帰国報告が行はれた時期である。「本紀」はこの直前に「百済王不㆑聴」と記してゐるが、之がその報告内容であり、羽島の再派遣は「紀」では「是歳」となつてゐるのである。「本紀」がこれを「冬十月」としたのは、報告が十月であるところから、直ちに再派遣されたものと解して記したものと考へられるが、この部分は、

冬十月、羽島帰国報告す。復た羽島を彊に使はし

とでも書すべきところであつたところであらう。

2、用明天皇本紀

第一には(ヘ)条である。「本紀」を再掲すると次のやうである。

夏五月、穴穂部皇子陰謀㆓不軌㆒、殺㆓三輪逆㆒

ここに記されてゐる穴穂部皇子の「不軌」といふのは皇子が炊屋姫皇后を姧さうとして、殯宮に入らうとして三輪君逆に阻止されたことから、物部守屋に命じて三輪君逆を殺害せしめた内容であり、「紀」では詳細に記されてゐる。それを「本紀」がこのやうに簡略に記したのは、三輪君逆殺害そのものは穴穂部皇子の私怨によるものであることから、「本紀」に記す必要のない事柄であることが一つの理由である。しかしながら、その内容は炊屋姫皇后（推古天皇）に関する事柄でもあるところから記すことにしたものと考へられる。しかしながら、その内容をあからさまに記すことは炊屋姫皇后の名誉にも関する事柄であるところから単に「陰謀㆓不軌㆒」と記したものと考へられる。

第二には(ト)条の「引㆑僧入㆑宮」つたのを馬子としてゐる点である。「本紀」の記述は、

蘇我馬子賛㆓成詔旨㆒、引㆑僧入㆑宮、

とあり、馬子が僧を引き入れたことは明瞭である。ところが「紀」は、

於㆑是皇弟皇子（皇弟皇子者穴穂部皇子。即天皇庶弟。）引㆓豊国法師㆒（闕㆑名也。）入㆓於内裏㆒。

とあり、豊国法師を内裏に引き入れたのは「皇弟皇子」であるとし、その「皇弟皇子」とは穴穂部皇子であると註してゐるのである。「本紀」がこの「紀」の記述を無視して馬子としたのには理由がなければならない。それは穴穂部皇子の動静と関係するからである。則ち穴穂部皇子は小姉君の所生であるが、以後名前の見えるのは①用明天皇元年五月条の三輪君逆殺害の件、②二年四月条の豊国法師を内裏に引き入れた件、③崇峻天皇即位前紀の守屋による穴穂部皇子擁立と誅殺の三件である。①に於いて穴穂部皇子は、逆を殺害しようとして守屋と共に磐余の池辺を囲み、次いで守屋に命じて逆を殺させたのである。これに対し馬子はその行動を諫める立場で記されてをり、その結末により皇后と馬子は「倶発㆓恨於穴穂部皇子㆒也」と「紀」は記してゐるのである。それに対し②は馬子と穴穂部皇子は崇仏派として一体となつてゐることになる。しかるに③では廃仏派の守屋が穴穂部皇子を天皇に擁立しようとしてゐるのであり、それに対し馬子は軍勢を差し向けて穴穂部皇子を誅殺してゐるのである。これら三の記事では①と③は穴穂部皇子と守屋は一体である。といふことは穴穂部皇子もまた廃仏派と認識されてゐたとみてよいのである。その穴穂部皇子が②の時のみ崇仏派に転じるといふことは考へられないことである（万一崇仏派に転じたとするならば、守屋との関係はその時点で終了したとみられ、その後も関係が続行し、守屋が穴穂部皇子を天皇に擁立しようとすることはあり得ないであらう）。以上の点を考慮して「本紀」は僧侶を引き入れたのは穴穂部皇子ではなく馬子自身と結論付けたものと考へられる。殊に「紀」は本文では「皇弟皇子」となつてをり、穴穂部皇子は註記であるところころから「紀」に従はず馬子としたものと考へられる。但し、このことは註記するべきであつたらう。

3、崇峻天皇本紀

第一には(ヌ)条の百済から献上された僧の数を「僧九人」と記してゐる点である。「紀」のこの部分を掲載すると次の通りである。

是歳。百済国遣二使并僧恵揔。令斤。恵寔等一。献二仏舎利一。百済国遣下二恩率首信。徳率蓋文。那率福富味身等一進上レ調。并献二仏舎利。僧聆照律師。令威。恵衆。恵宿。道厳。令開等。(以下寺工等略)一。

ここに記されてゐる僧の数は九名であり「本紀」が「僧九人」と記したのは正しいやうに見られるのであるが、この「紀」の文は、同一の事柄を記した二種の史料を並列したものではないかと考へられるのである。といふのは、両者共に使者の来朝に合はせて僧等の献上という形式の文であることに加へ、恵揔と恵衆、恵寔と恵宿、令斤と令開は同一人ではないかと考へられるからである[10]。しかしながら「本紀」編纂時の史学の研究段階に於いては、そのやうなところまで求めること自体無理であり、「本紀」は「紀」を忠実に要約してゐるとしてよいであらう。

第二には(ワ)条についてである。則ち「紀」では、

思三欲建二任那一。

また、

可レ建二任那官家一。

と記されてゐるのであり、その意味する所は任那復興といふことである。「本紀」はそれを、

封二任那一、

としてゐる。「封」には『大漢和辞典』に依るに、一、領地・二、ほうずる・三、さかひ・四、さかひする・五、つく。土を盛る、六、つか・七、高山の頂に土を盛り壇を築いて天に告祭する儀式・八、つちかふ・九、つく・十、つち・十一、ひろい。ひろめる・十二、たかい。たかめる・十三、くに以下多くの意味が記されてゐる。[11]それらの中で「本紀」が考へた意味は一または十三ではないかと考へられるが、「紀」のやうに、

建㆓任那㆒。

としたはうが意味は分かりやすかつたのではないかと思はれる。

第三には(カ)条の二名の名前についての校訂である。すなはち巨勢比良夫、狭臣について「本紀」は、

聖徳太子伝暦、作㆓巨勢臣猿㆒、而無㆓比良夫三字㆒、

と記してゐるが、新訂増補国史大系本は頭註に、

臣比良夫、寮本北本及紀略无、伝暦拾遺記无比良夫、○狭臣、寮本狭字下追書子字、北本及紀略作猿臣、伝暦拾遺記作猿一字、集解通釈作膳臣、今暫仍旧[12]

と記してゐる。新訂増補国史大系本は伝本その他で相違があり、決定できないとして「今暫仍旧」としてゐるのである。「本紀」は『聖徳太子伝暦』のみを挙げてゐるが、結局判断する事無く元のままにして註記したのである。ちなみに小学館新編日本古典文学全集本は、「巨勢猿臣」とし、欽明天皇紀三十七年七月是月条の頭註に於いて、

「巨勢臣猿」とも。（中略）巨勢臣猿は崇峻四年十一月に四人の大将軍の一人として筑紫に出陣推古三年七月に帰還[13]。

と註記してゐるが、推古天皇紀三年七月条は、

秋七月。将軍等至㆑自㆓筑紫㆒。

とあるのであつて将軍名は記されてゐないのである。といふことは崇峻天皇四年筑紫に派遣された巨勢臣が、果たして「猿」であつたのか、または「比良夫」であつたのかは不明といはざるを得ないのであり、小学館新編日本古典文学全集本のやうに「猿」と断定することは問題としなければならないのであり、この場合は「本紀」や新訂増補国史大系本のやうに底本に従つておいて、異説は註記するといふ姿勢に徹すべきであり、「本紀」の私見を差し挟まないといふ態度のよく示された部分である。

ところが吉士磐金については、

磐金本書無二磐字一、拠二推古紀一補レ之、

と註してゐるのである。これは推古天皇紀五年条に、

冬十一月癸酉朔甲子。遣二吉士磐金於新羅一。六年夏四月。難波吉士磐金至レ自二新羅一而献二鵲二隻一。

とあるのに由りて、「磐」字を補つてゐるのである。しかし、敏達天皇紀四年条に、

夏四月乙酉朔庚寅。遣下二吉士金子一使中於新羅上。吉士木蓮子使二於任那一。吉士訳語彦使二於百済一。

ともあり、崇峻天皇四年記の吉士金を直ちに誤りとすることはできないのではないかと考へられる（恐らく吉士金子と吉士金、吉士磐金は同一人の表記上の相異と見てよいと思はれる）。「本紀」としては「磐金」を註記するのが穏当ではなかつたかと考へられる。

第四には(タ)条が弑逆の事実を記してゐない点であるが、安康天皇本紀に於いても、

三年丙申、秋八月、眉輪王有レ怨二天皇一、九日壬辰、天皇行二幸山宮一、暴崩、

とあり、眉輪王による殺害とは記してゐないのであり、崇峻天皇の場合も同様に弑逆のことは記さなかつたものと考へられるのである。但し『大日本史』は巻二百三十一に「逆臣伝」を設けて、

天朝不業隆煕、風化淳美、二千年間、絶無㆓触瑟之虞㆒、敢行㆓弑逆㆒者、唯眉輪王蘇我馬子二人而已、

と記し、馬子を「逆臣伝」に載せ、

竊使㆓東漢直駒行㆒㆑弑、

と、その事実を直書してゐるのであり、「本紀」に記してゐないのは、天皇が臣下に弑逆されたことは、天皇の権威に拘はるところから記さなかつたものと考へられるのである。

むすび

『大日本史』の敏達・用明・崇峻天皇本紀の記述について三節にわたつて検討を加へてきたが、「本紀」の記述は概ね「紀」を忠実に要約して記述してゐるといつてよく、それは他の「本紀」と変はるところはない。また省略してゐる部分についても第二節に於いて述べたやうに、それぞれ理由の存するものである。が、一部には第三節に於いて述べたやうに検討するべき点も存在してゐる。

その中に於いて、敏達天皇の立太子の時期についての判断、また用明天皇の仏法帰依に際し僧を宮中に入れた人物を蘇我馬子とした点など「本紀」の記述が妥当であらうと考へられるものや、敏達天皇四年二月乙丑を己丑の誤りと判断しながらも本文は訂せずに「蓋」と註記するに留めるといふ慎重な姿勢をとつてゐる場合がある半面、老女子をその「更名」と混同して「老女君」と記したり、敏達天皇十二年の羽島の百済再派遣を「紀」が「是歳」としてゐるのを十月とするなどの失考と見られる部分も見られる。

が、それよりも「本紀」の特徴として挙げられるのは、敏達天皇二年条の吉備海部直難波偽報告記事の記載を省略したり、用明天皇即位前紀の穴穂部皇子の不軌記事を簡略にし、崇峻天皇弑逆の事実を記さず、「暴崩」とのみ記してゐるやうに、炊屋姫皇后の名誉に関することや、天皇の権威に関する事柄については、簡略な記事としたり記さないことにしてゐることである。が、これはそれを隠蔽するといふことではなく、馬子の為に「逆臣伝」を設けて記すなどのことをしてゐるのであり、飽くまでも天皇の権威を維持するために「本紀」では簡略にしたり記さなかつたりしたのである。

補註

(1)『大日本史』は昭和三年十月発行の大日本雄弁会本による。

(2)『日本書紀』は新訂増補国史大系本に拠るが、以下頁数は省略する。

(3)『旧事本紀』は、鎌田純一氏著『先代舊事本紀の研究　校本の部』による。同書一五一頁。

(4)鎌田純一氏前掲書二九二頁

(5)新訂増補国史大系第一巻下『日本書紀』後篇一二二頁は、その頭註において、

　午、原作子、今従水校本及び集解類史（細註略）旧紀

と記してゐる。但し小学館新編日本古典文学全集本は何ら註記されてゐない。

(6)新訂増補国史大系第一巻下『日本書紀』後篇一三一頁。なほ小学館新編日本古典文学全集本は何ら註記せずに「十一月」としてゐる。

(7)鎌田純一氏前掲書一五一頁。

(8)新訂増補国史大系第一巻下『日本書紀』後篇一〇六頁。

(9)小学館新編日本古典文学全集『日本書紀』②四七四頁頭註四。

(10)小学館新編日本古典文学全集『日本書紀』②五一九頁頭註一〇・一七・一八・二〇参照。

(11)『大漢和辞典』第四巻六頁。

(12) 新訂増補国史大系第一巻下『日本書紀』後篇一三一頁。

(13) 小学館新編日本古典文学全集『日本書紀』②四五八頁頭註七。

第十四章　推古天皇本紀

第一節　推古天皇本紀の記述

本章に於いて扱ふ「推古天皇本紀」[1]の執筆者は明らかではないが、その記述状況を把握していくことにしよう。

2、本条は「紀」の要約である。「崇峻帝崩」の部分は「紀」では、

天皇為二大臣馬子宿禰一見レ殺。[2]

とあるのを「崩」としたものであるが[3]、これは弑逆の事実を記すことは天皇の権威に拘はるところから変へたものである。

3、本条は要約文であり、即位記事に和風諡号を記すのは「本紀」の通例である。但し「本紀」はこの文に、

按本書、天皇年十八、立為二皇后一、三十四敏達帝崩、三十九崇峻帝崩、又天皇崩下註云、七十五、今推二干支一数レ之、前後年紀自相反、蓋有二一誤一、故今不レ書、皇代畧記曰欽明帝十七年丙子生、敏達帝五年為二皇后一、年

十九、皇年代畧記、丙子歳生、二十一為二皇后一、三十七即位、水鏡、愚管鈔、帝王編年記並即位三十八、亦不レ取、

との註記をしてゐる。これについては83条と合はせて第三節に於いて述べることにしよう。

4、本条は、

大臣以下公卿補任

と註記されてゐるやうに『公卿補任』により記されたものである。

7、本条は仏法興隆の詔であり、「仏教」は「紀」では「三宝」となつてゐるのを改めたものであり、「蘇我馬子」を加へたものである。後半の部分は要約文である。

8、本条は「紀」の要約・趣意文であるが、「恵慈来」は、「紀」の「帰化」を変更したものであるが、その理由については第三節に於いて述べることにしよう。

12、本条は「紀」と変はらない。但しその日付に、

今推二干支一、是月癸酉朔、無二甲子一、蓋甲午之訛、甲午二十二日也、

と註記してゐる。新訂増補国史大系本は頭註に於いて、

甲子、水校本云推干支蓋甲午之誤乎。(4)

と記すのみであるが、小学館新編日本古典文学全集本は、本文を「甲午」に訂し、頭註に於いて、

底本及び諸本「甲子」であるが、癸酉の朔ならば「甲午」は五十二《ママ》日になる。『集解』が「甲午」に訂したのに従う。(5)

と記してゐる。

17、本条は趣意文であるが、「本紀」は　境部臣・穂積臣について、

境部臣、穂積臣、並名闕、

と註してゐる。これは「紀」の註が、

並闕レ名。

としてゐるのを忠実に記したものである。

18、本条は「紀」と殆ど変はらないが、「救二任那一」は「紀」が、

詔之曰。急救二任那一。

と記されてゐるところを、任那救援の事実として記したものである。

22、本条の前半は一部文字を変更したのみであるが、後半の「討二新羅一」の部分は「紀」では単に「授」とあるのみである。この点については第三節に於いて述べることにしよう。

25、本条は殆ど変はらないが、「来帰」を「帰化」と改めてゐる。この点については第三節に於いて述べることにしよう。なほ「本紀」は「閏月」の場合は、本条のやうに前条に月が記されてゐる場合は略するのを通例としてをり、本条も略されてゐる。

32、本条は「紀」が、

改二朝礼一。

としてゐるのを変へたものである。

35、本条は「紀」の要約文であるが、「毎歳以為レ常」は「本紀」が補つたものである。

39、本条は「隋」以外「紀」と変はらない。この事について「本紀」は、

本書自レ是以下、隋皆書レ唐、旧事紀拠レ此為二遣唐使之始一、按是年隋大業三年、隋書亦載二我遣使一、明年、遣二裴世清一来、皆與二本書一合、二十六年、書レ隋為レ得、神皇正統記亦称二遣隋大使一、故今悉改書レ隋、

と註記してゐる。この点については第三節に於いて述べることにしよう。

40、本条は要約文であるが、「冬」に註して、

聖徳太子伝暦、有二十月二字一、

と『聖徳太子伝暦』の説を記し、さらに「菅原池」の後ろには、

太子伝暦、別有二三立、山田、剣三池一、凡七所、

さらに「依網池」の後には、

太子伝暦、別有二大津、安宿二池一、凡四所、

との註を記してゐる。

41、本条は「紀」と殆ど変はらないが、「隋」は「紀」では「大唐」とあるのを正したものであることは（39）条と同様である。

43、本条は要約文であり、「世清」は「唐客」を名前に変へたものであり、太線は「本紀」の補ひである。

48、本条は「化来」を「投化」に変へたのみで他は変はらない。が、「本紀」はこれに、

旧事記曰、是年以二物部鎌足姫大刀自一為二参政一、

といふ註を記してゐる。これは『旧事本紀』巻五「天孫本紀」[6]と巻九「帝皇本紀」[7]に記されてゐるところから註記したものである。

49、本条は「紀」の要約であり、「百済人八十五人」は「紀」に、

僧(中略)一十人。俗人七十五人。

とあるところからこのやうに纏めたものであり、「送還」は「送」を変更したものである。

60、本条は「大唐」を「隋」に訂正してゐる以外変はらない。但し「本紀」は、

矢田部造名闕、○旧事紀曰、以二大仁矢田部御嬬一為二大使一、大礼犬上御田鍬為二小使一、又云、是日、物部志佐古為二大連一、

の註記を記してゐる。この内「矢田部造名闕」は「紀」の記してゐる通りに記したものである。対して「旧事紀曰」以下は、『旧事本紀』巻九「帝皇本紀」により記したものである[8]。

63、本条の前半は省略文であるが、後半の「是歳掖玖人来」は「紀」では三月、五月、七月条に合はせて三十人の来朝が記されてゐるのを纏めたものである。

66、本条の前半は要約であり、後半の「献二隋俘及駱駝器物一」は高麗使の言を基に記されたものである。

71、本条は「雞尾」以外「紀」と変はらない。「本紀」はそれについて、

雞本書作レ碓、今従二聖徳太子伝暦一、

と註記してゐるが、この点については第三節に於いて述べることにしよう。

72、本条は「蘇我馬子」を補つてゐる以外変はらない。「本紀」はこの文に続けて、

旧事紀曰、二月甲辰、皇太子及蘇我馬子奉勅、録二先代旧事天皇紀一、余與二本書之文一同、按今所レ行旧事紀、後人依託、非二当時旧本一也、

と記し、現存の『旧事本紀』は後人の仮託、即ち偽書であると断言するのである[9]。

73、本条は「紀」の要約文であるが、薨去の事実のみを記してゐる。「皇太子」の部分は「紀」が「厩戸豊聡耳皇子

命」とあるところを変へたものである。そして「本紀」は、

按水鏡、皇胤紹運録、一代要記、帝王編年記、並作二二十二日一、今天王寺以二二十二日一為二忌日一、修二聖霊会一、又按二法隆寺金堂釈迦仏銘文、上宮法王帝説、聖徳太子伝補闕記一並云、壬午歳、二月二十二日薨、與二本書一差二一年一、聖徳太子伝暦、年月與二本書一同、而不レ日、註云、一説壬午歳者誤也、然銘文当時所レ鐫、未レ可二全非一、今姑従二本書旧文一、

と註記してゐる。聖徳太子の薨去の年月日については「紀」とその他とでは相違してゐるところから、このやうな註記がなされたのであるが、第三節に於いて述べることにしよう。

74、本条は、

冬十二月以下、法隆寺金堂釈迦仏銘文、二十一日癸酉、拠二法王帝説一、

と註してゐるやうに、「法隆寺金堂釈迦像銘」と『上宮聖徳法王帝説』により記されたものである。

75、本条の「貢調」は「紀」が「朝貢」としてゐるのを変更したものである。また「始上表」の部分は「紀」が、

凡新羅上表。蓋始起二于此時一歟。

と記してゐるのを、事実と断定して記したものである。

76、本条は「紀」の要約文であり、一部文字を変更したり加へてゐる部分がある。なほ後半の慧斉等の帰国記事については「渡唐」とでもあるか、または「来」を「還」とでもしたはうが意味は通じ易くなつたと思はれる。（その点は「紀」も同様であるが）

80、本条は「紀」の趣意文である。但し「本紀」は「四月戊申」に、

今推二本年月日干支一、当三移二在三十一年一、然本書及諸書、皆別為二三十二年一、故不二遽改一、姑存二旧文一

と註記してゐる。この点については第三節に於いて述べることにしよう。

85、本条は「紀」の省略文である。但し「春正月戊寅」に註して、

本書曰、春正月壬申朔、戊寅、今推㆑之、干支不㆑合。蓋誤㆓三十二年㆒、為㆓三十三年㆒。今姑従㆓旧文㆒。

と記してゐる。この点については第三節に於いて述べることにしよう。また「貢㆓僧慧灌㆒」に続けて、

元亨釈書曰、是歳夏旱、

と註記してゐる。

89、本条は、

是歳以下、公卿補任、愚管鈔、一代要記

と記されてゐるやうに、『公卿補任』等によつて記されたものである。

94、本条の崩御記事は「紀」と変はらないが、「遺詔～葬之」は九月戊子条によつて記された要約文である。また「殯㆓于南庭㆒」は癸丑条により記されてゐる。「本紀」は崩御記事に続けて、

本書註、時年七十五、水鏡、皇胤紹運録、皇代畧紀、皇年代畧記、愚管鈔、一代要記並曰、七十三、今従㆓皇代畧紀丙子歳誕生㆒算㆑之、則実為㆓七十三㆒、従㆓本書十八歳立為㆘皇后㆖之、文㆒、則七十六也、未㆑知㆓孰是㆒、

と記してゐる。これについては第三節に於いて述べることにする。

95、本条は「紀」の要約であり、「雨」は「零」を変へただけである。なほ「本紀」は「四月辛卯」の後ろに、

本書曰、夏四月壬午朔、今推㆓甲子㆒、四月丁丑朔、蓋有㆓錯誤㆒、

と註記してゐる。この点については第三節に於いて述べることにしよう。

96、本条は「雹零」を「雨雹」に変更してゐるのみであるが、日付が無い点については第三節に於いて述べることに

しよう。

98、本条は「竹田皇子之陵」を竹田陵と略してゐるのみであるが、「本紀」は続けて、

本書曰、秋九月己巳朔、今推㆓甲子㆒、九月乙巳朔、無㆓戊子㆒、壬辰、必有㆓錯誤㆒、凡書㆓葬地㆒不㆑日、而書㆓於嗣帝紀㆒、然当㆓是時㆒、皇嗣未㆑定、無㆑所㆓係属㆒、故書㆓于此㆒、按古事記、御陵在㆓大野岡上㆒、後遷㆓科長大陵㆒、延喜式曰、磯長山田陵、

と註記してゐる。この註記は①干支に関すること、②葬送記事日付記載のこと、③葬送記事記載理由、④「記」『延喜式』記事といふ内容である。この中で③については「本紀」が通例として記してゐるもので問題はない。また④についてもその理由が明瞭であり、問題とする必要はない。が、①と②については第三節に於いて検討することにしよう。

第二節　推古天皇紀と推古天皇本紀との比較

前節に於いては、推古天皇本紀の記述について見てきたが、次に資料篇の比較表に基づき推古天皇紀との比較をしていくことにしよう。

「紀」と「本紀」を比較するに、表の如くその殆どは「紀」の項目を忠実に記してゐることが理解される。しかし若干相違するところも存在する。以下それらについて見て行くことにしよう。

第一には元年条の法興寺建立関係記事及び四天王寺建立記事が記されてゐない点であるが、これは法興寺や四天王

寺は蘇我氏や聖徳太子により私的に建立されたものであるところから「本紀」では記載されなかつたものである。が、そのやうに解釈すると四年条の法興寺竣工記事が記載されてゐることと矛盾するとの指摘がなされることにならう。しかし四年条の竣工記事は単に竣工のみを記したものではなく、「紀」に、

　則以二大臣男善徳臣一拝二寺司一

とあるやうに「寺司」の任命がなされたために「本紀」も、

　以二蘇我善徳一為二寺司一、

と記してゐるのであり、その任命を記す必要から竣工の事実も記載したものと考へられるのである。

　第二には厩戸皇子の系譜関係記事が記載されてゐない点であるが、これは列伝に記載されてゐるところから「本紀」には記載されなかつたものである。

　第三には太歳記事が略されてゐる点であるが、これは従前より指摘してゐるやうに「本紀」が歳の干支を記載する方針であるところから、特に太歳として干支を記載する必要が無いところから略されたものである。

　第四には三年条の沈水漂着記事が略されてゐる点であるが、これは第三節に於いて述べることにしよう。

　第五には九年条の斑鳩宮建設記事であるが、これは皇太子の私的行為と見て記載しなかつたものと判断される。その為に十三年条の斑鳩宮居住記事も略されたものと考へられるのである。

　第六には十年条の来目皇子筑紫到着記事であるが、是は翌年二月に皇子の薨去記事が存在し、そこでは、

　来目皇子薨二於筑紫一

とあるところから、以前に筑紫に到着してゐることが明らかであるところから略されたものと考へてよいであらう。

　第七には十二年条の黄書画師・山背画師制定記事が記されてゐない点であるが、何故に「本紀」が記載しなかつた

のかは不明である。

第八には十四年条の坂田尼寺開創記事が記載されなかつた点であるが、坂田尼寺は鞍作鳥が天皇から給はつた水田二十町で「為二天皇一」に創つた寺であり、その主体者は鞍作鳥であるところから省略されたものである。

第九には皇太子法華経講説記事が略されてゐる点であるが、これについては第三節に於いて検討することにしよう。

第十には二十年条の百済人来日（含味摩帰化）記事が略されてゐる点であるが、その理由は明らかでない。

第十一には二十一年条の太子片岡遊行記事が記されてゐないのは、これは太子に関することであるから記されなかつたのであり、二十二年条の蘇我馬子罹病記事が略されてゐるのも馬子の私的なことであるから略されたものである。

第十二には二十三年条の百済客饗記事が無い点であるが、その理由は明らかではない。

第十三には同年条の高麗僧恵慈の帰国記事である。「本紀」がこれを略したのは高麗僧の私的行動であるところから省略したものと考へられる。

第十四には二十六年条の河辺臣造船記事が略されてゐる点であるが、これについては第三節に於いて述べることにしよう。

第十五には二十九年条の皇太子葬送記事が略されてゐることであるが、葬送は皇太子に関する事柄であるところから略されたものである。

その他「本紀」に記載はされてゐるものの記事内容が「紀」と比較して至つて簡単にされてゐるところがある。が、それらは事実の説明に当たるもの（冠位十二階の内容、憲法十七条の内容、蘇我馬子の人となり）、事実の一部分（国書の内容、道人元興寺居住、贈答歌）であり、問題となるものではない。

第三節　推古天皇本紀の検討

第一には(3)条及び(84)条の註記についてである。(3)条の註記を再掲すると次のやうである。

按本書、天皇年十八、立為二皇后一、三十四敏達帝崩、三十九崇峻帝崩、又天皇崩下註云、七十五、今推二干支一数レ之、前後年紀自相反、蓋有二一誤一、故今不レ書、皇代畧紀曰欽明帝十七年丙子生、敏達帝五年為二皇后一、年十九、皇年代畧記、丙子歳生、二十一為二皇后一、三十七即位、水鏡、愚管鈔、帝王編年記並即位三十八、亦不レ取、

この註記は、「紀」では十八歳にして敏達天皇の皇后となり、三十四歳の時に敏達天皇の崩御に遇ひ、三十九歳の時に崇峻天皇が崩御されたと記されてゐるのであるが、その立后は敏達天皇五年のことである。敏達天皇五年に十八歳であつたとすれば、敏達天皇崩御の時には二十七歳であり、崇峻天皇崩御時には三十四歳の筈である。また推古天皇紀三十六年条には、

時年七十五。

と註されてゐるのであり、これを基準として逆算すれば立后時の年齢は二十三歳となるのであり、敏達天皇崩御の時には三十二歳、崇峻天皇崩御時には三十九歳となるのであり、崩御時の年齢を基準とした場合、崇峻天皇崩御時の年齢のみが即位前紀の年齢と一致することになるのである。それ故に「本紀」は、

今推二干支一数レ之、前後年紀自相反、蓋有二一誤一、故今不レ書、

として、その即位時の年齢を記さない理由を明記するのである。さらに『皇代略記』以下の書に記されてゐる年齢も

それぞれに齟齬してゐるのである。また(94)条の註記は次の通りである。

本書註、時年七十五、水鏡、皇胤紹運録、皇代畧紀、皇年代畧記、愚管鈔、一代要記、並曰、七十三一今従二皇代畧紀丙子歳誕生一算レ之、則実為二七十三一、従二本書十八才立為下皇后上之、文一則七十六也、未レ知二孰是一

「本紀」は『水鏡』以下の諸書ではその崩御時の年齢を七十三歳としてをり、「紀」即位前紀の立后時の年齢十八歳を基準とすれば七十六歳となると記すのである。

今「紀」を含めて諸説を表にすれば次の通りである。

	誕生	立后	敏達天皇崩御	崇峻天皇崩御	崩御
即位前紀	（欽明天皇二十年）	十八歳	（二十七歳）	（三十四歳）	七十歳註①
	（欽明天皇十三年）	（二十五歳）	三十四歳	（四十一歳）	（七十七歳）
	（欽明天皇十五年）	（二十三歳）	（三十二歳）	三十九歳	（七十五歳）
崩御記事	（欽明天皇十五年）	（二十三歳）	（三十二歳）	三十九歳	七十五歳
皇代略記	欽明天皇十七年丙子	（二十一歳）	（三十歳）	（三十七歳）	七十三歳
	欽明天皇十七年丙子	十九歳	（二十八歳）	（三十五歳）	（七十一歳）
皇年代略記	欽明天皇十七年丙子	二十一歳	（三十歳）	三十七歳	七十三歳
水鏡他	（欽明天皇十六年）	（二十二歳）	（三十一歳）	三十八歳	七十四歳註②

註①　「紀」の立后十八歳を基準とすると崩御は七十歳となる。「本紀」が七十六歳とするは誤り。

註②　『水鏡』は天皇即位時の年齢を三十八歳としてゐるのであり、それよりすれば七十四歳となる。然るに七十三歳とするのは即位の歳を元年と誤認したためであらう。

表を見れば明らかなやうに、『皇代略記』以下の諸書に記されてゐる年齢もそれぞれ相違してゐるのであり、何れ

が是か判断することは不可能である。その為に「本紀」は、

亦不㆑取、

と、その年齢を確定せず、即位時の年齢を記さなかつたのである。「本紀」の慎重な態度の表明された部分である。

第二には(8)条の恵慈の来朝について「紀」が「帰化」としてゐるところを「来」に変更してゐることである。恵慈は三年五月に来朝し、以後聖徳太子の仏教の師となると共に「三宝之棟梁」として活躍したが、二十三年十一月に高麗へ帰つた。その後聖徳太子の薨去を聞き、翌年の同じ日に死ぬことを誓ひ、その通りに亡くなつたとされてゐる。則ち恵慈は帰化したのではないところから「本紀」は厳密に「来」としたのであり、「本紀」の記述に対する厳格さの窺はれるところである。

第三には(22)条である。「紀」では「授」とあるのみであるところを、「本紀」は「率㆓兵二万五千㆒討㆓新羅㆒」と二重線のやうに記してゐる点である。兵が授けられた目的は新羅を討つことであるから「本紀」のやうに記しても何ら不思議ではないやうにも考へられるが、事実としては来目皇子は筑紫に於いて病に罹り、征討することはできずに、翌十一年二月に筑紫で薨去されたのである。この事実からいふならば「本紀」の記述は不十分といふか書き過ぎといはざるを得ないであらう。例へば、

新羅を討たしむ

と記述すれば事実の記載となつたと考へられる。

第四には(25)条の「来帰」を「帰化」としてゐる点であるが、「来帰」の意味としては『大漢和辞典』には、

①帰ってくる。②来たり属する。来たり集まる。③離婚せられて実家へ帰る。[10]

の意味が記されてゐる。(25)条の「来帰」の意味としては②が当てはまることになるところから「本紀」は「帰化」

と記したのであり、誤りとはいへない。が、この隆と雲聡は他に見えないのであり、真に帰化したものか、単に来朝したものか明確でない。その点からすれば、この場合は「紀」に従つて「来帰」のままにしておいて良かつたのではないだらうか。

第五には(39)条の註記についてである。「本紀」の註記を再掲すれば次の如くである。

本書自レ是以下、隋皆書レ唐、旧事紀拠レ此為二遣唐使之始一、按是年隋大業三年、隋書亦載二我遣使一、明年、遣二裴世清一来、皆與二本書一合、二十六年、書レ隋為レ得、神皇正統記亦称二遣隋大使一、故今悉改書レ隋、

この註記に記されてゐるやうに「紀」は「隋」と記すべきところを「大唐」と記してゐるのである。そして『旧事本紀』は、

此遣レ唐之始也[11]。

と記してゐるのである。しかしながら唐の建国は推古天皇二十六年（西暦六一八）のことであり、十五年は隋の大業三年に当たるのであり、しかも『隋書』にも、

大業三年、其王多利思比孤、遣レ使朝貢[12]。（以下略）

との有名な記事が記載されてゐるのであり、此の時の派遣先が唐でなく隋であることは明白である。また推古天皇紀二十六年条には高麗の使者の言として、

隋煬帝興二卅万衆一攻レ我。返之為レ我所レ破。

とあるところから、「本紀」は、

故今悉改書レ隋、

と記すのであるが的確な記述といつてよいであらう。

第六には(71)条の雞字についてである。「本紀」は、

　雞本書作レ碓、今従二聖徳太子伝暦一、

と註記して鶏字にしてゐるが、新訂増補国史大系本は頭註に、

　雉、原作碓、伝暦作鶏、今従岩本傍書中本壺本(13)

と記し、「雉」としてゐる。また小学館新編日本古典文学全集本も同様に「雉」としてゐる。この文字の校訂として何れが是かは簡単に結論することはできないのであり、「本紀」が『聖徳太子伝暦』に従つて「雞」としたことは一つの見識と見てよいであらう。

第七には(73)条の聖徳太子の薨去についての註記である。「本紀」の註記は次の通りである。

　按水鏡、皇胤紹運録、一代要記、帝王編年記、並作二二十二日一、今天王寺以二二十二日一為二忌日一、修二聖霊会一、又按二法隆寺金堂釈迦仏銘文、上宮法王帝説、聖徳太子伝補闕記一並云、壬午歳、二月二十二日薨、與二本書一差二一年一、聖徳太子伝暦、年月與二本書一同、而不レ日、註云、一説壬午歳者誤也、然銘文当時所レ鐫、未レ可二全非一、今姑従二本書旧文一、

聖徳太子の薨去の年月日についての諸説を表にすれば次の通りである。

二十九年辛巳歳	二月	癸巳（五日）	推古天皇紀
		二十二日	水鏡・皇胤紹運録・一代要記・帝王編年記
		日付無し	聖徳太子伝暦
三十年壬午歳	二月	二十二日	法隆寺金堂釈迦仏銘文・上宮法王帝説・聖徳太子伝補闕記 （「本紀」に記されていないもの） 天寿国繡帳銘・法起寺塔露盤銘

聖徳太子の薨去の年月日についてはこのやうな諸説に分かれるのであるが、今日では三十年壬午説が有力視されてゐる[14]が、「本紀」は『聖徳太子伝暦』がその註に於いて、

一説壬午歳者誤也、

と記してゐるところから、三十年説は否定すべきかとも考へられるものの、三十年説を唱へてゐる「法隆寺金堂釈迦像銘」について「銘文当時所レ鐫」であるところから「未レ可二全非一」と述べ、何れを是とすべきかの判断を保留し、

今姑従二本書旧文一

と「紀」の記載を記すことにしたことを表明するのである。「本紀」の慎重な態度の窺はれるところである。

第八には(80)条の註記である。その註記を再掲すると次の通りである。

今推二本年月日干支一、当三移在二三十一年一、然本書及諸書、皆別為二三十二年一、故不二遽改一、姑存二旧文一

この註記は「四月戊申」の干支が存するのは三十一年であり、三十二年には「四月戊申」が存しないのである。この点について新訂増補国史大系本は頭註に、

卅二年、岩本中ィ本二作一而岩本追傍書二、北本二作三而沫改傍書二、紀略作癸未卅一年、通證集解推長暦改卅一年、似是、今暫仍旧[15]

と記して三十二年のままにしてゐるのであるが、「本紀」も諸書が皆三十二年としてゐることを理由として「故不二遽改一、姑存二旧文一」と慎重な態度を維持してゐるのである。

第九には(85)条についてである。「本紀」はその註に於いて、

本書曰、春正月壬申朔、戊寅、今推レ之、干支不レ合、蓋誤二三十二年一、為二三十三年一、今姑従二旧文一

としてゐる。これは第八と関連する問題であるが、新訂増補国史大系本は頭註に、

卅三年、岩本中交本作卅二年、紀略作甲申卅二年、通證集解推長暦改卅二年、似是、今暫仍旧[16]

と記してゐるのであるが、「本紀」もまた第八同様「今姑従二旧文一」とそのままにしてゐるのである。やはり慎重な態度といつてよいであらう。

第十には(94)条の天皇崩御時の年齢についてであるが、これは第一に於いて述べてゐるので今は略すことにしよう。

第十一には(95)・(96)条についての問題である。則ち(95)条では、

本書曰、夏四月壬午朔、今推二甲子一、四月丁丑朔、蓋有二錯誤一

と註記してゐる。これは「紀」には、

夏四月壬午朔

と記されてゐるのであるが、「本紀」は四月は「四月丁丑朔」となる筈であるとして、

蓋有二錯誤一

と記して、「辛卯」の日付を記してゐないのである。(96)条の「壬辰」については特に註記はしてゐないが、前条と同じく四月の事であるところから註記を略したものである。

この点について新訂増補国史大系本は、「四月壬午朔」に註して、

壬午、集解通釈拠長暦改丁丑[17]

と記してゐるのであるが、訂正はせず、「本紀」と同一の態度を示してゐるのである。

第十二には(97)・(98)条についてである。「本紀」は(98)条の後に、

本書曰、秋九月己巳朔、今推二甲子一、九月乙巳朔、無二戊子一、壬辰一、必有二錯誤一、凡書二葬地一不レ日、而書二於嗣帝紀一、然当二是時一、皇嗣未レ定、無レ所二係属一、故書二于此一、按古事記、御陵在二大野岡上一、後遷二科長大陵一、延喜

式曰、磯長山田陵、

と註記してゐるが、第一節に於いて指摘しておいた①干支に関すること、②葬送記事日付記載のことが問題となる。

まづ①についてであるが、「本紀」は九月はその朔日は正しくは「乙巳」であり、「戊子」「壬辰」は存在しないとして、

必有二錯誤一

と記してゐるのであるが、新訂増補国史大系本は、「己巳」に註して、

己巳朔、水校本云按甲子九月乙巳朔而无戊子壬辰蓋八月也、集解通釈推暦改乙巳朔⑱

としてゐるのである。といふことは、水戸に於いてはその校本では九月を誤りとして八月と推定してゐるのであるが、「本紀」も九月は誤りと推測しながらも、慎重に「紀」の本文を変更することをしてゐないのである。

次いで②についてであるが、「本紀」は歴代天皇葬送記事を当代本紀と嗣帝本紀に記してゐるのであるが、神武天皇から推古天皇までの記し方を一覧にすると次のやうである。

天皇名	「紀」	「本紀」
神武天皇	明年（七十六年の翌年）九月丙寅 （十二日）	葬送年月日無し↓陵名のみ 綏靖天皇即位前紀↓丁丑歳九月十二日丙寅
綏靖天皇	葬送記事無し↓安寧天皇元年十月丙申	葬送年月日無し↓陵名のみ 安寧天皇元年十月十一日丙申
安寧天皇	葬送記事無し↓懿徳天皇元年八月丙午朔	葬送年月日無し↓陵名のみ 懿徳天皇元年八月丙午朔

懿徳天皇	葬送記事無し↓孝昭天皇即位前紀明年（三十四年の翌年）十月庚午	葬送年月日無し↓陵名のみ 孝昭天皇即位前紀↓明年乙丑十月十三日庚午
孝昭天皇	葬送記事無し↓孝安天皇三十八年八月己丑	葬送年月日無し↓陵名のみ 孝安天皇三十八年八月十四日己丑
孝安天皇	葬送記事無し↓孝霊天皇即位前紀百二年九月丙午	葬送年月日無し↓陵名のみ 孝霊天皇即位前紀↓百二年九月十三日丙午
孝霊天皇	葬送記事無し↓孝元天皇六年九月癸卯	葬送年月日無し↓陵名のみ 孝元天皇六年九月六日癸卯
孝元天皇	葬送記事無し↓開化天皇五年二月壬子	葬送年月日無し↓陵名のみ 開化天皇五年二月六日壬子
開化天皇	六十年十月乙卯	葬送年月日無し↓陵名のみ 崇神天皇即位前紀六十年十月三日乙卯
崇神天皇	明年（六十八年の翌年）八月甲寅	葬送年月日無し↓陵名のみ 垂仁天皇元年十月十一日癸丑
垂仁天皇	九十九年十二月壬子	葬送年月日無し↓陵名のみ 景行天皇即位前紀九十九年十二月十日壬子
景行天皇	葬送記事無し↓成務天皇二年十一月壬午	葬送年月日無し↓陵名のみ 成務天皇二年十一月十日壬午
成務天皇	葬送記事無し↓仲哀天皇即位前紀明年（六十年の翌年）九月丁酉	葬送年月日無し↓陵名のみ 仲哀天皇即位前紀明年九月六日丁酉
仲哀天皇	葬送記事無し↓神功皇后摂政二年十一月甲午	葬送年月日無し↓陵名のみ 応神天皇即位前紀壬午歳十一月八日甲午
応神天皇	葬送記事無し	葬送年月日無し↓陵名のみ

仁徳天皇	八十七年十月己丑	葬送年月日無し↓陵名のみ 履中天皇即位前紀八十七年十月七日己丑
履中天皇	六年十月壬子	葬送年月日無し↓陵名のみ 反正天皇即位前紀六年十月四日壬子
反正天皇	葬送記事無し↓允恭天皇五年十一月甲申	葬送年月日無し↓陵名のみ 允恭天皇五年十一月十一日甲申
允恭天皇	四十二年十月己卯	葬送年月日無し↓陵名のみ 安康天皇即位前紀四十二年十月十日己卯
安康天皇	三年↓三年後に葬送	葬送は三年後↓陵名あり
雄略天皇	葬送記事無し↓清寧天皇元年十月辛丑	葬送年月日無し↓陵名のみ 清寧天皇元年十月九日辛丑
清寧天皇	五年十一月戊寅	葬送年月日無し↓陵名のみ 顕宗天皇即位前紀十一月九日戊寅
顕宗天皇	葬送記事無し↓仁賢天皇元年十月己酉	葬送年月日無し↓陵名のみ 仁賢天皇元年十月三日己酉
仁賢天皇	十一年十月癸丑	葬送年月日無し↓陵名のみ 武烈天皇即位前紀十一年十月十一日戊子
武烈天皇	葬送記事無し↓継体天皇二年十月癸丑	葬送年月日無し↓陵名のみ 継体天皇二年十月十月三日癸丑
継体天皇	二十五年十二月庚子	葬送年月日無し↓陵名のみ 安閑天皇即位前紀二十五年十二月庚子
安閑天皇	二年十二月是月	葬送年月日無し↓陵名のみ 宣化天皇即位前紀二年十二月是月

宣化天皇	四年十一月丙寅	葬送年月日無し→陵名のみ 欽明天皇即位前紀四年十一月一七日丙寅
欽明天皇	三十二年九月	葬送年月日無し→陵名のみ 敏達天皇即位前紀三十二年九月
敏達天皇	葬送記事無し→崇峻天皇四年四月甲子	葬送年月日無し→陵名のみ 崇峻天皇四年四月十三日甲子
用明天皇	二年七月甲午	葬送年月日無し→陵名及び推古帝元年改葬記事 崇峻天皇即位前紀二年七月二一日甲午
崇峻天皇	五年十一月乙巳	是日葬送
推古天皇	三十六年九月壬辰	三十六年九月壬辰葬送→陵名あり

これを見れば明らかなやうに「本紀」は一部例外を除いて歴代天皇の崩御記事に続けて「葬二某陵一」と記すのみで、その葬送年月日は記してゐないのである。そしてその葬送年月日は嗣帝紀に於いて記すことにしてゐるのである。それ故に「本紀」は、

凡書二葬地一不レ日、

と註記するのである。これら歴代天皇の中で葬送時期を崩御記事に続けて記してゐるのは僅かに安康天皇・崇峻天皇・推古天皇の三例のみである。このうち安康天皇については「紀」は、

三年後。乃葬二菅原伏見陵一。

とあるのみで、雄略天皇紀にも葬送記事が無いところから、崩御記事に続けて記さざるを得なかつたために、

後三年葬二菅原伏見陵一、

と記したのであり、また崇峻天皇の場合も弑逆直後に葬られたのであり、葬送儀礼も伴はなかつたものであるから特に記されたものであり、この二つは特殊なことである。この二例に対して推古天皇の葬送の年月日を記したことについて、「本紀」は、

凡書二葬地一不レ日、而書二於嗣帝紀一、然当二是時一、皇嗣未レ定、無レ所二係属一、故書二于此一、

と説明するのである。則ちその葬送の九月段階では、推古天皇の後継については田村皇子と山背大兄王のどちらになるか決定されてゐない時期であるところから、「本紀」は崩御記事に続けて葬送記事を記すことにしたのである。「本紀」執筆に於ける配慮の表れといつてよいであらう。ちなみに後継天皇が決定したのは翌年正月のことであり、舒明天皇の即位は正月四日のことである。

次に第二節に於いて問題とした点について検討していくことにしよう。

第一には三年条の沈水漂着記事が「本紀」に記載されなかった点である。沈水は香木であり、それが漂着したことは祥瑞と判断されるべきものである。「本紀」は祥瑞と考へられる六年条の白鹿献上記事・二十四年条及び三十四年条の桃李記事・二十五年条の瓜生育記事は記してゐるに拘はらず、この記事を記してゐないのは「本紀」の見落としと考へてよいものであらう。

第二には十四年条の聖徳太子の法華経講説が「本紀」には記されてゐない点である。「紀」ではこの法華経講説の直前に勝鬘経講説が記されてゐる。則ち「紀」は、

秋七月。天皇請二皇太子一令レ講二勝鬘経一。三日。説竟之。

と記されてゐるのである。「紀」はこれに続けて、

是歳。皇太子亦講二法華経於岡本宮一。天皇大喜之。播磨国水田百町施二于皇太子一。因以納二于斑鳩寺一。

と記されてゐるのであり、「本紀」は前者のみを記し、後者は記載しなかつたのである。それは前者は「天皇請㆓皇太子㆒」とあるやうに天皇の意向によつて講説が行はれたのに対し、後者は聖徳太子が私的に行つたものであると判断したために記載しなかつたものと考へられる。

第三には二十六年条の河辺臣造船記事を「本紀」が記載しなかつた点である。「紀」は造船の経緯を詳述してゐるが、それは河辺臣に関することであるところから「本紀」は記載しなかつたと考へられるのであるが、「紀」は、

是歳。遣㆓河辺臣（註略）於安芸国㆒令㆑造㆑舶。

と最初に記されてゐるのであり、これは国家として河辺臣に造船を命じたものであることは明らかであるところから、「本紀」はこの記事は記載すべきであつたと考へられるのである。

むすび

『大日本史』の推古天皇本紀の記述について三節にわたつて検討を加へてきたが、「本紀」の記述は概ね「紀」を忠実に要約して記述してゐるといつてよく、それは他の「本紀」と変はるところはない。また省略してゐる部分についても第二節に於いて述べたやうに、それぞれ理由の存するものである。が、第三節に於いて述べたやうに一部記載すべき内容で記載されてゐない事項も存在してゐる。しかし「本紀」はその執筆に当たつては「紀」を盲信するのではなく、天皇の年齢や聖徳太子薨去年などのやうに十分検討を加へるとともに、確実な誤謬以外は疑問な部分を指摘しながらも、「紀」の記述に従ふといふ慎重な記述をしてゐるのである。

補註

(1)『大日本史』は昭和三年十月発行の大日本雄弁会本に拠る。
(2)『日本書紀』は新訂増補国史大系本に拠る。
(3)第四章参照。
(4)新訂増補国史大系第一巻下『日本書紀』後篇一三七頁。
(5)小学館新編日本古典文学全集『日本書紀』②五三四頁頭註一。
(6)『旧事本紀』は、鎌田純一氏著『先代舊事本紀の研究　校本の部』による。同書一五二頁。
(7)鎌田純一氏前掲書二九二頁。
(8)鎌田純一氏前掲書三〇〇頁。
(9)水戸における『旧事本紀』偽書説については、鎌田純一氏著『先代舊事本紀の研究　研究の部』を参照されたい。
(10)『大漢和辞典』第一巻七六〇頁。
(11)鎌田純一氏前掲書三〇〇頁。
(12)和田清・石原道博編訳『魏志倭人伝・後漢書倭伝・宋書倭国伝・隋書倭国伝』（岩波文庫）九〇頁。
(13)新訂増補国史大系第一巻下『日本書紀』後篇一五九頁。
(14)例へば坂本太郎氏は『聖徳太子』に於いて、

太子は推古天皇三十年壬午の年（六二二）二月二十二日薨去する。この年月日は、「法隆寺釈迦像光背銘」「天寿国繡帳銘」『上宮聖徳法王帝説』「法起寺塔露盤銘」『聖徳太子伝補闕記』等の一致して記す所で、まず間違いあるまい。（一九二頁）

と記してをり、また小学館新編日本古典文学全集『日本書紀』②五七六頁頭註七では、

「二十九年」は辛巳で、「天寿国繡帳銘」や「法隆寺金堂釈迦像銘」によると、孔部間人母王（太子の母）の薨じた年、太子はその翌三十年壬午年（六二二）二月二十二日薨じた（同上の二銘や「法起寺塔露盤銘」）ので、書紀の本条の薨年は誤りとすべきであろう。

と記してゐる。

(15) 新訂増補国史大系第一巻下『日本書紀』後篇一六四頁。
(16) 新訂増補国史大系第一巻下『日本書紀』後篇一六六頁。
(17) 新訂増補国史大系第一巻下『日本書紀』後篇一六七頁。
(18) 新訂増補国史大系第一巻下『日本書紀』後篇一六七頁。

第十五章　舒明・皇極天皇本紀

第一節　舒明・皇極天皇本紀の記述

最初に「舒明・皇極天皇本紀[1]」の記述状況を把握していくことにしよう。

1、舒明天皇本紀

1、本条は「紀[2]」の要約であるが、実名を即位前紀（推古天皇三十六年九月条）により記してゐる。

3、本条は「紀」の要約であり、天皇即位に註して、

皇年代略記、皇胤紹運録、一代要記等諸書並云、年三十七、水鏡云、年四十七、按本書享年闕、今無レ所レ取レ決、故不レ書、

と、天皇の即位時の年齢について『皇年代略記』以下の諸説を挙げ、

按本書享年闕、今無レ所レ取レ決、故不レ書、

と、「紀」に年齢の記載が無いところから根拠不明として「故不レ書」と明記するのである。「本紀」は続けて通例に従ひ和風諡号を記すのであるが、それに、

本書一説、呼二広額天皇一為二高市天皇一、按天皇初居二高市郡岡本宮一、蓋因レ此称レ之也、

と註記してゐる。これは皇極天皇紀二年九月壬午条の舒明天皇葬送記事に「或本云」として記されてゐるものを註記したものであるが、その呼称の理由を高市郡岡本宮の宮名に基くものと推定してゐるが、『万葉集』巻一の二番歌の題詞にも、

高市岡本宮御宇天皇代　息長足日広額天皇(3)

と記されてをり、「本紀」の推定は正しいものである。また「大臣蘇我蝦夷如レ故」は「本紀」の独自記事であるが、「紀」即位前紀推古天皇三十六年九月条に、

当二是時一蘇我蝦夷臣為二大臣一。

とあり、また元年正月丙午条には、

大臣及群卿共以二天皇之璽印一献二田村皇子一。

とあるところから記載したものである。

12、本条は「王子」を「其子」に、「入」を「納」にする以外変はらない。が「本紀」は、

拠二三国史記、東国通鑑一、是時義慈未レ立、説見二于諸蕃伝一、

と註記してゐる。この点については第三節に於いて述べることにする。

22、本条は「日蝕」とあるのを「日有レ食レ之」に変へてゐる。（28条も同じ）

29、本条は「紀」の趣意文であり、結果を「平レ之」と記してゐる。

35、本条の「以レ在」は「因レ幸」を、また「故延及レ此」は「以闕二新嘗一歟」を変更したものであるが「本紀」は、

按本書顕宗紀、清寧帝二年、冬十一月、播磨国司弁二新嘗供物一、類聚国史以レ此載二新嘗祭之首一。本書新嘗字、再見二于用明帝二年四月一、公事根源以レ此為レ始、而其後絶無、至レ此曰三去年十月幸下温湯上、故延至二于此一、拠レ此則十一月新嘗、既為二永式一可レ知矣、故此後不レ書、

と註記してゐる。この点については第三節に於いて述べることにしよう。

47、本条は「紀」の趣意文であり、「伝二新羅一而至之」とあるところを「従二新羅使一而還」に変更してゐる。

48、本条は「徙」を「遷」に変更する以外変はらない。が、「本紀」は続けて、

一代要記曰、是歳始定二斗升斤両一、未レ知二何拠一、附以備レ考、

との註記をしてゐる。これは『一代要記』が、

十二年庚子、始めて斗升斤両を定む。[4]

としてゐる為に、

未レ知二何拠一、附以備レ考、

と記したのであり、「本紀」の丁寧な記述の表はれといつてよいであらう。

49、本条は「紀」と変はらない。が、「本紀」は、

本書享年闕、皇胤紹運録、愚管鈔、神皇正統記、皇年代畧紀、一代要記並曰、即位年三十七、崩年四十九、水鏡曰、即位年四十七、未レ知二孰是一、

との註記をして、その崩御の年齢について諸書に異同がある為に記載しない旨を述べるのである。

50、本条の「殯㆓於宮北㆒」は「紀」と変はらない。対して「葬㆓滑谷岡㆒」は皇極天皇紀元年十二月壬寅条により、また「押坂陵」云々は皇極天皇紀二年九月壬午条により記されたものである。「本紀」は「押坂陵」に、

延喜式、坂下有㆓内字㆒

と註記してゐる。

2、皇極天皇本紀

1、本条は即位前紀より記されてゐる部分が殆どであるが、「宝皇女」は舒明天皇紀二年正月戊寅条により記されてゐる。

3、本条は先帝を漢風諡号で記す以外変はらないが、「本紀」は、

一代要記一説、舒明帝臨㆑崩、禅㆓位于皇后㆒、未㆑知㆓何拠㆒

と註記してゐる。

6、本条の前半は即位前紀に基いてゐて「順㆓考古道㆒」を「稽㆑古」に変へてゐるだけであるが、後半の「然」以下は即位記事に続けて記されてゐる文の趣意文である。

7、本条は元年紀正月乙酉条に基づいた「本紀」独自の記事である。

10、本条は「紀」と殆ど変はらないが、「百済王弟子」を加へてゐる。この点については第三節に於いて述べることにしよう。

12、本条は「騰」を「登」に、「遣」を「来」に変へる他、「及」を加へたのみで変はらない。が、「本紀」は、

本書干支闕、拠二兼永本一補レ之、

と註記してゐる。新訂増補国史大系本は頭註に於いて、

辛酉、拠岩本北本寮本籐本中本補[5]

と記してゐる部分であり、「本紀」が兼永本を見て補つてゐる事が知られるのであり、「本紀」の丁寧な註記といつてよいであらう。

13、本条は「紀」の省略文であるが、「百済」を加へてゐる。

14、本条は「紀」の三月条に、

是月霖雨。

とあるのを略し、四月条にも同一の記事が存するところから「踰レ月不レ止」と記したものである。

16、本条の前半は「進調」を「貢調」に変へただけであるが、後半は「紀」が「吉士復命」とあるのを「国勝水鶏還レ自二百済一」に変へたものであるが、これについては第三節において述べることにしよう。

17、本条は「紀」が五月丁丑条として記してゐるのを、「是月」と変へ、「始見」を「有」と記してゐる。

18、本条の前に、「紀」では六月庚子条として「微雨」との記載があるが、「本紀」はそれを略したところから「紀」では「是月」とあるところを「六月」に変へてゐるのである。

20、本条の「大臣蝦夷」「大乗経」「自禱」は、それぞれ「蘇我大臣」「大雲経等」「手……発願」を変更したものであるが、「大雲経等」を「大乗経」に変更した理由については第三節において述べることにしよう。

21、本条は「紀」と殆ど変はらないが、「幸」を「行幸」とし、「称」を「呼」とすると共に「忽至」と状況説明をし、

「溥二潤天下一」を「遍二于諸国一」と変更してゐる。

22、本条は「紀」と殆ど変はらないが、「本紀」は長福の来日がこの時と考へて「入質」と記したものである。

32、本条は「紀」と殆ど変はらないが、「権」を加へてゐる。この点については第三節に於いて述べることにしよう。

33、本条は「紀」には無い記事である。これについては第三節において述べることとしよう。

43、本条は「紀」と殆ど変はらない。ただ「下」を「雨」に変へ、「許」を補つてゐる。但し「本紀」は甲辰に、

本書甲辰条、在二丁未下一、今推二干支一訂レ之、

と註記し、「紀」では丁未条に続けて記載されてゐるのを前に移してゐる。

47、本条は「紀」と変はらないが、「紀」が「是月」としてゐるのを記してゐないのは遺漏とすべきであらう。

50、本条は「紀」と変はらない。但し「本紀」は、

釈日本紀以二吉備島一為二茅渟王母小墾田皇女一、而無二確拠一、今按天皇母曰二吉備姫一、拠下孝徳帝尊二天皇一曰二皇祖母尊一之例上、則此所レ謂皇祖母疑吉備姫歟、

と註記してゐる。これについては第三節に於いて述べることにしよう。

55、本条は十月戊午条と十一月丙子条を合はせて記した趣意文である。巨勢徳太古は大化五年四月甲午条により記し、土師猪手はその名を九月癸巳条に依りて補つたものである。

第二節　舒明・皇極天皇紀と舒明・皇極天皇本紀の比較

前節に於いては、舒明・皇極天皇本紀の記述について見てきたが、次に資料篇の比較表に基づき舒明・皇極天皇紀と「本紀」との比較をしていくことにしよう。

1、舒明天皇紀と舒明天皇本紀

表のやうに「本紀」は「紀」の記載の大部分を忠実に記してゐるのである。その中で記載されてゐない点について見ていくことにしよう。

第一には聖徳太子の薨去記事が記載されてゐない点であるが、これは聖徳太子の薨去と舒明天皇とは直接の関係が存しないために略されたものである。

第二には太歳記事が略されてゐる点であるが、これを略すのは「本紀」の通例である。

第三には高麗・百済使饗応記事が記されてゐない点であるが、饗応に特別の意味のある場合以外は記載されないのが通例であり、略されたものと考へてよい。

第四に高麗・百済使帰国記事が記載されてゐない点であるが、外国使節の帰国を記さないのは特別の場合を除いて「本紀」の通例であるところから略されたものである。

第五に大派王による出仕時刻提案記事が記されてゐない点であるが、大派王による出仕時刻改善の提案は「豊浦大臣」則ち蘇我蝦夷に対して行はれたものであり、蘇我蝦夷はその提案に従はなかつたのである。といふことはこれは大派王と蘇我蝦夷の私的な問題であり、天皇の関与されたものでないことから略されたものと考へられるのである。

第六には開別皇子による奉誄記事が記載されてゐない点であるが、誄を奉つたのは東宮である開別皇子（天智天皇）であり、舒明天皇ではないところから略されたものである。

第七に「本紀」は天皇の葬送記事を記し、また漢風諡号を記してゐるが、これは通例により記されたものである。

2、皇極天皇紀と皇極天皇本紀

表のやうに「本紀」は「舒明天皇本紀」同様「紀」の記載の大部分を忠実に記してゐるのであるが、その中で記載されてゐない点について見ていくことにしよう。

第一に百済消息報告記事や高麗消息記事が記されてゐないのは、これは百済や高麗の事であり記載の必要が無いために省略されたものである。

第二に百済使・高麗使饗応記事や帰国記事が記載されてゐないのは、前項に於いて述べたやうに普通は記載しないことが通例であるところから省略されたものである。

第三に元年三月の霖雨記事が略されてゐる点であるが、これについては「本紀」は四月条に、

霖雨踰レ月不レ止

と記してゐるところから三月については略したものである。

第四に蘇我蝦夷招翹岐記事が記載されてゐないのは、蘇我蝦夷の私的な事柄であるところから略したものである。

第五に百済使進調記事が略されてゐるのは、その前に朝貢記事が存するところから略したものである。

第六に翹岐従者死亡記事・翹岐子死亡記事・翹岐百済大井移住記事が記載されてゐないのは、百済人である翹岐の私的な事柄であるところから略されたものである。

第七に白雀記事が略されたのは、蘇我蝦夷・入鹿親子に関する事柄であるところから略されたものである。

第八に群臣会議記事と微雨記事が無いことについては第一節に於いても触れたやうに第三節に於いて述べることにしよう。

第九に蘇我蝦夷慰問記事が記載されてゐないのは蘇我蝦夷の私的行為であるところから記されなかつたものである。

第十には元年の十一月以後の天候不順記事が記されてゐないのは、「本紀」が、

是冬、数雷雨、暖煦如〻春

と一括記載した為に一々記さなかつたのである。

第十一に新嘗記事が記されなかつた点については第三節に於いて述べることにしよう。

第十二に蘇我蝦夷専横記事が記されてゐないのは、専ら蘇我蝦夷・入鹿に関することであるところから省略されてゐるものである。

第十三に太歳記事が無いのは「舒明天皇本紀」と同様であり説明は略す。

第十四には二年条の異常気象記事が記されたり略されたりしてゐる点であるが、これについては第三節に於いて述べることにしよう。

第十五には巫覡神語記事・志紀上郡言上記事・常世神記事が記されてゐないのは、予言や、邪教に関しては、「本

紀」はこれを排除するといふ合理的精神で記述することに努めてゐるところから記されなかつたものと考へられる。

第十六には二年四月条の翹岐来日記事が略されてゐる点であるが、「紀」では翹岐は既に元年二月には来日してをり、「本紀」はそれに基いた記述をしてゐるところから、二年の来日記事は重複と判断して記載しなかつたものと考へられる。

第十七には百済船難波入港記事が記載されてゐない点であるが、これは既に来日記事が四月二十一日条に記してゐるところより略したものである。

第十八には蘇我蝦夷紫冠私的授与記事が記載されてゐない点であるが、これは蘇我蝦夷が私的に紫冠を入鹿に授けた事柄であることから略されたものである。

第十九には蘇我入鹿山背大兄王殺害意図記事が略されてゐる点であるが、これは十一月条の山背大兄王殺害記事の前提となるものであり、「本紀」は殺害の事実のみで十分であると判断して記さなかつたものと考へられる。

第二十には「本紀」が余豊の蜂蜜放養記事を記載してゐない点であるが、これは百済人の余豊に関することであることから記載されなかつたものである。

第二十一には法興寺蹴鞠記事が記載されてゐない点であるが、これは中臣鎌足と中大兄皇子とのことであるから記載されなかつたのである。

第二十二には休留産卵記事が記載されてゐない点であるが、休留が産卵したのは豊浦大臣、則ち蘇我蝦夷の大津の宅の倉でのことであるから、「本紀」としては記載の必要が無いところから略されたものである。

第二十三には皇極天皇紀三年十一月条の蘇我氏専横記事が記載されてゐない点であるが、これも第十二と同様飽くまでも蘇我氏に関する事柄であり、「本紀」に於いては記載する必要のない事柄であることから略されたものである。

なほ蘇我氏の専横等の事柄については、『大日本史』巻二百三十一の「逆臣伝」に詳述されてゐる。

第二十四には鞍作得志記事が記載されてゐない点であるが、これは鞍作得志が方術に巧みであったが、帰国の意思を持つたところから殺害されたといふものであり、鞍作得志個人の事柄であるところから略されたものである。

第二十五には乙巳の変関係記事の中で記載されてゐない事柄が散見されるが、それは個々人の行動として略されたものであり、天皇と関係する事柄についてのみ記載されてゐるのである。

第三節　舒明・皇極天皇本紀の検討

1、舒明天皇本紀の検討

第一には(12)条についてである。『大日本史』は、巻二百三十六諸蕃五「百済」下に、

(舒明)三年璋遣二王子豊一入質二於朝一、[6]

と記し、それに、

本書云、義慈納二王子豊璋一為レ質、按東国通鑑、今歳武王璋立三十二年也、義慈立在二舒明十三年一、本書作二義慈一、恐非也、故改レ之、豊璋旧唐書及三国史記東国通鑑単作レ豊、本書誤以三百済王璋與二王子豊之名一合作二豊璋一、今併改レ之、

と註記してゐる。則ち『大日本史』は舒明天皇三年時点の百済王は武王璋の時代（武王三十二年）であるところから諸蕃伝に於いては「義慈」を「璋」に訂正をし、さらに王子の名についても「紀」は「豊璋」としてゐるが、『旧唐書』『三国史記』『東国通鑑』では単に「豊」とあるところから、諸蕃伝に於いては「本書誤以三百済王璋與二王子豊之名一合作二豊璋一」ったものとしてこれを訂正してゐるのである。が、「本紀」に於いては訂正することなく、註記するに留めてゐるのは、『大日本史』の「紀」尊重の表れといってよいであらう。

第二には(35)条である。(35)条の註記を再掲すれば次の通りである。

按本書顕宗紀、清寧帝二年、冬十一月、播磨国司弁二新嘗供物一、類聚国史以レ此載二新嘗祭之首一、本書新嘗字、再見二于用明帝二年四月一、公事根源以レ此為レ始、而其後絶無、至レ此曰三去年十月幸下温湯上、故延至二于此一、拠レ此則十一月新嘗既為二永式一可レ知矣、故此後不レ書、

「本紀」は顕宗天皇即位前紀に、

白髪天皇二年冬十一月。播磨国司山部連先祖伊與来目部小楯。於二明石郡一親弁二新嘗供物一。

とあり、また用明天皇紀二年四月丙午条に、

御二新嘗於磐余河上一。

と見えることを指摘し、『類聚国史』は、「新嘗祭」の最初に、

清寧天皇三年十一月辛亥朔戊辰。宴二臣連於大庭一。賜二綿帛一。皆任二其自取一。尽レ力而出。[7]

と記してゐるとし、『公事根源』は用明天皇二年四月丙午を新嘗祭の最初とすると述べ、次いで新嘗の語が「紀」に見えるのが舒明天皇十一年正月乙卯の記事であるところから、「十一月新嘗既為二永式一可レ知」と結論し、「故此後不レ書」と記して以後の「新嘗祭」については記載しないのである。が、この中で顕宗天皇即位前紀の記事を『類聚国

史』が「新嘗祭」の最初に掲げたとするのは「本紀」の失考であり、上に掲げたやうに『類聚国史』は清寧天皇紀三年十一月戊辰条を「新嘗祭」による賜宴記事と判断して「新嘗祭」の最初に掲げたのであり、顕宗天皇即位前紀の記事は清寧天皇の大嘗祭に関係する記事であることは、清寧天皇紀二年十一月条に、

依二大嘗供奉之料一。遣二於播磨国司・山部連先祖伊與来目部小楯一。（下略）

とあることに依つても理解されるところである。[8]

また用明天皇紀二年四月丙午条も践祚大嘗祭であると考へられるの[9]であり、これを『公事根源』のやうに「新嘗祭」の始まりとすることはできない。しかし舒明天皇十一年の記事は明らかに「新嘗祭」に関する記事であり、「本紀」が『類聚国史』を一つの根拠として「十一月新嘗既為二永式一可レ知」と結論したことは正しい判断であつたといへるのである。

また第二節に於いて指摘したやうに、「本紀」は皇極天皇元年十一月丁卯条の、

天皇御二新嘗一。是日。皇太子。大臣各自新嘗。

を省略してゐる。「本紀」がこれを省略したのは「本紀」がこれを通常の「新嘗祭」であり、既に永式となつてゐると解釈して記載しなかつたものであるが、この時の「新嘗祭」は毎年のものとは異なり、大嘗祭に当るものであり、「本紀」としては記載するべきではなかつたかとも考へられる。が、それはともかくもこの皇極天皇紀の記事では、天皇の行はれる「新嘗祭」とは別に皇太子・大臣もそれぞれ各自で「新嘗祭」を実施してゐることになる。そのことから森田悌氏は、

天皇の実施する新嘗が朝廷の国家的儀式というより天皇個人が私的に催行する祭儀であったと見做し得るように思われる。（中略）天皇、皇子、大臣らの新嘗も農村の新嘗と共通する性格を有し、個々の家の祭りとして実施さ

れていたと解されるようである。皇極天皇以前の用明天皇や舒明天皇の新嘗も同様に天皇個人の家の祭儀として実施され、（中略）ここでは家ごとの祭りであるとともに、代初の新嘗を大嘗として格別の儀とすることを行っていない[10]。

と述べ、「朝廷の国家的儀式」としての「大嘗祭」（「新嘗祭」も）の成立は天武天皇の時からであると述べられるのである。確かに令に規定されるやうな大規模な「朝廷の国家的儀式」としての「大嘗祭」の成立は、天武天皇からと考へることも可能であるが、果たしてそれ以前は単なる「天皇個人の家の祭儀として」「天皇個人が私的に催行する祭儀であった」としてよいであらうか。「大嘗祭」（「新嘗祭」も）に関する直接史料としては「紀」を通じて上述の清寧天皇紀（顕宗天皇即位前紀）・用明天皇紀・舒明天皇紀・皇極天皇紀と、天武天皇紀二年十二月丙戌条の、

侍二奉大嘗一中臣。忌部。及神官人等。併播磨。丹波二国郡司。亦以下人夫等悉賜レ禄。因以郡司等各賜二爵一級一。

と、六年十一月己卯条の、

新嘗。

と、同乙酉条の、

侍二奉新嘗一神官及国司等。賜レ禄。

及び持統天皇紀五年十一月戊辰に、

大嘗。神祇伯中臣朝臣大嶋読二天神寿詞一。

とある（持統天皇の大嘗祭関連記事は略す）だけであり、祭りの具体的様相を把握することはこれらの記事だけでは困難である。が、この場合、注意しなければならないのは天武天皇の場合は播磨・丹波二国の郡司に禄を賜つてゐるところよりして、悠紀・主基田が卜定されて供進に用ゐられてゐることが知られるが、清寧天皇紀に於いても、先にも掲

げたやうに、

依二大甞供奉之料一。遣二於播磨国司・山部連先祖伊與来目部小楯一。（下略）

とあるのであり、「大嘗供奉之料」を地方に求めてゐるのである。或いはこの記事を後の知識に基いて記したとすることも可能かもしれないが、これは顕宗・仁賢両天皇発見に関する内容と密接な関係を有する事柄であり、追記とは考へられないのであり、供進の料は地方に求めてゐたと考へてよいものである。といふことは、「大嘗祭」が「天皇個人が私的に催行する祭儀であった」とはいへないのではないだらうか。もちろん令に規定されてゐるやうな大規模な祭りが行はれてゐたといふことではなかつたことは、皇極天皇紀の記事により理解されるのではあるが、「大嘗祭」そのものは天皇個人の祭りではなく国家としての祭りであつたと考へるべきであらうと考へられる。では何故に皇太子や大臣が各自で新嘗を実施したのかといふ疑問が出てくるが、これは天皇の「秘儀」として参列者無しで行はれてゐたのではないだらうか。その為に皇太子や大臣は通常の新嘗を各自で実施したといふことではなかつたのかと考へられるのである。

2、皇極天皇本紀の検討

第一には（10）条である。翹岐については①皇極天皇紀元年二月戊子条・②同庚戌条・③同四月癸巳条・④同乙未条・⑤同五月己未条・⑥同乙亥条・⑥同丙子条・⑦同戊寅条・⑧同七月乙亥条・⑨同二年四月庚子条に見えるが、その中で系譜的記事が見られるのは①と⑨である。①では、

国主（中略）弟王子児翹岐

とあるのに対し、⑨では、

　百済国主児翹岐弟王子

とあり、百済国主（義慈王）との関係が不明瞭である。その為に小学館新編日本古典文学全集『日本書紀』③五七頁頭註二六では、

二年四月庚子条の「百済国主児翹岐弟王子」は同じ内容。①「弟王子の児の翹岐」（義慈王の甥）、②「弟王子と児の翹岐」、②A「（義慈王の）弟王子と児の翹岐」、②B「（武王の）弟王子と児の翹岐」、③「（武王の）弟王子である児の翹岐」などの解釈が考えられるが、後に大佐平智積がその門を拝すことからみて、③の義慈王の弟とみた方がよいか。「弟王子」は「太子」「世子」に次ぐ王子の意、翹岐と補完的関係にある注記的記載。

と記してゐる。この頭註の何れが是であるのかは容易に判断できないところであるが、「本紀」は①と判断して「百済王弟子」と記したものと考へられるのであり、「弟王子」を頭註のやうに、

　「弟王子」は「太子」「世子」に次ぐ王子の意、

と解釈しなければ、最も自然な解釈であり、誤つた記述とはいへないのである。

第二には(16)条の「吉士復命」とあるのを「国勝水鶏還レ自二百済一」と変へた点であるが、「紀」ではこの壬辰条の前に、

　庚午。百済国調使船與二吉士船一。倶泊二于難波津一。

との記事があり、それに註して、

　蓋吉士前奉二使於百済一乎。

と記されてゐるのである。「本紀」はこれ以前に百済に派遣された人物としては、皇極天皇元年二月戊辰に詔があつて国勝吉士水鶏が存するところから、ここに記されてゐる「吉士」を国勝吉士水鶏と判断して「国勝水鶏還レ自二百

済一」と記したものであるが、妥当な判断としてよいであらう。むしろ「紀」の註の方が問題のある記述であり、或いは後人による註記である可能性も存するであらう。

第三には(20)条である。(20)条については、「紀」では戊寅条に於いて、

羣臣相謂之曰。随二村々祝部所教一。或殺二牛馬一祭二諸社神一。或頻移レ市。或禱二河伯一。既無二所効一。蘇我大臣報曰。可下於二寺寺一転中読大乗経典上。悔レ過如二仏所説一。敬而祈レ雨。

と記されてゐるのである。「本紀」が(20)条に於いて「百姓大雩無レ応」と記したのは、「紀」の「随二村々祝部所教一。或殺二牛馬一祭二諸社神一。或頻移レ市。或禱二河伯一。既無二所効一。」とあるのに基いて記されたものであり、戊寅以前のことである。そこで戊寅の群臣会議に於いて蘇我蝦夷[11]が提案したことが「可下於二寺寺一転中読大乗経典上」とあつて祈雨することであつたのであり、それが実行されたのが庚辰であつたのである。「本紀」は蘇我蝦夷による一連の祈雨行動を庚辰条に纏めたところから、読まれた経典についても庚辰条の大雲経ではなく戊寅条の大乗経を記すことになつたものと考へられるのである。それはともかくもこの蘇我蝦夷による祈雨は翌辛巳に「微雨」があつたのみで壬午には中止されたのである。そこで「本紀」は「亦無レ験」と記したのである。

第四には(32)条である。(32)条では小墾田宮に遷られた記載に「権」としてゐるのであるが、これは「紀」が「或本云」として、

遷二於東宮南庭之権宮一。

とあるのに引き摺られて記したものとすれば「本紀」の失考とすべきものであるが、二年四月丁未条では、

自二権宮一移二幸飛鳥板蓋新宮一。

とあり、小学館新編日本古典文学全集『日本書紀』③七三頁頭註一六では、

「権宮」の表記にこだわると、元年十二月壬寅条の割注の或本に見える「東宮の南庭の権宮」をさすことになるが、「小墾田宮」も権宮的なものとすると、この「権宮」はいずれとも決められない。

と記してゐるやうに、「本紀」が二年四月丁未条によつて記した可能性も大きく、簡単に失考とすることはできない。しかし小墾田宮遷居を記した後に異説として或本説は註記すべきであつたらう。

第五には(33)条である。(33)条は「紀」には記されてゐない記事であるが、「紀」では十一月から十二月にかけて、

十一月癸丑(二日)、大雨雷。

丙辰(五日)、夜半雷一鳴二於西北角一。

己未(八日)、雷五鳴二於西北角一。

庚申(九日)、天暖如二春気一。

辛酉(十日)、雨下。

壬戌(十一日)、天暖如二春気一。

甲子(十三日)、雷一鳴二於北方一而風発。

十二月壬午(一日)、天暖如二春気一。

甲申(三日)、雷五鳴二於昼一。二鳴二於夜一。

辛丑(二十日)、雷三鳴二於東北角一。

庚寅(九日)、雷二鳴二於東一而風雨。

甲辰(二十三日)、雷一鳴二於夜一。其声若レ裂。

辛亥(三十日)、天暖如二春気一。

と記されてゐるのである。「本紀」はそれを一々記載することを止めて、一括して、

　是冬、数雷雨、暖煦如レ春、

と記したのであり、「本紀」の合理的な記述の表れとしてよい。

　第六には(50)条である。(50)条の註記を再掲すれば次の通りである。

　釈日本紀以二吉備島一為二茅渟王母小墾田皇女一、而無二確拠一、今按天皇母曰二吉備姫一、拠下孝徳帝尊二天皇一曰二皇祖母尊一之例上、則此所レ謂皇祖母疑吉備姫歟、

「本紀」は『釈日本紀』巻十四が「吉備島皇祖母命薨」に註して、

　古事記下曰。日子人太子又娶二漢王之妹大俣王一生二御子智奴王一。

　敏達天皇紀曰。五年。詔立二豊御食炊屋姫尊一為二皇后一。是生二二男五女一。其三曰二小墾田皇女一。是嫁二於彦人大兄皇子一。

　兼方案レ之。大俣王。小墾田皇女者。同人也。然則皇祖母命者。敏達天皇之皇女。（母推古天皇。）彦人大兄皇子之妃。茅渟王之母。皇極天皇之内祖母也[12]。

と記してゐるのに対し、「無二確拠一」と否定し、皇極天皇の母が吉備姫であるところから、孝徳天皇が皇極天皇を尊んで「皇祖母尊」と称した例を挙げ、「疑吉備姫歟」と皇極天皇の母である吉備姫と推定したのであるが、これは小学館新編日本古典文学全集『日本書紀』③が、

　皇極天皇の母、（中略）「島」は高市郡の地名にちなむ。「皇祖母命」の「皇」は皇族出身者（欽明天皇の孫、桜井皇子の娘）に対する美称、（スメは大きい意）、「祖母」は祖父母の祖母ではなく、ミオヤ（天皇の生母としての親）を尊敬していう[13]。

と記してゐるやうに、現代の研究に於いては一致してゐるものであり、「本紀」は現代研究の先駆けといふことができよう。

第七には第二節第二項に於いて保留にした皇極天皇紀二年条の異常気象などについての記述であるが、今「紀」の異常気象などについての記述を一覧にして示すと次の通りである。（最後は「本紀」の記事の有無である）

月	日	記事	有無
一月	辛酉	大風。	○
二月	庚子	桃華始見。	×
	乙巳	雹傷二草木華葉一。	○
是月		風雷雨氷。行二冬令一。	×
三月	乙亥	霜傷二草木華葉一。	○
是月		風雷雨氷。行二冬令一。	○
四月	丙戌	大風而雨。	○
	丁亥	風起天寒。	×
	己亥	西風而雹。天寒人著二緜袍三領一。	○
	甲辰	近江国言。雹下。其大徑一寸。	○
五月	乙丑	月有レ蝕。	×
七月		茨田池水大臭。小虫覆レ水。其虫口黒而身白。	○
八月	壬戌	茨田池水変如二藍汁一。死虫覆レ水。溝瀆之流亦復凝結。厚三四寸。大小魚臭如二夏爛死一。由レ是不レ中レ喫焉。	○
九月	乙未	大雨而雹。	○
是月		茨田池水漸・変成二白色一。亦無二臭気一。	×
十月		茨田池水還清。	×

表を見る限り、二月是月条の「風雷雨氷。行㆓冬令㆒」は記載されてゐないに拘はらず、三月是月条は記載されてゐるなど異常気象などについての記述について一定の基準が存在したとは考へられないのであり、その執筆態度に疑問の残るところである。

むすび

舒明・皇極天皇本紀の記述について概観してきたが、基本的に「本紀」が「紀」に基いて記されてゐることは、他の「本紀」と変はるところはない。が、その中で「本紀」の記述に於いて注目すべき点は、第一には「紀」の記述について誤りが存すると判断される場合に於いても「本紀」に於いては訂正することなく「紀」の記述を尊重しながら、それを註記するに留めてゐるのであり、「紀」尊重の態度が顕著なことである。第二には「紀」の記述に検討を加へ、他の文献をも博捜して、より正確な記述を成さうと努めてゐることである。が、その中に於いて例へば「新嘗祭」の考証のやうに、一部失考とすべき瑕疵が見られ、また皇極天皇本紀二年条の異常気象関係記事のやうに、その記述基準の不明確な部分も見られるのは残念なところである。

補註

（1）『大日本史』は昭和三年十月発行の大日本雄弁会本による。
（2）『日本書紀』は新訂増補国史大系本に拠る。
（3）澤瀉久孝氏著『万葉集注釈』本文編四五頁。

（４）改訂史籍集覧第一冊『一代要記』甲集一八頁。
（５）新訂増補国史大系第一巻下『日本書紀』後篇一九一頁。
（６）大日本雄弁会『大日本史』第八巻三一七頁。
（７）新訂増補国史大系第五巻『類聚国史』前篇七一頁。
（８）「神祇令」では践祚大嘗祭も新嘗祭も共に「大嘗」と記されてゐるのであるが、この場合は践祚大嘗祭を指してゐると考へられる（小学館新編日本古典文学全集『日本書紀』②二二一頁頭註一参照）。
（９）小学館新編日本古典文学全集『日本書紀』②五〇五頁頭註六参照。
（10）森田悌氏著『天武・持統天皇と律令国家』四三頁。
（11）「紀」が記す「蘇我大臣」を蘇我入鹿とする小学館新編日本古典文学全集『日本書紀』③の説が存するが、それは成り立たず、蘇我蝦夷としてよいことは、拙稿「皇極天皇紀の蘇我大臣」（『皇學館論叢』第三五巻第一号）に於いて論じた。参照されたい。
（12）新訂増補国史大系第八巻『釈日本紀』一八九頁。
（13）小学館新編日本古典文学全集『日本書紀』③七六頁頭註一。

第十六章　孝徳天皇本紀

第一節　孝徳天皇本紀の記述

本章に於いて扱ふ「孝徳天皇本紀[1]」の執筆者は明らかではないが、以下その記述状況について把握していくことにしよう。

1、本条は本名を「初」として記してゐる。また「本紀」は「同母弟」とするべきところを「同」を脱して「母弟」としてゐる[2]。

3、本条は「紀」と殆ど変はらないが、「始置㆓左右大臣及内臣㆒」を加へ、

　始置以下、公卿補任、歴運記、

と出典を記してゐる。また「阿倍倉梯麻呂」は「紀」では「阿倍内麻呂」となつてゐるのを変へてゐる。この点については第三節に於いて述べることにしよう。

4、本条は大臣の名前を略して「左右」としてゐる。なほ「本紀」は「紀」の「或本」の説を、

　本書一説、賜二練金一、

と、註記してゐる。

6、本条は「紀」の省略文であるが、

　年号始起二于此一、拠二日本紀畧弘仁改元詔文一、

と註記してゐる。則ち『日本紀略』弘仁元年九月丙辰条に、

　詔曰。飛鳥以前。未レ有二年号之目一。難波御宇始顕二大化之称一。云々[3]。

とあるのに基づいて記されたものである。「本紀」はさらに、

　按濫觴鈔、二中暦、倭漢合符、如是院年代記並曰、継体帝時、始建二年号一曰二善記一、而旧史無レ所レ見、故不レ取、

と、『濫觴鈔』以下の書に継体天皇朝に「善記」の年号があつたとするのに対し、「旧史無レ所レ見」として、採用しない旨を註記してゐるのである。

8、本条は「紀」の趣意文であるが、「観二察任那国堺一」の部分は以前行はれた事として詔の中で述べられてゐる内容であり、派遣記事とは別に考へねばならないに拘はらず、「本紀」が詔の内容を派遣の目的としたのは誤解とみられる。また「徳太古」は「紀」では「徳太」となつてゐる。

9、本条は「紀」では大臣名を記してゐるが、「本紀」は(4)条と同様人名を略して「左右大臣」としてゐる（なほ以下同様の場合触れないこととする）。詔の前半は「以」を補つてゐる以外変はらない。対して「又宜レ有レ信二於天下一」の部分は「復当三有レ信可レ治二天下一」を変更したものである[4]。

12、本条は「紀」の要約文であるが、倭六県の「造二戸籍一」に、

本書註、謂三検二覈墾田頃畝、及民戸口年紀一

を註記してゐる。

13、本条は「紀」の要約趣意文であるが、「紀」では伴造・尊長の中で審査せずに櫃に入れた場合は罪するとしてゐる部分が、「本紀」では伴造・尊長が奏上しなかつた場合は当人が櫃に入れるとしてゐるが、これは「本紀」の誤解であらう。

14、本条は「紀」の趣意文であり、「紀」では前条に続いて記されてゐる部分である。

15、本条は「紀」と殆ど変はらない。そして「本紀」は「紀」の註をも、

本書註、六月至二九月一、遣二使四方一、集二諸兵器一

と記してゐる。が、「本紀」は「従六月」の「従」を脱し、「種々兵器」を「諸兵器」としてゐる。

17、本条は「紀」の要約であり、「自首」に続けて、

本書註、笠垂告二阿倍蘇我二大臣一

と、或る本の説を註記し、更に最後に、

本書註、一説係二十一月甲午晦一

と、異説を註記してゐる。

20、本条は「紀」の要約、趣意文である。「本紀」は「賀正」記事に続けて、

公事根源曰、元日朝賀、始二于神武帝元年正月一、至レ是又見、可三以為二朝拝之原始一、按白雉元年、天皇観二白雉一、儀衛如二元会一、然則元会之儀、至レ此既備、然本書此後或書、或不レ書、天武帝四年正月朔、書二百寮拝朝一、

十一年十三年、並皆於二正月二日一、書二百寮拝朝一、蓋有レ故延至二二日一、或有レ故停レ礼、故書與レ不レ書、一従二旧文一

と記してゐる。これについては第三節に於いて述べることにしよう。続いて記されてゐるのは、改新の詔の主文を要約したものである。

21、本条の前半は、「御」を波線に変更してゐる以外変はらない。「本紀」は続けて、

本書註一説、壊二難波狭屋部邑、子代屯倉一、以起二行宮一

と、「紀」の註記文を記してゐる。後半は、「紀」の趣意文である。

22、本条の「右大臣石川麻呂」は「蘇我右大臣」を、「馭」は「御」を、「闕」は「門」を、「古」は「故」を変更したものであり、「紀」の要約文であるが、「本紀」は「所二以（中略）得而勿レ亡也」に註して、

今本管子、明堂作二明台一、建鼓作二諫鼓一、訊望作二訊唉一、総術作二総街一、民非作二民誹一、之囿作二之議一、勿レ亡作レ勿レ忘、

と『管子』の文字の相異について註記してゐる。それ以後は「紀」の趣意文である。

26、本条は「紀」の要約趣意文であるが、具体的な犯罪には言及されてゐない。

28、本条は「紀」の要約文であるが、この条には多くの詔が記されてゐるが、その多くは略されてゐる。それについては第三節に於いて述べることにしよう。

51、本条は「小花下」を「小華下」に変へてゐる以外殆ど変はらない。但し「本紀」は「癸卯朔」に、

今推二干支一、癸卯当レ作二甲辰一、然拠二旧文一、輙不レ改、

と註してゐる。

57、本条は「紀」と変はらないが、「本紀」は、

　本書註一説、天皇之世、高麗百済新羅三国、毎年遣レ使貢献、

と、「紀」の引用する「或本」説を註記してゐる。

60、本条は、

　秋七月以下公卿補任

と註記してゐるやうに『公卿補任』により記されたものである。

61、本条は「紀」の要約文であるが、「紀」が「一切経」としてゐるところを波線のやうに「大蔵経」としてゐる。

また「本紀」は　豊碕宮に註して、

　按本書大化三年営二小郡宮一、此云レ遷レ自二大郡一、蓋小大訓読相近、非二別処一也、

と記してゐる。この点については第三節に於いて述べることにしよう。なほ太線は「燃」の間違ひであらう。

70、本条は「紀」の省略文であるが、吉士駒と高田根麻呂にそれぞれ、

　本書註一名糸

　本書註一名八掬脛

と註記してゐる。

71、本条は「紀」の趣意文であるが、「本紀」は、

　本書註一本云、五年七月、僧旻臥二病於阿曇寺一、天皇親問レ之、執二其手一曰、若法師今日亡、則朕明日亡、

と、「紀」の註記文を註記してゐる。

73、本条は「紀」の省略文であるが、

本書註一本曰、山田寺、

と註記してゐる。

78、本条は「紀」の要約文であるが、遣唐使発遣の事実のみを記してゐる。是については第三節に於いて述べることにする。また「本紀」は高向玄理に註して、

本書註一本云、夏五月、遣㆓大華下高向玄理于唐㆒、

と、「紀」の「或本」説を記してゐる。「紀」ではこの任命記事に続けて一行の唐に於ける動静が記されてゐるが、それらは「紀」が記録に基づいて記したものであり、孝徳天皇自身に関する事柄で無いところから略されたものである。

80、本条は「紀」の趣意文であるが、「小花下」を波線のやうに表記してゐる。また「小乙下吉士駒等」に註して、

本書上文作㆓小乙上㆒

と記してゐる。それは白雉四年紀五月壬戌条の遣唐使派遣記事に、

発㆓遣大唐㆒大使小山上吉士長丹。副使小乙上吉士駒（以下略）

とあつて「小乙上」となつてゐるに拘はらず、本条に於いては「小乙下」となつてゐて何れが正しいか不明のために註してゐるのである。

82、本条は殆ど「紀」と変はらないが、「本紀」は「崩」に、

本書享年闕、神皇正統記、如是院年代記並曰、五十九、他無㆑所㆑考、

と註してゐる。

84、本条は賛に当る部分であるが、即位前紀に基づいて記されてゐる。「軽㆓神道㆒」に、

本書註云、伐㆓生国魂社樹㆒之類是也、

と註記してゐる。この部分については第三節に於いて言及することにしよう。

第二節　孝徳天皇紀と孝徳天皇本紀の比較

前節に於いては、孝徳天皇本紀の記述について見てきたが、次に資料篇の比較表に基づき孝徳天皇紀との比較をしていくことにしよう。

「紀」と「本紀」を比較するに、表の如くその殆どは「紀」の項目を忠実に記してゐることが理解される。しかし若干相違するところも存在する。以下それらについて見て行くことにしよう。

第一には大化元年八月条の僧尼統制記事が記されてゐない点であるが、「本紀」はその他にも大化四年二月条・白雉元年十月条・同是歳条・白雉二年三月条・白雉三年四月条の仏教関係記事はいづれも省略されてゐるのである。是は「本紀」が仏教関係記事を意識して削除したことを物語るものであり、大化元年八月条もその一環として削除されたものと考へられる。ところが白雉二年十二月晦日の味経宮に於ける読経記事は記載されてゐる。これは天皇が大郡から新宮に遷られる前提として記されてゐるところから記されたものと考へられる。また白雉三年十二月条の内裏設斎記事も記されてゐるが、これは第三節に於いて述べるやうに新宮造営に関係するものであることから記載されたものと考へられる。

第二には大化二年三月条の旧俗禁止記事が記されてゐない点であるが、第三節に於いて述べることにしよう。

第三には大化元年十二月条の越国奏言記事が略されてゐる点であるが、この記事は、

海畔枯査向レ東移去。沙上有レ跡。如二耕田状一。

といふものであり、天皇に直接関係することではなく、特に記述する必要の無いものであるところから略されたものと考へられる。

第四には太歳記事の無い点であるが、「本紀」は毎年の干支を記すことにしてゐるところから、太歳記事は必要が無いために略されたものである。

第五には大化二年八月条の詔について百官の設置のみを記してゐる点であるが、是については三年四月条の詔が記されてゐない点と合はせ第三節に於いて述べることにしよう。

第六には白雉元年是歳条の百済船製作記事が無い点であるが、これは、

遣二倭漢直県。白髪部連鐙。難波吉士胡床於安芸国一使レ造二百済舶二隻一。

とあるものであり、「本紀」が何故に記載しなかつたか不明である。或いはこの記事は漢山口直大口による造仏記事に続けて記されてゐるために、造仏記事と一連の記事と勘違ひして記されなかつたのかもしれない。

第七には白雉二年七月条に大伴長徳薨去記事を『公卿補任』により記してゐる点であるが、これは大伴長徳は右大臣であり、他の大臣薨去記事が「紀」には記されてゐるに拘はらず「紀」には大伴長徳薨去記事が無いところから脱漏と考へ補つたものであり、「本紀」の周到な記述としてよい。

第八には白雉二年是歳条の巨勢大臣の奏言記事が無い点であるが、これは新羅使追放記事に関係して新羅征伐を奏言したものであり、実行されなかつたものであることから記載されなかつたものと考へられる。

第九には白雉三年の班田記事が記されてゐない点であるが、これは「紀」が正月の賀正記事、大郡行幸記事に続け

て、

自二正月一至二是月一班田既訖。

と記してゐるものである。しかし、これは「紀」の錯誤記事であり、これでは意味が通じないところから省略したものと考へられる。

第十には白雉三年九月条の宮完成記事が記されてゐない点であるが、難波長柄豊碕宮は既に機能してゐるところから省略したものと考へられる。

第十一には白雉四年六月条の大道修治記事が無い点であるが、「本紀」はこれを百済・新羅朝貢記事に附属した記事と考へて略したものと考へられるが、これは六月条として記されてゐる①百済・新羅の朝貢、②大道の修治、③旻法師弔問の記事の一つであり、独立の記事として記載すべきであつたと考へられる。

第十二には白雉五年十二月条の皇太子などの倭河辺行宮移動記事が無い点であるが、これは皇太子などの行動であり、孝徳天皇崩後のことであるところから略されたものである。

第十三には是歳条の高麗・百済・新羅の弔問使記事が記されてゐない点であるが、これは天皇崩後のことであるところから、「本紀」には記さず、斉明天皇本紀に、

是歳、三韓遣レ使来弔、

と記してゐるのである。

第三節　孝徳天皇本紀の検討

第一には(3)条の阿倍内麻呂を阿倍倉梯麻呂としてゐる点であるが、これは小学館新編日本古典全集本が「阿倍内麻呂」に註して、

『公卿補任』に「左大臣阿倍倉橋、一名内麻呂、大鳥大臣の子也」。以後多く「倉橋麻呂」に作る。[5]（下略）

と記されてゐるやうに、太化元年七月戊辰条に倉梯麻呂・戊寅条に倉梯万侶・己卯条に倉梯麻呂と記されてをり、『公卿補任』も「内麻呂」を「一名」としてゐるところより「本紀」は「倉梯麻呂」を本名として統一して記したものと考へられるのである。

第二には(20)条の註記についてである。「本紀」の註記を再掲すると次の通りである。

公事根源曰、元日朝賀、始㆓于神武帝元年正月㆒、至レ是又見、可㆔以為㆓朝拝之原始㆒、按白雉元年、天皇観㆓白雉㆒、儀衛如㆓元会㆒、儀、然則元会之儀、至レ此既備、然本書此後或書、或不レ書、天武帝四年正月朔、書㆓百寮拝朝㆒、十一年十三年、並皆於㆓正月二日㆒、書㆓百寮拝朝㆒、蓋有レ故延至㆓二日㆒、或有レ故停レ礼、故書与レ不レ書、一従㆓旧文㆒、

「本紀」は朝賀の起源について『公事根源』説を述べてゐるが、『公事根源』は「朝賀」の項に於いて、

神武天皇元年正月一日、橿原の地に宮を立て、、始めて位に就かせ給ひける時、宇摩志麻治命天瑞を奏せらる、、由、日本紀に見えたり。是れなどをや始とも申すべき。[6]

と記し、さらに、

又孝徳天皇の御宇、大化二年正月一日、みかどをがみの事侍るよし、同じ書にのせたり。是れぞ誠の朝拝とは申すべからむ。(7)

と記してゐるのである。この『公事根源』の神武天皇云々は「紀」には記されてゐない(8)ことであり、一条兼良の誤解であるが、兼良は朝拝の真の起源を大化二年としてゐるのである。その根拠が「紀」のこの記事であることは明らかである。しかるに「本紀」はその起源について、白雉元年の儀衛について「如二元会一」とし、「元会之儀、至レ此既備」と、白雉元年には既に行はれてゐたとするのであるが、それ以上の考察を放棄してしまひ、以後記載したりされなかつたりしてゐるとして「一従二旧文一」とするのである。本来であれば『公事根源』の説く大化二年起源説についての是非を述べなければならないに拘はらず、何故にその考証を放棄し、その後の沿革に議論を変へたのか明らかでない。

第三には(28)条である。三月甲申条の詔は「本紀」の掲げる薄葬令に続けて、十二の内容からなる旧俗の廃止について述べられ、次いで市司等に田地を賜ふこと、美食の禁止が述べられてゐるのである。然るに「本紀」は旧俗の廃止については全く言及されてゐないのである。その十二の内容は、①民の言に偽りの多いこと、②奴婢が貧主を捨て勢家につくこと、③夫に離婚された妻妾が再婚した時、前夫が後夫に財物を強要し入手すること、④勢ひある者がみだりに女と契り、家に入れる前に女が嫁いだ時、女の実家と結婚相手に財物を強要すること、⑤未亡人の再婚や未婚の女の結婚を妬んで祓除をさせること、⑥妻に捨てられた夫が妻を怨み、妻を「事瑕の婢」とすること、⑦妻の貞操を疑ひ、好んで官司に訴へる者がゐること、⑧辺境からの役民が帰郷の途次死亡した時、路頭の人が役民の仲間に祓除を要求すること、⑨川に溺死した者に偶然出会つた者が、その仲間に祓除を強要すること、⑩役民が往還の途次、路傍で炊飯する時、路傍の家人がそれを嫌つて祓除を強要すること、⑪人から借りた甑が倒れた時、祓除せしむること、⑫乗馬で三河・尾張を経て京と往還する途次、両国人と馬の預かり返却に関して生ずる問題に対し、新たに制を立てる、といふ内容である。「本紀」がこれを省略した理由は明らかでないが、その内容を詳述することが煩雑ならば、

　又詔して旧俗を廃止せしむ。

とでも記すべきではなかつたらうか。

第四には(42)条についてである。「紀」が、

　幸㆓于難波碕宮㆒

としてゐるところを「本紀」が「難波豊碕宮」としてゐる点である。孝徳天皇の宮として「紀」に記されてゐるのは次の通りである。

1、大化元年十二月癸卯(九日)。遷㆓都難波長柄豊碕㆒。
2、大化二年正月(是月)　天皇御㆓子代離宮㆒。(中略)或本云。壊㆓難波狭屋部邑子代屯倉㆒而起㆓行宮㆒。
3、大化二年二月戊申(十五日)。天皇幸㆓宮東門㆒。
4、大化二年二月乙卯(二十二日)。天皇還㆑自㆓子代離宮㆒。
5、大化二年九月(是月)。天皇御㆓蝦蟇行宮㆒。或本云、離宮。
6、大化三年是歳。壊㆓小郡㆒而営㆑宮。天皇処㆓小郡宮㆒而定㆓礼法㆒。
7、大化三年十二月晦。停㆓武庫行宮㆒。
8、大化四年正月壬午朔。是夕。天皇幸㆓于難波碕宮㆒。

9、白雉元年正月辛丑朔。車駕幸二味経宮一。観二賀正礼一。（中略）是日車駕還レ宮。

10、白雉元年十月。為レ入二宮地一所レ壊丘墓一及被レ遷人者。賜レ物各有レ差。即遣二将作大匠荒田井直比羅夫一立二宮堺標一。

11、白雉二年十二月晦。於二味経宮一請二二千一百余僧尼一。使レ読二一切経一。是夕。燃二二千七百余灯於朝庭内一。使レ読二安宅土側等経一。

12、（白雉二年十二月晦）於レ是天皇従二於大郡一遷居二新宮一。号曰二難波長柄豊碕宮一。

13、白雉三年正月己未朔。元日礼訖。車駕幸二大郡宮一。

14、白雉三年九月。造レ宮已訖。

15、白雉五年十月癸卯朔。（皇太子等）赴二難波宮一。

1の記事から考へれば大化元年十二月九日に難波長柄豊碕宮へ遷都がなされたやうに見られるのであるが、難波長柄豊碕宮への遷都は12によつて明らかなやうに白雉二年十二月晦なのであり、新宮（難波長柄豊碕宮）の完成は14のやうに白雉三年九月のことである。それ以前の孝徳天皇の正式な宮と考へられるのは6の小郡宮である。であるから1の記事は遷都の告知であることは明らかである。では孝徳天皇は即位後何処に居られたのかといふことであるが、4に関して小学館新古典文学全集本が、

　どこへ還ったか明らかでないが、大和の飛鳥板蓋宮か。[9]

と註記してゐるやうに、飛鳥板蓋宮と考へるのが穏当であらう。天皇はそこから子代離宮に行幸になつてゐるのである。それが何時のことか明確ではないが、その地理から考へて子代屯倉の地を宮として整へられたものであり、その行幸は大化元年十二月の事であつたと考へることが可能であり、二年正月の賀正及び改新の詔の発布も小学館新古典

文学全集本が、

大化二年正月朔条には改新の詔を宣した場所を記していないが、その場所は子代離宮か。[10]

と記してゐるのに従ふべきものと考へられる。天皇は子代離宮から還られた後、九月には5のやうに蝦蟇宮に行幸されてゐる。この蝦蟇宮はその位置は未詳であるが、一説には高津宮の故地に営まれた宮ともいはれてゐて子代離宮の近辺である。[11]続けて6では小郡宮を営られた事が記されてをり、小学館新古典文学全集本は、

孝徳紀に見える難波宮は、これ以前は子代離宮と蝦蟇行宮である。小郡宮の成立をもって正式の難波遷都とすべきであろう。[12]

と記してゐる。

そもそも孝徳天皇朝の宮として挙げられてゐる宮（子代離宮・蝦蟇行宮・小郡宮・武庫行宮・難波碕宮・味経宮・難波長柄豊碕宮・大郡宮）の中で造営を意味する記載の為されてゐるのは子代離宮と小郡宮・難波長柄豊碕宮のみである。そこから直木孝次郎氏は子代離宮と小郡宮は同一の宮であり、子代屯倉を壊つて宮を建設したものとされてゐる。[13]そのことからして小郡宮造営を以て難波遷都と考へてよいものと推定されるのであるが、その年の大晦日には有馬温湯から還られる途次、武庫行宮に入られ、翌日（元旦）の賀正は武庫行宮で受けられ、その夕に難波碕宮に幸された（7・8）とするのである。この碕宮について小学館新古典文学全集本は、

上町台地先端部にあった宮であろうが、所在未詳。難波長柄豊碕宮の前身か。[14]

と記してゐるが、この碕宮と難波長柄豊碕宮との関係は不明である。「紀」はさらに12で大郡から新宮に遷られたことを記し、この新宮を難波長柄豊碕宮と名づけたことが記されるのである。その新宮は東西一八四・九四メートル、南北三九四・六九メートルといふ大規模なものであり、[15]碕宮が難波長柄豊碕宮の地に在つたとするならば、豊碕宮は

碕宮を壊して新たに造営したものと考へられるのであり、単に「前身」といふものとはいへないであらう。これらのことを併せ考へて行くならば、「本紀」が碕宮に「豊」の文字を付けて「豊碕宮」としたことは問題があらう。但し「本紀」編纂時に於いては豊碕宮の規模は知られてゐないのであり、「碕宮」と「豊碕宮」とを同一の宮と考へたことも止むを得ないのであり、過ちとはいへないものである。

第五には(61)条である。「本紀」は小郡と大郡の関係について、

按本書大化三年営㆓小郡宮㆒、此云㆑遷㆑自㆓大郡㆒、蓋小大訓読相近、非㆓別処㆒也、

とし、大郡と小郡とを同一の地であるとしてゐるのである。が、「紀」で「宮」と記されてゐるのは、小郡宮、碕宮、豊碕宮、味経宮及び大郡宮の五処である。この五処のうち、先にも述べたやうに小郡宮は大化三年に小郡を壊つて造営された宮であり、或る程度の規模を有したものであつたと想像される。碕宮についてはその規模等不明であるが、大化四年晦日に武庫行宮に留まり、五年の賀正を行宮で受けてから、その夕べに碕宮に幸してをられるところよりして、碕宮は駕正を受けることもできないほどの小規模な宮であつたと考へられる。それに対して味経宮は白雉元年の賀正を受けられ、白雉二年の晦日には二千百余の僧侶をして一切経を読ましめてゐるところよりして、相当の規模を有してゐたものと考へてよいであらう。ことに白雉元年にはわざわざ味経宮に行幸して賀正を受けられてゐるところよりして、小郡宮よりも大規模な宮であつたとも考へられるのである。問題は大郡宮である。「紀」は白雉二年の晦日に「従㆓於大郡㆒遷㆓居新宮㆒」としてゐるのであるが、当日天皇は味経宮に行幸されてゐたと考へられる（天皇の行幸無しに、僧侶に勝手に読経を行はせるといふことは考へられないところである）ところから、当日天皇は小郡宮から味経宮に行幸になり（天皇はそれ以前より行幸になつてゐた可能性はあるが）、そこから大郡へ行幸され、さらに新宮に遷られたことになるのである。しかし新宮に遷られることが目的であつたとすれば、味経宮から直接新宮に遷られるのが自

然である。ことに安宅・土側等の経を読ましめられたことから考へて、これは新宮の地鎮祭的なものであつたと考へられるのであり、味経宮から直接新宮に遷られと考へるべきものである。そのことから一つに考へられることは、味経宮が大郡そのものではないかといふことである。大郡は外交関係の官衙であり、大規模な施設であつたと考へられるところから、これを小郡宮に対して大郡宮、または味経宮と名付けられたのではないかと考へることができるのである。このやうに考へることが許されるならば、翌白雉三年元旦、賀正の礼を受けられた後、大郡宮より新宮に遷られたといふのも、味経宮より新宮への「行幸」であつたとして理解されるのではないかと考へられる。大郡の所在地については不明であるが、上述のやうに味経宮が大郡であるとすれば、東成郡味原郷（現大阪市天王寺区味原町）であり、小郡宮の所在地は西成郡讃楊郷（現在地不明）であり、場所は異なることになる。

そもそも「紀」では大郡と小郡は書き分けられてをり、その役割は相違してゐたとみられるのであり[16]「本紀」のやうに同一のものとすることは困難ではないだらうか。ただこれは現代の難波宮の全貌が明らかになつたところから考へられるものであり、「本紀」編纂時に於いては大郡と小郡の別も明確ではなかつたところから、「本紀」は大郡と小郡を「小大訓読相近」として同一地と考へ、小郡宮から新宮に遷られたものと考へたのであり、あながち間違ひとすべきものではない。

第六には（84）条である。本条は第一節に於いて記したやうに賛に当たる部分であるが、「紀」は孝徳天皇が「神道を軽ん」ぜられた理由として、

斮二生国魂神社之樹一之類

としてゐるが、「紀」では何故に生国魂神社の樹を伐られたのか、その理由は記されてゐない。或いは同じ東成郡の味経宮造営に関して行はれたことかもしれない。[17]

そもそも孝徳天皇紀に於いて、仏教関係の記事としては、大化元年八月癸卯条の仏教援助の詔の件と白雉元年二月、白雉献上に際し、祥瑞かどうかを僧侶に聴かれた件、及び白雉元年是歳条の詔を受けて山口直大口が千仏の像を刻した件、白雉二年十月に丈六の繍像等三十六像を造った件、同年十二月晦日、味経宮に二千百余の僧尼を招請して一切経を読ませ、夕べには二千七百余の燈火を灯し安宅・土側等の経を読ませた件、白雉三年四月壬寅、恵恩を内裏に請じ無量寿経を講ぜしめ、恵資を論議者として千人の僧を聴衆者とした件が存するが、神道に関連する記事も、即位直後の六月乙卯に群臣を率ゐて大槻の樹の下で天神地祇に誓はれた件、大化元年七月庚辰の蘇我石川麻呂の神祇先祭の奏上の件、同日の尾張・美濃両国に神に供する幣を課した件が記されてをり、その他神祇に触れられてゐる詔として大化元年八月庚子条・大化三年四月壬午条・白雉元年二月甲申条が存するのであり、孝徳天皇が特に「神道を軽ん」ぜられたとは言ひ得ないのである。しかるに「紀」が「神道を軽ん」ぜられたとするのは、その理由として「斮㆓生国魂神社之樹㆒之類」と記してゐるやうに、生国魂神社の樹を伐られたことが最大の理由なのである。「紀」がこれを最大の理由として挙げてゐるといふことは、何らかの理由で生国魂神社の樹を伐る必要があつたためと考へられるのであり、それは味経宮の造営に拘はることであつたと考へることが可能であらう。殊に味経宮に於いては白雉二年十二月晦日には二千百余の僧尼を招請して一切経を読ませる等のことが行はれてゐるところから、味経宮は仏教を象徴する宮であり、その宮造営の為に生国魂神社の樹を伐つたとすれば、それは「仏法を崇め、神道を軽ん」ぜられる行為であつたと認識されたとしても不思議ではないのである。

以上は「紀」の孝徳天皇の「神道を軽ん」ぜられたとすることについて検討を加へたものであるが「本紀」は「紀」の記述をそのまま記したものである。

次に第二節に於いて問題とした点の第二は本節の第三に於いて既に述べたが、第五の大化二年八月及び三年四月の詔の大部分が触れられてゐない点である。大化二年八月癸酉（十四日）の詔は、三つの内容に分かれ、第一段の前半は、従来の品部を廃止して公民とする内容であり、後半は品部廃止に戸惑ふ者たちに対する説得の内容である。第二段は百官の位階改定を宣したものであり、第三段は国司を派遣し、地方政治の新方針を説いた内容である。対して三年四月壬寅（十五日）の詔は品部の廃止を再度説明し実行を促したものである。

則ち両詔に共通する品部廃止を具体的に述べたのはこの詔に於いてであるが、品部の廃止については既に大化二年正月の改新の詔に於いて方針が示されてゐることであり、また地方政治の新方針については大化元年八月の東国国司の発遣以来機会ある毎に示されてゐるところであるところから触れることを略したものと考へられるのである。

むすび

『大日本史』の「孝徳天皇本紀」の記述について三節にわたつて検討を加へてきたが、「本紀」の記述は概ね「紀」を忠実に要約して記述してゐるといつてよく、それは他の「本紀」と変はるところはない。また省略してゐる部分についても第二節に於いて述べたやうに、それぞれ理由の存するものである。が、第三節に於いて述べたやうに、朝賀の起源について『公事根源』に基いて大化二年説を挙げながら、途中でその起源についての考察を放棄してしまつてゐることや、旧俗廃止に言及してゐないことなどのやうな疑問の生じる記述も見られるのである。また当時の研究段階では止むを得ないながらも、碕宮と難波長柄豊碕宮を同一の宮と認識したり大郡と小郡を同一のものと解釈する等の記述も見られる。

補註

（1）『大日本史』は昭和三年十月発行の大日本雄弁会本による。
（2）第二十章補註5参照。
（3）新訂増補国史大系第十巻『日本紀略』前篇二九四頁。
（4）『日本書紀』は新訂増補国史大系本に拠る。
（5）小学館新編日本古典文学全集『日本書紀』③一一一頁頭註九。
（6）関根正直氏著『修正公事根源新釈』上一五頁。
（7）関根正直氏前掲書上一五頁。
（8）神武天皇云々のことが記されてゐるのは『旧事本紀』である。
（9）小学館新編日本古典文学全集『日本書紀』③一三九頁頭註五。
（10）小学館新編日本古典文学全集『日本書紀』③一三四頁頭註一五。
（11）小学館新編日本古典文学全集『日本書紀』③一六二頁頭註六参照。
（12）小学館新編日本古典文学全集『日本書紀』③一六四頁頭註七。
（13）直木孝次郎氏「難波小郡宮と長柄豊碕宮」（難波宮址を守る会編『難波宮と日本古代国家』所収）参照。
（14）小学館新編日本古典文学全集『日本書紀』③一六九頁頭註二六。
（15）難波宮址を守る会編『難波宮と日本古代国家』付図。
（16）直木孝次郎氏前掲論文参照。
（17）生国魂神社が現在地に鎮座したのは豊臣秀吉に依るものであり、それ以前は現在の大阪城内に鎮座してゐた。そのことよりして孝徳天皇が生国魂神社の樹を伐られた理由としては、難波長柄豊碕宮の造営に関係してのことと考へるのが自然と思はれるが、本文に於いて述べたやうに味経宮とする可能性もあるのではないかと考へられる。殊に「紀」編者が天皇を評して「仏法を崇め神道を軽ん」ぜられた理由として生国魂神社の樹を伐られたことを述べてゐるところよりすれば、その伐採が仏教に関係することであつたと考へられるのであり、さうとすれば本文に記したやうに味経宮造営に関係したことであつた可能性も存するのではないかと考へられる。なほ難波長柄豊碕宮と味経宮を同一の宮、則ち難波長柄豊碕宮＝味経宮とする吉川真司氏説（「難波長柄豊碕宮の歴史的位置」『日本国家の史的特質　古代・中世』所収）があるが、それは『万葉集』巻六の九二八番歌を誤解したものであり成り立つものではなく、味経宮は通説の通り難波長柄豊碕宮の東南に当る東成郡味原郷と見てよいであらう。詳しくは附論二「孝徳天皇の宮都を検証し、日本紀の天皇評に及ぶ」を見られたい。

第十七章　斉明天皇本紀

第一節　斉明天皇本紀の記述

最初に「斉明天皇本紀」[1]の記述状況を把握していくことにしよう。

7、本条の左大臣以下の記事は「本紀」が、

　左大臣以下公卿補任

と記してゐるやうに『公卿補任』斉明天皇条に基づいて記されたものであるが、二重線の部分は「本紀」の独自記事である。

14、本条は「紀」の趣意省略文である。「本紀」は坂合部磐鍬に、

　本書下文作二石布一

と註記してゐる。これは五年七月戊寅条に、

遣㆘㆓小錦下坂合部連石布。大仙下津守連吉祥㆒。使㆗於唐国㆖。

とあるところから註記したものである。

18、本条は「紀」と変はらないが、西海使佐伯栲縄に「紀」が註記してゐることを、

本書註闕㆓位階級㆒

と丁寧に註記してゐる。

23、本条は「紀」の趣意文であるが、詔を地の文として記されてゐる。「御廄等」は「沙門智達等」とあるところを変へたものであるが、これについては第三節に於いて述べることにしよう。

26、本条は「紀」の趣意文であるが、阿倍比羅夫に、

本書名闕、今定書㆓比羅夫㆒、説見㆓本伝㆒、

と註記してゐる。この点については第三節に於いて述べることにしよう。

40、本条は「紀」の趣意文であるが、「阿倍比羅夫」は「紀」が「闕名」としてゐるのを変更したものであるが、これについては第三節に於いて述べるとほりである。また「帰」の後に、

本書註一本曰、阿倍引田臣比羅夫伐㆓粛慎㆒、還献㆓四十九人㆒、

を註記してゐる。

42、本条は「紀」と殆ど変はらないが、波線のやうに「修厳」を「修繕」に変へてゐる。但しこれに続いて記されてゐる狐、狗、高麗使については略されてゐる。その点については第三節に於いて述べることにしよう。

48、本条は「紀」の趣意文であるが、「本紀」は「遣㆑使奏」に、

本書註一本曰、百済人自避㆑難来、

と「紀」が記す或本説の趣意文を註記してゐる。なほ「佐平」は十月条によつて記したものである。

49、本条は「紀」の要約文であるが、「余豊」について「本紀」は、

本書作㆓余豊璋㆒、今訂㆑之、説見㆓百済伝㆒、

と記してゐる。是については第三節に於いて述べることにしよう。

59、本条は「紀」と変はらないが、「本紀」は、

本書享年闕、水鏡、神皇正統記、一代要記、皇胤紹運録、皇年代略記並曰、六十八、

と註記してゐる。

62、本条は漢風諡号であり、「本紀」独自の記事である。

63、本条は「賛」に当る部分であり、二年是歳条に基づいて記されてゐるが、是については第三節に於いて述べることにしよう。

第二節　斉明天皇紀と斉明天皇本紀の比較

前節に於いては、斉明天皇本紀の記述について見てきたが、次に資料篇の比較表に基づき斉明天皇紀との比較をしていくことにしよう。

比較表のやうに「本紀」は「紀」の記載の大部分を忠実に記してゐるのである。その中で記載されてゐない点について見ていくことにしよう。

第一には元年条の百済使饗応記事が記されてゐない点であるが、これは外国使に対する恒例の饗応といふことで略されたものである。

第二には小墾田宮造営計画記事が掲載されてゐない点であるが、これは造営そのものが中止されたものであるところから記載されなかつたものである。

第三には質の弥武死亡記事が記されてゐない点であるが、これは新羅人に関することであるところから記されなかつたものである。

第四には太歳記事が無い点であるが、これは「本紀」は毎年の干支を記してゐるために必要が無いところから省略されたものであり、「本紀」の通例である。

第五に二年条の作事記事が「賛」として記されてゐる点であるが、これは第三節に於いて述べるので略すことにしよう。

第六に三年条の有間皇子記事が略されてゐる点であるが、是については第三節に於いて述べることにしよう。

第七には四年条の皇孫建王薨去記事が記されてゐない点であるが、薨去されたのは建王であり、天皇自身ではないところから記載されなかつたものである。

第八には沙門智通等留学記事が記載されてゐない点であるが、これについては第三節に於いて述べることにしよう。

第九には五年条及び六年条の須弥山築造、蝦夷饗応（五年）、粛慎饗応（六年）記事が記されてゐない点であるが、三年条については記載されてゐるのであり、須弥山を作ることが仏教に関する事柄であるところから略したとはいへないのであり、五年・六年条と共に省略した理由については不明といはざるを得ない。

第十の伊吉連博徳書記事が記載されてゐないのは、唐に於ける記録を「紀」が註記したものであり記載する必要のないところから略したものである。

第十一には盂蘭盆経読経記事が記載されてゐない点であるが、盂蘭盆会は推古天皇紀十四年四月条に、

自二是年一初毎レ寺。四月八日。七月十五日設斎。(2)

とあり、七月十五日は恒例の盂蘭盆会であるところから略したものと見てよい。但し三年七月辛丑条の盂蘭盆会を「本紀」が記載してゐるのは、斉明天皇紀に記されてゐる最初の盂蘭盆会であるところから記したものと解されるのである。

第十二には六年条の高麗使来日記事を記さず、高麗使難波着記事を「来朝」として記したのは、重複を避けて都に近い難波館に到つたことで「来朝」と判断したものと考へられる。

第十三には百姓持兵往還記事を記さなかつた点であるが、これは百済滅亡の予兆として記されたものであるところから「本紀」は記載しなかつたものである。

第十四には高麗使帰国記事及び覩毗羅人帰国記事を記載しなかつた点であるが、「本紀」は外国人の帰国は略すことを原則としてゐるところから略したものである。

第十五には七年条の伊勢王薨去記事が記されてゐない点であるが、これは伊勢王に関することであるところから略されたものである。

第十六には天皇柩帰京記事と難波着記事が記載されてゐない点であるが、これは天智天皇によりなされたことであり、天皇が行はれたことでないところから記載されなかつたのである。なほ「天智天皇本紀」には記載されてゐる。

また「本紀」に記されてゐる孝徳天皇不豫記事・自河辺宮至難波宮記事・孝徳天皇葬送記事は孝徳天皇紀に記されてゐるものであり、皇太子記事は他からの類推で記したものである。更に左大臣・内臣記事は「本紀」が註記するや

うに『公卿補任』により記されたものであり、葬送記事と漢風諡号記事は「本紀」の通例として記されたものである。

第三節　斉明天皇本紀の検討

第一には(23)条の「沙門智達等」を「御廄等」に変更したことであるが、「紀」の文は、

使二使於新羅一曰、欲下将二沙門智達。間人連御廄。依網連稚子等一。付二汝国使一令上レ送二到大唐一。新羅不レ肯二聴送一。由レ是沙門智達等還帰。

となつてゐるのである。に拘はらず「本紀」は沙門智達を後に回し間人連御廐を先頭にもつてきたところから、帰国記事も「御廄等」とすることになつたのであるが、問題は「本紀」が何故に沙門智達を後に回したのかといふことであるが、『大日本史』は仏教的色彩を極力排除しようとしたところから、僧侶を先頭に記することに抵抗感があつたために智達を依網連稚子の後に記することにしたものと考へられるのである。

第二には（26）条の阿倍比羅夫について、「紀」は「阿倍臣」に註記して「闕レ名」としてゐるのである。に拘はらず「本紀」はこの「阿倍臣」を阿倍比羅夫と断定してゐるのである。「本紀」はその理由について「説見二本伝一」と述べてゐるのである。その説といふのは『大日本史』巻一〇九の阿倍比羅夫伝に於いて阿倍引田臣に註記して、

本書斉明紀往往書二阿倍臣一、闕二其名一、按四年書越国守阿倍引田臣比羅夫討二粛慎一、五年書遣二阿倍臣一率二舟師一討二蝦夷国一、及レ還レ軍、授下道奥與二越国司一位各二階上、而本書註引二一説一、載阿倍引田臣比羅夫與二粛慎一戦而帰、参互考レ之、蓋非二別人一也、又按崇峻紀所レ載、遣二阿倍臣於北陸一者、聖徳太子伝暦以為二枚吹一、枚吹、比羅夫、

音訓相通、是亦可二以為一レ証、因定為二一人一、(3)
と記すのである。この中で斉明天皇紀四年条といふのは、

是歳。越国守阿倍引田臣比羅夫。討二粛慎一。献二生羆二一。羆皮七十枚一。

とあるのを指し、五年条といふのは三月是月条を指すのであるが、この本文では阿倍臣について「闕レ名」としてゐるのであるが、「或本云」として、

阿倍引田臣比羅夫。與二粛慎一戦而帰。献二虜卌九人一。

とあるのを指してゐるが、この二つが闕名の阿倍臣を阿倍引田臣比羅夫としてゐるところから闕名の阿倍臣と阿倍引田臣比羅夫を同一人と推定し、さらに崇峻天皇紀二年七月壬申条の「遣二阿倍臣於北陸道一使レ観二越等諸国境一」と越国守の阿倍引田臣比羅夫と関連せしめ、さらにそれに続けて記されてゐる『聖徳太子伝暦』の記事とによりこの阿倍臣をも阿倍引田臣比羅夫と推定したものである。『聖徳太子伝暦』の記事といふのは『聖徳太子伝暦』崇峻天皇二年条に、

太子奏曰。八方之政。以レ使知レ之。願遣二使三道一。以察二国境一。即以近江臣蒲遣二於東山道一。宍人臣鴈遣二於東海道一。阿倍臣牧吹遣二於北陸道一。覆奏之曰。天皇大悦。非二太子力一。朕不レ能レ知二外国土境一。(4)

とあり、『大日本史』は『聖徳太子伝暦』上の阿倍臣枚（牧）吹を阿倍臣比羅夫と「音訓相通」じるところから同一人と判断して、崇峻天皇紀に見える阿倍臣を阿倍引田臣比羅夫と推定するのである。崇峻天皇紀や『聖徳太子伝暦』上の阿倍臣枚吹と斉明天皇紀の阿倍比羅夫を同一人とすることは年代に開きがありすぎて困難であらうが、これを除いても『大日本史』が闕名の阿倍臣と阿倍引田臣比羅夫を同一人と推定したことは正しいのであり、『大日本史』の考証の正しさを示してゐる。

第三には(42)条である。(42)条では、「本紀」は出雲の神宮の修繕について述べられてゐるのみであるが、「紀」では、

①狐が於宇郡の役丁の取つた葛の末を嚙み切つて逃げたこと。
②狗が死人の腕を嚙み切つて言屋社に置いたこと。
③高麗使人が羆皮一枚の値を「綿六十斤」といひ、市司は笑つて去つたこと。
④高麗画師子麻呂が私的に高麗使を接待するのに官所蔵の羆皮七十枚を借りて客の席に敷いた処客は恥じ入り不思議に思つて退出したこと。

といふ記事が記されてゐるのである。この内①と②は、出雲の神宮の修繕に関係する内容であることは、「於宇郡役丁」「言屋社」とあることにより明らかであるが、「紀」がこの記事を載せた理由は、

天子崩兆。

と註記してゐるところから知られるやうに、出雲の神宮の修繕に言寄せて天皇の崩御の予兆として記されたものであるところから「本紀」では触れなかつたものと考へられる。

また③④は高麗使に関することであるが、「紀」は①②に続けて「又高麗使」と記してゐるために一見出雲の神宮の修繕に関係する記事のやうにも見られるが、これは①②とは全く別個の記事と考へてよいものである。に拘はらず「本紀」がこれを記載しなかつたのは、是が高麗使に関する内容であり、天皇また国家とは直接結びつかないものであるところから略されたものと考へてよいであらう。

第四には(49)条である。「本紀」が「余豊」について、

本書作㆓余豊璋㆒、今訂㆑之、説見㆓百済伝㆒

と記してゐる点については、第十五章「舒明・皇極天皇本紀」に於いて述べたが、再論すれば次の如くである。

『大日本史』は、巻二百三十六諸蕃五「百済」下に、

(舒明)三年璋遣二王子豊一入質二於朝一。(5)

と記し、それに、

本書云、義慈納二王子豊璋一為レ質、按東国通鑑、今歳武王璋立三十二年也、義慈立在二舒明十三年一、本書作二義慈一、恐非也、故改レ之、豊璋旧唐書及三国史記東国通鑑単作レ豊、本書誤以三百済王璋與二王子豊之名一合作二豊璋一、今併改レ之、

と註記してゐる。則ち『大日本史』は舒明天皇三年時点の百済王は武王璋の時代(武王三十二年)であるところから諸蕃伝に於いては「義慈」を「璋」に訂正をし、さらに王子の名についても「紀」は「豊璋」としてゐるが『旧唐書』『三国史記』『東国通鑑』では単に「豊」とあるところから、諸蕃伝に於いては「本書誤以三百済王璋與二王子豊之名一合作二豊璋一」つたものとしてこれを訂正してゐるのである。

第十五章に於いては是に続けて、

が、「本紀」に於いては訂正することなく、註記するに留めてゐるのは、『大日本史』の「紀」尊重の表れといつてよいであらう。

と述べたのであるが、舒明天皇本紀に於いては「紀」の記すやうに「豊璋」としてゐるのに対して、本条に於いては「紀」がやはり「豊璋」としてゐるに拘はらず「余豊」と訂正してしまつてゐるのである。これは『大日本史』としての一貫性が損なはれてゐるところであり、その理由は執筆者の相違によるものでもあらうか。不信とせざるを得ないところである。

第五には(63)条の「賛」に当る部分についてであるが、その部分を再掲すれば次の通りである。

初天皇居二岡本宮一、屢興二土木一、嘗使二水工鑿一レ渠、自二香山西一至二石上山一、以二船二百隻一、運二石上山石於宮東山一、畳以為レ垣、材木朽腐、委二積山椒一、工匠役夫十余万人、費用不レ貲、士民怨苦、謂二之狂心之渠一、又謗曰、作二石山丘一、随レ作自破、

この「賛」は、第一節に於いて触れたやうに二年是歳条に基づいて記されてゐるのであるが、冒頭の、

初天皇居二岡本宮一、屢興二土木一、

は、「紀」では後岡本宮の造営を記し、田身嶺の頂上に石垣を廻らし、両槻宮を造営したことを記した後に、

時好二興事一。

として以下の事柄を記してあるのであり、この部分は斉明天皇が土木工事を推進されたことを総括した記述である。

次いで記されてゐる、

使二水工鑿一レ渠、自二香山西一至二石上山一、

の傍線の部分は「紀」の「穿」を変へたのみであるが、この石上山については小学館新編日本古典全集『日本書紀』③の二〇七頁頭註二六では、

山辺郡石上郷(奈良県天理市石上町)付近の山とする説、飛鳥の周辺の山とする説がある。六年五月条に見える「石上池」の近くの山か。

と記されてゐるが、この記事では「香山西」に渠を穿つて「至二石上山一」つてゐるのであり、「飛鳥の周辺の山とする」ことは無理であり、天理市石上町付近の山と考へるのが妥当である。それは後述することからも明らかであらう。

次いで記されてゐる、

以二船二百隻一、運二石上山石於宮東山一、畳以為レ垣、

は、「本紀」は「紀」の「控引」を太線のように「運」とし、「累レ石」を二重線のやうに改めてゐるのであるが、「香山西」に渠を穿つて「至二石上山一」つた理由が記されてゐるのである。その理由といふのは、石上山の石を宮の東に運んで垣とする為であつたといふのである。今日では後岡本宮の東北の酒船石のある丘の中腹に砂岩の石垣が施されてゐたことが確認されてゐるのであり、しかもその砂岩は「天理市石上の遺跡と同質の石」[6]であるといふから、この石上山は天理市石上町付近の山と考へてよいのである。

「本紀」はその垣を作つた結果を、

材木朽腐、委二積山椒一、工匠役夫十余万人、費用不レ貲、士民怨苦、謂二之狂心之渠一、

と記してゐる。「材木朽腐、委二積山椒一」は「紀」が「宮材爛矣。山椒埋矣」を変更したものであり、「工匠役夫十余万人」は「功夫三万余矣。(略)造レ垣功夫七万余矣」を「工匠役夫」とし、三万余と七万余を合はせて「十余万人」としたものである。そして「本紀」はその結果として「費用不レ貲、士民怨苦」と記すのであるが、これは「紀」が「損費」「費損」としてゐるところを「費用不レ貲」とし、「士民怨苦」を独自に記して「時人謗曰」に変へ、これを「謂二之狂心之渠一」と結び、さらに、

又謗曰、作二石山丘一、随レ作自破、

と「紀」の通りに記すのである。

第六には第二節の第六の有間皇子に関する記事が略されてゐる点であるが、この記事は有間皇子が狂人を装つて牟婁温湯へ行き、その地を観るだけで病が治つたと報告したところ、天皇は悦んでその地を観たいと思はれたとする記事である。「本紀」がこれを記載しなかつたのは、有間皇子は「性黠。陽狂」であり、その病治療といふのは病と

「偽」つたものであり、天皇はそれに騙されて「悦思㆓欲往観。㆒」されたのであり、天皇が騙されたことは、天皇の権威に拘はることであるところから略されたものである。但し『大日本史』は巻八十八「列伝」第十五に於いては有間皇子を「性黠」とし、三年の牟婁温湯に行き「入㆓其地㆒」のみで病が治つたことを聞き、「喜、明年遂幸㆓牟婁㆒」されたと記してゐるのである。しかし有間皇子が「陽狂」を装ひ「偽」つたことは略してゐる。[7] これはやはり有間皇子が天皇を騙したとするならば、天皇の権威を傷つけることになるところから配慮されたものであろう。

第七には第二節の第八の沙門智通等留学記事が記載されてゐない点であるが、「紀」の記事は、

沙門智通。智達。奉㆑勅乗㆓新羅船㆒往㆓大唐国㆒。受㆓無性衆生義於玄奘法師所㆒。

とあるものである。この「紀」の文からは、智通・智達の両名は、「奉㆑勅」て唐に赴いたものと考へられるところから、「本紀」は記載してもよかつたのではないかとも考へられるが、「本紀」はこの「奉㆑勅」を三年是歳条の事と理解し、四年七月是月条は智通・智達の二人が新羅船により唐に渡り、玄奘法師に学んだ事を記したものと解釈して記載しなかつたものかとも考へられる。

むすび

『大日本史』の斉明天皇本紀の記述について三節にわたつて検討を加へてきたが、「本紀」は「紀」の内容をほぼ忠実に要約記述してゐるのであり、その省略してゐる部分も第二節に於いて述べたやうにそれぞれ理由の存することが多いのである。また第三節に於いて述べたやうに「紀」が「闕名」としてゐる阿倍臣について阿倍比羅夫と考証し、

「紀」が百済王子豊璋とするのを、正しくは豊であると考証した結果をそれぞれ「本紀」に反映させてゐるのであるが、後者については舒明天皇本紀では註記するに留めて「豊璋」は訂正してゐないのに対し、「本紀」ではこれを訂正してゐて『大日本史』としての一貫性に欠けるところも存在してゐる。また仏教関係の記事については極力その記述を簡略にするなどの配慮が見られるとともに、有間皇子に関する記事や出雲の神宮修繕に関係する事柄など天皇の権威に拘はる事柄については触れてゐないのである。しかし、賛に於いては天皇の土木工事についての批判的記述をそのまま記載してゐるのであり、事実は事実としてありのままに記す姿勢を見せてゐるのである。

補註

（1）『大日本史』は昭和三年十月発行の大日本雄弁会本による。
（2）『日本書紀』は新訂増補国史大系本に拠るが、以下頁数は省略する。
（3）大日本雄弁会『大日本史』第五巻「列伝」二　三九頁。
（4）『続群書類従』巻第百八十九『聖徳太子伝暦』上（続群書類従完成会本第八輯上　一一頁）。なほ続群書類従完成会本は、引用したやうに「枚吹」ではなく、「牧吹」となつてゐる。
（5）大日本雄弁会『大日本史』第八巻「列伝」五　三一七頁。
（6）小学館新編日本古典文学全集『日本書紀』③二〇七頁頭註二七。
（7）大日本雄弁会『大日本史』第四巻「列伝」一　二五七頁。

第十八章　天智天皇本紀

第一節　天智天皇本紀の記述

本章に於いて扱ふ「天智天皇本紀[1]」の執筆者は藤田幽谷の『修史始末』に、

一正按、旧紀伝目録、天智・大友・天武本紀野伝撰[2]。

とあり、「野伝」則ち人見伝の撰述であることが知られるのであるが、以下その記述状況を把握して行くことにしよう。

1、本条は系譜記事であるが、葛城皇子に、

拠二本書舒明紀二年文一

と註記してゐる。

2、本条の入鹿・蝦夷討伐の部分は皇極天皇四年紀の趣意文として記されてゐる。

4、本条は「本紀」独自の文である。

16、本条の本文については、「隻」を「枝」に変へてゐる以外変はらない。が、その年を「紀」では「元年」としてゐるのを干支で記し、「正月」の前の「春」を略してゐる。これらのことについては第三節に於いて述べることにしよう。

17、本条は「百済王」を「百済王子余豊」とする以外変はらない。が、「紀」が「百済王」としてゐるところを何故に「百済王子余豊」としてゐるかについては第三節に於いて述べることにする。

19、本条は「紀」と殆ど変はらない。但し「紀」ではこの事実に基づいて高句麗の滅亡の予兆とする点に主眼があるが、「本紀」はそれには触れてゐない。

26、本条は「紀」の要約文であるが、白村江に、

　唐書作㆓白江口㆒

と註記してゐる。

28、本条は「紀」の要約文であるが、大海人皇子は「紀」では「大皇弟」と記されてゐるものである。そのために「本紀」は、

　本書書㆓太皇弟㆒、然是時天皇未㆑即㆑位、猶称㆓皇太子㆒、故書㆓皇子㆒、

と、天智天皇自身が未だ皇太子であるところから、大海人皇子が「太皇弟」であるはずが無いところから「(大海人)皇子」と記すと註記するのである。「本紀」はさらに、

　本書例大凡立㆓皇太子㆒、必再書、於㆓前帝紀㆒、書曰、某年立㆓某皇子㆒為㆓皇太子㆒、至㆓嗣帝紀㆒、書曰某天皇某年立為㆓皇太子㆒、特至㆓天智紀㆒、不㆑書㆑立㆓皇太子㆒、至㆓天武紀㆒始曰天命開別天皇元年立為㆓東宮㆒、既與㆓前後書

例一異、且其書二太皇弟、東宮太皇弟、皇太子一者、名称書法、亦不二明白一、故今於二此紀及天武紀一、不レ書三立
為二東宮一、

と記してゐる。この点に関しては第三節に於いて述べることにしよう。

29、本条は「紀」が「王」としてゐるところを「王子」と記してゐる以外変はらない。「王子」としたことについては第三節に於いて述べることにしよう。

31、本条は「紀」と殆んど変はらない。が、「本紀」が「唐」を付記したのは丁寧な記述である。また「本紀」は劉仁願に、

按唐書劉仁願先レ是帰レ唐、留二鎮百済一者劉仁軌也、下倣レ此、

と註記してゐる。これについては第三節に於いて述べることにしよう。

32、本条は「紀」と変はらないが、「本紀」は蘇我連について、

続日本紀曰、近江朝大臣大紫連子、公卿補任、一代要記並曰、大臣大紫蘇我連子臣、元年為二大臣一如レ故、未レ詳二除拝年月一、三年三月薨、在レ官三年、或云、三月任、尋薨、

と註記してゐるが、「続日本紀曰」といふのは、和銅六年十二月乙未条の石川宮麻呂の薨伝に、

近江朝大臣大紫連子之第五男也。(3)

とあり、また天平元年八月丁卯条の石川石足の薨伝に、

淡海朝大臣大紫連子之孫(4)

と記されてゐるのを指してゐる。また『公卿補任』といふのは、天智天皇条に「大臣」として蘇我連子臣を挙げて、

元年為大臣如故。初任年未詳。字蔵大臣。三年薨。在官三年。一書云、三月任。即薨。(5)

とされてゐるものであるが、新訂増補国史大系本は、「頭書云」として、

日本紀曰、蘇我連大臣天智天皇三年五月五日薨。

と記してゐる。但し「紀」では「是月」として記されてゐて、薨日は不明である。

34、本条の前半は「紀」と変はらない。が、後半の「賜レ物有レ差」は、十月乙亥是日条に、

勅二是日中臣内臣一、遣二沙門智祥一賜二物於郭務悰一。[6]

とあるのを変更して戊寅条に合はせ記したものである。「本紀」が何故にこのやうな変更をし、殊に「有レ差」と記したかは不明である。

37、本条は、「紀」が「薨」と記してゐるところを「崩」としてゐるが、これは第四章に於いて述べたやうに「本紀」の筆法である。

38、本条は「紀」の趣意文であるが、「達率」は、「紀」に、

其本位達率。

と註記されてゐるのに基づいたものである。

45、本条は「紀」の趣意文であるが、「本紀」は「紀」が遣使の目的を、

蓋送二唐使人一乎。

と註記してゐるところから、

本書註曰、蓋護二送唐使一也、

と註記してゐる。

53、本条は「紀」の要約文であるが、「紀」では間人皇女を「合葬」したと記されてゐるところを「祔」とし、

按間人皇女、舒明帝之女、孝徳帝之后、斉明帝之従姉也、前書二太后一、此書二皇女一、皆従二本書旧文一、然不レ葬二磯長陵一、而祔二小市陵一、其故未レ詳、

と註記してゐる。この註記については第三節に於いて述べることにしよう。

54、本条の前半は「紀」と変はらない。「本紀」は「遷」に、

一代要記云、正月、遷二滋賀郡大津宮一、

と註記してゐる。対して後半は趣意文である。

61、本条の前半は「紀」と殆ど変はらない。「本紀」は「是為二天命開別天皇一」に続けて、

本書註一説曰、六年春三月即レ位、按本書以二壬戌歳一為二元年一、而天武紀曰、四年十二月、天命開別天皇崩、是則以二即位年一紀レ元、今拠レ之、

と註記してゐる。これについては第三節に於いて述べることにしよう。「本紀」はさらに「時年四十三」に、

拠二本書舒明紀一、

と舒明天皇紀十三年十月丙午条の、

是時東宮開別皇子年十六而誄之。

により即位時の年齢を記したことを註記するのである。また「至レ此登阼」には、

愚管鈔、一代要記

と註記してゐる。

100、本条は「紀」の趣意文であるが、大海人皇子に、

本書註一云、大友皇子、

との註記をしてゐる。なほ大海人皇子は従前通り「紀」の「東宮太皇弟」を変へたものである。

117、本条の前半は「紀」の趣意文であるが、その「紀」が主語として「東宮」と記してゐるのを略してゐる。対して後半の「於レ是、立二大友皇子一為二皇太子一」については「本紀」が、

於レ是以下水鏡、

と註記してゐるやうに『水鏡』に、

さて十月にぞ大友太政大臣は東宮に立ち給し。[7]

と記されてゐるのに基づいて記されたものであるが、「本紀」はさらに、

按懐風藻、大友皇子年甫弱冠、拝二太政大臣一、年二十三立為二皇太子一、会二壬申之乱一、天命不レ遂、時年二十五、由レ是推レ之、元年帝大友年二十一為二太政大臣一、三年為二皇太子一、大與二本書及水鏡一異、而其書成二於帝大友孫淡海三船之手一、則非二旧史曲筆隠諱之比一、疑得二事実一也、附以備レ考、

と記してゐる。この点については第三節に於いて述べることにしよう。

123、本条は「紀」と変はらないが、崩年を「年四十六」と記し、その根拠について、

年拠二本書舒明紀舒明帝崩時天皇年十六之文一、

と註記し、さらに、

皇胤紹運録、神皇正統記、皇年代略記並云、五十八、一代要記、五十三、

と異説を註記してゐる。

124、本条の「葬二山背山科陵一」は「本紀」が、

葬以下延喜式

と註記してゐるやうに「延喜式」により記されてゐる。「本紀」はこれに続けて、

水鏡曰、一日天皇騎レ馬而出、竟不レ知レ所レ終、後獲二遺履於山科一、即就起レ陵、取二遺履一埋レ之、今不レ取、

と、『水鏡』の説を掲げ、「今不レ取」と「本紀」としての考へを記すのである。また「置二国忌斎於崇福寺一」と国忌の斎に言及し、

江家次第

と、その根拠を註記してゐるのである。

125、本条は天智天皇の賛に当る部分であるが、この文はそれぞれ註記されてゐるやうにその拠り所が存在してゐる。すなはち「天皇好レ学」から「興二百度一」までは、『懐風藻』序に基づいて記したものであり、「嘗命二群臣一撰二令二十二巻一、謂二之近江朝令一、」は『類聚三代格』に載せられてゐる「(弘仁)格式序」及び『本朝書籍目録』により記され、「所レ製文章甚多。今皆不レ伝」は『懐風藻』序によつて文を為したものである。また「有二書法一百巻一、孝謙帝時蔵二之崇福寺一」は『続日本紀』孝謙天皇天平勝宝八歳八月乙酉条に、

以二近江朝書法一百巻一、施二入崇福寺一。(8)

とあるのに基づいて記したものである。「為二皇太子一時、親製二漏刻一、及レ即レ位、置二之新台一」は、斉明天皇紀六年五月是月条に、

皇太子初造二漏尅一。使二レ民知一レ時。

とあるのと天智天皇紀十年四月辛卯条によつて記したものである。「初天皇」から「為二神楽曲一」は『梁塵愚按鈔』(9)に、

朝蔵　本

あさくらや木のまろどのにわがをれば

末

わがをればなのりをしつゝゆくやたれ

愚案。天智天皇の御哥也。朝くらや木の丸殿にわがをればなのりをしつゝ行はたが子ぞといへるを。末の詞を略して。朝蔵の曲にうたひ侍也。朝倉の宮は天智天皇の行宮つくしに有と。奥義抄。八雲の御抄などにも載られ侍れど。慥なる所見侍らず。爰に日本紀を考侍べるに。斉明天皇の御時。（割註略）百済より高麗をせめ侍りし時。高麗すくひの軍を我朝に求しかば。天皇つくしへをもむき給んとて。伊与の国に幸して。熟田津の石湯の行宮にとゞまり給へり。其時天智天皇いまだ太子にてともなひ給へリ。そのとし朝倉の橘の広庭の宮にうつり給て。朝倉の社の木をきり払て。この宮をつくり給しかば。朝倉の神怒をなせりとなん。斉明天皇はつゐに朝倉の宮にして崩じ給ふ。朝倉山の嶺に。大なる笠きたる鬼あらはれて。御はうぶりのぎしきをぞ見けるとなむ。朝倉山の社は延喜式神名帳には土左国土佐郡に有としるせり。風土記にも土左国朝倉郷に朝倉の社有とみえたり。四国の中なれば。いよの国より土佐の国にうつりまし〳〵て。それよりつくしへおもむき給んとし給るにや。然共九州へはいまだ幸し給はず。朝倉山は土左国に侍を。古来あやまりて筑紫にありといへるにや。木の丸殿は行宮を云。まろき木のくろきにて作れるゆへに木の丸殿とは云り。天智天皇のいまだ東宮と申侍る時。斉明天皇につき給て。朝倉の宮にとゞまり給へる時。此宮へまいるもゝのつかさ名謁してまかりすぎ侍る事を。名乗をしつゝ行はたが子ぞと詠じ給る也。郢曲に朝倉返しといふとあり。神楽譜云。朝闇吹返。催馬楽拍子。式日搔糸竹云々。神楽に朝倉うたふ時は。笛も和琴もしらべて。さいばら拍子にてうたふをかへすと云といへり。朝蔵の哥をば御所返しと延喜の帝の勅定也。朝倉は皇居なりしによりて。御所返しと名付給るにや。

と記されてゐる文により記されたものである。この文は百済が高麗を攻めた為に高麗が日本に救援を依頼したとか、朝倉社を土佐国の式内社である朝倉神社であるとするやうな根本的な過誤も存するが、天智天皇が黒木の御所を建設されたとの伝へを記したものであり、さらにその歌が神楽の曲となつたことも記してゐるところから[10]、「本紀」はこれを採用して賛に加へたのである。「又嘗欲レ修二倭高安城一」以下の文は、天智天皇紀八年八月己酉条に、

天皇、登二高安嶺一。議欲レ修レ城。仍恤二民疲一止而不レ作。時人感而歎曰。寔乃仁愛之徳不二亦寛一乎。云々。

と記されてゐるのに基づいてゐる。但し「重レ労レ之而止者数」とある点については第三節に於いて述べることにしよう。

第二節　天智天皇紀と天智天皇本紀の比較

前節に於いては、天智天皇本紀の記述について見てきたが、次に資料篇の比較表に基づき天智天皇紀との比較をしていくことにしよう。

「紀」と「本紀」を比較するに、表の如くその殆どは「紀」の項目を忠実に記してゐることが理解される。しかし若干相違するところも存在する。以下それらについて見て行くことにしよう。

第一には即位前紀（2）条に、蘇我氏討伐記事が記されてゐることであるが、「紀」では皇極天皇紀に記されてゐる内容を「本紀」は記してゐるのであるが、これは天智天皇本紀としては天皇に直接関係することであり、当然記載さ

れるべき事柄であり、何ら問題とはならない。

第二に「本紀」はその立太子記事(3)条に続けて、

匡二輔朝政一

と記してゐるが、これは「本紀」独自の記事である。「本紀」がこのやうな独自記事を記したのは、孝徳天皇紀を通じて皇太子の朝政関与がみられるところより記したものと考へられる。

第三には孝徳天皇崩御記事が「本紀」に記されてゐない点であるが、これは孝徳天皇に次いで即位されたのが斉明天皇であり、天智天皇でないところから記載されなかつたものである。

第四には（4）条であるが、「本紀」は斉明天皇の即位を「斉明帝再祚」と事実に基づいた記述をし、引き続いて皇太子であることを明確にするために、

仍為二皇太子一、

と、特に記したのであり、「本紀」の丁寧な記述と云つてよいであらう。

第五には（5）条のやうに斉明天皇紀七年条に基づいて「従二西征一」と記してゐるが、これは天智天皇が西征されたことは事実であり、また斉明天皇崩後の記述の必要性から記されたものと考へられる。

第六には(11・12・13)条についてであるが、この一連の殯記事は斉明天皇紀により記されてゐるが、殯の主体は天智天皇であるところから記されたものである。

第六には(19)条である。鼠が馬の尾に子を産んだことは記しながら、それの意味するところを記さなかつたことであるが、その意味するところが高句麗の滅亡の予兆であるところから省略されたものと考へられる。

第七には壬戌年の百済遷都記事、癸亥年の百済が新羅に敗北した記事、豊璋の福信殺害記事が「本紀」には記され

てゐない点であるが、これらは何れも百済の事であるから「本紀」には記されなかつたものと考へてよい。が、これに関連して犬上君の高麗通報記事が記されてゐない点については第三節に於いて述べることにしよう。

第八には甲子年の郭務悰宣勅記事が「本紀」には記されてゐない点であるが、これについては第三節に於いて述べることにしよう。

第九には甲子年の高麗大臣死亡記事、丁卯年の高麗内紛記事が記されてゐないのは、高句麗の事であるから第七の百済と同様記されなかつたものである。

第十には甲子年の郭務悰帰国記事、丙寅年の高麗使帰国記事、元年条の百済使帰国記事、耽羅王子帰国記事、四年条の李守真等帰国記事、高麗使帰国記事、新羅使帰国記事が「本紀」では記載されてゐないのは、「本紀」では外国使節の帰国記事は原則として記載しないことにしてゐるからであるが、乙丑年の劉徳高等帰国記事及び丁卯年の司馬法聡等の帰国記事だけが記されてゐる。この点については第三節に於いて述べることにしよう。

第十一には、耽羅使者に対する賜物記事が記載されてゐない点であるが、その理由は不明である。

第十二には、伊勢王等薨去記事、中臣内臣の船贈与記事が記されてゐないのは、それぞれ伊勢王や中臣内臣に関することであることから「本紀」には記されなかつたものである。

第十三には元年（七年）の、浜台下魚集中記事、蝦夷饗宴記事、舎人饗宴記事が「本紀」では略されてゐることであるが、「紀」ではこれに続けて、

時人曰。天皇天命将及乎。

と記してゐるのであり、「天命将及」は王朝交替、革命を意味する語であること[11]から、王朝交替、革命の存在しない我が国にあつては、王朝交替、革命の前提となる浜台下魚集中記事、蝦夷饗宴記事、舎人饗宴記事は必要のない記事

であるとして「本紀」は省略したものと考へられるのである。

第十四には、元年(七年)条の栗前王筑紫率任命記事、二年(八年)条の蘇我赤兄筑紫率任命記事、四年(十年)条の栗隈王筑紫率任命記事が「本紀」では略されてゐる点であるが、「筑紫率」は後の大宰帥と考へられる官職であり、「本紀」がこの任官記事を略した理由は不明であるが、地方官といふことから略したものかとも考へられる。

第十五には二年（八年）条の高安城修理中止記事が記されてゐない点であるが、「本紀」はこれを「賛」に於いて記すことにしたために継年記事では略したものである。

第十六には四年(十年)条に「紀」の六月己巳条が記載されてゐない点である。この条は「紀」では、

宣二百済三部使人所レ請軍事一。

とあるものであるが、これは半島に於ける唐と新羅の争ひに於ける唐よりの救援依頼に関するものと考へられる[12]ところより略したものと考へられる。

第三節　天智天皇本紀の検討

第一には(16)条が「壬戌歳」と干支で記してゐる点である。「紀」は斉明天皇崩御の翌年を天智天皇元年として以下十年まで年次を記してゐるが、天智天皇の即位は「紀」に、

七年春正月丙戌朔戊子。皇太子即二天皇位一。

と記されてゐるところよりして七年正月であることは明らか[13]であり、それ以前は、天智天皇即位前紀に、

(斉明天皇)七年七月丁巳崩。皇太子素服称㆑制。

と記されてをり、称制の期間である。然るに「紀」はその称制期間をも在位期間として年立てしてゐるのであるが、「本紀」は称制時期と在位時期を厳密に分けて称制期間は干支で記してゐるのであり、飽くまで事実に基づいた記述に徹しようとする「本紀」の姿勢の示された部分である。なほ「本紀」は即位後に於いては月の前に春夏秋冬を記してゐるが、称制期間中は即位前といふことで、通例通り記されてゐない。

第二には(17)条の「百済王」を「百済王子余豊」としてゐる点である。この時点では余豊(豊璋)は長津宮にゐて、そこで織冠を授けられてゐるのであり、未だ即位には至つてゐない。余豊の即位は壬戌歳(元年)紀五月条に、

大将軍大錦中阿曇比邏夫連等(中略)送㆓豊璋等於百済国㆒。宣㆑勅。以㆓豊璋等㆒使㆑継㆓其位㆒。

とあつて、その即位は帰国後の五月と考へるべきであるところから「本紀」は「王子」と記したものと考へられる。

第三には(28)条の「皇太子」に関する註記である。「本紀」の註記を再掲すれば次の通りである。

本書例、大凡立㆓皇太子㆒、必再書、於㆓前帝紀㆒、書曰、某年立㆓某皇子㆒為㆓皇太子㆒、至㆓嗣帝紀㆒、書曰某天皇某年立為㆓皇太子㆒、特至㆓天智紀㆒、不㆑書㆑立㆓皇太子㆒、至㆓天武紀㆒、始曰天命開別天皇元年立為㆓東宮㆒、既與㆓前後書例㆒異、且其書㆓太皇弟、東宮太皇弟、皇太子㆒者、名称書法、亦不㆓明白㆒、故今於㆓此紀及天武紀㆒、不㆑書㆔立為㆓東宮㆒

今「本紀」が、

本書例、大凡立㆓皇太子㆒、必再書、於㆓前帝紀㆒、書曰、某年立㆓某皇子㆒為㆓皇太子㆒

と記してゐる点を検証するに次表の如くになる。なほ前の記事は前帝紀であり、後は即位前紀である。

天皇名	記事
綏靖天皇	四十有二年の春正月（中略）甲寅に、皇子神渟名川耳尊を立てて皇太子としたまふ 無し
安寧天皇	二十五年春正月（中略）戊子に、皇子磯城津彦玉手看尊を立てて皇太子としたまふ 神渟名川耳尊二十五年を以て、立ちて皇太子と為りたまふ
懿徳天皇	十一年春正月壬戌の朔に、大日本彦耜友尊を立てて皇太子としたまふ 磯城津彦玉手看天皇十一年春正月壬戌に、立ちて皇太子と為りたまふ
孝昭天皇	二十二年春二月（中略）戊午に、観松彦香殖稲尊を立てて皇太子としたまふ 大日本彦耜友天皇二十二年春二月（中略）戊午を以て、立ちて皇太子と為りたまふ
孝安天皇	六十八年春正月（中略）庚子に、日本足彦国押人尊を立てて皇太子としたまふ 観松彦香殖稲天皇六十八年春正月を以て、立ちて皇太子と為りたまふ
孝霊天皇	七十六年春正月（中略）癸酉に、大日本根子彦太瓊尊を立てて皇太子としたまふ 日本足彦国押人天皇七十六年春正月を以て、立ちて皇太子と為りたまふ
孝元天皇	三十六年春正月（中略）己亥の朔に、彦国牽尊を立てて皇太子としたまふ 大日本根子彦太瓊天皇三十六年春正月を以て、立ちて皇太子と為りたまふ
開化天皇	二十二年春正月（中略）壬午に、稚日本根子彦大日日尊を立てて皇太子としたまふ 大日本根子彦国牽天皇二十二年春正月を以て、立ちて皇太子と為りたまふ
崇神天皇	二十八年春正月（中略）丁酉に、御間城入彦尊を立てて皇太子としたまふ 年十九歳にして、立ちて皇太子と為りたまふ
垂仁天皇	四十八年四月（中略）丙寅に、活目尊を立てて皇太子としたまふ 二十四歳にして、夢の祥に因りて、立ちて皇太子と為りたまふ
景行天皇	三十七年春正月戊寅の朔に、大足彦尊を立てて皇太子としたまふ 活目入彦五十狭茅天皇三十七年に、立ちて皇太子と為りたまふ

成務天皇	五十一年秋八月（中略）壬子に、稚足彦尊を立てて皇太子としたまふ	大足彦天皇四十六年に、立ちて皇太子と為りたまふ
仲哀天皇	四十八年春三月庚辰の朔に、甥足仲彦尊を立てて皇太子としたまふ	稚足彦天皇四十八年に、立ちて太子と為りたまふ
応神天皇	（神功皇后摂政）三年春正月（中略）戊子に、誉田別皇子を立てて皇太子としたまふ	皇太后の摂政三年に、立ちて皇太子と為りたまふ
仁徳天皇	（四十年春正月甲子に、菟道稚郎子を立てて皇太子としたまふ）	無し
履中天皇	三十一年春正月（中略）丁卯に、大兄去来穂別尊を立てて皇太子としたまふ	大鷦鷯天皇三十一年の春正月に、立ちて皇太子と為りたまふ
反正天皇	二年春正月（中略）己酉に、瑞歯別皇子を立てて儲君としたまふ	去来穂別天皇二年に、立ちて皇太子と為りたまふ
允恭天皇	無し	無し
安康天皇	（二十三年春三月（中略）庚子に、木梨軽皇子を立てて太子としたまふ）	無し
雄略天皇	無し	無し
清寧天皇	二十二年春正月己酉の朔に、白髪皇子を以て皇太子と為したまふ	二十二年に、立ちて皇太子と為りたまふ
顕宗天皇	三年夏四月（中略）辛卯に、億計王を以て皇太子とし弘計王を以て皇子としたまふ	白髪天皇三年夏四月に億計王を立てて皇太子とし、天皇を立てて皇子としたまふ

仁賢天皇	無し	（清寧天皇）二年夏四月に、遂に億計天皇を立てて皇太子としたまふ、 五年天皇天下を以て弘計天皇に譲りたまふ。皇太子と為りたまふこと、故の如し
武烈天皇	七年春正月（中略）己酉に、小泊瀬稚鷦鷯尊を立てて皇太子としたまふ	億計天皇の七年に、立ちて皇太子と為りたまふ
継体天皇	無し	無し
安閑天皇	無し	無し
宣化天皇	無し	無し
欽明天皇	無し	無し
敏達天皇	十五年春正月（中略）甲午に、皇子渟中倉太珠敷尊を立てて皇太子としたまふ	二十九年に立ちて皇太子と為りたまふ
用明天皇	無し	無し
崇峻天皇	無し	無し
推古天皇	無し	無し
舒明天皇	（元年夏四月（中略）己卯に、厩戸豊聡耳皇子を立てて皇太子としたまふ）	豊御食炊屋姫天皇二十九年に皇太子豊聡耳尊薨りましぬ。而るを未だ皇太子を立てず

皇極天皇	無し	無し
孝徳天皇	無し	無し
斉明天皇	無し	無し
天智天皇	（孝徳天皇即位前紀）天豊財重日足姫天皇四年六月庚戌、（中略）中大兄を以て皇太子とす	天豊財重日足姫天皇四年（中略）天皇を立てて皇太子としたまふ
弘文天皇	無し	即位記事無し
天武天皇	立太子記事無し、但し皇太子・皇太弟・東宮の記事散見	天命開別天皇元年に、立ちて東宮と為りたまふ
持統天皇	無し	無し

この中で、綏靖天皇に関して、神武天皇四十二年紀に立太子記事が存するに拘はらず、綏靖天皇紀に対応記事が見られないのは不審であるが、それ以外は前帝紀に立太子記事が存する場合には必ず即位前紀にも立太子記事が記されてゐるのである。なほ前帝紀に立太子記事が存するに拘はらず、即位前紀に立太子記事が見られない仁徳天皇の場合は、立太子されたのは菟道稚郎子であり、天皇は菟道稚郎子の自殺により即位されることになつたのであるから、即位前紀に立太子記事が見られないは当然であり、また安康天皇の場合も、皇太子とされた木梨軽皇子の不義による特殊事情から即位されることになつたのであるから、これまた即位前紀に立太子記事が見られないは当然である。その他立太子記事が見られない天皇は真に立太子されることなく即位に至つたものとみてよく、反対に前帝紀に立太子記

事が見られないに拘はらず、即位前紀に立太子記事が見られるのは仁賢天皇と天武天皇の二例のみである。そのうち仁賢天皇の場合は、清寧天皇二年に立太子してをられるのであり、本来ならば清寧天皇崩御後直ぐに即位されるべきところ、弟の顕宗天皇に譲られたために立太子記事が顕宗天皇紀には見られないのである。その為に仁賢天皇の即位前紀に於いて特に「皇太子と為りたまふこと、故の如し」と記されたのである。之に対して天武天皇の場合は、天智天皇紀には、「皇太弟」や「皇太子」「東宮」などの語は散見されるものの、立太子記事は見られないのであり、即位前紀に至つて始めて、

天命開別天皇元年立為二東宮一。

と見えるのであり、異例であるところから、その立太子の事実に疑問を呈し、

故今於二此紀及天武紀一、不レ書三立為二東宮一、

と、その立太子については記さないこととしたといふのであり、「本紀」の慎重な、飽くまで実証に基づいた記述に徹した態度の示された部分である。

第四には(29)条である。「紀」では「百済王善光王」とあるところを「本紀」は「百済王子善光」としてゐるのである。則ち問題となるのは、「紀」が「百済王」としてゐる部分を何故に「百済王子」としたかといふ点であるが、『続日本紀』天平神護二年六月壬子条には善光（禅広）の曾孫である敬福の薨伝が記されてゐるが、そこには善光について次のやうに記されてゐる。

刑部卿従三位百済王敬福薨。其先者出レ自二百済国義慈王一。高市岡本宮馭宇天皇御世。義慈王遣二其子豊璋王及禅広王一入侍。洎二後岡本朝廷一。義慈王兵敗降レ唐。其臣佐平福信尅復二社稷一。遠迎二豊璋一。紹二興絶統一。豊璋纂基之後。以レ譖横殺二福信一。唐兵聞レ之復攻二州柔一。豊璋与二我救兵一拒レ之。救軍不レ利。豊璋駕レ船遁二于高麗一。禅広因

不レ帰レ国。藤原朝廷賜レ号曰二百済王一。卒贈二広参一。(14)

則ち善光（禅広）は百済最後の王である義慈王の子であり、兄豊璋と共に舒明天皇の御世に来日（「紀」には舒明天皇三年紀三月庚申朔条に豊璋の来日記事がある）したが、その後斉明天皇六年（六六〇）に百済は滅亡し、鬼室福信らの要請により豊璋は帰国し、一旦は百済再興を果たしたが、六六三年、我が救援軍は白村江の戦に敗れ、豊璋は高句麗に逃れ、百済は完全に滅亡した。為に、善光は日本に留まつて本条のやうに難波に居宅を賜つたのである。そして持統天皇朝になり「百済王」の姓を賜つたのであり、「紀」が「百済王善光」とするのは追筆であることは明瞭である。そこで「本紀」は「紀」に従はずに「王子」と事実に基づいた記述をしたのであり、飽くまで事実に基づいた記述をして行く「本紀」の態度の表れた記述である。

第五には(31)条である。「本紀」は劉仁願に註記して、

按唐書劉仁願先レ是帰レ唐、留鎮二百済一者劉仁軌也、下倣レ此。

としてゐる点である。

「紀」では劉仁願の使者来日記事は、三年（六六四）五月、六年（六六七）十一月、十年（六七一）正月に記されてゐる。「本紀」はこれら全てを劉仁願による使者派遣ではなく、劉仁軌によるものとするのであり、その理由として「唐書」によるに劉仁願は甲子年（三年）五月以前に帰国してゐると述べるのである。

今、『旧唐書』及び『資治通鑑』(15)によつて劉仁願及び劉仁軌の動静を見るに、白村江の戦の後、最後まで抵抗してゐた遅受信が高句麗に逃亡した後、劉仁軌には「将兵鎮百済」の詔があり、以後百済の戦後処理に従事することになつた。対して劉仁願は同じ時の詔に於いて孫仁師と共に帰国を命ぜられ帰国し、上問に答へてゐる。その翌麟徳元年（六六四）十月には劉仁軌より上奏があり、それに基づいて劉仁願が兵を率ゐて百済に渡り、将兵の交代が行はれるこ

ととなり、劉仁軌には帰国命令が出されたが、上表して残留が認められてゐる。

これよりすれば、「紀」が甲子年五月に劉仁願が郭務悰を派遣してきたとすることは誤りと断ぜざるを得ないのであり、「本紀」が、

按唐書劉仁願先レ是帰レ唐、留鎮二百済一者劉仁軌也、

と記してゐることは正しい判断である。併しながら「本紀」が「下攷レ此」としてゐる点は問題としなければならない。すなはち「本紀」は丁卯年（六年）、四年（十年）の劉仁願についても劉仁軌の誤りとしてゐるのであるが、劉仁願は麟徳元年（甲子年）十月には将兵を率ゐて百済に派遣されてゐるのであり、そこで劉仁軌とも会談をしてゐるのである。その後劉仁軌は麟徳二年（乙丑年）八月から、遅くとも翌麟徳三年正月までの間に帰国してゐるとみられるのであり、三年七月には右相に任じられてゐる。そして次に劉仁軌が熊津道安撫大使兼浿江道總管（『資治通鑑』では遼東道副總管）に任じられるのは、總章元年（戊辰、天智天皇元年＝六六八）正月のことであるから、それまでは帰国してゐたと考へるのが自然である。一方劉仁願は麟徳二年（乙丑年）八月に熊通の就利山で新羅王法敏と会盟をしてゐるのであり、その後總章元年八月には卑列道行軍總管右威衛将軍であつたが、高句麗遠征に進軍せず逗留したとして姚州に流罪となつてゐる。これらのことからして、劉仁願は現地に留まつてゐたものと考へてよく、丁卯年（六年）の使者は劉仁願による派遣と考へて良いものであり、「本紀」の失考とせざるを得ないものと考へられる。また四年（十年）の使者は、劉仁願は姚州に流罪となつてゐるところから、劉仁願でないことは明らかであるが、「本紀」のやうにこれを劉仁軌とすることもできない。何故ならば劉仁軌はその前年正月丁丑に致仕を請ふて許されてゐるのであるから、劉仁軌が使者を派遣することも有り得ないからである。つまりこの四年（十年）の使者は、誰の命によつて派遣されたものであるか不明とせざるを得ないのであり、「本紀」のやうにこれを劉仁軌とすることはできないのである。なほ「紀」

の通りこの時の使者派遣者を、流罪を許された劉仁願と考へる可能性は存するが、劉仁願が流罪を許されたか否かは、その後の劉仁願の動静が不明であるところよりして単なる推測といふことにしかならないのであり、やはりここは不明とせざるを得ないのである。

第六には(53)条の註記である。この註記に於いて問題となる第一は間人皇女を「斉明帝之従姉也」としてゐる点である。即ちここで問題となる「従姉」とは『大漢和辞典』に拠るに「年上の女のいとこ」[16]である。ところが間人皇女は斉明天皇の従姉ではなく実子である。すなはち舒明天皇紀二年正月戊寅条を見るに、

立㆓宝皇女㆒為㆓皇后㆒。后生㆓二男・一女㆒。一曰㆓葛城皇子㆒。(註略)二曰㆓間人皇女㆒。三曰㆓大海・皇子㆒。

と記されてゐるのであり、斉明天皇の実子であることは疑ふ余地が無いのである。に拘はらず「本紀」が「従姉」と記したことは明白な誤りであり、何故にこのやうな誤りを犯したのか不審である。因みに巻七十五「列伝」第二(后妃二)に於いては、舒明天皇皇后宝皇女について、

茅渟王女也。帝二年正月、立為㆓皇后㆒。生㆓天智帝、間人皇后、天武帝㆒。[17]

と正しく記してゐるのである。

(53)条の註記の第二の問題は、間人皇女を斉明天皇の御陵に合葬したことに対する疑問である。すなはち「本紀」は、

然不㆑葬㆓磯長陵㆒、而祔㆓小市陵㆒、其故未㆑詳、

と、本来ならば孝徳天皇の磯長陵に葬るべきところを斉明天皇の小市陵に合葬したとして疑問を呈してゐるのであるが、天皇と皇妃が同一の御陵に葬られてゐる例としては、欽明天皇妃の堅塩媛が推古天皇二十年二月庚午に欽明天皇の御陵である檜隈大陵に改葬された例が存し、また聖徳太子の母后と太子妃が聖徳太子と合葬された例は存在するも

のの夫婦合葬といふことが原則となってゐたわけではない（その後に於いても奈良時代まででは、天武天皇と持統天皇が同一の御陵に合葬されてゐるが、それ以外では管見の及ぶところ山代忌寸真作と妻蚊屋忌寸秋庭の合葬と見られる墓誌が存在するのみである）のであり、間人皇女の場合、必ずしも孝徳天皇の磯長陵に葬らなければならないといふことではないのであり、「本紀」が斉明天皇の小市陵に合葬したことを不信としなければならないといふことはないのである。に拘はらず「本紀」が疑問を呈したのは、近世の夫婦同一墓所といふ認識から出た疑問であつたと考へてよいであらう。

第七には(61)条の天皇即位の時期についての検証である。天智天皇紀は斉明天皇崩御の翌年である壬戌歳を天智天皇元年とし、十年崩御まで年次を記してをり、七年正月の即位記事に、

或本云、六年歳次丁卯三月即位。

と記されてゐる。ところが、天武天皇即位前紀には、

四年冬十月庚辰。天皇臥病以痛之甚矣。

とあり、

十二月。天命開別天皇崩。

とあるから、これは即位の歳を元年として数へたものであり、これよりすれば天智天皇の即位は「紀」の七年に行はれたことが明らかであるところから、「本紀」はこれに基づいてその即位を七年正月と断定し、一説の六年三月説を退けると共に、「紀」の斉明天皇崩御の翌年である壬戌歳を天智天皇元年とすることをも否定したのであるが、「本紀」の実証的態度の表はれである。

「本紀」は続けて即位時の年齢を記し、

拠二本書舒明紀一

と註記してゐる。これは第一節に於いて記したやうに舒明天皇紀十三年十月丙午条に、

殯㆓於宮北㆒。是謂㆓百済大殯㆒。是時東宮開別皇子年十六而誄之。

と記されてゐるところから四十三歳としてゐるのである。

「本紀」はさらに天皇の人となりを「天皇至孝」云々と記し、その根拠を、

愚管鈔、一代要記、

と註記してゐるのであるが、それは『愚管抄』に、

此御門孝養ノ御心深クシテ、御母斉明天皇失給後、七年マデ御即位シ給ハズ。[18]

とあるのによつて記されたものである。

第八には（80）条である。中臣鎌足に藤原姓を賜はり、「内大臣」に任じられたのは、（81）条により明らかなやうに十五日庚申のことであり、「紀」も、

自㆑此以後。通曰㆓藤原内大臣㆒。

と記してゐるのである。しかるに本条に於いては「紀」はそれを遡つて記してゐるところから「本紀」は十日の時点では未だ賜姓・任命とも行はれてゐない所から、事実に基づいて記したものであり「本紀」の事実に対する厳格さの表はれたところである。

第九には（117）条である。「本紀」は本文に於いては『水鏡』により天智天皇即位四年十月十九日に大友皇子の立太子があつたとしてゐるのであるが、今、「本紀」の註記を再掲すれば次のやうである。

大友皇子年甫弱冠、拝㆓太政大臣㆒、年二十三立為㆓皇太子㆒、会㆓壬申之乱㆒、天命不㆑遂、時年二十五、由㆑是推㆑之、
元年帝大友年二十一為㆓太政大臣㆒、三年為㆓皇太子㆒、

『懐風藻』によれば、大友皇子が壬申の乱に因りて亡くなつたのが二十五歳である。といふことは二十三歳で皇太子となつたとすれば天智天皇即位三年のこととなり、『水鏡』とは一年の誤差が生じることとなる。また太政大臣の任命は、「紀」では十年正月癸卯条に、

　是日。以二大友皇子一拝二太政大臣一。

とあるのであり、『懐風藻』の「年甫弱冠、拝二太政大臣一」、すなはち太政大臣任命は大友皇子二十歳、天智天皇六年（即位の前年）の任命とは齟齬するのである。それ故に「本紀」は「大與二本書及水鏡一異」と記し、『懐風藻』は「成二於帝大友孫淡海三船之手一、則非二旧史曲筆隠諱之比一、疑得二事実一」ものであると記すのである。周知のやうに『大日本史』は大友皇子の即位を認めてゐるのであるが、直ちに『懐風藻』によつて記述することなく、「附以備レ考」と、飽くまでも一つの参考意見として留めるのであり、『大日本史』の謙虚な記述の表はれとしてよいであらう。

　第十には(125)条の「重レ労レ之而止者数」と記されてゐる点である。高安城の築城については天智天皇紀六年十一月是月条に、

　築二倭国高安城。讃吉国山田郡屋嶋城。対馬国金田城一。

と見え、先に記した八年八月己酉条に続いて、八年是冬条には、

　修二高安城一収二畿内之田税一。

とあり、九年二月条では、

　又修二高安城一積二穀與レ塩。

とあるのであり、高安城の修築に関してのみでは、「重レ労レ之而止者数」とはいへないのであるが、天智天皇紀では五年七月条に、

大水。是秋。復二祖調一。

とあり、六年二月戊午条の斉明天皇、間人皇女合葬記事に続けて、群臣に語られた言葉として、

我奉二皇太后天皇之所一レ勅。憂二恤万民一之故。不レ起二石槨之役一。所レ冀永代以為二鏡誡一。

と述べられたとあるところから、天皇の仁愛全体をこの高安城修築の中止にかけて賛として「寔乃仁愛之徳不二亦寛一乎」[19]（八年八月条）と記されたものと考へて「本紀」は「重レ労レ之而止者数」と記したものと考へられるのである。

第十一には　第二節の第七に関連して犬上君の高麗通報記事が記されてゐない点であるが、この記事は三月条に上毛野君稚子ら二万七千の大軍を派遣して新羅を討たせた記事に続けて、五月癸丑朔条として、

犬上君（註略）馳二告兵事於高麗一而還。

と記されてゐるのである。が「紀」はそれに続けて六月条で新羅の沙鼻岐。奴江の二城を取つたことが記されてゐるところから、ここにある「兵事」とは新羅攻撃の事であることに疑ひない処であり、それを高句麗に連絡したといふことも、小学館新編日本古典文学全集本が、

唐・新羅に対して、高句麗との連携を深めようとしての遣使であり、本条によって先の「高麗」（斉明紀七年是歳条・天智紀元年三月条・四月条）を高句麗と解することも可能。[20]

と記してゐるやうに、高句麗との連携を強化するためのものであつたと考へられるのであり、我が国の主体的な派遣であつたと解してよいものであり、「本紀」としても記載してよいものであつたと考へられる。

第十二には第二節の第八の甲子年の郭務悰宣勅記事が「本紀」には記されてゐない点であるが、「紀」の記述は、

冬十月乙亥朔。宣下発二遣郭務悰等一勅[21]上。

と記されてゐるのであり、これは郭務悰等を派遣した唐皇帝の立場から記された文言と解さざるを得ないのである。

すなはちこれは唐皇帝が「臣下としての天智天皇（事実は皇太子）に対して、郭務悰等を派遣した理由を記した勅を宣した」といふことになるのであり、華夷内外の弁に悖るものである。水戸に於いては君臣の義と内外の弁は特に重視してゐるのであり、唐の臣下とみられるやうな内外の弁を無視した「紀」の記事を、そのまま採用することはできないところから記さなかつたものと考へられるのである。

第十三には第二節の第十である。「本紀」は外国使節の帰国については記載しないことを原則としてゐるに拘はらず、乙丑年の劉徳高等帰国記事、及び丁卯年の司馬法聡等の帰国記事が記されてゐるのは不思議としなければならない。前者について今「紀」の記事を記すと次の通りである。

十一月己巳朔辛巳、饗二賜劉徳高等一。

十二月戊戌朔辛亥、賜二物於劉徳高等一。

是月。劉徳高等罷帰。

これに対して「本紀」の記述は(43)条・(44)条のやうに、

十一月十三日辛巳、饗二唐使一、

十二月、劉徳高等帰、賜レ物有レ差、

としてゐるのであり、(34)条のやうに普通は「饗賜」に続けて「賜レ物」とするところを帰国記事につけたために帰国記事が記されることとなつたのであり、「賜レ物」の記載位置を誤つた為であり、特別の意図があつて劉徳高等の帰国記事を記したといふものではないと考へられるのである　一方後者について「紀」では、

十一月丁巳朔乙丑。百済鎮将劉仁願遣二熊津都督府熊山県令上柱国司馬法聡等一。送二大山下境部連石積等於筑紫都督府一。

己巳。司馬法聡等罷帰。以㆓小山下伊吉連博徳。大乙下笠臣諸石㆒為㆓送使㆒。

とある。「本紀」では来日記事に続けて、

(十一月)十三日己巳、司馬法聡等帰、使㆓小山下伊吉博徳、大乙下笠諸石護送㆒

と記してゐるのである。

これを「紀」の他の帰国記事と比較すると、甲子年の郭務悰帰国記事、丙寅年の高麗使帰国記事、元年条の百済使帰国記事、耽羅王子帰国記事、四年条の李守真等帰国記事、高麗使帰国記事、新羅使帰国記事の何れも単なる帰国記事であつて「送使」記事は記されてゐない。このことよりして「本紀」がこの帰国記事を記したのは、「送使」記事を記載するが為であつたと考へてよいであらう。

むすび

『大日本史』の天智天皇本紀の記述について三節にわたつて検討を加へてきたが、「本紀」の記述は概ね「紀」を忠実に要約して記述してゐるといつてよく、それは他の「本紀」と変はるところはない。また省略してゐる部分についても第二節に於いて述べたやうに、それぞれ理由の存するものである。が、第三節に於いて述べたやうに「紀」の記載に従はずに「本紀」独自の判断で記してゐる部分が存在する。すなはち天皇の称制期間中は「紀」のやうに何年と記さずに干支を用ゐてゐる点や、大海人皇子について「皇太弟」「皇太子」「東宮」を略してゐる点などを始めとして、「紀」が遡及して記してゐる部分を訂正してゐる等、飽くまでも事実に忠実であらうとする「本紀」の姿勢の表れた部分が散見されるのである。が、一方で唐使劉仁願となつてゐる部分を、すべて劉仁軌とすべきと指摘してゐるなど「本紀」の失考とみられる部分も時には見受けられるのであるが、最後に記してゐる賛も的確なものであり、「本紀」の事実を直書しようとの精神の現れた巻であるといつてよいであらう。

補註

(1)『大日本史』は昭和三年十月発行の大日本雄弁会本による。
(2)藤田幽谷「修史始末」『幽谷全集』七二頁。
(3)新訂増補国史大系第二巻『続日本紀』五四頁。
(4)新訂増補国史大系第二巻『続日本紀』一一九頁。
(5)新訂増補国史大系第五十三巻『公卿補任』第一篇六頁。
(6)『日本書紀』は新訂増補国史大系本を用ゐる。
(7)新訂増補国史大系第二十一巻上『流布本水鏡』五四頁。
(8)新訂増補国史大系第二巻『続日本紀』二二六頁。
(9)続群書類従本は「按」を「案」に作る。一条兼良著であり、『神楽注秘抄』とも称す。『続群書類従』巻五三四　管弦部八（続群書類聚完成会本第十九輯上　五八〇頁）。
(10)朝倉の木丸殿の話は、『十訓抄』第一に見えてをり、その方が説話として筋が通つてゐる。に拘はらず、「本紀」が『十訓抄』を引かずして『梁塵愚按鈔』により記してゐるといふことは、その執筆時において水戸に於いては『十訓抄』の存在が知られてゐなかつたことを示してゐる。
(11)拙稿「奈良時代に於ける天命思想の受容と批判」（『日本文化大学柏樹論叢』第四号　平成十六年三月発行）参照。
(12)小学館新編日本古典文学全集『日本書紀』③二九一頁頭註七。
(13)小学館新編日本古典文学全集は『日本書紀』③二四八頁頭註一〇において「天智天皇が正式に即位したのは称制七年一月」と記してゐるが、明らかな誤りである。
(14)新訂増補国史大系第二巻『続日本紀』三三三頁。

（15）『旧唐書』及び『資治通鑑』はそれぞれ http://www.geocities.jp/intelljp/cn-history/old_tou/nihon.htm http://www.geocities.jp/zizhitongjianjp/200.html ~ 201.html による。

（16）『大漢和辞典』第三巻八八三頁。

（17）大日本雄弁会『大日本史』第四巻三五頁。

（18）岩波書店日本古典文学大系『愚管抄』六四頁。

（19）坂本太郎氏は「天智紀の史料批判」（『日本古代史の基礎的研究』上　文献篇　後　坂本太郎著作集第二巻『古事記と日本書紀』所収）に於いて「むしろ前後と矛盾する記事であり、（中略）天皇の仁徳を讃嘆する意味をもったわざとらしい筆致であり、無理にここに挿入したような嫌いがある」（前著二二四頁）と述べられてゐる。

（20）小学館新編日本古典文学全集『日本書紀』③二五七頁頭註二二。

（21）新訂増補国史大系本の句読点の付け方に誤りがあるとみられるところから、小学館新編日本古典文学全集『日本書紀』③二六四頁に拠る。

第十九章　天皇大友本紀

第一節　天皇大友本紀の記述

本章では弘文天皇即位説を唱へた『大日本史』「天皇大友本紀[1]」について検討していくこととする。

本章に於いて扱ふ天皇大友本紀の執筆者については、藤田幽谷の『修史始末』に、

一正按。旧紀伝目録。天智・大友・天武本紀野伝撰。[2]

とあり、人見伝の撰述であることが知られるのであるが、以下その記述状況を把握して行くことにしよう。
イ、本条は天智天皇紀七年二月戊寅条に基づいて記載されてゐるが、「長子」は、

長子拠二懐風藻一

と註記されてゐるやうに『懐風藻』に、

皇太子者。淡海帝之長子也。[3]

とあるところから補はれたものである。

ロ、本条は、

　為レ人以下懐風藻

と註記されてゐるやうに『懐風藻』に依つて記された部分である。

ハ、本条の前半は天智天皇紀十年正月癸卯条により記されてゐる。「本紀」がそれを、

　天智帝四年

としてゐるのは、「紀」では天智天皇の称制元年より通算して記してゐるのに対し、「本紀」はその即位年（天智天皇七年）を元年としてゐるためである。また、

　総二百揆一以下懐風藻

と註記されてゐるやうに、「総二百揆一」以下は『懐風藻』により記されてゐる。

ニ、本条は天智天皇紀十月庚辰条の趣意文であるが、

　於レ是、立二天皇一為二皇太子一、

は、

　皇太子拠二水鏡一

と註記してゐるやうに、『流布本水鏡』に、

　十月にぞ大伴太政大臣は東宮にたち給し、(4)

とあるのに基づいて記されてゐる。

ホ、本条は天智天皇紀十年十一月丙辰条の要約趣意文であるが、「紀」が「大友皇子」としてゐるところを「皇太子」

としてゐる。そして大友皇子の言の「奉ㇾ詔」の後に、

本書、不ㇾ載二詔文一

と註記し、壬戌条の五臣が天皇の前に於いて誓つた記事を日を記さずに記し、

本書又不ㇾ載二盟辞一

と註記してゐる。

ト、本条は、

五日以下、水鏡、立坊次第、

と註記してゐるやうに『水鏡』『立坊次第』により記してゐるが、『流布本水鏡』は「四十代　天智天皇」の次に「四十一代　天武天皇」としながらも、

天智天皇十二月三日うせさせ給にしかば、同じき五日大伴王子くらゐをつぎたまひて。(5)

と、大友皇子の即位を記してゐるのであり、「本紀」はこれにより大友皇子即位説を主張するのである。そして「本紀」はこの註記に続けて、

按大鏡亦曰、為二太政大臣一其年為ㇾ帝、附備二考証一

と註記してゐる。「本紀」が「按大鏡亦曰」として記してゐるのは、『大鏡』の「大臣次第」に、

又卅九代にあたり給へる御門天智天皇こそは、はじめて太政大臣をばなし給へりけれ。それはやがて御第四の王子におはします大友皇子也。十年正月に太政大臣になし。おなじ十二月廿五日に位につかせ給。天武天皇と申き。(6)

と記してゐるものを指すのであるが、この『大鏡』は大友皇子と天武天皇を混同してゐるのである。但しその「裏

書」には、「西宮記曰」として、

大友皇子、天智天皇十年正月、任二太政大臣一。十二月即二帝位一。明年七月自縊。[7]

と記されてゐるのである。それはともかくとして、「本紀」は太政大臣に任命された年に即位したことを指摘し、その即位の一史料として「附備二考証一」と記してゐるのである。

そしてその年齢「二十四」についても、

拠二懐風藻壬申歳二十五之文一

とその根拠を記すとともに、

水鏡、立坊次第、以二辛未歳一為二二十五一、

と、異説としての『水鏡』『立坊次第』の即位年の辛未歳を二十五歳とする説をも記すのである。この大友皇子即位については節を改めて述べることにしよう。

チ、本条は天皇を「先帝」に変へる以外「紀」と変はらない。が、「紀」は「壬申」を天武天皇元年としてゐるのであり、以下すべて天武天皇紀元年条に由る記述である。「本紀」は「元年壬申」に、

按歴代皇紀、愚管鈔、帝王編年記、皇代記並曰、壬申歳獲二赤烏一、因建元曰二朱雀一、其年備後献二白雉一、因改元曰二白鳳一、皇年代略記、皇代記、皇胤紹運録並以二天武帝即位一為二白鳳二年一、未レ知二何拠一、続日本紀神亀元年十月詔曰、白鳳以来、朱雀以前、年代玄遠、尋問難レ明。所司記註多有二粗畧一、亦未レ詳二何帝年号一、附以備レ考、

と註記してゐる。すなはち『歴代皇紀』『愚管鈔』『帝王編年記』『皇代記』に依るに壬申歳に赤烏を獲たところから朱雀と建元し、さらにその年に備後より白雉が献上されたことにより白鳳と改元されたとしてゐる。それは例へば『愚管抄』に、

又年号アリ。朱雀一年。元年壬申。白鳳十三年。元年壬申。支干同前。年内改元歟[8]。

と記されてをり、また『帝王編年記』には「朱雀一年」に註して、

信濃国献二赤烏一。仍為レ瑞改元[9]。

と記し、「白鳳十四年」に註して、

備後国献二白雉一。仍為レ瑞改元[10]。

と記してゐるのに基いて記されてゐるのである。それに対して『皇年代略記』『皇代記』『皇胤紹運録』に天武天皇即位年を「白鳳二年」としてゐることについて「未レ知二何拠一」と疑問を投げかけ、さらに『続日本紀』神亀元年十月丁亥条の詔を引用して、「亦未レ詳二何帝年号一、附以備レ考」と記してゐるのである。すなはち「本紀」は、一つには『皇年代略記』などが「以二天武帝即位一為二白鳳二年一」としてゐる点に疑問を呈してゐるのであるが、これは天武天皇の即位は癸酉年二月癸未であるから、壬申年が白鳳元年であるとすれば、即位の時は白鳳二年でよいことになり、疑問とする必要はないのであり、「本紀」の失考とみてよいであらう。が、この朱雀・白鳳の年号は「紀」には見えないものであり、「本紀」が『続日本紀』神亀元年十月丁亥条の詔によつて「亦未レ詳二何帝年号一、附以備レ考」と記した点は、慎重な記述といつてよいであらう。なほ今日に於いては朱雀・白鳳の年号は、孝徳天皇朝の白雉が白鳳に、天武天皇朝の朱鳥が朱雀に変更されたものであり、その変更は養老から神亀の頃のことであり、白鳳年号を天武天皇朝の年号とするのは、すべて後世のものであるとする坂本太郎説が妥当な見解とされてゐる[11]。

ヲ、本条は壬申の乱の勃発を述べる「本紀」の独自記事である。

レ、本条は「紀」の趣意文である。なほ「弟百枝」に、

或作五百枝

と註記してゐる。

コ、本条は「紀」の趣意文である。但し「紀」では左右大臣の前に、

於レ是。大友皇子走無レ所レ入。乃還隠二山前一。以自縊焉。時

とあるのであるが、「本紀」はそれを略した為に「唯物部麻呂」云々が、意味不明となつてしまつてゐる。

エ、本条は「本紀」独自の文である。

テ、本条は「天皇大友」の「賛」に当る部分であるが、「本紀」が、

時年以下懐風藻

と記してゐるやうに、前条の年齢と合はせ『懐風藻』により記されたものである。「本紀」はさらに、

按本書持統紀曰、詩賦之興、自二大津一始也、然懐風藻載二天皇及河島皇子詩於大津皇子之前一、蓋天皇崩時、大津皇子歳僅十歳、天皇之言レ詩、先二大津一可レ知矣、

と註記して、「詩賦之興」は、持統天皇紀が記す大津皇子より始まるとする説に対して、『懐風藻』には大友皇子・川島皇子の詩が記載されてゐるのであり、壬申の乱時点では大津皇子は僅かに十歳に過ぎないところから、大友皇子の詩が大津皇子に先立つことは明らかであると述べるのであり、妥当な議論といつてよい。

第二節　水戸史学に於ける大友皇子即位論について

第一節に於いて指摘したやうに、「本紀」は『水鏡』『立坊次第』に基づいて大友皇子の即位を主張するのであるが、藤田幽谷の『修史始末』貞享四年条[12]には、

八月十五日。吉弘元常。著二大友本紀論一。

総裁野伝。有二天武紀考証一（不レ著二年月一。蓋作二於是歳一也。又安積覚有二帝大友紀議一。）

一正按。旧紀伝目録。天智・大友・天武本紀野伝撰。既成二於天和已前一。而其立二大友一為二帝紀一。則出二義公之特見一。固已足丙雪二千古之冤一。弁乙一世之惑甲矣。至レ是考証著論。以申二明其説一。頼有二吉弘之文一。著二其歳月一。而獲三詳攷二其本末一。亦可三以為二史林談柄一也。

と記されてをり、藤田幽谷は、「天皇大友本紀」が立てられた、逆にいへば大友皇子の即位論は、水戸光圀の「特見」によるとするのである。また幽谷は、吉弘元常に「大友本紀論」が、人見伝に「天武紀考証」が、さらに安積覚（澹泊）に「帝大友紀議」が存することを記してゐる。

今日、吉弘元常の「大友本紀論」と人見伝の「天武紀考証」が伝来するや否やについて私はそれを審らかにすることができない[13]が、安積澹泊の「帝大友紀議」は『続々群書類従』第十三巻『澹泊斎文集』巻四に収載されてをり、容易にみることが可能である[14]。今その全文を挙げれば次のやうである。

夫有二英明之人一、能立二不朽之事一、卓識偉論、迥出二衆人之上一、然非レ備二大公至正之義一、則不レ足下以服二衆人之

心一、而破中万世之惑上也、本邦上古之事、舎二旧事紀、古事記日本紀一、無二足レ為レ徴者一、而日本紀又其尤也、然神功皇后未二嘗践レ位、列二之帝紀一、帝大友儲貳承レ統、黜而不レ書、編年記事、既不レ足二以考レ信、崇レ虚抑レ実、又不レ可二以為レ訓、今所二修撰一、綜二覈名実一、抑レ彼揚レ此、出レ於二　上公之明断一、遂成二千古之定論一、不二亦偉一哉、蓋壬申之乱、頗與二靖難之師一相類、帝大友之挙指、未下必下上レ於二允炊一、而天武之勇略、亦未下必過上レ於二成祖一、特以二将相無レ人、亟殉二社稷一、禍亦酷矣、舎人親王之作二天武紀一、譬如下当二宣宗廟一修中両朝実録上、当レ事隠諱、固其宜也、然而曲筆過レ多、前後錯乱、帝大友事迹、尤為レ難レ明、参二之懐風藻水鏡二書一、然後承嗣之重、継統之正　粲然可レ見矣、故今拠二此二書一、書曰三立為二皇太子一、曰レ即二天皇位一、其正大明白、凛乎不レ可レ犯、天武簒奪、於レ焉畢見、乱臣賊子可二以寒レ心破レ胆矣、然其為二皇太子一也、就二二書一而究レ之、則不レ能レ無二異同一也、懐風藻曰、年二十三、立為二皇太子一、拠レ之則実天智帝三年也、日本紀天智紀曰、十年正月、拝二太政大臣一、所レ謂十年即四年也、三年已定二儲位一、不レ応三明年又有二此命一、懐風藻以為念甫弱冠、拝二太政大臣一、既曰二弱冠一、応レ在二二十左右一、天智元年、大友年二十一、然即元年為二太政大臣一乎、此與二日本紀一大異者也、如以二親王所レ書、全為レ可レ疑、則是日蘇我赤兄中臣金為二左右大臣一、及置二御史大夫三人一、亦併不レ可レ信乎、水鏡所レ載、其為二太政大臣一、則同レ於二日本紀一、而為二皇太子一則異レ於二懐風藻一、曰、十年九月、帝疾病、十月立二大友皇子一為二皇太子一、是時、天武已遁レ于二吉野一、揆二之時勢一、其或然也、故其為二太政大臣一、不レ如丁従二日本紀一書レ於二四年正月一、其為二皇太子一、従二水鏡一書丙於乙十月甲庶無二杆格之累一、而於二当時時勢一亦為二允愜一矣、然則何謂二曲筆一、曰、其称二天武一無二一定法一、曰大皇弟、曰東宮太皇弟、曰皇太子、至二天武紀一書曰、天命開別天皇元年、立為二東宮一、其果皇太子耶、不レ宜レ称二大皇弟一、其為二皇太弟一耶、亦不レ宜レ称二皇太子一、蓋大皇弟者、一時権立之名而皇太子又不レ得二其実一、紛紜錯謬、故為二其説一、然旧史所レ載、難二遽刪除一、今修二天智紀一、宜下書曰丙元年立二大海人皇子一為乙東宮甲其義何居上、拠二天武紀一也、神武以降、無下書二東宮一者上、此書二東宮一、変例也、蓋作レ史者、拠レ事直書、其得失従可レ見焉、此欧陽子作二梁本紀一大旨也、若夫改二大皇弟一為二皇太子一、則代二親王一而冊授也、於レ名雖レ当、於レ義甚乖、既失二事実一、亦無二明拠一、故元年特書立為二東宮一、前後一以二大海人皇子一称レ之、蓋書法貴レ厳、有レ常有レ変、即其所レ変、而義自見、此朱紫陽修二綱目一之微意也、至レ於二天智崩後一、詔勅所レ出、機務所レ決、則雖レ以二親王之筆一、亦不レ能レ掩、野総裁考證、備得二其要一、又非三後生晩輩所二敢企及一也、謹議、

すなはち安積澹泊は、「紀」は神功皇后を帝紀に列し、大友皇子を「儲貳承レ統」るに拘はらず「黜而不レ書」してゐるものであり、「不レ足二以考一レ信」ものと断じ、上公、すなはち徳川光圀が明断して神功皇后を帝紀より外し、大友皇子を帝紀に記載するといふに決し、「遂成二千古之定論一」したのである、と述べる。そしてその大友皇子即位の根拠として、『懐風藻』と『水鏡』を挙げ、『懐風藻』には立太子の記載があり、また『水鏡』には立太子と即位の記事が存するのであり、その即位の事実は「其正大明白、凜乎不レ可レ犯、天武簒奪、於レ焉畢見」であると述べるのである。そして両書がその立太子・太政大臣任命の年次について異同のある点については『水鏡』の年次を採用し、「紀」の記載は舎人親王による曲筆と断じる。そしてその曲筆と断じた論拠として、天武天皇を称して大皇弟・東宮太皇弟・皇太子・東宮とその記載に一定の法が無い点を挙げるのである。さらに天智天皇崩御後の「詔勅所レ出、機務所レ決」については舎人親王であつてもそれを覆ひ隠すことはできなかつたのであり、大友皇子の即位は明らかであると記すのである。

また安積澹泊は『大日本史』の「天皇大伴紀賛」に於いても、天智天皇崩御の後、「紀」に記されてゐる機務政令は大友皇子以外に実行し得る人物がゐないとし、また「紀」も「近江朝廷」と記してゐるのであるが、それは「非二欲レ蓋而章之謂一」ものであるとして、大友皇子の即位を主張してゐるのである。

第三節　大友皇子即位論の検証

前節に於いては、安積澹泊の「帝大友紀議」により『大日本史』の大友皇子即位論について観てきたが、その後伴信友が「長柄の山風」を著して、大友皇子即位説を主張した。その詳細は星野良作氏の『研究史壬申の乱』に譲るが、その後、大友皇子即位説が通説化して行き、明治三年七月二十二日、大友帝御諡号に関する布告が出され、大友皇子は弘文天皇として皇統譜に記載されることになつたのである。ところが明治三十七年に喜田貞吉氏は大友皇子の即位を否定し、倭姫皇后の即位説を述べられた[15]。その後、黒板勝美氏は喜田説の倭姫皇后の即位は否定しながらも称制説を主張され[16]、その倭姫皇后称制説がその後の学界の大勢となつたのである。

しかし昭和二十六年に田中卓氏が「疑はれたる天武天皇前紀[17]」を発表され、倭姫即位説も称制説も成立しないとして、天智天皇の次には天武天皇が即位されたとする「紀」の記述を疑ふことはできないとされたのである。その田中説を受けて宮田俊彦氏は大友皇子称制説を主張され[18]、吉田一徳氏[19]のやうに弘文天皇即位説を主張される向きも一部にはあるが、宮田説がその後の通説に位置付けられてきた。ところが平成になると遠山美都男氏が『壬申の乱─天皇誕生の神話と史実─』の中で倭姫即位説を主張された[20]。しかしながら、それは何等の具体的根拠も示されてゐない単なる推測であり、認められるものではない。また倉本一宏氏も倭姫の即位ないし称制が予定されてゐたとされてゐるが[21]、これも根拠を示されたものではない。が、さらに平成二十一年に森田悌氏は『天智天皇と大化改新』に於いて六世紀以降斉明天皇に至る前帝崩御(譲位)と後継天皇即位の日時を検討され、十一例中八例までが崩御後四カ月未満で後継天皇が即位してをられることを根拠として大友皇子の即位を主張されてゐる。[22]すなはち氏は不改の常典を皇太子からの即位を定めたものであり、大友皇子はそれに基いて皇太子になつたものとされ、天智天皇の崩後三・四ヶ月後には即位されたものと主張されたのである。

森田氏の大友皇子即位論の前提の一つとして挙げられてゐる不改の常典を立太子制を定めたものとする点には魅力を感じるのであるが、大友皇子即位論そのものは認められるものであらうか。「紀」の天智天皇崩御から壬申の乱勃発までの記事を並べて掲げると次の通りである。

（天智天皇十年）
十二月乙丑（三日）　天皇崩御
癸酉（十一日）　新宮に殯す
己卯（十七日）　新羅進調使帰国
（天武天皇元年）
三月己酉（十八日）　阿曇連稲敷筑紫派遣、郭務悰等に天皇の喪伝達
壬子（二十一日）　郭務悰等書函・信物を進む
五月壬寅（十二日）　郭務悰等に甲冑などを賜ふ
戊午（二十八日）　高麗進調
庚申（三十日）　郭務悰等帰国
是月　朴井連雄君、朝廷人夫徴発報告
或人報告

六月壬午（二十二日）　村國連男依等美濃派遣

記事は極めて少ないが、三月己酉（十八日）になつて郭務悰等に天皇の喪が伝達されてゐるといふことは、天皇の崩御から三ケ月経つて殯・山陵埋葬も終了したことにより、漸く唐使の郭務悰等に天皇の喪が伝達され、壬子（二十一日）から日唐間の交渉が開始された事を意味してゐると考へてよいであらう。郭務悰等の来日の日時については正確には不明であり、恐らくは天皇の崩御と相前後する時であつたと考へられるところから、殯・山陵埋葬の終了までは日唐間の交渉は保留されてゐたと考へられるのである。交渉は二ケ月に亙り行はれたのであり、その結果、五月壬寅（十二日）になり、甲冑・弓矢・絁一千六百七十三匹・布二千八百五十二端・綿六百六十六斤が贈られたのである。近江朝廷としては、天智天皇葬送儀礼の実施、それに続く唐使郭務悰等との交渉といふ息をつく暇もない数カ月を送らざるを得なかつたのであり、五月末日になつて唐使郭務悰等の帰国となることにより、漸く大友皇子の即位準備を実行に移さうとした時に壬申の乱の勃発となつたのではないかと考へられるのである。

森田氏は十一例中八例までが、崩御後四カ月未満で即位してをられることを根拠として大友皇子の即位を主張されるのであるが、それは不可能ではなかつただらうか。何故なら大友皇子の場合、天智天皇の葬送儀礼終了後の三月に即位をされることは平常時であれば可能であつたと考へられるが、対唐交渉といふ国家の存亡をかけた交渉が存在してゐたのであり、それを解決してからでなければ即位をするといふことは不可能な状況ではなかつたかと考へられるのである。よつて大友皇子は天智天皇崩御後は称制として目の前の政務を実施して行かれてゐたのではないかと推測するのである。その推測の拠り所となるのは、大友皇子の曾孫である淡海三船の編纂とされる『懐風藻』である。『懐風藻』には皇子の立太子は明記されてゐるに拘はらず、その即位のことは記されてゐないのである。『懐風藻』の編者が通説のやうに淡海三船であつたとすれば、曾祖父である大友皇子が実際に即位されたのであれば、それを記さないといふことはあり得ないと考へられる。『懐風藻』の編纂されたのは、その序によると天平勝宝三年（七五一）十一月のことであり、未だ天武天皇系皇統の時代ではあつたとはいへ、壬申の乱よりは略八十年の後であり、その即位の事実を憚り隠さなければならないといふやうな時代ではない。ましてや淡海三船自身は桓武天皇の延暦四年（七八五）まで生存してゐたのであるから、仮にその即位の事実を憚り隠さなければならない事情があつたとしても、光仁・桓武天皇朝に於いては何等憚り隠さなければならない理由はないのであり、補筆することも可能であつたと考へられる。しかるにそれがなされてゐないことは、即位の事実はなかつたものと考へてよいものであらう。また『懐風藻』の編者が淡海三船以外の人物であつたとしても、大友皇子に肩入れをする伝記を記す人物がその即位の事実を隠すとは考へられないのであり、やはり大友皇子の即位そのものはなかつたと観るべきであらう。

むすびにかへて

『大日本史』の三大特筆の一つといはれる大友皇子即位論について、水戸の主張と現代史学よりの考察結果を述べてきたが、『大日本史』は『懐風藻』及び『水鏡』に皇子の立太子記事が見られる事、さらに『水鏡』『立坊次第』が即位記事を記載してゐることからその即位の根拠とされたものであり、「紀」がその即位の事実を記さなかつたのは「天武簒奪」を隠すためであり、それは舎人親王による曲筆と断じたのである。

その後大友皇子即位論は伴信友などの研究により通説化し、明治三年には弘文天皇として皇統譜に記載されることとなつた。しかし今日の学界に於いては即位説に対しては否定的な見解が多く、筆者も『懐風藻』に立太子のことは記されながらも即位のことに及ばないところから、その即位はなかつたものと考へるのである。が、『大日本史』が大友皇子即位論を主張したことが、その後の壬申の乱研究、また上代史研究上大きな契機となつたことは論をまたないところであり、『大日本史』の特筆すべき価値といつてよいであらう。

補註

（1）『大日本史』は昭和三年十月発行の大日本雄弁会本による。
（2）藤田幽谷「修史始末」『幽谷全集』七三頁。
（3）岩波書店日本古典文学大系『懐風藻』六八頁。
（4）新訂増補国史大系第二十一巻上『流布本水鏡』五四頁。
（5）新訂増補国史大系第二十一巻上『流布本水鏡』五四頁。
（6）新訂増補国史大系第二十一巻上『大鏡』二三五頁。
（7）新訂増補国史大系第二十一巻上『大鏡』二八頁。
（8）岩波書店日本古典文学大系『愚管抄』六六頁。
（9）新訂増補国史大系第十二巻『帝王編年記』一三八頁。
（10）新訂増補国史大系第十二巻『帝王編年記』一三八頁。
（11）坂本太郎氏「白鳳・朱雀年号考」『日本古代史の基礎的研究』（下）所収。
（12）『幽谷全集』七二頁。
（13）松本純郎氏は人見伝の「天武紀考証」を、彼の『井々堂稿』に収められてゐる「辨天武紀」と同一のものと観てをられる（松本純郎氏著『水戸学の源流』二五〇頁）。また星野良作氏も『研究史壬申の乱』に於いて直接同一書とは述べられてゐないが、同一書と観てをられるやうである。
（14）安積澹泊の「帝大友紀議」については梶山孝夫氏に「安積澹泊の史論―「帝大友紀議」をめぐつて―」（同氏著『現代水戸学論批判』所収）がある。本稿執筆に際し参照させていただいた旨明記しておく。
（15）喜田貞吉氏「女帝の皇位継承に関する先例を論じて大日本史の大友天皇本紀に及ぶ」（『歴史地理』六―十・十一）同氏の

倭姫即位論は「後淡海宮御宇天皇論」（『史林』七―三・四）で完結する。
(16) 黒板勝美氏著『更訂國史の研究』各説上。
(17) 田中卓氏「疑はれたる天武天皇前紀」（『藝林』第二巻第二号、後田中卓著作集第五巻『壬申の乱とその前後』所収）
(18) 宮田俊彦氏「弘文天皇―壬申の亂について―」日本学協会編纂『大日本史の研究』所収。
(19) 吉田一徳氏著『大日本史紀伝志表撰者考』二六二頁。
(20) 遠山氏はその後の『古代の皇位継承』に於いては大友皇子称制説を述べられてゐる。
(21) 倉本一宏氏著『壬申の乱』四二頁。
(22) 森田悌氏著『天智天皇と大化改新』二五九～二六二頁。

第二十章　天武天皇本紀

はしがき

本章は『大日本史』巻第十一の「天武天皇本紀」[1]の記述について検討していくものである。但し「本紀」が天武天皇紀[2]を省略した部分についての検討は、本章補遺「『日本書紀』天武天皇紀と『大日本史』天武天皇本紀の比較」に譲ることにする。

第一節　天武天皇本紀の記述

「本紀」の執筆は第十九章に於いても述べたやうに藤田幽谷の『修史始末』に、

一正按。旧紀伝目録。天智・大友・天武本紀野伝撰。[3]

とあり、人見伝の撰述であることが知られるのであるが、「本紀」は「紀」の巻二十八・二十九を合はせ一巻としてゐるところから「紀」対象部分では最大の分量となつてゐる。[4]以下その記述状況を把握して行くことにしよう。

1、本条の「母弟」の部分は「紀」では「同母弟」とあり「本紀」の誤記である。[5]

8、本条は「紀」と殆ど変はらないが、「身毛広」について、

身毛、続日本紀作二牟宜都一、

との註を付してゐる。これは大宝元年七月壬申条に、

牟宜都君比呂[6]

と記されてゐるところから註記されたものである。

10、本条は「紀」の要約・趣意文である。「正妃」は「皇后」を変へたものであるが、その理由は第二節に於いて述べることにしよう。

11、本条は「紀」の要約・趣意文であるが、「本紀」は「至伊勢鈴鹿」に註して、

宇治拾遺、載下天皇微服独出二吉野一、備嘗二艱苦一、田原里人献レ栗、志摩土人進レ水、洲股女子匿二天皇一等事上、源平盛衰記亦載下鈴鹿老翁匿二天皇一、不破土豪役二使天皇一等事上、皆誕妄附会、諸書所レ不レ載、今並不レ取、

と記してゐる。この点については第二節に於いて述べることにしよう。

12、本条は「紀」の要約・趣意文であるが、「本紀」は「渟部眂枳」に、

眂本書作レ賦、今拠二卜部兼永本、及釈日本紀一訂レ之、

と註し、また「遣二山背部小田、安斗阿加布於東海、稚桜部五百瀬、土師馬手於東山一、発レ兵」に、

釈日本紀引私記曰、安斗智徳日記云、令レ発二信濃兵一、

と註してゐる。

16、本条は「紀」の趣意文であるが、第二節に於いて述べることにしよう。

26、本条は「紀」の省略・趣意文であるが、「将軍羽田八国率二出雲狛一、攻二三尾城一下レ之」の部分については第二節に於いて述べることにしよう。

36、本条は「紀」の趣意文であるが、「紀」の「飛鳥浄御原宮」を「飛鳥浄見原宮」に変更してゐる（以下では触れない）。そして「本紀」は、

按本書十五年七月、改二元朱鳥一、仍名レ宮曰二飛鳥浄見原宮一、拠レ此是時未レ有二飛鳥宮号一、而明年二月、亦云即二帝位于飛鳥浄見原宮一、蓋追二称之一也、

と註記してゐる。

37、本条は「紀」が「二年」としてゐるところを「元年」としてゐるものであり、「本紀」は、

按本書以二壬申年一為二元年一、今以二壬申歳一属二帝大友一、以二癸酉歳一為二天皇即位元年一、故與二本書一差二一年一、又按薬師寺塔銅檫有レ銘、相伝舎人親王書、其文曰、維清原宮馭宇天皇即位八年庚辰之歳、拠レ是則当時実以二是歳一即レ位紀レ元審矣、如二本書一以二壬申一為二元年一、直欲三以下天武上接二天智之統一、故致二此曲筆一耳、

と註記してゐるが、この点については第二節に於いて述べることにしよう。

42、本条は「紀」の要約であるが、「紀」が「一切経」としてゐるのを二重線のやうに「大蔵経」としてゐる。「一切経」と「大蔵経」は同じことであるが「本紀」が何故「大蔵経」に変更したかは不明である。なほ以下「大蔵経」については特例の場合を除き註記を略す。

45、本条は「紀」が名前を明記してゐるのを「二使」とし、「先帝」を「天智帝」に変更してゐる。また「本紀」は、

本書註或云、貢調使、

と「紀」が、

一云二調使一。

と註してゐるのを「貢」を加へて註記してゐる。

46、本条は、

秋七月以下、一代要記、帝王編年記、

と記してゐるやうに『一代要記』『帝王編年記』により記したものである。

48、本条は「紀」の省略文であるが、

本書不レ書レ行二大嘗一、蓋闕文也、

との註記をしてゐる。

49、本条は「紀」と殆ど変はらないが、「訶多麻呂」を「堅麻呂」に変へてゐる。また「本紀」は、

本書註、今大官大寺是也、

との註記をしてゐる。

69、本条は「紀」と殆ど変はらないが、「本紀」は、

按風神大忌祭、是後為二常制一、故不レ書、

と註記してゐる。

71、本条は「二子」と纏める以外「紀」と変はらないが、「本紀」は因幡に、

万葉集流二伊勢伊良虞島一

と註記してゐる。

75、本条は「紀」の要約であるが、「紀」では八月壬申朔条に掛けられてゐるに拘はらず「本紀」が「是月」としてゐる点については第二節に於いて述べることにしよう。

82、本条は「紀」と変はらないが、「本紀」は、

一代要記曰、是歳始行二除目一、

との註記をしてゐる。

86、本条は「紀」と殆ど変はらないが、「本紀」は、

按前年正月三日百寮献レ薪、拠二年中行事、公事根源一、後世正月十五日献レ薪、蓋始二于此一、故是後不レ書、

と註記してゐる。この点については第二節に於いて述べることにしよう。

104、本条については第二節に於いて述べることにしよう。

105、本条の内容は「紀」と変はらないが、「本紀」は「大宰」を「太宰」と記し、また「屋垣王」を「屋恒王」と記してゐる。「大宰」と「太宰」は通用されるところよりして問題とはならない（以下触れない）が、「屋垣王」を「屋恒王」としたのは「本紀」の誤記といはなければならない。

108、本条は「紀」が「相新嘗諸神祇」としてゐるところを「新嘗諸神」としてゐる。この点については第二節に於いて述べることとしよう。

116、本条は「紀」と変はらないが、「本紀」は、

自レ是以後、本書比年書二十七日射一、其為二恒例一明矣、故不レ書、

の註記をしてゐる。

118、本条は「紀」に見えない記事であり、「本紀」は、

　勅以下、年中行事引二右官史記一、

の註記をしてゐる。これについては第二節に於いて述べることにしよう。

119、本条は「紀」と変はらない記事であるが、「紀」が「杙田史名倉」としてゐるところを「村田名倉」としたのは「本紀」の誤記としなければならない。

120、本条は「紀」と変はらないが「本紀」は、

　本書不レ記二其故一

と註記してゐる。

131、本条は「紀」の趣意文であるが、「薨」は「紀」が「卒」としてゐるのを変更してゐる。これについては第四章を参照されたい。

132、本条の「震」としてゐるところは「紀」では「霹靂」となつてゐる。「本紀」がそれを「震」とした理由は不明であるが、「霹靂」は落雷のことであり、「本紀」の誤解とするべきであらう。

158、本条は「紀」と殆ど変はらないが、「大江山」は新訂増補国史大系本では「大坂山」となつてゐる。これについて新訂増補国史大系本は、その頭註に於いて、

　坂、原作江、今従北本勢本中ィ本閣本

と註してゐるやうに新訂増補国史大系が用ゐた底本（寛文刊本）では「江」となつてゐるのであり、『大日本史』が用ゐた「紀」も寛文刊本と考へられる所よりして「大江山」を間違ひとすることはできない。なほ小学館新編日本古

典文学全集本では何らの註記もせずに「大坂山」としてゐる。

164、本条は「紀」の趣意文であるが、「獣角」は「鹿角」とあるのを「紀」の内容に基づき訂正したものであり、また「角上有レ肉」の部分については第二節に於いて述べることにしよう。

223、本条は「紀」の趣意文であるが、「七千」に、

本書一本七千作二七十一

と註記してゐる。

284、本条は「紀」と殆ど変はらないが、記述に問題があると考へられるので第二節に於いて述べる事にしよう。なほ「本紀」は、

水鏡、元亨釈書並曰、是冬、天皇不豫、皇太子奉レ勅率二百官一禱二大官大寺一、天皇感レ夢而愈、

との註記をしてゐる。

301、十日癸丑、始奉二神宝於伊勢両大神宮一

本条は「紀」に見られない記事であるところから、「本紀」は、

十日以下園太暦延文二年引神宮旧記

と註記し、さらに、

按宝基本紀云、是時詔毎二二十年一改二造両大神宮一、行二遷宮議一、著為二永式一、延暦儀式、延喜式等書、亦載二毎下二十年上修造之文一、而不レ載二年月一、姑附備レ攷

と記してゐる。この点については第二節に於いて述べることとしよう。

306、本条は「紀」の趣意文であり、「三輪引田難波麻呂等」を補つてゐるが、この点については第二節に於いて述べ

ることとしよう。

308、本条は「紀」では次条に続けて、

蓋擬幸㆓束間温湯㆒歟。

と記してゐるものを「是月」として独立して記したものであるが、その意図は不明である。

351、本条は「紀」の趣意文であるが、「本紀」は、

本書亨年闕、一代要記、皇胤紹運録並曰、壽六十五、

と註記してゐる。これについては第二節に於いて述べることにしよう。

352、本条の前半は「紀」と変はらないが、後半の二重線の部分は持統天皇紀元年十月壬子条により記されてゐる。また「本紀」は、

延喜式曰、檜隈大内陵、

の註記をしてゐる。

第二節　天武天皇本紀の検討

第一には10条の「皇后」を「正妃」に変更した点であるが、「紀」では壬申年を天武天皇元年とし、大海人皇子を「天皇」鸕野皇女を「皇后」と記してゐるのであるが、『大日本史』は天武天皇の即位は癸酉年であることから、壬申年は未だ天皇ではなく「皇后」と称すべきではないとして「正妃」としたのである。『大日本史』の厳格な筆法の現

れである。

第二には11条の註記である。註記を再掲すると次のやうである。

宇治拾遺、載下天皇微服独出二吉野一、備嘗二艱苦一、田原里人献レ栗、志摩土人進レ水、洲股女子匿二天皇一等事上、源平盛衰記亦載下鈴鹿老翁匿二天皇一、不破土豪役二使天皇一等事上、皆誕妄附会、諸書所レ不レ載、今並不レ取、

この内『宇治拾遺』の記事といふのは同書の「一八六　清見原天皇と大友皇子と合戦の事」[7]に記されてゐる内容であり、大海人皇子が独りで吉野を脱出し、田原里、志摩国を経て、美濃国墨俣にて軍勢を調へて大友皇子との戦ひに勝利したといふことが記されてをり、また『源平盛衰記』にも鈴鹿の翁が天皇を隠したことや不破の土豪が天皇を使役したことなどが記されてゐるのであるが、「本紀」はその何れも「皆誕妄附会」であり、「諸書所レ不レ載」であるとして、「今並不レ取」としてゐるのである。『宇治拾遺』の記事はその道程からしてもあり得ないことであり、また『源平盛衰記』の記事も牽強付会のものであり、史実では無いところから採用しないことを明言してゐるのであり、正しい判断としてよいものである。

第三には26条の三尾城攻略記事についてである。「本紀」では、

将軍羽田八国率二出雲狛一、攻二三尾城一下レ之、

と記されてゐるのであるが、「紀」では、

是日。羽田公矢国。出雲臣狛。合共攻二三尾城一降之。

と記されてゐるのであり、「本紀」のやうに羽田八国が出雲狛を「率」ゐて攻撃したのでなく、「合共」に攻撃したのであり、「本紀」の記述は不正確な記述といはなければならない。

第四には37条の癸酉年を元年としてゐる点である。「本紀」はこれについて、

按本書以二壬申年一為二元歳一、今以二壬申歳一属二帝大友一、以二癸酉歳一為二天皇即位元年一、故與二本書一差二一年一、又按薬師寺塔銅檫有レ銘、相伝舎人親王書、其文曰、維清原宮馭宇天皇即位八年庚辰之歳、拠レ是則当時実以二是歳一即レ位紀レ元審矣、如二本書一以二壬申一為二元年一、直欲三以下天武上接二天智之統一故致二此曲筆一耳、

と註記してゐるやうに、『大日本史』は、壬申年は「帝大友」すなはち弘文天皇の即位元年とするところから癸酉年を元年とせざるをえなくなつたのであるが、「紀」自体も天武天皇の即位は癸酉年二月癸未としてゐるのであり、それを壬申年を天皇元年とするのは、「直欲三以下天武上接二天智之統一故致二此曲筆一」に依るものと断じるのである。

そして「本紀」はその根拠として薬師寺東塔檫銘を挙げてゐる。その薬師寺東塔檫銘は次に掲げるとほりである。(8)

維清原宮馭宇
天皇即位八年庚辰之歳建子之月以
中宮不悆創此伽藍而鋪金未遂龍駕
騰仙大上天皇奉遵前緒遂成斯業
照先皇之弘誓光後帝之玄功道済郡
生業伝曠劫式於高躅敢勒貞金
其銘曰
巍巍蕩蕩薬師如来大発誓願広
運慈哀猗獱聖王仰延冥助爰
餝霊宇荘厳調御亭亭宝刹
寂寂法城福崇億劫慶溢万

齢

とあるものである。「本紀」は、ここに「天皇即位八年庚辰之歳」とあり、癸酉年を元年としてゐることが明らかであるところから、天武天皇の元年は癸酉年であるとし、「紀」が壬申年を天武天皇元年としたのは「直欲三以下天武上接二天智之統一故致二此曲筆一耳」と断じたのである。しかし是はかつて「薬師寺東塔擦銘考」[9]に於いて述べたやうに、天武天皇の即位は二年（癸酉年）二月癸未のことであるから、その即位から数へて八年のことであつて、「紀」と齟齬することはないのであり、「本紀」のやうにこれを以て直ちに大友皇子の即位、「紀」の曲筆と断じることはできないものと考へられる。しかし、「本紀」が癸酉年を以て天武天皇元年としたことは、その即位年を以て元年とするといふ原則に合致してゐることであり「本紀」の見識の表れとすることもできるのである。

第五には75条である。75条は「紀」が八月壬申朔条に掛けてゐるに拘らず「本紀」が「是月」としてゐる点であるが、「紀」の本文は、

　耽羅調使王子久麻伎泊二筑紫一。

とあるのみで何時都に到着したか不明なために「是月」としたのであり、「本紀」の慎重な記述としてよいであらう。

第六には86条である。86条は『年中行事秘抄』正月十五日「御薪事」条に、

　於二宮内省一弁著行レ之。

　日本紀云。天武天皇四年正月「丙午朔。戊申」百寮「諸人」初位以上進レ薪。[10]

や『公事根源』の正月廿七「御薪」条に、

　是れは百官悉く薪を奉りて、宮内省に収めらゝなり。其の数などは、延喜式に見えたり。天武天皇四年正月十五日、百寮諸人、薪を奉る事あり。御薪と書いて「みかまき」と読むなり。[11]

とあり、薪献上の起源がここにあるところから註記したものである。

第七には104条である。「紀」では、

乙亥、王卿遣㆓京及畿内㆒。挍㆓人別兵㆒。

となつてゐて、武器の調査を実施したのであり、兵器を給付したのではない。に拘はらず「本紀」が「給㆓兵器㆒」したとしてゐるのには理由がなければならない。それは新訂増補国史大系本の頭註に、

挍、原作授、據北本勢本中本改

とあるのであり、寛文刊本では「授」であるところから、「給付」の意と解して記述したものであり、簡単に誤ちとして斥けることはできないのである。

第八には108条の「紀」が「相新甞諸神祇」としてゐるところを「新嘗諸神」としてゐる点である。「紀」が「相新甞」と記してゐるのは、令制に於ける「相嘗」のことであり、田中卓氏によればこの天武天皇五年より始められた新しい祭りである。[12]「本紀」は「相新嘗」を「相嘗」と同一とは考へず、むしろ「新嘗」のことと考へたのである。その為に「奠㆓幣帛於新嘗諸神㆒」としたのであるが、是は「本紀」が「相嘗」と「新嘗」を混同したところよりの失考といはなければならない。そもそも新嘗祭は十一月に行はれるものであり、その為に「紀」の十一月乙丑朔には、

以㆓新嘗事㆒、不㆓告朔㆒。

とあり「本紀」もそのまま記述してゐるのである。に拘はらず「本紀」が十月に行はれてゐる「相新嘗」を「新嘗」としたのは「相嘗」と「新嘗」を混同した誤解とせざるを得ないのである。

第九には118条の賀茂神宮に関する記事であるが、再掲すると次のやうである。

是月、勅㆓山背㆒営㆓賀茂神宮㆒、

これは「紀」には見えないものであるところから「本紀」は、

勅以下、年中行事引二右官史記一

と記してゐるのである。ところが「本紀」が「是月」としてゐるのは、物部麻呂帰国記事に続けて記されてゐるところよりして二月であることが明らかである。しかるに「本紀」が註記してゐる『年中行事』が『年中行事秘抄』とするならば二月条には賀茂社に関する記載は見られないのである。そして四月の川合神条に、

天武天皇六年。令三山背国営二賀茂一[13]。

勅以下、年中行事引二右官史記一

と記されてゐるのであるが、その根拠となるべき文献については記載されてゐないのである。しかるに「本紀」は、と記してゐるのである。「本紀」の見た「年中行事」が『年中行事秘抄』とは別のものであるのかどうかを含め不信であるが、「本紀」が「年中行事」として註記してゐるのは、①神武天皇本紀元年条に於いて、

旧事紀、年中行事並曰、十一月十五日庚寅、可美真手命為二天皇皇后一祭二天璽瑞宝一、以鎮二御魂一、祈二寿祚一、鎮魂祭始二于此一[14]

と記してゐるのと、②顕宗天皇本紀元年三月条の曲水の宴記事に註して、

然年中行事、以二是歳一為二曲水之始一、故此後不レ書[15]、

と記してゐるもの、③欽明天皇本紀賛の賀茂祭開始記事に注して、

天皇在レ位以下、本朝月令、公事根源、年中行事引秦氏本系帳[16]、

と記してゐるもの、及び④天武天皇本紀（本章86条）の薪献上記事と⑤本条の五例である。

その内①については『年中行事秘抄』は「中宮鎮魂事」に『先代旧事本紀』を引用してゐるのであり、独自の鎮魂

祭創始を説明した記事ではない。が、『年中行事秘抄』が、『先代旧事本紀』を引用してゐるといふことは鎮魂祭の起源を神武天皇朝に求めてゐることを示してゐるのであり、「本紀」の引く「年中行事」が『年中行事秘抄』を指してゐる可能性は高いといつてよいであらう。

②の曲水の宴の創始を「年中行事」が顕宗天皇元年としてゐるとする点であるが、『年中行事秘抄』の記述には第十章に於いて述べたやうに若干の誤解があるが、「本紀」の「年中行事」を『年中行事秘抄』と考へて大過ないであらう。③に於いては『年中行事秘抄』は「旧記云」としてゐるが、それが「秦氏本系帳」であることは『本朝月令』により確認できるのである。また④の薪献上記事についても『年中行事秘抄』は正確に記してゐるのである。これらのことからして「本紀」の引く「年中行事」を『年中行事秘抄』と考へて大過ないものと考へられるのである。しかるに⑤に対応する記事を『年中行事秘抄』に見出すことができないのであり、単に月日を誤つたといふだけではなく、その根拠となる文献である「右官史記」も記されてゐないのであり、「本紀」の何らかの誤解から生じた誤りと考へざるを得ないのである。因みに『年中行事秘抄』では二月四日条に「官史記云」として「天武天皇四年二月甲申。祈年祭。」の記事を記してゐる。

第十には164条の、

角上有㆑肉、

と記してゐるところであるが、新訂増補国史大系本では、

其角本二枝而末合有㆑完。々上有毛。

とあるが、その「完」の部分を日本古典文学大系本や新編日本古典文学全集本では「宍」としてをり、いづれも何の註記もされてゐない。新訂増補国史大系本は底本以下総ての写本が「完」であるところから、そのままにしたものと

考へられるが、[17]「完」のままでは意味が通じないところから日本古典文学大系本や新編日本古典文学全集本は「宍」と意に依つて改めたものと考へられるのである。そのことは新編日本古典文学全集本の現代語訳では、

そこに肉が付き、肉の上には[18]

としてゐるところよりしても理解できるのであり、「本紀」が「肉」としたことは正当な変更であつたと考へてよいものである。なほ「完」には「宍」や「肉」の意味はない。

第十一には284条についてである。284条は、

十三日庚寅、赦二死刑以下囚一、

と記されてゐるのであり、この記述では、「以下」の用法よりして死刑になるべき者を含め、囚人総てを赦したことになるのである。ところが「紀」では、

除二死刑一以下罪人皆咸赦焉。

とあるのであり、死刑となる罪人は除かれてゐるのである。に拘はらず「本紀」は「除」の文字を見落として文を為したものであり、誤つた内容の記述をしたことになつてゐる。

第十二には298条についてである。298条の「縣犬養手繦等」は「紀」では記されず、単に「遣二耽羅一使人等還之」とされてゐるところであるが、「本紀」は十二年（「紀」では十三年）十月条に対応して人名を記したのであり、「本紀」の親切な記述といへるものである。

第十三には301条である。301条を再掲すれば次の如くである。

（九月）十日癸丑、始奉二神宝於伊勢両大神宮一、

この記事は「紀」には見られないものであるが、「本紀」は、

十日以下園太暦延文二年引神宮旧記

と註記してゐるが、この『園太暦』が引用してゐる「神宮旧記」といふのはその日付や用語に若干の相違が見られるものの『太神宮諸雑事記』ではないかと考へられる。すなはち『太神宮諸雑事記』には、

朱雀三年九月廿日。依左大臣宣奉勅。伊勢二所太神宮御宝物等於差勅使被奉送畢。[19]

とあるのであり、殊に『異本太神宮諸雑事記』では、

白鳳十四年乙酉〇天武天皇十四年九月十日、始二所太神宮江被レ奉二神宝廿一種[20]、一

とあり、その日付や語句も殆ど変らないのであり、そのやうに考へてよいものであらう。[21]そして「本紀」はさらに、

按宝基本紀云、是時詔毎二二十年一改二造両大神宮一、行二遷宮儀一著為二永式一、延暦儀式、延喜式等書、亦載二毎下二十年上修造之文一、而不レ載二年月一、姑附備レ攷

と「宝基本紀云」としてその趣意文を掲げてゐるが、その『宝基本紀』は『異本太神宮諸雑事記』と同一の文を記した後に、

宣旨状偁。二所太神宮之御遷宮事。廿年一度応レ奉レ令二遷御一。立為二長例一也。[22]

と記されてゐるのであり、また『皇太神宮儀式帳』の「新宮造奉時行事并用物事」条には、

常限廿箇年。一度新宮遷奉。[23]

と記され、さらに『延喜式』に、

凡太神功。廿年一度。造替正殿宝殿及外幣殿。度会宮。及別宮。餘社。造神殿之年限准此。皆採新材構造。自外諸院新旧通用。宮地定置二処。至限更遷。[24]

とあるのにより、式年遷宮の立制が行はれたことを記してゐるのであり、「本紀」の見識の表れた一条といつてよい

であらう。

第十四には306条である。306条は「紀」が、

　遣㆓高麗国㆒使人等還之。

とある処を、

　三輪引田難波麻呂等還㆑自㆓高麗㆒

と人名を記してゐる点であるが、彼らの高麗派遣は十三年五月のことであり、「本紀」は298条同様に丁寧な記載をしたものといつてよいものである。

第十五には351条の天皇の宝算についてである。「本紀」は、

　本書享年闕、一代要記、皇胤紹運録並曰、寿六十五、

と註記してゐる。『本朝皇胤紹運録』には、

　推古三十一年誕生。（中略）朱鳥元年丙戌九月九日崩。六十五。[25]

とあるが、その生年を推古天皇三十一年とするならば六十四歳でなければならず、一年の齟齬が見られるのである。が、「本紀」はその点には触れてゐない。正確を期するならばそのことを指摘すべきであつたと考へられる。

むすび

天武天皇本紀は、「紀」の巻二十八・二十九を併せて一巻としたものであり、他の巻と比べて膨大なものとなって

ゐるが、その記述について検討を加へた結果、概ね「紀」の内容を忠実に要約し、その趣意を採つて既述されてゐるといつて良いであらう。

しかし、「紀」と大きく異なる点は、その元年を壬申年に置かずに、癸酉年に置いてゐることである。その理由は、『大日本史』の三大特筆の一つである大友皇子を即位したものと考へ、壬申年を大友（弘文）天皇元年としたところから必然的に天武天皇元年は癸酉年とせざるを得なかつたといふこともあるが、「本紀」は癸酉年元年の根拠として薬師寺東塔檫銘に「維清原宮馭宇天皇即位八年庚辰之歳」とあるのを挙げ、「紀」自身もその即位は癸酉年二月と明記してゐるに拘はらず、壬申年を元年とするのは、大友皇子の即位を認めようとしない舎人親王による「曲筆」と断じるのである。この舎人親王による「曲筆」云々の議論はさて置き、「本紀」が癸酉年を以て天武天皇元年としたことは、その即位年を以て元年とするといふ原則に合致してゐることであり、「本紀」の見識の表れとすることもできるのである。

第二には「紀」に記されてゐない事柄を本文に採用してゐる例の見られることである。それは十三年九月の神宮への神宝奉納記事である。「本紀」は自らが『園太暦』「延文二年引」と称する「神宮旧記」により本文に記したのであるが、「本紀」は『宝基本紀』等によりこれが式年遷宮立制に関係するものとして特に本文に明記したものである。このことは国家の宗廟としての神宮に対する水戸の崇敬の念が、これを本文に記させることとなつたものと考へられるのである。

第三には特には改めて指摘しないが、厳密な校訂を心掛け、また穏当な解釈をしてゐる部分が多いこともその特色の一つとして挙げることができる。

がその反面、誤解から来る過ちも若干指摘しなければならないことは、瑕疵とはいへ残念なこととといはなければばならない。

補註

（1）『大日本史』は昭和三年十月発行の大日本雄弁会本による。

（2）比較に用ゐる「紀」は新訂増補国史大系本を用ゐるが、引用に際しては註記を略す。

（3）藤田幽谷「修史始末」『幽谷全集』七三頁。

（4）梶山孝夫氏「『大日本史』本紀の構成について」（『大日本史の史眼』所収）に拠るに嘉永木版本では二十九丁であり、それに続くのは皇極・孝徳・斉明の三天皇を記した二十三丁であるところからしても天武天皇本紀の量の多さが理解されるであらう。

（5）本文に於いては「母弟」を誤記と記したが、或は「同」を略した筆法である可能性が存する。このやうな例は『大日本史』本紀には若干ではあるが存在してゐる。今『大日本史』本紀の持続天皇本紀までの例を挙げると、綏靖天皇本紀では、

　陰與㆓母兄神八井耳命㆒謀

と記されてゐる。第二章では手研耳命射殺を母と兄神八井耳命と共に謀つたものと解したが、「同」を略した記述と解することもできる（さうすると「紀」の記述と一致する）のであり、仮にさうとすれば、「同」を略した「母弟」と同一の例とすることができる。以下「同母弟」「母弟」（兄・妹を含む）の例は以下の通りである。

　反正天皇本紀　反正天皇、履中帝同母弟也。
　允恭天皇本紀　允恭天皇、反正帝同母弟也。
　雄略天皇本紀　安康帝同母弟也。
　顕宗天皇本紀　是為㆓弘計天皇㆒、母兄億計仍為㆓皇太子㆒。
　宣化天皇本紀　安閒帝同母弟也。
　推古天皇本紀　用明帝同母妹也。
　孝徳天皇本紀　皇極帝母弟也。
　天武天皇本紀　天智帝母弟也。

「同母」の例が天武天皇本紀以前では五例であるのに対し、「母」の例は二例（綏靖天皇本紀・天武天皇本紀を入れても四例）

べきであらう。

であるところよりして、『大日本史』の筆法は「同」を記すのが原則であったといへるのであり、略してゐるのは異例とする

（6）新訂増補国史大系第二巻『続日本紀』一一頁。
（7）岩波書店日本古典文学大系『宇治拾遺』四一〇頁。
（8）『寧楽遺文』下巻九六六頁。但し六行目「劫」字を脱してゐるので補つた。
（9）報徳学園研修誌『三楽』創刊号。
（10）『年中行事秘抄』（『新校群書類従』第四巻四六六頁）。
（11）関根正直氏著『修正公事根源新釈』上巻六八頁。
（12）田中卓氏「神嘗・相嘗・新嘗・大嘗の関係について」（田中卓著作集第十一巻—Ⅰ『神社と祭祀』）所収。
（13）『年中行事秘抄』（『新校群書類従』第四巻四九〇頁）。
（14）大日本雄弁会『大日本史』第一巻六頁。
（15）大日本雄弁会『大日本史』第一巻六六頁。
（16）大日本雄弁会『大日本史』第一巻八八頁。
（17）新訂増補国史大系第十巻『日本紀略』一五〇頁も同様である。
（18）小学館新編日本古典文学全集『日本書紀』③三六九頁。
（19）『太神宮諸雑事記』（『新校群書類従』第一巻六〇頁）。
（20）『古事類苑』神祇部三、一五一頁による。
（21）『大日本史』には「神宮旧記」を記載してゐる文献を『園太暦』としてゐるが、その延文二年条には「神宮旧記」の引用はないのであり、『大日本史』の記載間違ひであつて『大日本史』が何によつて記したものか不明である。しかしながら本文に記したやうに「神宮旧記」が『異本太神宮諸雑事記』であることは間違ひないであらう。
（22）『神道五部書』（新訂増補国史大系第七巻三四頁）。
（23）『皇太神宮儀式帳』（『新校群書類従』第一巻六頁）。
（24）『延喜式』（新訂増補国史大系第二十六巻八二頁）。
（25）『本朝皇胤紹運録』（『新校群書類従』第三巻四〇一頁）。

補遺

『日本書紀』天武天皇紀と『大日本史』天武天皇本紀の比較

はじめに

第二十章では、「本紀」が「紀」天武天皇紀を省略した部分についての検討を省略した。そこで改めて省略した部分について補遺として掲載する。

第一節　天武天皇紀と天武天皇本紀の比較

天武天皇紀と天武天皇本紀との比較をしていくことにしよう。年代については「紀」の年代に従ひ、「本紀」の年代を括弧で示すことにする。なほ同様の記述の場合は「本紀」は〇で示すこととする。

	【天武天皇紀】	【天武天皇本紀】	
即位前紀	天武天皇の系譜記事	○	
	天皇の人となり記事	○	
	正妃記事	無し	1
天智天皇元年	立東宮記事	無し	2
天智天皇四年	天智天皇禅譲依頼記事	○	
(天智天皇十年)	出家記事	○、	
	入吉野記事	○	
	御嶋宮記事	○	
	至吉野記事	○	
	天智天皇崩御記事	無し	3
元年	阿曇連稲敷筑紫派遣記事	無し	4
(弘文天皇元年)	郭務悰賜物記事	無し	5
	高麗調進記事	無し	6
	郭務悰帰国記事	無し	7
	朴井連雄君報告等記事	○	
六月	村国連雄依等美濃派遣記事	○	
	求駅鈴記事	○	
	吉野出立記事	○	
	高市皇子来着記事等	○	
	天照大神望拝記事等	○	
	近江朝廷対応記事	一部有り	8
	大伴氏挙兵記事	無し	9

	入不破記事	○	
	軍事検校記事	○	
	指示高市皇子記事	○	
	大伴氏挙兵記事	○	
七月	大伴吹負赴奈良記事	○	
	倭攻撃記事	○	
	近江朝廷分裂記事	○	
	大伴吹負乃楽山駐留記事	無し	10
	大伴吹負敗退記事	○	
	近江朝廷田辺小隅夜襲記事	○	
	田辺小隅莿萩野襲撃記事	○	
	村国雄依等戦闘記事	○	
	村国雄依等戦闘記事	○	
	倭救援記事	○	
	村国雄依等戦闘記事	○	
	栗太軍討伐記事	○	
	瀬田戦闘記事	○	
	波田公矢国等三尾城攻略記事	○	
	近江軍敗退記事	○	
	大友皇子自殺記事	無し	11
	大伴吹負戦闘記事	無し	12
	諸将集合記事	○	
	諸将不破宮参上記事	○	

八月	近江群臣処罰記事	○	
	功臣褒賞記事	○	
九月	不破出立記事	○	
	鈴鹿着記事	無し	13
	阿閉宿記事	無し	14
	名張宿記事	無し	15
	嶋宮着記事	○	
	岡本宮遷御記事	○	
是歳	飛鳥浄御原宮造営記事	○	
十一月	新羅使筑紫饗応記事	無し	16
十二月	功臣官位増進記事	○	
	新羅使賜船記事	無し	17
	新羅使帰国記事	無し	18
	韋那公高見薨去記事	無し	19
二年（元年）一月	群臣賜宴	○	
二月	即位記事	○	
	立后記事	○	
	后妃記事	無し	20
	皇子女記事	無し	21
	授爵記事	○	
三月	備後国司献上白雉	○	
	一切経書写記事	○	
四月	大来皇女斎王任命記事	無し	22

	五月	考課選別詔	○	
		坂本財卒記事	無し	23
	閏六月	百済沙宅昭明卒記事	無し	24
		耽羅朝貢記事	○	
		新羅賀使記事	○	
		新羅使筑紫饗応記事	無し	25
	七月		不破関設置記事	
	八月	紀臣阿閉麻呂等褒賞記事	無し	26
		高麗使朝貢記事	○	
		新羅使召京記事	無し	27
		耽羅使帰国記事	無し	28
	九月	新羅使饗宴記事	○	
		新羅使・高麗使筑紫饗宴記事	無し	29
	十一月	新羅使帰国記事	無し	30
	十二月	大嘗奉仕者賜禄記事	○	
		造高市大寺司任命記事	○	
		義成僧任小僧都記事	無し	31
三年（二年）	一月	百済王昌成薨去記事	無し	32
	二月	紀臣阿閉麻呂卒記事	無し	33
	三月	対馬国銀献上記事	○	
	八月	石上神宮神宝整理記事	○	
	十月	大来皇女神宮発遣記事	○	
四年（三年）	一月	大学寮学生等薬等献上記事	○	

	皇子以下拝朝記事	○	
	百寮薪献上記事	○	
	占星台設置記事	○	
	群臣賜宴記事	○	
	公卿以下射記事	○	
	大倭国瑞鶏東国白鷹近江国白鵄献上記事	○	
	諸社奉幣記事	○	
二月	歌手・道化・俳優献上勅記事	○	
	十市皇女、阿閉皇女伊勢神宮参向記事	無し	34
	部曲廃止、山野没収記事	○	
	諸悪禁止詔記事	無し	35
	高安城行幸記事	○	
	新羅朝貢記事	○	
三月	土左大神神刀献上記事	無し	36
	新羅送使筑紫饗宴記事	無し	37
	栗隈王任兵政官長記事	○	
	高麗朝貢記事	○	
	新羅朝貢記事	○	
四月	僧尼二千四百余人設斎記事	○	
	当摩公広麻呂、久努臣麻呂朝参禁止記事	無し	38
	貸税対応詔記事	○	
	龍田・広瀬社祭祀記事	○	
	久努臣麻呂官位剝奪記事	無し	39

		狩猟制限詔記事	○	
		麻続王流罪記事	○	
		才芸者賜禄記事	○	
		新羅王子難波到来記事	無し	40
	六月	大分君恵尺死亡記事	無し	41
	七月	遣新羅使派遣記事	○	
	八月	耽羅使来日記事	○	
		台風記事	○	
		新羅王子難波出立記事	無し	42
		新羅・高麗使筑紫饗宴記事	無し	43
	九月	耽羅王到難波記事	無し	44
	十月	一切経捜索記事	○	
		群臣賜宴記事	○	
		唐人遠江国安置記事	○	
		武器保存詔記事	○	
		相模国女三男誕生記事	○	
	十一月	妖言者記事	○	
		地震記事	○	
五年（四年）	一月	拝朝記事	○	
		大夫以上賜物記事	○	
		小錦以上賜禄記事	○	
		百寮進薪記事	○	
		大射礼記事	○	

	嶋宮饗宴記事	○	
	国司任命規定詔記事	○	
二月	耽羅使賜船記事	無し	45
	遣新羅使帰国記事	○	
四月	竜田・広瀬社祭礼記事	無し	46
	倭国瑞鶏献上記事	○	
	封戸交換詔記事	○	
	紀臣阿佐麻呂子東国移住命令記事	無し	47
五月	国司罪状宣告記事	○	
	下野国凶作状奏上記事	○	
	南淵山・細川山蒭薪禁止詔記事	○	
六月	栗隈王薨去記事	無し	48
	物部雄君連卒記事	無し	49
夏	旱記事	○	
七月	進爵記事	○	
	耽羅使帰国記事	無し	50
	竜田社・広瀬社祭礼記事	無し	51
	村国連雄依卒記事	無し	52
	長星記事	○	
八月	食封給付記事	○	
	大解除指示記事	○	
	減刑記事	○	
	放生記事	○	

		大三輪真上田子人君卒記事	無し	53
	九月	不告朔記事	○	
		武器調査記事	○	
		屋垣王流罪記事	○	
		賜禄記事	○	
		新嘗国郡卜定記事	無し	54
		坂田公雷卒記事	無し	55
	十月	群臣賜宴記事	○	
		相新嘗祭記事	○	
		遣新羅使任命記事	○	
	十一月	不告朔記事	○	
		新羅使来日記事	○	
		粛慎人来日記事	○	
		放生記事	○	
		説金光明経・仁王経記事	○	
		高麗朝貢記事	○	
是年		新城造都記事	○	
六年（五年）	一月	射礼記事	○	
	二月	遣新羅使帰国記事	○	
		多禰嶋人饗応記事	無し	56
			賀茂神宮記事	
	三月	新羅使入京記事	無し	57
	四月	杙田史名倉流罪記事	○	

	新羅送使帰国記事	無し	58
五月	不告朔記事	○	
	百済人率母・倭画師音檮叙位記事	無し	59
	新羅人漂着記事	○	
	神税三分勅記事	無し	60
	旱記事	○	
六月	地震記事	○	
	東漢直叱責記事	○	
七月	竜田社広瀬社祭礼記事	無し	61
八月	設斎飛鳥寺記事	○	
	新羅使帰国記事	無し	62
	耽羅朝貢記事	○	
九月	浮浪者対策詔記事	無し	63
十月	民部卿・摂津職大夫任命記事	○	
十一月	不告朔記事	○	
	大宰府赤烏献上記事	○	
	新嘗記事	無し	64
	百寮賜食記事	無し	65
	新嘗神官国司賜禄記事	無し	66
十二月	不告朔記事	○	
七年（六年）			
一月	射礼記事	無し	67
	耽羅人入京記事	無し	68
春	天下祓禊記事	○	

	四月	斎宮行幸卜定記事	無し	69
		行幸中止記事	○	
		新宮西庁舎柱落雷記事	○	
		十市皇女葬送記事	○	
	九月	忍海造能麻呂瑞稲献上記事	○	
		稚狭王薨去記事	無し	70
	十月	難波降綿物記事	○	
		勤務評定実施詔記事	○	
	十二月	臘子鳥蔽天記事	○	
		地震記事	○	
	是年	新羅使遭難記事	無し	71
八年（七年）	一月	新羅送使京参向記事	無し	72
		兄弟以上・氏長以外拝礼禁止詔記事	無し	73
		射礼記事	無し	74
	二月	高麗朝貢記事	○	
		紀臣堅麻呂卒記事	無し	75
		武器・馬備蓄命令記事	○	
		振窮記事	○	
	三月	大分君稚見死亡記事	無し	76
		越智行幸、拝後岡本天皇陵記事	○	
		石川王薨去記事	無し	77
		賜貧乏僧尼綿・布記事	○	
	四月	諸寺由来検討詔記事	○	

	広瀬・竜田祭記事	無し	78
五月	吉野宮行幸記事	○	
	皇后・諸王子会盟記事	○	
	還宮記事	○	
	六皇子拝礼記事	無し	79
六月	降雹記事	○	
	雩記事	○	
	大伴杜屋卒記事	無し	80
七月	雩記事	○	
	広瀬・竜田社祭礼記事	無し	81
	葛城王卒記事	無し	82
八月	貢女記事	○	
	泊瀬行幸記事	○	
	縵造忍勝嘉禾献上記事	○	
	大宅王卒記事	無し	83
九月	遣新羅使帰国拝朝記事	無し	84
	遣高麗・耽羅使帰国拝朝記事	無し	85
十月	治安維持策実施詔記事	○	
	地震記事	○	
	僧尼服規制勅記事	無し	86
	新羅朝貢記事	○	
	僧尼居住地制限勅記事	無し	87
十一月	地震記事	○	

		遣多禰嶋使任命記事	○	
		置関竜田山・大坂山記事	○	
	十二月	賜禄・赦免記事	○	
是年		紀伊国芝草貢記事	○	
九年（八年）	一月	賜宴記事	○	
		忌部首首賜姓記事	無し	88
		射礼記事	無し	89
		摂津国桃李実記事	○	
	二月	鼓音記事	○	
		獣角記事	○	
		新羅仕丁帰国記事	無し	90
	三月	摂津国白巫鳥献上記事	○	
		菟田吾城行幸記事	○	
	四月	広瀬・竜田祭礼記事	無し	91
		橘寺失火記事	○	
		新羅使筑紫饗宴記事	無し	92
		寺治官司禁止勅記事	無し	93
	五月	二十四寺施絁・綿・糸・布記事	○	
		説金光明経於宮中及諸寺記事	○	
		高麗朝貢記事	○	
		秦造綱手卒記事	無し	94
		星川臣麻呂卒記事	無し	95
	六月	新羅使帰国記事	無し	96

	降灰記事	○	
	雷電記事	無し	97
七月	飛鳥寺槻枝自然落下記事	無し	98
	犬養連大伴家行幸記事	○	
	雩記事	○	
	広瀬・竜田祭礼記事	無し	99
	朱雀記事	○	
	朴井連子麻呂叙位記事	無し	100
	飛鳥寺僧弘聡終記事	無し	101
	三宅連石床卒記事	無し	102
	舎人王卒記事	無し	103
八月	法官人嘉禾貢記事	○	
	大水記事	○	
	大風記事	○	
九月	朝嬬行幸記事	○	
	地震記事	○	
	桑内王卒記事	無し	104
十月	賑給記事	○	
十一月	日蝕記事	○	
	東方明記事	○	
	高麗人帰国記事	無し	105
	富国策進言詔記事	○	
	雷記事	○	

		皇后病記事	○	
		月蝕記事	無し	106
		恵妙僧終記事	無し	107
		新羅朝貢記事	○	
		天皇病記事	○	
		臘子鳥記事	○	
十年（九年）	一月	頒幣帛諸神祇記事	○	
		拝朝記事	無し	108
		賜宴記事	○	
		草香部吉志大形賜姓記事	無し	109
		境部連石積封六十戸記事	無し	110
		射礼記事	無し	111
		神社修理記事	○	
	二月	律令制定詔記事	○	
		草壁皇子立太子記事	○	
		安倍夫人薨去記事	無し	112
		当麻公豊浜薨去記事	無し	113
	三月	安倍夫人葬送記事	無し	114
		帝紀上古諸事記定記事	○	
		地震記事	○	
		天皇調律練習記事	無し	115
	四月	広瀬・竜田祭礼記事	無し	116
		禁式九十二条制定記事	○	

	錦織造小分等十四人賜姓記事	無し	117
	高麗客筑紫饗宴記事	無し	118
五月	祭皇祖御霊記事	○	
	百寮瘉着禁止記事	○	
	高麗客帰国記事	無し	119
六月	新羅客筑紫饗宴記事	無し	120
	雩記事	○	
	地震記事	○	
七月	朱雀記事	○	
	遣新羅使・高麗使任命記事	○	
	広瀬・竜田祭礼記事	無し	121
	大解除記事	○	
閏七月	皇后実施大斎記事	無し	122
八月	上毛野君三千卒記事	無し	123
	三韓人子孫免除課役記事	○	
	伊勢国貢白茅鴟記事	○	
	遣多禰嶋使貢図記事	○	
	新羅使帰国記事	無し	124
九月	遣新羅使・高麗使帰国拝朝記事	無し	125
	周芳国貢赤亀記事	○	
	定氏上詔記事	○	
	多禰嶋人饗宴記事	無し	126
	彗星記事	○	

	熒惑入月記事	○	
十月	日蝕記事	○	
	地震記事	○	
	新羅朝貢記事	○	
	意見言上詔記事	○	
	広瀬野行宮設置記事	○	
	新羅国王薨去言上記事	無し	127
十一月	地震記事	○	
十二月	新羅使筑紫饗宴記事	無し	128
	田中臣鍛師等十人叙位記事	無し	129
	舎人連糠虫等賜姓記事	無し	130
十一年（十年）一月	舎人連糠虫叙位記事	無し	131
	新羅使筑紫饗宴記事	無し	132
	氷上夫人薨去記事	無し	133
	地震記事	○	
	氷上夫人葬送記事	無し	134
二月	新羅使帰国記事	無し	135
	舎人連糠虫卒記事	無し	136
三月	相新城地記事	○	
	陸奥国蝦夷賜爵位記事	無し	137
	地震記事	○	
	造新字四十四巻記事	○	
	新城行幸記事	○	

	位冠等着用禁止記事	○	
	食封禁止記事	○	
	土師連真敷卒記事	無し	138
四月	広瀬・竜田祭礼記事	無し	139
	丹比真人嶋等貢大鐘記事	○	
	越蝦夷俘人七十戸一郡設置記事	○	
	結髪詔記事	○	
五月	倭漢直等賜姓記事	無し	140
	遣高麗使奏上記事	○	
	倭漢直等天皇拝礼記事	無し	141
六月	高麗朝貢記事	○	
	男子結髪記事	無し	142
	殖栗王卒記事	無し	143
七月	隼人貢方物記事	○	
	隼人朝庭相撲記事	○	
	草壁皇子尊等膳臣摩漏見舞記事	無し	144
	広瀬・竜田祭礼記事	無し	145
	地震記事	○	
	膳臣摩漏卒記事	無し	146
	膳臣摩漏贈位記事	無し	147
	多禰・掖玖・阿麻弥人賜禄記事	無し	148
	隼人等饗宴記事	無し	149
	信濃国・吉備国霜・大風五穀不登記事	○	

八月	用法式陳述記事	○	
	高麗客筑紫饗宴記事	無し	150
	大星自東度西記事	○	
	法令造殿有大虹記事	○	
	空中有物記事	○	
	白気起東山記事	○	
	地震記事	○	
	地震記事	○	
	平旦有虹記事	○	
	大宰三足雀報告記事	無し	151
	礼儀・言語規制詔記事	○	
	死罪以下赦免記事	○	
	百四十余人出家記事	○	
九月	立礼実施勅記事	○	
	鸛飛翔記事	無し	152
十月	酒宴記事	○	
十一月	犯人糾弾方法記事	無し	153
十二月	氏上選定詔記事	無し	154
十二年（十一年）	拝朝記事	○	
一月	大宰三足雀貢上記事	○	
	賜宴記事	○	
	賜禄、免除課役記事	○	
二月	大津皇子聴朝政記事	○	

三月	僧正等任命記事	無し	155
	遣多禰使帰国記事	無し	156
四月	銅銭使用令記事	○	
	銀使用許可記事	無し	157
	広瀬・竜田祭礼記事	無し	158
六月	大伴連望多薨去記事	無し	159
	高坂王薨去記事	無し	160
七月	鏡姫王家行幸記事	○	
	鏡姫王薨去記事	無し	161
(夏)	僧尼宮中安居記事	○	
	雩記事	○	
	京師巡行記事	○	
	広瀬・竜田祭礼記事	無し	162
	旱、道蔵雩得雨記事	○	
八月	天下大赦記事	○	
	大伴連男吹負薨去記事	無し	163
九月	大風記事	○	
	倭直等三十八氏賜姓記事	無し	164
十月	三宅吉士等十四氏賜姓記事	無し	165
	倉橋狩猟記事	○	
十一月	習陣法記事	○	
	新羅朝貢記事	○	
十二月	諸国境界制定作業記事	○	

	四孟月朝参詔記事	○	
十三年（十二年）	三野県主・内蔵衣縫造等賜姓記事	無し	166
一月	射礼記事	○	
二月	新羅使筑紫饗応記事	無し	167
	相建都地記事	○	
	三野王信濃派遣記事	○	
三月	宇閉直弓白海石榴貢上記事	無し	168
	京師巡行、定宮室之地記事	○	
	新羅使帰国記事	無し	169
四月	徒罪以下赦免記事	○	
	広瀬・竜田祭礼記事	無し	170
	遣新羅使任命記事	○	
閏四月	挙措・装備教授指示詔記事	○	
	軍事訓練実施詔記事	○	
	三野王等信濃国図進記事	○	
	宮中設斎記事	○	
	飛鳥寺僧下獄記事	無し	171
五月	百済人男女二十三人武蔵国安置記事	○	
	遣高麗使任命記事	○	
六月	雩記事	○	
七月	広瀬行幸記事	○	
	広瀬・竜田祭礼記事	無し	172
	箒星記事	○	

十月	八色姓制定記事	○	
	諸国境界制定記事	○	
	遣耽羅使任命記事	○	
	地震記事	○	
	賜禄記事	無し	173
十一月	大三輪君等賜姓記事	無し	174
	土左国被害報告記事	○	
	隕石記事	○	
	隕石記事	○	
	彗星記事	○	
十二月	大伴連等賜姓記事	無し	175
	唐留学生等帰国記事	○	
	死刑以外赦免記事	○	
是年	伊賀・伊勢・美濃・尾張調役免除記事	○	
	倭国四足鶏丹波国十二本角子牛報告記事	○	
十四年（十三年）	拝朝記事	○	
一月	爵位名称改正増補記事	○	
	草壁皇子尊等進爵位記事	○	
二月	大唐人・百済人・高麗人等賜爵位記事	○	
三月	新羅使帰国記事	無し	176
	許勢朝臣辛檀努卒記事	無し	177
	家毎作仏舎礼拝供養記事	無し	178
	信濃国降灰記事	○	

四月	牟婁湯泉没記事	○	
	広瀬・竜田祭礼記事	無し	179
	新羅金主山帰国記事	無し	180
	僧尼宮中安居記事	無し	181
五月	射礼記事	○	
	飛鳥寺行幸記事	○	
	粟田朝臣真人対父譲位。不許可記事	無し	182
	当麻真人広麻呂卒記事	無し	183
	遣新羅使帰国記事	○	
六月	大倭連等賜姓記事	無し	184
七月	広瀬・竜田祭礼記事	無し	185
	朝服制定記事	○	
	東山・東海有位者課役免除記事	○	
八月	浄土寺行幸記事	○	
	川原寺行幸記事	○	
	遣耽羅使帰国記事	○	
九月	賜宴記事	○	
	施布記事	○	
		伊勢神宮神宝奉納記事	
	人夫武器検校記事	○	
	国司・郡司・人民消息巡察記事	○	
	歌手・笛奏者子孫伝習命令記事	無し	186
	博戯実施記事	○	

		宮処王等賜御衣袴記事	無し	187
		皇太子以下賜羆皮・山羊皮記事	○	
		遣高麗使帰国記事	○	
		天皇不豫。大官大寺等読経記事	○	
		高麗人賜禄記事	無し	188
	十月	百済僧常輝封三十戸記事	無し	189
		百済僧法蔵・益田直金鐘派遣美濃記事	無し	190
		信濃行宮造営記事	○	
		泊瀬王以下二十人任畿内役記事	○	
		伊勢王等東国出立記事	○	
		説金剛般若経於宮中記事	○	
	十一月	鉄一万斤送付周芳記事	○	
		大宰儲用物請求記事	○	
		大角・小角・鼓吹・幡旗等私蔵禁止記事	○	
		白錦後苑行幸記事	○	
		法蔵法師等献上白朮記事	無し	191
		為天皇招魂記事	無し	192
		新羅朝貢記事	○	
	十二月	防人着物送付記事	無し	193
		地震記事	○	
		大官大寺僧施絁・綿・布記事	無し	194
		皇后賜王卿朝服記事	無し	195
朱鳥元年	一月	賜宴賜物記事	○	

	百済新興献上白馬瑙記事	無し	196
	召三綱等食于宮中記事	○	
	諸王卿賜袍袴記事	無し	197
	才人・博士・陰陽師・医師賜食禄記事	無し	198
	難波大蔵省失火記事	○	
	諸王卿賜宴記事	○	
	後宮宴記事	○	
	酒宴記事	○	
	倡優歌人賜物記事	○	
	地震記事	○	
	川内王等筑紫派遣記事	無し	199
二月	侍臣叙位記事	無し	200
	国司有功者叙位記事	○	
三月	羽田真人八国病記事	無し	201
	降雪記事	○	
	羽田真人八国卒記事	無し	202
四月	桑原村主訶都叙位賜姓記事	無し	203
	川原寺伎楽筑紫移送記事	無し	204
	新羅朝貢記事	○	
	多紀皇女等伊勢神宮派遣記事	無し	205
五月	多紀皇女等帰京記事	無し	206
	百済人侍医億仁危篤記事	無し	207
	大官大寺封七百戸記事	無し	208

	宮人爵位増加記事	無し	209
	天皇不豫記事	○	
	新羅使筑紫饗宴帰国記事	無し	210
	大赦記事	○	
六月	槻本村主勝麻呂賜姓記事	無し	211
	陰陽師等叙位記事	○	
	諸司有功者叙位記事	○	
	草薙剣祟記事	○	
	雩記事	○	
	伊勢王等飛鳥寺派遣禱病記事	○	
	三綱律師・四寺僧施御衣御被記事	無し	212
	百官人川原寺派遣、燃灯供養記事	○	
	法忍僧・義照僧封各三十戸記事	無し	213
	名張厨司火災記事	無し	214
七月	服制改正記事	無し	215
	僧正等参向宮中悔過記事	無し	216
	大解除記事	○	
	諸国調半減傜役免除記事	○	
	奉幣国懸・飛鳥・住吉記事	○	
	読金光明経於宮中記事	○	
	落雷、民部省舎屋火災記事	○	
	天下事啓悉皇后及皇太子記事	○	
	大赦記事	○	

	広瀬・竜田祭礼記事	無し	217
	借財免除記事	○	
	改元記事	○	
	設斎於宮中記事	○	
	諸王臣等説観世音経於大官大寺記事	○	
八月	八十僧出家記事	○	
	僧尼百出家、読観世音経於宮中記事	○	
	天皇不豫、祈神祇記事	○	
	奉幣土左大神記事	○	
	皇太子等加封記事	無し	218
	芝基皇子・磯城皇子加二百戸記事	無し	219
	檜隈寺等封百戸記事	無し	220
	巨勢寺封二百戸記事	無し	221
九月	親王以下誓願記事	無し	222
	崩御記事	○	
	殯宮建設記事	○	
	大津皇子謀叛記事	無し	223
	殯記事（辛酉・甲子・乙丑・丙寅・丁卯）記事	無し	224
		葬大内陵記事	

第二節　「本紀」不記載記事の検討

第一節に於いて見たやうに「紀」と「本紀」を比較するに、その殆どは「紀」の項目を忠実に記してゐることが理解される。しかし中には記載されてゐない部分が存在する。それら不記載の項目について以下見て行くことにしよう。

1、即位前紀の正妃記事　「本紀」は即位記事に於いて、

正妃鸕野皇女為二皇后一

と記されるのであり、わざわざ即位前紀に於いて記す必要がないところから省略されたものと考へられる。なほ皇后の系譜関係は皇后伝に於いて記されるところから「本紀」では記載の必要はない。

2、立東宮記事　天武天皇が天智天皇元年(即位)に立太子した根拠はなく『大日本史』は否定してゐるところから省略したものである。

3、天智天皇崩御記事　『大日本史』は天智天皇の次に「天皇大友本紀」を立ててをり、天智天皇の崩御記事はそちらで記されてゐるところから省略されたものである。

4、阿曇連稲敷筑紫派遣記事　近江朝廷の行為であり、『大日本史』では「天皇大友本紀」に於いて記されてゐるところから省略されたものである。

5、郭務悰賜物記事　4と同一理由から省略されたものである。

6、高麗調進記事　4と同一理由から省略されたものである。

7、郭務悰帰国記事　4と同一理由から省略されたものである。

8、近江朝廷対応記事　壬申の乱に際しての近江朝廷側の動向は、原則としては「天皇大友本紀」に於いて記されてゐるところから必要なこと以外は省略されたものである。

9、大伴氏挙兵記事　本条は己丑（二十九日）の大伴吹負挙兵の前提記事であるところから省略されたものである。

10、大伴吹負乃楽山駐留記事　既に庚寅条に、

初向二乃楽一。

とあり、重複するところから省略されたものである。

11、大友皇子自殺記事　大友皇子に関することであり、「天皇大友本紀」に於いて記されてゐるところから省略されたものである。

12、大伴吹負戦闘記事　大和に於ける戦闘の総括であるが、大伴吹負を中心とした記述であり、「本紀」の記述に馴染まないところから省略されたものと考へられる。

13、鈴鹿着記事　大海人皇子の倭帰還の途中記事であるところから省略されたものである。

14、阿閉宿記事　13と同一理由から省略されたものである。

15、名張宿記事　13と同一理由から省略されたものである。

16、新羅使筑紫饗応記事　筑紫に於ける饗応であり、大海人皇子（天武天皇）が直接行つたことでないところから省略されたものである。以後コメントは略することにする。

17、新羅使賜船記事　外国人に対するものであるところから省略したものと見られる。

18、外国人の帰国記事は略するのが『大日本史』の通例であり、以後コメントは略することにする。

19、韋那公高見薨去記事　死亡記事は個人的なことであるところから以後もすべて省略されてゐる。以後コメントは略することにする。

20、后妃記事　后妃はそれぞれ后妃伝に記されるところから略されてゐるのである。

21、皇子女記事　后妃と同様皇子女伝に記載されるところから略されたのである。

22、大来皇女斎王任命記事　本条は泊瀬斎宮に於ける潔斎記事であるところから略されたものと考へられ、三年（二年）十月の神宮発遣記事は記載されてゐる。

23、24、25、略。

26、紀臣阿閉麻呂等褒賞記事　本条は壬申の乱に於ける功労であるが、紀臣阿閉麻呂は伊賀国にゐて、天皇と直接面会してゐないところから略されたものかと考へられる。

27、新羅使召京記事　本条は筑紫に滞在してゐる新羅使を京に召す指示がなされたといふことであり、今だ京に来たのでないところから略されたものと考へられる。

28、29、30、略。

31、義成僧任小僧都記事　小僧都といふ個人的名誉を得たのは義成であるところから略されたものかと考へられる。

32、33、略。

34、十市皇女、阿閉皇女伊勢神宮参向記事　両皇女の神宮参向の理由が、「紀」では記されてゐないが、当時個人的に神宮参拝が認められゐなかつたことは、大津皇子が姉の大来皇女に会ふために伊勢下向したことが謀叛とされたやうに、個人的な参拝は禁止されてゐたのであり、新編日本古典全集本が、

両皇女の伊勢神宮参赴は、壬申の乱の際の、神宮の協力に対する報賽の意味をもつか。

と記してゐるやうに、国家的理由による参向であつたと考へられるのである。とするならば「本紀」が略したことは失考としなければならない。が、是は今日の研究水準からいへることであり、編纂当時に於いては個人的参向と考へられて略されたとしても止むを得なかつたものと考へられる。

35、諸悪禁止詔記事　諸悪禁止とは、逆にいへば諸悪が存在したといふことであり、これは天皇の権威に関はることであるところから略されたものと考へられる。

36、土左大神神刀献上記事　本条は神が刀を献上するといふことはあり得ないとする合理的な考へから略されたものである。

37、略

38、当摩公広麻呂、久努臣麻呂朝参禁止記事　両名が何故朝参禁止になつたかは不明であるが、個人に関する事柄であるところから略されたものと考へられる。

39、久努臣麻呂官位剝奪記事　本条は前条に続く処置であるが、官位剝奪は個人に関することであるから略されたものである。

40、新羅王子難波到来記事　本条は2月条に朝貢記事があるところから重複を避けて略したものである。

41、略。

42、新羅王子難波出立記事　39条を略したところから略したものである。

43、略。

44、耽羅王到難波記事　八月条に耽羅使来日記事があるところから、重複を避けて略したものである。

45、耽羅使賜船記事　帰国を前提としたものであるところから略されたものである。

46、竜田・広瀬社祭礼記事　本条は四年(三年)四月条に竜田社・広瀬社の祭祀を記した後に、

按風神大忌祭、是後為二常制一、故不書、

とあるところから略されたものであり、以後コメントは略することにする。

47、紀臣阿佐麻呂子東国移住命令記事　理由は明記されてゐないが、百姓（一般公民）とされたといふのであるから、何らかの罪を犯して身分を剝奪されたものと考へられるところから略したものであらう。

48、49、50、51、52、53、略。

54、新嘗国郡卜定記事　本条は神官よりの奏上内容であり、正式決定でないとして略したものであらうか。内容よりすれば記載されてよいものであつたと考へられるが、新嘗祭は恒例のことであることから略されたものと考へることもできる。

55、略。

56、多禰嶋人饗応記事　本条は飛鳥寺の西の槻の下での饗応であるに関はらず略されてゐるのは不明である。

57、新羅使入京記事　五年十月条に朝貢記事があるところから重複を避けて略したものである。

58、略。

59、百済人率母・倭画師音檮叙位記事　叙位されるのはそれぞれの個人であるところから略されたものであり、以後コメントは略することにする。

60、神税三分勅記事　本条は神税を三分してその一を神祭用に、その二を神主に与へるといふものであるが、略された理由は明らかでない。

61、62、略。

63、浮浪者対策詔記事　浮浪者の存在は天皇の権威に関はることであるところから略されたものと考へられる。
64、新嘗記事　本条は54条とともに恒例として略されたものと考へられる。
65、百寮賜食記事　本条は新嘗祭に関連してのことであるところから略されたものである。
66、新嘗神官国司賜禄記事　本条も新嘗祭に関連してのことであるところから略されたものである。
67、射礼記事　毎年行はれてゐるところから恒例として略されたものであり、以後コメントは略することにする。
68、耽羅人入京記事　六年八月に朝貢記事あるところから重複を避けて略したものである。
69、斎宮行幸卜定記事　十市皇女薨去により、行幸は中止されたために、卜定は無意味となつたところから略されたものである。
70、略。
71、新羅使遭難記事　遭難したのは新羅使であり、使節の来日はなかつたことから略されたものである。
72、新羅送使京参向記事　使節ではなく、送使の参向であつたから略されたものと考へられる。
73、兄姉以上・氏長以外拝礼禁止詔記事　礼制記事であり、略された理由は不明である。
74、75、76、77、78、略。
79、六皇子拝礼記事　本条は吉野行幸に関する一連の事柄として略されたものと考へられる。
80、81、82、83、略。
84、遣新羅使帰国拝朝記事　本条は遣新羅使が帰国し、その報告のために拝礼したとする内容であるが、帰国報告は当然として略されたものであらう。以後コメントは略することにする。
85、略。

86、僧尼服規制勅記事　本条が略された理由は不明であるが、あるいは僧尼に関した事柄であることから略されたものであらうか。

87、僧尼居住地制限勅記事　本条も理由は明らかでないが、僧尼に関した事柄であることから略されたものであらうか。

88、忌部首首賜姓記事　本条の賜姓は、先の叙位（59条）と同様、個人または氏に対するものであることから略されたものである。以後コメントは略することにする。

89、90、91、92、略。

93、寺治官司禁止勅記事　本条は一部を除き、寺の国家管理を廃止した記事であるが、「本紀」がこれを略した理由は明らかでない。

94、95、96、略。

97、雷電記事　「本紀」は自然現象は記述するのが普通であるに関はらず本条が略されてゐる理由は明らかでない。

98、飛鳥寺槻枝自然落下記事　前条同様略された理由は明らかでないが、あるいは不吉な現象として略されたものであらうか。

99、100、101、102、103、104、105、略。

106、月蝕記事　「本紀」は日蝕は必ず記述してゐるに関はらず、月蝕を記入しない理由は明らかでない。

107、略。

108、拝朝記事　恒例として略されたものであり、以後コメントは略することにする。

109、略。

110、境部連石積封六十戸記事　叙位、賜姓と同様、個人に関することであるから略されたものである。以後コメントは略することにする。
111、112、113、114、略。
115、天皇調律練習記事　天皇の個人的なことであるところから略したものと考へられる。
116、117、118、119、120、121、略。
122、皇后実施大斎記事　本条は皇后に関したことであるところから略されたものである。
123、124、125、略。
126、多禰嶋人饗宴記事　本条は56条と同じところから略されたものである。以後コメントは略することにする。
127、128、129、130、131、132、133、134、135、136、137、138、139、140、略。
141、倭漢直等賜天皇拝礼記事　本条は140条のお礼として行はれたことであるところから省略されたものである。
142、本条は四月の結髪詔に応じて行はれたことであるところから重複を避けて略されたものである。
143、略。
144、草壁皇子尊等膳臣摩漏見舞記事　本条は個人に対する事項であるところから略されたものである。
145、146、147、148、149、150、略。
151、大宰三足雀報告記事　本条は報告であり、十二年一月の献上記事との重複を避けて略したものである。
152、鸖飛翔記事　本条が略されてゐる理由は明らかでない。
153、犯人糾弾方法記事　本条は法令違反者糾弾の手段を指示したものであるが、天皇の権威に関わるものとして略されたものであらう。

154、氏上選定詔記事　氏上制定は、十年九月にも命じられてゐるところであり、重複となるところから略されたものである。

155、僧正等任命記事　本条は僧官の任命に関したものであるところから略されたものと考へてよいであらう。

156、略。

157、銀使用許可記事　本条は銅銭使用を命じて、銀銭の使用を禁じた直後に出されてゐるところから、矛盾と見て略したものと考へられる。ただしこれは銀を地金として通用させることを述べたものとすれば矛盾しない。

158、159、160、161、162、163、164、165、166、167、略。

168、宇閉直弓白海石榴貢上記事　本条が略されてゐる理由は明らかでない。

169、170、略。

171、飛鳥寺僧下獄記事　僧侶の犯罪であるところから略したものであらうか。理由は明らかでない。

172、173、174、175、176、177、略。

178、家毎作仏舎礼拝供養記事　本条は仏教普及政策であるところから略したものと考へられる。

179、180、略。

181、僧尼宮中安居記事　本条は仏教推進政策として略されたものと考へられる。

182、粟田朝臣真人対父譲位。不許可記事　本条は粟田朝臣真人の個人的な事柄であるとして略されたものと考へられる。

183、184、185、略。

186、歌手・笛奏者子孫伝習命令記事　本条が略されてゐる理由は明らかでない。

187、宮処王等賜御衣袴記事　本条は叙位などと同じく個人的な事柄として略されたものと考へられる。

188、189、略。

190、百済僧法蔵・益田直金鐘派遣美濃記事　本条は仏者による薬草採取であるが、略された理由は明らかでない。

191、法蔵法師等献上白朮記事　前条を受けた記述であり、前条を略したところから本条も略したものと考へられる。

192、為天皇招魂記事　本条は神祇令の鎮魂祭であり、略した理由は明確ではないが、あるいは恒例として略したものかと考へられる。

193、防人着物送付記事　本条は防人が遭難し、着る物が無くなつたところから布四百五十八反を筑紫に送付した記事であり、「本紀」がこれを略した理由は明らでないが、記すべきものではなかつたらうか。

194、大官大寺僧施絁・綿・布記事　本条は僧侶に対する布施であるところから略されたものである。

195、皇后賜王卿朝服記事　本条は皇后によるものであるところから略されたものである。

196、百済新興献上白馬瑙記事　本条が略された理由は明らかでない。あるいは百済人（外国人）からの献上と考へたのかもしれないが、百済新興は、摂津国の住人であり帰化人である。165条の宇閉直弓白海石榴貢上も略されてゐるところからすれば、あるいは個人の献上は略すことにしたのかもしれない。

197、198、略。

199、川内王等筑紫派遣記事　本条は新羅使饗応のための派遣であるところから略されたものである。

200、201、202、203、略。

204、川原寺伎楽筑紫移送記事　本条は新羅使饗応のための移送であるところから略されたものである。

205、多紀皇女等伊勢神宮派遣記事　34条同様、「紀」にはその目的が記されてゐないが、個人的な参向でないことは明らかであるから、記すべきであつたと考へられるが、「本紀」はこれを個人的参向と考へて略したものと考へられる。

206、多紀皇女等帰京記事　前条が略されてゐるから本条が略されるのは当然である。

207、208、209、210、211、212、213、略。

214、名張厨司火災記事　本条が略された理由は明らかでない。

215、服制改正記事　本条が略された理由は明らかでない。

216、僧正等参向宮中悔過記事　仏教関係記事であるところから略されたものと考へられる。

217、218、219、220、221、略。

222、親王以下誓願記事　本条は親王以下諸臣が天皇の病気平癒の為に川原寺に集つて誓願したものであり、記載されるべきものであつたと考へられる。

223、大津皇子謀叛記事　本条は天皇崩御後のことであるから略されたものである。

224、殯記事（辛酉・甲子・乙丑・丙寅・丁卯）記事　本条は天皇葬送儀礼であり、次帝（持統天皇）により行はれるものであるから略されて当然である。

むすび

『大日本史』天武天皇本紀が省略した事柄に検討を加へてきたが、その殆どは、恒例行事であつたり、新羅など外国関係のこと（筑紫饗応や帰国記事）や、死亡記事、叙位、賜姓記事など略すべくして略された部分であつた。

しかしながら、93条や193条のやうに何故に略されたか明瞭でない部分が若干存在することも否定できない。さらに34条・205条・222条のやうに、本来記述すべくして略された失考と見られる部分も存在する。がそれらも当時の研究水準からすれば止むを得ないと見られるものがあり、『大日本史』の記述は全体としてみれば穏当な記述に終始してゐるといつてよいであらう。

第二十一章　持統天皇本紀

はしがき

本章は『大日本史』巻第十二「持統天皇本紀(1)」について検討していくものである。但し「本紀」が持統天皇紀を省略した部分についての検討は、本章補遺「『日本書紀』持統天皇紀と『大日本史』持統天皇本紀の比較」に譲ることにする。

第一節　持統天皇本紀の記述

「本紀」の執筆者は明らかではないが、以下その記述状況を観ていくことにしよう。

1、本条は「紀」[2]の省略文である。先帝を漢風諡号で記してゐることは従前の通りである。

6、本条は天武天皇紀朱鳥元年七月癸丑条の趣意文である。

12、本条の「大行天皇」の部分は「紀」では「天渟中原瀛真人天皇」となつてゐるところである。「本紀」はこれを「大行天皇」に変へてゐるのである。その理由については第二節に於いて述べることにしよう。また「諸寺」の部分は「紀」では寺名の前に「五寺」として、大官大寺以下を挙げてゐるのであるが、「本紀」は末に「諸寺」と変更したのである。

16、『大日本史』は天皇即位の年を以て元年とするのが原則（例へば天智天皇七年を元年としてゐるやうに）であり、それよりすれば、即位年である四年庚寅年を元年とすべきである。しかるに「本紀」は「紀」の通りに丁亥年を元年としてゐるのである。この点については第二節に於いて述べることにしよう。

19、本条は「紀」と殆ど変はらないが、「絁・綿」の部分は新訂増補国史大系本では「一緜」となつてゐる。この点については第二節に於いて述べることにしよう。

29、本条については第二節に於いて述べることにしよう。

33、本条は「紀」の要約であるが、「霜林」の部分は姓の「金」を略してゐる。そのことについては第二節に於いて述べることにしよう。

35、本条は、

　　十二月以下、江家次第、公事根源、

と註記してるやうに『公事根源』に、

　　百六十五　国忌　三日

天智天皇の国忌なり。崇福寺にて行はる。朱鳥二年より始まる。天智天皇は舒明天皇の御子、御母は皇極天皇なり。御位に即かせ給ひて、近江国滋賀の郡大津の宮にましましき。中興の主にておはします。国忌は時に随ひて改まれども、是れは永く易らぬ事となりにき。太祖廟とも申すべきにや。[3]

とあるのによつてゐる。

49、本条は「紀」と変はらない。但し「本紀」は、

七日節会、是歳至二九年一、本書毎年必書、蓋為二恒式一、故此後不レ書、

と註してゐる。

76、本条は「紀」と殆ど変はらないが、「本紀」は「丙戌」に日を記さずに、

本書曰、十一月己丑朔、推二甲子一是月無二丙戌一、拠二十月庚戌朔一、己丑蓋己卯之訛、丙戌八日也、

との註を付してゐる。この点については第二節に於いて述べることにしよう。

82、本条は「紀」と殆ど変はらないが、「并」は新訂増補国史大系本では「拝」となってゐるところである。これについては第二節に於いて述べることにしよう。

107、本条は「紀」の趣意文であるが、大伴部博麻に、

類聚国史、作二博麻呂一

と註してゐる。

117、本条は「紀」と殆ど変はらないが、「本紀」は、

公事根源曰、女叙位蓋始二于此一、按帝王編年記、天武帝十三年乙酉、始授二婦女位階一、本書所レ不レ載、未レ知二何拠一、

と註してゐるが、この点については第二節に於いて述べることにしよう。

126、本条は「紀」と殆ど変はらないが、「肉」は「完」を改めたものであり、「僧」は「梵衆」を改めたものである。そして「応」は「補」を改めたものである。なほ「戊子」について「本紀」は、

　今推二甲子一、是月庚子朔、無二戊子一、疑戊午之訛戊午十九日也、

と記してゐる。「完」を「肉」に訂正した点については第二節に於いて述べることにしよう。

128、本条の後半、京師云々は127条の前の六月条の記事であり、前半は、127条に続けて記されてゐる記事である。「本紀」がそれを六月の末に記載したのは、雨が四月より六月まで降り続いたことを示すために六月の末尾に記載したものと考へられる。

140、本条は「紀」と変はらないが、「本紀」は、

　釈日本紀曰、新益京謂二藤原京地一、

の註を加へてゐる。

141、本条は「朔」を加へる以外「紀」と変はらないが、この点については第二節に於いて述べることにしよう。

167、本条は「近江大津宮天皇」を「天智帝」に変へる以外「紀」と変はらないが、「本紀」はその干支について、

　今推二甲子一、是月無二乙酉一、乙蓋己之訛、己酉十五日也、

と註してゐる。

213、本条は「百国」を「諸国」に変へる他、「而畢」を略すだけであるが、「本紀」は、

　元亨釈書、濫觴鈔並曰、今年冬十月、講二仁王最勝二経於宮中一、立為二恒式一、

と註記してゐる。

218、本条は「紀」と殆ど変はらないが、「本紀」は「饗二百官一」に、

是歳至二十一年一、本書毎年必書、其為二恒例一、可レ知、故是後不レ書、

と註記してゐる。

220、本条は「紀」と殆ど変はらないが、「本紀」は、

本書還レ宮日闕

の註記をしてゐる。

227、本条は「紀」の趣意文であるが、「本紀」は「丁亥」に註して、

本書一本作二丁未一、今推二甲子一、是月無二丁亥丁未一、疑丁卯之訛、丁卯十四日也、

と記してゐる。この点については第二節に於いて述べることにしよう。

252、本条は「紀」の趣意文であるが、「九月乙巳朔」については第二節に於いて述べることにしよう。

254、本条は「紀」が、

小野朝臣毛野等発二向新羅一。

とのみあるのを、七月辛未条によつて「務大弐」を補つて記したものである。

269、本条は「紀」の意訳文であり、「太政大臣高市皇子」について「本紀」は、

本書書二後皇子尊一、今拠二公卿補任、釈日本紀一、

と記してゐる。

271、本条は「本紀」が、

按文武帝為二皇太子一、続日本紀係二是年一、而無二月日一、今拠二釈日本紀引王子枝別記一、

と註記してゐるやうに『続日本紀』及び『釈日本紀』に基いて記されたものである。

283、本条の譲位の日付に関して「本紀」は、

続日本紀作㆓甲子朔㆒、與㆓本書㆒異、今按㆓暦法㆒、実為㆓甲子㆒、今姑従㆓旧文㆒

とし、

水鏡、一代要記係㆓十年㆒、皆誤、

と『水鏡』『一代要記』の誤りを指摘すると共に、「称曰㆓太上天皇㆒」に、

太上天皇、拠㆓続日本紀、万葉集、水鏡㆒

と註記してゐるやうに『続日本紀』等の書に基いて記されたものであり、「太上天皇之号、始㆓于此㆒」は、

濫觴鈔、一代要記、歴代皇紀

と註記してゐるやうに『濫觴鈔』等により記したものである。

284、本条の「大宝二年、十二月二十二日甲寅、崩」の部分は『続日本紀』により記されたものであり、「遺詔停㆓素服挙㆑哀、文武百官視㆑事如㆑常、送終之儀、務従㆓倹約㆒」は同書の趣意文である。なほ「本紀」は「崩」について、

水鏡、皇代略紀、為㆓十日㆒、〇本書享年闕、皇胤紹運録、神皇正統記、一代要記並曰、年五十八、

と註記してゐる。

285、本条は『続日本紀』十二月癸酉条及び壬午条により記されたものである。「本紀」が火葬と埋葬の日を記さなかつたのは両日の記事を一括して記したためである。

286、本条の諡曰㆓大倭根子天之広野日女尊㆒は「本紀」が、

続日本紀

と註記してゐるやうに大宝三年十二月癸酉条により記されたものであり、「追諡」以下は「本紀」の独自記事である。

第二節　持統天皇本紀の検討

第一には12条の「大行天皇」と記してゐる点であるが、「本紀」はその理由を、

　本書書二天渟中原瀛真人天皇一、而三年五月責二新羅使一詔、書二大行天皇一、今拠レ之、下倣レ之、

と記し、三年五月の新羅使に対する詔には「大行天皇」と記されてゐるところから崩御から間の無いこの段階では諡号はなかつたと判断したものであり、「本紀」の正確さ追求の現れである。

第二には16条の元年の記述である。「本紀」は本条の元年について、

　按愚管鈔、皇代略紀等書、天武帝崩後、猶存二朱鳥年号一者七年、本書以二今年一為二元年一、不レ繫二朱鳥一、而天皇以二四年庚寅一即レ位、今当下以二即位年一上為二元年一、然八年三月詔曰、粤以二七年歳次癸巳一云云、拠二此文一、則当時以二是歳一紀レ元明矣、故今従レ之、

と『愚管抄』などは天武天皇崩御後も朱鳥年号が継続したとするが、「紀」は天武天皇崩御の翌年を持統天皇元年としてゐるところから、朱鳥年号は採用しないとし、また本来であれば即位年である四年を天皇元年とするべきであるが、八年(甲午)三月己亥の詔に、

　粤以七年歳次癸巳。

とあるところより、当時丁亥年を以て元年としてゐたことが明らかであるとして「紀」の年立てに従ふとするのである。

第三には19条の「絁・綿」が新訂増補国史大系本では「緜」となつてゐる点である。日本古典文学大系本や新編日本古典文学全集本では「本紀」と同様「絁・綿」となつてゐるに拘はらず、新訂増補国史大系本だけは「緜」となつてゐて、何らの註記もされてゐないのである。『大漢和辞典』によるに、「絁綿」に、

絹布と綿布。[4]

として本条を引用してゐる。また「緜」には「⑪わた」として、

㋑　繭を潰して擘いたもの。まわた。特に其の繊細なもの、又は新しいものをいふ。

㋺　木綿の実に生ずる、真綿に似たもの。もめんわた。[5]

の両者を記してゐる。これからすれば新訂増補国史大系本は「絁綿」を「緜」一字で表記したものとみて良いが、何本による表記か註す必要のあるところである。なほ新訂増補国史大系本の底本である寛文九年刊本は「絁・綿」であるとみられるところよりして、新訂増補国史大系本が何故に「緜」一字で表記したか不信である。

第三には29条である。「本紀」は28条に続けて「是日」として「御二青飯一」としてゐるのであり、28条の「嘗二于殯宮一」とは別の事柄として記述されてゐるのであるが、新訂増補国史大系本を始め日本古典文学大系本や新編日本古典文学全集本はいづれも、

嘗二于殯宮一此曰レ御二青飯一也。

と記してゐるのであり、「嘗二于殯宮一」行為を「御二青飯一」といふと説明してゐるのであるから、それからすれば「本紀」の記述は誤解に基づく記述であり、失考といふことになる。但し、新訂増補国史大系本の頭註によると底本

の寛文九年刊本では「曰」は「日」となつてをり、それを『釈日本紀』イ本や『日本紀略』により訂正したものである[6]から、一概に過ちとすることはできない。

第四には33条の金霜林の姓を略した点であるが、その理由は明らかではないが、「紀」では、

遣㆓王子金霜林。級飡金薩摹。及級飡金仁述。大舎蘇陽信等㆒（下略）

とあるのであり、王子の姓である「金」を金薩摹・金仁述の「金」と共に官職と誤解したのではあるまいかと推測するのである（官職は「級飡」であり、「金」といふ官職も「級飡金」といふ官職も存在しないのであり、「本紀」は二重の誤解をしてゐることになる）。或いは「紀」では、

筑紫大宰便告㆓天皇崩於霜林等㆒。即日霜林等皆著㆓喪服㆒東向三拝。

とあるところよりして、「霜林」を姓名と考へたのかもしれないが、いづれにしても「本紀」の失考であることに変はりはない。

第五には76条である。「本紀」は、

十一月丙戌

と干支のみを記し、その日を記さずに、

本書曰、十一月己丑朔、推㆓甲子㆒是月無㆓丙戌㆒、拠㆓十月庚戌朔㆒、己丑蓋己卯之訛、丙戌八日也、

との註を付してゐるのであるが、この註のみでは意味が通じにくい嫌ひがある。よつて少し説明することにしよう。新訂増補国史大系本などでは、

十一月己卯朔丙戌。

とあつて「丙戌」は八日に当たるのであり、何ら問題はないやうに見えるのであるが、新訂増補国史大系本は、

卯、原作丑、據中本水校本改[7]

と頭註してゐるのであり、寛文刊本では「己丑朔」となつてゐるのである。ところがそれであれば「丙戌」は存在しないことになるところから「中本」や水戸の校訂本によつて「己卯」と訂正してゐるのである。「本紀」の註は、十月朔日が「庚戌」であるところから、十一月朔を「己卯」と考へ、それならば八日に当たることを註記したのである。しかしながら、「本紀」は「己丑蓋己卯之訛」と記し、本文ではその日付を記さなかつたのであり、「本紀」の慎重な態度の表れである。

第六には、82条の新訂増補国史大系本が「拝」としてゐるところを「本紀」が「并」としてゐる点であるが、新訂増補国史大系本はその頭註に於いて、

拝、水校本及類史作併[8]

と記してゐる。即ち『類聚国史』巻百七刑部省では、

持統天皇四年正月丁酉、以二解部一百人一。併二刑部省一。[9]

とあり、水戸の校訂本では『類聚国史』に従つて正しく「併」としてゐるのであるが、「本紀」は「併」と「并」ともに「あはせる」といふ意味であるところから「并」字を用ゐたものと考へてよいであらう。

第七には第117条である。「本紀」の註記を再掲すれば次の通りである。

公事根源曰、女叙位蓋始二于此一、按帝王編年記、天武帝十三年乙酉、始授二婦女位階一、本書所レ不レ載、未レ知二何拠一、

「本紀」が註記してゐる『公事根源』といふのは、『公事根源』正月の「廿二　女叙位　同日（八日）」条に、

持統天皇の御宇正月に、内親王以下の位を給ふと侍るは、女叙位の始なるべし[10]。

とあるのを「本紀」は「女叙位蓋始二于此一」と記したものであり、また『帝王編年記』の記事といふのは巻十の天武天皇条に、

　十四年乙酉。「婦女」始授二位階一。又停下婦女踞レ鞍与二男鞍一一同上。[11]

とあるものである。「本紀」が「十三年乙酉」としたのは「本紀」は「癸酉」を天武天皇元年とするところから変更したものであり、過ちとはいへない。そして天武天皇十四年紀では正月丁卯条には爵位改訂記事があり、草壁皇子以下に叙位されたことが記されてゐる。しかしそこには「婦女」に対する叙位は見られないのであり、新訂増補国史大系本も頭註に於いて、

　婦女、拠書紀当衍

とし、さらに「又停下婦女踞レ鞍与二男鞍一一同上」についても「書紀无」としてゐるのであり、「本紀」が「本書所レ不レ載、未レ知二何拠一」としてゐるのは慎重な記述といつてよいであらう。

　第八には126条の「戊子」についてである。「本紀」は、

　今推二甲子一、是月庚子朔、無二戊子一、疑戊午之訛、戊午十九日也、

と記してゐるが、新訂増補国史大系本では、頭註に

　戊子、紀略无、水校本云疑戊午之訛、集解作戊午、通證云子当作申、通釈拠考本改戊申[12]

と記してゐて、戊午または戊申としなければならないところであり、妥当な註記といつてよい。また「本紀」が新訂増補国史大系本の「完」を「肉」に訂正した点であるが、新訂増補国史大系本は「完」として註記はなされてゐないが、「完」では意味が通じないのであり、日本古典文学大系本や新編日本古典文学全集本では「宍」とされてゐるのであり、「本紀」が「肉」としたことは正しい校訂であつたとしてよい。

第九には141条である。「本紀」は「戊辰」が朔であるところから「朔」を加へたのであるが、新訂増補国史大系本はその頭註に、

　戊辰、通證云此下恐脱朔辛卯三字、信本及集解通釈補朔辛卯三字、今暫仍旧[13]

として本文には手を加へてゐない。また日本古典文学大系本や新編日本古典文学全集本では、「戊辰」のままにし、頭註として日本古典文学大系本は、

　通証は戊辰の下に「朔辛卯」と補うが（辛卯は二十四日）、疑わしい。戊辰は十一月朔日の干支。このころの大嘗の日は養老神祇令の制のように下旬の卯の日と決まっていなかったか[14]。

と記し、また新編日本古典全集本も「戊辰」に註して、

　「戊辰」は十一月一日の干支。養老「神祇令」では十一月の下卯日であるが、この時はまだ日は不確定的であったか[15]。

と記して、「戊辰」すなはち一日に大嘗祭は実施されたと解してゐる。この校訂はどうあるのがよいか検討して行くことにしよう。

　神祇令中冬条には、

　　中冬上卯相嘗祭。下卯大嘗祭[16]。

とあつて、大嘗祭は十一月下卯日に行はれる（但し三卯ある場合は中卯に実施）ことになつてゐるのである。『日本書紀通證』や伴信友、また『書紀集解』はこの規定に基づいて「朔辛卯」を補つたのであるが、新訂増補国史大系本はそこまで踏み込んだ校訂を差し控へたのであり、また日本古典文学大系本や新編日本古典文学全集本は、持統天皇朝では未だ大嘗祭の日時は十一月下卯と決まつてゐなかつたと判断したのである。これについて検討を加へられた田中卓氏

は、「紀」の大嘗祭・新嘗祭の用例を検討され、

少なくとも大化前の皇極天皇の御代当時から既に「十一月」の「卯日」に〝新嘗〟が行はれてゐたと認められるから、神祇令の「中冬下卯」の慣例を、その頃まで遡らせて理解することが可能となる。

として、

持統天皇の〝大嘗〟の場合、これを敢て〝十一月戊辰（一日）〟と見るよりは、むしろ〝十一月辛卯（二十四日）〟即ち「仲冬下卯」と推定することの方が、より可能性が大きいであらう。(17)

として持統天皇五年の大嘗祭の実施日を十一月辛卯（二十四日）と主張されたのである。この田中説は、十一月のその後の記事が、

（二十五日）

壬辰。賜二公卿・衾一。

（二十八日）

乙未。饗三公卿以下至二主典一。幷賜二絹等一。各有レ差。

（三十日）

丁酉。饗下神祇官長上以下。至二神部等一。及供奉播磨国。因幡国郡司以下。至中百姓男女上幷賜二絹等一。各有レ差。

となつてゐるのであり、壬辰以下の記事は大嘗祭に関連する記事である。仮に大嘗祭が十一月一日に実施されたとするならば、その後の賜物・饗宴が二十五日や二十八日・三十日では余りにも遅すぎることになるのであり、大嘗祭が二十四日に行はれたとするならば、それに引き続いて賜物・饗宴が行はれたことになり、何ら齟齬は見られないところよりしても、二十四日辛卯に大嘗祭は実施されたと考へられるのである。

以上の事からしても日本古典文学大系本や新編日本古典文学全集本の主張は妥当性を欠くものとしなければならないのであるが、「本紀」も「十一月戊辰」に「朔」を補ふのみではなく、「朔辛卯」と三文字の補ひをするべきであったと考へられるのである。

第十には227条の「丁亥」についてである。「本紀」は「丁亥」に註して、

本書一本作二丁未一、今推二甲子一、是月無二丁亥丁未一、疑丁卯之訛、丁卯十四日也、

と記してゐるが、これについて新訂増補国史大系本はその頭註に於いて、

丁亥、中本作丁未、或当拠水校本説及集解作丁卯(18)

と記し、「丁亥」のままにしてゐるのである。また日本古典文学大系本は、

底本は丁未。北野本・閣本に丁亥。丁未・丁亥、いずれも四月にはない。集解は丁卯十四日とする。丁亥を活かすとすれば、九月丁亥六日の誤入と考えられよう(19)。

とし、その本文は「丁亥」としてゐる。さらに新編日本古典文学全集本も、

底本「丁亥」(北野本・内閣文庫本も同じ)に対し、兼右本のみ「丁未」とする。丁亥も丁未も四月にはない。『書紀集解』は丁卯十四日。あるいは九月の丁亥六日の誤入で、書紀編纂当初からの誤りと考え、「丁亥」のままとしておく(20)。

として本文は「丁亥」としてゐる。対して「本紀」は「疑丁卯之訛」としながらも「丁亥」のままにしてゐるのである。即ち「本紀」や新訂増補国史大系本・新編日本古典文学全集本は「丁卯」の誤り、乃至九月六日の誤入としながらも、私意を以て判断せずに底本のままにしてゐるのであるが、日本古典文学大系本は底本が「丁未」であるに拘はらず、「丁亥」に改め、その理由を記してゐないのである。「校異」の部分により北野本・内閣文庫本により改訂した

ことは知られるが、その理由は明確にされてゐないのであり、不十分な説明といはざるをえないであらう。

第十一には第252条の「九月乙巳朔」についてであるが、「紀」では「乙巳」を八月に記しながら続いて、

九月乙巳朔

としてゐるのである。これについて新訂増補国史大系本は、

乙巳、拠下文乙巳者九月朔也、通釈作九月乙巳朔而削下文九月乙巳朔五字、今暫仍旧[21]

としてゐる。また日本古典文学大系本は帰京記事に「(三十日)」と註記し、九月乙巳の頭註で、

八月を小、九月を大の月として、朔日干支を後から記入したために、上文の乙巳と重複したものか。[22]

と記してゐるが、新編日本古典文学全集本は、その訳文に「(三十日)」と記してゐるが、九月条では「戊申」に「(四日)」と記すのみで何らの説明も加へられてゐないのであり、八月の乙巳と九月朔日との関係が不明になつてゐる。これを如何に考へるのがよいか判断できないが、「本紀」は乙巳を九月朔日として、「紀」を訂正したのであり、一つの判断として尊重されるべきものと思はれる。但し「紀」にこのやうな不備があるのであるから、その点についての註記があつても良かつたものと考へられる。

むすび

持統天皇本紀の記述について検討を加へてきたが、その記述は概ね「紀」を忠実に要約してゐるとみて良い。その中で月日に関して127条・169条・229条のやうに「紀」の過ちを指摘しながらも本文に於いては訂正せず、その誤りを註

記するに留めるといふ慎重な記述をしてゐることを指摘し得る。また127条の「完」を「肉」と校訂するなど穏当な校訂をしてゐる部分や、12条の「天渟中原瀛真人天皇」を「大行天皇」と訂正したり、19条の元年記述など、事実に基いた記述を心掛けてゐる点も目に付く。が、その反面33条の「金霜林」の「金」を略すといふ失考や、142条の大嘗祭の日時に関する考察の不十分な点などの見られるのは残念なところである。

補註

(1) 『大日本史』は昭和三年十月発行の大日本雄弁会本による。
(2) 比較に用ゐる「紀」は新訂増補国史大系本を用ゐる。
(3) 関根正直氏著『修正公事根源新釈』下巻一一一頁。
(4) 『大漢和辞典』第八巻一〇二五頁。
(5) 『大漢和辞典』第八巻一一一七頁。
(6) 新訂増補国史大系第一巻下『日本書紀』後篇三九五頁。
(7) 新訂増補国史大系第一巻下『日本書紀』後篇四〇三頁。
(8) 新訂増補国史大系第一巻下『日本書紀』後篇四〇四頁。
(9) 新訂増補国史大系第六巻『類聚国史』後篇六八頁。
(10) 関根正直氏著『修正公事根源新釈』上巻六〇頁。
(11) 新訂増補国史大系第十二巻『帝王編年記』一三九頁。
(12) 新訂増補国史大系第一巻下『日本書紀』後篇四一〇頁。
(13) 新訂増補国史大系第一巻下『日本書紀』後篇四一二頁。
(14) 岩波書店日本古典文学大系『日本書紀』下五一二頁頭註二。
(15) 小学館新編日本古典文学全集『日本書紀』③五二一頁頭註七。
(16) 新訂増補国史大系第二十二巻『令義解』七八頁。
(17) 田中卓氏「奈良時代以前における〝新嘗〟と〝大嘗〟について」(田中卓著作集第六巻『律令制の諸問題』所収三〇六頁)。

(18) 新訂増補国史大系第一巻下『日本書紀』後篇四一二頁。
(19) 岩波書店日本古典文学大系『日本書紀』下五二五頁頭註三三。
(20) 小学館新編日本古典文学全集『日本書紀』③五四六頁。
(21) 新訂増補国史大系第一巻下『日本書紀』後篇四二五頁。
(22) 岩波書店日本古典文学大系『日本書紀』下五二八頁頭註一八。

補遺

『日本書紀』持統天皇紀と『大日本史』持統天皇本紀の比較

はじめに

第二十一章では「本紀」が「紀」持統天皇紀を省略した部分についての検討を省略した。そこで改めて省略した部分について補遺として掲載する。

第一節　持統天皇紀と持統天皇本紀の比較

持統天皇紀と持統天皇本紀との比較をしていくことにしよう。なほ同様の記述の場合は「本紀」は○で示すこととする。

		【持統天皇紀】	【持統天皇本紀】	
即位前紀		少名記事	○	
		天皇の系譜記事	○	
斉明天皇三年		大海人皇子妃記事	○	
		天皇の人となり記事	○	
天智天皇元年		草壁皇子尊出産記事	無し	1
天智天皇十年		入吉野記事	○	
天武天皇元年		避難東国記事	○、	
		大友皇子誅殺記事	無し	2
天武天皇二年		立后記事	○	
		天皇補佐記事	○	
朱鳥元年	九月		機務決済記事	3
		天武天皇崩御記事	○	
		臨朝称制記事	○	
	十月	大津皇子謀反記事	○	
	十一月	大来皇女帰京記事	無し	4
		地震記事	○	
	十二月	無遮大会記事	○	
		賜京師孤独高年布帛記事	○	
	閏十二月	筑紫大宰、三国人民献上記事	○	
	是歳	蛇・犬交尾記事	○	
元年	正月	皇太子等殯宮儀礼記事（二度）	○	
		賜京師年八十以上及篤癃者・自存不能者絁・綿	○	

		遣新羅使記事	○	
	三月	投化高麗人常陸国居住記事	○	
		華縵進殯宮記事	無し	5
		丹比真人誄記事	無し	6
	四月	投化新羅人下毛野国居住記事	○	
		筑紫大宰献上新羅人武蔵国居住記事	○	
	五月	皇太子等殯宮儀礼記事	○	
	六月	罪人赦免記事	○	
	七月	乙酉年以前負債利子禁止記事	○	
		隼人賞賜記事	○	
	八月	嘗殯宮記事	無し	7
		京城耆老男女慟哭記事	○	
		招集僧侶三百人飛鳥寺記事	○	
	九月	国忌斎記事	○	
		設斎殯宮記事	○	
		新羅、王子等派遣記事	○	
	十月	大内陵築造開始記事	○	
	十二月	新羅使饗応役任命記事	無し	8
			為天智帝法会・永為国忌	9
二年		太歳記事	無し	10
	正月	皇太子等殯宮儀礼記事	○	
		梵衆殯宮儀礼記事	無し	11
		設無遮大会記事	○	

		新羅使発哭記事	無し	12
	二月	新羅使調賦献上記事	無し	13
		新羅使筑紫饗応記事	無し	14
		毎年国忌斎会実施記事	○	
		新羅使帰国記事	無し	15
	三月	華縵進殯宮記事	無し	16
		藤原朝臣大嶋誄記事	無し	17
	五月	百済敬須徳那利、移甲斐国記事	無し	18
	六月	罪人罪減免・調賦半減記事	○	
	七月	雩記事	○	
		命百済沙門道蔵請雨記事	○	
	八月	嘗殯宮記事	○	
		葬儀奉宣記事	○	
		耽羅王来献記事	○	
	九月	耽羅使筑紫饗応記事	無し	19
	十一月	殯宮儀礼記事	無し	20
		蝦夷誄記事	無し	21
		太内陵葬記事	○	
	十二月	蝦夷饗応記事	○	
三年	正月	天皇朝万国于前殿記事	○	
		大学寮杖献上記事	○	
		陸奥国蝦夷麻呂・鉄折出家許可記事	無し	22
		公卿賜宴記事	○	

	遣新羅使帰国記事	無し	23
	出雲国遭難蕃人上京記事	○	
	賜越僧道信仏像等記事	無し	24
	筑紫大宰粟田朝臣真人、献上隼人等記事	○	
	文武官人進薪記事	無し	25
	賜食百官人記事	○	
	吉野行幸記事	○	
	帰京記事	○	
二月	防人年限交替詔記事	無し	26
	判事任命記事	○	
三月	大赦記事	○	
四月	投化新羅人居下毛野記事	○	
	草壁皇子尊薨去記事	○	
	新羅使弔問記事	○	
	春日王薨去記事	無し	27
	仕丁月四日休暇許可記事	無し	28
五月	新羅使糾問詔記事	○	
六月	筑紫大宰賜衣裳記事	○	
	施基皇子等撰善言司任命記事	○	
	唐続守言等賜稲記事	○	
	賜学問僧等贈新羅師友綿記事	無し	29
	新羅使筑紫饗応記事	無し	30
	班賜諸司令一部二十二巻記事	○	

	七月	付賜陸奥国沙門自得金銅薬師仏像等記事	無し	31
		新羅弔使帰国記事	無し	32
		築習射所記事	○	
		柏原広山流罪土左国記事	○	
		賜物越蝦夷記事	無し	33
	八月	百官神祇官集合記事	○	
		吉野宮行幸記事	○	
		摂津国武庫海等漁猟禁断記事	○	
		公卿賜物記事	○	
		白鷹放養記事	○	
		観射記事	○	
	閏八月	造戸籍命令記事	○	
		河内王任命筑紫大宰帥記事	無し	34
	九月	石上朝臣麻呂等筑紫派遣記事	○	
	十月	高安城行幸記事	○	
		奴婢六百人解放記事	無し	35
	十一月	高田首石成賜物記事	○	
	十二月	双六禁断記事	○	
四年	正月	即位記事	○	
		公卿・百寮拝朝記事	○	
		公卿賜宴記事	○	
		百寮進薪記事	無し	36
		大赦記事	○	

	解部百人刑部省任命記事	〇	
	班幣畿内天神地祇記事	〇	
二月	掖上陂行幸、観馬記事	〇	
	新羅沙門詮吉等帰化記事	〇	
	吉野宮行幸記事	〇	
	内裏設斎記事	〇	
	帰化新羅人居武蔵国記事	〇	
三月	賜京・畿内年八十以上稲記事	〇	
四月	広瀬・龍田祭祀記事	無し	37
	賜京・畿内年耆老・耆女稲記事	〇	
	百官人・畿内有位者昇進詔記事	〇	
	祈雨記事	〇	
五月	吉野宮行幸記事	〇	
	百済人帰化記事	〇	
	於内裏安居講説記事	〇	
六月	泊瀬行幸記事	〇	
	有位者招集記事	〇	
七月	新朝服着用記事	〇	
	班幣天神地祇記事	〇	
	高市皇子任太政大臣記事	〇	
	大宰・国司遷任記事	無し	38
	於家内朝服着用詔記事	無し	39
	親王拝礼規定記事	無し	40

		大臣拝礼規定記事	無し	41
		奉施安居沙門記事	○	
		広瀬・龍田祭祀記事	無し	42
	八月	吉野宮行幸記事	○	
		帰化新羅人居下毛野国記事	○	
	九月	戸籍作成依戸令記事	○	
		紀伊行幸通達記事	○	
		紀伊行幸記事	○	
		留学僧智宗等帰国記事	○	
		天皇帰京記事	○	
	十月	吉野宮行幸記事	○	
		智宗等入京記事	無し	43
		新羅送使饗応指示詔記事	無し	44
		大伴部博麻慰労詔記事	○	
		高市皇子等観藤原宮地記事	○	
	十一月	賜物新羅送使記事	無し	45
		元嘉暦・儀鳳暦施行記事	○	
	十二月	新羅送使帰国記事	無し	46
		吉野宮行幸記事	○	
		帰京記事	○	
		観藤原宮地記事	○	
		賞賜公卿以下記事	○	
五年	正月	賜親王以下位記事	○	

	賜公卿飲食・衣裳記事	無し	47
	増封高市皇子等記事	無し	48
	賜物筑紫史益詔記事	○	
	吉野宮行幸記事	○	
	帰京記事	○	
二月	当心奉仏法詔記事	無し	49
	授宮人位記記事	○	
三月	公卿賜宴記事	無し	50
	観馬記事	○	
	良賎付属詔記事	無し	51
四月	放賎従良詔記事	○	
	賜上村主百済大税記事	無し	52
	広瀬・龍田祭祀記事	無し	53
	吉野宮行幸記事	○	
	帰京記事	○	
五月	淳武微子賜直大参記事	無し	54
六月	降雨記事	○	
	陰雨対処詔記事	○	
	大赦記事	○	
七月	吉野宮行幸記事	○	
	伊予国司白銀献上記事	○	
	賜宴記事	○	
	帰京記事	○	

		広瀬・龍田祭祀記事	無し	55
	八月	十八氏墓記上進詔記事	無し	56
		祭龍田風神、信濃須波・水内等神記事	○	
	九月	賜続守言等銀記事	無し	57
		川嶋皇子薨去記事	○	
		以直大弐贈佐伯宿禰大目記事	無し	58
	十月	日蝕記事	○	
		陵戸詔記事	○	
		殺生禁断地設置記事	○	
		吉野宮行幸記事	○	
		帰京記事	○	
		鎮祭新益京記事	○	
	十一月	大嘗祭記事	○	
		賜衾記事	○	
		公卿以下賜宴記事	○	
		神祇官長上以下賜宴記事	○	
	十二月	賜徳自珍等銀二十両記事	無し	59
		右大臣以下宅地支給詔記事	無し	60
六年	正月	高市皇子増封記事	無し	61
		公卿賜宴記事	無し	62
		観新益京記事	○	
		公卿以下賜宴記事	○	
		高宮行幸記事	○	

	帰京記事	○	
二月	伊勢行幸通達記事	○	
	賜沙門法蔵等銀二十両記事	無し	63
	軽罪者赦免記事	○	
	三輪朝臣高市麻呂諫言記事	○	
三月	留守官任命記事	○	
	三輪朝臣高市麻呂諫言記事	○	
	伊勢行幸記事	○	
	神郡等褒賞記事	○	
	志摩男女八十以上賜稲記事	○	
	帰京記事	○	
	行幸供奉者謡役免除記事	○	
	近江・美濃・尾張・三河・遠江等国行幸供奉者調免除記事	○	
四月	追贈大伴宿禰友国直大弐記事	無し	64
	四畿内百姓為荷丁者調役免除記事	○	
	広瀬・龍田祭祀記事	無し	65
	賜親王以下難波大蔵鍫記事	無し	66
	囚人・徒刑囚赦免記事	○	
五月	阿古志海部河瀬麻呂等調役等免除記事	無し	67
	相模国司赤烏鶵献上記事	○	
	吉野宮行幸記事	○	
	帰京記事	○	

	請雨記事	○	
	追贈文忌寸智徳直大壱記事	無し	68
	鎮祭藤原宮地記事	○	
	奉幣伊勢・大倭・住吉・紀伊大神記事	○	
閏五月	大水記事	○	
	京師・四畿内講説金光明経記事	○	
	賜沙門観成物記事	無し	69
	伊勢大神奏上記事	無し	70
	大隅・阿多仏教布教・阿弥陀像上送詔記事	○但し布教は無し	71
六月	禱名山岳瀆勅記事	○	
	請雨記事	○	
	賜直丁八人官位記事	無し	72
	観藤原宮地記事	○	
七月	大赦記事	○	
	賜相模国司等位・禄記事	○	
	公卿賜宴記事	○	
	吉野宮行幸記事	○	
	広瀬・龍田祭祀記事	無し	73
	帰京記事	○	
	熒惑・歳星記事	○	
八月	恩赦記事	○	
	飛鳥皇女田荘行幸記事	○	
九月	班田大夫四畿内派遣記事	○	

		神祇官神宝書等奏上記事	○	
		伊勢国司嘉禾、越前国司白蛾献上記事	○	
		笥飯神増封記事	無し	74
	十月	授山田史御形務広肆記事	無し	75
		吉野宮行幸記事	○	
		帰京記事	○	
	十一月	新羅朝貢記事	○	
		遣新羅使賜禄記事	無し	76
		新羅使饗応記事	無し	77
	十二月	続守言等賜田記事	無し	78
		新羅調五社奉納記事	○	
七年	正月	高市皇子等叙位記事	無し	79
		詔百姓服黄色衣奴皁衣記事	○	
		公卿賜宴記事	無し	80
		京師・畿内八十以上賜物記事	○	
		追贈百済王善光正広参記事	無し	81
		京男女八十以上・貧困者賜布記事	○	
		沙門法鏡賜田記事	無し	82
		漢人等踏歌奏記事	○	
	二月	新羅王喪伝達記事	○	
		収納掘尸記事	○	
		漂着新羅人託新羅使記事	無し	83
	三月	日蝕記事	○	

	賜上村主百済食封三十戸記事	○	
	吉野宮行幸記事	○	
	賜葛原朝臣大嶋賻物記事	無し	84
	帰京記事	○	
	賜遣新羅使絁等記事	無し	85
	賜新羅王賻物記事	○	
	桑等植樹奨励詔記事	○	
四月	祈雨記事	○	
	広瀬・龍田祭祀記事	無し	86
	大伴男人等処罰詔記事	無し	87
五月	吉野宮行幸記事	○	
	帰京記事	○	
	無遮大会記事	○	
六月	高麗沙門福嘉還俗詔記事	無し	88
	引田朝臣広目等叙位記事	無し	89
七月	吉野宮行幸記事	○	
	広瀬・龍田祭祀記事	無し	90
	諸社祈雨記事	○	
	諸社請雨記事	○	
	帰京記事	○	
八月	藤原宮地行幸記事	○	
	吉野宮行幸記事	○	
	帰京記事	○	

九月	日蝕記事	○	
	多武嶺行幸記事	○	
	帰京記事	○	
	為清御原天皇設無遮大会内裏記事	○	
	囚人赦免記事	○	
	追贈蚊屋忌寸木間直広参記事	無し	91
十月	武器検閲詔記事	無し	92
	仁王経諸国講説記事	○	
十一月	吉野宮行幸記事	○	
	賜物耽羅王子等記事	無し	93
	帰京記事	○	
	近江国醴泉試飲記事	○但し是歳醴泉出	94
	引田朝臣少麻呂叙位記事	無し	95
十二月	派遣陣法博士教習諸国記事	○	
八年 正月	布勢朝臣御主人・大伴宿禰御行叙位記事	無し	96
	公卿等賜宴記事	無し	97
	進御薪記事	無し	98
	百官人賜宴記事	○	
	漢人奏踏歌・五位以上射記事	無し	99
	六位以下射記事	無し	100
	唐人奏踏歌記事	無し	101
	藤原宮行幸、帰京記事	○	
	唐人七人・粛慎二人叙位記事	無し	102

	吉野宮行幸記事	○	
三月	日蝕記事	○	
	大宅朝臣麻呂等鋳銭司任命記事	○	
	郡司任用詔記事	無し	103
	近江国益須郡軍課役等免除詔記事	○	
	諸社奉幣記事	○	
	神祇官賜物記事	○	
四月	河内王叙位記事	無し	104
	吉野宮行幸記事	○	
	広瀬・龍田祭祀記事	無し	105
	帰京記事	○	
	贈律師道光賻物記事	無し	106
五月	公卿等賜宴記事	○	
	金光明経送置諸国記事	○	
六月	河内国更荒郡献上白山鶏記事	○	
七月	巡察使派遣記事	○	
	広瀬・龍田祭祀記事	無し	107
八月	為飛鳥皇女度沙門一百四口記事	無し	108
九月	日蝕記事	○	
	吉野宮行幸記事	○	
	三野王筑紫大宰率任命記事	無し	109
十月	賜獲白蝙蝠弟国部弟日進大肆記事	○	
十一月	斬刑以下赦免記事	○	

	十二月	藤原宮遷居記事	○	
		百官拝朝記事	○	
		親王以下賜物記事	○	
		公卿大夫賜宴記事	○	
九年	正月	舎人皇子叙位記事	無し	110
		饗公卿大夫内裏記事	無し	111
		進薪記事	無し	112
		饗百官人記事	無し	113
		射記事	無し	114
	閏二月	吉野宮行幸記事	○	
		帰京記事	○	
	三月	新羅使朝貢記事	○	
		吉野宮行幸記事	○	
		帰京記事	○	
		遣文忌寸博勢・下訳語諸田等於多禰記事	○	
	四月	広瀬・龍田祭祀記事	無し	115
		追贈直広参賀茂朝臣蝦夷記事	無し	116
		追贈直大肆文忌寸赤麻呂記事	無し	117
	五月	饗隼人大隅記事	無し	118
		観隼人相撲記事	○	
	六月	請雨記事	○	
		賞賜諸臣年八十以上・痼疾記事	○	
		吉野宮行幸記事	○	

		帰京記事	○	
	七月	広瀬・竜田祭祀記事	無し	119
		賜物遣新羅使記事	無し	120
	八月	吉野宮行幸記事	○	
		帰京記事	○註	121
	九月	牢獄罪人赦免記事	○	
		小野朝臣等発向新羅記事	○	
	十月	菟田吉隠行幸記事	○	
		帰京記事	○	
	十二月	吉野宮行幸記事	○	
		帰京記事	○	
		賜泊瀬王賻物記事	無し	122
十年	正月	饗公卿大夫記事	無し	123
		百済王南典叙位記事	無し	124
		進薪記事	無し	125
		饗公卿百寮人記事	無し	126
		公卿百寮射於南門記事	無し	127
	二月	吉野宮行幸記事	○	
		帰京記事	○	
	三月	行幸二槻宮記事	○	
		賜物越蝦夷・粛慎記事	無し	128
	四月	広瀬・龍田祭祀記事	無し	129
		物部薬・壬生諸石叙位記事	○	

		吉野宮行幸記事	○	
	五月	秦造綱手賜姓忌寸記事	無し	130
		帰京記事	○	
		尾張宿禰大隅叙位記事	無し	131
		追贈直広肆大狛連百枝記事	無し	132
	六月	吉野宮行幸記事	○	
		帰京記事	○	
	七月	日蝕記事	○	
		罪人赦免記事	○	
		広瀬・龍田祭祀記事	無し	133
		後皇子尊（高市皇子）薨去記事	○	
	八月	多臣品治叙位記事	無し	134
	九月	追贈直大壱若桜部朝臣五百瀬記事	無し	135
	十月	賜丹比真人輿・杖記事	無し	136
		仮賜丹比真人等資人記事	無し	137
	十一月	賜大官大寺沙門弁通食封四十戸記事	無し	138
	十二月	勅旨度浄行者一十人記事	無し	139
十一年	正月	饗公卿大夫等記事	無し	140
		賜鰥寡・孤独・篤癃、貧不能自存者稲記事	○	
		饗公卿百寮記事	無し	141
	二月		珂瑠皇子立太子記事	142
		東宮大傅等任命記事	○	
	三月	設無遮大会於春宮記事	○	

四月	考課選抜者叙位記事	○	
	吉野宮行幸記事	○	
	広瀬・龍田祭祀記事	無し	143
	帰京記事	○	
五月	請雨記事	○	
六月		天皇不豫記事	144
	罪人赦免記事	○	
	京・畿内諸寺読経詔記事	○	
	京寺掃灑記事	無し	145
	班幣神祇記事	○	
	公卿・百寮造仏記事	無し	146
	請雨記事	無し	147
七月	盗賊赦免記事	○	
	広瀬・龍田祭祀記事	無し	148
	公卿・百寮設開仏眼会於薬師寺記事	無し	149
八月	譲位記事	○	
大宝二年　十二月		崩御記事	150
		遺詔記事	151
三年		葬大内山陵記事	152
		和風諡号記事	153
		漢風諡号記事	154

第二節　「本紀」不記載及び「本紀」のみ記載記事の検討

第一節に於いて見たやうに「紀」と「本紀」を比較するに、その殆どは「紀」の項目を忠実に記してゐることが理解される。しかし中には「本紀」には記載されてゐない綱目が存在する。また「本紀」にのみ記載されてゐる項目も存在する。それらの項目について以下見て行くことにしよう。

1、即位前紀の草壁皇子出産記事　「紀」は即位前紀に於いて、

天命開別天皇元年。生二草壁皇子尊於大津宮一。

と記してゐるのであるが「本紀」は省略してゐる。その理由は皇子の誕生のことは巻七一五の天武天皇の「皇妃伝」に於いて記すことにしたところから「本紀」では省略したものである。

2、大友皇子誅殺記事　「紀」では、

秋七月。美濃軍将等。與二大倭桀豪一。共誅二大友皇子一。伝首詣二不破宮一。

と記してゐるが、『大日本史』は大友皇子を天皇として扱つてゐるのであり、不敬な記事であるところから省略したものであり、当然の処置である。

3、機務決済記事　本条は「本紀」の独自記事であるが、天武天皇紀朱鳥元年七月癸丑条の、

勅曰。天下之事不レ問二大小一。悉啓二于皇后及皇太子一。

とあるのに基づいて記されたものである。

4、大来皇女帰京記事　大津皇子謀反事件に関連して、その姉の斎王が解任されて帰京したものであることから、省略されたものと考へられる。

5、華縵進殯宮記事　殯宮儀礼に関する記事であるが、「本紀」は元年正月条の皇太子等殯宮儀礼（二度）五月条の皇太子等殯宮儀礼、八月条（二年八月も）の嘗殯宮、九月条の設斎殯宮、二年正月条の皇太子等殯宮儀礼、同八月条の葬儀奉宣は記載してゐるが、5・6・7・11・12・16・17・20・21は省略されてゐる。これら略された記事のうち21以外は、いづれも皇族以外の人物による誄等であるところからして「本紀」は皇族以外の殯宮儀礼は略すことにしたものと考へられるのである（6・7・11・12・16・17・20・21条については説明は省略する）。

6、7、5条参照。

8、新羅使饗応役任命記事　「本紀」は14・19・30・44・45・76・77・85・93・128条の外国人饗応、賜物記事は省略してゐるところからして、本条の饗応役任命記事も省略したものと見て良い（14・19・30・43・44・76・85・93条については説明は省略する）。

9、天智帝国忌記事　本条は「本紀」の独自記事であるが、

十二月以下、江家次第、公事根源

と註してゐるやうに『江家次第』・『公事根源』により記されたものである。即ち『公事根源』には、

百六十五　国忌

天智天皇の御国忌なり。崇福寺にて行はる。朱鳥二年より始まる。天智天皇は舒明天皇の御子、御母は皇極天皇なり。御位に即かせ給ひて、近江の国滋賀の郡大津の宮にまし〳〵き。中興の主にておはします。国忌は時に随ひて改まれども、是れは永く易らぬこととなりにき。太祖廟とも申すべきにや。

とある。『公事根源』はその年代を「朱鳥二年」としているが、朱鳥二年は持統天皇元年のことであるから「本紀」は元年十二月条に記したのである。

10、太歳記事　「本紀」は毎年の干支を記してゐるところから、必要がないために略されてゐる。

11、12、５条参照。

13、新羅使調賦献上記事　新羅の朝貢記事は、他にも存在するがそれらは記されてゐるのであり、本条が略されてゐる理由は不明である。

14、８条参照。

15、新羅使帰国記事　「本紀」は外国使の帰国記事、また外国への派遣者帰国記事は略すことを原則としてゐるところから略されたものである（以後23・32・46条については説明は省略する）。

16、17、５条参照。

18、百済敬須徳那利、移甲斐国記事　本条が略された理由は不明であるが、或いは「百済敬須徳那利」が不明確な為に略したものかとも思はれる。

19、15条参照。

20、21、５条参照。

22、陸奥国蝦夷麻呂・鉄折出家許可記事　個人の出家に関することであるところから略したものと考へられる。

23、15条参照。

24、賜越僧道信仏像等記事　個人に対する事柄であるところから略したものと考へられる。

25、文武官人進薪記事　官人による恒例の行事であるところから略したものでり、以下36・98・112・125条の同様であり、説明は略す。

26、防人年限交替詔記事　省略理由は明らかでないが、防人といふ地方に関したことであるところから略したものと考へられる。

27、春日王薨去記事　死亡は個人のことであり、特別の場合を除き「本紀」では記載されないところから省略されたものである。

28、仕丁月四日休暇許可記事　本条が略された理由は不明である。

29、賜学問僧等贈新羅師友綿記事　本条は筑紫大宰に詔した内容であり、直接の賜与では無いところから略されたものと考へられる。

30、８条参照。

31、付賜陸奥国沙門自得金銅薬師仏像等記事　本条は個人に対する仏像の付与であるところから略されたものと考へられる。

32、15条参照。

33、賜物越蝦夷記事　本条が記されなかつた理由は不明である。

34、河内王任命筑紫大宰帥記事　本条は地方官の任命であるところから略されたものと考へられる。

35、奴婢六百人解放記事　本条は下毛野朝臣子麻呂の私有奴婢に関するものであるところから略されたものと考へられる。

36、25条参照。

37、広瀬・龍田祭祀記事　廣瀬・龍田祭祀は恒例祭祀であるところから略されたものである。以下42・53・55・65・

73・86・90・105・107・115・119・129・133・143・148条も同様であり、特に説明しない。

38、大宰・国司遷任記事　本条は地方官の遷任記事であるところから省略されたものである。

39、於家内朝服着用詔記事　本条は朝服を家で着用して出勤せよとの詔であり、省略された理由は不明である。

40、41、親王拝礼規定記事・大臣拝礼規定記事　両条は礼の仕方についての規定であるが、両条は難解な規定であり、正確に解釈することは困難であるところから略したものと考へられる。

42、37条参照。

43、本条は九月に帰国した留学僧らの入京であり、帰国記事と重複するところから略したものである。

44、45、8条参照。

46、15条参照。

47、賜公卿飲食・衣裳記事　「持統天皇本紀」は公卿等に対する賜物や賜宴について、記載してゐる場合と、記載してゐない場合があり、その基準が不明である。本条は記載してゐない例である。以下50、62、80、97、111、123、124、140、も同様であり、特に説明しない。

48、増封高市皇子等記事　本条は個人に対する増封であるところから本紀では略されてゐるのである。

49、当心奉仏法詔記事　本条は仏教信仰奨励の詔であるところから記載しなかつたものと考へられる。

50、47条参照。

51、良賎付属詔記事　本条は、良民の売買等による身分変更に関するものであり記載されなかつた理由は明らかでない。

52、賜上村主百済大税記事　本条は上村主百済の学問奨励に対する報償として大税が贈られた内容であり、記載されなかつた理由は明らかでない。

53、37条参照。

54、淳武微子賜直大参記事　本条は壬申の乱に対する褒賞であり、「持続天皇本紀」は追贈を含めて記載しないことにしてゐる。以後58、64、68、91、116、117、132、135も同様であり、特に説明しない。

55、37条参照。

56、十八氏墓記上進詔記事　本条は十八氏に墓記の上進を命じた記事であり、何故に略されたのか、理由は不明である。或いは上進理由が不明な為に略されたものであろうか。

57、賜続守言等銀記事　本条は続守言等に対する個人的褒賞として略されたものと考へられる。

58、以直大弐贈佐伯宿禰大目記事　叙位されるのはそれぞれの個人であるところから略されたものと考へられる。

59、賜徳自珍等銀二十両記事　本条は徳自珍等に対する個人的褒賞として略されたものと考へられる。

60、右大臣以下宅地支給詔記事　本条は藤原京遷都の準備記事であるところから略されたものと考へられる。

61、高市皇子増封記事　本条は高市皇子に対する個人的な事柄であるところから略されたものと考へられる。

62、47条参照。

63、賜沙門法蔵等銀二十両記事　本条は法蔵等に対する個人的褒賞として略されたものと考へられる。

64、54条参照。

65、37条参照。

66、賜親王以下難波大蔵鍫記事　本条が略された理由は不明である。

67、阿古志海部河瀬麻呂等調役等免除記事　本条は伊勢行幸に際しての褒賞であり、三月条には褒賞記事が散見されてゐるのであり、本条が略された理由は明らかでない。

68、54条参照。

69、賜沙門観成物記事　本条は観成に対する個人的褒賞として略されたものと考へられる。

70、伊勢大神奏上記事　本条は翌年伊勢神郡より納入すべき赤引糸の免除を申請した記事であるが、神が申請されることはあり得ないこと（事実は神職による申請）であるところから略したものと考へて良いであらう。『大日本史』の合理的精神の表はれた一条である。

71、大隅・阿多仏教布教・阿弥陀像上送詔記事　本条は大宰率河内王に対する詔であるが、阿弥陀像上送のみを記して、仏教布教を略したのは、水戸の仏教排除の姿勢の表れである。

72、賜直丁八人官位記事　本条は褒賞としての官位授与である為に略されたものと考へられる。

73、37条参照。

74、筍飯神増封記事　本条は白蛾献上の恩賞としての増封であるところから略したものと考へられるが、その理由は定かではない。

75、授山田史御形務広肆記事　叙位は個人に対してのものして略されたものと考へられる。

76、8条参照。

77、8条参照。

78、続守言等賜田記事　本条は続守言等に対する個人的褒賞として略されたものと考へられる。

79、高市皇子等叙位記事　叙位は個人に対してのものして略されたものと考へられる。

80、47条参照。

81、追贈百済王善光正広参記事　本条は追贈叙位記事であるが、叙位は個人に対してのものして略されたものと考へられる。

82、沙門法鏡賜田記事　本条は法鏡に対する個人的褒賞として略されたものと考へられる。

83、漂着新羅人託新羅使記事　本条は新羅人に関することであるところから略されたものである。

84、賜葛原朝臣大嶋賻物記事　本条は個人的な贈与に当たるところから略されたものである。

85、8条参照。

86、37条参照。

87、大伴男人等処罰詔記事　本条は大伴男人等に対する処罰記事であるが、処罰は大伴男人等自身であるところから略されたものと考へて良いであらう。

88、高麗沙門福嘉還俗詔記事　還俗するのは福嘉自身であるところから略されたものと考へて良いであらう。

89、引田朝臣広目等叙位記事　叙位は個人に対してのものして略されたものと考へられる。

90、37条参照。

91、54条参照。

92、武器検閲詔記事　本条は親王以下の装備してゐる武器を検閲するといふ内容であり、これが省略された理由は不明である。

93、8条参照。

94、近江国醴泉試飲記事　本条は「紀」では七年十一月己亥条に、

遣㆓沙門法員。善往。真義等㆒。試飲㆓近江国益須郡醴泉。㆒

と記されてゐるのであるが、「本紀」は、

　是歳、近江益須郡醴泉出

と醴泉が出たことを主体として記してゐるのである。

95、引田朝臣少麻呂叙位記事　叙位は個人に対してのものして略されたものと考へられる。

96、布勢朝臣御主人・大伴宿禰御行叙位記事　前条と同じく叙位は個人に対してのものして略されたものと考へられる。

97、47条参照。

98、25条参照。

99、漢人奏踏歌・五位以上射記事　七年正月条の漢人踏歌は記されてゐるに拘はらず、本条や101条は記されてゐない。それは踏歌を年中行事と見て略したものと考へられる。『年中行事秘抄』を見るに、（正月）「十五日　設会事」条には、

　正月十六日被レ行由。事起無二所見一。今案。正月十五日六日月明時。京中女踏歌云々。見二朝野僉載一。（略）

と記し、「踏歌」として「天平二年」云々の記事の後に、

　天武天皇二年正月。拝二朝大極殿一。詔男女無レ別。闇夜有二踏歌事一。
　持統天皇七年正月。漢人等奏二踏歌一。同八年正月。唐人奏二踏歌一。

と記してゐる。また『公事根源』も、

　踏歌といふは、正月十五日の男踏歌のことにて侍るべし。近比行はれ侍るは、女踏歌なり。それは十六日なり。光ル源氏ノ物語などにも、多くは男踏歌の事を申し侍るにや。大かた正月十五六日は、月の比なれば、京中の

男女の、声よく物うたふを召し集へて、年始の祝詞を作りて、舞をまはせなどせられ侍りし故に、踏歌とは申すめり。

と、年中行事とし、特に持統天皇七年八年の記事を挙げてゐるところから、「本紀」はこれを年中行事として、八年の記事は略したとみて良いであらう。なほ両書が記してゐる天武天皇二年の記事は「紀」には無く、何を根拠に記されたものかは明らかではない。また「五位以上射」が略された理由も不明である。

100、六位以下射記事　前条の「五位以上射」記事が略されたのと同様その理由は不明である。

101、唐人奏踏歌記事　99条と同じく年中行事と見て略されたものと考へられる。

102、唐人七人・粛慎二人叙位記事　叙位は個人に対してのものとして略されたものと考へられる。

103、郡司任用詔記事　地方官任用に関する内容であるところから略されたものである。

104、河内王叙位記事　叙位は個人に対してのものして略されたものと考へられる。

105、37条参照。

106、贈律師道光賻物記事　賻物は個人的なことであるところから略されたものである。

107、37条参照。

108、為飛鳥皇女度沙門一百四口記事　本条は飛鳥皇女への個人的な贈物であるところから略されたものである。

109、三野王筑紫大宰率任命記事　地方官任命記事であるところから略されたものである。

110、舎人皇子叙位記事　叙位は個人に対してのものとして略されたものと考へられる。

111、饗公卿大夫内裏記事　47条参照。

112、25条参照。

113、「本紀」は八年甲午、春正月十六日庚子条に、

饗㆓百官㆒

と記し。

是歳至㆓二十一年㆒、本書毎年必書、其為㆓恒例㆒可㆑知、故是後不㆑書、

と註記してゐる。本条は恒例として記されなかつたのである。以下126、141も同様であり、特に説明しない。

114、射記事　恒例行事と見て略されたものと考へられる。

115、37条参照。

116、54条参照。

117、54条参照。

118、饗隼人大隈記事　本条が略された理由は不明である。

119、37条参照。

120、8条参照。

121、帰京記事　「紀」はこの帰京を「八月乙巳」としてゐるのであるが、「本紀」は「九月乙巳朔」としてゐる。それは、「紀」が八月に「乙巳」を記しながら、九月朔日をも「乙巳」としたところから混乱があるために、「本紀」は「九月乙巳朔」を正しいとして、その帰京を九月と記したのである。なほ持統天皇紀には干支の一日ずれが散見される。

122、賜泊瀬王賻物記事　賻物は個人的なことであるところから略されたものである。

123、47条参照。

124、百済王南天叙位記事　叙位は個人に対してのものとして略されたものと考へられる。
125、25条参照。
126、113条参照。
127、公卿百寮射於南門記事　年中行事と見て略したものと考へられる。
128、8条参照。
129、37条参照。
130、秦造綱手賜姓忌寸記事　姓を与へられるのは個人的な事柄であるところから略されたものと考へられる。
131、尾張宿禰大隅叙位記事　叙位は個人に対してのものとして略されたものと考へられる。
132、54条参照。
133、37条参照。
134、多臣品治叙位記事　叙位は個人に対してのものとして略されたものと考へられる。
135、54条参照。
136、賜丹比真人輿・杖記事　賜物は個人に対する褒賞であるところから略されたものと考へられる。
137、仮賜丹比真人等資人記事　前条と同じく個人に対する褒賞であるところから略されたものと考へられる。
138、賜大官大寺沙門弁通食封四十戸記事　前条と同様個人的賜物であるところから略されたものと考へられる。
139、勅旨度浄行者一十人記事　本条は天皇の命で出家せしめる記事であるところから、天皇が仏教奨励されるのは問題であるとして略されたものと考へられる。
140、47条参照。

141、113条参照。

142、珂瑠皇子立太子記事　本条は「紀」には記されてゐない。「本紀」は『続日本紀』文武天皇即位前紀により記したものである。

143、37条参照。

144、天皇不豫記事　本条は「紀」には記されてゐないが、辛卯条に「為㆓天皇病㆒」とあるところから「本紀」はこのやうに記したものである。

145、京寺掃灑記事　本条は寺院の清掃であるところから略したものと考へられる。

146、公卿・百寮造仏記事　本条は公卿による天皇の病回復のための造仏であるところから略されたものと考へらっれる。

147、請雨記事　請雨記事は従前記載されてをり、本条が記載されてゐない理由は明らかでない。単なる欠落と見るべきものであらう。

148、37条参照。

149、公卿・百寮設開仏眼会於薬師寺記事　本条は六月辛卯条を略したところから、その開眼会も略したものである。

150、崩御記事　『続日本紀』大宝二年十二月甲寅条により記されてゐる。

151、遺詔記事　『続日本紀』大宝二年十二月甲寅条により記されてゐる。

152、葬大内山陵記事　「本紀」は、

（大宝）三年、火㆓葬于飛鳥岡㆒、祔㆓于大内山陵㆒、

としてゐるが、『続日本紀』大宝三年十二月条は、

（大宝三年十二月癸酉）是日。火㆓葬於飛鳥岡㆒。壬午。合㆓葬於大内山陵㆒、となつてゐる。「本紀」はそれをまとめて記したものである。

153、和風謚号記事　『続日本紀』大宝三年十二月条癸酉条の「是日」の前に記されてゐるものである。

154、漢風謚号記事　本条は「本紀」が私に記したものである。

むすび

『大日本史』持統天皇本紀が省略した事柄に検討を加へてきたが、その殆どは、恒例行事であつたり、新羅など外国関係のこと（筑紫饗応や帰国記事）や、死亡記事、叙位、賜姓記事など略すべくして略された部分であつた。

しかしながら、公卿に対する賜物や賜宴について記載される場合とされない場合があつたり、その基準が曖昧な点も存在してゐる（47条参照）。また13条や56条・92条のやうに何故に略されたか明瞭でない部分が若干存在することも否定できない。さらに39条や51条のやうに、本来記述すべくして略された失考と見られる部分も存在する。が、それらも当時の研究水準からすれば止むを得ないと見られるものがある。

反対に3条・9条・142条や150条・151条・152条を記して天皇の一代記として完成させてゐるのであり、『大日本史』の記述は全体としてみれば穏当な記述に終始してゐるといつてよいであらう。

結語

『大日本史』本紀の『日本書紀』研究」と題して「神武天皇本紀」より「持統天皇本紀」の記述について検討を加へてきたが、それらをまとめると以下のやうになるであらう。

第一章「神武天皇本紀」は、「紀」を基準としながら、他史料と比較検討できるものについては比較検討し、元年条に於いては即位に関する記述を『旧事本紀』・『古語拾遺』に基づいて「紀」の記述を補ふと共に、異説については「記」の崩年年齢以外についてはその異説を明記し、疑ひの存する事柄についても、そのことを明示して後世の検討課題とするなど、断定的態度をとることなく、科学的実証的研究に徹してゐるのである。そのことは「漢風諡号」の撰進時期について検討した結果に於いても理解されるところである。

第二章「綏靖天皇本紀より開化天皇本紀」では、歴代「本紀」は「紀」を基本として記してゐるのであるが、いくつかの問題点が存在することが明らかになつた。すなはち、

一、綏靖天皇から孝霊天皇の皇后について「紀」には異説が記されてゐるのであるが、「本紀」はそれを記載してゐない。が、これは註記すべきものではないだらうか。

一、綏靖天皇を神武天皇の「第五子」と記してゐるのは「記」に引きずられた失考である。

一、「綏靖天皇本紀」に於いて手研耳命射殺を母の媛蹈韛五十鈴媛及び兄の神八井耳命と謀つたとしてゐるのは、「記」の記事を誤解したものと考へられる。

一、孝元天皇を孝霊天皇の「長子」と記すのは、他の妃出生の皇子との前後関係が不明であるところよりして、「本紀」の書き過ぎといふべきものである。

以上の四点は、「本紀」の記述の中で問題とすべきものとみられるが、「本紀」は『旧事本紀』の記事について、いくつかの検討を行つてゐる。殊に先帝崩御と新帝即位の関係について検討を行つてゐる。その結論は「紀」に従つて『旧事本紀』を批判してゐるのであり、是認されるものではあるが、安閑天皇とすべきところを仁賢天皇とする大きな間違ひと見られる記述も見られるのである。その他、『旧事本紀』を活用して干支を決定してゐると考へられるに拘はらず、『帝王編年記』としてゐる例があつたりもしてゐる。

総じていへば、本章は、概ね「紀」によつて記されてゐるのであり、安寧天皇即位時の年齢について考察を加へ、その結論を将来の検討に委ねるやうな慎重な部分も存するのであるが、「神武天皇本紀」と比較するに「記」等の記述に迷はされてゐる部分もあり、誤記その他が多いのであり、同じく板垣宗憺の執筆と思へないやうな間違ひや軽率といふやうな記述が存したりもしてゐるのである。

以上が「綏靖天皇本紀」から「開化天皇本紀」の実相といへるであらう。

第三章「崇神天皇本紀」の記述は概ね妥当な内容とみてよいであらう。また「紀」の記述の中で省略された部分は、直接天皇が関与された事柄でないものであり、その多くは列伝に於いて記されてゐることが明らかにされた。さらに問題点として挙げた内容も、その多くは解決のつくものであるが、一部分問題も存してゐることも事実である。それは妃記載についてのやうに編集方針の未決定からか、巻により記載されたりされてゐない場合があつたりもしてゐるといふことも存在してゐるのである。また、熊野本宮の創始のやうに、単に崇神天皇朝に創建されたといふだけのことを記載してゐる場合もあり、一見未定稿ではないかと思はれるところが存するのである。

しかしながら『大日本史』はより多くの史料に基づいてより正確な記述をしようと努めてゐたことは、天照大神の笠縫邑奉祀の記事に『古語拾遺』を利用して草薙剣も遷されたことを明記したり、天皇の崩年齢を単純に「紀」の記載を盲信すること無く、その実年齢を検証しようとする科学的実証主義の態度が見られるのである。

第四章「垂仁天皇本紀」の記述は概ね「紀」を適切に要約した記述となつてゐる。また省略してゐる部分も敢へて記述しなければならないものではなく、それぞれ省略されるべき理由の考へられるものであり、概ね妥当な内容とみてよいであらう。

そしてまた「紀」の記述をそのまま信ずるのではなく、それぞれの記事について検討を加へ、例へば二十六年条の物部十千根について「豈追二書之一乎」と記しながらも、私見でそれを訂正すること無く、飽くまでも「紀」を尊重する態度を崩さないのである。

しかしながら、日葉酢媛の死亡表記について「紀」は「薨」と記してゐるに拘はらず「本紀」は「崩」字を用ゐてゐることや、石上神宮神宝管理者の交代のやうに一部分「紀」と違つた独自の記述を為してゐる部分もあり、後者の神宝管理者交代記事についてては「本紀」の考へ過ぎからきた書き過ぎと見られるのである。

第五章「景行・成務天皇本紀」については、全体としては「紀」に基づきながら記されてゐることは他の「本紀」と変はることが無い。その中で、「紀」に記されながら「本紀」が省略した事柄の内、天皇に直接関係する事柄の大部分は天皇権威に関係する事柄であることから省略されたものと見られる。その他では日本武尊に関する記述が略されてゐるが、是は「皇子伝」に記されてゐることから略されたものである。が、その他「本紀」は「紀」に基づいて忠実に記してゐるのであるが、「紀」の記述に疑問がある場合は、徹底的に考証を加へ、その訂正は私見を以て訂正する事無く、明白な場合のみ訂正するといふ態度を維持してゐるのである。

第六章「仲哀・応神天皇本紀」記述の中で最も特徴的な事柄は、「紀」が天皇と同等に扱つてゐる神功皇后を后妃伝に移しながらも、その事績は「実に天子の事を行」つたものであるところから、これを「仲哀天皇本紀」、「応神天皇本紀」に分載し、摂政前紀を「仲哀天皇本紀」に、摂政元年紀より六十九年紀は「応神天皇本紀」に附載することにしてゐるが、これは『大日本史』の苦心の結果と見てよいであらう。

その他の記載については、「紀」に基づいて記されてゐる部分が大部分であり、概ね妥当な記述がされてゐることは、他の「本紀」と変はる所が無い。が、「本紀」は仲哀天皇崩御記事について一部誤解して「異伝」として扱つてゐる部分が存するものの、「紀」やその他史料に於ける異伝については、新羅王を殺害したとする異伝以外は、慎重に検討を加へながらも、独自の判断で決定すること無く、その結論は後世の判断に委ねるといふ姿勢を崩さないのである。

また「応神天皇本紀」に於いては、「紀」(「神功皇后摂政紀」)が『魏志』等を引用してその年代決定に利用してゐるのに対し、「我史策所〻不〻載」として採用してゐないのは、飽くまでも我が国を基本とした記述を為さうとしたものであり、それは対三韓の記述にも見られるものである。

その他その記述は、単に「紀」の記述を信じて記すのではなく、傍証するものがあれば、それにより検討を加へるなど科学的研究に基づいて記述がなされてゐることは、他の「本紀」の記述と変はることが無いのである。

その後水戸に於いて仲哀天皇・応神天皇について言及したものとしては、藤田東湖の『弘道館記述義』を挙げることができるが、彼は神功皇后の三韓征伐は、仲哀天皇の意思であると断じ、応神天皇については、天皇をシナの舜に匹敵する聖人と称へ、単に武神であるのみではなく、文神でもあることを強調して、世に警鐘を鳴らすのである。ここに仲哀天皇・応神天皇研究の深化を視ることができるのである。

第七章「仁徳天皇本紀」の記述は、全体としては「紀」に基づきながら記されてゐることは他の「本紀」と変はることが無いが、それ以前の「本紀」と大きく異なる点は、その最後に「賛」に当たる記述が記されてゐることである。『大日本史』では、以後多くの「本紀」に於いて同様の記述が行はれてをり、その最初の記述がこの「仁徳天皇本紀」なのであり、その「賛」は安積澹泊の「論賛」と比較するに、「論賛」は漢籍を活用して記されてゐるのに対し、「紀」の記述を活用したものになつてゐることに特徴がある。

その他、「本紀」はその記述に於いて「紀」の記述と他の史料とを比較検討し、正確な記述をするやうに心掛けてゐる。それは天皇の年齢について『水鏡』などの年齢記事と、「紀」の種々の記事とを比較し、それが不正確であるとして年齢を「書せず」としてゐることなどに表れてゐるのである。

第八章「履中・反正・允恭天皇本紀」は、基本的に「本紀」が「紀」に基づいて記されてゐることはいふまでもないことである。その中に於いて特に注意すべきことの第一は、三天皇の年齢についての考察である。すなはち「本紀」はそれぞれの天皇の年齢を記した史料をあまねく収集して、それらの矛盾点を指摘するとともに、反正・允恭天皇については、母后の磐之媛崩御の年代と誕生年が齟齬するところから、その年齢を記さないといふ科学的実証主義を貫いた記述に徹してゐることである。第二には、「履中天皇紀」の筑紫三神の祟りや「允恭天皇紀」の弟姫関連記事、また淡路の神の祟りが記されなかつたり簡単な記事となつたゐる等、天皇の名誉・権威に拘はる事柄に関しては之を省略・簡素化してゐることが挙げられるのである。その他「履中天皇本紀」の物部長真胆に桜を求めしめたことを略したり、反正天皇本紀のやうに「紀・記」を一部誤読した部分も存在するものの妥当な記述をしてゐるのである。

第九章「安康・雄略天皇本紀」は一部分誤解に基づく記述もあるが、基本的に「本紀」が「紀」に基いて記されてゐることは他の「本紀」と変はるところはない。が、その中にあつて「紀」の過ちは他の史料によりそれを訂正し、より正確な記述を為さうとしてゐることは、安康天皇を允恭天皇の第三子と訂したり、百済滅亡を雄略天皇二十年では無く十九年と訂したりしてゐることにより理解されるのである。更に「紀」には記されてゐない外宮御鎮座の事実を『神皇正統記』により記してゐることは、国家の宗廟である伊勢の神宮の創祀を明確にしようとしたものであり、『大日本史』の見識を物語るものである。また天皇の名誉、権威に拘はる事柄については、例へば安康天皇弑逆については単に「暴崩」とするやうに婉曲な表現をしたり、また記事を略したりしてゐるが、雄略天皇「本紀」に於いては「賛」に於いて天皇の性格を余すところなく記してゐるのであり、『大日本史』の「事に拠りて直書す」といふ精神は失はれてゐないのである。

第十章「清寧天皇本紀以下武烈天皇本紀」の記述は、基本的に「本紀」が「紀」に基いて記されてゐることは、他の「本紀」と変はることはない。が、仁賢天皇本紀に於いては、その発見・皇太子任命時期について清寧・顕宗天皇紀に基いて「紀」の記述を間違ひとして一年繰り下げる他、異説についてはそれを註記して「姑存以備レ考」「姑附二于此一」「附以備レ考」などと記し、私見による判断を避け後世の判断に委ねるなど、飽くまで科学的実証主義に徹した記述をしてゐるのである。ただ曲水の宴の始まりについて『年中行事秘抄』を誤読してゐる部分が存してゐるのは残念な点といへるであらう。

また「本紀」は顕宗・仁賢・武烈天皇については「賛」を記してゐるが、それらは「紀」の本文を活用して「賛」としたものであり、妥当な「賛」といふべきである。

第十一章「継体・安閑・宣化天皇本紀」では、それぞれの本紀が基本的に「紀」に基いて記されてゐることは、他の「本紀」と変はるところはない。が、この三天皇本紀に於いては「紀」の註記を数多く註記し、他の文献との比較検討を行ふなどして、よりその記述の正確さを図らうとしてゐるといつてよいのである。に拘はらず、それが災ひして継体天皇の世系について系譜を見誤る等の幾つかの失考と考へられる過ちを犯すことになつてゐる点は残念といはなければならない。

第十二章「欽明天皇本紀」については、その記述については、その内容が「紀」に基づき記されてゐるのは当然のことであり、「紀」が対外関係記事を多く記してゐるところから、その記述の中心が対外関係記事と為るのは止むを得ないことである。

それら「本紀」の記述の中で省略されてゐる大部分は理由のあることであり、また『大日本史』の識見によるものとして良いのであるが、一部分に誤解からか記述すべきであらうことを記してゐないところや、必要無いと考へられる事柄を記してゐる部分も存するが、ほぼ妥当な記述がなされてゐるとしてよいであらう。殊にその賛に当たる部分は「紀」に基づきながら、人材の登用と祭祀の重視を挙げてゐるのは「本紀」の見識の表れとして良いであらう。

第十三章「敏達・用明・崇峻天皇本紀」では、その記述については概ね「紀」を忠実に要約して記述してゐるといつてよく、それは他の「本紀」と変はるところはない。また省略してゐる部分についてもそれぞれ理由の存するものである。が、一部には検討するべき点も存在してゐる。

その中に於いて、敏達天皇の立太子の時期についての判断、また用明天皇の仏法帰依に際し僧を宮中に入れた人物を蘇我馬子とした点など「本紀」の記述が妥当であらうと考へられるものや、敏達天皇四年二月乙丑を己丑の誤りと判断しながらも本文は訂せずに「蓋し」と註記するに留めるといふ慎重な姿勢をとつてゐる場合がある半面、老女子をその「更名」と混同して「老女君」と記したり、敏達天皇十二年の羽島の百済再派遣を「紀」が「是歳」としてゐるのを十月とするなどの失考と見られる部分も見られる。
が、それよりも「本紀」の特徴として挙げられるのは、敏達天皇二年条の吉備海部直難波偽報告記事の記載を省略したり、用明天皇即位前紀の穴穂部皇子の不軌記事を簡略にし、崇峻天皇弑逆の事実を記さず、「崩御」とのみ記してゐるやうに、炊屋姫皇后の名誉に関することや、天皇の権威に関する事柄については、簡略な記事としたり記さないことにしてゐることである。が、これはそれを隠蔽するといふことではなく、馬子の為に「逆臣伝」を設けて記すなどのことをしてゐるのであり、飽くまでも天皇の権威を維持するために「本紀」では簡略にしたり記るさなかつたりしたのである。

第十四章「推古天皇本紀」では、その記述は概ね「紀」を忠実に要約して記述してゐるといつてよく、それは他の「本紀」と変はるところはない。また省略してゐる部分についてもそれぞれ理由の存するものである。が、一部記載すべき内容で記載されてゐない事項も存在してゐる。しかし「本紀」はその執筆に当たつては「紀」を盲信するのではなく、天皇の年齢や聖徳太子薨去年などのやうに十分検討を加へるとともに、確実な誤謬以外は疑問な部分を指摘しながらも、「紀」の記述に従ふといふ慎重な記述をしてゐるのである。

第十五章「舒明・皇極天皇本紀」は、その記述は、基本的に「紀」に基いて記されてゐることは、他の「本紀」と変はるところはない。が、その中で「本紀」の記述に於いて注目すべき点は、第一には「紀」の記述について誤りが存すると判断される場合に於いても「本紀」に於いては訂正することなく「紀」の記述を尊重しながら、それを註記するに留めてゐるのであり、「紀」尊重の態度が顕著なことである。第二には「紀」の記述に検討を加へ、他の文献をも博捜して、より正確な記述を成さうと努めてゐることである。が、その中に於いて例へば「新嘗祭」の考証のやうに、一部失考とすべき瑕疵が見られ、また皇極天皇本紀二年条の異常気象関係記事のやうに、その記述基準の不明確な部分も見られるのは残念なところである。

第十六章「孝徳天皇本紀」については、その記述は概ね「紀」を忠実に要約して記述してゐるといつてよく、それは他の「本紀」と変はるところはない。また省略してゐる部分についてもそれぞれ理由の存するものである。が、朝賀の起源について『公事根源』に基いて大化二年説を挙げながら、途中でその起源についての考察を放棄してしまつてゐることや、旧俗廃止に言及してゐないことなどのやうな疑問の生じる記述も見られるのである。また当時の研究段階では止むを得ないながらも、碕宮と難波長柄豊碕宮を同一の宮と認識したり、大郡と小郡を同一のものと解釈する等の記述も見られる。

第十七章「斉明天皇本紀」では、その記述は「紀」の内容をほぼ忠実に要約記述してゐるのであり、その省略してゐる部分もそれぞれ理由の存することが多いのである。また「紀」が「闕名」としてゐる阿倍臣について阿倍比羅夫と考証し、「紀」が百済王子豊璋とするのを、正しくは豊であると考証した結果をそれぞれ「本紀」に反映させてゐるのであるが、後者については舒明天皇本紀では註記するに留めて「豊璋」は訂正してゐないのに対し、「本紀」ではこれを訂正してゐて『大日本史』としての一貫性に欠けるところも存在してゐる。また仏教関係の記事については極力その記述を簡略にするなどの配慮が見られるとともに、有間皇子に関する記事や出雲の神宮修繕に関係する事柄など天皇の権威に拘はる事柄については触れてゐないのである。しかし、賛に於いては天皇の土木工事についての批判的記述をそのまま記載してゐるのであり、事実は事実としてありのままに記す姿勢を見せてゐるのである。

第十八章「天智天皇本紀」でもその記述は概ね「紀」を忠実に要約して記述してゐるといつてよく、それは他の「本紀」と変はるところはない。また省略してゐる部分についてもそれぞれ理由の存するものである。が、「紀」の記載に従はずに「本紀」独自の判断で記してゐる部分が存在する。すなはち天皇の称制期間中は「紀」のやうに何年と記さずに干支を用ゐてゐる点や、大海人皇子について「皇太弟」「皇太子」「東宮」を略してゐる点などを始めとして、「紀」が遡及して記してゐる部分を訂正してゐる等、飽くまでも事実に忠実であらうとする「本紀」の姿勢の表れた部分が散見されるのである。が、一方で唐使劉仁願となつてゐる部分を、すべて劉仁軌とすべきと指摘してゐるなど「本紀」の失考とみられる部分も時には見受けられるのであるが、最後に記してゐる賛も的確なものであり、「本紀」の事実を直書しようとの精神の現れた巻であるといつてよいであらう。

第十九章「天皇大友本紀」は、『大日本史』の三大特筆の一つといはれる大友皇子即位論について、水戸の主張と現代史学よりの考察結果を述べ、『大日本史』は『懐風藻』及び『水鏡』に皇子の立太子記事が見られる事、さらに『水鏡』『立坊次第』が即位記事を記載してゐることからその即位の根拠とされたものであり、「紀」がその即位の事実を記さなかつたのは「天武簒奪」を隠すためであり、それは舎人親王による曲筆と断じたのである。

その後大友皇子即位論は伴信友などの研究により通説化し、明治三年には弘文天皇として皇統譜に記載されることとなつた。しかし今日の学界に於いては即位説に対しては否定的な見解が多く、筆者も『懐風藻』に立太子のことは記されながらも即位のことに及ばないところから、その即位はなかつたものと考へるのである。

が、『大日本史』が大友皇子即位論を主張したことが、その後の壬申の乱研究、また上代史研究上大きな契機となつたことは論をまたないところであり、『大日本史』の特筆すべき価値といつてよいであらう。

第二十章「天武天皇本紀」についてである。本章の「天武天皇本紀」は、「紀」の巻二十八・二十九を併せて一巻としたものであり、他の巻と比べて膨大なものとなってゐるが、その記述は概ね「紀」の内容を忠実に要約し、その趣意を採つて既述されてゐるといつて良いであらう。

しかし、「紀」と大きく異なる点は、その元年を壬申年に置かずに、癸酉年に置いてゐることである。その理由は、

『大日本史』の三大特筆の一つである大友皇子を即位したものと考へ、壬申年を大友（弘文）天皇元年としたところから必然的に天武天皇元年は癸酉年とせざるを得なかつたといふこともあるが、「本紀」は癸酉年元年の根拠として薬師寺東塔銅檫銘に「維清原宮馭宇天皇即位八年庚辰之歳」とあるのを挙げ、「紀」自身もその即位は癸酉年二月と明記してゐるに拘はらず、壬申年を元年とするのは、大友皇子の即位を認めようとしない舎人親王による「曲筆」と断じるのである。この舎人親王による「曲筆」云々の議論はさて置き、「本紀」が癸酉年を以て天武天皇元年としたことは、その即位年を以て元年とするといふ原則に合致してゐることであり、「本紀」の見識の表れとすることもできるのである。

第二には「紀」に記されてゐない事柄を本文に採用してゐる例の見られることである。それは十三年九月の神宮への神宝奉納記事である。「本紀」は自らが『園太暦』「延文二年引」と称する「神宮旧記」により本文に記したのであるが、「本紀」は『宝基本紀』等によりこれが式年遷宮立制に関係するものとして特に本文に明記したものである。このことは国家の宗廟としての神宮に対する水戸の崇敬の念が、これを本文に記させることとなつたものと考へられるのである。

第三には特には改めて指摘しないが、厳密な校訂を心掛け、また穏当な解釈をしてゐる部分が多いこともその特色の一つとして挙げることができる。

が、その反面、誤解から来る過ちも若干指摘しなければならないことは、瑕疵とはいへ残念なことといはなければならない。

本章「補遺」の「『日本書紀』天武天皇紀と『大日本史』天武天皇本紀の比較」は記事の省略を検討したものであるが、「本紀」が省略した事柄の殆どは、恒例行事であつたり、新羅など外国関係のこと（筑紫饗応や帰国記事）や、死亡記事、叙位、賜姓記事など略すべくして略された部分である。

しかしながら、93条や193条のやうに何故に略されたか明瞭でない部分が若干存在することも否定できない。さらに34条・205条・222条のやうに、本来記述すべくして略された失考と見られる部分も存在する。がそれらも当時の研究水準からすれば止むを得ないと見られるものがあり、『大日本史』の記述は全体としてみれば穏当な記述に終始してゐるといつてよいであらう。

第二十一章「持統天皇本紀」では、その記述は概ね「紀」を忠実に要約してゐるとみて良い。その中で月日に関して127条・169条・229条のやうに「紀」の過ちを指摘しながらも本文に於いては訂正せず、その誤りを註記するに留めるといふ慎重な記述をしてゐることを指摘し得る。また126条の「完」を「肉」と校訂するなど穏当な校訂をしてゐる部分や、12条の「天渟中原瀛真人天皇」を「大行天皇」と訂正したり、19条の元年記述など、事実に基いた記述を心掛けてゐる点も目に付く。が、その反面33条の「金霜林」の「金」を略すといふ失考や、142条の大嘗祭の日時に関する考察の不十分な点などの見られるのは残念なところである。

本章「補遺」の「『日本書紀』持統天皇紀と『大日本史』持統天皇本紀の比較」は「本紀」が省略した事柄に検討を加へたものであるが、省略した事項の殆どは、恒例行事であつたり、新羅など外国関係のこと（筑紫饗応や帰国記事）や、死亡記事、叙位、賜姓記事など略すべくして略された部分であつた。

しかしながら、公卿に対する賜物や賜宴について記載される場合とされない場合があつたり、その基準が曖昧な点も存在してゐる（47条参照）。また13条や56条・92条のやうに何故に略されたか明瞭でない部分が若干存在することも否定できない。さらに39条や51条のやうに、本来記述すべくして略された失考と見られる部分も存在する。が、それらも当時の研究水準からすれば止むを得ないと見られるものがある。

反対に3条・9条・142条や150条・151条・152条を記して天皇の一代記として完成させてゐるのであり、『大日本史』の記述は全体としてみれば穏当な記述に終始してゐるといつてよいであらう。

以上第一章「神武天皇本紀」より第二十一章「持統天皇本紀」まで『大日本史』本紀を検討してきたが、いづれの「本紀」に於いても、「紀」に基づき、それを適切に要約した記述が多く、妥当な記述と見られる。それは「本紀」が「紀」に基づいて記されてゐるところよりして当然のことと言はなければならない。

しかしながら「本紀」は盲目的に「紀」に従ふのでは無く、他にそれを検討する史料が存する場合は、それを活用して、その事実を検証して記述するといふ科学的実証の労を惜しまないのである。が、その場合に於いても独断に由る結論を記すことなく、後世の判断に委ねるといふ姿勢が多く見られるのである。

が、時には誤解から来る失考と見られる記述や、今日からすれば過ちと考へられる記述も散見されるのも事実である。しかしそれらは史学研究の初期、出発時である江戸時代の前期の学問到達度からすれば止むを得ないことであつたといへるのである。また『大日本史』は一人の手になるものでないところよりして、それぞれの「本紀」に於ける記述の内容に疑問を感ぜざるを得ない箇所も存在する。

しかしながら「本紀」は当時の学問水準からして最高の水準を維持した研究であり、今日からみても妥当な正しい判断をし、記述をしてゐる場合が多いのである。今日の研究に於いては、『大日本史』は過去のものとして顧みられることが少ないが、『日本書紀』の研究に際しては、改めて『大日本史』を見直す必要があると考へられるのである。

附論一　水戸学に於ける神武天皇敬仰とその影響

はしがき

今上陛下御即位の今年（平成二年）は、また皇紀二千六百五十年の記念すべき年でもある。去る四月二日から八日にかけては、神武天皇を祭る橿原神宮に於いて、神宮御鎮座百年と併せて、皇紀二千六百五十年の記念祭典が挙行せられ、多くの参拝者が社頭を賑はした。しかし、先の二千六百年（昭和十五年）の時とは世情が大きく変はつてをり、その時の、国家をあげての祝賀行事とは比肩すべくもない。

しかし、世情が如何に変はらうとも、神武天皇が建国の主であることは、これを否定することができないであらう。世には神武天皇架空論をなす者もあるが、日本の建国者は必ず存在するのであり、我々はその方を古来神武天皇と仰いできたのである。その神武天皇が辛酉年春正月元旦橿原宮に即位せられたとするのは、我が国最古の歴史書である『日本書紀』の伝へである。その辛酉年より数へて、今年は二千六百五十年に当たるのである。この記念する年を迎へ、水戸学に於ける神武天皇の敬仰について述べてみたい。

水戸学に於ける神武天皇敬仰については、すでに名越時正氏が「水戸学派における神武天皇敬仰の思想」（同氏著『水戸学の研究』所収）に於いて詳細に論じられてをり、新たに述べる必要はほとんど感じないが、若干の知りえたことを付け加へ、その影響としての幕末志士の神武天皇敬仰について述べることとしたい。博雅の御示教を乞ふものである。

一　前期水戸学に於ける神武天皇敬仰

水戸学の流れには大きく二つのピークが存在する。その一つは前期水戸学といはれた義公光圀の時代であり、もう一つは後期水戸学といはれた烈公斉昭を中心とした時代である。

そして、これらの時代には神武天皇に対する敬仰もまた高まりを見せるのである。

義公徳川光圀といへば、いふまでもなく『大日本史』の編纂である。この『大日本史』は、その筆を神武天皇より始めてゐる。今日に於いては、歴史の記述として神代より始めるのではなく、人代より始めるのは当然と見做されるが、当時に於ては違つてゐた。今日に伝へられてゐる史書の最も古いものは『古事記』と『日本書紀』であり、いづれも神代から記されてゐる。それゆゑ以後の史書はその体裁に従ふのが当然であつた。水戸の『大日本史』の編纂当初と略同じ頃にできた『本朝通鑑』も、正篇こそは神武天皇より始まつてゐるが、その前に「前篇」三巻として、神代のことが記述されてゐる。それに対して『大日本史』が、神武天皇より始めることとし、神代史については、別に「天神本紀・地神本紀」を編纂することとし、『大日本史』はあくまでも神武天皇より始めることとしたといふことは、光圀が如何に神武天皇による建国を重視していたかを物語つてゐる。

その光圀は元禄七年に、神武天皇御陵の修復を建議する上表文を草するのである。この神武天皇御陵修復の上表を考へるに至つた経緯などについては、全く不明であり、僅かに森儼塾（尚謙）の『儼塾集』に収められてゐる『代人欽乞興造宗廟表』によつてこのことが知られるのみである。この『代人欽乞興造宗廟表』には、

此表元禄甲戌秋承公命

の註がついてをり、また後世の史料ではあるが、蒲生秀実の本居宣長宛の書簡の中に、

殊に先君義公も其思召有之儒臣森尚謙に命じ上表之稿成候得共不幸にして未果義公御逝去誠に残念に奉存候(1)

とあつて、森儼塾が光圀の命により記したものであることが知られる。

その内容は、まず始めに、

恭しく惟みるに、吾朝天孫の正統、神武より今上に至るまで、一百十四世、二千三百五十余年、皇胤相継ぎ宝祚永く保ち、功徳三五を過ぐと謂ふべし。（原漢文、以下同じ）

と、我が国に於ける神武天皇以来、皇統が連綿と続いてゐることの意義を述べ、次いで古代に於ける朝廷の陵墓尊崇の事実を述べ、

夫れ神武天皇吾が大八洲を開きたまひ、兇徒を殄盡し、洪基を創造し、其の功徳巍々として万世之を仰ぎまつる。宜しく弥々その朝を敬し、弥々其の祭を厳にし、威霊を億兆に光被すべきもの也。

と、神武天皇を崇敬する所以、修陵の必要な理由を明確に述べ、さらに平家が厳島明神を敬すること厚く、源氏が鶴岡八幡宮を篤信するのは初祖を尊ぶの道を知らないといふ「不学之失」によるのであると論じ、ことに頼信・義家が

応神天皇を軍神として仰ぐのは、いはれのないことであり、軍神として仰ぐならば、古代に於いては道臣命か日本武尊であるべきであると論じ、最後に、

凡そ厥の流弊、因襲して改めざるは、蓋し其の初め祖を尊ぶの教未だ備はらざる処有るを以つてか。願はくは神武天皇神殿宏麗美を尽し、而して又天智天皇の廟を修め、壮大を応神天皇の宮に侔ふせば盛徳大業それ至れる者と謂ふべし。世人神祖天照大神を拝するを知りて、而して帝祖神武天皇を拝することを知らず、近世の陵墓を敬するを知りて先王の山陵を敬するを知らず、夫れ絶を継ぎ、廃を興すは聖賢の褒する所、伏して望むらくは、太祖を追尊してその祭るべきを祭り、諸陵を追求して其の修むべきを修め、孝を万世に示し、本に報ゆるの道を知り、教を不朽に垂れて、遠きを追ふの誠を致さんことを。謹みて言す。

と、結んだのである。しかし、この建白は、旧彰考館所蔵の『代人欽乞興造宗廟表』に、

而作而有議而不達

とあつて、幕府に対しても、又朝廷に対してもこの建白は実施されなかつたことが知られる。これは当時の朝幕関係や、光圀と幕府との関係などから実施の止むなきに至つたものと考へられる。

が、ここに「現代にとらはれて歴史を忘却した世人に神武天皇建国の大業を認識させ、大化改新の意義を闡明し、継絶興廃、報本の道を示し、日本国民に永久に教化を垂れて歴史的使命を自覚させようとする」[2]義公光圀の意志が明瞭に示されてゐるのであり、光圀の神武天皇景仰の念の強さが最も端的に表明されてゐるといつてよいであらう。

光圀の神武天皇景仰の念を示す第二は、当時行はれてゐた呉の太伯説に対する批判である。これは、呉の太伯が我が国に渡来して建国をしたといふものであり、当時博学多識を誇つてゐた林羅山もそれを信用し[3]、その子鵞峰に継承されてゐた。安藤為章の『年山紀聞』には、義公が林家に於いて編纂された『本朝通鑑』に神武天皇を呉の太伯の裔

と記した一節のあるのを見て驚き、

そもそも是はいかなる狂惑の所為ぞや、後漢書以下に日本を姫姓の由しるしたるは、往古吾国亡命の者、あるいは文盲の輩など、かしこに渡りて、杜撰の物語せしを、彼方の者は実にさならんと心得て書伝へたる也。吾国にはおのづから日本紀・古事記等の正史あり、夫に背きて外策妄伝によりて神皇の統を穢さんとす、甚だ悲しむべし。（中略）呉の太伯の裔といはば、神州の大宝永く外国の附庸を免れがたからん。されば此書は吾国の醜を万代に残すといふべし。はやく林氏に命じて、此魔説を削り、正史のままに改正せらるべし。

と、述べたといふことが記されてゐる。この『年山紀聞』の記事については、現行の『本朝通鑑』には神武天皇を呉の太伯の裔とした一節がないことから疑問をもたれてゐる[4]。しかし、林家学派に呉太伯説が信じられてゐたことは事実であり、義公が太伯説を否定し、林家史学を駁したことは、義公の下にあった津田信貞が『神代口訣』に於いて、伊勢の内宮を太伯の廟であるとする妄説を駁して、

近来の儒を学ぶ者牽強以て本邦を軽んず。造言の罪以て逃る所無し。戒しむべきの甚しき也。

と述べ、丸山可澄が『泰伯論』を作つて詳細に論駁し、また安積澹泊が『答寒川辰清問』に於いて、

本邦の人倡して此の説を為す者、宜しく叛臣と科を同うすべし。

と、痛論してゐることなどからして、これを疑ふことはできないのであり、義公を中心とした水戸学に於いては、林家の太伯説を排撃する気運が強かつたことが知られるのである。

それは取りも直さず我が国の正史に記されてゐる神武天皇に対する敬仰を表して余りあるところである。

このやうな光圀を中心とした水戸学が神武天皇による建国を重視し、考察した代表的なものが、後に安積澹泊が篇した『大日本史論賛』の「神武天皇紀賛」である。これには、神代の大要を述べた後に、

然れども鴻荒の世、天造草昧にして蠢爾たる醜類、未だ皇化に霑はず、睢盱跳踉、天物を暴殄す。神武、神聖の烈を承け、東征の畧を奮ひ、数年ならずして妖邪を掃蕩し丕業を恢廓す、廼ち武を偃せ、文を敷き、黎元を撫育し、区夏に光宅して天日嗣を定め、遂に人皇の祖と為る。其の即位の初めを観るに、祭祀を謹み、政理を察し、有徳を挙げ有功を賞し、三器を奉安して以て万世の基を開く、盛徳大業至れる哉。聖人作つて万物覩れ、覆載の功、天地と其の徳を合す。業を創め統を垂れたまふこと、規模宏遠と謂ふべきなり。

と、記されてゐる。これは神武天皇建国の意義を述べて余すところがないといつてよいであらう。

二　後期水戸学に於ける神武天皇敬仰

前節に述べたやうに義公光圀を中心とした前期水戸学に於いては、神武天皇に対する熱烈な敬仰の存したことが知られるのである。ところが、安積澹泊を最後として、直接義公の薫陶を受けた史臣が無くなると共に、義公の念願は次第に忘却されていき、修史の業も停滞していつた。が、文公治保の時代に至り修史復興の気運に再会し、藤田幽谷が出て義公の真意を明確に把握継承することになり、後期水戸学が展開していく。その藤田幽谷が『與校正局諸学士』に於いて「昔は太祖神武始めて大和の地に都したまひ」と述べてゐることは注意しなければならないことである。その後、この後期水戸学に於いて、義公の念願であつた神武天皇御陵修復の計画が回顧され、実現するための運動が展開されていつた。

この事業を思ひ立つたのは烈公斉昭であり、その意志を始めて表明したのは天保四年であつた(5)。これは同年会沢正

志斎に与へた斉昭手書の中に、

幼年の頃より神国の道好候は安も承知の通に有之、多年陵の義と神武帝の御社取立度心願に候。

と述べられてゐる。しかし、烈公がこれを思ひ立つたのはこの年のことでは無く、多年の心願であつた。名越時正氏はそれを、

一、斉昭は幼児より藤田幽谷の高弟会沢正志斎・吉田活堂等によつて指導を受けてきたが、幽谷一門の学術は源泉を義公に汲み、国体を明らかにし、道義を確立する事を眼目としてゐたのであり、斉昭が早くから祖先光圀の遺業を継ぐために思ひを凝らしてゐたであらうこと。

二、文中に斉昭が「神国の道好候」と述べてゐるのは彼の思想信念であるが、幽谷晩年から天保初年にかけて幽谷門下に於いては神道研究が著しい傾向として顕れてをり、現実打開のために真の神道を復興しようといふ気運が旺盛に興つてゐた。神武天皇御陵修復並びに神社建設の企てもこのやうな思想的趨勢の中から発起されたと考へられること。

三、山陵の荒廃に対する嘆きが識者の間に鬱勃として興つてをり、水戸藩をして日本をそのあるべき姿に戻す魁とならうとしてゐた斉昭が、神武天皇御陵の修復を実行しようとする充分な理由と条件が存在したこと。

といふ三箇条の理由を挙げて、その決意を文政十二年の襲封以前に遡るであらうと推定されてゐる。

ここに於いて注意すべきは、蒲生秀実の本居宣長宛の書簡である。これは前にも一部引用したが、本居宣長に『山陵志』序文の稿を送つて、その批評を求めたものである。その中に、

兼て御談話に及候　歴朝山陵の事大抵尋申候間帰来因水戸家上表修復可希與存候儀幸に其藩中諸学士皆同意にて殊に先君義公も其思召有之儒臣森尚謙に命じ上表之稿成候得共不幸にして未果義公御逝去誠に残念に奉存候今其

意を継事に御座候間定て　公義にも御用可被下と被存候是に付若し此の年中にも重て西遊可得貴意候

と記してゐることである。蒲生秀実の『山陵志』の脱稿は寛政末年の頃と考へられてをり、[6] この本居宣長宛の書簡もその頃のものと考へられるが、この頃蒲生秀実は水戸藩の人々と山陵の修復について、幕府に対してそれを働き掛けることを語り合つてゐるのであり、水戸藩の学士達は皆賛成してゐるのである。蒲生秀実の水戸に於ける最大の友人は、藤田幽谷であり、ここに「其藩中諸学士」とあるのは幽谷及びその門人の人々を指すものであらう。その幽谷の影響を強く受けてゐるのが烈公である。このことよりしても名越氏の推測の通り、その山陵修復の決意は、文政十二年の襲封以前に遡ると考へてよいであらう。

さて、烈公から意見を徴された会沢正志斎は、諸侯が天子を祀るのは非礼であるとして反対をした。ために、烈公は神社の創設は断念し、翌年藤田東湖に対して修陵に絞り、その実現の方法について下問した。東湖は、「是にて神道も空論に無之、神書取調等被仰付候も大有用の儀」と欣び、且つ「天朝への御忠節義公様への御孝道は不及申、天下万世への御光も無此上御儀」と絶賛し、幕府には鎌倉室町の風が残つてをり、朝廷に対する尊崇は充分でないから、幕府をして修陵を行はせることが、時弊を矯し、朝廷の権威を復興する好機であるとして、烈公に建議を進めたのである。

東湖の意見を受け入れた烈公は、天保五年九月十三日、幕府に対して建白したが、その時の老中大久保忠真に対する書状には、

そもそも神武天皇は人皇第一の太祖にましまし候へば、凡神国に生れ候人は誰迚も尊敬可致候は勿論之義

と、神武天皇を敬仰する理の当然を解き、

神武天皇元年より天保五年迄は二千四百九十四年、来る子年にて二千五百年に相成候処、当年は西丸様御厄かた

　がた故当季より取懸り子年には御祭にても被遊此上皇統の無窮武運の長久御祈願も被為在候はば、実に目出度御
　事に可有之と存候

と、この神武天皇御陵修復事業を皇紀二千五百年記念事業として位置づけたのである。この絶対条件を以て、烈公は幕府を動かさうとしたのであるが、幕府は遂に動くことがなく、御陵修復の建議は十二月二十三日を以て断念せざるをえなくなつた。

　幕府を頼みとすることができなくなつた水戸藩に於いては、独自の力による御陵修復を考へ、桑原信毅を大和に派遣させ、また東湖に史書の調査を行はせ、さらに修復の設計図を造り、材料を用意し、予算を立てるまでに事業の推進を図つたが、ついにそれを実行するには至らなかつた。が、大和に派遣された桑原信毅は『畝傍東北陵考』を著し、また東湖も『山陵考』を著し、その実現を図つたのであつた。

　天保十一年、皇紀二千五百年の年に際会して、烈公は再び幕府に対して修陵の建議を行つたが、遂に達成の見通しは立たなかつた。ところがこの年十一月十九日、光格上皇が崩御された。烈公はその報に接するや直ちに鷹司政通に書を呈して、御火葬を廃止して神武天皇以来の山陵に葬り奉ることと御諡号の復活を提議した。その時の呈書案に烈公自ら手記した、

　山陵は迚も六ヶ敷候半か、山陵の事を申出候はゞせめては御諡号位は思ふ所可叶と申遣す者成り、去る午年より
　今年は神武帝元年より二千五百年に当らせ玉へば陵の義申立候処、此度又かゝる事出来て陵の事に及ぶもいと不
　思議也、神武天皇元年辛酉の年より天保十一年庚子迄凡二千五百年

は、その感慨を忍んで余りあるものである。この時の建議は結局御諡号のみは実現したが、修陵の企は遂に断念せざるをえなかつた。が、やがてこの修陵のことは文久三年宇都宮藩によつて実現をみることになる。

三　水戸学に於ける皇紀の使用

水戸藩に於ける修陵の件は、義公光圀の時に於いても、はたまた烈公斉昭の時にも実現を見ることはなかつたが、ここに注意すべきことは、水戸に於いては、常に皇紀が重視されてゐたといふことである。皇紀を重視し、それを用ゐるといふとは、革命無き我が国の国体を自覚し、その建国の祖である神武天皇を景仰することに他ならない。

先に記したやうに、森儼塾の『代人欽乞興造宗廟表』には、

恭しく惟みるに、吾朝天孫の正統、神武より今上に至るまで、一百十四世、二千三百五十余年、皇胤相継ぎ宝祚永く保ち、功徳三五を過ぐと謂ふべし。

と、皇紀が大書されてゐる。これは、先にも記したやうに、森儼塾が義公の命により、義公の考へを素直に記したものであり、義公が皇紀を重視してゐたことを示すものである。

そして、その森儼塾は元禄十一年に作つた『日本勝唐八』の中の『皇祚』と題する一文(『儼塾集』所収)に於いて、

恭しく惟れは、我が大日本、天神七代地神五代、其の嗣を神武天皇と称し奉る。其の即位元年辛酉より今元禄十一年は戊寅に至るまで二千三百五十八年。皇嗣承継、聖代の数一百一十四代広運玄徳蕩々乎として言辞の盡す所に非ざる也。姫周の世伝はること永久と雖も三十七代八百七十年に止まる。我が皇統に及ばざること遠し。蓋し惟るに天孫の徳億年に格り、神明の化兆民に光被す、心慮の及ぶ所に非ざる也。

と、感激を以て国体の上から神武天皇の建国を敬仰し、且つ皇紀を確信を以て記してゐるのである。

また、正徳五年綱條の命によつて、大井松隣によって記された『大日本史叙』には、

人皇基を肇めたまひて自り二千余年

と、記されてゐる。この大井松隣もまた光圀の下にあつて『大日本史』の編纂に従事した史臣である。これらのことによつて、水戸に於いては、光圀自身が皇紀を重視し、その下にあつた人々もまた、日本の国体を自覚し、皇紀を重視してゐたことが知られるのである。

その後、鈴木玄淳は『和漢年代歌』に於いて、

看よ我が東方の君子国　人皇百二十鼎移るなきこと　二千四百四十歳　日月高く懸かりて期尽くる無きを

と、詠んでゐる。このやうな神武天皇元年を紀元として考へていく大きな流れが、義公光圀以来水戸には存在してゐたのである。

それが烈公斉昭時代皇紀二千五百年が近づくにつれ、先に記した御陵の修復と絡んで特に意識されていつたのである。その中心にゐたのが斉昭であり、藤田東湖であつた。水戸藩主従が如何にこの皇紀二千五百年を重視してゐたかといふことは、烈公が、山陵の修復を皇紀二千五百年記念事業として位置づけて、その実現に努力してゐることによつても理解されるが、天保十一年すなはち皇紀二千五百年が巡つてくるや、烈公は、

神武天皇元年より今年天保十一年まで二千五百年にあたりぬと聞て遠きむかしの事をおもひてよめる歌

玉匣ふちち余り五百年の、としはへぬれと高千穂の、たけき御名こそ今の世に、くちせざりけれたまつるき、われ武士に生れ出て、常にえみしを追やらひ、名をも立むと明けくれに、思ゆるからに遠つ神、そのすめろきのふることを、しのひまつりておきふしに、わするる間なくおもほゆるかも

と詠んで、尊皇攘夷の大事業を神武天皇の建国創業の苦心に比して志を磨いてゐることによつて明白である。そして

その烈公は、先に記したやうに、その年十一月十九日、光格上皇の崩御に際し、鷹司政通への呈書案に皇紀二千五百年に対する感慨を記すのである。

また藤田東湖は、『回天詩史』の「邦家隆替非偶然」の条に於いて、山陵修復建白当時を回想して、当時、

神武天皇辛酉元年自り今に至る二千四百九十余年、近年庚子の歳、将に二千五百に盈たんとす、宜しく斯の時に及びて山陵を脩めて以て忠孝を天下に明らかにすべし

と述べ、皇紀二千五百年を期して御歴代天皇の御陵を修復し、忠孝を明らかにすべきことを力説したことを記してゐるが、天保十一年庚子の記念すべき歳の元旦には、

鳳暦二千五百年　乾坤旧に依つて光新たなり

今朝重ねて感ずるは何事に縁る　便ち是橿原即位の辰

と、感激に満ちた詩を作つたのである。

その後東湖は弘化三年に『弘道館記述義』を完成させるが、その中に於いても、「宝祚以之無窮」の条に於いて、

正史に年を紀するは、神武天皇の辛酉元年に始まる。辛酉より今に至るまで、又二千五百有余歳、神代を通じて筭すれば幾千万年なるを知らざるなり。

と述べ、また「而聖子神孫尚不肯自足楽取於人以為善」の条に於いて、

神代は尚し。神武帝以還、十有四世九百有余年

と、仲哀天皇までを「九百有余年」と記すのである。さらに東湖は安政二年の『新撰年表序』(7)に於いて、神武天皇紀元二千五百十五年、この間皇統連綿たることを特記し、西洋各国が、紀元千八百余年と称してゐるが、各国は興亡を繰り返してをり、只キリスト降誕を紀元としてゐるに過ぎないのであり、その本質を顧みるとき、我が国と同一に論

ずことのできないものであることを論じてゐるのである。

このやうに藤田東湖は、皇紀を重視してゐるのであるが、ここに東湖の神武天皇以来連綿と続く我が国の国体に対する自覚が髣髴としてみることができるのである。[8]

四　水戸学に於ける神武天皇敬仰の影響

このやうな、水戸学に於ける神武天皇景仰は、「諸事神武創業ノ始に原キ」と称された明治維新とどのやうな関係が存したであらうか。この点を考へる時に、見逃すことのできない人物が大国隆正である。大国隆正が水戸と関係があつたことは、「津和野・水戸両学派を背景とした福羽美静と田口秀実の交友」(『水戸史学』第二十二号) に於いて名越時正氏が指摘されたところであるが、問題となるのは大国隆正の紀元論である。隆正が安政二年に執筆した『本学挙要』[9]には皇紀を述べて、

西洋は、本をとりちがへてありといふは、国王を本にたてずして、教主をもとにたつるをいふ。西洋にて紀元千八百五十年といふは、教主を本にしていふなり。これをもてしるべし。

おのれはこれに反して日本の国体をあらはし、神武天皇を本として、中興紀元二千五百年といふ紀号をたて、、異言の人には、ものいはましくおもふことなり。

と、記してゐる。

ここに注意すべきは、前節に述べた藤田東湖が『新撰年表序』に於いて論じたのと、全く同一のことを述べてゐる

ことである。大国隆正が紀元についての見解を著したのは、嘉永六年四月から五月にかけて執筆した『学運論』を始めとする。本書は一万年を一元とし、それを七たび折半し、各々その半数に当たつて皇運の隆否と学運の盛衰を論じたものであるが、その中に於いて、

崇神天皇六十五年戊子は、神武天皇元年辛酉より六百二十八年にあたる。

と述べ、また、

其仏法のさかりにおこりし　推古天皇元年より、千二百五十年は弘化元年にて、神武天皇より二千五百年は天保十一年なりき。いはまくはかしこけれど、今上皇帝は　神武天皇元年より二千五百七年、推古天皇元年よりは、千二百五十三年の運にあたりて、登極したまへり。これによりておもへば、今この　聖代にあたりて学運あうたまり、うづもれはてしわがくにの大道おこり、この道、儒仏にまじはるべき時にやあるらん。

と、述べて、今の時が国学興隆の時期に再会してゐることを説いてゐる。しかし、この段階に於いては、この皇紀の使用は、自らの学説を説明するために用ゐられてゐるといつた程度であり、皇紀を信念を持つて用ゐようとしたものではない。

しかるに先に引用した安政二年に著された『本学挙要』に於いては、神武天皇紀元を強調してゐるのである。尤も彼は神武天皇紀元を「中興紀元」と称してはゐるが、彼が神武天皇紀元を強調してゐるのは、そのことについて特に考へる処があつたことを物語つてゐる。ここに注意せられるのが、大国隆正と水戸との関係である。彼と水戸との関係は、嘉永六年の三月に、隆正が謝礼のために烈公斉昭を江戸藩邸に尋ねたことから始まつた。その後彼はしばしば水戸邸に出入したが、その時、彼の接した人物が、藤田東湖や西野宣明であつた。そのことは、文久二年に隆正が執筆した『球上一覧』に、

おのれ丑のとし、江戸にくだりて、藤田西野などいへる人によりて、其の君にわが心ざしをもつげたてまつり、著述ものをもみせたてまつりて、かへるさ、原宿にて地震にあひたり。地震に道のふさがりたるよしをき、て、ふた、び江戸にかへり、藤田にあひけるとき（後略）

と、記されてゐることにより明瞭である。

藤田東湖が、神武天皇紀元を特に重視してゐたことは、すでに前節に述べた通りである。大国隆正が、神武天皇紀元について特に考へるやうになつたことについての理由は、どこにも記されてゐないが、この『本学挙要』及びその付録にあたる『馭戎問答』は斉昭に献上されてゐる。それらを併せ考へるに、彼が神武天皇紀元について考へるやうになつたのは、藤田東湖らとの接触を通じてのことであり、いはば本書は、紀元についての彼の一つの答へを提示したものだつたのでないだらうかといふことである。大国隆正と水戸学の人々との詳しい関係については、史料が殆どないために不明な点が多いが、彼の『学運論』に於ける神武天皇紀元に対する認識から、『本学挙要』及びその付録にあたる『馭戎問答』に於ける認識への変化には、水戸に於ける皇紀の確信が大きく影響を与へたのではないかと推測されるのである。このやうに考へることによつて、藤田東湖の『新撰年表序』と大国隆正の『本学挙要』が西暦に対して全く同一のことをいつてゐることの説明もまたついてくるであらう。

このやうに考へることが認められるならば、維新に際して隆正の弟子である玉松操の意見に基づいて『王政復古の大号令』に「諸事神武創業ノ始ニ原キ」と記されたことも、また明治五年の暦制改革に伴ふ皇紀の制定も、明治初年に於ける神祇中心の大教宣布に携はつた人々が大国隆正を始めとして、その弟子の福羽美静などを含む平田派の国学者がその中心であつたことを考へると、表面的には明治二年四月の津田真道の建議に基づくとしても、これらの人々の神武天皇景仰の念がその根底に於いて大きく作用してゐたと見ることができるのであり、その基づくところは水戸学の神武天皇景仰にあつたといつてよいであらう。

しかし、明治初年のこのやうな神武天皇景仰は、幕末の先哲の間にすでに見られたものであつた。以下、幕末先哲の代表として、橋本景岳・吉田松陰・真木和泉守の神武天皇景仰を見ることにしよう。

橋本景岳は年少の頃、崎門学の学統を継ぐ吉田東篁の門に学び、後大坂の緒方洪庵の適塾に於いて蘭学及び西洋医学を修め、世界の大勢に通暁して雄大な進取開国の論を展開し、水戸の藤田東湖の推挙により国事に奔走したが、安政の大獄に於いて井伊直弼のために斬罪に処せられた人物である。その景岳は安政三年四月二十六日、中根雪江に充てた手紙に於いて、国是を論じて、

国是と申す者は、国家祖宗之時既に成り居り候者にて、後代子孫に在りては、其の弊を救ひ候得ば宜しき義に御座候。子孫の代に在りて、別段国是を営立すると申す例もなく、道理もなし。(10)

と述べ、

元来、皇国は異邦と違ひ、革命と申す乱習悪風之無き事故、当今と申し候ても、直に　神武皇之御孫謀御遺烈御恪守御維持遊ばされ候て然る可き義と奉レ存候。但し右申上候通り、時代之沿革と申す者之有り候得ば、神皇の御意に法り候事簡要にして、其の作為制度に至り候ては、些か少換潤色之無く候はでは、叶ひ申さず候。然れば神皇之御孫謀御遺烈と申し候は、即ち人忠義を重んじ、士武道を尚び候二ケ条に御座候。此れ即ち我が皇国之国是と申す者に御座候也。

と、神武天皇によつて日本の国是は定まつてゐるのであり、それは「人忠義を重んじ、士武道を尚」ぶことの二ヶ条であり、それを確立することの必要を論じてゐる。ここに橋本景岳の国体観、神武天皇敬仰の念は明瞭に示されてゐるのである。

この橋本景岳と同じく安政の大獄に倒れた吉田松陰は、水戸に於いて「皇国の皇国たる所以」を認識自覚した人物であつた。[11]それは来原良三に宛てた手紙に、

客冬水府に遊び、首めて会沢・豊田諸子に踵り、其の語る所を聴き、輙ち嘆じて曰く、身、皇国に生まれて皇国の皇国たる所以を知らざれば、何を以てか天地に立たんと。帰るや急ぎ六国史を取りて之を読む。古の聖天子蛮夷を慴伏したまふの雄略を観る毎に、又嘆じて曰く、是れ固に皇国の皇国たる所以也と。必ず抄出して以て考索に便す。[12]

と、記してゐることによつて明白である。その吉田松陰は、下田渡航の企てに失敗し野山の獄にあつた安政二年の五月五日に『国史略』を読み、

神武天皇、甲寅年ヨリ東征、八年ニシテ、辛酉年、橿原宮ニ即位シ玉フ、〇謹按スルニ、神武天皇元年辛酉ヨリ、今年乙卯ニ至ル迄、二千五百七十五年、辛酉四十二ヲ得、去年甲寅、安政改元、墨露諸夷ノ和親始ル、来ル辛酉迄七年、天下ノ事、又一変スベシ、吾獄奴タリト云トモ、亦皇国ノ民ナリ、日夜俯抑、神武ノ往昔ヲ想ヒ起、涕泗ノ交々至ルを知ラズト云。[13]

と、『読余雑抄』に記してゐるが、獄中にあつて『国史略』を読み、時勢の急転していく姿を憂ひ、遠く神武天皇の往昔を回顧し、現下の為すあるべきを想ひ、悲痛なる至情を吐露するのであるが、ここに注意すべきは、神武天皇より安政二年に至るまでを二千五百七十五年と数へてゐることである。ここに記してゐる二千五百七十五年は、正しくは二千五百十五年であり、干支一巡六十年多く数へてゐるが、吉田松陰に於いては、神武天皇以来の連綿たる日本の意識が神武天皇紀元を使用させたのであり、これ自体が水戸の影響と考へることが可能であらう。

幕末に於いて神武天皇景仰の最も強かつたのは、元治元年禁門の変に敗れ、天王山に於いて同志十六名と共に自害

した真木和泉守保臣であらう。その真木和泉守は、天保十五年六月二十日より二十七日まで水戸を訪れ、会沢正志斎を始めとする人々に会ひ、水戸学の精髄を感得した人物である(14)。

その真木和泉守は、長らく水田に幽居の身であつたが、その間にも、朝廷に対し積極的に王政復古を説いていつた。安政五年六月の野宮定功に対する上書に於いては、わが国を、

殊に　天照皇大神　御開国　神武天皇　御創業にて　御血胤連綿之　御国柄(15)

と記し、文久元年三月の野宮定功への上書に於いても同一文を記すと共に、

神州は只此一つの算多きもの頼みにて御座候。其一つと申もの何ぞと申に、恐れながら　至尊の聡明叡智英烈勇武に被レ為レ在候御事にて御座候。前条申上候通り、方今気脈衰弱、世運陵夷、人心罷弊の央に至り候て、如レ此明天子世こ　出現被レ為レ遊候こと、如何の訳に可レ有二御座一哉。　天照皇　神武天皇は勿論、天地神明未だ　神州を棄て玉はず。今一度古の隆盛に回さんとの御事に可有御座、誠に難レ有御事に御座候。

と述べ、古の隆盛に復すためには「先づ第一に古来の教法を潤色して、人心の向ふ所を定め」ることが必要であり、「凡そ天下の事一々至当に帰し、礼楽刑政　先王の旧に復し、時措の宜を施」すことが望ましい。このやうであるならば、「年頃の耻辱を濺ぎ、天下は却て上代の隆盛に復るに疑なし」であると述べ、上代の隆盛に復することを強く期待したのである。

その和泉守の上代への復帰の期待は、同じ年七月に大原左衛門督に呈した書に於いて、現在の問題は対外問題よりも国内問題であると指摘し、現実は、「神州道無きこと久し。政は即ち武弁之を執り、教は即ち緇徒之を行ふ」状況であると批判し、これを改革するには復古による他はないが、慶長・元和の古に復するのは間違ひであると論じ、

橿原　志賀の治に復し、内国体を崇め、外武威を張り、朝鮮・琉球を版図に納め、満洲・清国を外藩と為せば、

則ち彼其の風烈を望んで必ず屏息して去らん。

と述べ、復古の理想を神武天皇・天智天皇の御代に置いたのである。

これをさらに明瞭に示してゐるものは、文久元年、野宮定功に託して上表を図った『経緯愚説』である。

これは先づ最初に「宇内一帝を期する事」を論じ、次いで「創業の御心得事」として、

太祖も中興なり。然れども草昧の運洪荒の世に筑紫より中州に入りたまひ、皇化を敷きたまひし業は創業なり。中宗も中興なり。然れども封建の弊出で、修むべからざるを察して、新たに郡県にかへたまへる業は、創業なり。

と述べ、また「百敗一成の事」に於いて、

太祖の中州に入りたまへる、暴風にて稲飯命を失ひたまひ、流矢にて五瀬命を失ひたまひ、御軍も幾度か利あらざりき。されども少しも　御志をかへさせたまはず。終に　大業を成就したまひぬ。漢高祖の如き、度々項羽に困しめられ、一族も散々にて、命も既に危ふかりしを、少しもひるまず、終に王業をなしぬ。其他創業の主の事を起す始め、死ぬばかりうき目を見ぬはなし。

と、神武天皇の苦労を偲び、「旧弊を破る事」に於いて、

然らば此際に於ては何事も打破り、遠く古に立回り、　天智天皇以上　神武天皇　神代の例をのみとり行ひ給ふ様にあらまほしき事也。

として、天智天皇以前神武天皇さらには神代に復帰すべきことを説くのである。また文久二年七月の藩主に対する建白に於いても、

神代之事は先づ暫く不レ論、　太祖神武天皇已来二千五百年赫々勇武之　神州にて、武威夷蛮に相輝き、三韓・渤海・粛慎・蝦夷・琉球等内附朝貢仕候位之事に御座候

と、皇紀を用ゐ、わが国の特質を述べてゐるのである。

これらを通じて和泉守が如何に神武天皇の建国を重視し、西洋諸国の押し寄せる中にあつて国内改革の目標を神武天皇・天智天皇に求めてゐたかが明瞭に示されてゐるのである。

和泉守は、この神武天皇天智天皇の御代への復帰に命を賭け、倒幕王政復古へと具体的行動を起こしていつたのである。が、時に利あらずして、元治元年八月二十一日、

大山の　峰の岩根に　埋めにけり
我年月の　大和魂

の辞世の歌を残して壮烈な自尽を遂げたのである。が、和泉守の自尽よりわづか三年後の慶応三年、明治維新は実現を見るのである。

むすび

このやうに、見てくるならば、義公光圀以来、水戸に於いて培はれてきた神武天皇に対する景仰が、幕末多難の時を迎えて、日本のあるべき姿を求めた先哲にとつて、国家革新の目標となつていつてゐたことが明瞭である。言を換へていふならば、義公光圀以来の水戸学に於ける神武天皇景仰が、近代国家の出発となつた明治維新を実現したものであるといへるのである。そして、明治五年の暦制改正による神武天皇紀元の公定や、明治二十三年の橿原神宮の創建は、義公光圀以来の念願が成就されたものといつてよいであらう。

補註

(1)『蒲生君平全集』。
(2)名越時正氏著『水戸学の研究』一八五頁。
(3)林羅山『神武天皇論』参照。
(4)松本純郎氏著『水戸学の源流』「本朝通鑑に於ける泰伯論の問題」参照。
(5)烈公時代の山陵修復関係の顚末については、『水戸藩史料』別記上「修陵の議と諡号の復古」に関係史料が載せられてゐる。
(6)『山陵志』の編纂については、寺田剛氏・雨宮義人氏著『山陵の復古と蒲生秀実』を参照。
(7)藤田東湖の『新撰年表序』は未だ管見に及んでゐないために、三木正太郎氏「近世における建国精神」(『神武天皇紀元論』所収)によつた。
(8)藤田東湖の神武天皇敬仰を証するものとしては、他に『回天詩史』「苟明大義正人心」条に、

　神武天皇、神を敬ひ武を奮ひ、天業を恢弘し、都を奠め、祀を秩へ、萬世之基を開きたまふ。

とあり、また『詠古三十首』の中にも、

　夢寐に宝剣を獲て　一挙中原を平ぐ　畝傍に皇都を奠め　瑤祀神恩を謝す
　物部殿内に直《とのひ》し　久米宮門を衛る　敬神と奮武と　貽謀を後昆に垂る

と詠じた漢詩がある。
(9)『大国隆正全集』。
(10)『橋本景岳全集』。
(11)吉田松陰と水戸学の関係については、名越時正氏「吉田松陰と水戸学」(同氏著『水戸光圀とその餘光』所収)に詳しい。
(12)『吉田松陰全集』第四巻。
(13)『吉田松陰全集』第八巻。
(14)真木和泉守と水戸学の関係については、荒川久壽男氏「真木和泉守と水府の学」(同氏著『水戸史学の現代的意義』所収)に詳しい。
(15)『真木和泉守遺文』、以下の真木和泉守の所説も同じ。

附論二　神功皇后・飯豊青皇女即位考

はしがき

神功皇后といへば、第十四代仲哀天皇の皇后であり、天皇の崩御後、神の教へに従ひ三韓征伐をされた方として、『日本紀』『古事記』（以下両書を合はせ記す場合「紀・記」と略称する）に大書され、『筑前国風土記』などにもその伝承が散見されてゐる。

その神功皇后について「紀・記」では三韓征伐から帰国後、応神天皇を産み、皇后は摂政として政治を行はれたことになつてをり、皇位は仲哀天皇から直ちに応神天皇に継承されたことになつてゐる。ところが古くより皇后を「天皇」などと表記した例が散見されてゐる。また清寧天皇の崩後「臨朝秉政」されたと伝へられる飯豊青皇女についても即位説が散見される。

本稿では神功皇后や飯豊青皇女の即位の可能性について検討して行くことにしたい。博雅の御示教をお願ひする。

一　「紀・記」における神功皇后

「紀・記」において神功皇后は即位されたことにはなつてゐない。『古事記』においては仲哀天皇の年齢、御陵について、

凡帯中津日子天皇之御年、伍拾貳歳。御陵在二河内恵賀之長江一也。

と記した次に、

品陀和気命、坐二軽嶋之明宮一、治二天下一也。

と記してゐるところよりして、仲哀天皇に続いて即位されたのは応神天皇であるとしてゐることは明らかである。対して『日本紀』は巻八を仲哀天皇(足仲彦天皇)紀とし、次いで巻九を神功皇后(息長足姫尊)紀とし、巻十を応神天皇(誉田天皇)紀としてゐる。すなはち『日本紀』では神功皇后に天皇と同様に一巻を充てて記してゐるのであり、一見天皇として扱つてゐるのかとも思はれるが、各天皇の場合は和風諡号に必ず「天皇」と記されてゐるに拘はらず、神功皇后については天皇号は付されてゐないのであり、『日本紀』は神功皇后を天皇とは認識してゐなかつたといへるのである。

しかしながら『日本紀』が果たして神功皇后非即位説で一貫してゐるかと言へば疑問が存するのであるが、その点については後節において述べることにして、この「紀記」の記述に基いて神功皇后非即位説を展開したのが『大日本史』である。

『大日本史』がその三大特筆の一つとして主張したのが、神功皇后非即位説、すなはち皇后を本紀において記載せずに皇妃伝に記載するといふことであつた。『大日本史』は皇妃伝に記載するに当たり、以下のやうな説明をしてゐる。すなはち『大日本史』巻七十四「仲哀神功皇后」に註して、

按仲哀之崩、天下無レ主、皇后奉二遺腹一、以号二令四海一、称為二胎中之帝一、然応神既生、宜三立為二天皇一。而立為二太子一、名実不レ正、皇后疑二乎即一レ真矣、後世徒見二其迹一、遂列二皇統世次一、大失二旧史之旨一、古事記歴三叙帝王治二天下一、直以二応神一接二仲哀之後一、不レ数二皇后一、至二於日本紀一、則特書曰二摂政元年一、其義亦厳矣、且女主即レ真、如二推古持統一、皆称二天皇一、而皇后則否、其後議二定追謚一、亦曰二神功皇后一、而不レ奉二天皇之号一、由レ是、観レ之、其不レ宜レ列二于帝紀一審矣、雖レ然、仲哀応神之際、皇后称レ制、実行二天子之事一、故今不レ没二其実一、備二后挙動於二帝本紀一、而不三別作二皇后紀一、

と述べるのである、すなはち『大日本史』が「神功皇后本紀」を立てなかつた理由は、

一、応神天皇を称して胎中天皇と称してゐること。然るに神功皇后が即位されたとするならば、名実が正しくないこと。

二、「記」は仲哀天皇の次を応神天皇とし、神功皇后を世系に数へてゐないこと。

三、「紀」では特に「摂政元年」と記してゐること。

四、推古天皇や持統天皇のやうに真に即位された女帝に対しては「天皇」と称してゐるのに対して、神功皇后については、諡も「皇后」となつてゐること。

と、その理由を列挙して、

其不レ宜レ列二于帝紀一審矣

と結論し、後世天皇として扱つてゐるのは、「大失二旧史之旨一」と述べるのである。この『大日本史』の結論について、拙稿「『大日本史』仲哀・応神天皇本紀の基礎的研究」(『日本文化大学柏樹論叢第七号』)においては、

理路整然としたものであり、何人と雖も服さざるを得ないものである。『大日本史』はこの結論に基づいて神功皇后を「后妃伝」に記したのであるが、「紀」に記された皇后の事績は「実行二天子之事一」つたものであるところから、これを「仲哀天皇本紀」、「応神天皇本紀」に分載することにしたとして、摂政前紀を「仲哀天皇本紀」に附載し、摂政元年紀より六十九年紀は「応神天皇本紀」に附載することにしたと説明するのである。即ち摂政前紀は三韓征伐に関する記事であり、且つ仲哀天皇九年の内容であるところから、これを「仲哀天皇本紀」に附載したのである。(なほ仲哀天皇葬送記事は摂政二年十一月条の記事であるが、葬送記事であるところから「仲哀天皇本紀」に記されてゐるのは当然のことである。)一方元年紀以降は、応神天皇の摂政であるからこれを「応神天皇本紀」に附載することにしたのは当然の処置であるが、このやうに両本紀に分載したのは『大日本史』の苦心の結果と見てよいであらう。

と記したのであるが、『大日本史』の立場からすればその通りであり、これに変更を加へる必要は感じない。しかしながらこれは『大日本史』が「紀記」に基いて立論した結論であるが、その基づくところの「紀・記」の記述自体が果たして完全に非即位説と認められるものかどうか再検討していく必要もあるのではないかといふことである。そこで次に「紀・記」を始めとする諸史料における神功皇后に関係する用字について検討を加へて行くことにしよう。

二　「紀・記」における神功皇后・飯豊青皇女に関係する用字について

「紀・記」における神功皇后や飯豊青皇女に関係する用字において注目すべきものを挙げると以下の如きものを指摘できるであらう。すなはち①皇后及び飯豊青皇女の諡号における「尊」の使用、②「崩」字の使用、③「陵」字の使用、さらに④皇后・飯豊青皇女に対して「天皇」と記したものの四点を挙げることができるであらう。

まづ①の皇后の諡号における「尊」の使用についてである。『日本紀』は神功皇后の諡号を「気長足姫尊」と記してゐるが、そもそも「尊」字は神代紀に、

至貴曰㆑尊、自余曰㆑命。

と註記されてゐるやうに特別尊い場合にのみ用ゐられるものであり、神代紀においても神代七代と三貴神及び皇統に連なる天忍穂耳尊・瓊瓊杵尊・彦火火出見尊・鸕鷀草葺不合尊にしか用ゐられてゐない。また『日本紀』巻三以後においても、

生㆓皇子神八井耳命・神渟名川耳尊㆒。

といふやうに歴代天皇についてのみ「尊」が付けられてゐるのであるが、例外として天皇以外で「尊」が付けられてゐるのが日本武尊と、神功皇后、すなはち「気長足姫尊」と、「臨朝秉政」され自ら「忍海飯豊青尊」と称されたと伝へられる飯豊青皇女、及び草壁皇子を「草壁皇子尊」（天武天皇紀八年五月条・同十年二月条・同十一年七月条・同十四年正月条・持統天皇紀三年四月条）としてゐるのと、高市皇子を「後皇子尊」と記してゐる例が存するだけである。この内

日本武尊は仲哀天皇の父であるところから「尊」字が用ゐられたものと考へられ、また草壁皇子は皇太子として皇位が約束された存在であり、『万葉集』に「日並皇子尊」と記されてゐる（一一〇番歌他）ところよりして、その生前より敬意をこめて「日並皇子尊」や「草壁皇子尊」と表記されてゐたものと考へられるのであり、『日本紀』編纂よりは後ではあるが、天平宝字二年八月には「岡宮御宇天皇」と追号されてゐるのであるから、これは特例と見てよいものである。また高市皇子についても『万葉集』では「高市皇子尊」と記され（一五六番歌他）、また「後皇子尊」と記されてゐる（一六九番歌）のであり、この「後皇子尊」の呼称は「草壁皇子尊」と対をなすものと考へられ、生前より用ゐられた表記と見られるのであり、持統天皇朝における二人の特別な立場より「尊」字が使用されたものと考へられるものである。

天皇以外で「尊」字が付されてゐる五例のうち日本武尊と草壁皇子は天皇に準じる立場にあつたのであり、高市皇子も草壁皇子と対をなす意味合ひから「尊」字が付されたものとするならば、残る神功皇后と飯豊青皇女に附せられた「尊」字もまた特別の理由が存したといはなければならないのであり、『日本紀』は神功皇后と飯豊青皇女は天皇に準じる扱ひをしてゐるといふことになるのである。

『日本紀』が神功皇后と飯豊青皇女について天皇に準じる扱ひをしてゐることは次の②の「崩」字の使用においてもいへることである。神功皇后紀六十九年四月丁丑条には、

皇太后崩㆓於稚桜宮㆒。

とある。この「崩」字については先に「水戸史学に於ける垂仁天皇御事績の研究」（『皇學館論叢』四二巻六号）において、皇妃についての用法について『日本紀』においては原則皇妃は「薨」字を用ゐてゐるのであり、例外として神功皇后と宣化天皇皇后橘仲皇女に「崩」字が用ゐられてゐることを指摘し、神功皇后については「紀」が天皇と同様の扱ひ

をしてゐるのであるから、天皇に准じて「崩」と記されて当然であると述べ、橘仲皇女に「崩」字が用ゐられてゐる点に関しては補註（23）において後人の書き入れの可能性を指摘しておいたが、その考へは今も変はらないのであり、『日本紀』は神功皇后以外は皇妃に関しては「薨」字を用ゐられてゐるといへるのである。

ところが前稿では触れることをしなかつた「崩」字使用の例が存するのである。それが飯豊青皇女である。『日本紀』の顕宗天皇即位前紀、清寧天皇五年十一月条に、

冬十一月。飯豊青尊崩。葬㆓葛城埴口丘陵㆒。

と記されてゐるのである。すなはちここにおいても神功皇后と飯豊青皇女は天皇に準じる扱ひがされてゐるのである。

続いて③であるが、神功皇后紀六十九年十月壬申条には、

葬㆓狭城盾列陵㆒。

と記され、また飯豊青皇女についても前掲のやうに「葛城埴口丘陵」と記されてゐる。が、「陵」の用字は『令義解』（喪葬令第二十六）の「凡先皇陵」条義解に、

謂。先代以来帝王山陵皆是也。帝王墳墓。如㆑山如㆑陵。故謂㆓之山陵㆒。其皇后皇太子墓。在㆑令無㆑文。須依㆓別式㆒也。

と記されてゐるやうに、「陵」は天皇にのみ用いられる用字であることは明らかである。神功皇后と飯豊青皇女に「陵」の用字を使用してゐるといふことは①②同様に神功皇后と飯豊青皇女は天皇に準じる扱ひがされてゐるといふことである。なほ『日本紀』では聖徳太子についても「磯長陵」と「陵」字が使用されてゐる。この点については後節において触れることにする。

さらに問題となるのは④である。『日本紀』では神功皇后に対しては①のやうに「気長足姫尊」と記されるか、ま

たは単に「皇后」「皇太后」と記されるのが普通である。ところが神功皇后を「天皇」と記したところが存在するのである。すなはち神功皇后摂政前紀の「一云」に、

　於㆑是天皇聞之。重発㆓震忿㆒。大起㆓軍衆㆒。欲㆔頓滅㆓新羅㆒。

とある。『住吉大社神代記』では「天朝」とあるが、『日本紀』諸本は「天皇」としてゐるのであり、田中卓氏は「訓解・住吉大社神代記」（田中卓著作集第七巻『住吉大社神代記の研究』所収一六〇頁）において、

　天朝―日本紀諸本「天皇」に作る。もし「天皇」を是とすれば、これは神功皇后の御事なる故、この「一云」は神功天皇説をとることになる。

と述べられてゐる。

また同じく神功皇后紀六十二年条に引用する『百済記』にも「天皇」の語が五度、さらに「皇言」の語も記されてゐるのである。

この『百済記』の記事は、新羅が朝貢しないために沙至比跪を派遣して新羅を討伐せしめられた。ところが沙至比跪は新羅に騙され、加羅を討つたため、加羅国王は人民を率ゐて百済に逃れたが、国王の妹が日本に来てそれを訴へた。其の言の中に「天皇、沙至比跪を遣はし」とあり、それを聞いて「天皇、大いに怒り」木羅斤資を派遣して加羅を復した。といふものであり、さらにその『百済記』の引用する「一云」に沙至比跪は「天皇の怒を知り」妹に「天皇の怒り解くるや不」を確かめさせたところ「天皇大いに怒」られた。妹は「皇言」を報告したところ、沙至比跪は免れえないとして石穴に入り死んだ。とするものである。

この『百済記』が何時記されたものかは不明であるが、恐らくは亡命百済人の手になるものと考へられる。それはともかくもこの作者は神功皇后は「天皇」であつたと認識してゐたことは間違ひの無いところであり、『日本紀』の

編者もここに記されてゐる「天皇」が神功皇后を指すものといふ認識があつたことになるのである。若しこの「天皇」を神功皇后と認識してゐなかつたとすれば、神功皇后の崩年を早め、「壬午年」を応神天皇の時代に充てることも可能であつたはずである。に拘はらず神功皇后六十二年に充てたといふことは、この「天皇」を神功皇后と認識してゐたといふことになるのである。

三 「紀・記」以外の神功天皇・飯豊青天皇表記について

前節において述べたやうに『日本紀』においても神功皇后に対して「天皇」と表記した箇所が存在するのであるが、次に神功皇后・飯豊青皇女を「天皇」と記してゐる文献について見て行くことにしよう。

神功皇后に関して第一に挙げられるのは『摂津国風土記』である。これは『釈日本紀』巻六「住吉大神」条に引用されてゐるものであるが、ここには「摂津国風土記曰」として、

所三以称二住吉一者　昔　息長足比売天皇世　住吉大神現出而巡二行天下一（以下略）

と住吉大神の鎮座、すなはち住吉大社の創祀を神功皇后の時であることを記すに際し皇后を「息長足比売天皇」と表記してゐるのである。

また『万葉集注釈』巻第三「美奴売松原」条に引用されてゐる『摂津国風土記』においても、

美奴売松原　今称二美奴売一者　神名　其神本居二能勢郡美奴売山一昔息長帯比売天皇　幸二于筑紫国一時　集二諸神祇於川辺郡内神前松原一以求二礼福一　于レ時　此神亦同来集　曰二吾亦護佑一　仍諭之曰　吾所レ住之山　有二須

義乃木一名木　宜伐採　為レ吾造レ船　則乗二此船一而　可二行幸一　当有二幸福一　天皇　乃随二神教一　遣二命作レ船

此神船　遂征二新羅一（以下略）

と、神功皇后を「息長帯比売天皇」・「天皇」と記してゐるのである。

第二には『常陸国風土記』である。『常陸国風土記』が日本武尊を「倭武天皇」と記してゐることは有名であるが、神功皇后に対してもその茨城郡条において、

茨城国造初祖　多祁許呂命　仕二息長帯比売天皇之朝一　当レ至二品太天皇之誕時一

と「息長帯比売天皇」と記してゐるのである。但し『常陸国風土記』では皇后を「天皇」と記してゐるのはこの部分のみであり、行方郡条においては、

息長足日売皇后之時

としてゐる。

第三には『播磨国風土記』である。『播磨国風土記』には神功皇后の名が散見されるのであるが、それらはいづれも「息長帯日女命」（印南郡条）「息長帯比売命」（餝磨郡条）「大帯日売命」（揖保郡条）「息長帯日売命」（揖保郡条・讃容郡条）と記されてゐるのであり「皇后」とは記されず、すべて「命」が付けられてゐるのである（なほ印南郡条においては「穴門豊浦宮御宇天皇　與二皇后一倶欲レ平二筑紫久麻曾国一　下行之時」と「皇后」と記されてゐる）。ところが『播磨国風土記』においては天皇に対しても「命」と付けてゐる例が存するのである。すなはち景行天皇＝大帯日子命（賀古郡条）仲哀天皇＝帯中日子命（印南郡条）と記してゐるのである。といふことは『播磨国風土記』は神功皇后を「天皇」と認識して記述してゐるのではないかと推測することもできるのである。しかも神功皇后については、讃容郡の中川里において「天皇」「勅」の語を用ゐてゐるのである。すなはち中川里条では、

所㆔以名㆓仲川㆒者　苫編首等遠祖　大仲子　息長帯日売命　度㆓行於韓国㆒之時　船宿㆓淡路石屋㆒之　爾時　風雨大起　百姓悉濡　于㆑時　大中子　以㆑苫作㆑屋　天皇勅云　此為㆓国富㆒則　賜㆑姓為㆓苫編首㆒

と記されてゐるのであり、この部分では「息長帯日売命」を「天皇」として認識してゐることは明らかである。といふことは他の部分でも「天皇」と認識して記してゐるとみてよいであらう。但し先に触れたやうに印南郡条において一か所だけ「皇后」と記されてゐるが、これは仲哀天皇を主体として、仲哀天皇がその皇后と共に出陣された意であるから「皇后」と記されてゐて問題となるものではないであらう。

第四には『琴歌譜』である。これは「十六日節酒坐歌二」の註記（酒坐歌二縁記）（日本古典文学大系三『古代歌謡』所収「琴歌譜」四七二頁）に、

日本記云。磐余稚桜宮御宇息長足日咩天皇之世、命武内宿禰、従品陀皇子、令拝角鹿笥飯大神。至自角鹿、足日皇太后宴太子於大殿。皇〔太〕后挙觴、以寿于太子、因以歌之。

と記されてゐるものである。『琴歌譜』のこの註記は「十六日節酒坐歌二」の歌が神功皇后十三年紀二月条に記されてゐるものであるところから行はれた註記であり、その大部分は『日本紀』の引用であるが、最初の「磐余稚桜宮御宇息長足日咩天皇之世」のみは『琴歌譜』独自の文であり、そこに神功皇后を「天皇」と記してゐるのである。

その他神功皇后を「天皇」と記したものとしては『扶桑略紀』や『水鏡』などがある。すなはち『扶桑略紀』ではその巻二の冒頭に、

神功天皇

と記し、

十五代　治六十九年　王子一人即位　女帝始之

と分註として記されてゐる。但し新訂増補国史大系本の頭註によれば底本は「天皇」ではなく「皇后」とあるのを抄本により「天皇」と記したのであり、また分註も抄本によりて補はれたものである。

また『水鏡』は、

一　十五代　神功皇后

と記し、

六十九年崩。年百、葬二大和国狭城楯列池上陵一。

と註記し、本文においては、

次ノ御門ヲ神功皇后ト申キ。(中略)巳ノ年十月二日位ニ付給。女帝ハ此御時始シ也。

と記されてゐるのであり、『扶桑略記』のやうに「天皇」とは記してゐないが、「御門」と記し、「女帝」の始まりとしてゐるのであるから、これは神功皇后即位説に拠る記述であること明らかである。なほ流布本も同様の記述がなされてゐる。

さらに『日本紀略』では神功皇后の頭に、

第十五代

と記されてをり、また『帝王編年記』では仲哀天皇の次に神功皇后を記し、その肩に、

第十五代

と記してゐるのであるが、「天皇」との記述はなく、飽くまでも「摂政」としてゐるが、その記述は天皇に準じた扱ひである。

飯豊青皇女について「天皇」と記したものとしては、第一に『扶桑略記』が挙げられる。『扶桑略記』は清寧天皇

の次に「飯豊天皇」を掲げ、

廿四代　女帝　无二王子一　清寧天皇養子　「履中女」

と註してゐる。そして本文においては、

甲子歳春二月。生年四十五即位。顕宗天皇。仁賢天皇。兄弟相譲。不レ即二皇位一。仍以二其姉飯豊青姫一。令レ秉二天下之政一矣。

と、甲子歳二月に即位されたと記し、ついで、

同年冬十一月、天皇春秋卌五崩。葬二于大和国葛木埴口丘陵一。（註略）

と記した後、

此天皇不レ載二諸皇之系図一。但和銅五年上奏日本紀載レ之。仍註二伝之一。諸本有无不レ同也。

と記され、飯豊青皇女が即位したとするのは和銅五年奏上の『日本紀』によると、その根拠を示してゐるのである。

また『水鏡』も、

一　飯豊天皇

と記して、

即位ノ年ニ崩。年四十五。葬二大和国垣内岡陵一。

と註し、本文では、

次ノ御門ヲ飯豊天皇ト申キ。是ハ女帝ニ御座ス。（中略）甲子年二月ニ位ニ付給。御年四十五。此御門ノ兄コノカミ二人。カタミニ位ヲ譲テサモニ位ニ付給ザリシ故ニ。此妹ヲ位ニ付奉給シ也。サテ裎ナク其年ノ内十一月ニ失給ニ然バ、此御門ヲバ系図ナンドニモ入奉ヌトカヤ承ル也。サレ共日本紀ニ入奉テ侍ルナレバ、次第ニ申侍ル也。

と記し、「日本紀ニ入奉テ侍ル」故に歴代に数へたとするのである。ここでいふ『日本紀』とは『扶桑略紀』がいふところの『和銅日本紀』のことと考へられる。

また「天皇」と記したものではないが、『陸奥国風土記』の飯豊山条には、

白川郡　飯豊山　此山者　豊岡姫命之忌庭也　又飯豊青尊　使三物部臣奉二御幣一也　故為二山名一古老曰　昔　巻向珠城宮御宇天皇二十七年戊午　秋飢饉而　人民多亡矣　故云二宇恵々山一　後改レ名云二豊田一　又云二飯豊一

と記されてゐるのであり、第二節において指摘したのと同じやうに「尊」が用ゐられてゐるのであり、飯豊青皇女が特別視されてゐることが窺へるのである。

四　神功皇后・飯豊青皇女即位論の検討

次に第二・三節において指摘してきた点について検討を加へることにより、神功皇后・飯豊青皇女即位の可能性に付いて考へることにしよう。

第一には「尊」の使用である。第二節において述べたやうに「尊」の文字は「至貴」に対して用ゐられるものであり、神代紀においても特別の神にのみ用ゐられてゐるものであり、人代においては天皇にのみ用ゐられてゐるものである。といふことは「尊」の文字が用ゐられてゐる人物は天皇を表してゐると見做して差支へないことになるであらう。その「尊」字が付けられてゐる神功皇后・飯豊青皇女は、天皇と認識されてゐた可能性が高いといへるのではないだらうか。

第二には「崩」字の使用である。この「崩」字もまた「尊」字と同じく天皇に対して用ゐられる文字であることは

明瞭である。『日本紀』においては皇后に対しては「薨」字が用ゐられるのが普通である。に拘はらずこの二人に対しては「尊」字同様「崩」字が用ゐられてゐるのであり、これもまた両人は天皇と認識されてゐた可能性が高いといへるのである。

第三には両人の墓について「陵」と呼称してゐる点である。これも先に述べたやうに「陵」字は天皇に対して用ゐられる文字である。これからすればやはり両人は天皇と認識されてゐたと考へられるのである。

以上述べたところからは神功皇后・飯豊青皇女は天皇と認識されてゐたとしてよいのであるが、両人と同じやうな立場にあつたのが聖徳太子である。すなはち聖徳太子は推古天皇の「摂政」であつたのであるが、神功皇后は応神天皇の「摂政」であつたのであり、飯豊青皇女は清寧天皇崩御後「臨朝秉政」されたのであり、これは「摂政」と同等の意と考へてよい。そこで聖徳太子の場合の用字を検討すると、推古天皇紀二十九年二月癸巳条に、

　厩戸豊聡耳皇子命薨㆓于斑鳩宮㆒。

とあり、また同じく是月条に、

　葬㆓上宮太子於磯長陵㆒。

と記されてゐる。

これを神功皇后・飯豊青皇女と比べると明瞭なやうに、聖徳太子に対しては「尊」字「崩」字は用ゐられてをらず、「命」「薨」とされてゐるのである。ただその墓については「磯長陵」と「陵」字が用ゐられてゐるのである。『日本紀』が何故に「陵」字を用ゐたかは明らかではないが、神功皇后や飯豊青皇女と同等の立場であつた聖徳太子に対して「尊」字「崩」字は用ゐられずに「命」「薨」字が用ゐられてゐるといふことは、神功皇后・飯豊青皇女について『日本紀』は「摂政」以上の存在であつたといふことを認識してゐたことを物語つてゐるのではないだらうか。

第四には神功皇后・飯豊青皇女を「天皇」と記してゐるものについてである。第二節において記したやうに、神功皇后に対して「天皇」と記した例は二箇所存在するのである。一つは「一云」であり他の一つは『百済記』である。といふことは、『日本紀』の本文には「天皇」の用語は記されてゐないといふことになる。このことは『日本紀』編者は、参考として利用した史料についてはそのままの記述をしたといふことを意味してゐるといつてよいであらう。つまり『日本紀』編纂当時においては神功皇后は天皇であつたとする考へが存したことをこの記述は物語つてゐるのであるが、それは第三節において掲げた史料によつても認められるところである。

奈良時代に神功皇后を「天皇」とする認識が存したことは、直接「天皇」と表記した例が存することから明らかであり、また『日本紀』が天皇にのみ用ゐられる「尊」などの用字を用ゐた記述をしてゐることは、『日本紀』編者にも神功皇后を天皇とする認識が存したのではないかとの疑ひを生ぜしめるのである。問題は『日本紀』が何故に神功皇后を歴代に数へなかつたのかといふことである。

が、その理由を考へる前に飯豊青皇女を歴代に入れてゐるものについて触れておくことにしよう。飯豊青皇女を「天皇」と記してゐるのは『扶桑略紀』であるが、『扶桑略紀』は『和銅日本紀』に記載されてゐるところから歴代に入れたと述べてゐるのであるが、この『和銅日本紀』といふものの存在は認められないものであり（坂本太郎氏「いわゆる『和銅日本紀』について」（坂本太郎著作集第二巻『古事記と日本書紀』所収）、『水鏡』は『扶桑略紀』に基づいて記されたものであることが明らかであるから、奈良時代に飯豊青皇女を「天皇」と記したものはないとしなければならない。しかしながら、『日本紀』は飯豊青皇女に対しても神功皇后と同じく「尊」などの用字を用ゐてゐるのであり『陸奥国風土記』では飯豊青皇女に「尊」字を付けてゐるのである。これは神功皇后同様『日本紀』編者には飯豊青皇女をも天皇とする認識が存したのではないかと疑はしめるのである。

五　神功皇后・飯豊青皇女即位の可能性

『日本紀』やその他の史料から推定されるところは、神功皇后や飯豊青皇女について、『日本紀』の編者は天皇であつたとの認識を有してゐたのではなかつたかといふことである。『日本紀』の編者がその認識を持つてゐたとするならば神功皇后や飯豊青皇女を何故「天皇」と表記しなかつたのかといふ問題が生じてくるのである。

結論を先に述べるならば、『日本紀』編纂の時点においては神功皇后や飯豊青皇女は歴代から除外されてゐたために二人を歴代に数へることはできなかつたのではないかといふことである。それを明白に示してゐるのが『古事記』であらうと考へる。すなはち『古事記』においては神功皇后については全て仲哀天皇段において記載されてゐるのであり、「摂政」とも記されず、第一節において記したやうに仲哀天皇の御陵を記した次に、

品陀和気命、坐㆓軽嶋之明宮㆒、治㆓天下㆒也。

と仲哀天皇に続いて即位されたのは応神天皇であるとしてゐるのである。また飯豊青皇女については清寧天皇段に、

故、天皇崩後、無㆘可㆑治㆓天下㆒之王㆖也。於㆑是問㆓日継所㆑知之王㆒、市辺忍歯別王之妹、忍海郎女、亦名飯豊王、坐㆓葛城忍海之高木角刺宮㆒也。

と記されてゐるが、やはり歴代には数へてゐない。そのことから二人を歴代から外す決定をされたのは天武天皇ではなかつたかといふ推定を導くことが出来るのではないかといふことである。『古事記』が「諸家の賷る帝紀及び本辞」の「偽りを削り実を定め」るために稗田阿礼に「誦習」せしめられたものであることは多言を要しないところである。

すなはち帝紀の「削偽定実」をされたのは天武天皇であるといふことである。

天武天皇は道教思想を始めとする大陸文化の摂取を積極的に行はれてゐる（森田悌氏『天武・持統天皇と律令国家』参照）が、その中でシナの宗族制に基づく男系制を日本の皇位継承にも取り入れようとされたのではないだらうか。それが神功皇后や飯豊青皇女を歴代から外す結果となつたのではないかと考へるのである。

しかしながら神功皇后や飯豊青皇女の即位伝承は根強く存在してゐたところから、『日本紀』の編者は天皇にのみ用ゐられる「尊」「崩」「陵」の用字を用ゐることにしたのではないかと考へられるのである。このやうに考へることにより始めて天皇にのみ用ゐられる用字が両者に用ゐられてゐることの理由を説明できるものと考へられるのである。

飯豊青皇女について本居宣長は『古事記伝』四十三巻（筑摩書房版『本居宣長全集』第十二巻三三一頁）において、

> さて如此此皇女の、此宮に坐すことを云るは、此時天津日嗣所知看べき王を尋求むるに、すべて男王は存坐ずて、唯此女王一柱のみ世に存坐るよしにて、又殊に其宮をしも挙云ることは、此宮に坐々て、暫く天下所知看つる意を含めたる文なり。抑此時、此姫尊を除奉ては、王坐ざれば、天下の臣連、八十伴緒、おのづから君と戴き仰ぎ奉りけむ、然るを、別に一御代に立て奉らず、又此に治㆓天下㆒とも云ざる由は、其間わづかに暫のほどにて、一年にも満ざりし故か、又は女王にして治㆓天下㆒せること、神功皇后はうけばりたる天皇の例にあらず、さる故に、此記などにも、一御代とは立奉らず、後の御謚なども、なほ皇后と申して、天皇とは申さず、されば未例なきが如くなる故にもあらむか、

と記し、飯豊青皇女は「暫く天下所知看」したものとしてゐるのであり、飯豊青皇女即位論を唱へてゐるのである。宣長は、天皇と記されてゐない理由を①その期間が一年にも満たなかつたこと、②女王として「治天下」された先例がないといふ二点をあげて歴代に入れられなかつたものと説明してゐるのである。

宣長は一方神功皇后については、神功皇后は「うけばりたる天皇の例にあらず」すなはち正式に皇位を継承して天皇になられたものではなく、諡号も「皇后」であつて天皇とは記されてゐないとして、その即位は認めてゐないのである。

が、「紀・記」が神功皇后を「皇后」と記してゐるのは神功皇后は仲哀天皇の皇后であり、天皇としてゐないところから「皇后」としてゐるのは当然のことであり、これを以て非即位の論拠とすることはできない。神功皇后については天皇としての伝承が上述のやうに存するのであり、『日本紀』はそれを無視することができず「尊」「崩」「陵」といふ用字を使用したものと考へられるのである。

むすびにかへて

神功皇后・飯豊青皇女の即位の可能性について述べてきたが、「紀・記」を始めとする史料を検討してくると、神功皇后・飯豊青皇女の二人は即位してゐたと考へてよいであらう。に拘はらず「紀・記」において歴代から外されてゐるのは、天武天皇により帝紀の「削偽定実」が行はれた時にシナの宗族制に基づく男系主義が採用されたためではないかと推定するのである。

推定に推定を重ねた結論であるが、現実に神功皇后には「天皇」と記された文献が存するのであり、飯豊青皇女についても本居宣長のやうな即位論も存するのであり、両者の即位を否定し去ることはできないのではないかと考へるのである。

附論三　孝徳天皇朝の宮都を検証し日本紀の天皇評に及ぶ

はしがき

孝徳天皇朝はいふまでもなく改新政治が推進された時である。その舞台となつた宮都については『日本紀』大化元年十二月癸卯条の記事から難波長柄豊碕宮と考へられがちであるが、豊碕宮への遷都は白雉二年十二月晦日のことであり、その完成は白雉三年九月のことである。

ではそれ以前の諸改革はどこで行はれたのか。本稿では孝徳天皇紀に見られる諸宮について検討を加へるとともに、『日本紀』が孝徳天皇を「尊二仏法一、軽二神道一」と評した理由について考へることにしたい。博雅の御示教をお願ひしたい。

一　孝徳天皇朝の諸宮

孝徳天皇朝の宮都については、孝徳天皇紀大化元年十二月癸卯条に、

遷二都難波長柄豊碕一。老人等相謂之曰。自レ春至レ夏鼠向二難波一。遷都之兆也。

と記されてゐるところから、大化元年十二月癸卯に大和から難波長柄豊碕宮に遷都されたとみられやすいのであるが、難波長柄豊碕宮に遷都されたのは、白雉二年十二月晦条に、

於レ是天皇従二於大郡一遷居二新宮一。号曰二難波長柄豊碕宮一。

とあることにより明らかなやうに白雉二年十二月晦日のことであり、大化元年十二月癸卯条の記事は難波への遷都を予告したものと考へられるのである。

そもそも孝徳天皇紀には宮都に関した記事が数多くみられるのであり、それらを一覧にして示せば次の通りである。

1、大化元年十二月癸卯(九日)。遷二都難波長柄豊碕一。

2、大化二年正月(是月)　天皇御二子代離宮一。(中略)或本云。壊二難波狭屋部邑子代屯倉一而起二而行宮一。

3、大化二年二月戊申(十五日)。天皇、幸二宮東門一。

4、大化二年二月乙卯(二十二日)。天皇還レ自二子代離宮一。

5、大化二年九月(是月)。天皇御二蝦蟇行宮一。或本云、離宮。

6、大化三年是歳。壊二小郡一而営レ宮。天皇処二小郡宮一而定二礼法一。

7、大化三年十二月晦。停㆓武庫行宮㆒。

8、大化四年正月壬午朔。是夕。天皇幸㆓于難波碕宮㆒。

9、白雉元年正月辛丑朔。車駕幸㆓味経宮㆒。観㆓賀正礼㆒。(註略)是日車駕還㆑宮。

10、白雉元年十月。為㆑入㆓宮地㆒所㆓壊丘墓㆒及被㆑遷人者。賜㆑物各有㆑差。即遣㆓将作大匠荒田井直比羅夫㆒立㆓宮堺標㆒。

11、白雉二年十二月晦。於㆓味経宮㆒請㆓二千一百余僧尼㆒。使㆑読㆓一切経㆒。是夕。燃㆓二千七百余灯於朝庭内㆒。使㆑読㆓安宅・土側等経㆒。

12、(白雉二年十二月晦)於㆑是天皇従㆓於大郡㆒遷居㆓新宮㆒。号曰㆓難波長柄豊碕宮㆒。

13、白雉三年正月己未朔。元日礼訖。車駕幸㆓大郡宮㆒。

14、白雉三年九月。造㆑宮已訖。

15、白雉五年十月癸卯朔。(皇太子等)赴㆓難波宮㆒。

この中で最後の15は皇太子等による孝徳天皇のお見舞ひであるから、これが難波長柄豊碕宮であることは明らかであり問題とする必要はないから、本稿では触れないこととする。

二　子代行宮と小郡宮

1については先に述べたやうに難波への遷都を告知したものと考へられるのであり、孝徳天皇は即位後何処に居ら

れたのかといふことであるが、４に関して小学館新古典文学全集本が、

どこへ還ったか明らかでないが、大和の飛鳥板蓋宮か。[1]

と註記してゐるやうに、飛鳥板蓋宮と考へるのが穏当だと思はれる。

ところが２では、天皇は子代離宮に御してをられるのである。その行幸が何時のことか明確ではないが、その地理から考へて子代屯倉の地を宮として整へられたもの[2]であり、その行幸は大化元年十二月の事であつたと考へることが可能だと思はれる。３の記事は、天皇が宮の東門に出御し、蘇我石川麻呂に詔を宣せしめられた記事であり、二年正月の賀正及び改新の詔の発布も、小学館新古典文学全集本が、

大化二年正月朔条には改新の詔を宣した場所を記していないが、その場所は子代離宮か。[3]

と記してゐるのに従ふべきものと考へられる。天皇は４のやうに一旦子代離宮から還られた後、九月には５のやうに蝦蟇行宮に行幸されてゐる。この蝦蟇行宮の所在地については明らかではないが、一説には高津宮の故地に営まれた宮ともいはれてゐる[4]。さうとすれば子代離宮の近辺である。続けて６では小郡宮を営まれた事が記されてをり、小学館新古典文学全集本は、

孝徳紀に見える難波宮は、これ以前は子代離宮と蝦蟇行宮である。小郡宮の成立をもって正式の難波遷都とすべきであろう[5]。

と記してゐる。

そもそも孝徳天皇朝の宮として挙げられてゐる宮（子代離宮・蝦蟇行宮・小郡宮・武庫行宮・難波碕宮・味経宮・難波長柄豊碕宮・大郡宮）の中で造営を意味する記載の為されてゐるのは子代離宮と小郡宮・難波長柄豊碕宮のみである。子代離宮に関しては、２のやうに「或本云」として、

壊二難波狭屋部邑子代屯倉一而起二而行宮一。

と、子代屯倉を壊して造営されたものであるとされてをり、その子代屯倉の所在地である狭屋部邑については『倭名類聚抄』巻六「摂津国第七十二」の西成郡の条に「讃楊」郷が記されてをり、また『行基年譜』の行基七十七歳・聖武天皇二十一年条に難波渡院・枚松院とともに作蓋部院が記され、これらの寺の場所について「摂津国西城(成)郡津守村」となつてゐるところから狭屋部邑が西成郡にあつたことが知られる。津守村の所在が不明なためにそれ以上の特定はできないが、西成郡は小郡ともいはれたとされるところから、6の小郡宮について田中卓氏や直木孝次郎氏は子代離宮と小郡宮は同一の宮であり、子代屯倉を壊つて宮を建設したものとされてゐる(6)が、首肯されるものと考へられる(7)。そのことからして小郡宮造営を以て難波遷都と考へてよいものと推定されるのである。

三　難波碕宮

7と8は小郡宮の造営がなされたその年、つまり大化三年の大晦日に有馬温湯から還られる途次、武庫行宮に入られ、翌日(元旦)の賀正は武庫行宮で受けられ、その夕に難波碕宮に幸されたとするものである。この碕宮について小学館新古典文学全集本は、

上町台地先端部にあった宮であろうが、所在未詳。難波長柄豊碕宮の前身か(8)。

と記してゐるが、この碕宮と難波長柄豊碕宮との関係は不明である。難波長柄豊碕宮については12で大郡から新宮に遷られたことを記し、この新宮を難波長柄豊碕宮と名づけたことが記されるのである。その新宮造営に関した記事が

10・12・14であるが、その難波長柄豊碕宮の規模は東西一八四、九四メートル、南北三九四、六九メートルといふ大規模なものである。碕宮についてはその規模等不明であるが、大化三年晦日に武庫行宮に留まり、翌四年正月の賀正を行宮で受けられてから、その夕べに碕宮に幸してをられるところよりして、碕宮は賀正を受けることもできないほどの小規模な宮であつたと考へられる。碕宮が難波長柄豊碕宮の地に在つたとするならば、豊碕宮は碕宮を壊して新たに造営したものと考へられるのであり、単に「前身」といふことはできないものと考へられる。『日本歴史』第七七〇号（平成二十四年七月号）に古内絵里子氏が「七世紀における大王宮周辺空間の形成と評制」といふ論文を発表されてゐる。その中で古内氏はこの碕宮を「造営中の豊碕宮」としてをられるが、出土の木簡からそのやうに判断することも可能かもしれないが、後述のやうに豊碕宮の造営はこの時点では未だ行はれてゐないのではないかと考へられ、「造営中の豊碕宮」との断定は難しいと思はれる。[9] なほ附け加へていふと、古内氏はこの大化四年の賀正は小郡宮に於いて受けられたといはれてゐるが、前日には武庫行宮に留まつてをられるのであり、やはり武庫行宮に於いて受けられたものと考へるべきである。古内氏が賀正は小郡宮に於いて受けられたとされたのは、三年十二月晦条の「停二武庫行宮一」の後、『日本紀』は皇太子宮の火災記事を記し、さらに「是歳」として冠位記事を記してゐるために四年正月記事との連続性を失念され小郡宮に於いて賀正を受けられたものと判断されたためと考へられるのである。

四　味経宮と大郡宮

後残るのは9及び11に記されてゐる味経宮と、13の大郡宮である。味経宮の所在地に関しては、かつては『摂津志』により大阪府摂津市に所在したと考へられてゐたが[10]、難波宮の遺跡発掘の結果、今日では一般には難波長柄豊碕宮の東南の地である東成郡味原郷（現大阪市天王寺区味原町）と考へられてゐる。ところが吉川真司氏は味経宮と難波長柄豊碕宮を同一の宮、即ち難波長柄豊碕宮の別名が味経宮と解され[11]、それを受けた古市晃氏も吉川弘文館発行の『古代の都1飛鳥から藤原京へ』所収の「難波宮と難波津」において、難波長柄豊碕宮について記し、

この宮が味経宮ともよばれたことは、味経宮を長柄宮ともいう『万葉集』などの事例から確実である。[12]

と主張されてゐる。しかしこれは『万葉集』巻六の九二八番歌である笠朝臣金村の、

おしてる　難波の国は　葦垣の　古にし里と　人皆の　思ひやすみて　つれもなく　ありし間に　うみ麻なす
長柄の宮に　真木柱　太高しきて　をす国を　治めたまへば　沖つ鳥　味経の原に　もののふの　八十伴の雄は
廬して　都成したり　旅にはあれども

に見える「長柄の宮」と「味経の原」を、また一〇六二番歌である田辺福麻呂の、

やすみしし　吾が大君の　あり通ふ　難波の宮は　いさなとり　海片つきて　玉拾ふ　浜辺を近み　朝羽振る
浪の音さわき　夕凪に　楫の音聞こゆ　暁の　寝覚に聞けば　わたつみの　潮干のむた　浦洲には　千鳥妻呼
び　葦辺には　鶴鳴きとよむ　見る人の　語にすれば　聞く人の　見まくほりする　御食向ふ　味原の宮[13]は　見
れど飽かぬかも

の「難波の宮」と「味原の宮」を同一地点と解したものであるが、これらの歌はいづれも奈良時代、後期難波宮時代の認識であり、孝徳天皇朝に於いて、両者が同一であつたといふことの証明にはならないのである。

私は孝徳天皇朝に於ける味経宮と難波長柄豊碕宮とは、その地を異にしてゐたと考へるのである。何故ならば「長柄宮」と「味経原」が同一の宮であつたとすれば後にも触れるやうに、味経宮に行幸になつてゐる天皇が、何故にさ

らに大郡を経て「新宮」すなはち難波長柄豊碕宮に遷られることになるのであるかといふ擬問が生じるからである。さらに難波長柄豊碕宮は白雉二年晦日に難波長柄豊碕宮と号された「新宮」であり、その完成は白雉三年九月のことであろ。対して味経宮は、白雉元年正月には存在してゐるのであるから、同一説は成り立つものではない。澤瀉久孝博士が『万葉集注釈』に於いて、

この歌によると味経に長柄の宮があつたことになる。（が）……難波旧地考に、和名抄に東生郡味原とあるところと云つてゐるやうに、天王寺区東高津の東（中略）とする説によると長柄宮址とするやうに、天王寺区東高津の東に味原池があり、味原町、下味原町などの町名はその味生によつたものだとする説によると長柄宮址とする東区法圓坂町の東南に接してゐる事になり、そこに百官が廬をするといふ事は極めて認めやすい事だと思ふ。[14]

と述べてをられるやうに、味経宮は通説の通り難波長柄豊碕宮の東南に当る東成郡味原郷に存在した宮と見てよいものと考へられるのである。その味経宮では9のやうに白雉元年の賀正を受けられ、さらに11のやうに白雉二年の晦日には二千百余の僧侶を請じて一切経を読ましめてゐるところよりして、相当の規模を有してゐたものと考へてよいと思はれる。ことに白雉元年にはわざわざ味経宮に行幸して賀正を受けられてゐるところよりして、小郡宮よりも大規模な宮であつたとも考へられるのである。吉川氏は白雉元年の朝賀について、

白雉元年正月には宮中枢部の造成がほぼ完了し、その広い空間に帷などで殿舎を仮設して朝賀儀を行ったと考えれば良いのである。[15]

として、天平十四年正月丁未朔条や斉明天皇二年是歳条の例を挙げられるが、斉明天皇の場合はその前年に板葺宮が火災に遭ひ、川原宮に移られてゐる状況であり、三韓の使者饗応にふさはしい場所の設定が困難であつたために急遽造営中の岡本宮の宮地に幕を張つての饗応となつたのである。また天平十四年正月丁未朔の朝賀の場合は大極殿が完

成しないために「権に四阿殿を造」り行はれたものである。対して白雉元年の朝賀は恒例の儀式であり、敢へて工事中の宮地に於いて行はなければならない必然性はないのである。それを斉明天皇二年の三韓使者饗応や恭仁京に於ける例と同一に考へることは無理があると考へられる。やはりこれは味経宮といふ宮に於いて正式に行はれた儀式であり、決して「帷などで殿舎を仮設して朝賀儀を行った」ものと考へることはできないであらう。

問題は大郡宮である。かつて『大日本史』は小郡と大郡の関係について、

小大訓読相近。非二別処一也[16]

とし、大郡と小郡とを同一の地であるとしたこともある。しかしながら『日本紀』では大郡と小郡はきちつと書き分けられてあり、両者を同一のものとすることはできない。今日では大郡は外交関係の官舎であり、対して小郡は内政関係の官舎であつたと考へられてゐるのであるが[17]、先にも述べたやうに小郡の所在地は西成郡であるが、大郡の所在地は明らかではない。孝徳天皇紀に於いて「宮」と称してゐるのは、小郡宮、碕宮、豊碕宮、味経宮及び大郡宮の五処である。この五処のうち、先にも述べたやうに小郡宮は大化三年に小郡を壊つて造営された宮であり、或る程度の規模を有したものであつたと想像される。それに対して問題は大郡宮である。『日本紀』は白雉二年の晦日に「従二於大郡一遷居二新宮一」としてゐるのであるが、当日天皇は味経宮に行幸されてゐたと考へられる。天皇の行幸無しに、僧侶に勝手に読経を行はせるといふことは考へられないところであるところから、当日またはそれ以前に天皇は小郡宮から味経宮に行幸になり、そこから大郡へ行幸され、さらに新宮に遷られたことになるのである。しかし新宮に遷られることが目的であつたとすれば、味経宮から直接新宮に遷られるのが自然である。に拘はらず大郡から新宮に遷られたとされてゐるのである。といふことは一つに考へられることは、味経宮が大郡そのものではないかといふことである。大郡は外交関係の官衙であり、大規模な施設であつたと考へられるところから、これを小郡宮に対して大郡

宮、または味経宮と名付けられたのではないかと考へることができるのである。このやうに考へることが許されるならば、翌白雉三年元旦、賀正の礼を受けられた後、大郡宮に幸されたといふのは、難波長柄豊碕宮から大郡宮、すなはち味経宮への還幸であつたとして理解されるのではないかと考へられるのである。大郡の所在地については不明であるが(18)、上述のやうに味経宮が大郡であるとすれば、東成郡味原郷（現大阪市天王寺区味原町）であり、小郡宮の所在地は西成郡讃楊郷（現在地不明）であり、場所は異なることになる(19)。

五　『日本紀』の天皇評

この味経宮に関連して考へる必要があるのが、『日本紀』が孝徳天皇を評して、

尊㆓仏法㆒、軽㆓神道㆒。

と記してゐることである。「紀」は孝徳天皇が「軽㆓神道㆒」ぜられた理由として、

斮㆓生国魂社樹㆒之類、是也。

と記してゐるのであるが、『日本紀』では何故に生国魂神社の樹を伐られたのか、その理由は記されてゐない。或いは同じ東成郡の味経宮造営に関して行はれたことかもしれない。

そもそも孝徳天皇紀において、仏教関係の記事としては、大化元年八月癸卯条の、

遣㆘㆓使於大寺㆒喚㆗聚僧尼㆖而詔曰。於㆓磯城嶋宮㆒御宇天皇十三年中。百済明王奉㆑伝㆓仏法於我大倭㆒。是時。羣臣倶不㆑欲㆑伝。而蘇我稲目宿禰独信㆓其法㆒。天皇乃詔㆓稲目宿禰㆒使㆑奉㆓其法㆒。於㆓訳語田宮㆒御宇天皇之世。蘇

我馬子宿禰追遵二考父之風一。猶重二能仁世之教一。而余臣不レ信。此典幾亡。天皇詔二馬子宿禰一而使レ奉二其法一。於二小墾田宮一御宇・之世。馬子宿禰奉二為天皇一造二丈六繡像。丈六銅像一。顕二揚仏教一恭二敬僧尼一。朕更復思下崇二正教一光中啓大猷上。故以二沙門狛大法師福亮。恵雲。常安。霊雲。恵至。寺主僧旻。道登。恵隣一而為二十師一。別以二恵妙法師一為二百済寺々主一。此十師等宜下能教二導衆僧一。修二行釈教一要使上レ如レ法。凡自二天皇一至二于伴造一所レ造之寺。不レ能レ営者。朕皆助作。令レ拝二寺司等與二寺主一。巡二行諸寺。験二僧尼。奴婢。田畝之実一。而尽顕奏。即以二来目臣。（闕レ名。）三輪色夫君。額田部連甥一為二法頭一。

との仏教援助の詔の件と、白雉元年二月の、

穴戸国司草壁連醜経献二白雉一（中略）又問二沙門等一。沙門等対曰。耳所レ未レ聞。目所レ未レ覩。宜下赦二天下一使上悦二民心一。道登法師曰。昔高麗欲レ営二伽藍一。無二地不一レ覧。便於二一所一白鹿徐行。遂於二此地一営二造伽藍一。名二白鹿薗寺一。住二持仏法一。又白雀見二于一寺田庄一。国人僉曰。休祥。又遣二大唐一使者。持二死三足烏一来。国人亦曰。休祥。斯等雖レ微。尚謂二祥物一。況復白雉。僧旻法師曰。此謂二休祥一。足レ為二希物一。伏聞。王者旁二流四表一。則白雉見。又王者祭祀不二相踰一。宴食衣服有レ節則至。又王者清素則山出二白雉一。又王者仁聖則見。又周成王時。越裳氏来献二白雉一曰。吾聞二国之黄耇一曰。久矣。無二烈風淫雨一。江海不二波溢一三二年於茲一矣。意中国有二聖人一乎。盍二往朝一之。故重二三訳一而至。又晋武帝咸寧元年。見二松滋一。是即休祥。可レ赦二天下一。是以二白雉一使レ放二于園一。

との白雉献上に際し、祥瑞かどうかを僧侶に聴かれた件、及び白雉元年十月是月条の、

始造二丈六繡像侠侍八部等卌六像一。

と、丈六繡像など四十六像を造った件、同じく白雉元年是歳条の詔を受けて山口直大口が千仏の像を刻したとする、

漢山口直大口奉レ詔刻二千仏像一。

との件、白雉二年十二月晦日の、

於二味経宮一請二二千一百余僧尼一。使レ読二一切経一。是夕。燃二二千七百余灯於朝庭内一。使レ読二安宅土側等経一。

との味経宮に二千百余の僧尼を招請して一切経を読ませた件と、その夕べに朝廷（豊碕宮と考へられる）[20]に二千七百余の燈火を灯し安宅・土側等の経を読ませた件、及び白雉三年四月壬寅条の、

請二沙門恵隠於内裏一使レ講二無量寿経一。以二沙門恵資一為二論議者一。以二沙門一千一為二聴衆一。

との、恵恩を内裏に請じ無量寿経を講ぜしめ、恵資を論議者として千人の僧を聴衆者とした件が記されてゐるのである。

が、神道に関連する記事も、即位直後の六月乙卯の、

天皇。皇祖母尊。皇太子。於二大槻樹之下一。招二集羣臣一盟曰。（告二天神地祇一曰。天覆地載。帝道唯一。而末代澆薄。君臣失レ序。皇天仮二手於我一。誅二殄暴逆一。今共瀝二心血一。而自レ今後。君無二二政一。臣無レ弐レ朝。若弐二此盟一。天災地妖。鬼誅人伐。皎如二日月一也。）

との群臣を率ゐて大槻の樹の下で天神地祇に誓はれた件、大化元年七月庚辰条の、

蘇我石川麻呂大臣奏曰。先以祭二鎮神祇一。然後応レ議二政事一。

との蘇我石川麻呂の神祇先祭の奏上を受ける形での、

是日。遣二倭漢直比羅夫於尾張国一。忌部首子麻呂於美濃国一。課二供レ神之幣一。

との、同日の尾張・美濃両国に神に供する幣を課した件が記されてをり、その他神祇に触れられてゐる詔として、大化元年八月庚子条・大化三年四月壬午条・白雉元年二月甲申条が存するのであり、孝徳天皇が特に「軽二神道一」ぜられたとは言ひ得ないのである。しかるに『日本紀』が「軽二神道一」ぜられたとするのは、その理由として「斮二

生国魂社樹一之類、是也」と記してゐるやうに、生国魂神社の樹を伐られたことが最大の理由なのである。『日本紀』がこれを最大の理由として挙げてゐるといふことは、何らかの理由で生国魂神社の樹を伐る必要があつたためと考へられるのであり、それは味経宮の造営に拘はることであつたと考へることも可能であらう。殊に味経宮に於いては白雉二年十二月晦日には二千百余の僧尼を招請して一切経を読ませる等のことが行はれてゐるところよりして、味経宮は仏教との関係の深い宮、仏教を象徴する宮と認識され、その宮造営の為に生国魂神社の樹を伐つたとすれば、それは「尊二仏法一、軽二神道一」ぜられる行為であつたと認識されたとしても不思議ではないのである。

生国魂神社は現在天王寺区生玉町に鎮座してゐるが、これは豊臣秀吉により移転されたものであり、それ以前は現在の大阪城の地に鎮座してゐたのである。その具体的な位置については不明であるが、難波宮の北側に当たる。その事からすれば、孝徳天皇紀に記されてゐる「斮二生国魂社樹一之類、是也」と記された生国魂社の樹を伐つた理由は、難波長柄豊碕宮の造営に関してのことと考へるのが一般的と考へられるが、それを「尊二仏法一、軽二神道一」た理由としてゐるところよりして、仏教に関係の深い味経宮造営、すはち大郡改築のために生国魂神社の木が伐採されることもあつたのではないかと考へるのである。このやうに考へることが許されるならば、孝徳天皇を「尊二仏法一、軽二神道一」ぜられたと評された理由も明らかになるのではないかと考へるのである。

をはりに

以上孝徳天皇朝の宮都について考へるところを述べてきたが、その中心として述べたのは、味経宮と大郡宮は同一のものであり、その味経宮は仏教に関係する宮と人々に認識されたことが、その宮の造営の為に生国魂神社の木の伐採が行はれたことから、孝徳天皇を「尊二仏法一、軽二神道一」と評することになつたのではないかといふことである。
博雅のご批判を賜はれば幸甚である。

補註

（1）小学館新編日本古典文学全集『日本書紀』③一三九頁頭註五。

（2）田中卓氏「郡司制の成立」（田中卓著作集第六巻『律令制の諸問題』参照。

（3）小学館新編日本古典文学全集『日本書紀』③一三四頁頭註一五。

（4）小学館新編日本古典文学全集『日本書紀』③一六二頁頭註六参照。

（5）小学館新編日本古典文学全集『日本書紀』③一六四頁頭註七。

（6）田中卓氏前掲書、直木孝次郎氏「難波小郡宮と長柄豊碕宮」（難波宮址を守る会編『難波宮と日本古代国家』所収）。なほ直木氏はその後「孝徳朝の難波宮」（『難波宮と難波津の研究』所収）で自説を変更されてゐるが、吉川真司氏の指摘（「難波長柄豊碕宮の歴史的位置」『日本国家の史的特質　古代・中世』所収）のやうに前説のはうが理に適つてゐる。

（7）吉川真司氏は「難波長柄豊碕宮の歴史的位置」（『日本国家の史的特質　古代・中世』所収）に於いて小郡宮の所在地を東成郡に比定してゐるが、その比定が正しいかどうかは今後更に検討する余地があると考へられ、本稿に於いては通説の如く小郡宮は西成郡にあつたとして以下論述していくことにする。

（8）小学館新編日本古典文学全集『日本書紀』③一六九頁頭註二六。

（9）造営作業の開始を早く考えられる吉川真司氏前掲論文でもその開始は大化五年とされてゐる。

（10）澤瀉久孝氏著『万葉集注釈』第六巻五五頁参照。

（11）吉川真司氏前掲論文。

（12）古市晃氏「難波宮と難波津」『古代の都1飛鳥から藤原京へ』八五頁。

（13）吉川氏は前掲論文に於いて「味原の宮」を「味経の宮」と記してをられるが、『万葉集』は「味原宮」であり、「味経の宮」と「味原の宮」を簡単に同一の宮と断定することは控へなければならないであらう。因みに澤瀉久孝氏は「味原の宮」について、

「原をふと訓るは、原野は草の生る所なれば、生の意もて、ふとはよめるなり」と攷證にある。として、そのよみは「アジフ」としてをられる。

(14) 澤瀉久孝氏著『万葉集注釈』第六巻五五頁。

(15) 吉川真司氏前掲論文八五頁。

(16) 大日本雄弁会『大日本史』第一巻一一六頁。

(17) 直木孝次郎氏前掲論文参照。

(18) 大郡宮の所在地について、吉川氏は「西成郡内の石町付近にあった可能性が高い」とされ、大郡に関係する「難波津」を現在の高麗橋付近と推定されてゐるが、「難波津」の位置は『住吉大社神代記』の「長柄船瀬本記」の記す四至を参照するに、それより上流の東成郡内に求めるべきであり、大郡の位置も通説のやうに東成郡内に求めるべきものと考えられる。(田中卓氏「祝詞「遣唐使時奉幣」について、古来の誤解を正し、難波津の位置と成立時期を確定する」続田中卓著作集第三巻『考古学・上代史料の再検討』所収参考)。

(19) 味経宮と大郡宮を同一の宮とする先行論文に鎌田元一氏の「難波遷都の経緯」(同氏著『律令国家史の研究』所収)がある。

(20) 安宅・土側等経は地鎮の為の経典であるところよりして、これは新宮造営に関する読経であつたと考へられるところよりして新宮の庭上に於いて行はれたものと考へられる(遠藤慶太氏の御教示による)。

付記

本稿は平成二十四年七月八日に行はれた皇學館大學人文學會における発表原稿を補訂したものである。発表時、岡田登氏・遠藤慶太氏より貴重な御教示を頂戴した。厚くお礼申し上げます。

第二部　資料篇

第一章　各天皇本紀の記述

第一節　神武天皇本紀

イ、神武天皇、諱彦火火出見、小名狭野、

本条は『日本書紀』（以下「紀」と略称する）が和風諡号で記してゐるところを波線のやうに漢風諡号で記し、太線のやうに神代下、神皇承運章により「小名」を記してゐる。なほ細線は「紀」と同じであることを示してゐる（以下同じ）。なほ以下同文については触れない。

ロ、天皇、葺不合尊第四子也、

ハ、母曰二玉依姫一、以二庚午歳一生焉、

本条のうち後半の誕生年は「紀」には記されてゐない事柄であり、研究篇に於いて述べた通りである。

ニ、生而明達、意確如也、年十五立為二太子一、

ホ、及レ長納二吾平津媛一為レ妃、

これは「紀」の趣意文であるが、二重線の部分は「本紀」独自の文であり、波線の部分は「娶」を変更したものである。

ヘ、甲寅歳、天皇年四十五歳、在二高千穂宮一、

本条では「甲寅歳」が最初に記されてゐるが、「紀」では東征出発決定の最後に記されてゐる。また「四十」は「紀」では「卌」となつてゐる。そして二重線の「在二高千穂宮一」は『古事記』（以下「記」と略称す

る）によつて記されたものである。

ト、当二是之時一、西州久被二王化一、東国未二服従一、長髄彦奉二饒速日命一為レ主、兄猾、弟猾、八十梟帥、兄磯城、弟磯城等、各為二君長一、不二相統一一、

本条は東征以前の全国状況を、「紀」に基づいて要領よく、且つ大和に関しては具体的に記してゐる。

チ、天皇謂二諸皇兄及皇子一曰、

リ、天祖降迹以来、多歴二年所一、而時運草昧、治二此西偏一、遼邈之地、猶未レ霑二王沢一、遂使二邑有レ君、村有レ長、各自分レ疆、用相陵轢、聞二諸塩土老翁一、東有二美地一、青山四周、又有二乗下天磐船上而降焉者一、意其饒速日乎、彼土蓋六合中、足二以恢下弘大業上、光二宅天下一、宜二就而都レ之、

本条は「紀」の文を活用しながらその要を記してゐる。

ヌ、諸皇子皆賛二成之一、

本条は、「紀」の諸皇子の言を省略し「賛成」の一語に要約してゐる。

ル、十月五日辛酉、天皇親帥二皇兄五瀬命、稲飯命、三毛入野命、及皇子手研耳命等一、舟師東征、

本条は、「紀」では「諸皇子」となつてゐる部分であるが、他の部分の記述に基づいて具体名を記してゐる。また「紀」では全て干支のみで記されてゐる日を、干支と共に換算した日を記してゐる。（以下すべて同様）

ヲ、抵二速吹門一、有二漁人珍彦者一来迎、命二之郷導一、賜二名椎根津彦一、進至二筑紫国菟狭一、菟狭津彦、菟狭津媛、造レ宮奉レ饗、以二菟狭津媛一賜二侍臣天種子命一為レ妻、十一月九日甲午、至二崗水門一、十二月二十七日壬午、至二安芸一、居二埃宮一、乙卯歳、三月六日己未、入二吉備国一、造二行宮一、曰二高島宮一、居レ之三年、備二舟檝一、蓄二兵食一、将三一挙而平二天下一、

本条は東征の順路の記述であるが、「紀」本文には珍彦との詳しい問答が記されてゐるが、結論としての郷導を命じ、名を椎根津彦と賜はつたことのみを記してゐる。その後の順路についても細線のやうに「紀」の記述を基準にそれを要約して記してゐる。

ワ、戊午歳、二月十一日丁未、舟師遂東、舳艫相接、抵二浪速国一、三月十日丙子、遡レ流至二河内草香邑青雲白肩津一、

本条は、高島宮を出発し浪速国に至る記事であるが、「紀」の文字を活用要約してゐる。

カ、四月九日甲辰、勒レ兵赴二龍田一、路嶮隘不レ得二並行一、乃還、欲三東歴下胆駒山上而入二中州一、長髄彦悉レ衆、徼二之孔舎衛坂一、與戦不レ利、五瀬命中二流矢一、師不レ能レ進、

本条は大和（中州）に入らうとして長髄彦に阻まれた部分の記述であり、おほむね「紀」の文字を活用要約してゐるが、一部分文字を変へてゐるところがある。

ヨ、天皇憂レ之、乃謀曰、我是日神子孫、而向レ日征レ虜、是逆レ天也。不レ若下退還示レ弱、礼二祭神祇一、背負二日神之威一、随レ影圧躡上、則不レ血レ刃、虜必自敗矣、

本条の天皇の言葉はほぼ「紀」をそのまま記してゐるのであり、わづかに「紀」では「逆二天道一」と記してゐるところを波線を引いたやうに「逆レ天」と記してゐるのと、二重線の「則」の字を補つてゐるのみである。

タ、於レ是、引レ軍而還、虜亦不二敢逼一、退至二草香津一、植レ盾為二雄誥一、因更名二其津一曰二盾津一、

本条も「紀」の記述そのままであり、わづかに二重線の二か所が相違してゐるのみである。すなはち「紀」では「却」とあるところを「退」と改め、「改」とあるところを「更」と変更してゐるのみである。

レ、五月八日癸酉、至二茅渟山城水門一、五瀬命病レ創甚、慨然撫レ剣曰、大丈夫為二虜所レ傷、不レ報而死邪、進至二紀伊竈山一而薨、

本条では「紀」が「撫レ剣而雄誥之曰」とあるところを波線のやうに「慨然撫レ剣曰」と改め、又「被二傷於虜手一」とあるところを二重線のやうに「為二虜所レ傷」となつてゐるが、その文意には全く変更はない。また太線の部分は「紀」では「到」となつてゐる。更に「本紀」は「紀伊国」の「国」を略してゐる。

ソ、六月二十三日丁巳、入二名草邑一誅二名草戸畔一、遂

歴㆓狭野㆒、抵㆓熊野神邑㆒、絶㆑海而進、遇㆓暴風㆒漂蕩、稲飯命、三毛入野命、憤惋入㆑海、天皇独與㆓皇子手研耳命㆒、進至㆓荒坂津㆒、誅㆓丹敷戸畔㆒、時有㆑神吐㆑気毒㆑人、軍衆皆病、不㆑能㆓復振㆒、天皇亦寐、及㆔熊野人高倉下献㆓韴靈剣㆒、忽然寤曰、予何長眠若㆑此乎、士卒尋起、

本条の前半は「紀」の文を活用省略しながら記述してゐるといつてよい。が、波線の部分は「紀」とは異なつた記述となつてゐる。すなはち「入㆓名草邑㆒」は「紀」では「至㆓名草邑㆒」となつてゐる。次の「歴㆓狭野㆒」も「紀」では「越㆓狭野㆒」となつてゐる。次の「絶海」以下については研究篇に譲る。

ツ、既而欲㆔進入㆓中州㆒、山路険絶、不㆑知㆑所㆑嚮、天皇夢天照大神誨曰、今遣㆓頭八咫烏㆒往、宜㆔以為㆓郷導㆒、会㆓頭八咫烏至㆒、天皇大喜、令㆘道臣命帥㆓大来目㆒、従㆓頭八咫烏㆒而啓行㆖、遂得㆑達㆓于菟田下県㆒、

本条は頭八咫烏による郷導の部分である。細線は「紀」に基づいて記された部分であり、その他の部分では、「紀」では、「皇師欲㆑趣㆓中洲㆒」とあるところを、「既而欲㆔進入㆓中州㆒」と記してゐるが、意味するところは同一であり、また「会㆓頭八咫烏至㆒」としたところは、「紀」では、「果有㆓頭八咫烏㆒。自㆑空翔降」と記されてゐるところであるが、要領良くまとめたものである。次の波線を施した「大喜」のは「紀」の天皇の詔を「大喜」といふ表現に置き換へたものである。また「従㆓頭八咫烏㆒而啓行」は「紀」では「踏㆑山啓行。乃尋㆓烏所向㆒、仰視而追之。」と記されてゐるところを要約したものである。なほ二重線の「道臣命」は改名後の名を前に及ぼして記したものである。

ネ、八月二日乙未、召㆓菟田魁帥兄猾、弟猾㆒、兄猾不㆑至、乃遣㆓道臣命㆒誅㆑之、弟猾大設㆓牛酒㆒、犒㆓王師㆒、天皇班㆓酒肉於軍㆒、乃為㆑歌、是謂㆓来目歌㆒、

本条は兄猾の討伐と弟猾の服従に関する部分であるが、兄猾の謀略には全く触れず、単に「誅㆑之」とのみ記し、また久米歌に関しても、その伝来について語るところはない。

ナ、天皇親率二軽兵一巡二吉野一、土人井光等来属、

本条は吉野巡幸の記事であるが、波線の「土人」は「臣是国神」を変更したものであり、磐排別の子、苞苴担が子の服属を「等来属」と記してゐる。

ラ、九月五日戊辰、天皇登二菟田高倉山一、瞻二望域中一、八十梟帥軍二国見岳上一、置二女軍於女坂、男軍於男坂一、熾二炭於墨坂一、又兄磯城兵布二満磐余邑一、皆己拠二守要害一、道路絶塞、天皇悪レ之、是夜自祈而寝、夢有二神誨一、時会二弟猾上言一、其言與レ夢協、天皇大喜、命二椎根津彦、弟猾一、取二天香山土一、即造二八十平瓮天手抉厳瓮一、祭二神祇於丹生川上一、祝曰、吾当下用二八十平瓮一無レ水造上レ飴、飴成則不レ仮二鋒刃一、坐平二天下一、飴果成、又祝曰、吾当レ沈二厳瓮於丹生川一、若群魚酔而浮、則吾能定レ国、及レ沈レ瓮、魚皆浮出、天皇大喜、乃抜二丹生川上真坂樹一、以祭二諸神一、祭レ神用二厳瓮一、自レ此始、又親顕二斎于高皇産霊尊一、命二道臣命一為二斎主一、授二厳媛号一、

本条は「紀」の文字を活用しながら要約してゐる。

ム、十月癸巳朔、天皇嘗二厳瓮之糧一、勒レ兵而出、遂破二八十梟帥於国見岳一斬レ之、迺命二道臣命一、誘二其余党一殲レ之、天皇曰、戦勝而無レ驕、良将之行也、今賊魁既滅、同悪猶繁、何可三久頓下一処上、無二以制一レ変、乃徙営二別処一、

本条は八十梟帥を国見岳に滅ぼした記事であるが、道臣命による余党の討伐については、「誘二其余党一殲レ之」と要約してゐる。それに対して、天皇の言は「本紀」では、若干の省略はしてゐるが、ほぼそのまま記してゐる。

ウ、十一月七日己巳、大挙将レ攻二磯城一、遣レ使召二其魁一、兄磯城拒レ命、弟磯城来降、因使三弟磯城暁二諭兄磯城一、及兄倉下、弟倉下一、皆不レ聴、乃用二椎根津彦計一、設二奇兵一、自二墨坂一出二其後一、挟撃破レ之、遂斬二兄磯城一、

本条は「紀」に基づきながら、その要約を示したものであり、為に「紀」の文字の活用は少ない。

ヰ、天皇以二五瀬命為下長髄彦上隕一レ命、意欲レ殄二滅之一、十二月四日丙申、進討二長髄彦一、連戦不レ克、適天陰

雨レ氷、有レ鵄、集二天皇弓弭一、金色曄煜、状如二流電一、賊軍迷眩、不レ能二復戦一、因縦レ兵急攻レ之、饒速日命殺二長髄彦一、率レ衆帰順、

　本条は長髄彦討伐の部分であるが、これも「紀」を要約したものである。

ノ、己未年二月二十日辛亥、命二諸将一、練二士卒一、分二遣偏師一、誅二層富県土蜘蛛新城戸畔、居勢祝、猪祝等一、

　本条は「紀」の省略文である。

オ、又高尾張邑有二土蜘蛛一、身短而手足長、結二葛網一掩二殺之一、因更名二其邑一曰二葛城一、

　本条も「紀」の省略文である。

ク、至レ是中州平定、時習俗朴陋、巣棲穴処。天皇欲三経下営宮室上、以鎮二民心一、三月七日丁卯、下レ令奠二都於畝傍山東南橿原之地一、是月、命二有司一経二始之一。

　本条は「八紘為宇の詔勅」を述べた部分であるが、波線を引いた部分は従前の中州平定事業を総括した記述である。二重線を引いた部分は、詔勅の一部分を少しく文字を変へて記したものである。

ヤ、庚申歳、九月二十四日乙巳、納二媛蹈鞴五十鈴媛一為二正妃一、

　本条は、殆ど「紀」と変はらない。

マ、元年辛酉、春正月庚辰朔、即二天皇位於橿原宮一、時年五十二、

　本条は「紀」の天皇即位の記事を改変記述してゐる。

ケ、号曰二神日本磐余彦火火出見天皇一、立二正妃一為二皇后一。

　本条は即位記事に続いて和風諡号を記し、「紀」の立后記事などに基づいて記されたものである。

フ、建二神籬一祭二八神一、鎮二護国家一、天富命率二諸斎部一、捧二天璽鏡剣一、奉二安正殿一、天種子命奏二天神寿詞一、可美真手命率二内物部一、執二矛楯一、厳二儀衛一、道臣命率二来目部一、護二衛宮門一、群臣朝賀、命二天種子命、天富命一、共掌二祭祀一、

　本条は『旧事本紀』と『古語拾遺』に基づいて記された部分である。

コ、二年壬戌、春二月二日乙巳、定レ功行レ賞、

本条は、次条と一連の功賞記事である。

エ、賜二道臣命宅地一、令レ居二築阪邑一、大来目居二畝傍山西一、以二椎根津彦一為二倭国造一、弟猾為二猛田県主一、弟磯城為二磯城県主一、高皇産霊尊五世孫剣根為二葛城国造一、

本条は大体が「紀」の省略文であるが、「紀」が「珍彦」としてゐるところを「椎根津彦」としてゐる点と、「剣根」について、

高皇産霊尊五世孫

と記してゐる点が、「紀」と相違してゐる点である。

テ、四年甲子、春二月二十三日甲申、以二諸虜已平、海内無事一、詔作二時於鳥見山一、祭二皇祖天神一、

本条は「紀」の詔の部分を省略して鳥見山に霊時を作つて皇祖天神を祭つたことを記した部分であるが、波線の部分は「紀」の「立」を変更してゐる。

ア、三十一年辛卯、夏四月乙酉朔、車駕巡幸、登二腋上嗛間丘一、廻二望地形一、称三其似二蜻蛉之臀呫一焉、由レ是始有二秋津洲之号一。

本条は天皇の巡幸と国号についての記述である。

サ、四十二年壬寅、春正月三日甲寅、立二皇子神渟名川耳尊一為二皇太子一、

本条は神渟名川耳尊を皇太子とした記事で、「四十」の記し方に相違があり、「紀」には二年の前に「有」字があるのみである。

キ、七十六年丙子、春三月十一日甲辰、天皇崩二於橿原宮一、年一百二十七、

本条は「紀」の記述に従つて記述されてゐる。

ユ、葬二畝傍山東北陵一、

本条はは葬つた年月の記述を省略してゐる。

メ、追謚曰二神武天皇一、

これは「本紀」の通例による漢風諡号の記載である。

第二節　綏靖天皇本紀

イ、綏靖天皇、神武帝第五子也、

「紀」は、二重線の部分は「第三子」と記されてゐる。

ロ、母媛蹈韛五十鈴媛皇后、

本条は「紀」の省略文である。

ハ、天皇風姿岐嶷、少有二雄抜之気一、及レ壮魁偉沉毅、最長二武事一、

本条の波線の部分は、「紀」の要約文である。

ニ、神武帝四十二年、立為二皇太子一、

本条は、神武天皇紀四十二年条に基づいて記されたものである。

ホ、七十六年三月、神武帝崩、皇太子資性純孝、悲慕無レ已、悉二心葬事一、庶務一委二于庶兄手研耳命一、

本条は「紀」即位前紀の要約文であるが、「七十六年」と天皇の年齢を記さず神武天皇の年代を記してゐる点が相違してゐる。また波線の部分は「紀」が、「孝性純深」と記されてゐる部分の意訳といつてよいであらう。

ヘ、丁丑歳九月十二日丙寅、葬二神武天皇一、手研耳命以二諒闇之際、威福由レ己、遂図レ害二皇太子一、皇太子知二其情一、密為二之備一、

本条は「紀」即位前紀の要約文である。

ト、己卯歳、山陵事畢、命造二弓矢一、陰與二母兄神八井耳命一謀、将レ射二殺之一、会手研耳命独臥二於地窖中一、皇太子使二神八井耳命射一レ之、戦慄不レ能レ発レ矢、皇太子乃奪二其弓矢一、射而殪レ之、

本条は「紀」の要約文である。但し、「紀」ではその手研耳命誅滅を「十一月」と明記してゐるに拘はらず、「本紀」では全く触れられてゐない。また「紀」では神八井耳命と謀つたとするのに対し、「本紀」では神八井耳命に加へて母の媛蹈韛五十鈴媛とも相談したことになつてゐる。

註　手研耳命誅滅者については第二十章参照。

チ、元年庚辰、春正月八日己卯、天皇即㆑位、時年五十二、

本条は「紀」の省略文であるが、二重線の年の干支は「紀」には記されてゐないが、「本紀」は干支を記すのが通例であり、また波線のやうに日付を記してゐるのも「本紀」の通例であり、以下も同様に記されてゐるところである。但し太線のやうな即位時の年齢は「紀」には記されてゐない。

リ、是為㆓神渟名川耳天皇㆒、

本条は「紀」には記されてゐないが、「本紀」は歴代天皇即位記事に続いて天皇号（和風諡号）を記してゐるので、本条はその例に従つたものである。

ヌ、都㆓於葛城㆒、是謂㆓高丘宮㆒、

本条は「紀」と同文である（以下同文は註記しない）。

ル、二年辛巳、春正月、立㆓五十鈴依媛㆒為㆓皇后㆒、

本条は「紀」の省略文である。

ヲ、四年癸未、夏四月、神八井耳命薨、

本条は、「紀」の省略文である。

ワ、二十五年甲辰、春正月七日戊子、立㆓磯城津彦玉手看尊㆒為㆓皇太子㆒、

本条は「本紀」が年の干支及び日付を加へてゐる以外は「紀」と同文である。

カ、三十三年壬子、夏五月、天皇不豫、十日癸酉崩、年八十四、

本条は、「紀」の要約文である。

ヨ、葬㆓桃花鳥田丘上陵㆒、

本条は、安寧天皇紀元年条によつて記したものである。

タ、追謚曰㆓綏靖天皇㆒、

本条は、天皇の漢風謚号を記したものである。

第三節　安寧天皇本紀

イ、安寧天皇、綏靖帝子也、母五十鈴依媛皇后、
本条は、安寧天皇即位前紀の要約文である。

ロ、綏靖帝二十五年、立為㆓皇太子㆒、
本条は、即位前紀の要約文である。

ハ、三十三年五月、綏靖帝崩、
本条は、即位前紀の要約文である。

ニ、七月三日乙丑、皇太子即㆓天皇位㆒、
本条は、即位前紀の要約文である。

ホ、是為㆓磯城津彦玉手看天皇㆒、
本条は「本紀」の通例によつて記されたものである。

ヘ、元年癸丑、冬十月十一日丙申、葬㆓綏靖天皇㆒、尊㆓皇后㆒曰㆓皇太后㆒、
本条は、「紀」の省略文である。なほ波線部分は「紀」では和風諡号で記されてゐるのを漢風諡号に直してゐるものであり、以下各天皇本紀も同様である。

ト、二年甲寅、遷㆓都片塩㆒、是謂㆓浮孔宮㆒、

チ、三年乙卯、春正月五日壬午、立㆓渟名底仲媛㆒為㆓皇后㆒、
本条は、「紀」の要約文である。

リ、十一年癸亥、春正月壬戌朔、立㆓大日本彦耜友尊㆒為㆓皇太子㆒、
本条は、「紀」と同文であるが、「紀」には磯城津彦命のことも記されてゐるが、「本紀」には記されてゐない。

ヌ、三十八年庚寅、冬十二月六日乙卯、天皇崩、年五十七、
本条は、「紀」の省略文である。

ル、葬㆓畝傍山南御陰井上陵㆒、
本条は、懿徳天皇紀元年八月条によつて記されたものである。

ヲ、追諡曰㆓安寧天皇㆒、
本条は通例に従つた記述である。

第四節　懿徳天皇本紀

イ、懿徳天皇、安寧帝第二子也、

本条は、懿徳天皇即位前紀と同意文である。

ロ、母渟名底仲媛皇后、

本条は、「紀」の省略文である。

ハ、安寧帝十一年、立為二皇太子一、

本条は、即位前紀の同意文である。

ニ、三十八年十二月、安寧帝崩、

本条は、即位前紀の同意文である。

ホ、元年辛卯、春二月四日壬子、天皇即レ位、時年四十四、

本条は、「紀」の省略文であるが、即位時の年齢を記してゐる。

ヘ、是為二大日本彦耜友天皇一、

本条は、「本紀」の通例によつて記されたものである。

ト、秋八月丙午朔、葬二安寧天皇一、

本条は、「紀」の同意文である。

チ、九月十四日己丑、尊二皇后一曰二皇太后一、

本条は、「紀」の省略文である。

リ、二年壬辰、春正月五日戊寅、遷二都於軽一、是謂二曲峡宮一、

本条は、「紀」の省略文である。

ヌ、二月十一日癸丑、立二天豊津媛一為二皇后一、

本条は、「紀」の省略文である。

ル、二十二年壬子、春二月十二日戊午、立二観松彦香殖稲尊一為二皇太子一、

本条は、「紀」の省略文である。

ヲ、三十四年甲子、秋九月八日辛未、天皇崩、年七十七、

本条は、「紀」の省略文である。

ワ、葬二畝傍山南纖沙谿上陵一、

本条は、孝昭天皇即位前紀に基づいて記されたものである。

カ、追謚曰二懿徳天皇一、

本条は通例に従つた記述である。

第五節　孝昭天皇本紀

イ、孝昭天皇、懿徳帝子也、母天豊津媛皇后、懿徳帝二十二年、立為二皇太子一、三十四年九月、懿徳帝崩、明年乙丑、十月十三日庚午、葬二懿徳天皇一、

本条は、孝昭天皇即位前紀の要約文である。但し天皇名は従前通りの記載である。

ロ、元年丙寅、春正月九日甲午、

本条は、次条と一連の天皇即位記事である。

ハ、天皇即レ位、時年三十一、

本条は、「紀」の省略文である。

ニ、是為二観松彦香殖稲天皇一、

本条は、「本紀」の通例によつて記されたものである。

ホ、夏四月五日己未、尊二皇后一曰二皇太后一、

本条は、「紀」の省略文である。

へ、秋七月、遷㆓都掖上㆒、是謂㆓池心宮㆒、

ト、二十九年甲午、春正月三日丙午、立㆓世襲足媛㆒為㆓皇后㆒、

本条は、「紀」の省略文である。

チ、六十八年癸酉、春正月十四日庚子、立㆓日本足彦国押人尊㆒為㆓皇太子㆒、

本条は、「紀」の省略文である。

リ、八十三年戊子、秋八月五日辛酉、天皇崩、年一百十四、

本条は、「紀」の省略文である。

ヌ、葬㆓掖上博多山上陵㆒、

本条は、孝安天皇紀三十八年条に基づいて記されたものである。

ル、追諡曰㆓孝昭天皇㆒、

本条は通例に従つた記述である。

第六節　孝安天皇本紀

イ、孝安天皇、孝昭帝第二子也、母世襲足媛皇后、六十八年、立為㆓皇太子㆒、八十三年八月、孝昭帝崩、

本条は、「紀」の要約文である。天皇名も従前通りである。

ロ、元年己丑、春正月七日辛卯、天皇即㆑位、時年三十六、

本条は、「紀」の要約文である。

ハ、是為㆓日本足彦国押人天皇㆒、

本条は、「本紀」の通例によつて記されたものである。

ニ、秋八月辛巳朔、尊㆓皇后㆒曰㆓皇太后㆒、

本条は、「紀」の省略文である。

ホ、二年庚寅、冬十月、遷㆓都於室㆒、是謂㆓秋津島宮㆒、

本条は、「紀」の要約文である。

ヘ、二十六年甲寅、春二月十四日壬寅、立二押媛一為二皇后一、

本条は、「紀」の要約文である。

ト、三十八年丙寅、秋八月十四日己丑、葬二孝昭天皇一、

本条は「紀」の要約文である。

チ、七十六年甲辰、春正月五日癸酉、立二大日本根子彦太瓊尊一為二皇太子一、

本条は、「紀」の要約文である。

リ、一百二年庚午、春正月九日丙午、天皇崩、年一百三十七、

本条は、「紀」の要約文である。

ヌ、葬二玉手丘上陵一、

本条は、孝霊天皇即位前紀の記事に基づいて記されてゐる。

ル、追謚曰二孝安天皇一、

本条は通例に従つた記述である。

第七節　孝霊天皇本紀

イ、孝霊天皇、孝安帝子也、母押媛皇后、

本条は、「紀」即位前紀の要約文である。なほ天皇名は従前通りの記述である。

ロ、孝安帝七十六年、立為二皇太子一、

本条は、「紀」即位前紀の趣意文である。

ハ、一百二年正月、孝安帝崩、九月十三日丙午、葬二孝安天皇一、

本条は、「紀」即位前紀の要約文である。但し天皇名は従前通りの記述である。

ニ、十二月、遷二都黒田一、是謂二廬戸宮一、

本条は、「紀」即位前紀の要約文である。

ホ、元年辛未、春正月十二日癸卯、天皇即レ位、時年五十三、

本条は、「紀」の要約文である。

へ、是為二大日本根子彦太瓊天皇一

本条は、「本紀」の通例によつて記されたものである。

ト、尊二皇后一曰二皇太后一

本条は、「紀」の省略文である。

チ、二年壬申、春二月十一日丙寅、立二細媛一為二皇后一

本条は、「紀」の要約文であるが、「紀」に記されてゐる異説には言及されてゐない。

リ、三十六年丙午、春正月己亥朔、立二彦国牽尊一為二皇太子一

ヌ、七十六年丙戌、春二月八日癸丑、天皇崩、年一百二十八、

本条は、「紀」の省略文である。

ル、葬二片丘馬坂陵一

本条は、孝元天皇紀六年条に基づいて記されたものである。

ヲ、追謚曰二孝霊天皇一

本条は通例に従つた記述である。

第八節　孝元天皇本紀

イ、孝元天皇、孝霊帝長子也、母細媛皇后、孝霊帝三十六年、立為二皇太子一、七十六年二月、孝霊帝崩、

本条は、「紀」の要約文である。但し二重線の「長子」とは「紀」には記されてゐない。

ロ、元年丁亥、春正月十四日甲申、天皇即レ位、時年六十、

本条は、「紀」の省略文である。

ハ、是為二大日本根子彦国牽天皇一

本条は、「本紀」の通例によつて記されたものである。

ニ、尊二皇后一曰二皇太后一

ホ、四年庚寅、春二月甲午、

本条は、次条に続くものである。

ヘ、遷二都於軽一、是謂二境原宮一

ト、六年壬辰、秋九月六日癸卯、葬二孝霊天皇一
本条は、「紀」の省略文である。但し天皇名については従前通りの記述である。

チ、七年癸巳、春二月二日丁卯、立二鬱色謎一為二皇后一、
本条は、「紀」の要約文である。

リ、二十二年戊申、春正月十四日壬午、立二稚日本根子彦大日日尊一為二皇太子一、
本条は、「紀」の省略文である。

ヌ、五十七年癸未、秋九月二日癸酉、天皇崩、年一百十六、
本条は、「紀」の省略文である。但し、通例によつて天皇の年齢を記してゐる。

ル、葬二剱池島上陵一、
本条は、開化天皇紀五年条に基づいて記されてゐる。

ヲ、追謚曰二孝元天皇一、
本条は通例に従つた記述である。

第九節　開化天皇本紀

イ、開化天皇、孝元帝第二子也、母鬱色謎皇后、孝元帝二十二、年立為二皇太子一、五十七年九月、孝元帝崩、
本条は、開化天皇即位前紀の要約文であり、天皇名を漢風諡号で記すことも通例通りである。

ロ、十一月十二日壬午、皇太子即二天皇位一、時年五十一、
本条は、「紀」の省略文であり、通例に従つて即位時の年齢を記してゐる。

ハ、是為二稚日本根子彦大日日天皇一、
本条は、「本紀」の通例によつて記されたものである。

ニ、元年甲申、春正月四日癸酉、尊二皇后一曰二皇太后一、
本条は、「紀」の省略文である。

ホ、冬十月十三日戊申、遷二都春日一、是謂二率川宮一、
本条は、「紀」の省略文である。

へ、五年戊子、春二月六日壬子、葬二孝元天皇一、

本条は、「紀」の省略文である。

ト、六年己丑、春正月十四日甲寅、立二伊香色謎一為二皇后一、

本条は、「紀」の要約文である。

チ、二十八年辛亥、春正月五日丁酉、立二御間城入彦尊一為二皇太子一、

本条は、「紀」の省略文である。

リ、六十年癸未、夏四月九日甲子、天皇崩、年一百十一、

本条は、「紀」の省略文である。

ヌ、葬二春日率川坂本陵一、

本条は、「紀」の省略文である。

ル、追謚曰二開化天皇一、

本条は通例に従つた記述である。

第十節　崇神天皇本紀

イ、崇神天皇、開化帝第二子也、母伊香色謎皇后、

本条は崇神天皇即位前紀の意訳文である。すなはち「紀」は、天皇名を和風謚号で記してゐるのを「本紀」では漢風謚号で記してゐる。が、これは歴代天皇本紀に共通する書式である。

ロ、天皇資性聡敏、幼有二雄略一、及レ壮、寛博謹慎、崇二重神祇一、恒有下経二綸天業一之志上、

本条は即位前紀の中の天皇の性格を記した部分であるが、この中で「紀」と異なる記述は、「紀」が「識性」としてゐるところを波線のやうに「資性」としてゐる部分、「好雄略」を「有雄略」と要約してゐる部分、及び「紀」が「既壮寛」と記してゐるのを「及レ壮」としてゐる部分である。

ハ、開化帝二十八年、立為二皇太子一、

この中の「二十八年」は開化天皇紀に基づく記述であり、他は即位前紀の記事である。

ニ、六十年四月、開化帝崩、十月三日乙卯、葬二開化天皇一、

本条の前半は即位前紀の記事であり、天皇名を漢風諡号に改めてゐる。対して後半は開化天皇紀に基づき陵名を略して天皇名を記してゐる。

ホ、元年甲申、春正月十三日甲午、天皇即レ位、時年五十二、

本条は元年条の要約文であり、「本紀」の通例により、年の干支と月の日付を加へると共に、即位時の年齢を記してゐる。

ヘ、是為二御間城入彦五十瓊殖天皇一、

本条は「本紀」の通例により、天皇の和風諡号を記したものである。

ト、尊二皇后一曰二皇太后一、

本条は「紀」の通りである（以下同文の場合は註記しない）。

チ、二月十六日丙寅、立二御間城姫一為二皇后一、

本条は「紀」の省略文である。但し「紀」には記されてゐる皇后処生の六皇子女の名及び妃とその処生の皇子女の名は略されてゐる。

リ、三年丙戌、秋九月、遷二都磯城一、是謂二瑞籬宮一、

ヌ、四年丁亥、冬十月二十三日壬午、詔曰、惟我皇祖諸天皇、光二臨宸極一、豈為二一身一、蓋所三以司下牧人神上、経二綸天下一、故、能世闡二玄功一、時流二至徳一、今朕奉二承大運一、愛二育黎元一、何以聿二遵皇祖之跡一、永保二無窮之祚一、群卿百僚、竭二爾忠貞一、共安二天下一、

本条は、四年紀十月壬午条の詔を一部分文字を略して記したものである。

ル、五年戊子、民多二疾疫一、死亡大半、

本条は「紀」の省略文であるが、波線の「民」は、「紀」では「死亡」の前に記されてゐるものを移動させてゐる。

ヲ、六年己丑、百姓流離、或有二背叛一、天皇憂惕、請二罪神祇一、先レ是、祭二天照大神、倭大国魂神於殿内一、

至レ此、畏二其瀆レ神、使下皇女豊鍬入姫、遷二神鏡霊剣於倭笠縫邑一、而祭二天照大神一、別摸二鏡剣一、奉二安殿内一、以為二護身御璽一、

本条は六年紀の趣意文であるが、「神鏡霊剣」「遷」及び「別」以下は「紀」に記されてゐない文である。

ワ、又命二皇女渟名城入姫一、祭二大国魂神一、

本条は六年紀の要約文であるが、「紀」が「託」としてゐる処を二重線のやうに「命」としてゐる。

カ、七年庚寅、春二月十五日辛卯、詔曰、昔我皇祖、大啓二鴻基一、聖業逾高、王風転盛、不レ意、今当二朕世一、数有二災害一、恐朝無二善政一、取二咎於神祇一、盍三命下神亀上、以質二致レ災之所レ由、於レ是天皇幸二神浅茅原一、卜二之於八十万神一、乃祭二大物主神一、天皇復斎戒沐浴、潔二浄殿内一、以禱レ消レ災、夢大物主神告曰、天皇何憂二国之不レ治、若使二我児大田田根子祭レ我、則国速治、海外之国、自当二帰服一、天皇大喜、布二告天下一、訪二求大田田根子者一、得二之茅渟県陶邑一、

本条は七年紀二月条及び八月条の要約文であり、(ヨ)・(タ)条と共に大物主神奉祭に関する記事である。

ヨ、冬十一月八日己卯、

本条は次条と一連の記事である。

タ、命二伊香色雄一為下班二神物一者上、使三大田田根子祭二大物主大神一、長尾市祭二倭大国魂神一、然後卜レ祭二他神一吉、乃別祭二八十万神一、定二天社、国社、神地、神戸一、於レ是疫疾始息、年豊民安、

本条は崇神天皇の神祇祭祀の実行を述べた部分であるが、第一に最初の二重線のやうに伊香色雄を「為班神者」と記してゐるが、「紀」は、

命二伊香色雄一而以二物部八十手所作祭神之物一。即以二大田田根子一。為祭二大物主大神一之主。

とあつて、これでは意味が明瞭ではなく、何らかの脱漏があるものと思はれるのであるが、「本紀」はそれを「為班神物者」とし、意味が通じるやうにしてゐるのであるが、恐らくは正しい解釈であらう。

また最後の二重線の部分の「年豊民安」は「紀」が、

国内漸謐。五穀既成。百姓饒之。

としてゐる部分をその趣旨に基づいて書き変へたものである。

第二に太線の「疾」は「紀」には「病」とあるのを変へたものである。

レ、八年辛卯、冬十二月二十日乙卯、令二大田田根子一祭二大物主神一、天皇臨焉、祭畢宴二神宮一、

本条は大神神社の祭典に関した記事であるが、波線の大物主神は「紀」では「大神」とある。「本紀」はそれを祭神名に変へて記してゐる。また「天皇臨焉。祭畢」は「紀」には記されてゐない内容である。

ソ、九年壬辰、夏四月十六日己酉、天皇感レ夢、祠二墨坂神、大坂神一、

本条は、三月戊寅の夢に基づいて、墨坂神と大坂神を祭つた記事であるが、波線の「天皇」「祠」は三月条に基づいて記されてゐる。また二重線の「感」は「紀」の「依教」を変更したものである。

ツ、十年癸巳、秋七月二十四日己酉、詔曰、導レ民之本、在二於教化一、今既礼二神祇一、災害悉息、然遠荒之人、未レ霑二王化一、其選二群卿一、遣二于四方一、令レ知二朕意一、九月九日甲午、遣二大彦命於北陸、武渟川別於東海、彦五十狭芹彦命於西道、丹波道主命於丹波一、命曰、有二不レ受レ教者一、挙レ兵伐レ之、既而共授二印綬一為二将軍一、将軍始二于此一、

本条は四道将軍派遣の記事であるが、詔は「紀」を一部分省略したものである。その中で波線を引いた部分は、「紀」ではそれぞれ①「皆耗」②「未レ習二王化一」③「憲」④「詔」となつてゐる。また二重線の「彦五十狭芹彦命」は「紀」では「吉備津彦」となつてゐる。太線の「将軍始二于此一」は『職原鈔』及び『神皇正統記』によつて記したものである。

ネ、及レ発、会武埴安彦反、與二妻吾田媛一欲レ襲二帝京一、即使二大彦命、彦五十狭芹彦命、彦国葺討レ之、武埴安彦、吾田媛伏レ誅、冬十月乙卯朔、詔二群臣一曰、反者伏レ誅、畿内無レ事、唯海外荒俗、騒動未レ止、四道将軍其速発、二十二日丙子、大彦命等各赴二四道一、

本条は武埴安彦の反乱についての記事であり、「紀」

を簡単に要約して、反乱の事実とその平定のみを記してゐるのである。そして平定後の四道将軍発遣を記してゐるのであるが、太線の部分は「紀」が「今急発之」とあるところを「速」と書し、また「紀」に「将軍等共発路」とあるところを二重線のやうに書き直してゐる。

ナ、十一年甲午、夏四月二十八日己卯、四道将軍奏下平二戎夷一状上、是歳、異俗帰附、海内安寧、

　本条は一部省畧された部分があるが、ほぼ「紀」と同文である。但し二重線の部分のみは、「紀」は「異俗多帰」と記されてゐるのを若干変更して記してゐる。

ラ、十二年乙未、春三月十一日丁亥、詔曰、朕初承二天位一、獲レ保二宗廟一、明有レ所レ蔽、徳不レ能レ綏、是以陰陽謬錯、寒暑失レ序、疫病大作、百姓被レ災、故今解レ罪改レ過、敦礼二神祇一、垂レ教而綏二荒俗一、挙レ兵以討二不服一、是以官無二廃事一、下無二逸民一、教化流行、衆庶楽レ業、異俗重レ訳、海外帰化、宜下当二此時一、更校二人民一、令レ知中長幼之次序、及課役之先後上、秋九月十六日己丑、始校二人民一、更課二調役一、此謂二男之弭調、女之手末調一、至レ是神祇和享、風雨順レ時、百穀成熟、家給人足、天下太平、故称曰二御肇国天皇一、

　本条は、「紀」の詔の文の一部分の文字を変へたのみで、略ぼ同じである。すなはち太線の「大作」は「多起」を、「成熟」は「用成」を変へたものである。また波線の「神祇」も「天神地祇」を省略したものである。

ム、十七年庚子、秋七月丙午朔、詔曰、船者天下之利用也、而今海辺之民、以レ無レ船、甚苦二陸運一、其令二諸国一造二船舶一、

　本条は造船を命じた詔であるが、略ぼ「紀」と同文であり、「要用」を波線のやうに「利用」としてゐるのと、「由」を二重線のやうに「以」と記してゐるのと傍点を付け加へてゐるだけである。

ウ、四十八年辛未、夏四月十九日丙寅、立二活目尊一為二皇太子一、令三豊城命治二東国一、

　本条は活目尊の立太子記事であるが、豊城命の東国

統治のことも「紀」同様に記されてゐる。

ヰ、六十年癸未、秋七月、詔遣二使出雲一、求二神宝一、出雲振根殺二其弟飯入根一、遣二彦五十狭芹彦命、武渟川別一、討二振根一、振根伏レ誅、

本条は出雲神宝の検校についての記事であるが、その詔の内容は省略して、二重線のやうに使者を派遣して神宝を求められた事実と、出雲振根が弟の飯入根を殺したこと、及び吉備津彦と武渟河別を派遣して、太線のやうに振根を誅したことのみを記すのである。なほ波線の部分は「紀」では吉備津彦となつてゐる。

ノ、六十二年乙酉、秋七月二日丙辰、詔曰、農者天下之大本也、民所二恃以生一也、今河内狭山埴田水少、是以百姓怠二於農事一、其多開二池溝一、以寛二民業一、冬十月、作二依網池一、十一月、作二苅坂池、反折池一、

本条は殆ど「紀」と同文である。

オ、六十五年戊子、秋七月、任那国始遣レ使朝貢、

本条は任那の朝貢記事であるが、「紀」では蘇那曷叱知とその名前が記されてゐるのを、二重線のやうに「使」としてゐる。それと共にこれが朝貢記事の最初であるところから、波線のやうに「始」と記してゐる。

ク、六十八年辛卯、冬十二月五日壬子、天皇崩、年一百十九、

本条は天皇の崩御記事であるが、「紀」では、「時年百廿歳」と記されてゐるのに拘はらず「本紀」では波線のやうに「一百十九」と記してゐる。

ヤ、葬二山辺道上陵一、追諡曰二崇神天皇一、

本条は天皇の御陵の所在地と追諡の名称記事であるが、追諡の漢風諡号を記すのは「本紀」の通例である。

第十一節　垂仁天皇本紀

イ、垂仁天皇、崇神帝第三子也、母御間城姫皇后、以二崇神帝二十九年正月己亥朔一、生二於瑞籬宮一、生而有二岐嶷之姿一、及レ壮、倜儻大度、率レ性任レ真、無レ所二矯飾一、崇神帝愛レ之、引二置左右一、

本条は垂仁天皇即位前紀の要約文であるが、「紀」が天皇名を和風諡号で記してゐるのに対して「本紀」は漢風諡号で記し、先帝については「天皇」ではなくして「帝」と記してゐるが、これは「本紀」の通例である。波線の「皇后」は「紀」では「母皇后」となってゐる。

ロ、四十八年正月、崇神帝、謂二天皇及豊城命一曰、朕於二二子一、慈愛無レ異、不レ知二孰為レ嗣、有レ夢宜レ告、朕以レ夢占レ之、二皇子沐浴而寝、明日豊城命入奏、夢登二御諸山一、向レ東而弄レ槍者八、撃レ刀者八、天皇奏、夢登二御諸山巓一、縆二縄四方一、遂二啄レ粟雀一、崇神帝諭レ之曰、兄唯向レ東、宜レ治二東国一、弟臨二四方一、宜レ継二朕位一、遂立為二皇太子一、

本条は「紀」が、

廿四歳因二夢祥一以立為二皇太子一。

と記されてゐるところを、崇神天皇四十八年紀の皇太子決定に至る経緯を記した部分を要約して記したものである。「紀」で「天皇」とされてゐる部分が「本紀」では「崇神帝」とされ、「紀」で「活目尊」とされてゐる部分が「本紀」では「天皇」と記されてゐるのは「垂仁天皇本紀」であることから当然の記述である。

太線の部分は四十八年四月丙寅条の、

立二活目尊一為二皇太子一。

に基づいて記されたものである。

ハ、六十八年十二月、崇神帝崩。

本条は即位前紀により記されたものである。

ニ、元年壬辰、春正月二日戊寅、天皇即レ位、時年四十一、

本条は垂仁天皇元年紀によつて記されてゐるが、「時年四十二」については、「紀」には記されてゐない

ホ、是為二活目入彦五十狭茅天皇一

本条は「本紀」の通例により和風諡号を記したものである。

ヘ、冬十月十一日癸丑、葬二崇神天皇一

本条は崇神天皇葬送の記事であるが、崇神天皇紀の、

明年（崇神天皇六十八年の翌年）秋八月甲辰朔甲寅。葬二于山辺道上陵一。

と相違してゐるために、本文は垂仁天皇紀に従つて記してゐる。

ト、十一月二日癸酉、尊二皇后一曰二皇太后一

本条は「紀」と同文である（以下同文の場合は註記しない）。

チ、二年癸巳、春二月九日己卯、立二狭穂姫一為二皇后一

本条は「紀」と同文である。但し「紀」はこの記事に続けて誉津別命のことが記してゐるが「本紀」には記されてゐない。

リ、冬十月、遷二都纏向一、是謂二珠城宮一

本条は、奠都記事であるが、「紀」では「都於」としてゐるところを波線のやうに「遷都」としてゐる。

ヌ、是歳、任那使、請レ帰レ国、許レ之、特厚給與、賜二赤絹一百匹於任那王一、新羅人邀レ道奪レ之、二国始構レ怨、

本条は蘇那曷叱智の帰国記事であり、二重線の部分はその要約であるが、「紀」では蘇那曷叱智と名前を記してゐる部分を「任那使」としてゐるのは「崇神天皇本紀」と変はりはない。相違してゐるのは「紀」が「遮」とあるところを波線のやうに「邀」と変へてゐる点と、「二国之怨始起二於是時一也」とあるのを「二国始構レ怨」と変更してゐる点である。

ル、三年甲午、春三月、新羅王子天日槍帰化。

本条は天日槍来日記事であるが、波線のやうに「来帰」を「帰化」と変更してゐる。「紀」はその将来物や出石定住の経緯について記してゐるが「本紀」は省略してゐる。

ヲ、五年丙申、冬十月己卯朔、幸二来目高宮一、皇后兄狭穂彦謀反、使二将軍八綱田討レ之狭穂彦伏レ誅、皇后死二其城中一、

本条は狭穂彦の謀反記事の要約であるが、謀反と誅伐の事実、皇后の死のみを記してゐる。

ワ、七年戊戌、秋七月七日乙亥、召二当麻邑人蹶速、出雲人野見宿禰一、観二其角力一。

本条は当麻蹶速と、出雲の人野見宿禰の相撲の記事であるが、「紀」には二重線の部分は記されてゐない。が、その文面からして天皇が観覧されたことは事実であるところからこのやうに記したものと考へられる。なほ「角力」は「紀」では「捔力」と記されてゐる。

カ、十五年丙午、秋八月壬午朔、立二日葉酢媛一為二皇后一、其納二三妹渟葉田瓊入媛、眞砥野媛、筋瓊入媛一、並為レ妃、

本条は日葉酢媛の立后及びその妹たちを妃と為した記事であるが、波線の部分は「紀」では「弟三女」となつてゐるが、意味するところに相違はない。

ヨ、二十五年丙辰、春二月八日甲子、詔二武渟川別、彦国葺、大鹿島、十千根、武日五大夫一曰、

本条は次条と一連の文であるが、氏の名を省略したのみで「紀」と同文である。

タ、我先皇惟叡作レ聖、欽明聡達、謙損冲退、綢二繆機衡一、礼二祭神祇一、克レ己勤レ躬、日慎二一日一、是以人民富足、天下太平、今当二朕世一、祭二祀神祇一、豈得レ有レ怠乎、

本条は神祇敬拝の詔であり「紀」の省略文である。

レ、三月十日丙申、使三倭姫代下豊鍬入姫上、奉二斎天照大神一、倭姫奉二天照大神一、立二祠伊勢一、建二斎宮於五十鈴川上一、

本条は神宮鎮座の記事であり、「紀」の要約文である。波線の「建」は「紀」では「興」と記してゐる。このやうに「紀」と相違する記述の部分も存するが、その意味するところは変はらない。

ソ、二十六年丁巳、秋八月三日庚辰、遣二物部十千根一、

本条は次条に続く文である。

ツ、検二出雲神宝一、仍命掌レ之、

本条は十千根による出雲神宝の検校と管理の記事であり、詔は省略されてゐる。そして「紀」が「校定」としてゐる部分を波線のやうに「検」と記してゐる。

ネ、二十七年戊午、秋八月七日己卯、令四祠官卜三以下兵器上為二祭幣一、吉、乃納二弓矢刀於諸社一、更定二神地神戸一、以レ時祭レ之、以二兵器一祭レ神始二于此一、

本条は「紀」の省略文であり、波線で示した部分も若干の文字や表現に相違があるのみで「紀」と変はることはない。

ナ、是歳、置二屯倉于来目邑一、

本条は「紀」と殆んど同文であり、「紀」が「興」としているところを波線のやうに「置」としてゐるのみである。

ラ、二十八年己未、冬十月五日庚午、倭彦命薨、聚二近習一為レ殉、天皇聞而惻レ之、詔二群卿一曰、生而所レ愛、死而為レ殉、不二亦惨一乎、雖二古之遺風一、曷可二遵用一、自レ今止レ之、

本条は殉死の禁止を命じたものである。波線の部分は「紀」が「令レ殉二亡者一」とあるところで表現の相違で意味は変はらない。対して前の二重線の部分は「紀」が「集二近習者一。悉生而埋二立於陵域一」と記されてゐる処を「殉」の一字に要約したものであり、太線の「惻レ之」は「心有二悲傷一」を要約したものであり、点線の「不二亦惨一」は「是甚傷矣」の言ひ換へであり、後の二重線の部分は「非レ良何従」を書き換へたものである。

ム、三十二年癸亥、秋七月六日己卯、皇后日葉酢媛崩、詔以レ土像レ物、用代レ殉、立為二永制一、以二野見宿禰一任二土部職一、建真利根命献二石棺一、賜二姓石作大連公一、

本条は埴輪製作記事であるが、太線部分は「紀」が「薨」とあるところを「崩」としたものである。また建真利根命以下は『新撰姓氏録』巻十三「左京神別下」の四〇五番「石作連」条に基づいて記されてゐる。

ウ、三十四年乙丑、春三月二日丙寅、行二幸山背一、

本条は山背行幸記事であり、「紀」が「幸」として

ゐるところを波線のやうに「行幸」と記してゐる点が相違してゐるだけである。但しこの行幸に於いて綺戸辺を後宮に納れたこと、及びこれより先に苅幡戸辺を娶つたことは記されてゐない。

ヰ、三十五年丙寅、秋九月遣二皇子五十瓊敷命于河内一、作二高石池茅渟池一、冬十月、作二倭狭城池、迹見池一、

ノ、是歳、令三諸国開二池溝一、凡八百、以勧二農事一、民頼殷富、

本条の中、波線の部分は「一数」を変更したものであり、二重線の部分は「以レ農為レ事、因レ是、百姓富寛、天下太平也、」を要約したものである。

オ、三十七年戊辰、春正月戊寅朔、立二大足彦尊一為二皇太子一、

ク、三十九年庚午、冬十月、五十瓊敷命作二剣一千口一、蔵二于石上神宮一、天皇乃命二五十瓊敷命一、掌二神宮宝物一、為定二河上部一、

本条は殆んど「紀」と変はるところはなく、僅かに波線の部分が「紀」では「主」と相違してゐるだけである。但しその後の二重線の部分は、「記」を活用して一文としてゐる。

ヤ、八十七年戊午、春二月五日辛卯、以二物部十千根一代二五十瓊敷命一、掌二石上神宝一、

本条は前条に続いて石上神宮の神宝管理についての記事であるが、「紀」では本条は直接天皇の命じられたことではない。に拘はらず「本紀」が波線のやうに記してゐる。

マ、八十八年己未。秋七月十日戊午、遣二使但馬一、詔二清彦一、献二其曾祖天日槍所レ齎宝物一、蔵二之官府一、

本条は天日槍の将来した宝物を朝廷が収用した記事であるが、二重線の部分は「即日遣二使者一」を、波線の部分は「将来」を、太線の部分は「神府」を変更したものである。

ケ、九十年辛酉、春二月庚子朔、遣二田道間守一、求二非時香菓於常世国一、

フ、九十九年庚午、秋七月戊午朔、

コ、天皇崩二于纏向宮一、

エ、年一百三十九。

本条は「紀」には、

時年百卌歳。

と記されてゐるのであるが、それを「年一百三十九」としてゐる。

テ、葬二菅原伏見陵一、

ア、追諡曰二垂仁天皇一、

本条は「本紀」の通例に従ひ記されたものである。

第十二節　景行天皇本紀

イ、景行天皇垂仁帝第三子也、母日葉酢媛皇后、

本条は、天皇名を漢風諡号で記し、先帝を「帝」とし、「皇后」を名前の後ろに移動してゐる以外「紀」と変はらない。尚ほ傍線は「紀」と同じであることを示してゐる(以下同様)。

ロ、天皇身長一丈二寸、脛四尺一寸、

本条は「記」垂仁天皇段に「御身長、一丈二寸」、御脛長、四尺一寸也。」と註されてゐる文により記されたものである。

ハ、垂仁帝三十年、天皇與二兄五十瓊敷命一侍二帝側一、帝曰、二子試言二情願一、五十瓊敷命曰、願得二弓矢一、天皇曰、欲レ得二皇位一、因賜二弓矢五十瓊敷命一、謂二天皇一曰、汝必継二朕位一、

本条は、垂仁天皇三十年正月甲子条により、その要

約趣意文として記されてゐる。為に太線のやうな「紀」には無い語句が記されたり、また二重線のやうに文字を変へた部分が散見されることになつてゐる。

ニ、三十七年、立為二皇太子一、

本条は「紀」と変はらない（以下同文の場合は註記しない）。

ホ、九十九年七月、垂仁帝崩、十二月十日壬子、葬二垂仁天皇一、

本条に垂仁天皇崩御及び葬送記事であるが、景行天皇即位前紀では、

　　九十九年春二月、活目入彦五十狭茅天皇崩。

とあるのであるが、垂仁天皇紀九十九年条では、

　　九十九年秋七月戊午朔、天皇崩二於纏向宮一。

とあつて、その崩御の月が相違してゐる。「本紀」は二重線のやうに、垂仁天皇紀に従つて記したのであり、また波線の部分も垂仁天皇紀によつて記されてゐる。

ヘ、元年辛未、秋七月十一日己卯、天皇即レ位、

本条は即位記事であるが、「紀」が日の干支のみであるのに対し「本紀」はその日付を計算して「十一日」と記してゐる。「本紀」は即位記事に続けて即位時の年齢を記すことを通例としてゐるが、本条には記されてゐない。

ト、是為二大足彦忍代別天皇一、

本条は前条に続く記述で、「本紀」の通例により和風諡号を記したものである。

チ、是歳、田道間守得二香菓於常世国一而帰、

本条は垂仁天皇紀の要約文であり、「紀」が「明年春三月辛未朔壬午」と、その月日を明確に記してゐるのに対し、「是歳」と記してゐる。

リ、二年壬申、春三月三日戊辰、立二播磨稲日大郎媛一為二皇后一、

ヌ、三年癸酉、春二月、欲三幸下紀伊上親祭二神祇一。卜レ之、不レ吉、遣二屋主忍男武雄心命一祭レ之、

本条は「紀」の要約文であるが、「紀」は、

　　春二月庚寅朔

と、その日まで記してゐるに拘はらず、「本紀」は日を略してゐる。また太線の「親」は「紀」に無い文言である。

ル、四年甲戌、春二月十一日甲子、行二幸美濃一、冬十一月庚辰朔、乗輿還レ自二美濃一、都二纏向一、是謂二日代宮一、

本条は美濃行幸の始終を記したものであるが、「紀」には行幸時の動静について詳しく記されてゐるのに対し、「本紀」は一切省略してゐる。

ヲ、十二年壬午、秋七月、熊襲叛、八月十五日己酉、車駕親征、

本条は熊襲の反乱の事実と親征記事であるが、「紀」では単に「幸二筑紫一」とある所を、太線のやうに変更してゐる。

ワ、九月五日戊辰、次二周芳娑磨一、天皇南望、謂二群卿一曰、烟気簇起、賊必在レ此、先遣二武諸木、菟名手、夏花一覘レ之、有二女子神夏磯媛一、徒衆最多、聞二使者至一、献二八尺瓊、八握剣、八咫鏡一、迎降、告曰、我族今既帰レ徳、願無レ下レ兵、更有二四賊一、其居二菟狭川上一者曰二鼻垂一、居二御木川上一者曰二耳垂一、居二高羽川上一者曰二麻剝一、居二緑野川上一者曰二土折猪折一、各拠二守要害一、拒二絶皇命一、講急撃レ之、於レ是武諸木等誘二降麻剝一、賞以二赤衣褌及雑貨一、使三之招二降三賊一、随至悉誅レ之、天皇進至二豊前長峡県一、造二行宮一而居焉、

本条は「紀」の要約文であるが、太線の「磨」については「麼」となつてゐる。また波線の部分は、それぞれ「到」「詔」「令レ察二其状一」「女人」「甚多」「聆」「啓」「有二残賊者一」「屯結」「隠住」「不レ従」「賜二種々奇物一」「興」を変更したものである。対して二重線の部分は趣意文となつてゐる。

カ、冬十月、天皇至二碩田国一、速見邑有二女子速津媛一為二邑之長一、来告曰、鼠石窟有二二土蜘蛛一、曰レ青、曰レ白、直入県禰疑野有二三土蜘蛛一、曰二打猨一、曰二八田一、曰二国摩侶一、並強力、亦多二徒衆一、皆曰不レ従二皇命一、若強召レ之、興レ兵相拒、天皇悪レ之、駐二軍于来田見邑一、権興二宮室一居レ之、與二群臣一議、今以二兵衆一臨レ之、彼逃二匿山野一、必為二後患一、乃以二海石榴一作レ椎、

簡二鋭卒一授レ之、披レ山排レレ莽、直襲二石窟一破二之稲葉川上一、悉殺二青白二賊一、進至二禰疑山一討二打猨一、賊拠レ山雨射、天皇還二城原一、卜二于水上一、勒レ兵先撃二八田於禰疑野一破レ之、打猨等恐懼請レ降、不レ聴、皆投二崖谷一而死、初天皇次二柏峡大野一、有二巨石一、長六尺、天皇祝曰、朕得レ滅二土蜘蛛一者、蹴レ石如二柏葉之揚一、因蹴レ之、果如二其言一、故名二其石一曰二蹈石一

本条は「紀」の要約文であるが、太線の部分は「到」を「至」といふやうに漢字を変更したのみであり、波線の部分は、「女人」「一処」「自奉レ迎之諂言」「距」「愁」「穿」「其党」「謂二不可勝一而請レ服」を変更したものであるが、その意味に変はるところはない。また二重線の処では「紀」では「巨石」が単に「石」になつてゐるが、「長六尺」に続けて「広三尺、厚一尺五寸」と記し、その「石」が巨石であることを示してゐる。「本紀」が単にその長さのみを記し、その広さと厚さを記さずに「巨石」とした理由は明瞭で無いが、六尺のみでも「巨石」であることが推定できるところから略したものであらう。更にそれに続く「祝」は「紀」では「祈」とある。

ヨ、十一月、幸二日向一、起二行宮一、是謂二高屋宮一

本条は「紀」の要約である。

タ、十二月五日丁酉、議レ討二熊襲一、詔二群卿一曰、朕聞襲国有二賊帥厚鹿文迮鹿文者一、醜類甚多、謂二之熊襲八十梟帥一、其鋒不レ可レ当、兵寡則不レ足レ滅レ賊、多則百姓被レ害、何以得三不レ仮下鋒刃上、坐平二其国一、時有二一臣一、進曰、熊襲梟帥有二二女一、曰二市乾鹿文、市鹿文一、有レ勇且美、宜三啗以下重幣上誘二納之一、使二其図レ之、天皇従レ之、招二納二女一、陽嬖二市乾鹿文一、既而市乾鹿文奏曰、無レ憂二熊襲之不レ服、妾有二良計一、乃従二一二兵一帰レ家、飲レ父以二醇酒一、伺二其酔臥一、密断二弓弦一、従者進殺レ之、天皇悪二其不孝一、誅二市乾鹿文一、以二妹市鹿文一賜二火国造一

本条は「紀」の要約文であり、傍線以外の部分はその意訳である。

レ、十三年癸未、夏五月、襲国悉平、

ソ、十七年丁亥、春三月十二日己酉、幸二子湯県丹裳小野一、東望思レ帰而作レ歌、是謂二思邦歌一、

本条は「紀」の趣意文である。

ツ、十八年戊子、春三月、天皇将レ向レ京、巡二狩筑紫国一、到二夷守一、諸県君泉媛献レ食、

本条は「紀」の要約文である。

ネ、夏四月三日甲子、至二熊県一、召二熊津彦兄弟一、兄熊応レ命、弟熊不レ来、遣レ兵誅之、

本条は「紀」の趣意文であり、太線は「到」の文字を変更してゐる。

ナ、十一日壬申、泛レ海泊二葦北小嶋一、方レ食、使二小左進レ水、島素無レ水、小左祈二神祇一、寒泉忽湧、酌以献、因号二水島一、

本条は「紀」の要約文である。

ラ、五月壬辰朔、至二火国一、

本条は「紀」の要約文であり、「到」を「至」に変へてゐる。

ム、六月三日癸亥、至二玉杵名邑一、誅二土蜘蛛津頰一、十六日丙子、至二阿蘇国一、

本条は「紀」の要約文であるが、波線の「到」は「紀」の「渡」を変更したものである。それは「本紀」が「高来県より」を略したところから変更したものであり、「誅」は「殺」を変へたものである。また太線は「到」を「至」に変へたものである。

ウ、秋七月四日甲午、至二御木国一、居二高田行宮一、七日丁酉、至二八女県一、八月、至二浮羽邑一、

本条は「紀」の要約文であるが、太線は「到」を「至」に変へたものである。また二重線の部分は「紀」では「的邑」とあるところを変へたものである。

ヰ、十九年己丑、秋九月二十日癸卯、天皇至レ自二日向一、

ノ、二十年庚寅、春二月四日甲申、遣二五百野皇女一祭二天照大神一、

オ、二十五年乙未、秋七月三日壬午、遣二武内宿禰於北陸、及東方諸国一、観二察地形民風一、

本条は「紀」と殆んど変はるところはないが、波線の部分のみは「令レ察二（中略）百姓之消息一」を変更し

てゐる。

ク、二十七年丁酉、春二月十二日壬子、武内宿禰還レ自二東国一、

本条は「紀」と変はる所は無いが、その報告は略されてゐる。

ヤ、秋八月熊襲又叛、冬十月十三日己酉、使二皇子日本武尊一討二熊襲一、

本条は太線の部分がそれぞれ「亦反之」「令レ撃」を変更し、特に日本武尊に「皇子」と記してゐる他は変はらない。

ケ、二十八年庚戌、春二月乙丑朔、日本武尊帰、奏二平レ賊状一、

本条は二重線の「帰」を補ひ、「紀」が「熊襲」とあるところを太線の「賊」としてゐる以外変はらない、が、その奏上の内容は記されてゐない。

フ、四十年庚戌、夏六月、東夷叛、秋七月十六日戊戌、天皇親授二斧鉞於日本武尊一征レ之、吉備武彦大伴武日従焉、封二皇子大碓命於美濃一、冬十月、日本武尊発二京師一、

本条は「紀」の趣意文であるが、日本武尊による東征決定に至る経緯は全て省略されてゐる為に、大碓命に関する記事が、不自然な処に記されることになつてゐる。また波線の「京師」は「紀」には無い。

コ、四十三年癸丑、東夷悉平、日本武尊帰至二伊勢能褒野一而疾、献二俘虜於神宮一、使三吉備武彦奏二捷京師一、尋薨、天皇悼惜、録二其功名一、為定二武部一、

本条は「紀」では四十年是歳条に記されてゐる内容に基づいて記されたものであるが、「紀」には、

是歳也。天皇践祚卌三年焉。

とあるところから「四十三年癸丑」として記されてゐるのである。

エ、五十一年辛酉、春正月七日戊子、召二群卿一宴数日、

本条は太線の部分が「招」とあるところを変へてゐるのみである。

テ、秋八月四日壬子、立二稚足彦尊一為二皇太子一、以二武内宿禰一為二棟梁之臣一、以二日本武尊所レ献蝦夷、諠譁

無レ礼、不レ可レ近二神宮一、命徒二之御諸山側一、夷虜伐レ木劫レ民、詔曰、蝦夷本有二獣心一、難レ処二中国一、宜下随二其習性一、分中居畿外上、乃放二諸播磨讃岐伊予安芸阿波一、

本条は三つの内容が記されてゐる。その中稚足彦尊を皇太子とした記事は「紀」と変はることは無く、また武内宿禰についても「紀」が「命」としてゐるところを「以」と変更してゐるのみであり、それは立太子と同日の事として「紀」には記されてゐる。ところが日本武尊が神宮に献じた蝦夷の処置については、「紀」が「初、日本武尊」云々として続けて記されてゐるところから、「本紀」も同様に記したものであり、「紀」の要約文となつてゐる。

ア、五十二年壬戌、夏五月四日丁未、皇后播磨稲日大郎姫崩、秋七月七日己酉、立二八坂入媛一為二皇后一、

サ、五十三年癸亥、秋八月、天皇幸二伊勢一、転入二東海一、冬十月、至二上総一、従二海路一抵二淡水門一、十二月、還至二伊勢一、居二綺宮一、

本条の八・十月条はその要約文であり、十二月条は趣意文である。

キ、五十四年甲子、秋九月十九日己酉、還レ自二伊勢一、居二纏向宮一、

本条は「紀」の要約文である。

ユ、五十五年乙丑、春二月五日壬申、以二彦狭島王一拝二東山道十五国都督一、薨二于路一、

本条は「紀」と殆んど変はるところが無いが、その薨ずる地を略し、「于路」としてゐる。

メ、五十六年丙寅、秋八月、使三御諸別王襲二父彦狭島職一、時蝦夷擾乱、御諸別討平レ之、

本条は「紀」の趣意文であり、太線の部分は詔に基づいて記されたものであり、二重線の部分は要約したものである。

ミ、五十七年丁卯、秋九月、作二坂手池一、冬十月、令三諸国置二田部屯倉一、

本条は要約文であり、「造」を太線に、最後の「興」を二重線の「置」に変更してゐる。

シ、五十八年戊辰、春二月十一日辛亥、行二幸近江一、居二志賀一、是謂二高穴穂宮一、

本条は要約文である。

ヌ、六十年庚午、冬十一月七日辛卯、天皇崩二于高穴穂宮一、

ヒ、葬二倭山辺道上陵一、追諡曰二景行天皇一、

本条の葬送記事は成務天皇二年紀により記されたものである。また漢風諡号は「本紀」の通例により記されたものである。

第十三節　成務天皇本紀

イ、成務天皇、景行帝第四子也、母八坂入媛皇后、

本条は「本紀」の通例により天皇名は漢風諡号で記し、先帝には「帝」と記してゐる。

ロ、景行帝五十一年正月、宴二群臣一、天皇及武内宿禰不レ朝、召問レ故、対曰、宴楽之日、百僚遊佚、意必不レ在二警備一、恐有三狂夫窺二伺間隙一、故在二門下一、以備二非常一爾、帝嘉レ之、

本条は景行天皇五十一年条の記事に基づいて記された文であり、太線は一部文字を変へたものであり、二重線は趣意文となつてゐる。

ハ、八月立為二皇太子一、

本条は景行天皇紀五十一年条により記されてゐるが、成務天皇即位前紀に於いては、

大足彦天皇卌六年、立為二太子一。年廿四。

とあつて、その立太子の年代が相違してゐる。

ニ、六十年十一月、景行帝崩、

本条は先帝を通例に従ひ、「景行帝」とする以外変はらない。

ホ、元年辛未、春正月五日戊子、天皇即二位於高穴穂宮一是為二稚足彦天皇一

本条の波線の部分は「紀」では「皇太子」とあるところを変更したものであり、「高穴穂宮」については、「記」『旧事本紀』により補つて記してゐる。また「本紀」は通例のやうに和風諡号を記してゐる。

ヘ、二年壬申、冬十一月十日壬午、葬二景行天皇一、尊二皇后一曰二皇太后一

本条は景行天皇の葬送記事であり、陵地を略し、天皇名を漢風諡号にしてゐるだけである。

ト、三年癸酉、春正月七日己卯、以二武内宿禰一為二大臣一、大臣始二于此一

本条の大部分は「紀」と変はらないが、波線の部分は『公卿補任』『神皇正統記』によつて記したものである。

チ、四年甲戌、春二月丙寅朔、詔曰、我先皇聡明神武、膺レ籙受レ図、順レ天治レ人、撥レ乱反レ正、徳侔二覆燾一、道協二造化一、是以普天率土、莫レ不二王臣一、稟気懐霊、各得二其所一、朕嗣践二宝祚一、夙夜兢惕、然黎元蠢爾、不レ悛二野心一、是由三国郡無下君長上、県邑無二首渠一也、自レ今以後、国郡立レ長、県邑置レ首、選二当国之幹了者一任レ之、以為二中区之藩屛一

本条は殆ど「紀」と同文であるが、波線の部分は「治レ天順レ人」を変へたものであり、その他一部文字を変更補つた部分がある。

リ、五年乙亥、秋九月、令下国郡立二造長一、県邑置中稲置上、並賜二楯矛一、以為レ表、界二山河一分二国県一、随二阡陌一定二邑里一、東西為二日縦一、南北為二日横一、山陽曰二影面一、山陰曰二背面一、是以百姓安居天下無事、

本条は太線の「界」が「隔」を変更したのみである。

ヌ、四十八年戊午、春三月庚辰朔、立二皇姪足仲彦一為二皇太子一

本条の太線の部分は、「紀」では「甥足仲彦尊」となつてゐるところである。

ル、六十年庚午、夏六月十一日己卯、天皇崩、

ヲ、葬㆓倭狭城盾列陵㆒、追謚曰㆓成務天皇㆒、

本条の前半は仲哀天皇即位前紀により記されてゐる。また後半部は「本紀」の通例により、漢風謚号を記したものである。

第十四節　仲哀天皇天皇本紀

イ、仲哀天皇、景行帝孫、日本武尊第二子也、母両道入姫命、

本条は仲哀天皇の系譜記事である。「紀」は天皇名を和風謚号で記すのに対し、「本紀」は漢風謚号で記すことを通例としてゐる。また「紀」には無い「景行帝孫」を記してゐる。但しその母について「紀」は、

母皇后曰㆓両道入姫命㆒。

としてゐる。

ロ、天皇容姿端正、身長十尺、

本条は「紀」と同文である（以下同文の場合は註記しない）。

ハ、成務帝四十八年、立為㆓皇太子㆒、

本条は漢風謚号以外変はるところはない。

ニ、六十年六月、成務帝崩、明年辛未、九月六日丁酉、

葬二成務天皇一、

本条は成務天皇の崩御と葬送記事であるが、「紀」が崩御の年しか記してゐないのに対し、成務天皇紀によつて「六月」とその月を記すと共に、「紀」が単に「天皇」としてゐるところを「成務帝」とし、また「紀」が陵名を記してゐるのを唯だ「葬」と記してゐる。

ホ、元年壬申、春正月十一日庚子、天皇位レ即、是為二足仲彦天皇一、

本条は即位記事であるが、元年の干支を記し、また「紀」は日付の干支のみであるのに対し「本紀」はその日付をも記してゐるが、これは「本紀」の通例である(以下特別の事がなければ特に指摘することはしない)。

即位記事に続けて「本紀」はその年齢を記すのが通例であるが、本条では記されてゐない。また波線の部分は通例により和風諡号を記したものである。

へ、秋九月丙戌朔、尊二両道入姫命一曰二皇太后一、

本条は、「紀」が「母皇后」としてゐるところを波線のやうに「両道入姫命」としてゐる。

ト、冬十月、以二大伴武以一為二大連一、大連始二于此一、

本条は「紀」には記されてゐない記事であるが、『公卿補任』などにより記載したものである。「本紀」が「武以」と記したのは「紀」に従つたものである。

チ、十一月乙酉朔、詔二諸国一、貢二白鳥一、養二之於日本武尊陵域之池一、

本条は十一月朔日の詔に基づく記事であるが、波線の部分は詔の内容の一部分である。

リ、閏月四日戊午、越国貢二白鳥四一、

本条は「紀」の省略文であるが、波線の部分は「紀」が「閏十一月」としてゐるところを「十一」を略してゐるのである。なほ、これは「景行天皇本紀」などに於いても見られたものであり、『大日本史』の書法である。

ヌ、皇弟蘆髪蒲見別王有レ罪伏レ誅、

本条は前条と一連の記事であるが、蘆髪蒲見別王について「紀」は「異母弟」と記してゐるところから波線のやうに「皇弟」と記してゐる。二重線の部分は

「紀」ではその罪の内容が明記されてゐるのであるが「本紀」はこのやうに要約したものである。

ル、二年癸酉、春正月十一日甲子、立二気長足姫尊一為二皇后一、

本条は年の干支と日付を記す以外「紀」と同文である、但し妃については記されてゐない。

ヲ、二月六日戊子、行二幸角鹿一、造二行宮一而居レ之、是謂二笥飯宮一、是月、置二淡路屯倉一、

本条は角鹿行幸と淡路の屯倉設置記事であるが、「紀」が「幸」としてゐる部分を傍点のやうに「行幸」とし、「興」を波線のやうに「造」とし、また「定」を点線のやうに「置」とする相違のみで意味は変はらない。

ワ、三月十五日丁卯、天皇巡二狩南国一、留二皇后及百寮於角鹿一、卿大夫以下官人数百、従レ駕至二紀伊一、居二徳勒津宮一、

本条は「紀」がただ「留」としてゐるところを太線のやうに「角鹿」と補つたのと、「紀」が「軽行」としてゐるところを波線のやうに「従レ駕」と変へてゐるのみである。

カ、会二熊襲叛一、天皇親征、舟師直指二穴門一、

本条は「紀」が「熊襲叛之不二朝貢一」とあるのを波線のやうに「会」とし、「将レ討二熊襲国一」とあるところを太線のやうに「親征」と記し、「自二徳勒津一発之、浮レ海而幸二穴門一」を二重線のやうに変へてゐるが、意味するところは変はらず、「本紀」は「紀」を一部要約したものといへよう。

ヨ、是日、遣二使角鹿一、令三皇后一会二穴門一、

本条は、「即日」を波線に変へ、勅の内容を二重線のやうに要約したものである。

タ、夏六月十日庚寅、天皇泊二豊浦津一、

レ、皇后至二渟田門一、有二海鯽魚一、多傍レ船而游、皇后以レ酒灑レ之、魚酔而浮、漁人得レ之、以為二聖主之賜一、自レ是毎年六月、魚浮如レ酔、

本条の中の点線の部分は何れも「紀」の文字を変更したものである。すなはち「游」は「聚」を、「之」

は「鯽魚」を、「得レ之」は「獲二其魚一」を、「為レ賜」は「賞之魚」を変へたものであるが、その意味する処に変更は無く、太線の文字は文を整へるために補はれたものである。対して波線の部分は、「紀」が「故、其処之魚、至二于六月一常傾浮如レ酔、其是之縁也」を変へたものであるが、若干の意味の相違を来たすことになつてゐると見られる。

ソ、秋七月五日乙卯、皇后至二豊浦津一。是日、皇后得二如意珠於海中一、

本条は、「紀」が「泊」としてゐる所を点線のやうに「至」とする相違のみである。

ツ、九月、興二宮室于穴門一、居レ之、是謂二豊浦宮一

本条は点線のやうに「之」を補つてゐる以外変更はない。

ネ、八年己卯、春正月四日壬午、進二幸筑紫一、崗県主祖熊鰐、来二迎於周芳沙磨浦一、献二魚塩地一、指二導海路一、自二山鹿岬一、転入二崗浦一、而船不レ進、天皇責二熊鰐一、熊鰐謝曰、是非二臣罪一、浦口有二二神一、曰二大倉主一、曰二菟夫羅媛一、必此神所レ為、天皇使二菟田伊賀彦祭レ之、船乃得レ進、

本条はその殆んどが「紀」のままであるが、一部分「紀」の文字を変へたり要約してゐる。すなはち波線の部分の「来迎」は「参迎」を、「指導」は「導」を、「転」は「廻」を、「不レ進」は「不レ得進」を書き換へたものである。対して太線の部分は天皇の言葉を省略して「責」と要約したものであり、また二重線の部分は神名の説明を省略して「是神之心歟」を「此神所レ為」と記したものである。そして点線の部分は文を整へるために補はれたものである。また傍点の「磨」は「紀」では「麼」である。これは同字と見たことによる変更か誤字か明確ではない（「景行天皇本紀」に於いても同様である）。

ナ、皇后船自二洞海一至、潮涸不レ能レ進、熊鰐惶懼、乃作二池沼一、多聚二魚鳥一、使二皇后観一焉、后忿稍解、既而潮至、進二泊崗津一、

本条は「紀」を省略要約した部分が多い。すなはち

太線の部分は「忽作二魚沼・鳥池一悉」を、点線の部分は「及二潮満一即」を要約変更したものである。また二重線の部分は「紀」が「皇后看二是魚鳥之遊一」としてゐるのを、主語を皇后から熊鰐に変へて記したためにこのやうな表現となつたものである。

ラ、時伊覩県主祖五十迹手来二迎于穴門引島一、献二八尺瓊、白銅鏡、十握剣一、天皇嘉レ之賜二号伊蘇志一、

本条は五十迹手の奉迎記事であるが、点線の「来迎」は「参迎」を書き換へたものであるが、波線の部分は献上の状況を省略して献上品を挙げて、献上の事実を述べたものである。太線の部分は天皇が褒められた内容を要約したものである。それに対して二重線の「時」は「紀」が「又」と記してゐるのを変更したものであるが、五十迹手の記事は、先の熊鰐の記事と共に「紀」自体にも問題が存するのであるが、今は述べないこととする。

ム、二十一日己亥、幸二儺県一、居二橿日宮一、

本条は「紀」が「到」としてゐるのを、波線のやうに「幸」としてゐる以外変更はない。

ウ、秋九月五日己卯、與二群臣一議レ討二熊襲一、時有レ神憑二皇后一曰、天皇何憂二熊襲之不一レ服、是膂之空国也、豈足レ煩レ兵哉、別有二宝国一、金銀彩色多生二其地一、謂二之栲衾新羅国一、若能祭レ我、以二御船及穴門直践立所レ献水田一為レ幣、則曾不レ血レ刃、其国必自服、而熊襲亦服従矣、天皇疑焉、便登二高岳一、遥望レ海、曠遠不レ見レ国、乃曰、朕周二望之一、有レ海無レ国、何神誘レ朕為、且我皇祖諸天皇、尽祭二神祇一、豈有レ所レ遺耶、神又憑二皇后一曰、我之所レ見、何謂レ無レ之、以誹二謗我言一、汝言如レ此、則汝不レ得二其国一、今皇后有レ身、其子当レ得レ之、天皇終不レ聴、討二熊襲一、不レ克而還、

本条は神功皇后に神が託つて新羅を討つことを述べたが、天皇はそれを拒否し、熊襲攻撃をされたとする部分の要約であるが、点線の部分は「紀」の文字が変更されたり、また若干言葉が変更されてゐるのみで大きな違ひはない。が、波線の「與二群臣一議討二熊襲一」は、「紀」は「詔二群臣一以議レ討二熊襲一」とあるのを書

き換へたものである。また太線の「有レ身」は「紀」が「皇后始之有レ胎」を改変したものである。更に二重線の「終不レ聴」は、「猶不レ信。以強」を要約改変したものである。

ヰ、是歳秦主贏政之裔功満王帰化、

本条は、『新撰姓氏録』によつて記されたものである。

ノ、九年庚辰、春二月五日丁未、天皇身忽有レ痛。六日戊申、崩二于橿日宮一、

本条は天皇の崩御記事であり、「紀」が「忽有二痛身一」としてゐるところを点線のやうに「忽有レ痛」と要約し、「明日」を「六日戊申」と日付で記してゐるのと、さらに崩御場所としての橿日宮を記してゐる。

オ、皇后及武内宿禰秘不レ発レ喪、皇后詔二中臣烏賊津、大三輪大友主、物部胆咋、大伴武以等一、帥二百寮一守二宮中一、密令下武内宿禰奉二梓宮一、自二海路一至二穴門一、殯中於豊浦宮上。

本条は天皇崩後の処置を記した部分であるが、点線の、「帥」は「領」の、「密」は「窃」の文字を変更したものであり、また「至」は「遷」を変更したものである。対して波線の部分は「紀」を要約したものである。

ク、皇后傷下天皇不レ従二神教一而早崩上、欲三謝レ神以得二宝国一、即命二百寮一、解レ罪改レ過、造二斎宮於小山田邑一、

本条以降は、神功皇后摂政前紀に記されてゐる部分である。

本条の点線の部分は「紀」が「求」としてゐるのを変へたものであり、波線の部分は「知二所レ祟之神一」とあるのを意を以て変更したものである。一方二重線の部分は「紀」が「群臣及百寮」としてゐるなかの「群臣」を省いたものである。

ヤ、三月壬申朔、涓レ吉入二斎宮一、親為二神主一、使二武内宿禰奏レ琴、以二中臣烏賊津一為二審神者一、以二千繒高繒一置二琴頭尾一而請曰、嚮誨二天皇一者何神也、禱七日七夜、神各告以レ名、乃従二神語一祭レ之、尋遣二鴨別一討二熊襲一、旬日而服、

本条の点線の「奏」は「撫」を、「嚮」は「先日」を、「誨……者何」は「教……者誰」を変更したものである。また波線の「涓レ吉」は「選二吉日一」を変へたものであり、「禱」は「請曰」を意によりて変更したものであり、「尋」は「然後」を変更したものである。「旬日」は「未レ経二浹辰一」を意によりて変更したものである。一方二重線の部分は、禱りに対する神の答へ及び祭祀を要約したものである。

マ、荷持田村有二羽白熊鷲者一、人身鳥翼、強健能飛、劫盗作レ害、皇后欲レ誅レ之、十七日戊子、発二　橿日宮一、至二松峡宮一、二十日辛卯、出軍二層増岐野一、撃滅レ之、

本条は羽白熊鷲討滅記事であるが、波線の部分は羽白熊鷲の様相を要約記述したものであり、点線の「誅レ之」は「撃二熊鷲一」を変更したものであり、「発」と「到」は「紀」が「自二橿日宮一遷二于松峡宮一」としてゐるのを変へたものであり、また「軍」は「挙レ兵」を変へたものである。対して太線の「出」は「至」を変更したものであるが、単なる語句の変更に止まらず、皇后の意志を明瞭にするために変更したものとみられる。なほ二重線の「之」は羽白熊鷲を指してゐることいふまでもない。

ケ、二十五日丙申、転至二山門県一、誅二土蜘蛛田油津媛一、其兄夏羽帥レ衆来迎、聞二田油津誅一即亡、

本条はその前半は「紀」と変はらず、点線の「其」は修飾して加へたものである。対して後半は「紀」の「興レ軍而迎来」を「帥レ衆来迎」と変更し、「其妹」を本名で記してゐるのであるが、二重線の部分は「紀」が「逃」とあるのを「即亡」としてゐる。

フ、四月三日甲辰、皇后至二火前国松浦県玉島河上一、乃勾レ針作レ鈎、以レ飯為レ餌、裳糸為レ緡、登二磯石一、投レ竿、祝曰、吾若可レ得二宝国一、河魚呑レ之、果獲二細鱗魚一、皇后謂二神教有一レ験、決レ意西征、

本条は新羅遠征を決する記事であるが、点線の「作レ鈎」は「為レ鈎」を、「以レ飯」は「取レ粒」を、「糸」は「縷」を変更したものであり、その意図する処に相違はない。が、太線の「河上」とは「紀」には記され

てゐない。単に「玉嶋里小河」と記されてゐるのみである。また「磯」は「河中」であり、「投レ竿祝」は「投レ鉤祈」を変更したものである。

コ、更祭二神祇一、置二神田一、作二裂田溝一、漑レ之、

本条は「定」を波線のやうに「置」とし、裂田の溝建設を二重線のやうにその目的に限定して要約してゐるのであり、特に問題はない。

エ、皇后還二橿日浦一、解レ髪臨レ海曰、吾奉二神祇之教一、頼二皇祖之霊一、欲三躬渉下滄海上、以致二西征一、濯二髪海水一、若有レ験者、髪分而両、即投レ海濯レ之、髪果自分、皇后随為二両髻一、謂二群臣一曰、興レ師動レ衆、国之大事、安危成敗、必在二于斯一、今有レ所二征伐一、以レ事委二群臣一、事若不レ成、罪帰二於群臣一、是甚可レ傷也、吾婦女不肖、当三仮下状男子上、以資二雄略一、上倚二神祇一、下頼二群臣一、振二兵甲一而度二嶮浪一、整二船舶一以求二財土一、事成群臣共二其功一、不レ成吾独有レ罪、群臣皆曰、皇后為二天下一計、臣等敢不レ奉レ詔、

本条は「紀」の要約であるが、その詔の部分は若干文字の変更も存するが、その大部分は「紀」のままである。

テ、九月十日己卯、令二諸国繕レ船練レ甲、久レ之兵衆不レ集、皇后謂、此必神之意、因建二大三輪社一、奉二刀矛一以祭、軍衆自聚、乃卜レ日刻レ期、皇后親執二斧鉞一、令二三軍一曰、金鼓無レ節、旌旗錯乱、則士卒不レ整、貪レ財多レ欲、懐レ私内顧、則必為二敵擒一、寡而勿レ軽、強而無レ屈、奸暴勿レ赦、降服勿レ殺、勝者必賞、走者必罪、時有二神誨一、曰、和魂従二玉体一、以護レ寿、荒魂為二先鋒一而導二舟師一、皇后拝レ命、因以二依網吾彦男垂見一為二祭神主一、此時皇后適当二産月一、乃取レ石挿レ腰、祝曰、願事竟還日、娩二於茲土一、其石在二伊都県一、後人伝為二鎮懐石一、

本条は多く文字を改め、文を改変してゐる。すなはち波線の「繕レ船練レ甲」は「集二船舶一練二兵甲一」を、「久レ之兵衆不レ集」は「時軍卒難レ集」を、「意」は「心」を、「因」は「則」を、「建」は「立」を、「為レ擒」は「所虜」を、「赦」は「聴」を、「降伏」は「自服」を、

「従二玉体一」は「服二王身一」を、「舟師」は「師船」を、「拝レ命」は「得二神教一而拝礼之」を、「適当二産月一」は「皇后之開胎」を、「挿レ腰、祝曰」は「挿レ腰而祈之曰」を、「於娩」は「産於」をそれぞれ変更したものである。その他「本紀」が修飾又は文を整へるために補つた文字が存するが、問題となる部分は殆んどないといつてよいであらう。しかし二重線を引いた「以祭」は「紀」に無い文である。本条には、その最後に傍点のやうに「後入伝為二鎮懐石一」と記してゐる。

ア、請二和魂一以鎮レ船、荒魂為二先鋒一、十月三日辛丑、遂発二和珥津一、

本条は、「紀」の要約であり、和魂と荒魂の順が変はつてゐるだけである。

サ、大魚夾レ船、風順船迅、不レ労二櫨楫一、直抵二新羅一、船激二海潮一、波逮二其国中一、新羅王波沙寐錦大駭曰、神兵不レ可レ敵、即封二図籍一、素組面縛請レ降、或言誅レ之、皇后曰、余承二神教一爰征二西土一、嚮下二令三軍一、勿レ殺二自服一、今既得レ国、人亦降伏、而殺レ之不祥、乃解二其縛一、釈為二飼部一、

本条は「紀」の要約文であり、神功皇后の新羅征伐の概要を記した部分である。

キ、遂入二其都一、封二重宝府庫一、収二図籍文書一、以二所レ杖矛一、樹二之新羅王門一、以為二後世之証一、其矛相伝在二国門一云、新羅王以二波珍干岐微叱己知一為レ質、因献二金銀彩色綾羅縑絹等八十船一、従レ是新羅調貢以二八十船一為レ制、

本条も「紀」の要約文であるが、波線の部分について「紀」は、

常以二八十船之調一。貢二于日本国一。其是之縁也。

とあるのを、「制」と記したものである。

ユ、高麗百済聞二新羅降一、密偵二吾軍勢一、度レ不レ可レ勝、亦来降、叩頭曰、自レ今以後、永称二西蕃一、調貢無レ闕、因命定二内屯官家一、於レ是三韓悉服、祭二荒魂一以鎮二其国一、振旅而還、

本条は、高句麗・百済の服属記事を要約したものであり、「記」の文を改変して記したものである。波線

の部分は「紀」が、

　是、所謂之三韓也。

と記してゐるのをその事実に基づいて記したものである。また二重線の部分も「紀」に基づいて記されたものである。さらに点線の部分は、「紀」は「所謂之三韓也」に続けて、

　皇后、従二新羅一還之。

とあり、「記」が、墨江大神の鎮座に続けて、

　還渡也。

とあるのを変へたものであるが、何故に「振旅」といふ語句を加へたのか不明である。

メ、十二月産二皇子於筑紫一、是為二応神帝一、

　本条は応神天皇の誕生記事であるが、「紀」はその日を記してゐるに拘はらず「本紀」は記してゐない。

ミ、皇后従二神教一、立二祠穴門山田邑一、祭二表筒男、中筒男、底筒男神之荒魂一、以二践立一為二神主一、

　本条は、墨江大神の託宣による鎮祭記事であるが、波線の部分は墨江大神そのものとして記されてゐるのを祭る主体としての皇后による祭祀として記したものである。

シ、葬二天皇於河内長野陵一、追諡曰二仲哀天皇一、

　本条は、「紀」では神功皇后摂政二年十一月条の記事である。また波線の部分は「本紀」の通例による記述である。

第十五節　応神天皇本紀

イ、応神天皇、仲哀帝第四子也、母神功皇后、以二仲哀帝九年十二月十四日辛亥一、生二于筑紫蚊田一、幼而聡達、玄鑒深遠、動容進止、聖表有レ異、初天皇在レ孕、皇后奉二神教一、征二三韓一、及二天皇生一、腕上肉起如レ鞆、似二皇后雄装所一レ負者一、因名二誉田一、

本条は応神天皇出生についての記事であり、概ね応神天皇即位前紀を基に要約、書き換へをしてゐるが、その趣意に変はる所は無い。なほ波線の部分は、神功皇后摂政前紀に基づいて記されたものであり、応神天皇即位前紀には記されてゐない。

ロ、辛巳歳二月、皇后奉二天皇一帥二百僚一至二豊浦宮一、発二仲哀帝喪一、将下奉二梓宮一還上レ京、時天皇庶兄麛坂王、忍熊王挙レ兵、要二皇師于播磨一、会二麛坂死一、忍熊退屯二住吉一、皇后即使下武内宿禰奉二天皇一、転自二南海一、至中紀伊水門上、皇后直向二難波一、舟回旋不レ進、還二務古水門一、卜レ之、適得二神誨一、立二諸神祠一祭焉、船遂得レ進、忍熊又退軍二菟路一、皇后乃会二天皇於紀伊日高一、入二小竹宮一、昼晦如レ夜連日、

本条以下（タ）条までは、「紀」は神功皇后摂政期間として、巻九に独立巻としてゐる部分の後半部であり、それぞれ「元年」以下「六十九年」と記されてゐるが「本紀」では摂政期間中は干支のみで記し、また月の頭の春夏秋冬を附することもしてゐない。それはその摂政期間は飽くまで応神天皇即位前紀として扱ふこととしてゐる為である。

本条は次条と一連の麛坂王・忍熊王の反乱とその誅滅についての要約趣意文である。

ハ、三月五日庚子、皇后遣二武内宿禰、難波根子武振熊一撃二忍熊一、忍熊敗死、

本条は忍熊王討伐記事であるが、「紀」に記されてゐる経過は全て省略してその結果のみを記してゐる。波線の難波根子武振熊は、「紀」では、

和珥臣祖武振熊

となつてゐるのを「記」仲哀天皇段や仁徳天皇段に基づいて記したものである。また二重線の部分は、「紀」では、

沈二瀬田済一而死之。

とあるのを変へたものである。

ニ、十月二日甲子、群臣尊二皇后一曰二皇太后一、臨レ朝摂レ政、大臣武内宿禰如レ故、

本条の前半は「紀」と同一であるが、後半の二重線は「本紀」独自の文である。これは「紀」では以後六十二年間に渡り神功皇后が摂政されたことになつてゐることから記されたものである。また太線の部分は『公卿補任』によつて記してゐる。

ホ、壬午歳、十一月八日甲午、葬二仲哀天皇一

本条は摂政二年条（以下神功皇后摂政紀はこのやうに表記する）である。それを要約し天皇名を加へたものである。

へ、癸未歳、正月三日戊子、皇太后立二天皇一為二皇太子一、都二磐余一、

本条は摂政三年条であり、殆んど変はりは無い。相違点は「皇太后」を加へたことと、「誉田別皇子」を「天皇」に変更してゐるだけである。

ト、乙酉歳、三月七日己酉、新羅遣レ使朝貢、微叱許智請レ帰レ国、許レ之、遣二葛城襲津彦一送レ之、

本条は摂政五年条を要約したものであるが、使者の名前は省略されてゐる。また「紀」では微叱許智が欺いて帰国を申請したことになつてゐるが、「本紀」では波線のやうに帰国申請と、許可の事実及び葛城襲津彦の派遣しか記してゐない。

チ、癸巳歳、二月八日甲子、武内宿禰奉二皇太子一如二角鹿一、拝二笥飯大神一、十七日癸酉、至レ自二角鹿一、皇太后設二宴大殿一、挙レ觴作レ歌、為二皇太子寿一、武内宿禰代二皇太子一答歌、

本条は摂政十三年条であり、笥飯大神参拝と還りて後の宴の要約文であるが、「紀」が「従二太子一」としてゐるところを「奉二皇太子一」と変へてゐるが、そ

の意味するところに変化は無い。また波線の部分は「為二太子一答歌之曰」とあるところを変へたものである。これらの記述が皇太子（応神天皇）を中心とした記述になつてゐるのは、皇太子（応神天皇）が幼少の為に武内宿禰がその補佐をしてゐる形式であるからである。

リ、丙寅歳、三月乙亥朔、遣二斯摩宿禰于卓淳国一、斯摩宿禰遂綏二撫百済一而還、

　本条は摂政四十六年条である。

ヌ、丁卯歳、四月、百済與二新羅一共朝貢、時新羅劫二百済使一、易二其貢物一而献レ之、勅責二新羅使者一、遣二千熊長彦於新羅一、問二其罪一、

　本条は摂政四十七年条であるが、波線の部分について「紀」は詳しく記してゐるが、「本紀」は新羅が百済使を劫して貢物を易へて献上した事実のみを記してゐる。

ル、己巳歳、三月、以二荒田別、鹿我別一、為二将軍一、率二百済人久氏等一、討二新羅一破レ之、遂定二比自炑、南加羅、喙、安羅、多羅、卓淳、加羅七国一、屠二南蛮忱弥多礼一、以二其地一賜二百済一、

　本条は摂政四十九年条の新羅討伐の事実を記したものであり、「紀」の要約である。

ヲ、庚午歳、二月、荒田別等還、五月、千熊長彦及久氏至レ自二百済一、再増二賜多沙城于百済一、

　本条は摂政五十年条の要約であり、使者との問答は省略されてゐる。

ワ、辛未歳、三月、百済又遣二久氏一朝貢、

　本条は五十一年条であるが、朝貢の事実のみを記してゐる。

カ、壬申歳、九月十日丙子、百済使久氏従二千熊長彦一来、貢二七枝刀七子鏡各一、及重宝数種一、

　本条は摂政五十二年条の要約であるが、使者の言は省略されてゐる。

ヨ、乙亥歳、百済王肖古卒、丙子歳、百済王貴須立、

　本条は摂政五十五・五十六年条であり、「紀」の文字の配列を変へた部分はあるが、その省略文である。但し太線の「卒」は「薨」を変へたものであること、

従前と変はりは無い。

タ、壬午歳、新羅不㆑朝、使㆓葛城襲津彦討㆑之、

本条は摂政六十二年条の省略文であり、波線の部分は「撃」を変へたものである。但し『百済記』の記事は記されてゐない。

レ、甲申歳、百済王貴須卒、子枕流立、乙酉歳、百済王枕流卒、子阿花年少、叔父辰斯簒立、

本条は摂政六十四・六十五年条の省略文であり、文字の配列を変更した部分がある。また(ヨ)条と同様に太線の「卒」は「薨」を変へてゐる。

ソ、己丑歳、四月十七日丁丑、皇太后崩、十月十五日壬申、葬㆓神功皇后㆒、

本条は摂政六十九年条の省略文であり、「紀」が「皇太后」としてゐるところを波線のやうに「神功皇后」としてゐる。

ツ、元年庚寅、春正月丁亥朔、天皇即㆑位、時年七十一、是為㆓誉田天皇㆒、都㆓軽島㆒、是謂㆓明宮㆒、

本条は「紀」の省略文に、通例により即位時の年齢と都を記したものである。

ネ、二年辛卯、春三月壬子、立㆓仲姫㆒為㆓皇后㆒、

本条は「紀」と変はらないが、「本紀」の通例の何日が記されてゐない。

ナ、三年壬辰、冬十月三日癸酉、東蝦夷朝貢、即使㆔蝦夷作㆓厩坂道㆒、

本条は「紀」の要約文である。

ラ、十一月、所在海人擾動、不㆑従㆓皇命㆒、遣㆓大浜宿禰㆒為㆓海人宰㆒、安㆓輯之㆒、

本条は「紀」と殆んど変はりが無いが、太線の部分は「訕哤」を変更したものであり、二重線の部分は「平㆓其訕哤㆒」を変へたものである。

ム、是歳、以㆓百済王辰斯無礼㆒、遣㆓紀角、羽田矢代、蘇我石川、平群木菟於百済㆒責㆑之、国人殺㆓辰斯㆒以謝、角等立㆓阿花㆒而帰、

本条は「紀」の趣意文である。「紀」が「失礼」としてゐる部分を太線の如く「無礼」としてゐる。

ウ、五年庚午、秋八月十三日壬寅、令㆔諸国定㆓海人及

山守部一、

本条は「紀」の要約文である。

キ、冬十月、令二伊豆作レ船、長十丈、試二之於海一、軽疾如レ馳、名曰二枯野一、

本条は「紀」の趣意文であるが、傍点の「作」は「造」を変へたものであり、太線は「試浮二于海一」を変へたものであり、波線は要約である。

ノ、六年乙未、春二月、行二幸近江一、

本条は行幸の事実のみを記し、歌は省略してゐる。

オ、七年丙申、高麗百済任那新羅並来朝、使下武内宿禰領二諸韓人一作上レ池、因号二韓人池一、

本条は「紀」の趣意文である。

ク、八年丁酉、春三月、以二百済王阿花無礼一、削二忱弥多礼及峴南、支侵、谷那、東韓之地一、阿花懼、使二其子直支来朝謝一レ罪、

本条は、『百済記』によつて記された部分である。

ヤ、九年戊戌、夏四月、遣二武内宿禰一監二察筑紫一、

本条は「紀」と変はるところは無い。但し「紀」ではこれに続いて甘美内宿禰（武内宿禰の弟）による兄を讒言した関連記事が記されてゐるが、「本紀」には記されてゐない。

マ、十一年庚子、冬十月、作二剣池、軽池、鹿垣池、厩坂池一、

本条は「紀」と変はらない。しかしこれに続いて記されてゐる日向の髪長媛を召した記事は全て省略してゐる。

ケ、十四年癸卯、春二月、百済貢二縫衣女一、是歳、弓月君請二帰化一、遣二葛城襲津彦於加羅一迎レ之、

本条は「紀」の要約文であり、弓月君の来帰を語つてゐるが、波線のやうに「来帰」を「請二帰化一」としてゐる。これは弓月君の言を採用したものである。また二重線の部分は、「召二弓月之人夫於加羅一」を変へたものである。

フ、十五年甲辰、秋八月六日丁卯、百済王阿花使三阿直岐貢二良馬二匹一、遣二荒田別、巫別於百済一、徴二王仁一、

本条は「紀」の趣意と変はる所が無いが、波線のや

うに王名を記してゐる。また「紀」では献上記事に続けて阿直岐に馬を飼育させたこと、また天皇と阿直岐との会話が記されてゐるが、「本紀」はそれらを省略して、直ちに、「遣二荒田別一」云々と記してゐる。この部分は「紀」の省略文である。

コ、十六年乙巳、春二月、百済王使下王仁率二治工卓素、呉服西素、醸酒仁番等一来朝上。献二論語十巻、千字文一巻一、

本条は「紀」が、

十六年春二月。王仁来之。

とあるものを、「記」を参考に改変したものである。

エ、是歳、百済王阿花卒、勅二直支一、還レ国嗣レ位、賜二所レ削東韓之地一、

本条は「紀」の趣意文であり、「紀」が「薨」としてゐるところを「卒」としてゐるのは従前通りである。

テ、秋八月、詔遣二平群木菟、的戸田一、率レ兵討二新羅一、遂将二襲津彦及弓月人口一而帰、

本条は（ケ）条の結末を記したものであり、「紀」の趣意文であつて、波線はそれぞれ「進」「撃」を変へたものであり、二重線は「乃率二弓月之人夫一。與二襲津彦一共来焉。」を改めたものである。

ア、十九年戊申、冬十月戊戌朔、行二幸吉野宮一、国樔人献二醴酒一、奏レ歌、自レ是後屢貢献、

本条は国樔人の奉献記事であるが、その歌や人となり等は省略してゐる。波線の「奏レ歌」は歌詞を略したための書き改めである。

サ、二十年己酉、秋九月、漢主劉宏之裔阿知使主、及其子都加使主、率二十七県人口一来帰、

本条は阿知使主の来朝記事であり「紀」と殆んど変はらない。異なるところは倭漢直祖の「霊帝」を「漢主劉宏」として加へてゐることである。

キ、二十二年辛亥、春三月五日戊子、行二幸難波大隅宮一、夏四月、妃兄媛帰二寧吉備一、秋九月六日丙戌、狩二淡路島一、巡二省吉備一、行二幸小豆島一、十日庚寅、至二葉田葦守宮一、兄媛兄御友別献レ食、封二其子弟於吉備諸県一、

本条は兄媛の帰国と天皇の吉備行幸記事である。

「本紀」は「紀」を要約したものであり、兄媛が帰国することになつた経緯については省略し、波線のやうに記されてゐる。また二重線の部分は、御友別の子弟を吉備の各地に封じた事実を記したものである。

メ、二十八年丁巳、秋九月、高麗王遣レ使朝貢、表文無礼、詰二責使者一、壊二其表一、

本条は高句麗の遣使記事であり、その表文が無礼であつた為に、使者を責めそれを破つたとするものであるが、「本紀」ではその主体者である菟道稚郎子の名を記してゐない。

ミ、三十一年庚申、秋八月、詔曰、官船枯野、伊豆国所レ貢也、朽不レ堪レ用、然久為二官用一、其功不レ可レ忘、何以得三其名不レ泯而伝二後世一、群卿奉レ詔、令二有司毀レ船為レ薪、以焚二塩五百籠一、頒二賜諸国一、因命作レ船、諸国献二船五百艘一、湊二於武庫水門一、会新羅調使泊二武庫一、失レ火延二焼所レ湊之船一、譲二責其使一、新羅王懼貢二良匠一、

本条は五年十月条（ヰ）に続く内容であり、「紀」の要約文である。但し余燼を以て琴を造つたことに関しては記されてゐない。

シ、三十七年丙寅、春二月戊午朔、遣二阿知使主、都加使主于呉一、求二縫工女一、

本条は阿知使主、都加使主を呉に遣はし、縫工女を求めた事実のみを記してゐる。

ヱ、三十九年戊辰、百済王直支使二其妹新斉都媛入侍一、

本条は百済王妹の来朝記事である。が、波線の部分は「紀」では「以令レ仕」とあり、また七婦女の来日について「本紀」は記してゐない。

ヒ、四十年己巳、春正月二十四日甲子、立二菟道稚郎子一、為二皇太子一、命二大鷦鷯皇子一輔レ之、使三大山守皇子掌二山川林野一、

本条は菟道稚郎子立太子記事の趣意文である。但し前提となる大山守命と大鷦鷯尊に対する四十年正月戊申記事は無い。

モ、四十一年庚午、春二月十五日戊申、天皇崩二于明宮一、年一百十一

本条は天皇の崩御記事であり、前半は「紀」と変はる所は無い。

セ、是月、阿知使主等率㆓工女兄媛、弟媛、呉織、穴織㆒至㆑自㆑呉、

本条は（シ）条に続く内容であるところから、「紀」では波線のやうに（シ）条に基づいて記されてゐる。

ス、葬㆓河内恵我藻伏山岡陵㆒、追謚曰㆓応神天皇㆒、元明帝和銅五年、祀㆓天皇於豊前宇佐郡㆒、号曰㆓八幡大神宮㆒、清和帝創㆓山城男山石清水社㆒、歳時奉祭焉、

本条前半の葬送記事は「紀」に記されてゐないが、「記」・『延喜式』及び『皇年代記』に拠つて記したものである。それに続く和風謚号は通例により記されたものである。対して後半は宇佐八幡宮・石清水八幡宮への奉祀について『宇佐託宣集』また『石清水八幡縁起』・『神皇正統記』によつて記したものである。

第十六節　仁徳天皇本紀

イ、仁徳天皇、応神帝第四子也、母仲姫皇后、

本条は仁徳天皇の系譜記事であり、通例の通り天皇名は漢風謚号で記され、先帝は「帝」を使用してゐる。

ロ、天皇之生、有㆓木兎㆒入㆑殿、是日大臣武内宿禰亦生㆑子、鷦鷯入㆓産室㆒、応神帝以為㆑祥、謂㆓武内宿禰㆒曰、今朕之子、與㆓大臣之子㆒同㆑日而生、兼有㆓瑞祥㆒、其取㆓鳥名㆒、相易名㆑子、以為㆓後葉之契㆒、因名㆓天皇㆒曰㆓大鷦鷯㆒

本条は、「紀」では元年条に記されてゐるが、「本紀」は天皇の誕生に関する説話の趣意文であるところから、即位前紀の最初に記してゐるのである。

ハ、四十年正月、応神帝問㆓天皇及大山守皇子㆒曰、汝等愛㆑子耶、対曰、甚愛、又問、長與㆑少孰愛㆑之、大山守曰、不㆑如㆓長子㆒、帝素愛㆓少子菟道稚郎子㆒、欲㆔

立為二太子一、故不レ悦、天皇揣二其意一、対曰、長者多経二寒暑一、既為二成人一、無二復虞一矣、少子未レ知二其成一、故最憐レ之、帝大喜曰、寔合二朕意一、遂立二稚郎子一為二皇太子一、使二天皇輔一レ之、

本条は応神天皇紀四十年条に基づいて記された趣意文である。

ニ、四十一年二月、応神帝崩、皇太子譲二位于天皇一、避二之菟道一、天皇以二名分素定一不レ聴、会大山守皇子謀反、天皇知二其計一、密告二皇太子一、設レ兵為二之備一、遂殺レ之、皇太子固欲二天皇践一レ位、而相譲三年、民不レ知レ所レ帰、天皇執レ志益確、皇太子知二其不一レ可レ奪、遂自殺、天皇大驚、従二難波一至二菟道一、素服発レ哀、哭レ之甚慟、

本条は即位前紀の応神天皇の崩御から大山守皇子の謀反と誅滅、更に菟道稚郎子との皇位の譲り合ひと稚郎子の自殺に至る内容の要約である。

ホ、元年癸酉、春正月三日己卯、天皇即レ位、是為二大鷦鷯天皇一、

本条は仁徳天皇の即位記事であり、和風諡号を記すことも通例である。ところが「本紀」は通例の即位時の年齢が記されてゐない。

ヘ、尊二皇后一曰二皇太后一、大臣武内宿禰如レ故、

本条の前半は「紀」の省略文であり、後半は、『公卿補任』によつて記されたものである。

ト、都二難波一、是謂二高津宮一、宮室弗レ堊、梁楹弗レ飾、務従二節倹一、不レ奪二民時一、

本条は遷都記事であり、「紀」の要約であるが、波線の部分はその趣意文となつてゐる、

チ、二年甲戌、春三月八日戊寅、立二磐之媛命一為二皇后一、

本条は「紀」と変はるところは無い。但しその子女や妃は省略されてゐる。

リ、四年丙子、春二月六日甲子、詔二群臣一曰、朕登二高台一以遠望、烟気不レ起二於域中一、意者百姓既貧、家無二炊者一、朕聞古聖王之世、人人為二詠徳之声一、家家有二康哉之歌一、今朕臨二億兆一、於レ茲三年、頌声不レ作、炊烟転踈、即知三五穀不レ登、百姓窮乏、封畿之

内、尚有二不レ給者一、況畿外諸国乎、三月二十一日己酉、詔曰、自レ今之後、三載悉除二課役一、息二百姓之苦一、於レ是、黼衣鞋履、不二弊尽一不二更為一、温飯煖羹、不二酸餒一不二之易一、小心約志、以従二事於無為一、是後宮垣頽而不レ造、茅茨壊而不レ葺、風雨時順、五穀豊穣、三年而百姓殷富、歓声盈レ路、

本条は(ヌ)・(ヲ)・(ワ)条と一連の課役免除の記事であり、本条はその要約である。

ヌ、七年己卯、夏四月辛未朔、天皇登レ台、見二烟気多起一、謂二皇后一曰、朕既富矣、復何憂乎、皇后曰、今宮室朽壊、不レ免二暴露一、何謂レ富乎、天皇曰、天之立レ君、本為二百姓一、故君以二百姓一為レ本、古昔聖王、一人饑寒、顧レ之責レ身、百姓貧則朕貧也、百姓富則朕富也、未レ有二百姓富而君貧者一矣、

本条は(リ)・(ヲ)・(ワ)条と一連の課役免除の記事であり、本条はその要約である。

ル、秋八月九日丁丑、為二去来穂別皇子一定二壬生部一、為二皇后一定二葛城部一、

ヲ、九月、諸国請曰、課役並免、既経二三年一、今百姓富饒、路不レ拾レ遺、家有二余儲一、而宮殿朽壊、府庫不レ充、請貢二税調一、以修二理宮室一、不レ聴、

本条は(リ)・(ル)・(ワ)条と一連の課役免除の記事であり、本条はその要約である。

ワ、十年壬午、冬十月、始科二課役一、以造二宮室一、於レ是、百姓扶レ老攜レ幼、争レ先来赴、運レ材負レ簣、日夜営作、未レ幾、宮室悉成、

本条は(リ)・(ル)・(ヲ)条と一連の課役免除の記事であり、本条はその要約である。但し「紀」が「故於レ今称二聖帝一」と記してゐる部分は略されてゐる。それは「本紀」がその最後に「賛」を記し、その中で記してゐるところから略したものである。

カ、十一年癸未、夏四月十七日甲午、詔曰、朕今視二是土一、郊沢曠遠、田圃乏少、河水横溢、下流不レ駃毎レ値二霖雨一、海潮逆上、行路以レ舟、其宜三疏レ流注レ海、以全二田宅一、

本条は「紀」の要約であり、太線の「土」は「国」

を変更したものである。また二重線の部分はその趣意文である。

ヨ、冬十月、穿二渠宮北一、通二於海一、号曰二堀江一、又築二茨田堤一、以防二北河一、

本条は前条の結果を記したものであるが、「紀」の人身供御については記してゐない。

タ、是歳、新羅朝貢、

本条は「紀」と変はらない。が、「紀」が茨田堤の労役に使用したことは記してゐない。

レ、十二年甲申、秋七月三日癸酉、高麗貢二鉄盾鉄的一、八月十日己酉、賜二饗於高麗使一、命二群臣一射二所レ貢盾的一、

本条は「紀」と殆んど変はる所が無い、が、これに続く盾人宿禰等のことには触れてゐない。

ソ、冬十月、鑿二大溝於山背栗隈県一、以溉レ田、民被二其利一、

本条の太線の「鑿」波線の「溉」はそれぞれ「掘」「潤」を変更したものである。また二重線の部分は「百姓毎年豊之」とあるのを、その結果として民が利益を得ることになることから変更したものである。

ツ、十三年乙酉、秋九月、始置二茨田屯倉一、因定二春米部一、

本条は「立」を太線のやうに「置」と変へたのみである。

ネ、冬十月、作二和珥池一、築二横野堤一、

本条は「造」を「作」としてゐるのみである。

ナ、十四年丙戌、冬十一月、造二橋猪甘津一、

本条は「紀」の要約文である。

ラ、是歳、開二大路于京中一、自二南門一直達二丹比邑一、又鑿二大溝於感玖一、引二石河水一、溉二上鈴鹿、下鈴鹿、上豊浦、下豊浦郊原一、墾レ田四萬余頃

本条は「紀」の要約文であるが、これにより百姓に凶年の患が無くなつたことは記してゐない。

ム、十七年己丑、新羅不二朝貢一、秋九月、遣二砥田宿禰、賢遺臣一、責二問之一、新羅懼、乃貢二調絹雑品一、凡八十艘、

本条は「紀」の要約文である。

ウ、卅年壬寅、秋九月十一日乙丑、皇后幸二紀国一、是日、天皇納二矢田皇女一為レ妃、皇后還至二山背一、作二筒城宮一居レ之、冬十月七日庚申、行二幸山背一、至二筒城宮一、

本条は天皇と皇后の不和について記した部分である。波線の「冬十月」は「十一月」の間違ひである。

ヰ、卅一年癸卯、春正月十五日丁卯、立二去来穂別尊一為二皇太子一、

本条は去来穂別尊立太子記事であるが、「大兄」を略してゐる。

ノ、卅五年丁未、夏六月、皇后磐之媛崩二筒城宮一、

本条は皇后の崩御記事であり、太線のやうに「紀」が「薨」としてゐるのを「崩」としてゐる以外変はらない。

オ、三十七年己酉、冬十一月十二日乙酉、葬二皇后一、

本条は「那羅山」を省いたのみで変はらない。

ク、三十八年庚戌、春正月六日戊寅、立二妃矢田皇女一為二皇后一、

ヤ、四十年壬子、春三月隼別皇子、雌鳥皇女有レ罪、並賜レ死。

本条の波線の部分は「紀」を大幅に省略した記述となつてゐる。

マ、四十一年癸丑、春三月、遣二紀角於百済一、始分二国郡疆場一、具録二物産一、

本条は紀角宿禰に百済派遣記事であり、「郷土所出」を波線のやうに「物産」に変へてゐるのみである。但し酒君のことは略されてゐる。

ケ、四十三年乙卯、秋九月庚子朔、依網阿弭古得レ鷹献レ之、令三百済酒君調二養之一、幸二百舌鳥野一遊猟、獲二雉数十一、始定二鷹甘部一、

本条は鷹甘部設置譚であり「紀」の趣意文であるが、太線の部分は「紀」が「依網屯倉阿弭古」としてゐるのを変更したものであるが、「紀」の記述では依網屯倉に「居住する」阿弭古の意であるが、「本紀」の記述では「依網」が姓となつてしまふのであり、略し過ぎといふべきである。波線の部分は「紀」の註に

今時鷹也。

とあるところから、それを採用して記したものである。また傍点は「令二養馴一」を変更したものである。

フ、五十年壬戌、春三月五日丙申、河内人奏、茨田堤雁生レ子、

　本条は「紀」が「産」としてゐるところを波線のやうに「生レ子」としてゐるだけで他に相違は無い。が、「紀」の記す天皇と武内宿禰との応答歌は無い。

コ、五十三年乙丑、新羅不二朝貢一、夏五月、遣二竹葉瀬一責レ之、途獲二白鹿一、還献レ之、詔重遣二其弟田道一、新羅叛、田道撃破レ之、虜二四邑人民一以帰、

　本条は竹葉瀬及び田道の新羅派遣記事であるが、波線の部分は「紀」が「令レ問二其闕貢一」とあるのを変更したものであるが、実態は「責」であるからこのやうに変へたものである。太線の「途」は「道路」を変更したものであるが、新羅への途中であるから実態に即した変更である。が、「本紀」の記述では竹葉瀬の白鹿献上は任務を果たした後のやうになつてゐるが、「紀」の記述では白鹿を得たので一旦帰国して献上し、「更改レ日而行」つたのであるから、「本紀」はそのことを明記すべきであつたであらう。二重線の部分は新羅討伐の趣意文である。

エ、五十五年丁卯、蝦夷叛、遣二田道一討レ之、田道敗死、

　本条は蝦夷の反乱に於ける田道の敗死の趣意文であるが、田道死後のことは述べられてゐない。

テ、是年、大臣武内宿禰薨、

　本条は『水鏡』『公卿補任』などにより記されたものである。

ア、五十八年庚午、夏五月、荒陵松林南道、忽生二歴木二株一、夾レ路而末合、

　本条は「紀」が「両」としてゐる部分を波線のやうに「二株」と変更してゐる以外変はらない。

サ、冬十月、呉高麗並朝貢、

　本条は「紀」のままである。

キ、六十二年甲戌、夏五月、遠江国司上言、有二大木一両岐、大十囲、漂二于大井河一、遣二倭吾子籠一、用造二御船一、

本条は「紀」の一部を書き換へた趣意文であり、波線の部分及び太線の部分の意は変はらない。一方二重線の部分は難波回航を略したものである。

ユ、是歳、始置二氷室一、

「紀」では額田大中彦皇子による氷室発見のことが詳述されてゐるが、「本紀」は単に氷室を設置したとするのみである。

メ、六十五年丁丑、遣二難波根子武振熊一、誅二飛驒賊宿儺一、

本条は宿儺誅滅記事であるが、宿儺の容貌については略し、代はりに「賊」と記してゐる。

ミ、六十七年己卯、冬十月五日甲申、行二幸河内石津原一、作二寿陵一、

本条は御陵造営記事である。「紀」が「定二陵地一」としてゐるところを波線のやうに「作二寿陵一」としてゐる。

シ、八十七年己亥、春正月十六日癸卯、天皇崩、

ヱ、葬二百舌鳥野陵一、

本条は葬送記事である。但し月日を略してゐる。

ヒ、天皇幼而聡明、容貌美麗、及レ壮、寛仁慈恵、夙興夜寐、専二心政理一、通二溝渠一、作二堤坊一、墾二闢郊原一、是以百姓楽レ業、海内富庶、称為二聖帝一、嘗與二八田皇后一避二暑高台一、聞二菟餓野鹿鳴一而愛レ之、一夕鹿不レ鳴、明日猪名県佐伯部、献レ鹿供レ膳、天皇問二何処獲一レ之、曰、得二之菟餓野一、天皇謂二皇后一曰、計二獲レ鹿之日一、與二所レ獲之地一、蓋朕所レ愛者也、獲者雖レ無レ心、朕有レ不レ忍、不レ欲レ使三彼近二皇居一、乃命移二佐伯部於安芸渟田一、及二天皇末年一、吉備中国有二大虬一、為二民害一、是時妖気稍動、或有二叛者一、天皇軽レ賦薄レ斂、布レ徳施レ恵、是以風化大行、二十余年天下復無レ事、

本条は、仁徳天皇の「賛」に当たる文章である。

モ、追謚曰二仁徳天皇一、

本条は通例により記された漢風謚号である。

第十七節　履中天皇本紀

イ、履中天皇、仁徳帝長子也、母磐之媛皇后、

本条は点線のやうに天皇名を漢風諡号で記し、先帝を「帝」と称してゐる点が「紀」と相違してゐるが、これは「本紀」の通例である。が太線の部分は「紀」でに「太子」とされてゐるのを変更してゐる（傍線の部分は「紀」と同文であることを示す）。

ロ、仁徳帝三十一年、立為㆓皇太子㆒、

本条は「紀」の省略文である。

ハ、八十七年正月、仁徳帝崩、

本条は天皇名を漢風諡号で記してゐる以外「紀」と変はらない。

ニ、皇太子居㆓難波宮㆒、既除㆑喪、未㆑即㆑位、住吉仲皇子反、挙㆑兵囲㆑宮、皇太子方被㆑酒臥、時平群木菟、物部大前、阿知使主等入告、皇太子不㆑信、木菟等扶㆓皇太子㆒、上㆑馬而逃、

本条は「紀」の趣意文であるが、点線の「挙」は「興」を変へたものであり、波線の部分は「紀」の一説を採用して記されたものである。

ホ、仲皇子遂焚㆑宮、皇太子至㆓河内埴生坂㆒而醒、

本条は「紀」と殆ど変はらないが、太線の「遂」「皇」を加へ、「到」を点線の「至」に変へてゐる。

ヘ、顧㆓視煙焔㆒大驚、馳㆑自㆓大坂㆒将㆑入㆑倭、至㆓飛鳥山下㆒、遇㆓一少女㆒、問山有㆑人乎、答曰、執㆑兵者充㆓満山中㆒、宜㆑由㆓当摩路㆒、皇太子乃発㆓当県兵㆒、踰㆓龍田山㆒、見㆓執㆑兵者数十人㆒、皇太子疑㆓其為㆑賊、伏㆓兵于山中㆒、使㆓人問㆒、対曰、淡路野島海人也、以㆓安曇連浜子命㆒、追㆓太子㆒、皇太子発㆑伏悉捕獲焉、倭吾子籠聚㆑兵、将㆑邀㆓皇太子㆒、而望㆓其兵衆㆒、懼而降、皇太子駐㆓石上振神宮㆒、瑞歯別皇子誅㆓仲皇子㆒、是日擒㆓安曇浜子㆒、

本条は「紀」の要約文である。

ト、十月七日己丑、葬㆓仁徳天皇㆒、

本条は仁徳天皇紀八十七年条に基づき、天皇名を加へて記してゐる。

チ、元年庚子、春二月壬午朔、天皇即レ位、

本条は「紀」の省略文であり、波線のやうに「皇太子」を「天皇」と変へてゐる以外変はらない。

但し太線の干支は太歳記事を採用したものである。

リ、是為二去来穂別天皇一、

本条は「本紀」の通例により天皇の和風諡号を記したものである。

ヌ、夏四月十七日丁酉、召二安曇浜子一、減レ死黥レ之、釈二野島海人罪一、役二於倭蔣代屯倉一、

本条の波線の部分は詔の部分を地の文としたものであり、点線の部分は「免」を変更したものである。

ル、秋七月四日壬子、納二黒媛一為レ妃、

本条は「紀」の省略文である。

ヲ、二年辛丑、春正月四日己酉、立二皇弟瑞歯別皇子一為二皇太子一、

本条は太線の「皇弟」を加へ、「儲君」を波線に変更してゐる。

ワ、冬十月、遷二都磐余一、平群木菟、蘇我満智、物部伊莒弗、葛城円、共執レ政、

本条は太線の「遷」と「葛城」を加へると共に「国事」を波線のやうに「政」に変更してゐる。

カ、十一月、作二磐余池一、

本条は「紀」の通りである（以下同文の場合は註記しない）。

ヨ、三年壬寅、冬十一月六日辛未、天皇與二皇妃一泛レ舟、宴二于磐余市磯池一、有二桜花一落二御盞一、天皇以為レ瑞、遂名レ宮曰二磐余稚桜宮一、

本条は「紀」の要約文であるが、物部長真胆をして桜の在りかを探しめたことは略されてゐる。

タ、四年癸卯、秋八月八日戊戌、始置二史於諸国一、以記二言事一、達二四方志一、

本条は「紀」と殆ど変らない。

レ、冬十月、鑿二石上溝一、

本条は「掘」を点線のやうに変へてゐるのみである。

ソ、五年甲辰、秋九月十八日壬寅、天皇狩二淡路島一、停三以下黥徒上為二飼部一、

本条の前半は変更なく、後半の二重線は趣意文である。

ツ、二十二日丙午、至レ自二淡路一、

ネ、六年乙巳、春正月六日戊子、立二草香幡梭皇女一為二皇后一、

ナ、九日辛卯、始置二蔵職一、因定二蔵部一、

ラ、二月癸丑朔、納二大姫郎姫、高鶴郎姫一為レ嬪、

本条は「紀」の省略文であるが、太線の部分は「太」を変更したものである。

ム、三月、天皇不豫、十五日丙申、崩二於稚桜宮一、

本条は「紀」の省略文であるが、点線の「豫」は「悆」を変更してゐる。

ウ、葬二百舌鳥耳原陵一、追諡曰二履中天皇一、

本条の前半は「紀」と変はらない。後半は通例により記された漢風諡号である。

第十八節　反正天皇本紀

イ、反正天皇、履中帝同母弟也、生二於淡路宮一、生而駢歯、汲二瑞井一具レ浴、時多遅花飄二落井中一、因名二天皇一曰二多遅比瑞歯別皇子一、仁徳帝乃置二多治部於諸国一、為二湯沐邑一、多遅今虎杖也、

本条は「紀」の趣意文であるが、天皇名を漢風諡号で記し、先帝を「帝」と称してゐるのは「本紀」の通例である。

ロ、及レ長、美二容姿一、身長九尺二寸五分、

本条の波線の部分は「記」により記されてゐる。二重線の部分は「本紀」の独自記事である。

ハ、初履中帝為二太子一也、避二住吉仲皇子之乱一、駐二石上振神宮一、天皇聞レ之、迹而造焉、履中帝意疑而不レ見、天皇使二人奏一曰、僕無二黒心一、唯憂二太子不一レ在、故来赴耳、履中帝使レ告曰、我避二仲皇子之難一、以至二于

此一、豈得レ不レ疑レ汝乎、汝誠無二黒心一、還二難波一而殺二仲皇子一、天皇啓曰、太子何憂之有、今仲皇子無道、群臣百姓、共怨二悪之一、左右皆有二離心一、莫二為レ之謀者一、臣雖レ知二其逆一、以レ未レ受二太子命一、徒自慷慨耳、今已奉レ命、何難レ誅レ之、唯恐事平後、猶且見レ疑、願得二忠直者一人一與倶、帝遣二平群木菟一往、天皇歎曰、今太子與二仲皇子一、皆我兄也、誰従誰乖、然除二無道一就二有道一、其誰非レ我、乃至二難波一、誘二仲皇子近習刺領巾一曰、為レ我殺二皇子一、我必厚報レ汝、乃脱二錦衣褌一與レ之、刺領巾遂刺二仲皇子一殺レ之、天皇用二木菟言一、誅二刺領巾一、即日赴レ倭、夜半至二石上一復命、履中帝召見、褒二寵之一、賜二村合屯倉一

本条は履中天皇即位前紀の趣意文である。

ニ、履中帝即レ位、明年立為二皇太子一

本条は履中天皇元年紀及び二年紀の趣意文であるが、「紀」が二年としてゐる部分を太線のやうに「明年」とし、また波線のやうに「儲君」を「皇太子」としてゐる。但し反正天皇即位前紀では「二年立為二皇太子一」と記されてゐる。

ホ、六年三月、履中帝崩、十月四日壬子、葬二履中天皇一、

本条の前半は反正天皇即位前紀により記し、後半は履中天皇六年紀により記されてゐる。

ヘ、元年丙午、春正月二日戊寅、天皇即レ位、是為二瑞歯別天皇一

本条は「紀」と殆ど変らない。

ト、秋八月六日己酉、立二津野媛一為二皇夫人一、

本条は「紀」の省略文である。

チ、冬十月、遷二都於河内丹比一、是謂二柴籬宮一

本条は「紀」と殆ど変らないが、「都」を波線のやうに「遷都」としてゐる。

リ、五年庚戌春正月二十三日丙午、天皇崩二于正寝一、

本条は「紀」が「六年」としてゐるところを二重線のやうに「五年」としてゐる。

ヌ、葬二百舌鳥耳原陵一

本条は允恭天皇五年紀十一月条により記されてゐるが、「紀」には波線の部分は記されてゐない。

ル、在位之間、風雨時順、五穀成熟、人民富饒、海内無事、

本条は「本紀」の「賛」に当たる文であり、元年紀十月条により記されてゐる。

ヲ、追諡曰二反正天皇一、

本条は「本紀」の通例により記されたものである。

第十九節　允恭天皇本紀

イ、允恭天皇、反正帝同母弟也、自レ幼仁恵謙遜、

本条の系譜記事の部分は従前通り漢風諡号で記し、先帝を「帝」と称してゐる以外変はらない。また後半の人となりも「倹下」を「謙遜」としてゐるが意味に変化はない。

ロ、五年正月、反正帝崩、群臣議曰、方今大鷦鷯天皇之子存者、雄朝津間稚子宿禰皇子、與二大草香皇子一耳、然雄朝津間稚子宿禰皇子長且仁孝、乃択二吉日一、上二天皇璽一、天皇謝曰、予不幸久罹二篤疾一、不レ能二行歩一、且初欲レ除レ病、裂レ膚療レ之、猶未レ得レ痊、先皇責曰、汝為レ毀レ体、不孝孰甚レ焉、雖レ得二長生一、不レ得レ継レ業、予兄二天皇亦謂二予不似一、卿等所二共知一也、夫天下大器也、帝位鴻業也、民之父母、豈庸愚之任乎、寡人不二敢当一、請更択レ賢立レ之、群臣再拝言、帝位不

レ可二久曠一、天命不レ可二謙拒一、今不レ正二位号一、恐二百姓望絶一、願大王即二天皇位一、天皇再譲不レ許、

本条は允恭天皇即位前紀の要約であるが、太線の「存者」「庸」は「本紀」の補ひであり、点線と波線の部分は、それぞれ「選」「不天」「離」「歩行」「既」「破レ身治レ病猶勿レ差」「縦破レ身」「猶辞而」を変更したものである。また二重線の部分は、「愚レ我而軽之」の趣意文となつてゐる。

ハ、元年壬子、冬十二月、群臣又再拝上二天皇璽一、以固請、天皇曰、群卿為二天下一請、寡人何敢終辞、於レ是、天皇即レ位、

本条は「紀」の要約文であり、波線の「冬十二月」は「冬十有二月」を略したものであり「天皇」は「皇子」を変更したものである。また二重線の部分は「即帝位」を変更したものである。

ニ、都二於遠飛鳥宮一、

本条は「記」に基づいて記されたものである。

ホ、是為二雄朝津間稚子宿禰天皇一、

本条は「本紀」の通例により、天皇の和風諡号を記したものである。

ヘ、二年癸丑、春二月十四日己酉、立二忍坂大中姫一為二皇后一、為定二刑部一、

本条は一部省略がある以外「紀」と変はるところはない。

ト、三年甲寅、春正月辛酉朔、遣二使新羅一求レ医、秋八月、医至、療二天皇疾一、得レ瘳、厚賞遣レ之、

本条の前半は「紀」の要約文であり、波線以後は趣意文となつてゐる。則ち波線の部分は「令レ治天皇病一」を変へたものであり、二重線の部分は「病已差」を変更したものである。

チ、四年乙卯、秋九月、詔正二氏族詐冒一、会二諸氏人於味橿丘一、誓レ神探レ湯、

本条は「紀」の九月己丑条・戊申条を合はせた趣意文である。その為に「秋九月」とのみ記し日を略してゐるのである。

リ、五年丙辰、秋七月十四日己丑、地震、葛城玉田有

レ罪伏レ誅、

本条の前半は「紀」と変はらない。対して葛城玉田以下は省略文である。

ヌ、冬十一月十一日、甲申、葬二反正天皇一、

本条は漢風諡号で記し陵名を略してゐる以外「紀」と変はらない。

ル、八年己未、春二月、行二幸藤原一、為二皇后妹衣通姫一定二藤原部一、造二河内茅渟宮一、自レ是天皇数猟二日根野一、

本条の前半は、「紀」八年二月条と変はらない。但し「紀」が「幸」としてゐるところを「行幸」としてゐる（以下特に触れないことにする）。対して中間は十一年三月条により記されてゐる。また後半は、八年二月条の要約文である。

ヲ、九年庚申、春二月、行二幸茅渟宮一、秋八月、冬十月、又幸、

本条は「紀」の要約である。

ワ、十年辛酉、春正月、行二幸茅渟宮一、

カ、十一年壬戌、春三月四日丙午、行二幸茅渟宮一、

ヨ、十四年乙丑、秋九月十二日甲子、猟二淡路島一、

タ、二十三年甲戌、春三月七日庚子、立二木梨軽皇子一為二皇太子一、為定二軽部一、

本条は二重線の部分以外は「紀」と変はらない、

レ、二十四年乙亥、夏六月、御膳羹凍、卜レ之軽大娘有レ罪、流二于伊予一、

本条は「紀」の要約文であるが、二重線の「罪」の内容については触れられてゐない。

ソ、四十二年癸巳、春正月十四日戊子、天皇崩、

ツ、葬二河内長野原陵一、

本条は「紀」と変はるところはないが、その月日を記してゐない。

ネ、追諡曰二允恭天皇一、

本条は「本紀」の通例により漢風諡号を記したものである。

第二十節　安康天皇本紀

イ、安康天皇、允恭帝第三子也、母忍坂大中姫皇后、

　天皇名を漢風諡号で記し、先帝を「帝」とするのは「本紀」の通例である。また母に波線のやうに「皇后」と記すのは允恭天皇紀二年条に拠つてゐる。但し太線の「第三子也」は「紀」の註記により記してゐる。

ロ、四十二年正月、允恭帝崩、新羅遣レ使来弔、献二調船八十艘、楽工八十人一、皆素服哭泣、捧レ調張レ楽、遂会二殯宮一、

　本条は允恭天皇紀四十二年条により記されてゐる。（崩御記事は安康天皇即位前紀にも記されてゐる）新羅使の弔問記事は「紀」の趣意文である。

ハ、十月十日己卯、葬二允恭天皇一、是時太子淫虐、群臣不レ服、帰二望天皇一、太子集レ兵、将レ襲二天皇一、既而度二事不レ成、匿二物部大前家一、天皇囲レ之、太子自殺、

　本条の「葬」までは允恭天皇紀により記されてゐる。それに対し、波線の部分は「紀」の趣意文である。

ニ、十二月十四日壬午、遂即二天皇位一、是為二穴穂天皇一、尊二皇后一曰二皇太后一、大臣葛城円如レ故、

　本条は「紀」と殆ど変はらないが、通例のやうに和風諡号を記してゐる。

ホ、遷二都石上一、是謂二穴穂宮一、

　本条は「紀」と変はらない（以下同文の場合は註記しない）。

ヘ、元年甲午春二月、殺二皇叔大草香皇子一、納二中蒂姫一為レ妃、

　本条は「紀」の要約文であるが、太線のやうに天皇と大草香皇子との関係を記してゐる。

ト、二年乙未、春正月十七日己酉、立二妃中蒂姫一為二皇后一、

　本条は殆ど「紀」と変はらない。

チ、三年丙申秋八月、眉輪王有レ怨二于天皇一、九日壬辰、天皇行二幸山宮一、暴崩、

本条は雄略天皇即位前紀により、前半は天皇崩御の理由を波線のやうに記し、後半で崩御の事実を二重線のやうに記してゐる。

リ、後三年、葬二菅原伏見陵一、追諡曰二安康天皇一、

本条は「紀」が「三年後」とあるのを「後三年」とする以外変はらない。また通例により漢風諡号を記してゐる。

第二十一節　雄略天皇本紀

イ、雄略天皇、允恭帝第五子、安康帝同母弟也、

本条は通例のやうに天皇名を漢風諡号で記し、先帝を「帝」としてゐるが、波線のやうに「紀」にはない安康天皇との関係を記してゐる。

ロ、初生神光満レ殿、長而剛健過レ人、

本条は点線の部分が「産」「伉」を変更してゐるのみである。

ハ、安康帝之暴崩二于山宮一也、大舎人走告レ変、天皇疑二諸兄一、戎服率レ兵、逼二八釣白彦皇子一、問二其故一、皇子不レ答、天皇抜レ刀斬レ之、又問二坂合黒彦皇子一、亦不レ答、天皇愈怒、黒彦皇子懼、與二眉輪王一亡、匿二大臣葛城円宅一、天皇囲二其宅一、縦レ火悉焼二殺之一、

本条は「紀」の趣意文である。

ニ、十月、殺二市辺押磐皇子、御馬皇子一、

本条は「紀」の趣意文であるが、「紀」に記されてゐる経緯等は全て省略されてゐる。

ホ、十一月十三日甲子、命㆓有司㆒、設㆓壇於泊瀬朝倉㆒、即㆓天皇位㆒、遂都焉、是為㆓大泊瀬幼武天皇㆒、以㆓平群真鳥㆒為㆓大臣㆒、大伴室屋、物部目為㆓大連㆒、

本条は「紀」と殆ど変はらない。

へ、元年丁酉、春三月三日壬子、立㆓幡梭皇女㆒為㆓皇后㆒、是月、納㆓葛城韓媛、童女君㆒為㆑妃、

本条は「紀」と殆ど変るところはなく、僅かに波線の「納」を補つてゐるのと、「立」を点線のやうに「為」と変更してゐるのみである。但し「本紀」は吉備稚媛を略してゐる。

ト、二年戊戌、冬十月三日癸酉、行㆓幸吉野宮㆒、六日丙子、猟㆓于御馬瀬㆒、是日至㆑自㆓吉野宮㆒、始置㆓宍人部㆒、是月、置㆓史戸、河上舎人部㆒、

本条は「紀」の省略文であるが、具体的な内容は全て略されてゐる。

チ、四年庚子、春二月、猟㆓于葛城山㆒、

本条は「紀」の省略文であり、猟の事実のみを記してゐる。

リ、秋八月十八日戊申、行㆓幸吉野宮㆒、二十日庚戌、猟㆓于河上小野㆒、

本条は「紀」の省略文であり、河上小野に於ける事柄は波線のやうに「猟」と要約してゐる。

ヌ、五年辛丑、春二月、猟㆓于葛城山㆒、野猪突出、将㆑触㆓天皇㆒、天皇以㆑弓自捍而蹈殺㆑之、

本条は「紀」の趣意文である。

ル、秋七月、百済王加須利君、遣㆓其弟軍君㆒入侍、

本条は四月条と合はせた趣意文である。

ヲ、六年壬寅、春二月四日乙卯、行㆓幸泊瀬小野㆒、

本条は「紀」の省略文である。

ワ、三月七日丁亥、令㆓后妃躬桑㆒、以勧㆓蚕事㆒、

本条は点線の部分が「親」を変へてゐる以外「紀」と変はらない。但し蜾蠃のエピソードについては略されてゐる。

カ、夏四月、呉国遣㆑使貢献、

ヨ、七年癸卯、秋八月、遣二物部兵士一、誅二吉備下道前津屋、及其族七十人一、

本条は前津屋誅殺の事実のみを記してゐる。

タ、是歳、以二吉備田狭一為二任那国司一、納二吉備稚媛一為レ妃、是時新羅久不二朝貢一、遣二田狭子弟君、及吉備海部赤尾一、討レ之、取二道百済一、賜二書百済王一、令レ献二技工一、田狭拠二任那一叛、通二謀于弟君一、使三之拠二百済一、弟君妻樟媛殺二弟君一、遂與二赤尾一将二百済技工一而帰、

本条は「紀」の要約趣意文である。太線の部分は、「紀」では詔の言葉であるが、「本紀」は地の文としてゐる。

レ、八年甲辰、春二月、遣二身狭青、檜隈博徳于呉国一、

ソ、是歳、高麗撃二新羅一、新羅請二救于任那日本府行軍元帥一、任那王請二膳斑鳩、吉備小梨、難波赤目子一、率レ兵救レ之、大破二高麗兵一、

本条は「紀」の趣意文であるが、「紀」では（レ）条に続けて記されてゐるのを「本紀」は太線のやうに「是歳」として記してゐる。

ツ、九年乙巳、春二月甲子朔、遣二凡河内香賜一、祭二胸方神一、香賜與二采女一姦、捕而斬レ之、

本条は「紀」の要約文であり、点線の部分は「執」を変更したものである。

ネ、三月、天皇欲三親征二新羅一、適有二神誨一、止而不レ果、因遣二紀小弓、蘇我韓子、大伴談、小鹿火等一討レ之、詔曰、新羅在二西土一、累葉称レ臣、朝聘以レ時、貢職弗レ愆、逮三于朕之王二天下一、投二身対馬之外一、竄二跡匝羅之表一、阻二高麗之貢一、呑二百済之城一、況復朝聘既闕、貢職莫レ修、狼子野心、飽颺飢附、今以二汝四卿一、拝為二大将一、宜三以下王師上、襲行二天罰一、於レ是、諸将進撃二新羅一、大破レ之、喙地悉定、余衆未レ服、小弓等再督レ兵攻レ之、大伴談、紀岡前来目戦死、両軍交退、小弓病卒二于軍一、

本条は「紀」の要約趣意文である。その中で点線の「征」は「伐」を変更したものであり、波線の「卒」は「薨」を変へたものであるが、「薨」を「卒」に変へた理由は不明である。

ナ、夏五月、紀大磐往二新羅一、奪二小鹿火兵一、殺二蘇我韓子一、

本条は「紀」の要約趣意文である。点線の「往」は「向」を変へたものである。

ラ、十年丙午、秋九月、身狭青自レ呉還、

本条は「紀」の要約文であり、点線の部分は「到」を変へたものである。

ム、十一年丁未、夏五月辛亥朔、近江栗太郡上言、有二白鸕鷀一、集二谷上浜一、詔置二川瀬舎人一、

本条は太線の「有」を加へ、波線の部分を「居」を変へたのみで変はらない。

ウ、秋七月、呉人貴信自二百済一来帰化、

本条は「紀」の趣意文であり、波線の〔自〕は「従」を、二重線の部分は「逃化来」を改めたものである。「本紀」が特に「帰化」と記したのは「紀」が、

　磐余呉琴弾壃手屋形麻呂等。是其後也。

とあるところから、帰化したことが明らかであるところからこのやうに記したものである。

キ、十二年戊申、夏四月四日己卯、遣二身狭青、檜隈博徳於呉一、

本条は「出使」を波線に変へてゐるのみで変はらない。

ノ、冬十月十日壬午、命二木工闘鶏御田一、始起二楼閣一、

本条は「紀」と変はらない。但し天皇が御田を誤解して処刑しようとされたことには触れられてゐない。

オ、十三年己酉、秋八月、播磨御井隈人、文石小麻呂、恃レ力驕暴、不レ輸二租賦一、劫二剽路人一、奪二椋商船一、遣二小野大樹一誅レ之、

本条は「紀」の要約趣意文である。

ク、十四年庚戌、春正月十三日戊寅、身狭青等自レ呉還、與二呉使及工女漢織、呉織、縫衣兄媛、弟媛一共来泊二住吉津一、

本条は「紀」の要約文である。

ヤ、是月、為二呉使一闢二磯歯津路一、

本条は「紀」の要約文である。

マ、三月、迎二呉使一、処二檜隈野一、以二兄媛一奉二大三輪

神一、以二弟媛一為二漢衣縫部一、

本条は「紀」の省略文であり、波線の部分は「安置」を変へたものである。

ケ、夏四月甲午朔、饗二呉使一、根使主有レ罪伏レ誅、

本条は「紀」の省略文であるが、二重線の部分はその罪の内容には触れず「伏レ誅」と事実のみを記してゐる。

フ、十五年辛亥、詔聚二秦氏百八十部一、賜二秦造酒一、又役二諸秦氏一作二八丈大蔵於宮側一、置二大蔵官一、以レ酒為二長官一、

本条は「紀」の趣意文であり、波線の部分は『新撰姓氏録』を「参取」して記してゐる。

コ、十六年壬子、秋七月、詔課二宜レ桑国県一植レ桑、因分二徙秦氏一、使レ献二庸調一、

本条は「紀」と殆ど変はらないが、点線の部分は「又」を変へたものであり、波線の部分は「散遷」を変更したものである。

エ、冬十月、詔聚二漢部一、定二其伴造一、

本条は「紀」と殆ど変はるところはない。

テ、十七年癸丑、春三月二日戊寅、置二贄土師部一、

本条は「紀」の要約文である。

ア、十八年甲寅、秋八月十日戊申、遣二物部菟代、物部目一、討二伊勢賊朝日郎一、斬レ之、

本条は「紀」の要約文であるが、戦闘の様子は略されてゐる。また波線の部分は「伐」を変へてゐる。

サ、十九年乙卯、春三月十三日戊寅、置二穴穂部一、

キ、是冬、高麗攻陥二百済一、殺二其王加須利君一、

本条は百済滅亡記事であるが、「紀」では二十年とされてゐる。

ユ、二十一年丁巳、春三月、立二加須利君弟汶洲一為二百済王一、賜二久麻那利地一、

本条は「紀」の趣意文である。

メ、二十二年戊午、春正月己酉朔、立二白髪皇子一為二皇太子一、

本条は「記」と変はるところはない。

ミ、秋七月、遣二使丹波與佐真井原一、奉二迎豊受大神一、

九月、祀二之伊勢度会郡山田原新宮一、

本条は「紀」には記されてゐない豊受大神鎮座の記事であり、『神皇正統記』によつて記したものである。

シ、二十三年己未、夏四月、百済王文斤卒、天皇召二昆支王第二子末多一、面諭使三帰二王其国一、賜以二兵器一、使三筑紫軍士五百人衛二送之一、筑紫安致臣、馬飼臣等、率二舟師一撃二高麗一、

本条は「紀」の要約文である。なほ「筑紫安致臣」以下は「紀」では「是年」条としてゐるが、「本紀」は連続して記してゐる。

ヱ、秋七月辛丑朔、天皇不豫、詔事無二巨細一、就二皇太子一採レ決、

本条は「紀」の省略文であり、二重線は「付」を変へたものである。また太線は、「本紀」の補ひである。

ヒ、八月七日丙子、大漸、召二見大臣一、握レ手辞訣、是日崩二于大殿一、

本条は『紀』の省略文であるが、波線の部分は「紀」では「百寮」となつてゐる。

モ、遺二詔大伴室屋及東漢掬一曰、星川王心懐二悖悪一、天下著聞、朕崩之後、将レ不レ利二于皇太子一、汝等民部甚多、努力相助、勿レ令二侮慢一、

本条は「紀」の省略文であるが、詔の部分の大半は二重線で示したやうに「一本」によつて記されてゐる。

セ、先レ是、将軍吉備尾代将二蝦夷五百一、征二新羅一、至二吉備一、聞二天皇崩一、蝦夷相率叛、侵二掠傍郡一、尾代討悉平レ之、

本条は「紀」の要約趣意文である。

ス、天皇初以レ心為レ師、好軽殺レ人、嬖二幸史部身狭青、檜隈博徳等一、天下謗曰二大悪天皇一、猟二葛城山一、與二一言主神一遇、並レ轡馳逐、及レ昏而罷、神送二天皇於来目水一、百姓更称二有徳天皇一、百済采女池津媛與二石河楯一姦、使三来目部執二一人一、縛二手足於木一、置二仮庪上一、焼二殺之一、猟二御馬瀬一、大獲二鳥獣一、顧問二群臣一曰、猟場之楽、使二膳夫割レ鮮、孰二與自割一、群臣莫二能対一、天皇怒、手斬二御者大津馬飼一、見者震慄、菟田人所レ畜

狗、齧二鳥官之禽一、天皇怒鯨二其人一、為二鳥養部一、時信濃武蔵直丁相謂曰、我郷多レ鳥、積如二丘陵一、何以二一鳥之故一鯨レ人乎、天皇聞而趣聚レ禽積レ之、直丁不レ能二遽弁一、并為二鳥養部一、其厳峻如レ此、嘗見二木工猪名部真根斲レ木、以レ石為レ質、終日揮レ斧、不レ毀二其刃一、天皇異レ之、問曰、汝無二誤中レ石耶、答曰、不レ誤、乃使二采女裸体相撲一、真根心動、誤毀二其刃一、天皇怒二其言欺妄一、将レ刑レ之、其徒歎惜、作レ歌諷レ之、天皇聞而赦レ之、逮二天年一留二心改事一、国家無為、

本条は「本紀」の「賛」に当たる部分である。なほ最後の「末年」以下は遺詔によつてゐる。

ン、葬二河内丹比高鷲原陵一、追謚曰二雄略天皇一、

本条の前半は清寧天皇元年紀により記したもので、「河内」を加へてゐる。また後半は「本紀」の通例に従ひ漢風謚号を記したものである。

第二十二節　清寧天皇本紀

イ、清寧天皇、初称二白髪皇子一、雄略帝第三子也、母妃葛城韓媛、

本条の太線部分は「本紀」の通例により、天皇名を漢風謚号で記し、先帝を帝と記してゐる。また波線の妃は雄略天皇元年紀により記されてゐる。対して二重線の部分はその根拠が明白でない。

ロ、天皇生而白髪、長而有二愛レ民之心一、帝特異二重之一、

本条は「紀」の趣意文であり、波線は「霊異」を変へたものである。

ハ、二十二年、立為二皇太子一、

本条は「紀」と変はらない（以下同文の場合は註記しない）。

ニ、二十三年八月、雄略帝崩、

本条は天皇名を漢風謚号で記してゐる他は「紀」と

変はらない。

ホ、星川皇子謀二不軌一、拠二大蔵一、大連大伴室屋、與二東漢掬一、討而平レ之、

本条の二重線の部分は「紀」の趣意文であり、事実のみを記し、その経過などは略してゐる。

ヘ、十月四日壬申、室屋率二群臣一、奉二璽於皇太子一、

本条は「紀」の省略文である。

ト、元年庚申、春正月十五日壬子、命二有司一、設二壇場於磐余甕栗一、即二天皇位一、遂都焉、是為二白髪武広国押稚日本根子天皇一、

本条は「紀」と変はらない。但し波線の部分は「本紀」の通例により、和風諡号を記したものである。

チ、尊二所生葛城韓媛一曰二皇太夫人一、大臣平群真鳥、大連大伴室屋如レ故、

本条は殆ど「紀」と変はらない。

リ、冬十月九日辛丑、葬二雄略天皇一、有二隼人一、号二泣陵側一七日夜、不レ食而死、有司以レ礼葬二之陵北一、

本条は殆ど「紀」と変はらないが、点線部分は「哀号」を変へたものである。

ヌ、二年辛酉、春二月、天皇憂三無レ子而名不レ伝二於後一、命二大伴室屋一、置二白髪部舎人、膳夫、靭負於諸国一、

本条は要約文であり、二重線の部分は天皇の気持ちを記したものである。

ル、冬十一月、播磨国司伊與来目部小盾奏、市辺押磐皇子二子、億計王、弘計王、在二赤石郡縮見屯倉首忍海部細目家一、天皇大喜、使下小盾持レ節、率二左右舎人一迎上レ之、

本条は「紀」の要約文である。

ヲ、三年壬戌、春正月丙辰朔、小盾奉二億計王、弘計王一至二摂津一、使下臣連持レ節以二王青蓋車一迎中入宮中上、

本条は「紀」と殆ど変はらない。

ワ、夏四月七日辛卯、立二億計王一為二皇太子一、以二弘計王一為二皇子一、

本条は「以」を点線のやうに変へる以外「紀」と変はらない。

カ、秋九月二日癸丑、遣二臣連於諸国一、巡二省風俗一、

本条は点線の部分を加へるのみで「紀」と変はらない。

ヨ、冬十月四日乙酉、詔罷レ献二犬馬器玩一、

本条は詔文を地の文とし「不レ得」を波線のやうに変へてゐる。

タ、十一月十八日戊辰、宴二臣連於大廷一、賜二綿帛一、

本条は「庭」を太線に変へてゐる以外「紀」と変はらない。但し持ち帰りの様子は略されてゐる。

レ、是月、海表諸蕃、遣レ使貢調、

本条は「紀」と殆ど変はらない。

ソ、四年癸亥、春正月七日丙辰、宴二諸蕃使于朝堂一、賜レ物有レ差、

本条は「紀」の省略文である。

ツ、夏閏五月、大酺五日、

ネ、秋八月七日癸丑、天皇親録二囚徒一、蝦夷隼人並内附、

本条は、「紀」では蝦夷の前に「是日」があるのを略してゐる以外変はらない。

ナ、九月丙子朔、御二射殿一、勅二百僚及諸蕃一使レ射、賜レ物各有レ差、

本条は要約文であり、「海表使者」を波線のやうに変へ、「詔」を太線に変へてゐる。

ラ、五年甲子、春正月十六日己丑、天皇崩、

本条は「紀」の省略文である。

ム、葬二河内坂門原陵一、

本条はその葬送の年月を略してゐる。

ウ、追謚曰二清寧天皇一、

本条は通例に従ひ漢風謚号を記したものである。

第二十三節　顕宗天皇本紀

イ、顕宗天皇、初称二弘計王一、一名来目稚子、履中帝孫、市辺押磐皇子第二子也、母曰二荑媛一、

　本条は天皇の系譜記事であるが、波線の「初」「第二」は「紀」にはない文言である。また太線の「一」は「更」を変へたものである。

ロ、初雄略帝殺二押磐皇子一也、皇子帳内日下部使主、與二其子吾田彦一、奉二天皇及母兄億計王一、避二難於丹波余社郡一、使主変レ名曰二田疾来一、猶恐レ見レ殺、逃入二播磨縮見山石室一自縊、天皇不二之知一、勧二億計王一向二播磨明石郡一、為二縮見屯倉首忍海部細目家僮一、倶称二丹波小子一、吾田彦随従不レ去、固執二臣礼一、

　本条は「紀」の趣意文である。

ハ、清寧帝二年十一月、播磨国司伊與来目部小楯、徴二新嘗供物一、至二明石郡一、

　本条は「紀」の省略文である。

ニ、宴二細目家一、天皇謂二億計王一曰、避二乱於斯一、年踰二数紀一、顕レ名著レ貴、方在二今夕一、億計王惻然曰、自賛見レ害、孰二與隠忍全一レ身也、天皇曰、吾是去来穂別天皇之孫、而久苦二厮役一、寧顕二揚大名一而死乎、兄弟相持而泣、億計王曰、此事非レ弟則不レ能レ済也、天皇辞譲再三、億計王固強レ之、天皇従レ之、

　本条は「紀」の趣意文である。

ホ、細目命二二王一秉レ燭、夜深酒酣、使二家人起舞一、舞畢、細目謂二小楯一曰、僕見二此秉レ燭者一、先レ人而後レ己、恭敬退譲、可レ謂二君子一、於レ是小楯撫レ絃、使二二王起舞一、兄弟相譲久レ之、小楯責曰、何不二速舞一、

　本条は「紀」の趣意文である。

へ、億計王先起而舞、既而天皇起整二衣帯一、歌曰、伊儺武斯盧簸泝比野儺擬寐逗愈凱瀰、儺弭企於己陀智、曾能泥播宇世儒、遂作二殊舞一、唱曰、倭者彼彼茅原、浅茅原、弟日僕是也、小楯聞而怪レ之、更使二復唱一、天皇唱曰、石上振之神杉伐レ本截レ末、於二市辺宮一治二天

下一、天万国万押磐尊御裔僕是也、

本条は「紀」の趣意文である。

ト、小楯大驚、離レ席再拝、率二其属一、承レ事供給、悉発二郡民一、新造レ宮処レ之、

本条は「紀」の省略文である。

チ、還奏二其状一、帝大喜曰、天垂二博愛一、賜以二二児一、廼與二大臣大連一定策、迎取入二宮中一、立二億計王一為二皇太子一、天皇為二皇子一、

本条は「紀」の趣意文である。

リ、五年正月、清寧帝崩、皇太子譲二位於天皇一、天皇固辞不レ従、於レ是飯豊青皇女自称二忍海飯豊青尊一、聴二政忍海角刺宮一、

本条は「紀」の要約趣意文である。

ヌ、十一月九日戊寅、葬二清寧天皇一、

本条は清寧天皇紀に拠り記されてゐる。

ル、是月、飯豊青尊薨、

本条は「紀」では（ヌ）条の前に記されてゐるが、「本紀」は天皇の葬送記事を前にしたところから「是月」としてゐる。また「紀」では「崩」となつてゐるのを「薨」としてゐる。

ヲ、十二月、百官大会二于廷一、皇太子執レ璽、置二之于天皇之前一、再拝退就二諸臣之位一曰、夫帝位有レ功者可二以居一レ之、致レ有二今日一、皆弟之功也、天皇固辞曰、白髪天皇欲レ伝二位於兄一、立為二皇太子一、且為レ兄謀レ事而処二其功一、失二弟恭之義一、弘計所レ不レ忍為也、皇太子曰、白髪天皇所三以属二天下於我一者、徒以二我居レ長之故一而已、惟弟謀レ脱二家難一、彰二顕帝孫一、搢紳忻戴、黔首帰レ心、足下以克固二四維一、永隆中万葉上、我雖二是兄一、実無二功徳一、非レ拠而拠、咎悔必至、吾聞、天位不レ可二以久曠一、天命不レ可二以謙拒一、唯弟以二社稷一為レ計、百姓為レ心、其言慷慨、至二于流涕一、天皇不レ得レ已許レ之、而未二遽即一レ位、

本条は「紀」の趣意文である。

ワ、元年乙丑、春正月己巳朔、大臣大連等奏二請天皇践一レ祚、於レ是、会二公卿百僚於近飛鳥八釣宮一、即二天皇位一、是為二弘計天皇一、

本条は「紀」の省略文である。また太線の部分は「本紀」の通例により天皇の和風諡号を記したものである。

カ、母兄億計仍為二皇太子一、

本条は仁賢天皇即位前紀の、

為二皇太子一如レ故。

により記されたものと考へられる。

ヨ、是月、立二難波小野王一為二皇后一、赦二天下一、大臣平群真鳥、大連大伴室屋如レ故、

本条の前半は「紀」の趣意文であり、後半の波線の部分は『公卿補任』に拠つて記されたものである。

タ、二月五日壬寅、詔曰、先王遭二離多難一、殞二命荒野一、朕在二幼年一、亡逃自匿、猥遇二推求一、忝纉二大業一、広求二御骨一、莫二能知者一、因與二皇太子一、哭泣憤惋、不レ能二自勝一、

本条は「紀」の省略文である。

レ、是月、召二聚父老一、天皇親臨歴問、有二一老嫗一、知二其所一、於レ是、行二幸近江来田綿蚊屋野一、改二葬押磐皇子一、

本条は「紀」の要約趣意文である。

ソ、三月上巳、幸二後苑一、始設二曲水宴一、

本条は「紀」と殆ど変はらないが、二重線の「始」と「設」の語句が記されてゐる。

ツ、夏四月十一日丁未、召二前播磨国司来目部小楯一、優詔褒二其功一、因授二山官一、改賜二姓山部連一、以二吉備臣一為レ副、

本条は「紀」の要約文であり、詔の内容を地の文としてゐる。

ネ、五月、以三狭狭城山君韓帒一、嘗與レ謀レ殺二押磐皇子一、将レ誅レ之、赦減二其罪一、削レ籍充二陵戸一、隷二山部連一、

本条は「紀」の要約文である。

ナ、六月、幸二避暑殿一、奏レ楽宴二群臣一、

本条は「宴」と要約する以外変はらない。

ラ、三年丁卯、春二月丁巳朔、遣二阿閉事代于任那一、

本条は「紀」の省略文であり、「使」を波線のやうに変へてゐる。

ム、夏四月十三日戊辰、置二福草部一、
ウ、二十五日庚辰、天皇崩二于八釣宮一、
ヰ、葬二傍岳磐坏丘陵一、
　本条は仁賢天皇元年十月条により記されてゐる。
ノ、天皇久在二民間一、知三百姓所二疾苦一、及レ登二天位一、専留二心政事一、賑二卹孤寡一、屏二省徭役一、毎レ見二枉屈一、若レ納二溝隍一、不二数年一而百姓殷富、天下乂安、歳又比稔、穀斛銀銭一文、牛馬被レ野、
　本条は顕宗天皇の「賛」に当る部分であり、「天皇久」より「若レ納二溝隍一」の内、「屏二省徭役一」以外は、即位前紀の趣意文であり、「不二数年一而」以後は二年十月条の要約文である。
オ、追謚曰二顕宗天皇一、
　本条は「本紀」の通例により漢風諡号を記したものである。

第二十四節　仁賢天皇本紀

イ、仁賢天皇、諱大脚、字島郎、初称二億計王一、顕宗帝母兄也、
　本条は殆ど「紀」と変はらないが、波線の部分を加へてゐる。太線の部分は「紀」では、
　　弘計天皇同母兄也
とあり、「本紀」は「同」を脱したものである。
ロ、初避二難於丹波、播磨之間一、語在二顕宗紀一、
　本条は「紀」の要約文であり、波線の部分は「本紀」の補ひである。
ハ、清寧帝二年、召至二京師一、
　本条は「紀」では清寧天皇元年の事とされてゐる。
ニ、明年立為二皇太子一、
　本条は「紀」の省略文であるが、「紀」では二年条に記されてゐる。

ホ、清寧帝崩、天皇以二天下一譲二顕宗帝一、仍為二皇太子一、

本条は漢風諡号表記以外では太線が加はつてゐるだけである。

ヘ、三年四月、顕宗帝崩、

本条は漢風諡号表記以外変はらない。

ト、是歳、紀大磐欲三自王二三韓一、築二帯山城于任那一、拠レ之、適会二百済来攻一、兵敗而還、

本条は顕宗天皇三年是歳条により記されてゐるが、「紀」の趣意文である。二重線の大は「紀」では「生」となつてゐるが、「本紀」は雄略天皇九年紀五月条との一致させるために「大」を用ゐたものである。

チ、元年戊辰、春正月五日乙酉、天皇即二位石上広高宮一、是為二億計天皇一、大臣平群真鳥、大連大伴室屋如レ故、

本条は「紀」の省略文である。天皇の和風諡号は通例により記されたものである。大臣・大連については『公卿補任』により記してゐる。

リ、二月二日壬子、立二妃春日大娘一為二皇后一、

本条は「妃」の前の「前」を略した以外変はらない。

ヌ、冬十月三日己酉、葬二顕宗天皇一、

本条は「紀」の省略文である。

ル、二年己巳、秋九月、難波小野皇后崩、

本条は二重線の部分以外変はらない。

ヲ、三年庚午、春二月己巳朔、置二石上部舎人一、

ワ、四年辛未、夏五月、的蚊嶋穂瓮君有レ罪、皆下レ獄死、

カ、五年壬申、春二月五日辛卯、敕二諸国一、徧求二佐伯部流亡者一、以二佐伯部仲子之後一為二佐伯造一、

本条は波線を補ふほか「紀」と殆ど変はらない。

ヨ、六年癸酉、秋九月四日壬子、遣二難波日鷹於高麗一、求二工人一、日鷹以二工匠須流枳、奴流枳等一還、

本条は「紀」の要約文であり、二重線の部分は、「召二巧手者一」「献」を改めたものである。

タ、七年甲戌、春正月三日己酉、立二小泊瀬稚鷦鷯尊一為二皇太子一、

レ、八年乙亥、大有レ年、

本条は「紀」の趣意文である。

ソ、十一年戊寅、秋八月八日丁巳、天皇崩二于正寝一、

ツ、葬二河内埴生坂本陵一、

　本条は太線のやうに「河内」を補つてゐるが、他は変はらない。但し年月が略されてゐる。

ネ、初顕宗帝即レ位、謂二天皇一曰、先王無レ罪、而大泊瀬天皇殺レ之、棄二骨郊野一、至レ今未レ獲、憤歎盈レ懐、臥泣行号、志雪二讎恥一、吾聞、父之讎弗二與共戴一レ天、夫匹夫有二父母之讎一者、遇二諸市朝一、不レ反レ兵而闘、況吾既為二天子一、今欲下発二其陵一砕二其骨一以報上レ之、不二亦可一乎、天皇泣諫曰、大泊瀬天皇、躬綜二万機一、照二臨天下一、先王雖レ為二皇胤一、遭遇迍邅、不レ登二天位一、以レ此観レ之、尊卑分定、而忍レ壊二陵墓一、何以奉二天之霊一、其不可一也、陛下與二億計一、共蒙二白髪天皇殊恩一、以至二于此一、大泊瀬天皇非二其父一乎、億計聞、無二言不レ酬、無二徳不レ報、陛下饗レ国、徳行広聞、而以レ此見二於華裔一、恐非二莅レ国子レ民之道一、其不可二也、顕宗帝嘉従焉、天皇幼而聡敏、仁恵謙恕、在レ位之間、吏二称其官一、民安二其業一、五穀豊登、戸口蕃殖、遠近清平、海内帰レ仁、

　本条は仁賢天皇の「賛」に当る部分である。

ナ、追謚曰二仁賢天皇一

　本条は「本紀」の通例により漢風謚号を記したものである。

第二十五節　武烈天皇本紀

イ、武烈天皇、仁賢帝子也、母春日大娘皇后、

本条は通例以外「紀」と変はらない。

ロ、仁賢帝七年、立為二皇太子一、

本条は通例以外「紀」と変はらない。

ハ、十一年八月、仁賢帝崩、大臣平群真鳥、驕横擅レ政、潜謀二簒奪一、其子鮪無レ礼二于皇太子一、皇太子與二大伴金村一謀、金村将レ兵誅レ鮪、

本条は「紀」の趣意文である。二重線の部分は「欲レ王二日本一」を改めたものであり、太線の部分は「戮」を変更したものである。

ニ、十月五日癸丑、葬二仁賢天皇一、

本条は仁賢天皇十一年紀十月条により記されてゐる。

ホ、十一月十一日戊子、金村遂誅二真鳥一、

本条は「紀」の趣意文である。

ヘ、十二月、金村請レ上二尊号一曰、億計天皇子、惟有二陛下一、億兆攸レ帰、曾無二與二一、今頼二皇天保佑一、凶党就レ戮、英略雄段、以盛二天威一、伏願陛下仰答二霊祇一、弘宣二景命一、光二宅日本一、奄二有銀郷一、於レ是、命二有司一、設二壇場於泊瀬列城一、即二天皇位一、遂都焉、

本条は「紀」の要約文である。

ト、是為二小泊瀬稚鷦鷯天皇一、

本条は通例により、和風諡号を記したものである。

チ、是日以二金村一為二大連一、

本条は「大伴」を略してゐる以外「紀」と変はらない。

リ、元年己卯、春三月二日戊寅、立二春日娘子一為二皇后一、

ヌ、三年辛巳、冬十一月、詔二大連大伴室屋一、発二信濃丁男一、作二城像於水派邑一、

ル、四年壬午、百済王末多無道、国人廃レ之、立レ島為レ王、

本条は「紀」の要約文である。

ヲ、六年甲申、秋九月乙巳朔、詔曰、夫伝レ国之道、立レ子為レ貴、朕今無二継嗣一、何以伝レ名、宜下依二旧例一、置二小泊瀬舎人一、遺中之于萬世上、

本条は「紀」の要約趣意文である。

ワ、冬十月、百済進レ調、天皇以二其久闕一レ貢、拘二留其使一、

本条は趣意文である。

カ、七年乙酉、夏四月、百済王使二其族斯我君入侍一、

本条は趣意文である。

ヨ、八年丙戌、冬十二月八日己亥、天皇崩二于列城宮一、

タ、葬二傍丘磐坏陵一、

本条は継体天皇二年紀十月条により記されてゐる。

レ、天皇好二刑理一、法令分明、日晏坐レ朝、幽枉必達、断レ獄得レ情、然性忍酷好レ殺、凡諸惨刑、皆自臨視、刳二孕婦一観二其胎一、解二人指甲一、使レ掘二薯蕷一、使三人伏二入塘械一、自持二三刃矛一、候二其流出一刺レ之、又抜二人頭髪一、使三之上レ樹、而伐二仆其樹一、或射二墜之一、為レ快、且帝承二累聖隆平之余一、百姓殷富、四海無レ虞、於レ是、大極二奢侈一、錦繡為レ席、綺紈為レ衣、造二作苑囿陂池一、多畜二禽獣一、或駆レ馬、走レ狗、出入無レ時、不レ避二風雨一、又集二侏儒倡優一、縦作二淫楽嬉戯一、日夜與二宮人一沉二湎于酒一、然而知レ人善任、各竭二其才一、是又其所レ長也、

本条は武烈天皇の「賛」に当る部分であり、最後の「且帝」以下は、「継体紀詔文」を参取したものでゐる。

ソ、追謚曰二武烈天皇一、

本条は通例により漢風謚号を記したものである。

第二十六節　継体天皇本紀

イ、継体天皇、初称二男大迹王一、応神帝五世孫也、父彦主人王、

本条の点線部分は通例のやうに和風謚号を漢風謚号とし、先帝を「帝」としたものである。太線の部分は「本紀」の補筆記事である

ロ、王居二近江三尾別業一、聘二三国坂中井人某女振媛一為レ妃、生二天皇一、

本条は彦主人王に関した「紀」の要約記事であり、太線の部分は「本紀」の補筆記事である。また点線は「産」を変へたものである。

ハ、天皇幼孤、従二振媛一、鞠二養于高向一、

本条は「紀」の趣意文であり、太線の部分は「本紀」の補筆記事である。

ニ、及レ壮、愛レ士、礼レ賢、意豁如也、

本条は点線の部分が「壮大」を変更してゐる以外変はらない。

ホ、武烈帝崩無レ嗣、時仲哀帝五世孫倭彦王、潜二居丹波桑田郡一、大連大伴金村定レ議迎レ之、倭彦王望二見儀衛甚厳一、大懼逃匿、

本条は「紀」の趣意文である。

ヘ、元年丁亥、春正月四日甲子、大伴金村更議曰、男大迹王慈仁孝順、可レ承二天緒一、大連物部麤鹿火、大臣巨勢男人等、皆従二其議一、乃遣二臣連等一、持レ節備二法駕一、迎二天皇於三国一、

本条は「紀」の要約である。

ト、天皇拠二胡床一自若、斉列二侍臣一、儼如二帝坐一、持節使等、望二視其尊厳一、内甚嚮レ之、

本条は「紀」の要約趣意文であるが、太線は「陪臣」を変更したものである。

チ、天皇猶予未レ就レ道、会河内馬飼荒籠者、潜遣レ人具告二大臣大連所下以奉迎上之意一、天皇意決、遂発、歎曰、微二荒籠一、我其取二嗤於天下一、及二践阼一、厚加二寵待一、

本条は「紀」の要約である。太線の「会」は「適」を、「潜」は「密」を変へただけである。

リ、二十四日甲申、至二樟葉宮一

本条は干支の前に日を記してゐる以外変はらない。

ヌ、二月四日甲午、大連大伴金村跪上二鏡剣璽符一、天皇辞譲再三、金村伏レ地固請、天皇遂許レ之、是日即レ位、時年五十八。是為二大迹天皇一

本条は「紀」の要約、趣意文であるが、波線の部分は「本紀」の通例により和風諡号を記したものである。

ル、大連大伴金村、物部麤鹿火、大臣許勢男人並如レ故、

本条は「紀」が姓を人名の後に付けてゐるのを前にしたのみで変はらない。

ヲ、三月五日甲子、立二手白香皇女一為二皇后一

本条は立后記事であるが、「紀」では立后に関係する記述が二月庚子（十日）条、三月庚申（一日）条にも存し、本条では欽明天皇の誕生について記されてゐるのであるが、実際はこの日に立后されたものであるから「本紀」は、二重線のやうに記したものである。

ワ、九日戊辰、詔曰、朕聞一夫不レ耕、則天下或受二其飢一、一婦不レ織、則天下或受二其寒一、是故帝王躬耕、以勧二農業一、后妃親蚕、以勧二女功一、況在二群寮百姓一、其可三廃下棄農績上而能至二殷富一乎、有司普告二天下一、令レ識二朕意一

本条は「紀」の要約趣意文である。

カ、十四日癸酉、納二目子媛、稚子媛、広媛、麻績娘子、関媛、倭媛、荑媛、広媛八妃一

本条は「納二八妃一」を後にするのみで「紀」と変はらない。但し皇子女名は略されてゐる。

ヨ、二年戊子、冬十月三日癸丑、葬二武烈天皇一

本条は「紀」の要約である。

タ、三年己丑、春二月、遣二使百済一、括下出其民逃在二任那一者上帰レ之、

本条は「紀」の要約である。

レ、五年辛卯、冬十月、遷二都山背筒城一

本条は「紀」と変はらない（以下同文の場合は註記しない）。

ソ、六年壬申、夏四月六日丙寅、遣二哆唎国守穂積押山于百済一、因賜二筑紫馬四十匹一、

本条は「紀」の要約であり、穂積押山に「哆唎国守」と官職を記してゐるが、これは十二月条によつて記したものであるが、他は「仍」を太線に変へてゐるだけである。

ツ、冬十二月、百済貢調、別表請二任那上哆唎、下哆唎、娑陀、牟婁四県一、許レ之、

本条は「紀」の要約であり、二重線の部分は「本紀」が結果を記したものである。

ネ、七年癸巳、夏六月、百済遣二其将軍姐弥文貴、洲利即爾一、従下穂積押山上来、貢二五経博士段楊爾一、奏三伴跛国侵二奪己汶之地一、

本条は「紀」の要約である。

ナ、冬十一月五日乙卯、召二会百済新羅安羅伴跛使者一、下レ詔以二己汶帯沙地一賜二百済一、是月、伴跛遣レ使来献二珍宝一、乞二己汶之地一、不レ許、

本条は「紀」の要約趣意文であるが、「斯羅」を太線に変へてゐるのは新羅の一般的通用文字に変へたものであり、また二重線の部分は「本紀」として結果を記したものである。

ラ、十二月八日戊子、立二勾大兄皇子一為二皇太子一、詔曰、朕承二天緒一獲レ保二宗廟一、兢兢業業、夕惕不レ休、間者天下安靜、海内清平、屢致二豊年一、懿哉摩呂古、示二朕心於八方一、盛哉勾大兄、光二吾風於万国一、所レ宝惟賢、為レ善最楽、聖化憑レ茲遠扇、玄功籍レ此広覃、寔汝之力、宜二処下春宮上、助レ朕補レ闕、

本条は勾大兄皇子の立太子記事であるが、詔に基いて記されたものである。

ム、八年甲午、春正月、賜二皇太子妃春日皇女匝布屯倉一、

本条は「紀」の要約である。

ウ、三月、伴跛築レ城備二官兵一、侵二掠新羅一、

本条は「紀」の要約、趣意文であるが、二重線の部分は「日本」を変へたものである。

ヰ、九年乙未、春二月四日丁丑、使三物部連送二百済使一、

本条は「紀」の趣意文である。

ノ、夏四月、伴跛出レ兵、遮二物部連於帯沙江一、大行二劫掠一、物部連僅免、逃二汶慕羅一、

本条は「紀」の趣意文である。

オ、十年丙申、秋九月百済遣二其将軍州利即爾一、送二物部連一、且謝レ賜二己汶之地一、貢二五経博士漢高安茂一、請レ代二段楊爾一、許レ之、

本条は「紀」の要約である。

ク、十四日戊寅、又遣二将軍灼莫古、及日本斯那奴阿比多一、副二高麗使一来朝、

本条は「紀」の要約である。

ヤ、十二年戊戌、春三月九日甲子、遷二都弟国一、

マ、十七年癸卯、夏五月、百済王武寧卒、

本条は「薨」を波線に変へてゐる以外は変はらない。

ケ、十八年甲辰、春正月、百済王明立、

本条は「即位」を波線に変へてゐる以外は変はらない。

フ、二十年丙午、秋九月十三日己酉、遷二都磐余玉穂一、

コ、二十一年丁未、夏六月、使下近江毛野、率二衆六万一往二任那一、復中新羅所レ侵故地上、筑紫国造磐井叛、拠二火豊二国一、與二新羅一通レ謀、拒二毛野一、

本条は「紀」の趣意文であるが、「紀」は「夏六月壬辰朔甲午」としてゐるに拘はらず日を記してゐない。

エ、秋八月辛卯朔、詔以二大連物部麁鹿火一為二大将軍一討レ之、

本条は「紀」の趣意文であり、波線の部分は詔の内容の趣意文である。

テ、二十二年戊申、冬十一月十一日甲子、大将軍物部麁鹿火、撃二磐井一破レ之、磐井伏レ誅、筑紫悉定、

本条は、「紀」の趣意文である。

ア、十二月、筑紫君葛子恐二坐レ父誅一、献二糟屋屯倉一、求レ贖二其罪一、

ア、二十三年己酉、春三月、百済請三以下加羅多沙津上為二朝貢路一、許レ之、遣二物部伊勢父根吉士老等一、以レ津属二百済一、加羅王怨レ之、

本条は「紀」の要約であり、物部伊勢父根以下は「紀」では「是月」条として記されてゐる。

サ、是月、遣二近江毛野於安羅一、和二解諸蕃一、

　本条は「紀」の趣意文であるが、波線の部分は日本の働きであるが、事実としては和解は実現してゐない。「本紀」がその事に言及してゐない。

キ、夏四月七日戊子、任那王己能末多干岐来朝、訴二新羅背レ約侵掠一、是月、遣レ使護二送己能末多干岐一、敕二近江毛野一和二解二国一、

　本条の二重線の部分は任那王の訴への趣意文である。また波線の部分は勅（「紀」では「詔」）の趣意文である。前条と本条はいづれも「和解」せしめようとしたものであつたが事実としては、それは実現に至つてゐない。

ユ、秋九月、大臣巨勢男人薨、

メ、二十四年庚戌、春二月丁未朔、詔曰、自二磐余彦之帝、水間城之王一、皆頼二博物之臣、明哲之佐一、故道臣陳レ謨、神日本以盛、大彦申レ略、胆瓊殖以隆、及二乎継体之君一、欲レ立二中興之功一者、曷嘗不レ頼二賢哲之謨謀一乎、降及二小泊瀬天皇一、承二前聖隆平之後一、俗漸敝而不レ悟、政浸衰而不レ改、但其用レ人、各以レ類進、有二大略一者、不レ問二其所一レ短、有二高才一者、不レ非二其所一レ失、故獲四奉下宗廟上、不三レ危二社稷一、由レ是観レ之、豈非二明佐之力一乎、朕承二大業一、於レ今二十四年、天下清泰、内外無レ虞、土壌膏腴、穀稼有レ実、竊恐元元由レ斯漸生二奢靡一、故今使三人挙二廉節之士一、宣二揚大道一、流二通鴻化一、能官之事、自レ古為レ難、爰曁二朕身一、豈可レ不レ慎歟、

　本条は「紀」と殆ど変はらないが、波線の「後」「用」「力」「今」「士」を補ひ、「不レ寤」を太線の「不レ悟」に、「地」を同じく「壌」に、「帝業」を同じく「大業」に変へると共に、「生レ俗、籍レ此成レ驕」を二重線のやうに変へてゐるのみである。

ミ、秋九月、任那使来、奏二近江毛野綏馭失レ方、於レ是召二還毛野一、

　本条は「紀」の趣意文である。

シ、二十五年辛亥、春二月七日丁未、天皇疾病、伝二位皇太子一、是日崩二于玉穂宮一、年八十二、

　本条は「紀」の二月条の「天皇、病甚」と丁未条に

より記されたものであるが、さらに安閑天皇即位前紀の、

　二十五年春二月辛丑朔丁未。男大迹天皇、立㆓大兄㆒為㆓天皇㆒。

の文によつて二重線のやうに記してゐる。

ヌ、葬㆓藍野陵㆒、

　本条の葬送記事は「紀」と変はらない。但しその月日を略してゐるのは天皇崩後のことであるところから略したものである。

ヒ、追謚曰㆓継体天皇㆒、

　本条は通例により漢風謚号を記したものである。

第二十七節　安閑天皇本紀

イ、安間天皇、初称㆓勾大兄皇子㆒、継体帝庶長子也、母妃目子媛、

　本条は天皇名を通例により漢風謚号で記してゐる。ただし漢風謚号を「紀」の「安閑」に従はずに太線のやうに「安間」としてゐるのは不審である。「本紀」はそれに続けて本名を波線のやうに継体天皇紀元年三月条により記し、点線のやうに「庶」を補ひ、その母に「妃」と記してゐる。

ロ、天皇墻宇凝峻、不㆑可㆓得而疑㆒、寛大有㆓人君之量㆒、

　本条は「紀」と変はるところはない。

ハ、継体帝七年、立為㆓皇太子㆒、

　本条は「本紀」独自の記載である。その為に

　　本書無㆓立為㆘皇太子㆖之文㆒、説見㆓于前帝紀㆒、

と註記してゐる。

ニ、二十五年、二月七日丁未、継体帝伝㆓位皇太子㆒、皇太子即㆓天皇位㆒、時年六十八、是為㆓勾大兄広国押武金日天皇㆒、

本条は「紀」の趣意文である。その年齢については、年拠㆓水鏡、愚管鈔、歴代皇紀、及本書崩年七十之文㆒、としてゐる。また通例により天皇に和風諡号を記してゐる。

ホ、是日継体帝崩、

本条は「即日」を太線に変へると共に先帝を漢風諡号で記してゐる。

へ、大連大伴金村、物部麤鹿火如㆑故、

本条は「紀」の省略文であるが、波線のやうに「金村」を補つてゐる。

ト、冬十二月五日庚子、葬㆓継体天皇㆒、

本条は継体天皇紀により記したものである。

チ、元年甲寅、春正月、遷㆓都于倭勾金橋㆒、因為㆓宮号㆒、

本条は「大倭国」を太線のやうにしてゐる以外変はらない。

リ、三月六日戊子、立㆓妃春日山田皇女㆒為㆓皇后㆒、納㆓紗手媛、香香有媛、宅媛三妃㆒、

本条は「紀」の要約である。

ヌ、夏四月、為㆓皇后㆒定㆓伊甚屯倉㆒、

本条は「紀」の趣意文であり、伊甚屯倉を定めることとなつた理由は一切省略されてゐる。

ル、五月、百済遣㆑使朝貢、

本条は「紀」の要約である。

ヲ、冬十月十五日甲子、勅㆓大連金村㆒曰、朕無㆓嗣子㆒、万歳之後、朕名其絶乎、伯父宜㆓為㆑之計㆒、金村奏曰、王㆓天下㆒者、不㆑論㆓有㆑嗣無㆑嗣、要須㆓因㆑物為㆑名、請、為㆓三妃㆒置㆓屯倉㆒、以示㆓後世㆒、従㆑之、以㆔小墾田屯倉與㆓毎国田部㆒、賜㆓紗手媛㆒、以㆔桜井屯倉與㆓毎国田部㆒、賜㆓香香有媛㆒、以㆔難波屯倉與㆓毎郡钁丁㆒、賜㆓宅媛㆒、

本条は「紀」の要約、趣意文であるが、二重線の

「三妃」は「紀」では「皇后次妃」とあり、併せると四人となるのであるが、屯倉を賜つたのは紗手媛、香香有媛、宅媛の三妃であるところから「本紀」は二重線のやうに記したものである。なほ因みに皇后には既に(リ)条にあるやうに伊甚屯倉が与へられてゐる。

ワ、閏十二月四日壬午、行二幸三島一、

カ、是月、武蔵人笠原使主與二其族小杵一争レ為二国造一、小杵乞二援于上毛野小熊一、欲レ殺二使主一、使主走至レ京言レ状、敕以二使主一為二国造一、誅二小杵一、使主献二横渟、橘花、多氷、倉樔四所屯倉一、

本条は「紀」の要約・趣意文である。

ヨ、二年乙卯、春正月五日壬子、詔曰、間者連年登穀、接境無虞、蒼生楽二於稼穡一、黔首免二於飢饉一、仁風暢二乎宇宙一、美声塞二於乾坤一、内外清通、国家殷富、朕甚欣焉、可二大餔五日一、

本条は「紀」の省略文である。

タ、夏四月丁丑朔、置二勾舎人部、勾靫部一、

レ、五月九日甲寅、置二筑紫穂波鎌、豊国腠碕、桑原肝等大抜我鹿、火国春日部、播磨越部牛鹿、吉備後国後城多禰来履葉稚河音、婀娜国胆殖胆年部、阿波春日部、紀国経湍河辺、丹波蘇斯岐、近江葦浦、尾張間敷入鹿、上毛野緑野、駿河稚贄屯倉一、

本条は「紀」と殆ど変はらない。

ソ、秋八月乙亥朔、詔二諸国一、置二犬養部一、

本条は「国々」を波線に変へてゐるのみである。

ツ、九月三日丙午、詔二桜井田部連、県犬養連、難波吉士等一、掌二屯倉之税一、

本条は「紀」と殆ど変はらない。

ネ、十三日丙辰、敕放二牛於難波大隅島媛島松原一、

本条は「紀」の省略文である。

ナ、冬十二月十七日己丑、天皇崩二于勾金橋宮一、年七十、

本条は「紀」と殆ど変はらない。

ラ、葬二河内旧市高屋丘陵一、

本条は「紀」と殆ど変はらない。

ム、追謚曰二安閑天皇一、

本条は通例により漢風諡号を記したものである。

第二十八節　宣化天皇本紀

イ、宣化天皇、初称二檜隈高田皇子一、継体帝第二子、安間帝同母弟也、

本条は天皇名を通例により漢風諡号で記してゐる。「本紀」はそれに続けて本名を波線のやうに継体天皇紀元年三月条により記してゐる。

ロ、器宇清通、神襟朗邁、不二以下才地上矜レ人、

本条は「紀」の要約である。

ハ、二年十二月、安間帝崩無レ嗣、群臣上二鏡剣于天皇一、遂即二天皇位一、時年六十九、是為二武小広国押盾天皇一、

本条は「紀」の趣意文であるが、二重線の部分は「紀」では「剣鏡於」となつてゐる。これを「本紀」がその順を変へた理由は明瞭ではない。そして即位時の年齢を「時年六十九」と記し、さらに和風諡号を記してゐる。

ニ、大連大伴金村、物部麤鹿火如レ故、

本条は元年紀二月壬申の朔条を即位記事に続けて記したものであり「紀」の趣意文である。

ホ、是月、葬二安間天皇一、

本条は安閑天皇紀により記したものである。

ヘ、元年丙辰、春正月、遷二都檜隈廬入野一、因為二宮号一、

本条は「紀」と変はらない。

ト、二月壬申朔、以二蘇我稲目一為二大臣一、阿倍火麻呂為二大夫一、

本条は(ニ)条の続きであり、本来はこの位置に(ニ)条も記されるべきものである。

チ、三月八日己酉、立二正妃橘仲皇女一為二皇后一、

リ、夏五月辛丑朔、詔造二官家筑紫那津一、運二輸諸国屯倉之穀一、

本条は「紀」の趣意文である。

ヌ、秋七月、大連物部麤鹿火薨、

ル、二年丁巳、寇二新羅任那一、

本条は「紀」と変はらないが、「紀」では次条の最

初に記されてゐる文を「本紀」は独立して記してゐる。

ヲ、冬十月壬辰朔、詔㆓大連大伴金村㆒、遣㆓其子磐及狭手彦㆒、救㆓任那㆒、磐留㆓筑紫㆒以備㆓三韓㆒、狭手彦往鎮㆓任那㆒、且救㆓百済㆒、

本条は「紀」の省略文である。

ワ、四年己未、春二月十日甲午、天皇崩㆓檜隈廬入野宮㆒、年七十三、

カ、葬㆓大倭身狭桃花鳥坂上陵㆒、

本条は「大倭国」の「国」を略してゐる以外「紀」と同じであり、通例に従ひ漢風謚号を記してゐる。

ヨ、追謚曰㆓宣化天皇㆒、

本条は通例により漢風謚号を記したものである。

第二十九節　欽明天皇本紀

1、欽明天皇、継体帝嫡子也、母手白香皇后、

本条は天皇名を漢風謚号で記し、また先帝に「帝」を使用してゐる以外、「紀」と変はるところは無い。なほ傍線は「紀」と同文である（以下同じ）。

2、帝愛㆑之、常居㆓左右㆒、

本条は即位前紀の趣意文である。

3、宣化帝四年二月、宣化帝崩、群臣胥議、奉㆓天皇㆒承㆓纉大統㆒、十月、天皇令㆓群臣㆒曰、余年少識浅、未㆑閑㆓政事㆒、山田皇后明㆓習百揆㆒、請就而決、皇后謝曰、妾蒙㆓恩寵㆒、山海難㆑比、万機之難、婦女安預、方今皇子敬㆑老慈㆑少、礼㆓賢者㆒、日中不㆑食、以待㆓士人㆒、加以㆓幼而頴敏㆒、早擅㆓嘉声㆒、天性寛和、務存㆓矜宥㆒、請諸臣等速令㆓皇子登㆒㆑位、光㆓臨天下㆒、

本条は天皇位を山田皇后に移譲せんとの意思表示と

皇后の返答記事であり、一部分文字を変へてゐる以外は「紀」と変はることは無く、「紀」の要約文としてよい。但し波線の「二月」は宣化天皇紀によつて記されたものであり、欽明天皇即位前紀では「十月」となつてゐる。「欽明天皇本紀」に於いては何の註記もされてゐないが、それは「宣化天皇本紀」で崩御記事に註して、

本書欽明紀為㆓十月事㆒、未㆑知㆓孰是㆒、

と記してゐる。その為に「欽明天皇本紀」では特に註記をしてゐないのである。また二重線の部分は「本紀」独自の文である。

4、十一月十七日丙寅、葬㆓宣化天皇㆒、

本条は天皇名以外「紀」と変はるところは無い。但し「本紀」が「十七日」と記してゐるのは通例である。

5、十二月五日甲申、遂即㆓天皇位㆒、

本条は「遂」以外「紀」と変はるところは無い。但し即位時の年齢記載がない。

6、是為㆓天国排開広庭天皇㆒、尊㆓手白香皇后㆒曰㆓皇太后㆒、大連大伴金村、物部尾輿、大臣蘇我稲目、並如㆑故、

本条は通例に従ひ和風諡号を記したものである。また皇太后の尊号贈与は「紀」と変はらないが、「手白香」と皇后名を記したのは、この時点では継体天皇皇后の手白香皇后と宣化天皇皇后の山田皇后が存在するために、混乱を避けるために名前を記したものとみられる。波線の部分は「紀」では、

大伴金村大連。物部尾輿大連為㆓大連㆒。及蘇我稲目宿禰大臣為㆓大臣㆒。

とあるところを変更したものである。

7、元年庚申、春正月十五日甲子、立㆓正妃石姫皇女㆒為㆓皇后㆒、

本条の年にその干支を記すのは「本紀」の通例である。また「正月」の前に「春」と記してゐるが、『大日本史』では元年以降には春夏秋冬を記することを原則とし、それ以前（即位前紀）には記さないこととなつてゐる。

8、二月、百済人己知部投化、

本条は「紀」の通りである（以下同文の場合は註記を略す）。

9、三月、蝦夷・隼人並率レ衆帰附、

10、秋七月十四日己丑、遷二都磯城島一、是謂二磯城島金刺宮一、

本条は「紀」の省略文である。太線は「為」を変更したものである。

11、八月、高麗、百済、新羅、任那、遣レ使貢献、召二集秦人漢人等諸蕃投化者一、安二置国郡一、編二貫戸籍一、以二大蔵掾一為二秦伴造一、

本条は「紀」の省略文であり、太線は「修貢職」を変更したものである。

12、九月五日己卯、行二幸難波祝津宮一、大伴金村、物部尾輿、許勢稲持等従焉、遣レ使祭二住江神一、賜二民爵及帛一、各有レ差、

本条は「本紀」が「行」字を加へてゐるが、「紀」の省略文である。

13、二年辛酉、春三月、納二稚綾姫皇女、日影皇女、堅塩媛、小姉君、糠子五妃一、

本条は「紀」の省略文である。

14、夏四月、下二詔百済一、興二復任那一、秋七月、百済上表、奏二下韓任那之政一、

本条は任那復興を百済に命じたことと、百済が復興のための政策を奏上した事実だけを述べてゐる。

15、四年癸亥、秋九月、百済遣レ使、献二扶南貨財、及奴二口一、

本条は「紀」の要約文である。

16、冬十一月、遣二津守連於百済一、（津守連名闕）齎二詔書一、図レ復二任那一、

本条は「紀」の要約文であり、波線の部分は詔の趣意を記したものである。

17、五年甲子、春三月、百済上表、陳二復下任那上之策一、

本条は「紀」の趣意文である。

18、冬十二月、越国言、有二粛慎人一、至二佐渡島北御名部崎一、

本条は粛慎人の来島の事実のみを記してゐる。

19、六年乙丑、春三月、遣二膳巴提便於百済一、夏五月、百済上表、冬十一月、巴提便還レ自二百済一、

本条は膳臣巴提便の百済派遣と百済の上表及び巴提便の帰国の事実を述べてゐる。

20、是歳高麗大乱、

本条は大乱の事実のみを記してゐる。

21、七年丙寅、春正月三日丙午、百済使還、賜二良馬七十四、船十隻一、

本条は「紀」の要約である。

22、夏六月十二日癸未、百済献レ調、

本条は「紀」の要約である。

23、是歳、高麗又乱、

本条は前年に続いてであるので「又」字を補つてゐる。

24、八年丁卯、夏四月、百済将三撃下新羅上復二任那一、遣レ使来請二援兵一、下部東城子言、代二徳率汶休麻那一侍衛、

本条は「紀」の趣意文である。「紀」は救援依頼は記してゐるが。二重線の部分は記されず、また傍点もない。

25、九年戊辰、春正月三日乙未、百済使請レ帰、詔許レ遣レ兵、

本条は趣意文であり、二重線の部分は詔の内容を要約したものである。

26、九日辛丑、高麗囲二百済馬津城一、

本条は「本紀」は前条に続けて記されてゐるが「紀」では次条に註記されてゐる内容である。

27、夏四月三日甲子、百済使来請レ停二援兵一、

本条は、二重線のやうに、百済使の趣意を記したものであるが、その理由などには言及されてゐない。

28、六月二日壬戌、遣二使百済一、

本条は前条を受けた遣使記事である。

29、冬十月、遣二卒三百七十人於百済一、助二築城徳爾辛一、

30、十年己巳、夏六月七日辛卯、百済使請レ還、因詔曰移那斯、麻都、陰通二高麗一、朕当レ験二虚実一、所レ許援兵、依レ請停レ之、

本条は「紀」の趣意文であり、人名を略し太線のやうに「百済使」とし、「罷帰」を「還」とし、「遣使」「遣問」「乞軍者」「願」をそれぞれ二重線の「通」「験」「許援兵」「請」に変更してゐる。

31、十一年庚午、春二月十日庚寅、遣二使於百済一、賜二矢三十具一、

32、夏四月、使還、百済王明因献二高麗俘一、十六日乙未、百済遣レ使来、献二高麗俘一、

本条に「紀」の要約文であり、高麗の捕虜の献上の事実のみを記してゐる。なほ太線は「紀」では「聖明」となつてゐる。

33、十二年辛未、春三月、賜二麦種一千斛於百済一、

34、是歳百済王率二其衆及新羅任那兵一、伐二高麗一、取二漢城平壌一、遂復二六郡故地一、

本条は「紀」の要約文であるが、内容は百済のことであり、「本紀」は何故記したか不明である。

35、十三年壬申、夏四月、箭田珠勝大兄皇子薨、

36、高麗與二新羅一謀、将レ滅二百済任那一、五月八日乙亥、百済、加羅、安羅、遣レ使来請二援兵一、

本条の前半の波線の部分は、使者の言に基づいて援兵要請の理由として先に記したものである。対して後半はその趣意文である。

37、冬十月、百済王明遣レ使献二金銅釈迦仏像、及幡蓋経論一、上表讃二述仏功徳一、天皇疑二其可レ礼否一、下二議群臣一、蘇我稲目奏、宜レ礼レ之、物部尾輿、中臣鎌子倶奏、不レ宜レ礼、天皇従レ之、仍賜二仏像於稲目一、稲目捨二向原家一為レ寺、是時諸国大疫、久而愈甚、尾輿鎌子奏、疫疾之起、実仏之所レ致、宜下屏二棄其像一、以絶二禍原一、求中後福上、詔許レ之、乃命二有司一、投二仏像於難波堀江一、縦レ火、焼二伽藍一、是日、大殿災、

本条は仏教公伝の記事であり「紀」の趣意文であるが、「紀」そのままの記述は少ない。即ち傍点の部分は「紀」では「百済聖明王」とあるところを、他国の王であるところからその本名である「明」とのみ記して名分を明らかにしてゐるのである。波線の部分は「紀」の内容を略したものであり、前の二重線の部分

は天皇が「歓喜踊躍」されながらも群臣に謀られた事実を要約したものであり、太線は群臣の奉答を要約したものであり、点線の部分は決定の事実の要約であり、後の二重線はその後の経緯を纏めたものである。

38、是歳、百済捨二漢城、平壌一、新羅入居二漢城一、

本条は「紀」の省略文である。

39、十四年癸酉、春正月十二日乙亥、百済遣レ使来請レ援、

本条は要約文である。

40、夏五月、河内言、茅渟海大鳴而有レ光、勅二溝辺直一（名闕）、入レ海見レ之、乃獲二樟木一、命レ工造二仏像二軀一、

本条は趣意文であるが、波線の部分では、「紀」では「戊辰朔」とあるに拘はらずその日を脱してゐる。また国も脱してゐる。点線の部分は「紀」では単に「遣」とあるところを変更したものである。また二重線の部分は要約である。

41、六月、遣二内臣（名闕）於百済一、許レ遣二援兵一、因賜二船馬弓矢一、又勅使二医博士、易博士、暦博士、逓番往来一、

本条は要約文であり、最後の波線は、「紀」の趣意文である。

42、秋七月四日甲子、行二幸樟勾宮一、勅遣二王辰爾一録二船賦一、因為二船長一、賜二姓船史一、

本条は要約文である。

43、八月七日丁酉、百済遣レ使請二援兵弓馬一、

本条は「紀」の趣意文である。

44、冬十月、百済王子餘昌與二高麗一戦、大破レ之、

本条は趣意文であるが、百済のことであり、なぜ「本紀」に記載したか不明である。

45、十五年甲戌、春正月七日甲午、立二皇子渟名倉太珠敷尊一為二為皇太子一、

46、九日丙申、百済使至二筑紫一、問二援兵之数一、及発遣之期一、二月、百済又遣レ使乞二救兵一、徳率東城子莫古、代二奈率東城子言一侍衛、五経博士王柳貴、代二固徳馬丁安一、僧曇恵等九人、代二僧道深等七人一、別貢二易博士施徳王道良、暦博士固徳王保孫、医博士奈率王有㥄陀、採薬師施徳潘量豊、固徳丁有陀、楽工施徳三斤、季徳己麻次、季徳進奴、対徳進陀一、皆依レ請代レ之、

本条は太線の部分が、趣意文である以外殆ど「紀」と変はるところはない。

47、夏五月三日戊子、遣二内臣一率二舟師一如二百済一、倶伐二新羅一、

本条は内臣派遣記事であるが、二重線の部分は何による記述であるか不明である。

48、冬十二月、内臣等攻二新羅函山城一抜レ之、百済王上表奏レ捷、献二其虜獲、并好錦毾㲪、及斧三百口一、

本条は「紀」の趣意文である。

49、是月、百済王明為二新羅所一レ殺、

本条は「紀」の趣意文である。

50、十六年乙亥、春二月、百済王子餘昌使二其弟恵来告一レ哀、天皇聞而傷レ之、遣レ使迎レ之慰問、

本条は「紀」の趣意文である。

51、秋七月四日壬午、遣二大臣蘇我稲目、及穂積磐弓等於吉備五郡一、置二白猪屯倉一、

本条は「紀」と殆ど変はるところはない。

52、十七年丙子、春正月、百済王子恵請レ帰、多賜二兵仗良馬一、遣二阿倍臣、佐伯連、播磨直一、発二筑紫舟師一、護二送之一、別遣二筑紫火君一、率二勇士一千一、送至二彌氏津一、守二其要害一、

本条は「紀」の要約文であり、殆ど変はるところはない。

53、秋七月六日己卯、遣二蘇我稲目等於備前児島郡一、置二屯倉一、以二葛城山田瑞子一為二田令一、

54、冬十月、遣二蘇我稲目等於倭国高市郡一、置二韓人大身狭屯倉、高麗人小身狭屯倉一、紀国置二海部屯倉一、

55、十八年丁丑、春三月、百済王餘昌立、

本条は「紀」の趣意文である。

56、二十一年庚辰、秋九月、新羅遣レ使貢調、饗賜超レ例、

本条は「紀」の要約であり、「貢調」は「献二調賦一」を、「饗賜超レ例」は「饗賜邁レ常」を変更しただけである。

57、二十二年辛巳、新羅貢調、礼数減レ常、新羅復叛、

本条は「紀」の要約であるが、波線の部分は、「紀」が、

築二城於阿羅波斯山一、以備二日本一。

と記してゐるところから「叛」としたものである。

58、二十三年壬午、春正月、新羅滅二任那官家一、夏六月、下レ詔諭二励任那臣民一、経二略興復一、

本条の前半は「紀」と殆んど変はるところは無い。対して後半は六月に下された詔の趣意を記したものである。

59、秋七月己巳朔、新羅貢調使至、会新羅滅二任那一、使者懼不二敢請一レ帰、即編二河内更荒郡一為レ民、

本条は「紀」の趣意文であり、「紀」が「恥レ背二国恩一」とあるところを二重線の「懼」としてゐる。

60、是月、遣二大将軍紀男麻呂、副将河辺瓊缶一、討二新羅一、問二攻下任那上之状一、新羅起レ兵拒戦、男麻呂撃破レ之、既而瓊缶軽進失レ利、為二新羅所一レ虜、調伊企儺死レ之、

本条の最初の部分は「紀」の要約文であり、波線の部分は趣意文である。

61、八月、遣二大将軍大伴狭手彦一、率二兵数万一、伐二高麗一、大破レ之、獲二婦女宝貨一而帰、呉人智聡齎二儒釈方書明堂図等百六十四巻、仏像楽器一、相随倶来、

本条の前半は「紀」の趣意文であり、波線部分は獲得品を要約して記したものである。対して後半は『新撰姓氏録』によつてゐる。

62、冬十一月、新羅入貢、使人又留而不レ帰、

本条は「紀」の要約である。

63、二十六年乙酉、夏五月、高麗人投化、居二之山背一、

本条は「紀」の省略文である。

64、二十八年丁亥、郡国大水、饑、人或相食、詔発二傍郡倉穀一賑給、

本条の波線部分は「紀」には無い。また二重線は「紀」の趣意文である。なほ「本紀」は、

按公事根源云、毎年五月賑給、始二于欽明帝一、蓋拠レ此為レ説也、

と註してゐる。

65、三十一年庚寅、春三月甲申朔、大臣蘇我稲目薨、

66、夏四月二日乙酉、幸二泊瀬柴籬宮一、越人上言、高麗

使人漂二着海岸一、是月、車駕至レ自二泊瀬一、遣二東漢糠児、葛城難波一、迎二高麗使人一、五月、遣二膳傾子於越一、饗二高麗使一、秋七月、遣二東漢坂上子麻呂、錦部大石一、饗二高麗使於山背相楽館一、

本条は「紀」の要約文である。

67、三十二年辛卯、春三月五日壬子、遣二坂田耳子郎君於新羅一、責三問滅二任那一、

本条は殆ど「紀」と変はらないが、波線部分は「紀」は単に「使レ問二任那滅由一」とあるところを改めてゐる。

68、夏四月十五日壬辰、天皇不豫、皇太子在レ外、馳レ駅召レ之、引二入臥内一、執二其手一詔曰、朕病甚、以二後事一属レ汝、汝須三征下新羅上封二任那一、朕死而無レ恨、

本条は「紀」と殆んど変はらないが、波線の部分は「駅馬召到」を改めたものである。

69、是日、天皇崩二于内寝一、五月、殯二于河内古市一、九月、葬二檜隈坂合陵一、追諡曰二欽明天皇一、

本条は天皇崩御記事であるが、「紀」は「是月」とあるのを、「本紀」は『皇年代略記』によりて「是日」と改めてゐる。

70、天皇幼時、夢有レ人曰、天皇能寵二遇秦大津父者一、及レ壮、必有二天下一、既寤、使三人旁求二于四方一、得二之山背紀伊郡深草里一、天皇大喜、命近二侍于左右一、恩寵日渥、至二践祚一、拝二大蔵省一、天皇在レ位、天下大風雨、トレ之、賀茂神為レ祟、乃涓二四月吉日一祭レ之、於レ是、穀稼豊熟、賀茂祭始二于此一、

本条は「賛」と称すべきものである。この記事の前半部分は即位前紀により記されたものであり、「天皇在レ位」以下は、『本朝月令』『公事根源』により記されてゐる。

第三十節　敏達天皇本紀

イ、敏達天皇、欽明帝第二子也、母石姫皇后、

本条は、系譜記事であり、通例のやうに天皇名を漢風諡号で記されてゐる以外「紀」と変はることはない。

ロ、欽明帝十五年、立為二皇太子一

本条は立太子記事である。

ハ、三十二年、四月、欽明帝崩、八月丙子朔、新羅弔使来拝二殯宮一、九月葬二欽明天皇一、

本条の前半は漢風諡号で記されてゐる以外「紀」と変はらない。が、後半の波線は即位前紀には記されてゐない内容である。

ニ、元年壬辰、夏四月三日甲戌、天皇即レ位、

本条は点線のやうに年の干支、日付を加へると共に「皇太子」を「天皇」と変へてゐるが、いづれも「本紀」の通例である。

ホ、是為二渟中倉太珠敷天皇一、宮二于百済大井一、尊二皇后一曰二皇太后一、大連物部弓削守屋如レ故、以二蘇我馬子一為二大臣一、

本条は殆んど「紀」と変はるところはない。

ヘ、五月壬寅朔、詔遣二群臣於相楽館一、検二高麗調物一、送二于京師一、六月、高麗副使殺二其大使一、

本条の前半は「紀」と変はらない。対して後半はその趣意文である。

ト、二年癸巳、夏五月三日戊辰、高麗使至二越海一、船破溺死者衆、朝廷以二其数失レ路疑レ之、使三吉備海部難波送二還其国一、畏二難波風浪一、投二高麗二人於海一而還、

本条の点線の「至」の部分は「泊二于岸一」を変更したのみであるが、二重線の部分は「紀」の要約であり、波線の部分はその趣意文である。

チ、三年甲午、秋七月二十日戊寅、高麗使又来、請二問送使不レ至之故一、於レ是、譲二責難波一抵レ罪、

本条は「紀」の趣意文である。

リ、冬十月九日丙辰、遣二大臣蘇我馬子於吉備国一、増三

白猪屯倉與二田部一、

本条は「紀」と変はらない（以下同文の場合は註記を略す）。

ヌ、十一月、新羅入貢、

本条の波線の部分は「紀」の趣意文である。

ル、四年乙未、春正月九日甲子、立二広姫一為二皇后一、是月、以二老女君一為二夫人一、

本条は「紀」の要約である。但し老女子を「老女君」としてゐる。

ヲ、二月乙丑、百済貢調、数倍二常年一、天皇以二任那未一レ復為レ憂、詔二諸皇子大臣一計議、

本条の前半は百済朝貢の趣意文である。また後半の部分は任那回復を指示された趣意文である。

ワ、夏四月六日庚寅、使二吉士金子於新羅、吉士木蓮子於任那、吉士訳語彦於百済一、

カ、六月、新羅貢調、数益二常例一、并献二多多羅、須奈羅、和陀、発鬼四邑之調一、

本条は殆んど「紀」と変はるところはなく、僅かに「貢」と「数」を補ひ、「進」を点線のやうに変へたのみである。

ヨ、冬十一月、皇后崩、

本条は「紀」が「薨」としてゐるところを「崩」としてゐる。

タ、是歳、詔ト二海部王糸井王宅地一為レ宮、吉、因営二宮於訳語田一、是謂二幸玉宮一、

本条は「紀」では（ヨ）条の前に記されてゐるが、それは不自然であるところから後ろに回したものであり、「紀」の要約文である。

レ、五年丙申、春三月十日戊子、立二豊御食炊屋姫尊一為二皇后一、

本条は「紀」の要約である。

ソ、六年丁酉、春二月甲辰朔、詔置二日祀部、私部一、

ツ、夏五月五日丁丑、遣二大別王、及小黒吉士一、宰二於百済一、

本条は「及」を補つてゐる以外「紀」と変はらない。

ネ、冬十一月庚午朔、大別王等帰、百済王因献二経論若

干巻、并律師禅師、比丘尼、咒禁師、仏工、寺工一、詔置二之難波大別王寺一、

本条は「紀」の要約文である。

ナ、七年戊戌、春三月五日壬申、以二菟道皇女一侍二伊勢祠一、坐レ事而罷、

本条の二重線の部分は「紀」では、

即姧二池辺皇子一。事顕而解。

となつてゐるところであるが、「本紀」は露骨な表現を避けて記してゐるのである。

ラ、八年己亥、冬十月、新羅貢調、并献二仏像一、

本条は新羅使の名前を略し、点線のやうに「進」を「貢」に「送」を「献」に変へてゐるのみである。

ム、九年庚子、夏六月、新羅貢調、郤レ之、

本条は前条と同じく新羅使の名前を略し、点線のやうに「進」を「貢」にするとともに、「紀」が、

不レ納以還之。

とあるところを二重線のやうに「郤」としてゐる。

ウ、十年辛丑、春閏二月、蝦夷数千寇二於辺境一、因召二其魁帥綾糟等一責レ之、綾糟等大恐謝レ罪、誓不二復叛一、

本条の点線部分は「由レ是」を変へただけであるが、波線の部分は「紀」の趣意文となつてゐる。

ヰ、十一年壬寅、冬十月、新羅貢調。又郤レ之。

本条は（ム）条と同様に点線のやうに「進」を「貢」にするとともに、二重線のやうに「郤」とし、「又」を加へてゐる。

ノ、十二年癸卯、秋七月丁酉朔、詔遣二紀国造押勝、吉備海部羽島于百済一、召二葦北国造子日羅一、百済王不レ聴、冬十月復使二羽島彊召レ之、羽島遂以二日羅一帰、

本条の「紀」の趣意文である　点線の部分は「遣」を変へたのみであるが、波線の部分はその趣意文である。が問題となるのは二重線の部分である。

オ、十三年甲辰、春二月八日庚子、遣二難波木蓮子一使二於新羅一、遂如二任那一、

本条は難波木蓮子の新羅派遣記事であるが、「紀」では点線部分が「之」とある。

ク、秋九月、鹿深臣、佐伯連（二人名闕）至レ自二百済一、各

齎二仏像一軀一、蘇我馬子造レ殿安レ之、仏法自レ茲瀰漫、

本条の点線部分は「来」を変更したものであり、波線は「紀」の要約であるが、二重線の部分は「紀」には直接記されてゐないところであるが、「本紀」は「紀」が、

仏法之初、自レ茲而作。

とあるところから「瀰漫」と表現したものである。

ヤ、十四年乙巳、春二月、疫疾流行民多死、三月丁巳朔、大連物部弓削守屋、大夫中臣勝海奏言、仏法興行、疾疫愈甚、請厳禁二断其法一、詔可レ之、焼二仏像塔殿一、棄二余像於難波堀江一、

本条の波線の部分は「紀」の趣意文・要約文であり、二重線の部分は天皇の詔の趣意文であるが、「本紀」では守屋・勝海の言としてゐる。その為に太線の部分は詔の内容を略して結論のみを記してゐるのである。

マ、天皇欲三速復二任那一、差二坂田耳子王一為レ使、会二天皇及大連守屋患レ瘡而不レ果、於レ是、詔二皇弟橘豊日皇子一曰、宜下奉二先皇遺敕一、以レ復二任那一為上レ事、是時、京師患レ瘡、死者甚多、民間訛言、是焼二仏像一之所レ致也、

本条の太線の部分は、「本紀」が加へたものであり、点線の部分は「紀」の「思レ建」を改めたものであるが、意味するところは変はらない。波線の部分は「紀」の趣意文である。また二重線の部分は「紀」では

又発レ瘡死者、充二盈於国一。

となつてゐるところであり、これを「京師」に限定した理由は明らかでない。

ケ、夏六月、馬子依レ病請レ奉二三宝一、天皇素好二文史一、不レ信二仏法一、詔二馬子一曰、汝独為レ之、勿レ惑二他人一、

本条の波線の部分はそれぞれその趣意文であるが、「天皇素好二文史一、不レ信二仏法一」の部分は即位前紀に記されてゐる内容であるところから、太線のやうに「素」を付け加へてゐるのである。

フ、秋八月十五日己亥、天皇崩二於大殿一、

本条は「紀」の省略文である。

コ、起二殯宮於広瀬一、崇峻帝四年、葬二磯長陵一、

本条は「紀」と変はらない。但し太線の葬送記事は崇峻天皇紀によつて記されてゐる。

エ、追謚曰二敏達天皇一、

本条は「本紀」の通例に従つて天皇の漢風謚号を記したものである。

第三十一節　用明天皇本紀

イ、用明天皇、初称二大兄皇子一、欽明帝第四子也、母堅塩媛、天皇常尊二神道一、信二仏法一、

本条は通例のやうに天皇名を漢風謚号で記し、先帝を帝としてゐる。太線の部分は欽明天皇紀二年条に基づいて記されてゐる。また波線の部分は「紀」では神道と仏教の順が逆である。これは水戸においては神道を重視したことから逆にしたものである。

ロ、敏達帝十四年八月、敏達帝崩、

本条は即位前紀により記されてゐるが、天皇名が漢風謚号であるのは通例である。

ハ、九月五日戊午、即二天皇位一、是為二橘豊日天皇一、都二于磐余一、謂二之池辺双槻宮一、大臣蘇我馬子、大連物部弓削守屋、並如レ故、

本条は「紀」と殆ど変るところはない。

ニ、十九日壬申、以二酢香手姫皇女一侍二伊勢神宮一、

本条は「紀」と殆ど変はるところはなく、僅かに太線の部分が趣意文となつてゐるのみである。

ホ、元年丙午、春正月壬子朔、立二穴穂部間人皇女一為二皇后一、納二石寸名一為レ嬪、

本条は「紀」と変はるところはない。但しその子女については一切省略されてゐるのは通例である。

ヘ、夏五月、穴穂部皇子陰謀二不軌一、殺二三輪逆一、

本条は二重線のやうに「紀」を大幅に略し、三輪逆殺害の事実を記し、その理由を「謀二不軌一」とのみ記してゐる。

ト、二年丁未、夏四月二日丙午、新二嘗於磐余河上一、天皇得レ病還レ宮、詔二群臣一曰、朕欲レ帰二三宝一、卿等議レ之、物部守屋、中臣勝海奏、仏蕃神不レ足レ敬、蘇我馬子賛二成詔旨一、引レ僧入レ宮、於レ是、守屋馬子怨隙滋甚、馬子潜集レ兵、守屋勝海亦聚レ兵自守、迹見赤檮殺二勝海一、

本条は天皇の履病から、仏教信仰を通じての守屋と馬子の対立といふ一連の事柄が記されてゐるが、波線の部分は守屋・勝海の奏言の趣意文であり、二重線の部分は「紀」を大きく要約した部分である。なほここで「引レ僧入レ宮」つたのは、「本紀」では馬子とされてゐるが、「紀」では、

於レ是皇弟皇子、（皇弟皇子者穴穂部皇子。即天皇庶弟。）引二豊国法師一（闕レ名也。）入二於内裏一。

とある。

チ、天皇患レ瘡大漸、

本条の波線の部分は趣意文である。

リ、九日癸丑、崩二於大殿一、

本条は崩御記事であり変はるところはない。

ヌ、葬二磐余池上陵一、推古帝元年、改葬二河内磯長陵一、

本条は葬送記事である。後半は推古天皇紀九月条に由つて記されてゐる。

ル、追謚曰二用明天皇一、

本条は通例により漢風謚号を記したものである。

第三十二節　崇峻天皇本紀

イ、崇峻天皇、欽明帝第十二子也、母小姉君、

本条は通例により天皇名を漢風諡号で記し、先帝を「帝」とする以外変はらない。

ロ、用明帝崩、継嗣未レ定、大連物部守屋欲レ立二穴穂部皇子一、

本条は「紀」の趣意文である。傍線の無い部分は「本紀」の補ひである。

ハ、六月七日庚戌、大臣蘇我馬子奉二炊屋姫皇后詔一、使三佐伯丹経手、土師磐村、的真嚙殺二穴穂部皇子一、

本条は「紀」の要約であり、僅かに「詔」を補つてゐるのと、「誅」を点線に改めてゐるだけである。

ニ、八日辛亥、殺二宅部皇子一、

本条は「紀」と変はらないが「誅」を「殺」としてゐる。

ホ、七月、馬子與二天皇及諸皇子群臣一、率レ軍攻二守屋一、大戦敗レ之、跡見赤檮以レ射二殺守屋一、賜二田一萬頃一、

本条は物部守屋討滅の趣意文であり、討滅の事実のみを記してゐる。

ヘ、二十一日甲午、葬二用明天皇一、

本条は用明天皇紀により記されてゐる。

ト、八月二日甲辰、炊屋姫皇后與二群臣一定策勧進、即二天皇位一、是為二泊瀬部天皇一、宮二于倉梯一、大臣蘇我馬子如レ故、

本条は即位記事であり「紀」と殆ど変はらない。ただ「尊」としてゐるところを点線のやうに「皇后」とし、太線の「定策」を加へてゐる。

チ、是歳、百済貢調、

本条は「紀」では「是月」となつてをり、六月の来朝である。然るに「本紀」が「是歳」とした理由は明らかでない。

リ、元年戊申、春三月、立二小手子一為レ妃、

本条は「紀」の省略文である。

ヌ、是歳、百済貢調、并献二仏舎利、及僧九人、寺工、鑪盤工、瓦工、画工一

本条は「紀」の要約文である。

ル、二年己酉、秋七月壬辰朔、遣二近江満於東山道、宍人雁於東海道、阿倍臣於北陸道一、観二察国境一

本条は「紀」の省略文である。

ヲ、四年辛亥、夏四月十三日甲子、葬二敏達天皇一

本条は「紀」の御陵名を略し、天皇名を漢風謚号で記してゐる違ひのみである。

ワ、秋八月庚戌朔、詔二群臣一、議レ封二任那一、

本条の二重線の部分は、任那復興についての詔とその返答についての趣意文である。

カ、冬十一月四日壬午、以二紀男麻呂、巨勢比良夫、狭臣、大伴囓、葛城烏奈良一為二大将軍一、復二任那一、率二兵二万余一屯二筑紫一、遣二吉士磐金於新羅、吉士木蓮子於任那一、察二問二国一

本条は任那復興軍の編成と、使者派遣の要約文である。が、その日付については『聖徳太子伝暦』により記してゐる。

ヨ、五年壬子、冬十月四日丙子、人或献二山猪一、天皇指レ之曰、何当三斬下朕所レ悪之人上、如レ断二此猪頭一、因多備二兵仗一、大臣馬子聞而懼、

本条の波線の部分は天皇の言の要約文であり、二重線の部分は「紀」では、

恐レ嫌二於己一。

と記されてゐるところであり、続けて弑逆を謀ったことが記されてゐるが、「本紀」は「懼」の文字を使用してゐる。

タ、十一月三日乙巳、天皇暴崩、

本条は天皇の崩御記事であるが、「紀」では蘇我馬子が東漢直駒をして弑せしめたことが記るされてゐるが「本紀」は二重線のやうに記してゐる。

レ、是日、葬二倉梯岡陵一

本条は「天皇」を略したのみで変はらない。

ソ、五日丁未、馳二駅筑紫一、告二将軍紀男麻呂等一曰、勿三以下内乱上怠二於外事一、

本条は殆んど「紀」と変はらないが、太線の部分は「紀」が「遣二（中略）将軍所一」とあるのを変更したものであり、点線の部分は「依」を変へたものである。

ツ、追謚曰二崇峻天皇一

本条は通例により漢風謚号を記したものである。

第三十三節　推古天皇本紀

1、推古天皇、初称二額田部皇女一、欽明帝女、用明帝同母妹也、容色端麗、進止有レ度、

本条は「推古天皇紀」の要約であるが、天皇名は波線のやうに漢風謚号で記され、先帝を「帝」と称するのは通例である。太線の部分は「紀」に「軌制」とあるのを変更したものである。

2、敏達帝五年、立為二皇后一、崇峻帝五年十一月、崇峻帝崩、群臣請二皇后践祚一、皇后辞譲、百僚上表勧進、至レ三乃従、

本条は「紀」の要約である。先帝は通例の如く漢風謚号で記されてゐる。二重線の部分は「紀」では、

天皇為二大臣馬子宿禰一見レ殺。

とあるのを「崩」としたものであるが、これは弑逆の事実を記すことは天皇の権威に拘はるところから変へ

たものである。

3、十二月八日己卯、即二天皇位於豊浦宮一、是為二豊御食炊屋姫天皇一

本条は要約文であり、即位記事に和風諡号を記すのは「本紀」の通例である。

4、大臣蘇我馬子如レ故、

本条は『公卿補任』により記されたものである。

5、元年癸丑、夏四月十日己卯、立二厩戸皇子一為二皇太子一、摂二録万機一

本条は「紀」と殆ど変らないが、太線の部分は「豊聡耳」を略し、波線の部分は「録二摂政一」とあるのを変更してゐる。

6、秋九月、改二葬用明天皇一、是歳創二四天王寺於難波荒陵一

本条は殆ど「紀」と変はらない。ただ点線のやうに「造」を「創」に改めてゐる。

7、二年甲寅、春二月丙寅朔、詔二皇太子及大臣蘇我馬子一、興二隆仏教一、於レ是、群臣競造二仏寺一、

本条は仏法興隆の詔であり、太線の部分は「紀」では「三宝」となつてゐるのを改めたものであり、点線の部分は加へたものである。後半の部分は要約文である。

8、三年乙卯、夏五月十日丁卯、高麗僧恵慈来、百済僧慧聡尋来、大弘二仏教一、

本条は「紀」の要約文であるが、太線の部分は、「紀」の「帰化」を変更したものである。波線の部分は「紀」では「是歳」とあるところである。また二重線の部分は趣意文となつてゐる。

9、秋七月、将軍紀男麻呂等至レ自二筑紫一、

本条は太線を付け加へてゐるだけで変はらない。

10、四年丙辰、冬十一月、法興寺成。以二蘇我善徳一為二寺司一、

本条の太線の部分はそれぞれ「造竟」を、「大臣男」を、「拝」を変更したのみである。

11、五年丁巳、夏四月丁丑朔、百済王遣二其子阿佐一朝貢、

本条は「王子」を波線に変へてゐる以外変はらない。

12、冬十一月甲子、遣二難波磐金於新羅一、
本条は「紀」と変はらない（以下同文の場合は註記を略す）。

13、六年戊午、夏四月、磐金至レ自二新羅一、献二鵠二隻一、秋八月己亥朔、新羅献二孔雀一隻一、
本条は「紀」と変はらない。但し鵠の養育産卵は略してゐる。

14、冬十月十日丁未、越国献二白鹿一、

15、七年己未、夏四月二十七日辛酉、地動、屋舎悉壊。令二四方一祭二地神一、
本条は「紀」と殆ど変はらないが、点線の部分は「舎屋」を変へ、波線は「破」を変更し、さらに太線の部分は「地震神」を略したものである。

16、秋九月癸亥朔、百済貢二駱駝驢羊白雉一、
本条は頭数を略したのみで変はらない。

17、八年庚申、春二月、新羅與二任那一戦、詔以二境部臣一為二大将軍一、穂積臣為二福将軍一、将二萬余衆一救二任那一、大破二新羅兵一、抜二其五城一、新羅割レ地乞レ降、天皇復遣二使新羅任那一、検二問其状一、於レ是二国貢調、誓以二二国寝レ兵、毎歳必朝一、因召二還諸将一、比レ至、新羅又侵二任那一、
本条の太線の部分は「相攻」を変更したものであり、波線の部分は「為二任那一撃二新羅。」を変へたものである。対して二重線の部分は趣意文である。

18、九年辛酉、春三月五日戊子、遣二大伴嚙於高麗、坂本糠手於百済一、救二任那一、
本条は「紀」と殆ど変はらないが、波線の部分は、
詔之曰。急救二任那一。
と記されてゐるところを、任那救援の事実として記したものである。

19、夏五月、天皇居二耳梨行宮一、時大雨、河水汎濫、
本条は点線の部分が「漂蕩、満二于宮庭。」とあるのを変へたのみである。

20、秋九月、新羅諜者至二対馬一、捕レ之流二于上野一、
本条は要約文である。

21、冬十一月五日甲申、議レ討二新羅一、

本条は「攻」を点線のやうに変へたのみである。

22、十年壬戌、春二月己酉朔、以二来目皇子一為二征新羅将軍一、率二兵二万五千一討二新羅一、

本条の前半は太線が「撃」を、波線が「軍衆」を変更したのみであるが、後半の二重線の部分は「紀」では単に「授」とあるのみである。

23、夏六月三日己酉、大伴嚙、坂本糠手、還レ自二百済一、来目皇子病不レ果レ行、

本条は「至」を点線のやうに変更してゐるのと、「征討」を波線のやうに変へてゐるのみである。

24、冬十月、百済僧観勒来、献二暦本及天文地理遁甲方術等書一、敕選二書生一受レ業、

本条の前半は「紀」と殆ど変はらないが、後半は二重線のやうに「勅」を補ひ、「学習」を波線のやうに変へてゐる。

25、閏月十五日己丑、高麗僧僧隆、雲聡帰化、

本条は殆ど変はらないが、波線のやうに「来帰」を「帰化」と改めてゐる。なほ「本紀」は「閏月」の場合は、本条のやうに前条に月が記されてゐる場合は略するのを通例としてをり、本条も略されてゐる。

26、十一年癸亥、春二月四日丙子、来目皇子薨二於筑紫一、

27、夏四月壬申朔、以二当麻皇子一為二征新羅将軍一、会二妻喪一而不レ果、

本条の前半は一部省略はあるが、「紀」と変はらない。対して二重線を引いた後半は、七月条の趣意文となつてゐる。

28、冬十月四日壬申、天皇遷二居小墾田宮一、

本条は語順に変更があるのみで違はないが、波線の「天皇」と「居」が補はれてゐる。

29、十二月五日壬申、始定二冠位十二階一、

本条の二重線の部分は趣意文である。

30、十二年甲子、春正月戊戌朔、賜二冠位於諸臣一、有レ差、

31、夏四月三日戊辰、皇太子撰二憲法十七条一、

本条は点線の部分が「作」を変へてゐるだけで変はらない。なほ憲法の内容は略されてゐる。

32、秋九月、改二制朝礼一、

本条は「紀」が、

改二朝礼一。

としてゐるのを変へたものである。

33、十三年乙丑、夏四月辛酉朔、詔二皇太子及群臣一、同発二請願一、始造二銅繡丈六仏像各一一、以二鞍作鳥一為二仏工一、高麗王大興聞レ之、献二黄金三百両一、

本条は「紀」の要約文で殆ど変はらない。

34、秋閏七月己未朔、皇太子命二諸王諸臣一著レ褶、

35、十四年丙寅、夏四月八日壬辰、安二丈六銅仏於元興寺一、設レ斎、自レ是以二四月八日、七月十五日一、為二諸寺斎会一、毎年以為レ常、

本条は「紀」の要約文であるが、太線の部分は「本紀」が補つたものである。

36、秋七月、令三皇太子講二勝鬘経一、

本条は「紀」の要約文である。

37、十五年丁卯、春二月庚辰の朔、定二壬生部一、

38、九日戊子、詔曰、朕聞、我皇祖天皇之馭レ世、跼レ天蹐レ地、敦礼二神祇一、偏祭二山川一、幽通二乾坤一、是以陰陽開和、造化調燮、今当二朕躬一、祭二祀神祇一、豈可レ怠乎、群臣宜三相共竭レ心、以拝二神祇一、十五日甲午、皇太子及大臣馬子、率二百寮一以祭二神祇一、

本条は要約文であり「紀」と殆ど変はりはなく、波線の「馭」は「宰」を、「調燮」は「共調」を、「躬」は「世」を変更したものであり、点線の「偏」は「周」を変へたものである。

39、秋七月三日庚戌、遣二大礼小野妹子於隋一、鞍作福利為二通事一、

本条は二重線の部分以外「紀」と変はらない。

40、是冬、作二倭高市池、藤原池、肩岡池、菅原池、山背栗隈溝、河内戸苅池、依網池一、毎国置二屯倉一、

本条は要約文である。

41、十六年戊辰、夏四月、小野妹子還レ自レ隋、隋使裴世清、従二妹子一来、至二筑紫一、遣二難波雄成一、迎レ之、造二新館於難波一、

本条は「紀」と殆ど変はらないが、点線は「至」を変更したものであり、波線は「本紀」の追記である。

太線は「紀」では「大唐」とあるのを正したものであることは(39)条と同様である。

42、六月十五日丙辰、世清至二難波津一、以二飾船三十艘一、迎二入新館一、以二中臣宮地烏麻呂、大河内糠手、船王平一為二掌客一。

本条は要約文であり、点線の「至」「入」はそれぞれ「泊」「安置」を変へたものである。

43、秋八月三日癸卯、世清入レ京、遣二額田部比羅夫一率二飾騎一、迎二於海石榴市一。

本条は要約文であり、波線の部分は「唐客」を名前に変へたものであり、太線は「本紀」の補ひである。

44、十二日壬子、世清詣レ闕、奉二其国書及信物一。

本条は、前条同様に波線の部分を変へてゐる他はその趣意文である。

45、十六日丙辰、饗二世清等于朝一。

本条は波線以外変はらない、

46、九月五日乙亥、又饗二難波一、

本条は要約文である。

47、十一日辛巳、世清等帰、復以二妹子為二大使一、難波雄成為二小使一、聘二于隋一、学生留学僧凡八人従焉。

本条は要約文である。但し波線の「難波」は「吉士」を、「聘二于隋一」は「副二于唐客一而遣之」を、「留学」は「学問」を変更したものであり、太線の部分は「本紀」の付け加へである。

48、是歳、新羅人多投化、

本条は点線の部分が「化来」を変へたのみで他は変はらない。

49、十七年己巳、夏四月四日庚子、百済人八十五人、漂二泊肥後葦北津一、令二難波徳摩呂、船龍送還一、

本条は「紀」の要約であり、太線の部分は「紀」が、

僧(中略)一十人。俗人七十五人

あるところからこのやうに纏めたものであり、点線の部分は「送」を変更したものである。

50、秋九月、小野妹子等還レ自レ隋、

本条は波線の部分が変更されてゐるが趣旨に変はりはない。

51、十八年庚午、春三月、高麗貢二僧曇徴、法定一

本条は「紀」の省略文である。

52、冬十月九日丁酉、新羅任那朝貢、賜二使者物一、有レ差、

本条の波線の部分は「紀」では儀式の次第が詳述されてゐるが、「本紀」はそれを略し簡単に記してゐるのである。

53、十九年辛未、夏五月五日己丑、薬二猟于菟田野一、

本条は「紀」と変はらない。但し薬猟の状況は略してゐる。

54、秋八月、新羅任那朝貢、

本条は使者の名前を略してゐるのみである。

55、二十年壬辰、春正月七日丁亥、置酒宴二群臣一、

本条は変はるところがない。但し蘇我馬子と天皇の贈答歌は記されてゐない。

56、二月二十日庚午、改二葬皇太夫人堅塩媛一、

本条は「紀」の省略文であり、陵名を省いてゐるのみである。

57、夏五月五日癸未、薬二猟于羽田一、

本条は省略文である。

58、二十一年癸酉、冬十一月、作二掖上、畝傍、和珥三池一、又開二大街一、自二難波一達レ京、

本条の前半は「紀」がそれぞれに「池」を付けてゐるのを「本紀」は点線のやうに「三池」と纏めてゐるのみで変はらない。後半は波線のやうに「道」を「街」と変へ、「置」を「達」としてゐる。

59、二十二年甲戌、夏五月五日壬寅、薬猟、

60、六月十三日己卯、遣二犬上御田鍬、矢田部造於隋一、

本条は「大唐」を「隋」に訂正してゐる以外変はらない。

61、二十三年乙亥、秋九月、御田鍬等還レ自レ隋、百済使従来朝、

本条は「紀」の省略文であるが、「至」を点線のやうに「還」と変更してゐる。

62、二十四年丙子、春正月、桃李実、

63、秋七月、新羅貢二仏像一、是歳、掖玖人来、

本条の前半は省略文であるが、後半の波線の部分は

「紀」では三月五月七月条に合はせて三十人の来朝が記されてゐる。

64、二十五年丁丑、夏六月、出雲言、神戸郡生レ瓜、大如レ缶、

本条は「紀」の省略文であるが、点線の部分は「有」を変へたものである。

65、是歳、五穀登、

66、二十六年戊寅、秋八月癸酉朔、高麗貢調、因献二隋俘及駱駝器物一

本条の前半は要約であるが、点線の「調」字を加へてゐる。対して後半は高麗使の言を基に記されたものである。

67、二十七年己卯、夏四月四日壬寅、近江言、蒲生河有レ物、形如レ人、

本条は「紀」の省略文である。

68、秋七月摂津言、海漁下二罟堀江一獲レ物、形如二嬰児一、

本条は「紀」の要約文であるが、太線の部分は「本紀」の補ひである。

69、二十八年庚辰、秋八月、掖玖人漂二泊伊豆島一、

本条は「紀」の省略文であるが、点線の部分は「流来」を変へたものである。

70、冬十月、修二檜隈陵一、

本条は「紀」の趣意文であり、波線の部分は工事の具体的な有様を略して「修」の一字にしたものである。

71、十二月甲寅朔、天有二赤気一、長一丈余、形似二雉尾一、

本条は波線以外「紀」と変はらない。「本紀」はそれについて、

雞本書作レ碓、今従二聖徳太子伝暦一、

と註記してゐる。

72、是歳、皇太子與二大臣蘇我馬子一議、録二天皇記及国記臣連伴造国造百八十部公民等本記一、

本条は太線を補つてゐる以外変はらない。「本紀」はこの文に続けて、

旧事紀曰、二月甲辰、皇太子及蘇我馬子奉レ勅、録二先代旧事天皇紀一、余與二本書之文一同、按今所レ行旧事紀、後人依託、非二当時旧本一也、

と記してゐる。

73、二十九年辛巳、春二月五日癸巳、皇太子薨、

本条は「紀」の要約文であるが、薨去の事実のみを記してゐる。太線の部分は「紀」が「厩戸豊聡耳皇子命」とあるところを変へたものである。

74、冬十二月二十一日癸酉、穴穂部間人皇后崩、

本条は「法隆寺金堂釈迦仏銘文」『上宮聖徳法王帝説』により記されたものである。

75、是歳、新羅貢調、始上表、

本条は太線の部分は「紀」が「朝貢」としてゐるのを変更したものである。また波線の部分は「紀」が、

凡新羅上表。蓋始起二于此時一歟。

と記してゐるのを、事実と断定して記したものである。

76、三十一年癸未、秋七月、新羅任那貢調、献二仏像金塔舎利大小幡等一、以二仏像一置二葛野秦寺一、其余納二四天王寺一、此時唐僧慧斉、慧光、医慧日、福因等、従二新羅使一来、

本条は「紀」の要約文であり、一部文字を変更したり加へてゐる部分がある。なほ後半の慧斉等の帰国記事については「渡唐」とでもあるか、または「来」を「還」とでもしたはうが意味は通じ易くなつたと思はれる。（その点は「紀」も同様であるが）

77、新羅復撃二任那一取レ之、天皇召二群臣一議レ討二新羅一、乃遣二難波磐金於新羅、吉士倉下於任那一、察二問其状一、更以二大徳境部雄麻呂、小徳中臣国一為二大将軍一、小徳河辺禰受、物部依網乙等、波多広庭、近江脚身飯蓋、平群宇志、大伴連、（名闕）大宅軍為二副将軍一、率二兵数万一以討二新羅一、新羅恐怖請レ罪、釈レ之、

本条は「紀」の趣意文である。

78、冬十一月、磐金等至レ自二新羅一、

本条は「紀」の省略文である。

79、是歳、自レ春至レ秋、霖雨大水、五穀不レ登、

本条は波線の部分を付け加へてゐる以外変はらない。

80、三十二年甲申、夏四月戊申、有レ僧執レ斧殴二祖父一、天皇召二大臣一議、将レ処二重科一、召二諸寺僧尼一推問、将二并坐一レ之、百済僧観勒上表、請丙独罪下其犯二悪逆一

者上而赦乙其余甲。聴レ之、

本条は「紀」の趣意文である。

81、戊午詔曰、夫僧尚犯レ法、何以誨レ俗、自レ今以後、宜三置下僧正僧都上、検二校僧尼一、

本条は一部文字を変へてゐるのと「宜」を付け加へてゐるのみである。

82、壬戌、以二観勒一為二僧正一、鞍作部徳積為二僧都一、阿曇連(名闕)為二法頭一、

83、秋九月丙子、校二仏寺僧尼一、具録二造寺入道縁、徳度之年月日一、

本条は要約文である。

84、冬十月癸卯朔、蘇我馬子奏請三賜下葛城県上為二封戸一、不レ聴、

本条は「紀」の趣意文である。

85、三十三年乙酉、春正月戊寅、高麗貢二僧慧灌一、

本条は「紀」の省略文である。

86、三十四年丙戌、春正月、桃李華、三月、隕レ霜、

本条は「降」を点線のやうに変へてゐるのみである。

87、夏五月二十日丁未、大臣蘇我馬子薨、

本条は波線を補つてゐるのみである。

88、六月雪。三月至二七月一霖雨、天下大饑、盗賊蜂起、

本条は点線の部分は「飢」を変へたものであり、二重線の部分は趣意文となつてゐる。

89、是歳。以二蘇我蝦夷一為二大臣一、

本条は『公卿補任』などにより記されてゐる。

90、三十五年丁亥、春二月、陸奥言、有レ狢化為レ人而歌、夏五月、有レ蠅聚集、可二十丈一、音如レ雷、越二信濃坂一、東至二上野一而散、

本条は「紀」の要約文である。

91、三十六年戊子、春二月二十七日甲辰、天皇不豫、

本条の波線の部分は「臥病」を変へたものである。

92、三月二日戊申、日有レ食レ之、既、

本条は趣意文である。

93、六日壬子、大漸、召二田村皇子一謂曰、登二天位一而経二綸鴻基一、臨二万機一以亭二育黎元一、所レ繫惟重、非レ可二輙言一、汝慎察レ之、勿二敢易一レ言、又召二山背大兄

王曰、汝年尚稚、雖レ有二志望一、慎勿レ言、必待二群言一而従焉、

本条の太線は「痛甚之不可諱」を変へたものである。その他の部分は「紀」の文を活用した趣意文である。

94、七日癸丑、天皇崩、遺詔曰、比年五穀不レ登、百姓大飢、勿二起下山陵上以厚葬一、当二就下竹田皇子塋上葬一レ之、於レ是、殯二于南庭一、

本条の崩御記事は「紀」と変はらないが、「遺詔～葬」は九月戊子条によつて記された要約文である。また「殯二南庭一」は癸丑条により記されてゐる。

95、四月辛卯、雨レ雹、大如二桃子一、

本条は「紀」の要約であり、点線の部分は「零」を変へただけである。

96、壬辰、又雨レ雹、春夏連旱、

本条は「零」を点線のやうに変更してゐるのみである。

97、九月戊子、群臣始行二天皇喪礼一、各誄二殯宮一、

本条は殆ど「紀」と変はらず、太線を付け加へ、「起」を点線に変へてゐるのみである。

98、壬辰、葬二竹田陵一、

本条は「竹田皇子陵」を竹田陵と略してゐるのみである。

99、追謚曰二推古天皇一、

本条は「本紀」の通例として、漢風謚号を記したものである。

第三十四節　舒明天皇本紀

1、舒明天皇、初称田村皇子、押坂彦人大兄皇子之子、敏達帝之嫡孫也、母糠手姫皇女、

本条は「紀」の要約であるが、実名を即位前紀（推古天皇三十六年九月条）により記してゐる。なほ天皇名を漢風謚号で記し、先帝を「帝」と表記するのは「本紀」の通例である。

2、推古帝三十六年三月、推古帝崩、天皇属在二元嗣一、且承二遺詔一、山背王亦以為レ受レ旨、有レ意二践阼一、於レ是、嗣位未レ定、大臣蘇我蝦夷大会二群臣一、議二定所レ立、僉曰、当三従下遺詔上立二田村皇子一、唯境部摩理勢等固欲レ奉二山背王一、群議久不レ決、蝦夷遂殺二摩理勢一與二群臣一定策、翊二戴天皇一、

本条は「紀」の趣意文であり、即位前紀に基いて即位に至る経緯を簡略に記したものである。

3、元年己丑、春正月四日丙午、蝦夷率二群卿一、上二天皇璽一、天皇辞曰、宗廟重事也、寡人不賢、何敢当焉、群臣固請曰、大王先朝鍾愛、幽顕属レ心、宜三纂下皇統上、光二臨億兆一、是日、遂即二天皇位一、是為二息長足日広額天皇一、大臣蘇我蝦夷如レ故、

本条は「紀」の要約である。「本紀」は続けて通例に従ひ二重線のやうに和風謚号を記してゐる。また波線の部分は「本紀」の独自記事である。

4、夏四月、辛未朔、遣二田部連（名闕）於掖玖一、

本条は「紀」と変はらない（以下同文の場合は註記は略す）。

5、二年庚寅、春正月十二日戊寅、立二宝皇女一為二皇后一、蘇我法提郎媛為二夫人一、

本条は「紀」と殆ど変らないが、子供は略され、また法提郎媛の系譜も略されてゐる。

6、三月丙寅朔、高麗百済朝貢、

本条は「紀」の省略文である。

7、秋八月五日丁酉、遣二大仁犬上御田鍬、薬師慧日於

唐一、

本条は「紀」と変はらないが、「三田耜」を推古天皇紀二十二年六月条に合はせて太線に変更してゐる。

8、九月、田部連、還レ自二掖玖一、

「紀」では本条の前に高麗・百済使帰国記事がある為に「是月」となつてゐるのを波線に変更し、また「至」を太線にしてゐる。

9、冬十月十二日癸卯、移二宮于飛鳥岡一、是謂二岡本宮一、

本条は「紀」と殆ど変はらないが、「遷」を太線に変更してゐる。

10、是歳、修二難波大郡及三韓館一、

本条は「紀」と殆ど変はらない。

11、三年辛卯、春二月十日庚子、掖玖人帰化、

12、三月庚申朔、百済王義慈納二其子豊璋一、為レ質、

本条は「王子」を波線に、「入」を太線にする以外変はらない。

13、秋九月十九日乙亥、行二幸摂津有間温湯一、

本条は「紀」と殆ど変はらず、「津国」を「摂津」に「幸」を「行幸」とするのみである。

14、冬十二月十三日戊戌、還レ宮、

本条は「至レ自二温湯一」を波線に変へてゐる。

15、四年壬辰、秋八月、唐使高表仁送二犬上御田鍬等一、至二対馬一、入唐学問僧、及新羅送使従レ之、

本条は「紀」の要約文であり、「泊」を波線に変更してゐる。

16、冬十月四日甲寅、遣二大伴馬養一、以二飾船三十余隻一、迎二高表仁一、入二難波館一、

本条は「紀」の趣意文であり、「船卅二艘及鼓吹旗幟皆具整飾」を二重線に改めてゐる。

17、五年癸巳、春正月二十六日甲辰、高表仁等帰、使三吉士雄麻呂、黒麻呂(姓闕)、送至二対馬一、

本条は「紀」と殆ど変はらないが、「送使」を波線に変更し、また「到」を太線にしてゐる。

18、六年甲午、秋八月、彗星見二南方一、

本条は「紀」の要約文である。

19、七年乙未、春正月、彗星見二東方一、

本条は「紀」の要約文である。

20、夏六月十日甲戌、百済朝貢、

本条は「紀」の要約文である。

21、秋七月、瑞蓮生二于剣池一、

本条は「紀」の要約文である。

22、八年丙申、春正月壬辰朔、日有レ食レ之、

本条は「日蝕」とあるのを波線に変へてゐる。

23、三月、按二問姧下采女上者一、皆抵レ罪、

本条は「紀」と殆ど変はらないが、「劾」を波線とし、点線を加へてゐる。

24、夏五月、霖雨大水、

25、六月、岡本宮災、遷二御田中宮一、

本条は「紀」と殆ど変はらないが、「居」を波線に変へてゐる。

26、是歳、大旱、天下飢、

27、九年丁酉、春二月二十三日戊寅、大星流レ西、有レ声如レ雷、

本条は「紀」と殆ど変はらず「音」「似」をそれぞれ波線に変更するのみであるが、僧旻等の発言は略してゐる。

28、三月二日丙戌、日有レ食レ之、

本条は「日蝕」とあるのを波線に変へてゐる。

29、是歳、蝦夷叛、大仁上毛野形名為二将軍一、討平レ之、

本条は「紀」の趣意文であり、結果を二重線のやうに記してゐる。

30、十年戊戌、秋七月十九日乙丑、大風折レ木発レ屋、

31、九月霖雨、桃李華、

32、冬十月、行二幸有間温湯一、

本条は「紀」と殆ど変はらないが、「温湯宮」の「宮」を略し、「幸」を「行幸」としてゐる。

33、是歳、百済新羅任那並朝貢、

34、十一年己亥、春正月八日壬子、車駕至レ自二有間一、

本条の波線部分は「還レ自二温湯一」を変へたものである。

35、十一日乙卯、新嘗、以レ在二有間一、故延及レ此、

本条の波線部分は「因レ幸」を、また二重線の部分

は「以闕二新嘗一歟」を変更したものである。

36、十二日丙辰、無レ雲而雷、

37、二十二日丙寅、大風雨、

38、二十五日己巳、長星見二西北一、

本条は「紀」と変はらない。但し僧旻の言は略されてゐる。

39、秋七月、詔造二大宮及大寺於百済川上一、

本条は「紀」の趣意文であるが、波線の部分は「側」を変更したものである。

40、九月、新羅遣レ使、送二入唐学問僧慧隠、慧雲一、至レ京、

本条は「紀」の要約文であるが、「入京」を波線に変更してゐる。

41、冬十一月庚子朔、饗二新羅使于朝一、賜二冠位一級一、

本条は「客」を波線に変へ、「於」を太線に変へてゐる以外「紀」と変はらない。

42、十二月十四日壬午、行二幸伊予温湯一、

本条は「紀」と殆ど変はらないが、(32)条と同じく「温湯宮」の「宮」を略し、「幸」を「行幸」としてゐる。

43、是月、建二九層塔於百済川上一、

本条は「側」を波線に変へる以外「紀」と変はらない。

44、十二年庚子、春二月七日甲戌、星入レ月、

45、夏四月十六日壬午、車駕還レ自二伊予一、居二厩坂宮一、

本条は「天皇」「至り」を波線とする以外変はらない。

46、五月五日辛丑、大設二斎会一、使三僧慧隠、説二無量寿経一、

本条は「紀」と殆ど変はらない。

47、冬十月十一日乙亥、新羅百済朝貢、入唐学生高向玄理、学僧清安、従二新羅使一而還、賜二二国使爵各一級一、

本条は「紀」の趣意文であり、「伝二新羅一而至之」とあるところを波線のやうに変更してゐる。

48、是月、天皇遷二百済宮一、

本条は「徙」を太線に変更する以外変はらない。

49、十三年辛丑、冬十月九日丁酉、天皇崩二于百済宮一、

50、十八日丙午、殯二於宮北一、葬二滑谷岡一、後改二葬押坂陵一、

本条の「殯二於宮北一」は「紀」と変はらない。対して「葬二滑谷岡一」は皇極天皇紀元年十二月壬寅条により、また「押坂陵」云々は皇極天皇紀二年九月壬午条により記されたものである。

51、追謚曰二舒明天皇一、

本条は通例により漢風諡号を記したものである。

第三十五節　皇極天皇本紀

1、皇極天皇、初称二宝皇女一、敏達帝曾孫、押坂彦人大兄皇子孫、茅渟王之女也、母吉備姫王、

本条は即位前紀により記されてゐる部分がほとんどであるが、天皇及び先帝は通例により漢風諡号で記されてゐる。また太線の部分は舒明天皇紀二年正月戊寅条により記されてゐる。

2、天皇初適二用明帝孫高向王一、而生二漢皇子一、後舒明帝納焉、二年立為二皇后一、

本条は斉明天皇即位前紀により記したものであるが、先帝を通例により漢風諡号で記し、「適」を「納」に変へてゐる。

3、十三年十月、舒明帝崩、

本条は先帝を漢風諡号で記す以外変はらない。

4、元年壬寅、春正月十五日辛未、天皇即レ位、是為二

天豊財重日足姫天皇一、

本条は「紀」の要約文であるが、二重線の部分は通例による和風諡号の記載である。

5、大臣蘇我蝦夷如レ故、

6、天皇稽レ古施レ政、然蝦夷子入鹿、自専二政柄一、威権過レ父、

本条の前半は即位前紀に基いてゐて「順二考古道一」を太線にし、「為」を波線に変へただけであるが、後半の「然」以下は即位記事に続けて記されてゐる文の趣意文である。

7、是月、百済弔喪使来、

本条は元年紀正月乙酉条に基づいた「本紀」独自の記事である。

8、二月六日壬辰、高麗貢献、

本条は「紀」の壬辰条と丁未条に依りて記されてゐる。

9、二十二日戊申、詔遣二津守大海於高麗、国勝水鶏於百済、草壁真跡於新羅、坂本長兄於任那一、

本条は詔の内容を地の文として記してゐる。

10、二十四日庚戌、召二百済王弟子翹岐一、安二置于安曇山背連家一、

本条は「紀」と殆ど変はらないが、二重線の部分を加へてゐる。

11、三月三日戊午、無レ雲而雨、

12、六日辛酉、新羅賀登極使、及弔喪使来、

本条は「騰」を二重線に、「遣」を波線に変へる他、「及」を加へたのみで変はらない。

13、夏四月八日癸巳、百済翹岐拝朝、

本条は「紀」の省略文であるが、「百済」を加へてゐる。

14、霖雨踰レ月不レ止、

本条は「紀」の三月条に、

是月霖雨。

とあるのを略し、四月条にも同一の記事が存するところから二重線のやうに記したものである。

15、五月五日己未、召二翹岐一令レ観二射猟一、

本条は場所を略したのみで「紀」と変はらない。

16、十八日壬申、百済貢調、国勝水鶏還レ自二百済一、

本条の前半は「進調」を波線に変へただけであるが、後半は「紀」が「吉士服命」とあるのを二重線に変へたものである。

17、是月、有二稲熟一、

本条は「紀」が五月丁丑条として記してゐるのを、波線のやうに「是月」と変へ、「始見」を二重線のやうに記してゐる。

18、六月、大旱、

本条の前に、「紀」では六月庚子条として「微雨」との記載があるが、「本紀」はそれを略したところから「紀」では「是月」とあるところを波線に変へてゐるのである。

19、秋七月九日壬戌、客星入レ月、

20、二十七日庚辰、大臣蝦夷、以二百姓大雩無レ応、聚二僧大寺一読二大乗経一、焼レ香自レ禱、亦無レ験、

本条の波線の部分は、それぞれ「蘇我大臣」「大雲経等」「手……発願」を変更したものである。

21、八月甲申朔、天皇行二幸南淵河上一、跪拝二四方一、仰レ天而祈、雷雨忽至、遂雨五日、遍二于諸国一、百姓呼二万歳一曰二至徳天皇一、

本条は「紀」と殆ど変はらないが、波線のやうに「幸」を「行幸」とし、「称」を「呼」とすると共に二重線の「忽至」と状況説明をし、「溥二潤天下一」を「遍二于諸国一」と変更してゐる。

22、十三日丙申、百済使二逵率長福入質一、授二位小徳一、中客以下、授レ位賜レ物、各有レ差、

本条は「紀」と殆ど変はらないが、二重線の部分は「本紀」が長福の来日がこの時と考へて「入質」と記したものである。

23、九月三日乙卯、発二近江越之丁一、造二百済大寺一、復課二諸国一造二船舶一、

本条は詔を地の文として記したものである。

24、十九日辛未、以レ将レ営二宮室一、下二詔諸国一、限二十二月一取レ材、又発二諸国丁一、東至二遠江一、西至二安芸一、

本条は詔を地の文として記したものであり、「国々」を波線のやうに「諸国」とし、「限」を太線のやうに「至」と変へてゐる。

25、二十一日癸酉、越蝦夷数千相率内附、

本条は二重線の部分を加へてゐる以外「紀」と変はらない。

26、冬十月八日庚寅、地震、

本条は「雨」を略す以外「紀」と変はらない。

27、九日辛卯、又震、

本条は「紀」の「是夜」以下を略してゐる。

28、二十四日丙午、又震、

本条は「紀」の「夜中」を略してゐる。

29、是月、無レ雲而雨、

本条は「紀」の「行二夏令一」を略してゐる。

30、十二月十三日甲午、始行二舒明帝喪事一、

本条は「紀」の趣意文であり、「初」を太線に、また点線を付加するとともに、天皇名を漢風諡号で記してゐる。

31、二十一日壬寅、葬二舒明天皇一、

本条は「紀」の省略文であり、天皇名を漢風諡号で記してゐる。

32、是日天皇権二遷于小墾田宮一、

本条は「紀」と殆ど変はらないが、二重線の「権」を加へてゐる。

33、是冬、数雷雨、暖煦如レ春、

本条は「紀」には無い記事である。

34、二年癸卯、春正月壬子朔、五色雲竟レ天、青霧起二於地一、

本条は「紀」の要約であるが、「満覆」は太線に改めてゐる。

35、十日辛酉、大風、

36、二月二十五日乙巳、雨レ雹、

本条は「紀」の省略文である。

37、三月十三日癸亥、難波百済客館災、延及二民家一、

本条は「紀」の趣意文である。

38、二十五日乙亥、隕レ霜傷二草木一、

本条は「紀」と殆ど変はらない。

39、是月、雨レ雹、風雷屢作、

本条は「紀」の趣意文である「氷」を太線の「雹」に変へてゐる。

40、夏四月七日丙戌、大風、

本条は「紀」と変はらないが雨を略してゐる。

41、二十日己亥、雨レ雹凍寒、人襲二綿衣一、

本条は「紀」の趣意文である。

42、二十一日庚子、筑紫太宰奏、百済貢調使来、

本条は「紀」の要約であるが、翹岐の来日には触れてゐない。

43、二十五日甲辰、近江言、雨レ雹、径一寸許、

本条は「紀」と殆ど変はらない。ただ「下」を太線に変へ、二重線の部分を補つてゐる。

44、二十八日丁未、天皇遷二于飛鳥板蓋新宮一、

本条は天皇を付加し、「移幸」を太線に変へえる以外殆ど変はらない。

45、六月十三日辛卯、筑紫太宰奏、高麗貢調使来、

本条は「紀」の要約文である。

46、秋七月三日辛亥、遣二人於難波一、検二百済調物一、責二其数減レ常、

本条は「紀」の趣意文である。

47、茨田池水大臭、

本条は「紀」と変はらないが、「紀」が「是月」としてゐるのを記してゐないのは遺漏とすべきであらう。

48、至二八月一其色如レ藍、

本条は「紀」が壬戌条としてゐるのを日を限定せで、に「至」としてゐる。

49、九月六日壬午、改二葬舒明天皇一、

本条は「紀」の趣意文である。

50、十一日丁亥、皇祖母吉備島命薨、

51、十七日癸巳、詔二土師猪手一視二喪事一、皇祖母始寝レ病以至レ発レ喪、天皇不レ去二牀側一、視養無レ倦、

本条は「紀」の趣意文である。

52、十九日乙未、葬二皇祖母於檀弓岡一、

本条は「命」を略してゐる以外変はらない。

53、是日雨レ雹、
本条は「紀」が「大雨而雹」とあるところを二重線に変へてゐる。

54、冬十月三日己酉、賜二饗群臣一、議二授位事一、遂詔二国司曰一、今遵二前勅一、無レ所二改変一、各之二其任一、慎二爾所レ治、
本条は「紀」の要約である。

55、十一月、蘇我入鹿謀レ立二古人大兄皇子一、遣二巨勢徳太古、土師猪手一、襲二山背大兄王等一、王及妻子自経而死、
本条は十月戊午条と十一月丙子条を合はせて記した趣意文である。太線の巨勢徳太古は大化五年四月甲午条により記し、土師猪手はその名を九月癸巳条に依りて補つたものである。

56、三年甲辰、春正月乙亥朔、以二中臣鎌足一拝二神祇伯一、称レ疾不レ就、
本条は「紀」の省略文であるが記述は殆ど変はらない。

57、三月、倭国言、菟田山紫芝生、
本条は「紀」の趣意文である。

58、夏六月癸卯朔、大伴長徳献二百合花一、茎異末合、
本条は「紀」の要約文であり、「馬飼」を二重線の「長徳」に、「華」「連」を太線に変更してゐる。

59、六日戊申、剣池生二並頭蓮一、
本条は「紀」の趣意文である。

60、四年乙巳、春正月、京師有レ物、声如レ猿、就レ之不レ見二其形一、
本条は「紀」の趣意文である。

61、六月十二日戊申、三韓献レ調、天皇御二大極殿一、中大兄皇子與二中臣鎌足、蘇我倉山田石川麻呂等一相謀、誅二蘇我入鹿于朝一、天皇大驚、問二其故一、中大兄皇子伏レ地奏二入鹿罪一、天皇起入二内寝一、賜二入鹿屍於父蝦夷一、蝦夷亦伏レ誅、
本条は乙巳の変の趣意文である。

62、十四日庚戌、天皇譲二位於軽皇子一、
本条は「紀」の要約である。

第三十六節　孝徳天皇本紀

1、孝徳天皇、初称㆓軽皇子㆒、皇極帝母弟也、

本条は通例の如く天皇名を漢風諡号で記し、先帝を帝とするとともに、本名を「初」として記してゐる。なほ「本紀」は「同母弟」とするべきところを「同」を脱して「母弟」としてゐる。

2、皇極帝四年、六月十四日庚戌、授㆓璽天皇㆒、令㆑践㆑阼、天皇譲㆓古人大兄皇子㆒、皇子固辞、入㆓法興寺㆒為㆑僧、於㆑是、天皇升㆑壇即㆑位、是為㆓天万豊日天皇㆒、

本条は「紀」の要約文であり、最後に通例通り和風諡号を記してゐる。

3、是日、尊㆓皇極帝㆒曰㆓皇祖母尊㆒、立㆓中大兄皇子㆒為㆓皇太子㆒、始置㆓左右大臣及内臣㆒、以㆓阿倍倉梯麻呂㆒為㆓左大臣㆒、蘇我倉山田石川麻呂為㆓右大臣㆒、中臣鎌足為㆓内臣㆒、授㆓大錦冠㆒、以㆓高向玄理、僧旻㆒為㆓国博士㆒、

本条は「紀」と殆ど変はらないが、波線の部分を『公卿補任』『暦運記』により加へると共に、太線の部分は「紀」では「内麻呂」となつてゐるのを変へてゐる。

4、十五日辛亥賜㆓金策左右大臣㆒、

本条は大臣の名前を略して波線のやうに「左右」としてゐる。

5、十九日乙卯、天皇與㆓皇太子㆒、奉㆓皇祖母尊㆒、盟㆓群臣於大槻樹下㆒、告㆓天神地祇㆒曰、天覆地載、帝道唯一、而末代澆薄、君臣失㆑序、皇天仮㆓手於我㆒、誅㆓殄暴逆㆒、今共瀝㆓心血㆒、自㆑今以後、君無㆓二政㆒、臣無㆓弐心㆒、若弐㆓此盟㆒、天災地妖、鬼誅人伐、皎如㆓日月㆒、

本条は波線のやうに「奉㆓皇祖母尊㆒」とする以外「紀」と殆ど変はらない。殊に告文は「朝」を太線の「心」に代へてゐる以外は同文である。

6、乃紀㆓是歳㆒為㆓大化元年㆒、年号始起㆓于此㆒、

本条は「紀」の省略文であるが、波線の部分については『日本紀略』の「弘仁改元詔文」により記してゐる。

7、大化元年乙巳、秋七月二日戊辰、立二間人皇女一為二皇后一、小足媛、乳郎為レ妃、

本条は「紀」の要約文である。

8、十日丙子、高麗百済新羅遣使朝貢、百済使兼二領任那調使一、巨勢徳太古宣詔責二百済使一、却二還貢物一、遣二三輪栗隈東人、馬飼造一（名闕）観二察任那国堺一、

本条は「紀」の趣意文であるが、二重線の部分は以前行はれた事として詔の中で述べられてゐる内容であり、派遣記事とは別に考へねばならないに拘はらず、「本紀」が詔の内容を派遣の目的としたのは誤解とみられる。また波線の「徳太古」は「紀」では「徳太となつてゐる。

9、十二日戊寅、詔二左右大臣一曰、当三遵下上古聖王之跡上、以治二天下一、又宜レ有レ信二天下一、

本条は「紀」では大臣名を記してゐるが、「本紀」は（4）条と同様人名を略して「左右大臣」としてゐる（なほ以下同様の場合触れないこととする）。詔の前半は太線を補つてゐる以外変はらない。対して波線の部分は「復当レ有レ信可レ治二天下一」を変更したものである。

10、十三日己卯、又詔歴二問大夫及百伴造一、以二以レ悦使レ民之道一、

本条は「紀」と殆ど変はらない。太線の部分は「紀」では「路」となつてゐる。

11、十四日庚辰、右大臣石川麻呂奏、先祭二神祇一而後議二政事一、於レ是、遣二倭漢比羅夫於尾張、忌部子麻呂於美濃一、課二供神之幣一、

本条は「紀」と殆ど変はらない。

12、八月五日庚子、拝二東国国司一、仍詔曰、朕将下遵三天神之所二付託一、以修中治万国上、凡国家所レ有公民、大小所レ領人衆、皆作二戸籍一、校二田畝一、其園池水陸之利、與二百姓一共レ之、国司在レ国、不レ得三専判レ罪、及受レ賄以致二民貧苦一、其朝二京師一不レ得二多発レ民以自随一、唯得レ従二国造郡領一、若有二公事一、則食二部内粟一、騎二部

内馬一、介已上奉レ法、必須二褒賞一、違レ法当レ降二爵位一、判官已下犯レ贓者、二倍而徴レ之、以二軽重一科レ罪、若伴称二国造伴造県稲置一、私領二官家一、治二郡県一者、国司審加二考覈一、具レ状奏問、又択二間曠之地一、造二兵庫一収二蓄其国郡刀甲弓矢一、其辺塞国郡地、與二蝦夷一接者、検二閲其兵器一、而還二授本主一、倭国六県、別遣レ使校二田畝一造二戸籍一、因賜二布帛於国司一、有レ差、

本条は「紀」の要約文である。

13、是日、設二鍾匱於朝一詔曰、凡憂訴之人、有二伴造一者、則伴造先議而後奏、有二尊長者一、則尊長先議而後奏、如伴造尊長弗レ達者、納二牒于匱一、昧爽有司執而上レ之、朕親記二年月一、與二群卿一共議、罪二其伴造尊長一、官司或阿党稽留、剖断不レ直者、当レ撞レ鍾、其使三天下之民、咸知二朕意一、

本条は「紀」の要約趣意文である。

14、是日、又詔定二男女奴婢之法一、

本条は「紀」の趣意文であり、「紀」では前条に続いて記されてゐる部分である。

15、九月丙寅朔、遣二使諸国一治レ兵、

本条は「紀」と殆ど変はらない。

16、三日戊辰、古人皇子謀反、

本条は「紀」の省略文である。

17、十二日丁丑、吉備笠垂詣二皇太子一自首、使二菟田朴室古、高麗宮知、将レ兵討レ之、古人皇子伏レ誅、

本条は「紀」の要約である。また波線の部分は「本紀」独自の文である。

18、十九日甲申、遣二使諸国一、録二民数一、詔曰、自レ古以降、歴世天皇、必置二標代民一、垂二名於後世一、故臣連伴造国造等、亦各置二私民一、恣情駆使、且割二国県山海林野池田一、以為二私財一、争奪無レ已、或兼二并数万頃田一、或無二立錐地一、及レ進二調賦一、亦先自収斂、然後分進、修二治宮殿一、造二営園陵一、亦各率二私民一而従レ事、易曰、損レ上益レ下、節以制レ度、不レ傷レ財、不レ害レ民、方今百姓猶乏、而有レ勢者分二割水陸一、以為二私地一、売二與百姓一、年索二其値一、従レ今以後、宜三禁下私売地上、以杜二兼并之路一、於レ是百姓大悦、

本条は「紀」の要約文である。

19、冬十二月九日癸卯、遷二都于難波長柄豊碕一、是歳、自レ春至レ夏、大倭鼠徙二于難波一、

本条の前半は「紀」と変はらない。また後半は「紀」の趣意文である。

20、二年丙午、春正月甲子朔、賀レ正、礼畢、宣詔下二新令一、其一罷二前代所レ置子代之民、処処屯倉及臣連伴造国造村首所レ有部曲田荘一、大夫以上賜二食封一、官人百姓賜二布帛一、各有レ差、其二新定二畿内国堺一、修二京師一、置二国司郡司一、郡分二大中小一、置二大領小領主政主帳一、其三造二戸籍一、制二班田収授之法一、定二田畆一、其四罷二旧賦役一、行二租庸調之法一、

本条は「紀」の要約、趣意文であり、「新令」として記されてゐるのは、改新の詔の主文を要約したものである。

21、是月、行二幸子代離宮一、遣二使郡国一、修二兵庫一、蝦夷親附、

本条の前半は、「御」を波線に変更してゐる以外変はらない。後半は、「紀」の趣意文である。

22、二月十五日戊申、天皇御二宮東門一、使二右大臣石川麻呂一宣詔曰、朕聞、明哲之馭レ民也、懸二鍾於闕一、而観二百姓之憂一、作二屋於衢一、聴二行路之謗一、雖二芻蕘之言一、親問為レ師、由レ是朕前下レ詔曰、古之治二天下一、朝有二進善之旌、誹謗之木一、以通二治道一、而来二諫者一、皆所三以広詢二于下一也、管子曰、黄帝立二明堂之議一者、上観二於賢一也、堯有二衢室之問一者、下聴二於民一也、舜有二告善之旌一、而主不レ蔽也、禹立二建鼓於朝一、而備二訊望一也、湯有二総術之廷一、以観二民非一也、武王有二霊台之囿一、而賢者進也、此古聖帝明王之所二以有而勿レ失、得而勿レ亡也、是故朕曩日懸レ鍾設レ匱、置二収表官一、毎旦執而省レ之、庶無二冤滞一、近日有二投レ匱者一、言百姓有レ事、至二于京師一者、官司輒留役レ之、朕亦非二始不一レ思レ之、然遷都日浅、作役未レ畢、故不レ得レ已而役レ之、朕近得二此表一、嘉歎不レ已、其罷二処処雑役一、

本条の波線の「右大臣石川麻呂」は「蘇我右大臣」

を、「駁」は「御」を、「闕」は「門」を、「古」は「故」を変更したものであり、「紀」の要約文であり、趣意文である。

23、高麗百済任那新羅朝貢、

本条は「紀」の省略文である。

24、二十二日乙卯、車駕至レ自二子代離宮一、

本条は太線を加へ、「還」を波線に変更してゐるのみである。

25、三月二日甲子、詔二東国国司等一曰、夫君二於天地之間一、而宰二万民一者、不レ可二独制一、須レ仮二輔翼一、是以我皇祖與二卿祖考一共治、朕亦欲下頼二神明保佑一、與二卿等一共治上、故前使三良家大夫治二東方八道一、既而六人奉レ法、二人違レ令、朕美二彼奉レ法、疾二此違レ令、皆随二前敕一而処断、

本条は「紀」の省略文である。

26、十九日辛巳、詔二東国朝集使等一曰、去年八月、朕親諭曰、莫三籍下官勢上取二公私物一、宜三各食下部内粟上騎二部内之馬一、若違レ所レ諭者、次官以上降二爵位一、主典以下決二笞杖一、其贓物倍而徴レ之、今問二朝集使及諸国造等一、備知二国司等罪状一、念二斯違レ詔、豈不レ労レ情、凡牧レ民者、自率而正、孰敢不レ正、若君若臣、不レ正レ心者、当レ受二其罪一、凡諸国司所レ犯之罪、当三従下軽重上正二刑典一、而其国造違レ詔納二賄国司一、以求二姦利一、貪黷汚穢者、亦不レ可四以不三レ治二其罪一、然今始居二新宮一、将レ奉二幣諸神一、且方二農月一、役レ民営造、宜レ大二赦天下一、其死罪已下、咸赦二除之一、自レ今以後、国司等謹遵二前詔一、勿二敢放逸一、塩屋鯯魚、神社福草、朝倉君、椀子連、三河大伴直、蘆尾直（四人名闕）等六人、優詔褒二良政一、罷二官司処処屯田一、免二吉備島皇祖母所レ貸稲一、以二其屯田一班二賜群臣及伴造等一、

本条は「紀」の要約趣意文であるが、具体的な犯罪には言及されてゐない。

27、二十日壬午、先レ是命二皇太子一、議二子代入部、御名入部、及屯倉廃置之宜一、於レ是皇太子奏停レ之、先献二入部民五百二十四口、屯倉一百八十一所一、

本条は「紀」の趣意文である。

28、二十二日甲申、詔曰、朕聞、西土之君、戒二其民一曰、古之葬者、因レ高為レ墓、不レ封不レ樹、棺槨足二以朽一レ骨、衣衾足二以朽レ宍而已、故吾営二此丘墟不食之地一、欲レ使二易代之後、不レ知二其所一、無レ蔵二金銀銅鉄一、一以二瓦器一、合二古塗車芻霊之義一、棺漆二際会一、奠三過、飯含無レ以二珠玉一、無レ施二珠襦玉柙一、諸愚俗所レ為也、又曰、葬者蔵也、欲二人弗レ得レ見也、廼者我民由レ営二墳墓一、屢致二貧窶一、蓋是由二尊卑無レ制、故今新立二定法一、凡王以下至二庶民一、不レ得レ営二殯一、畿内及諸国、宜下定二一葬地一、不レ得レ散中在処処上、凡自経及絞レ人為レ殉、或瘞二馬於壙一、或蔵二宝於墓一、或断レ髪刺レ股而誄、如レ此弊習、一切禁遏、若有二違レ詔者一、罪逮二其族一、又詔罷二市司及要路津済渡子之調賦一、而給二田地一、遣二使於諸国一、勧二農事一、禁三耕種以前飲レ酒食二美味一、

本条は「紀」の要約文であるが、この条には多くの詔が記されてゐるが、その多くは略されてゐる。

29、秋八月十四日癸酉、下レ詔諭下新設二百官一、悉改二旧職一之意于臣連伴造国造上、

本条は詔の内容の要点を地の文として記したものである。

30、九月、遣二小徳高向玄理於新羅一、徴レ質、遂罷二任那調一、

本条は「紀」と殆ど変はらない。太線の部分は「紀」本文では「黒麻呂」となつてゐるが、「本紀」は註の「玄理」を採用してゐる。

31、是月、行二幸蝦蟇離宮一、

本条は「紀」と殆ど変はらない。が、太線の部分は「或本」に従つて「行」を「離」とし、また波線の部分は「紀」の「御」を変へたものである。

32、是歳、越国鼠、昼夜相連東徙、

本条は「紀」と殆ど変はらないが、波線の部分は「移去」を変へたものである。

33、三年丁未、春正月十五日壬寅、観二射於朝一、

本条は殆ど変はらないが、波線の部分を補つてゐる。

34、是日、高麗新羅遣レ使貢調、

本条は「紀」と殆ど変はらない。

35、冬十月十一日甲子、行二幸有馬温湯一、左右大臣群卿大夫従焉、

本条は「紀」と殆ど変はらない。

36、十二月辛巳晦、還二御武庫行宮一、

本条は波線のやうに晦の干支を補ひ、「停」を太線のやうに「御」に変へる以外変はらない。

37、是日、皇太子宮災、

本条は「紀」と変はらない（以下同文の場合は註記しない）。

38、是歳、天皇遷二御小郡宮一、新制二礼法一、定二百官朝参時刻一、制二七色十三階冠一、

本条は二つの「是歳」条を一つにして記したものであり、二重線の部分は制の内容について述べたものである。また十三階の内容は略されてゐる。

39、工人大山位倭漢荒田井比羅夫、穿二溝瀆一通二難波一、督レ役失レ方、百姓疲労、有二上疏諫者一、詔即日罷レ役、

本条の波線部分は「控引」を改めたものであり、二重線は、「誤……改穿」を意改したものである。

40、造二渟足柵一、置二柵戸一、

41、小徳高向玄理、小山中中臣押熊還レ自二新羅一、新羅遣二上臣大阿飡金春秋等一護二送之一、献二孔雀鸚鵡各一隻一、留二春秋一為レ質、

本条は「紀」では主語を新羅とし高向玄理等を「送来」としてゐるのを波線に変へてゐる。また太線は「本紀」の補ひである。

42、四年戊申、春正月壬午朔、賀レ正、是夕、行二幸難波豊碕宮一、

本条は「紀」と殆ど変はりはない。が、「紀」には太線の「豊」はない。

43、夏四月辛亥朔、罷二古冠一、

44、是歳、新羅貢調、

本条は「紀」の省略文である。

45、治二磐舟柵一備二蝦夷一、選二越信濃民一、始置二柵戸一、

46、五年己酉、春正月丙午朔、賀レ正、

本条は年干支以外「紀」と変はらない。

47、二月、改制二冠十九階一、置二八省百官一、

本条は「改」を加へる他は「紀」の省略文である。

48、三月十七日辛酉、左大臣阿倍倉梯麻呂薨、天皇挙二哀朱雀門一、

本条は「紀」の要約文である。

49、二十四日戊辰、右大臣蘇我倉山田石川麻呂為二其弟日向所一レ讒自殺、事覚、貶二日向一為二筑紫太宰帥一、

本条は「紀」の三月辛酉条から是月条の要約趣意文である。なほ「本紀」は太線のやうに「大宰帥」を「太宰帥」と表記してゐる。

50、夏四月二十日甲午、以二小紫巨勢徳太古一為二左大臣一、以二小紫大伴長徳一為二右大臣一、並授二大紫一

本条は「紀」の趣意文である。

51、五月癸卯朔、遣二小華下三輪色夫、大山上掃部角麻呂等於新羅一、

本条は「小花下」を太線に変へてゐる以外殆ど変はらない。但し「本紀」は「癸卯朔」に

今推二干支一、癸卯当レ作二甲辰一、然拠二旧文一、不二輙改一

と註してゐる。

52、是歳、使二新羅使一沙喙部沙飡金多遂来質一、

本条は「遣」を波線の「来」とする以外変はらない。

53、白雉元年庚戌、春正月辛丑朔、車駕行二幸味経宮一、受二朝賀一、即日還レ宮、

本条は一部文字の変更があるが変はらない。

54、二月九日戊寅、穴戸国司草壁醜経献二白雉一、詔養二之於園一、

本条は「紀」の省略文である。

55、十五日甲申、天皇観二白雉一、儀衛如二元会一、乗二雉於輿一、使二群臣昇一レ之、左右大臣援至二御座前一、皇太子使二左大臣徳太古率下群臣上上表称賀一、詔曰、夫聖王出レ世治レ民、天応レ之以二祥瑞一、昔在二西土之君一、周成王漢明帝之世、白雉爰見、我日本誉田天皇之世、白鳥巣レ宮、大鷦鷯帝之時、龍馬西出、自レ古迄レ今、祥瑞時見、必応二有徳一、所レ謂鳳凰麒麟、白雉白鳥、異草嘉木、諸瑞応之物、皆是天地所レ生、休祥嘉瑞也、夫明聖之君、獲二斯祥瑞一、適其宜也、朕惟虚薄、何以致レ之、

蓋是輔翼公卿、臣連伴造国造、各尽二丹誠一奉二遵制度一之所レ致也、公卿百官、其以二清白心一、敬奉二神祇一、宜三與下天下上受二休祥一、

本条は「紀」の要約趣意文である。

56、又詔改元、大二赦天下一、禁レ放二鷹於穴戸境一、賜三公卿以下至二令史一、各有レ差、授二醜経大山一、厚加二賞賜一、復二穴戸三年調役一、

本条は「紀」の趣意文であり、詔を地の文としてゐる。

57、夏四月、新羅貢調、

58、冬十月、将レ修二豊碕宮一、使三将作大匠荒田井比羅夫立二界標一、居宅墳墓在二其界内一者徙レ之、徙者賜レ物有レ差、

本条は「紀」の趣意文である。

59、二年辛亥、夏六月、百済貢調、

本条は「紀」の「百済・新羅」とあるところを「新羅」を略してゐる。その理由については明らかではない。

60、秋七月、右大臣大伴長徳薨、

本条は『公卿補任』により記されたものである。

61、冬十二月戊午晦、召二僧尼二千一百余人於味経宮一、読二大蔵経一、然二灯二千七百余於廷内一、読二安宅土測等経一、於レ是、天皇自二大郡一遷二新宮一、号二難波長柄豊碕宮一、

本条は「紀」の要約文であるが、「紀」が「一切経」としてゐるところを波線のやうに「大蔵経」としてゐる。なほ太線は「燃」の間違ひであらう。

62、是歳、新羅貢調使至二筑紫一、以三其服用二唐制一、責還レ之、

本条は「紀」の省略文である。

63、三年壬子、春正月己未朔、賀レ正、

本条は「紀」の趣意文である。

64、是日、行二幸大郡宮一、

本条は「紀」では前条と一文となつてゐるために、太線を加へてゐる。

65、三月九日丙寅、車駕還レ宮、

66、夏四月二十日丁未、大雨九日、洪水壊レ屋傷レ稼、人畜多死、

本条は「紀」の趣意文である。

67、是月作二戸籍一、

本条は「紀」と変はらないが、その内容は略されてゐる。

68、新羅百済貢調、

本条は「紀」の要約文である。

69、冬十二月、召二天下僧尼於内裏一、設レ斎燃レ灯、

本条は「紀」の省略文である。

70、四年癸丑、夏五月十二日壬戌、以二小山上吉士長丹一為二遣唐大使一、小乙上吉士駒為二副使一、又以二大山下高田根麻呂一為二大使一、小乙上掃守小麻呂為二副使一、

本条は「紀」の省略文である。

71、是月車駕臨二僧旻房一問レ病、

本条は「紀」の趣意文である。

72、六月、百済新羅貢調、

本条は「紀」の要約文である。

73、是月、僧旻死、遣レ使賜レ賻、為使三画工多図二仏像一、安二川原寺一、

本条は「紀」の省略文である。

74、秋七月、遣唐使高田根麻呂至二薩摩竹島一、合船漂没、唯門部金等五人得レ免、

本条は「紀」の趣意文である。

75、是歳、皇太子奏請、遷二于倭京一、不レ許、皇太子奉二皇祖母尊皇后一、率二皇弟一移居二倭飛鳥河辺行宮一、公卿百官皆従、天皇不レ楽、欲レ棄二天位一、造二宮於山崎一、

本条は「紀」の要約文であるが、太線は「随」を、波線は「捨」を変更したものである。また二重線の部分は「紀」が「恨」とあるところからこのやうに記したものである。

76、五年甲寅、春正月戊申朔、夜鼠徙二倭京一、

本条は「都」を太線に、また「遷」を波線に変更する以外「紀」と変はらない。

77、五日壬子、授二紫冠内臣中臣鎌足一、

本条は太線を加へる以外変はらない。但し増封記事

は略されてゐる。

78、二月、以二大錦上高向玄理一為二遣唐押使一、小錦下河辺麻呂為二大使一、大山下薬師慧日為二副使一、

本条は「紀」の要約文であるが、遣唐使発遣の事実のみを記してゐる。「紀」ではこの任命記事に続けて一行の唐に於ける動静が記されてゐるが、それらは「紀」が記録に基づいて記したものであり、孝徳天皇自身に関する事柄で無いところから略されたものである。

79、夏四月、吐火羅国男女各二人、舎衛国女一人、漂二着日向一、

本条は「紀」の要約文であり、「流来」を波線に変へてゐる。

80、秋七月、遣唐使小山上吉士長丹、小乙下吉士駒等與二百済新羅送使一共帰、献二書籍宝貨一、授二長丹小華下一、封二二百戸一、授二駒小山上一、

本条は「紀」の趣意文であるが、「小花下」を波線のやうに表記してゐる。

81、冬十月癸卯朔、天皇不豫、皇太子與二皇祖母尊皇后皇弟、及公卿等一、悉詣二難波宮一、

本条は「紀」の要約文であるが、二重線は「病疾」を変更したものであり、波線は「赴」を変更したものである。

82、十日壬子、天皇崩二於正寝一、殯二於南庭一、使三小山上土師土徳掌二殯宮事一、

本条は殆ど「紀」と変はらないが、太線は「主」を変更したものである。

83、十二月、葬二河内大坂磯長陵一、

本条は日を略す以外「紀」と変はらない。

84、天皇崇二仏法一軽二神道一、為レ人柔仁好レ儒、不レ択二貴賤一、屢降二恩赦一、

本条は賛に当る部分であるが、即位前紀に基づいて記されてゐる。太線の部分はそれぞれ「尊」「勅」を改めたものである。

85、追謚曰二孝徳天皇一、

本条は「本紀」の通例により記されたものである。

第三十七節　斉明天皇本紀

1、斉明天皇者、皇極天皇重践祚也、始天皇禅二位於孝徳帝一、帝上二尊号一曰二皇祖母尊一、

本条の天皇名を漢風諡号で記し、先帝を帝と称すること通例の通りである。本条は斉明天皇が皇極天皇の重祚であることを述べた「本紀」の独自の記述が殆どである。

2、白雉五年十月、孝徳帝不豫、天皇自二飛鳥河辺行宮一至二難波宮一、既而帝崩、

本条の波線の部分は、孝徳天皇紀白雉五年十月条に基いて記されたものである。

3、十二月八日己酉、葬二孝徳天皇一、

本条は天皇名を漢風諡号で記す以外「紀」と変はらない。

4、是日、天皇自二難波一還二行宮一、

前条及び本条は孝徳天皇紀白雉五年十二月己酉条に基いて記されてゐる。

5、是歳三韓遣レ使来弔、

本条は孝徳天皇紀白雉五年是歳条により記されてゐる。

6、元年乙卯、春正月三日甲戌、天皇即二位飛鳥板蓋宮一、

本条は「紀」と殆ど変はらないが「紀」が皇祖母尊としてゐるところを波線のやうに「天皇」としてゐる。

7、中大兄皇子仍為二皇太子一、左大臣巨勢徳太古、内臣中臣鎌足並如レ故、

本条の左大臣以下の記事は『公卿補任』斉明天皇条に基づいて記されたものであるが、二重線の部分は「本紀」の独自記事である。

8、夏五月甲午朔、有レ人乗レ龍、自二葛城嶺一騰レ空、而入二胆駒山一、午時又自二住吉松嶽一向レ西而去、

本条は「紀」の趣意文であり、「紀」が「貌、似二唐人一」とあるところを太線に変へ、二重線を補ふと共に、波線のやうに「隠」を「入」とし、「嶺」を

「嶽」に改めてゐる。

9、秋七月十一日己卯、賜二食東北蝦夷一、因授二柵養及津刈蝦夷冠各二階一、

本条は蝦夷饗応を「食を賜ふ」と表現したものであるが、同時に饗応された百済朝貢使については言及されてゐない。

10、八月戊戌朔、小錦下河辺麻呂等還レ自レ唐、

本条は「紀」と殆ど変はらないが、河辺麻呂の冠位を波線のやうに附してゐる。これは白雉五年二月の出発記事に基いて記されたものである。

11、冬、板蓋宮災、天皇遷二飛鳥川原宮一、

本条は「紀」の省略文である。

12、是歳、三韓貢調、新羅以二及飡彌武一為レ質、蝦夷隼人率服貢献、

本条は「紀」の要約文である。

13、二年丙辰、秋八月八日庚子、高麗貢調、

本条は「紀」と殆ど変はらない。

14、九月、遣二使于高麗一、以二膳葉積一為二大使一、坂合部磐鍬為二副使一、

本条は「紀」の趣意省略文である。

15、是歳、改卜二宮地於飛鳥岡本一、高麗百済新羅遣レ使貢調、因幕二其地一以饗レ之、遂起二宮闕一、号曰二後飛鳥岡本宮一、

本条は「紀」の要約文であるが、「更」を波線の「改」に、「定」を同じく「卜」に変へてゐる。

16、又起二観於田身嶺上両槻樹下一、周以二墻垣一、号曰二両槻宮一、又曰二天宮一、

本条は前条に続く文であり、「紀」の趣意文であるが、「辺」を波線のやうに「下」と改めてゐる。

17、又造二吉野宮一、

本条は「紀」と変はらないが、太線のやうに「作」を「造」に変更してゐる。

18、西海使佐伯栲縄小山下難波国勝等還レ自二百済一、献二鸚鵡一隻一、

本条は「紀」と変はらない（以下同文の場合は註記を略す）。

19、岡本宮災、

20、三年丁巳、秋七月、吐火羅国人六口漂二白筑紫一、逓駅召レ之、

本条は「紀」の趣意文であるが、「紀」が「覩貨邏国」とあるのを太線に変へてゐる。

21、十五日辛丑、仮造二須弥山状於飛鳥寺西一、設二盂蘭盆会一、

本条は「紀」と殆ど変はらないが、「像」を太線に変へてゐる。

22、饗二吐火羅国人一、

本条は「国」を加へ、国名表記が異なる以外「紀」と変はらない。

23、是歳、遣二間人御廏、依網稚子、僧智達等於唐一、因命二新羅一護送、新羅不レ奉レ詔、御廏等帰、西海使小華下阿曇頬垂、小山下津偪僂還レ自二百済一、献二駱駝一、驢二一、

本条は「紀」の趣意文であるが、詔を地の文として記されてゐる。太線の部分は廐を変へたものであり、また二重線の部分は「沙門智達等」とあるところを変へたものである。

24、石見言、白狐見、

本条は「国」を脱する以外変はらない。

25、四年戊午、春正月十三日丙申、左大臣巨勢徳太古薨、

本条は「徳太」を「徳太古」とする以外変はらない。

26、夏四月、阿倍比羅夫率二舟師一百八十艘一、伐二蝦夷一降レ之、授二齶田蝦夷恩荷小乙上一、置二渟代津軽二郡郡領一而帰、

本条は「紀」の趣意文である。

27、秋七月四日甲申、蝦夷二百余口詣レ闕貢献、給賜有レ加、柵養蝦夷二人、授二位一級一、其余渟代郡領等授二冠位一、賜二旗鼓弓矢鎧等物一、詔二渟代大領沙尼具那一、検二其戸口與二捕虜戸口一、

本条は「紀」の要約であるが、波線のやうに「朝献」を「貢献」としてゐる。

28、冬十月十五日甲子、行二幸紀温湯一、

本条は「紀」と殆ど変はらない。

29、十一月、有馬皇子謀反、留守蘇我赤兄馳レ駅上レ変、

本条は「紀」の趣意文である。

30、九日戊子、捕二有馬皇子一、伝致二行在一、

本条は「紀」の趣意文であるが、太線の「捕」は「捉」を変更したものである。

31、十一日庚寅、絞二有馬皇子於藤代坂一、党與悉流斬、

本条は「紀」の要約文である。

32、是歳、越国守阿倍比羅夫伐二粛慎一、献二羆二羆皮七十張一、

本条は「紀」と殆ど変はらない。太線は「討」を変更したものであり、波線の「張」は「枚」を変へたものである。

33、僧智踰造二指南車一、

本条は「沙門」を波線に変更してゐる以外変はりはない。

34、出雲国言、有レ魚聚死二於海浜一、積三尺許、雀喙鍼鱗、其大如レ鮐、

本条は「紀」の要約文であり、「針」を太線に変へてゐる。

35、西海使小華下阿曇頬垂還レ自二百済一、

本条は「花」を太線に変へる以外変はらない。

36、五年己未、春正月三日辛巳、車駕至レ自二紀温湯一、

本条は「天皇」を波線の「車駕」に変更してゐる以外変はらない。

37、三月戊寅の朔、行二幸吉野一、肆レ宴、

本条は「紀」と殆ど変はらない。

38、三日庚辰、行二幸近江平浦一、

本条は「紀」と殆ど変はらない。

39、十日丁亥、吐火羅舎衛国人来、

本条は「紀」の趣意文である。

40、是月、阿倍比羅夫率二舟師一百八十艘一討二蝦夷一、降レ之、置二郡領於後方羊蹄一而帰、敕授二陸奥及越国司位各二階、郡領主政各一階一、

本条は「紀」の趣意文であるが、「紀」が「闕名」としてゐるのを二重線のやうに記してゐる。また太線のやうに「船」を「舟」に「道奥」を「陸奥」に変更

してゐる。

41、秋七月三日戊寅、遣二小錦下坂合部石布、大山下津守吉祥一、聘二於唐一、将二陸奥蝦夷男女二人一示二唐主一、

本条は「紀」の趣意文であるが、太線のやうに「紀」の「仙」を「山」に、「道奥」を「陸奥」に変へるとともに「使」を波線のやうに「聘」とし、二重線のやうに「以」を「将」とし、「天子」を「主」としてゐる。

42、是歳、命二出雲国造一、修二繕神宮一、

本条は「紀」と殆ど変はらないが、波線のやうに「修厳」を「修繕」に変へてゐる。但しこれに続いて記されてゐる狐、狗、高麗使については略されてゐる。

43、六年庚申、春三月、遣二阿倍比羅夫一、率二舟師二百艘一伐二粛慎一、

本条は「紀」の省略文であり、記されてゐる部分については「紀」と殆ど変はらない。「本紀」が点線のやうに「春」を記してゐるのは、「紀」の春正月条の記事を略したために三月条に記したものである。また太線は「船」を変更したものであり、二重線は従前通り記したものである。

44、夏五月八日戊申、高麗来朝、

本条は「紀」の趣意文である。

45、是月勅作二高座一百、衲袈裟一百一、設二仁王般若会一、

本条は太線の部分が「造」を「作」とする以外、語順の違ひのみである。

46、皇太子始造二漏刻一、

本条は「初」を太線のやうに変へてゐる以外変はらない。

47、阿倍比羅夫献二虜俘五十余人一、

本条は「紀」の「阿倍引田臣」を二重線に変へるとともに「夷」を波線に変へてゐる。

48、秋九月五日癸卯、百済遣レ使奏、新羅借二唐兵一而滅二本国一、佐平鬼室福信與二新羅一戦、図二恢復一、

本条は「紀」の趣意文である。なほ波線の「佐平」は十月条によつて記したものである。

49、冬十月、鬼室福信遣レ使、献二唐俘一百余人一乞レ救、

且請下迎二其王子余豊一、以為中国主上詔勅レ之、
本条は「紀」の要約文である。

50、十二月二十四日庚寅、将三遣レ兵救二百済一、行二幸難波宮一、簡二閲軍器一、勅二駿河一造レ船、
本条は「紀」の趣意文である。

51、科野言、有レ蠅聚飛十囲許、上蔽二碧空一、西踰二巨坂一、
本条は「紀」の趣意文である。

52、七年辛酉、春正月六日壬寅、親帥二舟師一西征、
本条は「紀」の趣意文である。

53、八日甲辰、至二大伯海一、
本条は「到」を太線に変へる以外変はらない。

54、十四日庚戌、次二于伊予熟田津石湯行宮一、
本条は「泊」を波線に変へてゐる。

55、三月二十五日庚申、遷二娜大津一、居二磐瀬行宮一、改号二長津一、
本条は「至」と「曰」をそれぞれ波線の「遷」と「号」に変更してゐる。

56、夏四月、百済佐平鬼室福信上表、乞レ迎二其王子糺解一、
本条は波線の部分を加へてゐる。

57、五月九日癸卯、天皇伐二朝倉社樹一、造二橘広庭宮一居レ之、神為レ祟、宮壊鬼火見、大舎人及諸近侍病死者多、
本条は「紀」の趣意文であり、太線の部分はそれぞれ「作」「衆」を変更したものである。

58、二十三日丁巳、耽羅始使二其王子阿波伎等来貢一、
本条は「紀」の要約文である。

59、秋七月二十四日丁巳、天皇崩二于朝倉宮一、

60、八月、皇太子奉二梓宮一、遷二于長津宮一、是夕朝倉山上有レ鬼、戴二大笠一視二喪儀一、
本条は「紀」の要約であるが、二重線の部分は「奉二徙天皇喪一」を変更したものであり、波線の部分は「至二磐瀬宮一」を天智天皇即位前紀に基いて書き換へたものであり、また「戴」は「著」を変へたものである。

61、殯二于飛鳥川原一、葬二小市岡上陵一、
　本条の傍線部分は斉明天皇紀七年十一月戊戌条により記されてゐるが、波線部分は天智天皇紀六年二月戊午条により記されてゐる。

62、追謚二前朝一曰二皇極天皇一、後朝曰二斉明天皇一、
　本条は「本紀」独自の記事である。

63、初天皇居二岡本宮一、屢興二土木一、嘗使二水工鑿レ渠、自二香山一西至二石上山一、以二船二百隻一、運二石上山石於宮東山一、畳以為レ垣、材木朽腐、委二積山椒一、工匠役夫十余万人、費用不レ貲、士民怨苦、謂二之狂心渠一、又謗曰、作二石山丘一、随レ作自破、
　本条は「賛」に当る部分であり、二年是歳条に基づいて記されてゐる。

第三十八節　天智天皇本紀

1、天智天皇、初称二葛城皇子一、一名中大兄、舒明帝嫡子、皇極帝所レ生也、
　本条は系譜記事であるが、葛城皇子に、
　　拠二本書舒明紀二年文一
と註記してゐる。また天皇名はいづれも漢風諡号で記されてゐるが、これは「本紀」の通例である。

2、天皇常見二蘇我入鹿専横、僭偽迹稍露一、潜與二中臣鎌足一謀、図レ除レ之、乃従二其計一、納二蘇我石川麻呂女一、以為レ援、鎌足又薦二佐伯子麻呂、葛城稚犬養網田一、皇極帝四年六月、三韓進貢、帝御二大極殿一、入鹿朝服而入、天皇予命二石川麻呂一、読二三韓表一、子麻呂網田斬二入鹿一、便戒二衛門府一、鎖二十二通門一、隔二絶往来一、親執二長槍一、立二於殿側一、鎌足持二弓矢一侍衛、石川麻呂読二表文一将レ尽、鎌足促二子麻呂一、子麻呂畏縮

不レ発、石川麻呂手戦声索、汗出沾レ脊、入鹿怪問レ之、石川麻呂曰、天威咫尺、不レ覚而然、天皇恐二失レ機生レ変、咄嗟而入、急撃二入鹿一、中二其頭肩一、子麻呂等継進、揮レ剣斬二其一脚一、入鹿攀二御座一、叩頭曰、臣不レ知レ罪、請垂二天鑒一、皇極帝謂二天皇一曰、入鹿有二何罪一、天皇伏レ地奏曰、鞍作尽滅二皇族一、将レ傾二天位一、豈可三以下鞍作上易二天孫一乎、帝即起入レ内、子麻呂等遂斬二殺入鹿一、天皇慮レ有二他変一、入二法興寺一以備、諸皇子公卿悉赴焉、以二入鹿屍一賜二其父蝦夷一、漢直等将下率二其徒一助二蝦夷一以為上レ乱、天皇令三将軍巨勢徳太古諭以二逆順一、賊徒投レ戈潰散、蝦夷伏レ誅、皇極帝将レ伝二位於天皇一、天皇従二鎌足言一、密奏譲二孝徳帝一、皇極帝嘉レ之、遂禅二位於孝徳帝一、

本条の入鹿・蝦夷討伐の部分は皇極天皇四年紀の趣意文として記されてゐる。

3、立二天皇一為二皇太子一、匡二輔朝政一、

本条の傍線部分は即位前紀により記されてゐる。対して波線の部分は「本紀」独自の文である。

4、斉明帝再祚、仍為二皇太子一、

本条は「本紀」独自の文である。

5、七年正月、従西征、

本条は斉明天皇紀七年正月条の要約である。

6、七月、帝崩二於朝倉行宮一、皇太子素服称レ制、

本条の前半は斉明天皇紀により、後半は天智天皇即位前紀により記されてゐる。

7、是月、唐将軍蘇定方與二突厥契苾加力等一、水陸倶進、薄二高麗城下一、

本条は「紀」と殆ど変はらないが、「紀」が「蘇将軍」としてゐるところを「蘇定方」と記してゐる。

8、八月甲子朔、皇太子奉二帝喪一、遷二于長津宮一、聴二海表軍政一、

本条の日付は斉明天皇紀により記されてゐるが、その他は即位前紀により記されてゐる。なほ長津宮に遷つた時期を即位前紀では七月是月としてゐる。

9、是月、遣二前将軍大華下阿曇比邏夫、小華下河辺百枝、後将軍大華下阿倍引田比羅夫、大山上物部熊、大

山上守大石等一救二百済一、給二兵杖五穀一、
本条は「紀」と殆ど変はるところはない。なほ太線の「華」は「花」を変へてゐる。

10、九月、授二織冠於百済王子余豊一、還二其国一、使下大山下狭井檳榔、小山下朴市秦田来津率二兵五千余一護中送之上、
本条は「紀」の要約趣意文である。なほ秦田来津に太線の「朴市」を加へてゐるのは、孝徳天皇紀大化元年九月条により記されたものである。

11、十月七日己巳、皇太子奉二梓宮一発二長津一、
本条は斉明天皇紀による趣意文である。

12、二十三日乙酉、還二至難波一、
本条は斉明天皇紀により記されてゐる。

13、十一月七日戊戌、殯二斉明帝於飛鳥川原一、臨九日、
本条は斉明天皇紀による要約趣意文である。

14、十二月、高麗言、大破二唐兵一、取二二塁一、
本条は即位前紀の要約である。

15、是歳、播磨国司岸田麻呂獲二宝剣一以献、
本条は即位前紀の要約である。

16、壬戌歳、正月二十七日丁巳、賜二百済佐平鬼室福信矢十万枝、糸五百斤、綿一千斤、布一千端、韋一千張、稲種三千斛一、
本条の本文については、「隻」を太線のやうに変へてゐる以外変はらない。が、その年を「紀」では「元年」としてゐるのを二重線のやうに干支で記し、「正月」の前の「春」を略してゐる。

17、三月四日癸巳、賜二百済王子余豊布三百端一、
本条は「百済王」を波線のやうに「百済王子余豊」とする以外変はらない。

18、是月、唐人新羅人伐二高麗一、高麗遣レ使請レ救、
本条は「紀」の趣意文である。

19、四月、鼠、産二子於馬尾一、
本条は「紀」と殆ど変はらない。但し「紀」ではこの事実に基づいて高麗の滅亡の予兆とする点に主眼があるが、「本紀」はそれには触れてゐない。

20、五月、大将軍大錦中阿曇比邏夫帥二舟師一百七十艘一

至二百済一、宣勅立二余豊一為レ王、賜二金策於鬼室福信一、詔諭褒美、

本条は「紀」の要約文である。

21、六月二十八日丙戌、百済貢調、

本条は「紀」と殆ど変はらない。

22、是歳、将レ救二百済一、修二繕甲兵一、備二具船舶糧食一、

本条は太線の「将」を加へ、「兵甲」を「甲兵」に、「軍糧」を「糧食」としてゐる以外変はらない。

23、癸亥歳、二月二日丙戌、百済貢調、

本条は「紀」の要約文である。

24、是月、鬼室福信献二唐俘続守言等一

本条は「鬼室」を加へ、「上送」を波線のやうに変更してゐるのみである。

25、三月、遣二前将軍上毛野稚子、間人大蓋、中将軍巨勢神前訳語、三輪根麻呂、後将軍阿倍引田比羅夫、大宅鎌柄一、率二兵二万七千一伐二新羅一

本条は波線の「兵」を加へ、「打」を太線に変更してゐるのみである。

26、八月、新羅入二百済一、囲二其王城一、諸将與二唐兵一戦二於白村江一、不レ利、小山下朴市秦田来津死レ之、百済王余豊走二高麗一、

本条は「紀」の要約文であるが、白村江に、

　唐書作二白江口一

と註記してゐる。

27、九月、諸軍還レ自二百済一、佐平余自信、達率木素貴子、谷那晋首、憶礼福留等、率二国民一従来、

本条は「紀」の趣意文である。

28、甲子歳、二月九日丁亥、命二大海人皇子一、改二冠位号一、増為二二十六階一、定二氏上、民部、家部一、其大氏之氏上、賜二大刀一、小氏之氏上、賜二小刀一、伴造等氏上、賜二楯弓矢一、

本条は「紀」の要約文であるが、二重線の大海人皇子は「紀」では「大皇弟」と記されてゐるものである。

29、三月、以二百済王子善光王等一居二難波一、

本条は「紀」が「王」としてゐるところを「王子」と記してゐる以外変はらない。

30、隕二星於京北一、是春地震、

本条は「紀」と変はらない（以下同文の場合註記を略す）。

31、五月十七日甲子、唐百済鎮将劉仁願遣二朝散大夫郭務悰等一、進レ表献レ物、

本条は波線の部分を補つてゐるが、「紀」とは殆んど変はらない。が、「本紀」は「唐」を付記したのは丁寧な記述である。また「本紀」は劉仁願に、

按唐書劉仁願先レ是帰レ唐、留鎮二百済一者劉仁軌也、下倣レ此、

と註記してゐる。

32、是月、大臣大紫蘇我連薨、

本条は「紀」と変はらない。

33、六月、島皇祖母命薨、

34、十月四日戊寅、饗二郭務悰等一、賜レ物有レ差、

本条の前半は「紀」と変はらない。が、後半の二重線の部分は、十月乙亥是日条に、

勅二是日中臣内臣一、遣二沙門智祥一賜二物於郭務悰一。

とあるのを変更して戊寅条に合はせ記したものである。

35、十二月、近江言、坂田郡栗太郡並生二瑞禾一、

本条は「紀」の趣意文であるが、「淡海」を太線のやうに「近江」と記してゐる。

36、是歳、置二防烽於対馬島、壱岐島、筑紫等国一、又築二大堤於筑紫一貯レ水、名曰二水城一、

37、乙丑歳、二月二十五日丁酉、間人大后崩、

本条は、「紀」が「薨」と記してゐるところを二重線のやうに「崩」としてゐる。

38、追二褒佐平鬼室福信之功一、授二達率鬼室集斯小錦下一、処二百済男女四百余口於近江神前郡一、給レ田、

本条は「紀」の趣意文であるが、波線の達率は、「紀」に、

其本位達率。

と註記されてゐるのに基づいたものである。

39、八月、使下百済人答本春初於二長門一築レ城、憶礼福留、四比福夫於二筑紫一、築中大野及椽二城上、

本条は「紀」の要約文であるが、太線の「本」は

「体」を変更したものである。

40、耽羅人来聘、

本条の太線は「来朝」を変更したものである。

41、九月二十三日壬辰、唐使沂州司馬劉徳高等上表、

本条は「紀」の要約文である。

42、十月十一日己酉、大閲二于菟道一、

43、十一月十三日辛巳、饗二唐使一、

本条は「紀」の趣意文である。

44、十二月、劉徳高等帰、賜レ物有レ差、

本条の前半は変はらないが、後半は十二月辛亥（十四日）条を併せて記し、「有レ差」を加へてゐる。そのために「紀」が「是月」としてゐるところを「十二月」と変更してゐる。

45、是歳、遣二小錦守大石、小山境部石積、大乙岐弥針間於唐一、

本条は「紀」の趣意文であるが、「坂合部」を太線のやうに「境部」と記してゐる。

46、丙寅歳、正月十一日戊寅、高麗貢調、耽羅遣二其王子姑如一貢献、

本条は殆ど「紀」と変はらない。

47、三月、皇太子臨二佐伯子麻呂家一問レ疾、

本条は、「往」を太線に、「其所患」を波線に変更してゐるだけであるが、「紀」の後半部分は略されてゐる。

48、七月、大水、因免二今秋租調一、

本条は「紀」と殆ど変はらないが、「復」を波線のやうに「免」としてゐる。

49、十月二十六日己未、高麗又遣レ使貢調、

本条は「紀」の要約文である。

50、是冬、鼠自二京師一移二于近江一、

51、処二百済男女二千余口於東国一、

本条は「紀」と殆ど変はらないが、食糧給付は略されてゐる。

52、僧智由献二指南車一、

53、丁卯歳、二月二十七日戊午、葬二斉明天皇一、以二間人皇女一祔焉、高麗百済新羅人、挙二哀道上一、皇太子

謂二群臣一曰、我奉二遺勅一、憂二卹万民一、停二起下石槨上之役一、冀永世以為レ誡、

本条は「紀」の要約文であるが、「紀」では間人皇女を「合葬」したと記されてゐるところを二重線のやうに「祔」とし、

按間人皇女、舒明帝之女、孝徳帝之后、斉明帝之従姉也、前書二太后一、此書二皇女一、皆従二本書旧文一、然不レ葬二磯長陵一、而祔二小市陵一、其故未レ詳、

と註記してゐる。

54、三月十九日己卯、遷二都近江一、百姓不レ欲、於レ是、里閈有二童謡一、又屢失レ火、人屋多焼、

本条の前半は「紀」と変はらない。「本紀」は「遷」に、

一代要記云、正月、遷二滋賀郡大津宮一、

と註記してゐる。対して後半は趣意文である。

55、六月、葛野郡献二白燕一、

56、七月十一日己巳、耽羅貢献、

本条は「紀」の省略文である。

57、八月、皇太子、如二倭京一、

本条は「幸」を波線の「如」に変更してゐる以外変はらない。

58、十一月九日乙丑、唐百済鎮将劉仁願遣二熊山県令司馬法聡等一、送二還大山下境部石積等於筑紫都督府一、

本条は「紀」の要約文であるが、(31)条に於いて、

按唐書劉仁願先レ是帰レ唐、留鎮二百済一者劉仁軌也、下倣レ此、

と記して劉仁願ではなく、劉仁軌が正しいとしながらも、本文は「紀」に従つて劉仁願としてゐるのである。

59、十三日己巳、司馬法聡等帰、使二小山下伊吉博徳、大乙下笠諸石護送一、

本条は「紀」の要約文である。

60、是月、築二城于倭高安、讃吉屋島、対馬島金田一、

本条は「紀」の要約文である。

61、元年戊辰、春正月三日戊子、天皇即レ位、是為二天命開別天皇一、時年四十三、天皇至孝、殯二先帝一六年、至レ此登阼、

本条の前半は「紀」と殆ど変はらない。即位記事に続けて和風謚号を記すのは「本紀」の通例である。

62、七日壬辰、宴二群臣於内裏一

63、二十三日戊申、小山下伊吉博徳等還レ自二百済一

本条は「紀」の趣意文であるが、其の官位、姓を記してゐる。

64、二月二十三日戊寅、立二倭姫一為二皇后一、納二遠智娘、姪娘、橘娘、常陸娘一為レ嬪、

本条は「紀」の要約文であるが、后妃所生の皇子女は記されてゐない。

65、夏四月六日庚申、百済貢調、

本条は「紀」の要約文である。

66、五月五日戊子、猟二于蒲生野一、大海人皇子、及諸王以下群臣悉従、

本条は「紀」の要約文であるが、太線は「縦獦於」を変へたものであり、波線は「大皇弟」を(28)条同様に「大海人皇子」と記してゐる。

67、秋七月、高麗貢調、

本条は「紀」の要約文である。

68、是月、講二武於近江一、多置レ牧放レ馬、越国献二然土然水一

本条は「紀」と殆ど変はらないが、太線の「然土然水」は「燃土燃水」を変へたものである。「紀」はこれに続けて「又」として三つの内容が記されてゐるが略されてゐる。また波線の「是月」は「紀」が「時」としてゐるのを変へたものである。

69、九月十二日癸巳、新羅貢調、

本条は「紀」の省略文である。

70、二十九日庚戌、使三布施耳麻呂賜二新羅王輸調船一隻一

本条は「紀」の省略文である。

71、冬十月、唐滅二高麗一

本条は「紀」の要約文である。

72、十一月辛巳朔、賜二新羅王絹五十疋一、綿五百斤、韋一百枚一

本条は「匹」を太線に変へてゐる他は変はらない。

73、五日乙酉、遣二小山下道守麻呂、吉士小鮪於新羅一、

74、是歳、新羅僧道行盗二草薙剣一、将三逃帰二其国一、不レ能而止、

本条は「紀」の趣意文である。

75、二年己巳、春三月十一日己丑、耽羅王遣二其子久麻伎一貢献、

本条は「紀」と殆ど変はらない。

76、十八日丙申、久麻伎帰、賜二五穀種於耽羅王一、

本条は「紀」と殆ど変はらない。

77、夏五月五日壬午、猟二于山科野一、大海人皇子及群臣悉従、

本条は「紀」の要約文である。太線は「縦獦於」を変更したものであり、波線は(28)条(66)条同様「大皇弟」を変更したものである。

78、秋九月十一日丁亥、新羅貢調、

本条は「紀」の要約文である。

79、是秋、震二内臣中臣鎌足第一、

本条は「紀」と殆ど変はらないが、二重線の部分は「霹靂於」を、波線の部分は「家」を変更してゐる。

80、冬十月十日乙卯、車駕臨二中臣鎌足第一、問レ病、

本条は「紀」の趣意文であり、「天皇」を「車駕」に、「藤原内大臣家」を「中臣鎌足第」に、「所患」を「病」に変更してゐる。

81、十五日庚申、遣二大海人皇子一、就二鎌足第一、賜二姓藤原一、授二大織冠一、為二内大臣一、内大臣始二于此一、

本条は「紀」の要約文であるが、波線部分は従前通り「東宮大皇弟」を変更してゐる。

82、十六日辛酉、内大臣藤原鎌足薨、

本条は「鎌足」を補つてゐるだけである。

83、十九日甲子、臨二鎌足第一、宣詔賜レ賻、

本条は「紀」の趣意文である。

84、十二月、大蔵災、

85、是冬、修二高安城一、蔵二畿内租税一、斑鳩寺災、

本条は太線のやうに「収」を「蔵」に、「田」を「租」に変へてゐるのみである。

86、是歳、遣二小錦中河内鯨等於唐一、

本条は「紀」の省略文である。

87、徙二百済佐平余自信、佐平鬼室集斯等、男女七百余口於近江蒲生郡一、

本条は前条に「又」で続けてゐる部分であり「本紀」は「百済」を補ひ、「人」を「口」に、「遷居」を「徙」としてゐる。

88、唐使郭務宗等二千余人来、

本条は前条に「又」で続けてゐる部分であり「本紀」に「倶」を加へ、「遣」を「来」に変へてゐる。

89、三年庚午、春正月七日辛巳、詔令三大夫士大二射宮庭一、

本条は「紀」の要約文である。

90、十四日戊子、制二朝廷礼節、及行路相避之儀一、禁二遏諸妖妄事一、

本条は「紀」の要約文である。

91、二月、造二戸籍一、糾二断盗賊浮浪一、行二幸蒲生郡匱邇野一、観二宮地一、又修二高安城一、蓄二塩穀一、修二長門及筑紫城一、

本条は「紀」の要約文であるが、太線のやうに「積」を「蓄」、「築」を「修」としてゐる。

92、三月九日壬午、設二諸神座於山御井傍一、班二幣帛一、

本条は「紀」の要約文であるが、中臣金が祝詞を宣したことは略されてゐる。

93、夏四月壬申晦、夜震二法隆寺一、災、

本条は「紀」の要約文である。

94、六月、有レ人獲レ亀、背画二申字一、上黄下玄、長六寸許、

本条は波線の部分を加へ、「書」を太線のやうに改めてゐる以外変はらない。

95、九月辛未朔、遣二阿曇頬垂於新羅一、

96、是歳、造二水碓一、冶レ鉄、

97、四年辛未、春正月二日庚子、大錦上蘇我赤兄、大錦下巨勢人、奏二賀正事一、

本条は殆ど「紀」と変はらない。

98、五日癸卯、大錦上中臣金宣二神事一、

本条は殆ど「紀」と変はらない。

99、是日、以二大友皇子一拝二太政大臣一、蘇我赤兄為二左大臣一、中臣金為二右大臣一、蘇我果安、巨勢人、紀大人為二御史大夫一、

100、六日甲辰、大海人皇子奉レ勅頒二冠位法度一、大二赦天下一、

本条は「紀」の趣意文であるが、大海人皇子に、

本書註一云、大友皇子、

との註記をしてゐる。なほ大海人皇子は従前通り「紀」の「東宮太皇弟」を変へたものである。

101、九日丁未、高麗貢調、

本条は「紀」の省略文である。

102、十三日辛亥、唐百済鎮将劉仁願遣二李守真等一上表、

本条は波線の「唐」を加へてゐる以外変はらない。

103、是月、授二百済佐平余自信、沙宅紹明等五十余人位一、各有レ差、

本条は「紀」の趣意文である。

104、二月二十三日庚寅、百済貢調、

本条は「紀」の省略文である。

105、三月三日庚子、黄書本実、献二水臬一、

106、十七日甲寅、常陸献二侏儒一、長一尺六寸、

本条は「紀」の趣意文であり、「紀」が中臣部若子としてゐるところを二重線のやうに記してゐる。

107、夏四月二十五日辛卯、始置二漏刻於新台一、撃二鍾鼓一以警レ時、

本条は「紀」の要約文である。

108、是月、筑紫言、産二八足鹿一、

本条は「生レ鹿」を波線に変へ、後半を略してゐる。

109、五月五日辛丑、宴二西小殿一、大海人皇子及群臣侍焉、奏二田舞一、

本条は「皇太子」を従前のやうに大海人皇子に変へた要約文である。

110、六月十五日庚辰、百済貢調、

111、是月、新羅貢調、献二水牛山鶏各一一、

本条は「紀」の要約文である。

112、秋九月、天皇不豫、

本条は「紀」の省略文であるが、「九月」に、

本書註一云、八月、
と註記してゐる。

113、冬十月七日庚午、新羅貢調、
本条は「紀」の要約文である。

114、八日辛未、宮中開二百仏眼一、
本条は「内裏」を波線に変へてゐるだけである。

115、遣レ使供二袈裟金鉢象牙沈水旃檀、及諸珍宝於法興寺一、
本条は(一一四)条に続けて記されてゐるが、「紀」は「是月」とあり、「本紀」の脱落であるが、本文は「財」を太線に、「奉」を波線に変へるのみで他は変はらない。

116、十七日庚辰、天皇弥留、召二大海人皇子一、属以二後事一、皇子再拝、称レ疾固辞、請レ為レ僧、乃許レ之、即日剃レ頭、敕賜二袈裟一、
本条は「紀」の趣意文であるが、太線は「喚」を変へたものである。

117、十九日壬午、再入レ宮拝辞、入二吉野一、於レ是、立二大友皇子一為二皇太子一、
本条の前半は「紀」の趣意文であるが、その「紀」が主語として「東宮」と記してゐるのを略してゐる。対して後半の二重線の部分については『水鏡』に基づいて記されたものである。

118、十一月、筑紫太宰府言、唐使郭務悰等至二比智島一、
本条は「紀」の趣意文であり、太線は「知」を変へたものであり、波線は「泊」を変へたものである。

119、二十四日丁巳、近江宮災、

120、壬戌晦、左大臣蘇我赤兄等五人、奉二皇太子一盟二天皇前一、
本条は太線及び二重線を加へ、「大友皇子」を波線に変へてゐる。

121、是日、賜二新羅王絹絁綿韋一、
本条は「紀」の要約文である。

122、是歳、讃岐生二四足鶏一、大炊省鼎鳴、
本条は「紀」の要約文であり、波線は「本紀」の付け加へである。

123、十二月三日乙丑、天皇崩二于近江宮一、年四十六、

本条は「紀」と変はらないが、崩年を波線のやうに記し、その根拠について、

年拠二本書舒明紀舒明帝崩時天皇年十六之文一、

と註記し、さらに、

皇胤紹運録、神皇正統記、皇年代略記並云、五十八、一代要記、五十三、

と異説を註記してゐる。

124、十一日癸酉、殯二于新宮一、葬二山背山科陵一、置二国忌斎於崇福寺一、

本条の二重線の部分は「延喜式」により記されてゐる。また波線のやうに国忌の斎に言及してゐる。

125、天皇好レ学能レ文、明習二治体一、設二庠序一、徴二茂才一、定二五礼一、興二百度一、（懐風藻序）嘗命二群臣一撰二令二十二巻一、謂二之近江朝令一、（弘仁格式序、本朝書籍目録、）所レ製文章甚多、今皆不レ伝、（懐風藻序）有二書法一百巻一、孝謙帝時蔵二之崇福寺一、（続日本紀）為二皇太子一時、親製二漏刻一、及レ即レ位、置二之新台一、初天皇従二斉明帝一西征、造二宮於朝倉山一、材木不レ斲、務従二質樸一、時人謂二之黒木御所一、又号二木丸殿一、親製二朝倉木丸殿歌一、後世以為二神楽曲一、（初以下梁塵愚按鈔）又嘗欲レ修二倭高安城一、而慮二時民疲弊一、重レ労レ之而止者数、時人称二其仁徳一、

本条は天智天皇の賛に当る部分であるが、この文はそれぞれ註記されてゐるやうにその拠り所が存在してゐる。すなはち「天皇好レ学」から「興二百度一」までは、『懐風藻』序に基づいて記したものであり、「嘗命二群臣一撰二令二十二巻一。謂二之近江朝令一。」は『類聚三代格』に載せられてゐる「（弘仁）格式序」及び『本朝書籍目録』により記され、「所レ製文章甚多。今皆不レ伝」は『懐風藻』序によつて文を為したものである。また「有二書法一百巻一。孝謙帝時蔵二之崇福寺一」は『続日本紀』孝謙天皇天平勝宝八歳八月乙酉条に基づいて記したものである。「為二皇太子一時、親製二漏刻一、及レ即レ位、置二之新台一」は、斉明天皇紀六年五月是月条及び天智天皇紀十年四月辛卯条によつて記したものである。「初天皇」から「為二神楽曲一」は『梁

塵愚按鈔』により記されてゐるのに基づいてゐる。

126、追諡曰二天智天皇一、

本条は通例により漢風諡号を記したものである。

第三十九節　天皇大友本紀

イ、天皇大友、初称二伊賀皇子一、天智帝長子也、母伊賀采女宅子娘、

本条は天智天皇紀七年二月戊寅条に基づいて記載されてゐる。なほ点線の部分は、『懐風藻』により補はれたものである。

ロ、為レ人魁岸奇偉、天性明悟、風範弘深、眼中精耀、博学通レ古、有二文武才幹一、唐使劉徳高見而異レ之曰、皇子風骨非常、不レ似二世間人一、

本条は、

為レ人以下懐風藻

と註記されてゐるやうに『懐風藻』に依つて記された部分である。

ハ、天智帝四年正月、拝二太政大臣一、総二百揆一摂二万機一、群下粛然、以二学士百済人沙宅紹明、答炑春初、吉大

尚、許率母、木素貴子為㆓師友㆒、文藻日進、
　本条の傍線部は天智天皇紀十年正月癸卯条により記されてゐる。「本紀」がそれを
　天智帝四年
としてゐるのは、「紀」では天智天皇の称制元年より通算して記してゐるのに対し、「本紀」はその即位年（天智天皇七年）を元年としてゐるためである。また
　総㆓百揆㆒以下懐風藻
と註記されてゐるやうに、「総㆓百揆㆒」以下は『懐風藻』により記されてゐる。

ニ、十月十七日庚辰、帝大漸、大海人皇子辞㆓儲位㆒、固請㆓出家修道㆒、帝許㆑之、於㆑是、立㆓天皇㆒為㆓皇太子㆒、
　本条は天智天皇紀十月庚辰条の趣意文であるが、
　於㆑是、立㆓天皇㆒為㆓皇太子㆒、
は、
　皇太子拠㆓水鏡㆒
と註記してゐるやうに、『流布本水鏡』により記されてゐる。

ホ、十一月二十三日丙辰、皇太子坐㆓西殿織仏像前㆒、左大臣蘇我赤兄、右大臣中臣金、御史大夫蘇我果安、巨勢人、紀大人侍焉、皇太子手執㆓香炉㆒、起而誓曰、我與㆓卿等㆒、同㆑心奉㆑詔、若有㆑所㆑違、上天降㆑罰、赤兄等随㆑次執㆓香炉㆒、泣血誓曰、臣等五人、従㆓殿下㆒承㆓詔旨㆒、若有㆓渝者㆒、神明是殛、子孫絶、家門亡、五臣復奉㆓皇太子㆒、盟㆓於帝前㆒、
　本条は天智天皇紀十年十一月丙辰条の要約趣意文であるが、「紀」が「大友皇子」としてゐるところを波線のやうに「皇太子」としてゐる。そして大友皇子の言の「奉㆑詔」の後に、
　本書、不㆑載㆓詔文㆒、
と註記し、壬戌条の五臣が天皇の前に於いて誓つた記事を日を記さずに記し、
　本書又不㆑載㆓盟辞㆒
と註記してゐる。

へ、十二月三日乙丑、天智帝崩、
　本条は天皇を「天智帝」とし、近江宮を略す以外変

はらない。

ト、五日丁卯、皇太子即二天皇位一、時年二十四、

本条は

五日以下、水鏡、立坊次第、

と註記してゐるやうに『水鏡』『立坊次第』により記してゐる。

そしてその年齢「二十四」についても、

拠二懐風藻壬申歳年二十五之文一

とその根拠を記すとともに、

水鏡、立坊次第、以二辛未歳一為二二十五一、

と、異説としての『水鏡』『立坊次第』の即位年の辛未歳を二十五歳とする説をも記してゐる。

チ、元年壬申、春三月十八日己酉、遣二内小七位阿曇稲敷於筑紫一、告二先帝喪於唐使郭務悰一、郭務悰等喪服挙レ哀、東向稽首、

本条は天皇を波線のやうに「先帝」に変へる以外「紀」と変はらない。が、「紀」は「壬申」を天武天皇元年としてゐるのであり、以下すべて天武天皇紀元年条に由る記述である。「本紀」は「元年壬申」に、

按歴代皇紀、愚管鈔、帝王編年記、皇代記並曰、壬申歳獲二赤烏一、因建元曰二朱雀一、其年備後献二白雉一、因改元曰二白鳳一、皇年代略記、皇代記、皇胤紹運録並以二天武帝即位一為二白鳳二年一、未レ知二何拠一、続日本紀神亀元年十月詔曰、白鳳以来、朱雀以前、年代玄遠、尋問難レ明、所司記註多有二粗畧一、亦未レ詳二何帝年号一、附以備レ考、

と註記してゐる。

リ、二十一日壬子、郭務悰等献二書函信物一、

本条は「紀」と変はるところはない（以下同文の場合は註記を略す）。

ヌ、夏五月十二日壬寅、賜二甲冑弓矢絁布綿於郭務悰等一、

本条は「紀」の要約である。

ル、二十八日戊午、高麗貢調、

本条は「進」を太線に変へた省略文である。

ヲ、六月、大海人皇子称二兵于吉野一、

本条は壬申の乱の勃発を述べる「本紀」の独自記事

である。

ワ、遣二其将村岡男依、和珥部君手、身毛広於美濃一、差二発兵衆一、急塞二不破道一、

本条は六月壬午条の要約である。

カ、使三大分恵尺等乞二駅鈴於倭留守司高坂王一、高坂王不レ聴、

本条は甲申条の要約である。

ヨ、於レ是、皇子発レ途東行、使三伊勢国司三宅石床等率下兵五百上、塞二鈴鹿山道一、

本条は「紀」の趣意文である。

タ、京師大震、天皇召二群臣一会議、或進レ策曰、急発二驍騎一、躡レ跡レ追之、若遅緩則失二事機一、天皇不レ聴、

本条は「紀」の趣意文である。

レ、遣二韋那磐鍬、書薬、忍坂大麻呂於東国、穂積百足、及弟百枝、物部日向于倭京、佐伯男于筑紫、樟磐手于吉備国一発レ兵、乃諭二男磐手一曰、筑紫太宰栗隈王、吉備国守当摩広島、雅属二心吉野一、若有レ不レ服、就殺レ之、

本条は「紀」の趣意文である。なほ「弟百枝」に、

或作五百枝

と註記してゐる。

ソ、磐手到二吉備国一授レ符、紿二広島一殺レ之、

本条は「紀」の要約である。

ツ、男至二筑紫一、栗隈王承レ符辞謝、不二肯出一レ兵、

本条は「紀」の趣意文である。

ネ、磐鍬等至二不破一、薬大麻呂為二伏兵所一レ虜、磐鍬逃帰、

本条は「紀」の趣意文である。

ナ、高坂王與二穂積百足等一営二飛鳥寺西槻下一、百足為三吉野将大伴吹負所二誘殺一、百枝日向亦被レ擒、繇レ是高坂王稚狭王懼出降、

本条は己丑是日条の趣意文である。

ラ、秋七月甲寅朔、吉野将坂本財陥二高安城一、

本条は「紀」の趣意文である。

ム、二日辛卯、黎明、壱岐韓国分レ軍、自二大津丹比二道一進、攻二財于高安城一、財等進レ兵渡二衛我河一、韓国戦二河西一、卻レ之、河内国司来目塩籠謀レ応二不破軍一、潜

集二兵衆一、韓国覚レ之、塩籠聞二事泄一自殺、

本条は「紀」の趣意文である。

ウ、時山部王、蘇我果安、巨勢人、将二兵数万一軍二于犬上川一、欲三進襲二不破一、山部王為二果安人所レ殺、軍乱不レ進、果安自殺、羽田矢国、其子大人、以二其族一降二于吉野一、

本条は「紀」の要約である。

ヰ、四日癸巳、将軍大野果安撃二大伴吹負于乃楽山一、大破レ之、追至二八口一、疑レ有レ伏而退、

本条は「紀」の趣意文である。

ノ、五日甲午、田辺小隅夜襲二吉野将田中足麻呂所レ守倉歴営一、大破レ之、

本条は「紀」の趣意文である。

オ、六日乙未、小隅進レ兵攻二莿萩野営一、不レ利而退、

本条は「紀」の趣意文である。

ク、七日丙申、境部薬與二村国男依一戦二于息長横河一、兵敗死レ之、

本条は「紀」の趣意文である。

ヤ、九日戊戌、秦友足與二男依一戦二于鳥籠山一、死レ之、壱岐韓国與二吹負一戦二于葦池上一、不レ利、吹負更分レ兵、三道来攻、犬養五十君当二中道一、屯二村屋一、使三別将盧井鯨率下精兵二百上、衝二吹負営一、営堅不レ可レ犯、鯨不レ得レ進、既而吉野将三輪高市麻呂、置始莬、大破二我上道軍于箸陵一、遂断二鯨軍後一、兵士驚潰、死傷者多、鯨単騎免帰、

本条は「紀」の趣意文である。

マ、十三日壬寅、社戸大口、土師千島、與二男依一戦二于安河上一被レ虜、

本条は「紀」の趣意文である。

ケ、十七日丙午、男依攻二敗栗太軍一、

本条は「紀」の趣意文である。

フ、二十二日辛亥、男依等薄二瀬田一、天皇悉レ衆軍二橋西一、旗幟蔽レ野、鉦鼓震レ天、智尊率二精兵一為二先鋒一、徹二橋板一三丈、置二一長版一、繋レ索設レ機、吉野兵不二敢進一、大分稚臣棄レ矛提レ刀、踏レ板疾度、截二断版索一、冒レ矢以進、我兵悉乱、智尊怒斬二退者一、然不レ可レ禁、

智尊戦死、軍遂敗績、是日三尾城陥、

本条は「紀」の趣意文である。

コ、二十三日壬子、犬養五十君、谷塩手、與二男依一戦二于粟津市一、敗死、左右大臣群臣皆逃、唯物部麻呂、及一二舎人従、

本条は「紀」の趣意文である。但し「紀」では左右大臣の前に

於レ是。大友皇子走無レ所レ入。乃還隠二山前一。以自縊焉。時

とあるのであるが、「本紀」はそれを略した為に「唯物部麻呂」云々が、意味不明となつてしまつてゐる。

エ、是日、天皇崩二于山前一、時年二十五、

本条は「本紀」独自の文である。

テ、初天皇夢中天洞開、朱衣老翁捧レ日授二天皇一、忽有レ人従二腋下一出、奪而去、已覚驚異、語二藤原鎌足一、鎌足嘆曰、聖朝万歳之後、恐有二巨猾間一レ釁乎、然臣聞、天道無レ親、唯善是輔、大王自勤修レ徳、災異不レ足レ憂也、臣有レ女、願納二後庭一、奉二巾櫛一、天皇聴レ之、至レ是天命果不レ遂矣、嘗侍レ宴献レ詩曰、皇明光二日月一、帝徳載二天地一、三才並泰昌、万国表二臣義一、述懐曰、道徳承二天訓一、塩梅寄二真宰一、羞無二監撫術一、安能臨二四海一、

本条は「天皇大友」の「賛」に当る部分であるが、「本紀」が、

時年以下懐風藻

と記してゐるやうに、前条の年齢と合はせ『懐風藻』により記されたものである。「本紀」はさらに

按本書持統紀曰、詩賦之興、自二大津一始也、然懐風藻載二天皇及河島皇子詩於大津皇子之前一、蓋天皇崩時、大津皇子歳僅十歳、天皇之言レ詩、先二大津一可レ知矣、

と註記してゐる。

第四十節　天武天皇本紀

1、天武天皇、初称二大海人皇子一、天智帝母弟也、

本条は、通例により和風諡号を漢風諡号に変へてゐる。二重線の部分は「紀」では「同母弟」とある。

2、生而岐嶷、及レ壮雄抜神武、暁二天文遁甲一、

本条は「紀」と殆ど変はらない。

3、天智帝四年十月十七日庚辰、帝不悆、令三蘇我安麻呂召二天皇一、安麻呂素與二天皇一善、密謂二天皇一曰、宜二慮而言一、天皇領レ之、既而入二臥内一、帝属以二後事一、天皇辞曰、臣不幸多レ病、何能奉二社稷一、願陛下以二天下一属二皇后一、立二大友皇子一為二儲君一、臣請今日出家、為二陛下一修二功徳一、帝許レ之、天皇乃退入二省中仏殿一、踞二胡床一、剃レ髪為レ僧、帝使三次田生磐賜二袈裟一、天皇収二所レ有兵器一、悉納二之官一、

本条は「紀」の要約である。

4、十九日壬午、入レ宮拝辞、入二吉野一、左大臣蘇我赤兄、右大臣中臣金、大納言蘇我果安等、送至二菟道一、時人謂、翼レ虎放レ之也、

本条は殆ど「紀」と変はらない。

5、是夕御二島宮一、

本条は「嶋」を波線に変へるのみである。なほ「本紀」は以下「嶋」を「島」と記してゐるが、一々指摘することは略す。

6、翌日至二吉野一、謂二舎人等一曰、我今入道修行、汝曹欲レ修レ道者留、欲二仕成レ名者帰、舎人等不二敢去一、及二再命一半留半去、

本条は「紀」の要約文である。

7、明年五月、朴井雄君来告曰、臣頃至二美濃一、時朝廷敕二美濃尾張両国司一、差二山陵役夫一、令二各執レ兵、臣意非三唯為二山陵一、必有レ事矣、若不二早図一、悔無レ及、又有レ人告曰、近江京至二倭京一、多置二斥候一、命二菟道守レ橋者一、遮二留舎人運下私糧上者一、天皇聞而悪レ之、曰、吾所二以遁レ世者、欲三治レ病全レ身、永終二百年一也、

事既如レ此、吾豈坐取レ亡耶、

本条は「紀」の要約・趣意文である。

8、六月二十二日壬午、遣二村国男依、和珥部君手、身毛広一、往諭二美濃国司一、先命二安八磨郡湯沐令多品治一、発二本郡兵一、急塞二不破道一、

本条は「紀」と殆ど変はらないが、「身毛広」について、

　　身毛、続日本紀作二牟宜都一、

との註を付してゐる。これは大宝元年七月壬申条に

　　牟宜都君比呂

と記されてゐるところから註記されたものである。

9、二十四日甲申、天皇将レ赴二東国一、或諫曰、近江群臣、畜レ謀已久、必告二天下一、梗二塞道路一、今欲二徒手而東一、臣恐事不レ就矣、天皇従レ之、欲レ召二還男依等一、乃遣二大分恵尺、黄書大伴、逢志摩一、乞二駅鈴於倭留守司高坂王一、因命二恵尺等一曰、若不レ得レ鈴、志摩当二帰報一、恵尺直至二近江一、召二高市大津二子一、会二我於伊勢一、已而高坂王不レ與レ鈴、志摩帰白レ状、

本条は「紀」の要約・趣意文であり、点線の「赴」「召還」「命」「直至」「召」「会」「已」「帰」は、それぞれ「入」「返召」「謂」「馳之往」「喚」「逢」「還」を変更したものである。

10、是日、天皇発レ途入二東国一、正妃鸕野皇女輿従、草壁皇子、忍壁皇子、及朴井雄君、県犬養大伴、佐伯大目、大伴友国、稚桜部五百瀬、書根麻呂、書智徳、山背小林、山背部小田、安斗智徳、調淡海等二十余人、女孺十余人従焉、時事出二倉卒一、不レ遑レ待二車馬一、天皇歩而出、途獲二県犬養大伴鞍馬一騎レ之、比レ過二津振川一、車馬亦追至、至二菟田吾城一、大伴馬来田、黄書大伴後至、屯田司舎人土師馬手餉二従者一、過二甘羅村一、召二猟人大伴朴本大国等二十余人一、又徴二美濃王一、皆来従、掠二駄米馬五十匹一使二歩者乗一、至二大野一、会二日暮一、壊二民舎籬一、為レ炬以前、夜半過二隠郡一、焼二駅家一、呼曰天皇入二東国一、吏民来帰、然無二一人応者一、渡二横河一、有二黒雲一竟レ天、広十余丈、天皇挙レ燭親秉レ式、占曰、此天下両分之祥也、然我終得レ之乎、進至二伊

賀郡一、又焚二駅家一、還至二中山一、郡司等率二兵数百一帰レ之、

本条は「紀」の要約・趣意文である。二重線の「正妃」は「皇后」を変へたものである。

また点線の「麻」「馬」「至」はそれぞれ「摩」「駕」「到」を変へたものであり、波線の「至」は「逮」を変更したものである。

11、二十五日乙酉、黎明至二莿萩野一、停レ駕進レ食、赴二積殖山口一、高市皇子率二民大火一、赤染徳足、大蔵広隅、坂上国麻呂、古市黒麻呂、竹田大徳、胆香瓦安倍一、自二鹿深一来会、進経二大山一、至二伊勢鈴鹿一、国司守三宅石床、介三輪子首、湯沐令田中足麻呂、高田新家等来会、発二兵五百一塞二鈴鹿山道一、天皇進至二川曲坂下一、会二日暮一、正妃疲労、停レ駕少時、夜曀欲レ雨、乃発、既而雷雨暴寒、衆皆凍疲、至二三重郡一、焚二屋一間一以燠レ之、

本条は「紀」の要約・趣意文であり、点線の「至」は「到」を変更したものであるが、「本紀」は「至伊勢鈴鹿」に註して、

宇治拾遺、載下天皇、微服独出二吉野一、備嘗二艱苦一、田原里人献レ栗、志摩土人進レ水、洲股女子匿二天皇一等事上、源平盛衰記亦載下鈴鹿老翁匿二天皇一、不破土豪役二使天皇一等事上、皆誕妄附会、諸書所レ不レ載、今並不レ取、

と記してゐる。

12、二十六日丙戌、晨至二朝明郡迹太川上一、望二拝天照大神一、大津皇子率二大分恵尺、難波三綱、駒田忍人、山辺安麻呂、小墾田猪手、涅部眡枳、大分稚臣、根金身、漆部友背等一来会、村国男依亦来報、発二兵三千一塞二不破道一、天皇褒レ之、乃命二高市皇子一監二不破軍事一、皇子往居二和蹔一、遣二山背部小田、安斗阿加布於東海、稚桜部五百瀬、土師馬手於東山一、発レ兵、是夜、天皇次二桑名郡一、帝大友遣二書薬、忍坂大麻呂等一徴二東国兵一、薬等至二不破一、高市皇子伏レ兵虜レ之、

本条は「紀」の要約・趣意文であるが、点線の「晨」は「旦」を変更したものであるが、「本紀」は「涅部

眡枳」に、

　眡本書作レ賦、今拠二卜部兼永本、及釈日本紀一訂レ之、

と註し、また「遣二山背部小田、安斗阿加布於東海、稚桜部五百瀬、土師馬手於東山一、発レ兵」に、

　釈日本紀引私記曰、安斗智徳日記云、令レ発二信濃兵一

と註してゐる。

13、二十七日丁亥、天皇入二不破一、尾張国司守小子部丹鉏鉤率二衆二万一来帰、天皇大喜、分二遣其兵一守二諸道一、進至二野上一、高市皇子来迎、天皇撫レ背褒慰、因命総二統軍事一、於レ是、造二行宮于野上一而居、是夜、大雷雨、天皇祈曰、天神地祇祐レ我則雷雨息、言訖即息、

　本条は「紀」の趣意文である。

14、二十八日戊子、如二和蹔一視レ軍、

　本条は「紀」の趣意文である。

15、己丑晦、又如二和蹔一、即日還、大伴吹負與二倭京留守司坂上熊毛、及漢直等一謀、奪二飛鳥寺営一、殺二其将穂積百足一、擒二穂積百枝、物部日向一、招二降留守司高坂王、稚狭王一、遣二大伴安麻呂等一来報、天皇大悦、即就拝二吹負一為二将軍一、三輪高市麻呂、賀茂蝦夷、及諸豪傑相率帰二吹負一、

　本条は「紀」の要約・趣意文である。

16、七月庚寅朔、吹負発レ軍赴二乃楽一、分二遣裨将一、守二龍田大坂石手三道一、坂本財等赴二龍田一、次二平石野一、近江兵在二高安城一、望レ風自焼二積聚一而遁、財等進入レ之、

　本条は「紀」の趣意文である。なほ点線は「焚」を変へてゐる。

17、二日辛卯、遣二紀阿閉麻呂、多品治、三輪子首、置始菟一、将二兵数万一、自二伊勢大山一赴レ倭、村国男依、書根麻呂、和珥部君手、胆香瓦安倍、将二兵数万一自二不破一向二近江一、衆皆以レ赤為レ幟、別命二多品治一、将二兵三千一、屯二莿萩野一、田中足麻呂守二倉歴道一、近江将山部王、蘇我果安、巨勢人、将二兵数万一、将レ襲二不破一、

軍二犬上川一、自潰而逃、羽田八国以レ族来降、因授二斧鉞一、拝二将軍一、北入レ越、近江将壹岐韓国攻二高安一、坂本財出レ城戦二于衛我河西一、不レ克、時紀大音守二懼坂道一、財等退與レ之合、先レ是近江兵衛二玉倉部邑一、天皇使二出雲狛撃郤レ之、

本条は「紀」の要約趣意文である。波線の「人」は「比等」を、「兵数万」は「数万衆」を変更したものである。

18、四日癸巳、大伴吹負與二大野果安一戦二于乃楽山一、敗走、

本条は「紀」と殆ど変はらない。

19、五日甲午、近江別将田辺小隅、夜襲二倉歴一、田中足麻呂棄レ営脱走、

本条は「紀」の要約であるが、点線の「麻呂」は「摩侶」を変へたものである。

20、六日乙未、小隅又襲二莿萩野一、多品治邀撃走レ之、

本条は「紀」の要約である。

21、七日丙申、村国男依等、與二近江軍一戦二于息長横河一破レ之、斬二其将境部薬一、

本条は「紀」と殆ど変はらない。

22、九日戊戌、男依撃二秦友足於鳥籠山一斬レ之、

本条は「討」を点線に変へてゐるのみである。

23、是日、東道将軍紀阿閉麻呂等、聞二吹負敗一、遣二置始菟一赴援、遇二吹負于墨坂一、進屯二金綱井一、軍復振、與二壹岐韓国一戦二于葦池上一、破走レ之、吹負分レ軍、三道並進、自当二中道一、近江別将廬井鯨率レ兵来犯、吹負兵逴射、鯨不レ得レ進、会上道将三輪高市麻呂、置始菟、大破二近江軍于箸陵一、乗レ勝断二鯨軍後一、鯨驚顧潰走、倭地尽定、

本条は「紀」の戊戌条・壬子条をまとめて大和に於ける戦ひを総括してゐる。

24、十三日壬寅村国男依等、進戦二于安河上一、獲二社戸大口、土師千島一、

本条は「紀」の省略文である。

25、十七日丙午、又撃二栗太軍一克レ之、

本条は「紀」の趣意文である。

26、二十二日辛亥、諸将進至二瀬田一、近江軍張二陣于橋西一、撤レ板拒守、大分稚臣挺レ身直進、衆兵踵レ之、近江軍敗績、男依等進軍二粟津岡下一、将軍羽田八国率二出雲狛一、攻二三尾城一下レ之、

本条は「紀」の省略・趣意文であるが、点線の部分は「矢」「降」を変更したものである。二重線の部分は「共」を変更したものである。

27、二十三日壬子、男依與二近江軍一戦二于粟津市一、斬二其将犬養五十君、谷塩手一、於レ是近江軍潰散、

本条は「紀」の要約・趣意文である。

28、二十四日癸丑、諸将会二筱浪一、捜二捕左右大臣以下一、

本条は「紀」の要約・趣意文である。

29、二十六日乙卯、諸将詣二不破宮一奏レ捷、

本条は「紀」の趣意文である。

30、八月二十五日甲申、命二高市皇子一、科二近江群臣罪状一、右大臣中臣金処レ斬、左大臣蘇我赤兄、大納言巨勢人、并其子孫、及中臣金子、蘇我果安子、悉配流、其余釈而不レ問、

本条は「紀」の要約であるが、点線の「人」は「比等」を変更したものである。

31、二十七日丙戌、賞二諸功臣一、

本条は「紀」の趣意文である。

32、九月八日丙申、天皇発二不破一還二桑名一、

本条は「紀」の要約であるが、二重線の部分を加へてゐる。

33、十二日庚子、至二倭京一、居二島宮一、

本条は「紀」と殆ど変はらないが、点線の部分はそれぞれ「詣」「御」を変更したものである。

34、十五日癸卯、遷二岡本宮一、

本条は「移」を「遷」に変へてゐるのみである。

35、十二月四日辛酉、賞二諸有功臣一、量二授小山位以上一、

本条は「紀」の趣意文である。

36、是歳、営二宮室于岡本宮南一、号二飛鳥浄見原宮一、新羅貢調、

本条は「紀」の趣意文であるが、「紀」の「飛鳥浄御原宮」を波線に変更してゐる（以下では触れない）。

そして「本紀」は、

按本書十五年七月、改二元朱鳥一、仍名レ宮曰二飛鳥淨見原宮一、拠レ此是時未レ有二飛鳥宮号一、而明年二月、亦云即二帝位于飛鳥淨見原宮一、蓋追二称之一

と註記してゐる。

37、元年癸酉、

本条は「紀」が「二年」としてゐるところを二重線のやうに「元年」としてゐるものであり、「本紀」は

按本書以二壬申年一為二元年一、今以二壬申歳一属二帝大友一、以二癸酉歳一為二天皇即位元年一、故與二本書一差二一年一、又按薬師寺塔銅檫有レ銘、相伝舎人親王書。其文曰、維清原宮馭宇天皇即位八年庚辰之歳、拠レ是則当時実以二是歳一即レ位紀レ元審矣、如二本書一以二壬申一為二元年一、直欲下以二天武上接二天智之統一、故致二此曲筆一耳。

と註記してゐる。

38、正月七日癸巳、賜二宴群臣一、

本条は「紀」と殆ど変はらない。

39、二月二十七日癸未、即二天皇位於飛鳥淨見原宮一、是為二天渟中原瀛真人天皇一、立二正妃鸕野皇女一為二皇后一、

本条は「紀」と殆ど変はらないが、二重線の部分は「紀」の天武天皇即位前紀により記したものである。なほ「鸕野皇女」の「鸕」の表記は持統天皇即位前紀によつてゐる。

40、乙酉晦、賜二功臣爵一有レ差、

本条は「紀」と殆ど変はらない。

41、三月十七日壬寅、備後国司獲二白雉於亀石郡一以献、勅免二本郡課役一、大二赦天下一、

本条は「紀」と殆ど変はらない。

42、是月、始写二大蔵経於川原寺一、

本条は「紀」の要約であるが、「紀」が「一切経」としてゐるのを二重線のやうに「大蔵経」としてゐる。「一切経」と「大蔵経」は同じことであるが「本紀」が何故「大蔵経」に変更したかは不明である。なほ以下「大蔵経」については特例の場合を除き註記を略す。

43、夏五月乙酉朔、詔曰、凡出身者、先任二大舎人一、然

後選二簡才能一、以充レ職、婦女欲二進仕一者聴レ之、其考選准二官人例一、

本条は「紀」の省略文である。

44、閏六月八日壬辰、耽羅王遣二其子久麻藝、都羅、宇麻一朝貢、

本条は「紀」と殆ど変はらないが「王子」を波線に変へてゐる。。

45、十五日己亥、新羅遣二一使一、賀二登極一、弔二天智帝喪一、

本条は「紀」が名前を明記してゐるのを波線のやうに「二使」とし、「先皇」を点線のやうに「天智帝」に変更してゐる。また「本紀」は、

本書註或云、貢調使、

と「紀」が、

一云二調使一。

と註してゐるのを「貢」を加へて註記してゐる。

46、秋七月、始置二不破関一、

本条は『一代要記』『帝王編年記』により記したものである。

47、八月二十日癸卯、高麗貢調、

本条は「紀」の省略文である。

48、冬十二月五日丙戌、以レ侍二奉大嘗一、賜二中臣忌部及神官、播磨丹波二国郡司以下役夫等物一有レ差、賜二郡司等爵各一級一、

本条は「紀」の省略文であるが、「禄」を二重線に変へるとともに、波線を加へてゐる。それと共に「本紀」は、

本書不レ書レ行二大嘗一、蓋闕文也、

との註記をしてゐる。

49、十七日戊戌、以二小紫美濃王、小錦下紀堅麻呂一、為二造高市大寺司一、

本条は「紀」と殆ど変はらないが、「訶多麻呂」を二重線のやうに変へてゐる。また「本紀」は、

本書註、今大官大寺是也、

との註記をしてゐる。

50、二年甲戌、春三月七日丙辰、対馬始貢二白金一、献二

諸神祇一、頒二賜小錦以上大夫一、授二其国司守忍海大国小錦下一、

本条は「紀」の趣意文である。

51、八月三日庚辰、遣二忍壁皇子於石上神宮一、整二理神宝一、神府所レ蔵諸家宝器、悉還二附其子孫一、

本条は「紀」の要約文であるが、勅部分を地の文として記してゐる。

52、冬十月、遣二大来皇女一、侍二伊勢神宮一、

本条は「紀」の趣意文である。

53、三年乙亥、春正月丙午朔、大学寮諸学生、陰陽寮、外薬寮、及舎衛女、堕羅女、百済善光、新羅人等献二薬及奇貨一、

本条は「紀」の要約であるが、「珍異等物」を二重線に変へてゐる。

54、二日丁未、皇子以下百寮拝朝、

本条は「紀」と殆ど変はらない。

55、三日戊申、百寮初位以上献レ薪、

本条は「進」を二重線にしてゐる以外変はらない。

56、五日庚戌、始起二占星台一、

本条は「興」を点線にしてゐる以外変はらない。

57、七日壬子、賜二宴群臣一、

本条は「紀」の省略文である。なほ『釋註大日本史』は「七日」を「七月」に誤つてゐる。

58、十七日壬戌、公卿大夫、及百寮初位以上、射二於西門庭一、

本条は「紀」と殆ど変はらない。

59、是日、大倭上二瑞鶏一、東国上二白鷹一、上二近江白鵄一、

本条は「紀」と殆ど変はらないが、「貢」を太線に、「鶏」を二重線に変へてゐる。

60、二十三日戊辰、奠二幣諸社一、

本条は「紀」と殆ど変はらない。

61、二月九日癸未、勅二大倭河内摂津山背播磨淡路丹波但馬近江若狭伊勢美濃尾張等国一、選二百姓善謳男女、及侏儒伎人一以貢、

本条は「紀」と殆ど変はらない。

62、十五日己丑、詔除下甲子歳所レ賜二諸氏一部曲、及

所レ賜二親王諸王以下群臣諸寺一山澤浦嶼、林野陂池上、

本条は「嶋浦」を二重線に変へてゐる以外変はらない。

63、二十三日丁酉、行二幸高安城一、

本条は「紀」と殆ど変はらない。

64、是月、新羅王遣二其子忠元等一入貢、

本条は「紀」の省略文である。

65、三月十六日庚申、以二栗隈王一為二兵政官長一、小錦上大伴御行為二大輔一、

本条は「紀」と殆ど変はらない。

66、是月、高麗新羅貢調、

本条は「紀」の省略文である。

67、夏四月五日戊寅、召二僧尼二千四百余口一、設二大斎一、

本条は「紀」と殆ど変はらない。

68、九日壬午、詔諸国貸税、自レ今以後、明二審百姓貧富一簡二定三等一、中戸以下欲レ貸者許レ之、

本条は「紀」と殆ど変はらないが、二重線の部分は「紀」の趣意文となつてゐる。

69、十日癸未、遣二小紫美濃王小錦下佐伯広足於龍田立野一、祭二風神一、遣二小錦中間人大蓋、大山中曾禰韓犬於広瀬川曲一、祭二大忌神一、

本条は「紀」と殆ど変はらないが、「本紀」は

按風神大忌祭、是後為二常制一、故不レ書、

と註記してゐる。

70、十七日庚寅、詔禁下諸猟漁者造二檻穽一、施二機槍一、四月至二九月一、設二比満沙伎理梁一、及食中牛馬鶏犬猿上、若有二犯者一罪レ之、

本条は「紀」の省略文である。

71、十八日辛卯、三位麻績王有レ罪流二于因幡一、二子於伊豆島、血鹿島一、

本条は「二子」と纏める以外「紀」と変はらないが、「本紀」は因幡に、

万葉集流二伊勢伊良虞島一、

と註記してゐる。

72、二十三日丙申、簡二才藝者一、賜レ物有レ差、

本条は「紀」と殆ど変はらないが、「給禄」を波線

に変更してゐる。

73、秋七月七日己酉、遣二使新羅一、以二小錦上大伴国麻呂一為二大使一、小錦下三宅入石為二副使一、

本条は「紀」と殆ど変はらない。

74、八月二十二日癸巳、大風、

本条は「紀」の省略文である。

75、是月、耽羅王使二其子久麻伎入貢一、

本条は「紀」の要約であるが、「紀」では八月壬申朔条に掛けられてゐるに拘はらず「本紀」が「是月」としてゐる。

76、冬十月三日癸酉、遣二使四方一求二大蔵経一、

本条は「紀」と殆ど変はらないが、「覓二一切経一」を二重線に変へてゐる。

77、十日庚辰、賜二宴群臣一、

本条は「紀」と殆ど変はらない。

78、十六日丙戌、筑紫献二唐人三十口一、処二之遠江一、

本条は「紀」の要約である。

79、二十日庚寅、詔二諸王以下初位以上一、毎レ人備レ兵、

本条は「紀」と変はらない（以下同文の場合は註記を略す）。

80、是日、相模言、高倉郡女子一産二三男一、

本条は「紀」の意訳文である。

81、十一月三日癸卯、夜有レ人登二宮東岳一妖言自刎、因賜二宿直者爵一級一、

本条は「紀」と殆ど変はらない。

82、是月、地大動、

本条は「紀」と変はらないが、「本紀」は、

一代要記曰、是歳始行二除目一、

との註記をしてゐる。

83、四年丙子、春正月庚子朔、百寮拝朝、

本条は「紀」の省略文である。

84、四日癸卯、賜二高市皇子以下小錦以上大夫、衣袴褶腰帯脚帯及几杖一、但小錦三階不レ賜レ几、

85、七日丙午、賜二小錦以上大夫物一、各有レ差、

本条は「紀」を二重線の「物」に変へる以外変はらない。

86、十五日甲寅、初位以上献レ薪、因賜レ宴、

本条は「紀」と殆ど変はらないが、「本紀」は、

按前年正月三日百寮献レ薪、拠二年中行事、公事根源一、後世正月十五日献レ薪、蓋始二于此一、故是後不レ書、

と註記してゐる。

87、十六日乙卯、射二于西門庭一、中レ的者賜レ物有レ差、

本条は「禄」を二重線の「物」とする以外変はらない。

88、是日、天皇宴二島宮一、

本条は「紀」の省略文である。

89、二十五日甲子、詔凡諸国司選二大山位已下一任レ之、但畿内及陸奥長門二国司不レ在二此限一、

本条は「紀」の趣意文である。

90、二月、大伴国麻呂等至レ自二新羅一、

本条は「紀」と変はらないが、「紀」は本条の前に二月庚午・癸巳の記事があるところから「是月」となつてゐるが、「本紀」はそれらの記事を記載してゐないところから二重線のやうに「二月」と記したものである。

91、夏四月四日辛丑、大倭添下郡人鰐積吉事献二瑞鶏一、飽波郡言、雌鶏化為レ雄、

本条は「紀」の省略文である。

92、十四日辛亥、勅諸王諸臣之封戸在二西国一者、改於二東国一給レ之、又勅諸国臣連伴造国造之子、及庶人有二才能一而欲二仕進一者、並聴レ之、

本条は「紀」の要約・趣意文である。

93、五月三日庚午、按二諸国司輸調殿最一科レ罪、

本条は「紀」の趣意文である。

94、七日甲戌、下野飢、百姓請レ売レ子、国司奏レ状、不レ聴、

本条は「紀」の要約である。

95、是月、勅禁二南淵山細川山芻蕘一、重禁二畿内山野濫樵蘇一、

本条は「紀」の要約である。

96、是夏大旱、五穀不レ登、百姓飢乏、遣二使四方一、奉二

幣神祇一、使二僧尼禱下三宝上請レ雨、
本条は「紀」の省略文である。
97、秋七月二日戊辰、進二卿大夫及百寮爵一各有レ差、
98、是月、長星見二東方一、
本条は「紀」の趣意文であり、「紀」が星の長さを説明してゐるのを、波線のやうに記してゐる。
99、八月二日丁酉、賜二親王以下小錦以上大夫、及皇女姫王内命婦等食封一、各有レ差、
本条は殆ど「紀」と変はらない。
100、十六日辛亥、詔二諸国一行二大解除一、因課二国造郡司一輸二祓柱一、
本条は「紀」の要約である。
101、十七日壬子、赦、死刑没官三流並降二一等一、徒罪以下、已発覚、未発覚、悉赦レ之、但既流者不レ在二赦例一、
本条は「紀」と殆ど変はらない。
102、是日、詔二諸国一放生、
103、九月丙寅朔、雨不レ告レ朔、
104、十日乙亥、給二兵器於京畿男夫一、
105、十二日丁丑、筑紫太宰屋恒王有レ罪、流二於土左一、
本条の内容は「紀」と変はらないが、「本紀」は「大宰」を点線のやうに記し、また「屋垣王」を二重線のやうに記してゐる。
106、十三日戊寅、賜二百寮及蕃客物一有レ差、
本条は「紀」と殆ど変はらないが、「紀」が「禄」としてゐるところを波線に変へてゐる。
107、冬十月乙亥朔、置酒宴二群臣一、
108、三日丁酉、奠二幣帛於新嘗諸神一、
本条は「紀」が「相新嘗諸神祇」としてゐるところを二重線としてゐる。
109、十日甲辰、遣二使新羅一、以二大乙上物部麻呂一為二大使一、大乙中山背百足為二副使一、
本条は「紀」と殆ど変はらないが、「小使」を波線に変へてゐる。
110、十一月乙丑朔、以二新嘗事一不レ告レ朔、
111、三日丁卯、新羅遣レ使貢調、請レ政、粛慎人従レ之来

朝、

本条は「紀」の省略文であり、「紀」が「是月」として記してゐる粛慎の来朝記事を続けて記してゐる。

112、十九日癸未、詔二近京諸国一放生、

113、二十日甲申、遣二使諸国一、講二金光明経仁王経一、

本条は「四方」と「説」を太線とする以外「紀」と変はらない。

114、二十三日丁亥、高麗朝貢、

本条は「紀」の省略文である。

115、是歳、将レ都二新城一、不レ果、

本条は「紀」の趣意文である。

116、五年丁丑、春正月十七日庚辰、射二于南門一、

本条は「紀」と変はらないが、「本紀」は、

自レ是以後、本書比年書二十七日射一、其為二恒例一明矣、故不レ書、

の註記をしてゐる。

117、二月癸巳朔、物部麻呂還レ自二新羅一、

本条は「至」を点線にする以外「紀」と変はらない。

118、是月、勅二山背一営二賀茂神宮一、

本条は「紀」に見えない記事であり、「本紀」は、

勅以下、年中行事引二右官史記一、

の註記をしてゐる。

119、夏四月十一日壬寅、村田名倉坐レ指二斥乗輿一、流二於伊豆島一、

本条は「紀」と変はらない記事であるが、「紀」が「栈田史名倉」としてゐるところを二重線のやうに「村田名倉」としたのは「本紀」の誤記としなければならない。

120、五月壬戌朔、不レ告レ朔、

本条は「紀」と変はらないが「本紀」は、

本書不レ記二其故一、

と註記してゐる。

121、七日戊辰、新羅人漂二著血鹿島一、

本条は「紀」の省略文である。

122、是月、旱、京畿雩、

本条は「紀」の省略文である。

123、六月十四日乙巳、地大震、
本条は「紀」の趣意文である。
124、是月、詔二東漢直等一曰、汝等族類、嘗犯二七罪一、自二小墾田朝一至二近江朝一、毎議二其事一、朕今将三覈下汝等罪状上、以処二刑法一、而不レ忍三尽滅二其門一、故降二大恩一以原レ之、自レ今而後、若有二犯者一、必罰無レ赦、
本条は「紀」の趣意文であるが、「紀」の「党族」を太線に、「不可」を二重線に、「小墾田御世」の「御世」を点線に変更してゐる。
125、秋八月十五日乙巳、設二斎於飛鳥寺一、読二大蔵経一、天皇御二寺南門一、礼二三宝一、豫詔二親王諸王及群卿一、各賜二度者一人一、
本条の前半は変はらないが、後半は「紀」の趣意文となつてゐる。なほ波線の「秋」は、「本紀」が七月条の記事を略したところより付けたものである。
126、二十八日戊午、耽羅王遣二其子都羅一朝貢、
本条は「紀」と殆ど変はらない。
127、冬十月十四日癸卯、以二内小錦上河辺百枝一為二民部卿一、内大錦下丹比麻呂為二摂津職大夫一、
本条は「紀」と殆ど変はらない。
128、十一月己未朔、雨不レ告レ朔、筑紫太宰献二赤烏一、太宰府諸司、及本郡郡司、賜レ物進レ爵有レ差、其獲二赤烏一人、賜二爵五級一、郡中百姓、給二復一歳一、大二赦天下一、
本条の前半は「紀」と変はらないが、後半は「紀」の要約である。
129、十二月己丑朔、雪不レ告レ朔、
130、六年戊寅、春将レ祭二天神地祇一、使二天下悉祓一、起二斎宮於倉梯河上一、
本条は「紀」の要約である。
131、夏四月七日癸巳、将レ幸二斎宮一、会二十市皇女薨一、事遂寝、
本条は「紀」の趣意文である。なほ二重線の部分は四月丁亥朔の文を借用してゐる。
132、十三日己亥、震二新宮西庁一、
本条の二重線の「震」にしてゐるところは「紀」で

は「霹靂」となつてゐる。「本紀」がそれを「震」とした理由は不明であるが、「霹靂」は落雷のことであり、「本紀」の誤解とするべきであらう。

133、十四日庚子、車駕臨二十市皇女葬一、

本条は「紀」の趣意文である。

134、秋九月、忍海能麻呂献二瑞稲一、赦二徒罪以下一、

本条は「紀」と殆ど変はらない。

135、冬十月甲申朔、有レ物如レ綿降二于難波一、時人謂二之甘露一、

本条は「紀」の省略文である。

136、二十六日己酉、詔定二文武官考績進階之制一、

本条は「紀」の趣意文である。

137、十二月二十七日己卯、臘子鳥群飛蔽レ天、

本条は「紀」の省略文である。

138、是月、筑紫大震、民屋多倒、

本条は「紀」の趣意文である。

139、七年己卯、春二月壬子朔、高麗貢調、

本条は「紀」の省略文である。なほ「春」は「本紀」が正月条を略したところより記したものである。

140、四日乙卯、将二以下辛巳歳上大閲一、詔二親王諸臣及百寮一、豫畜二養兵馬一、

本条は「紀」の趣意文である。

141、是月、大賑二窮民一、

本条は「紀」の趣意文である。

142、三月七日丁亥、行二幸越智一、謁二後岡本天皇陵一、

本条は「紀」と殆ど変はらない。

143、二十二日壬寅、賜二貧乏僧尼綿布一、

本条は「紀」と殆ど変はらない。

144、夏五月五日甲申、行二幸吉野宮一、

本条は「紀」と殆ど変はらない。なほ「夏」は「本紀」が四月条を略したところより記したものである。

145、六日乙酉、天皇與二皇后諸皇子一盟、

本条は「紀」の趣意文である。

146、七日丙戌、車駕還レ宮、

147、六月庚戌朔雨レ雹、

本条は「紀」の趣意文である。

148、二十三日壬申、雩、
149、秋七月六日甲申、又雩、
本条は「紀」と殆ど変はらない。
150、八月己酉朔、詔二諸氏一貢レ女、
本条は「紀」と殆ど変はらない。
151、十一日己未、行二幸泊瀬一、宴二于迹驚淵上一、先レ是、詔王卿騎乗之外、別養二細馬一、至レ是観二其馳駆於迹見駅一、
本条の前半は「紀」と殆ど変はらないが、後半は「紀」の趣意文となつてゐる。
152、二十二日庚午、縵忍勝献二嘉禾一、
153、冬十月二日己酉、詔曰、朕聞頃日暴悪者多在二里巷一、或容忍不レ治、或蔽匿不レ正、是王卿等之過也、自レ今以後、厳加二促搦一、勿レ有二倦怠一、
本条は「紀」の要約・趣意文である。
154、十一日戊午、地震、
155、十七日甲子、新羅貢調、
本条は「紀」の趣意文である。
156、十一月十四日庚寅、地震、
157、二十三日己亥、以二大乙下倭馬飼部連一為二大使一、小乙下上光欠為二小使一、遣二多禰島一、各賜二爵一級一、
本条は「紀」と殆ど変はらない。
158、是月、始置二龍田山大江山二関一、築二羅城於難波一、
本条は「紀」と殆ど変はらないが、二重線の部分は新訂増補国史大系本では「大坂山」となつてゐる。
159、十二月二日戊申、以二嘉禾瑞一、賜二親王諸臣百寮物一、各有レ差、赦二大辟以下一、
本条は「紀」の趣意文である。
160、是歳、紀伊献レ芝、因幡献二瑞稲一、
本条は「紀」の要約文である。
161、八年庚辰、春正月八日甲申、天皇御二向小殿一、宴二王卿於大殿庭一、
本条は「紀」と殆ど変はらない。
162、二十日丙申、摂津言、活田村桃李実、
本条は「紀」と殆ど変はらない。
163、二月十八日癸亥、東方有レ声、如レ鼓、

本条は「紀」の趣意文である。

164、二十六日辛未、有レ人献二獣角一、角上有レ肉、時人以為二麟角一、

本条は「紀」の趣意文であるが、二重線の部分は「鹿角」とあるのを「紀」の内容に基づき訂正したものである。

165、三月十日乙酉、摂津献二白巫鳥一、

本条は「貢」を点線に変へる以外「紀」と変はらない。

166、二十三日戊戌、行二幸菟田吾城一、

本条は「紀」と殆ど変はらない。

167、夏四月十一日乙卯、橘寺火、

本条は「紀」の趣意文である。

168、五月乙亥朔、敕賜二京内二十四寺絁綿糸布一、各有レ差、

本条は「施」を点線に変へる以外「紀」と変はらない。

169、是日、始講二金光明経於宮中及諸寺一、

本条は「説」及び「于」を点線に変へる以外「紀」と変はらない。

170、十三日丁亥、高麗朝貢、

本条は「紀」の省略文である。

171、六月八日辛亥、雨レ灰、

本条は「紀」の「灰零」を二重線に変へたものである。

172、秋七月五日戊寅、臨二犬養大伴家一、問二其疾一、

本条は「紀」の「幸」を点線に、「臨病」を二重線に変へたものである。

173、是日、雩、

174、十日癸未、有二朱雀一、集二于南門一、

本条は「紀」と殆ど変はらない。

175、八月五日丁未、法官献二嘉禾一、大水、

本条は「貢」を点線に変へる以外「紀」と殆ど変はらない。

176、十四日丙辰、大風折レ樹発レ屋、

本条は「木破」を点線に変へる以外「紀」と変はらない。

177、九月九日辛巳、行㆓幸朝嬬㆒、観㆓大山位以下馬於長柄㆒、因命㆓騎射㆒、
本条「紀」の要約である。
178、二十三日乙未、地震、
本条「紀」と変はらない。
179、冬十月四日乙巳、賑㆓給京内僧尼百姓貧乏者絁綿布㆒、有㆑差、
本条「紀」の省略文である。
180、十一月壬申朔、日有㆑食㆑之、
本条「紀」の「日蝕之」を二重線に変へてゐる。
181、三日甲戌、夜東方明、戊至㆑子、
本条「紀」と殆ど変はらない。
182、七日戊寅、詔㆓百官㆒、凡有㆘利㆓国家㆒、済㆓百姓㆒之術㆖者、詣㆑闕聞奏、
本条「親申」を二重線に変へた以外「紀」と殆ど変はらないが、詔の後半は略してゐる。
183、十日辛巳、雷、
本条「紀」の要約である。

184、十二日癸未、以㆓皇后不豫㆒、為創㆓薬師寺㆒、度㆓一百僧㆒、赦㆑囚、
本条「紀」の省略文である。
185、二十四日乙未、新羅貢調、
本条「紀」の省略文である。
186、二十六日丁酉、天皇不豫、度㆓一百僧㆒、尋愈、
本条「紀」の「病之」を二重線とする以外「紀」と殆ど変はらない。
187、辛丑晦、臘子鳥群飛蔽㆑天、
本条「紀」の趣意文である。
188、九年辛巳、春正月二日壬申、奠㆓幣諸神祇㆒、
本条「紀」と殆ど変はらない。
189、七日丁丑、天皇御㆓向小殿㆒、会㆓親王諸王於内安殿、諸臣於外安殿㆒、置酒張㆑楽、
本条「紀」の趣意文である。
190、十九日己丑、詔㆓畿内及諸国㆒、繕㆓修神社㆒、
本条は「紀」の要約である。
191、二月二十五日甲子、天皇與㆓皇后㆒御㆓大極殿㆒、詔㆓

親王諸王群臣一曰、朕方欲三定下律令上、改二法式一、卿等宜三共修二是事一、然頓就二是務一、恐公事有レ闕、宜二分レ人為レ之、

本条は「紀」の趣意文である。

192、是日、立二草壁皇子一為二皇太子一、摂二万機一、

193、三月十七日丙戌、天皇御二大極殿一、詔二川島皇子、忍壁皇子、広瀬王、竹田王、桑田王、三野王、大錦下上毛野三千、小錦中忌部首、小錦下阿曇稲敷、難波大形、大山上中臣大島、大山下平群子首一、撰二帝紀及上古事一、

本条は「記定」を点線にする以外「紀」と殆ど変はらない。

194、二十一日庚寅、地震、

195、夏四月三日辛丑、設二禁式九十二条一、定二親王至下庶人上服色制度一、

本条の前半は「立」を点線に変へる以外「紀」と変はらないが、後半は「紀」の趣意文である。

196、五月十一日己卯、祭二皇祖御魂一、

197、是日、詔曰、頃者百寮、彙二縁宮人一、私為二請託一、納レ賄結レ好、執レ礼過レ卑、自レ今以後、有二如レ此者一、随レ事罪レ之、

本条は「紀」の趣意文であるが、「自レ今以後」は「紀」と殆ど変はらない。

198、六月十七日乙卯、雩、

199、二十四日壬戌、地震、

200、秋七月戊辰朔、朱雀見、

201、四日辛未、以二小錦下釆女筑羅一為二大使一、当摩楯為二小使一、遣二於新羅一、小錦下佐伯広足為二大使一、小墾田麻呂為二小使一、遣二於高麗一、

本条は「紀」と殆ど変はらない。

202、丁酉晦、赦二天下一、大祓、国造等各出二祓柱奴婢一口一、

本条は「紀」の「悉大解除」とあるところを二重線に変へる以外殆ど変はらない。

203、八月十日丙子、詔、三韓投化民鬻復二十年一、今期限既過、其始至者之子孫、並免二課役一、

本条は「紀」の要約趣意文である。

204、十六日壬午、伊勢献二白茅鴟一、

本条は「紀」の「貢」を点線に変へる以外変はらない。

205、二十日丙戌、遣多禰島使帰、献二其地図一、

本条は「紀」の趣意文であり、「貢」を点線に変へてゐる。

206、九月五日辛丑、周芳献二赤亀一、放二之島宮池一、

本条は「紀」の「貢」を点線に変へる以外殆ど変はらない。

207、八日甲辰、勅凡諸氏有二氏上未レ定者一、各定レ之、申二送于理官一、

本条は「紀」と殆ど変はらない。

208、十六日壬子、彗星見、

209、十七日癸丑、熒惑入レ月、

210、冬十月丙寅朔、日有レ食レ之、

本条は180条と同じく「紀」の「日蝕之」を二重線に変へてゐる。

211、六日癸未、地震、

212、二十日乙酉、新羅貢調、

本条は「紀」の省略文である。

213、二十五日庚寅、詔二大山以下小建以上一、各陳二意見一、

214、是月、広瀬野行宮成、

本条は「紀」の要約・省略文である。

215、十一月二日丁酉、地震、

216、十年壬午、春正月十九日癸丑、地動、

217、三月甲午朔、使三小紫三野王、及宮内官大夫等、相二新城地一、

本条は「紀」の趣意文である。

218、七日庚子、地震、

219、十三日丙午、勅二境部石積等一造二新字四十四巻一、

本条は「紀」と殆ど変はらない。

220、十六日己酉、行二幸新城一、

本条は「紀」と殆ど変はらない。

221、二十八日辛酉、詔停三諸王諸臣著二位冠一、又詔停二親王以下食封一、悉納二之官一、

本条は「紀」の趣意文である。

222、夏四月二十一日癸未、筑紫太宰丹比島等献二大鍾一、

本条は「紀」の「貢」を点線に変える以外変はらない。

223、二十二日甲申、越蝦夷伊高岐那等請三以下俘戸七千上、別置二一郡一、奏可、

本条は「紀」の趣意文であるが、二重線の部分は「乃聴之」を変更したものである。また「本紀」は「七千」に、

本書一本七千作二七十一

と註記してゐる。

224、二十三日乙酉、詔令二男女悉結レ髪、

本条は「紀」と殆ど変はらない。

225、五月十六日戊申、佐伯広足等還レ自二高麗一、

本条は「紀」の趣意文である。

226、六月壬戌朔、高麗朝貢、

本条は「紀」の省略文である。

227、秋七月三日甲午、隼人来貢二方物一、使二大隅隼人與下阿多隼人上相撲一、

本条は「紀」と殆ど変はらない。

228、十七日戊申、地震、

229、二十七日戊午、信濃吉備並言、隕レ霜大風、五穀不レ登、

本条は「降」を点線にする以外「紀」と変はらない。

230、八月壬戌朔、敕二親王以下群臣一、各陳二法式可レ施下於時上者一、

本条は「紀」の趣意文である。

231、三日甲子、昏有二大星一、自レ東流二于西一、

本条は「度」を点線に変更する以外「紀」と殆ど変はらない。

232、五日丙寅、定二法令一、殿内虹見、

本条は「紀」の趣意文である。

233、十一日壬申、空中有レ物如レ幡、火色北流、諸国皆見、

本条は「紀」と殆ど変はらない。

234、是日、白気起二於東山一、

235、十二日癸酉、地大動、

本条は「大地動」を太線に変へてゐる。

236、十七日戊寅、地震、

本条は「亦」を省略してゐる。

237、是日、平坦虹見㆓中天㆒、

本条は「天中央」を二重線に変更した要約である。

238、二十二日癸未、定㆓礼儀言語之制㆒、詔曰、凡応㆓考選㆒者、審㆓検其族姓景迹㆒、而後考㆑之、若族姓未㆑明者、雖㆑有㆓行能㆒不㆑在㆓考選之例㆒、

本条は「紀」の趣意文であり、「一色」を二重線に変へてゐる。

239、二十八日己丑、以㆓日高皇女疾㆒、赦㆓大辟以下男女一百九十八人㆒、

本条は「病」を点線にする以外「紀」と殆ど変はらない。

240、庚寅晦、度㆓僧一百四十余人於大官大寺㆒、

本条は「出家」を二重線に変更してゐる。

241、九月二日壬辰、勅自㆑今以後、停㆓跪礼匍匐礼㆒、更用㆓難波朝廷之立礼㆒、

本条は「紀」と殆ど変はらない。

242、冬十月八日戊辰、大酺、

本条は「餔」を点線に変へるのみである。

243、十一年癸未、春正月二日庚寅、百寮拝朝、筑紫太宰丹比島献㆓三足雀㆒、

本条は「貢」を点線に変へるのみでほぼ変はらない。

244、七日乙未、宴㆓親王以下群臣于大極殿㆒、観㆑雀、

本条は「紀」の「群卿」を二重線に変へ、また「示」を点線に変へてゐるのみである。が、「本紀」が二重線に変へたのは「紀」の「示㆓于群臣㆒」に基づいて記したものと考へられる。

245、十八日丙午、詔曰、朕聞行㆑政之理協㆓于天㆒、則祥瑞応㆑之、朕登㆓鴻祚㆒以来、瑞荐臻、一則以懼、一則以喜、当㆔与㆘天下㆖共享㆓斯慶㆒、小建以上賜㆑物有㆑差、赦㆓大辟以下㆒、免㆓百姓課役㆒、

本条は「紀」の意訳文である。

246、是日、奏㆓小墾田舞及三韓楽於殿前㆒、

本条は「紀」と殆ど変はらないが、「高麗。百済。

新羅三国」を波線とし、「庭中」を二重線に変更してゐる。

247、二月乙未朔、詔二大津皇子一、始聴二朝政一、

本条は「詔」を加へる以外「紀」と変はらない。

248、夏四月十五日壬申、詔用二銅銭一、

本条は「紀」の省略文である。

249、是夏、始召二僧尼一安二居于宮中一、

本条は「紀」の「請」を点線に変へるのみである。但し「紀」が宮中に続けて記してゐる出家記事は略してゐる。

250、秋七月四日己丑、臨二鏡姫王第一問レ疾、

本条は「紀」の「幸」「家」をそれぞれ点線のやうに「臨」「第」と変へるとともに「訊レ病」を二重線のやうに「問レ疾」としてゐる。

251、十五日庚子、雩、

252、十八日癸卯、車駕巡二幸京師一、

本条は「天皇」を波線に変へる以外変はらない。

253、八月五日庚申、大赦二天下一、

254、是月、以二久不一レ雨、使二百済僧道蔵祈レ之、

本条は「紀」の趣意文である。

255、九月二日丙戌、大風、

256、冬十月十三日丁卯、猟二倉梯一、

257、十一月四日丁亥、詔二諸国一習二陣法一、

258、十三日丙申、新羅貢調、

本条は「紀」の趣意文である。

259、十二月十三日丙寅、遣二五位伊勢王、大錦下羽田八国、小錦下多品治、中臣大島、及判官録史工匠一、巡二行天下一、定二諸国疆域一、

本条は「紀」の趣意文である。

260、十七日庚午、詔曰、凡文武官及畿内有位者、当二以下四孟月上朝参一、若嬰レ疾不レ朝者、官司具記、以送二法官一、

本条は「紀」の趣意文である。

261、天皇欲レ建二都於難波一、詔二百寮一各就択二宅地一、

本条は「紀」の趣意文である。

262、十二年甲申、春正月二十三日丙午、天皇御二東庭一、

召二善射者及朱儒左右舎人等一射、

本条は「能射人」を波線に変へる以外変はらない。

263、二月二十八日庚辰、遣二浄広肆広瀬王、小錦中大伴安麻呂、及判官録事陰陽師工匠等於畿内、三野王、小錦下采女筑羅等於信濃一、相二建都地一、

本条は「紀」と殆ど変はらないが、「令レ看二地形一。」を二重線に変へてゐる。

264、三月九日辛卯、車駕巡二行京師一、定二宮室之地一、

本条に「紀」と殆ど変はらない。

265、夏四月五日丙辰、赦二徒罪以下囚一、

本条は「囚」を加へる以外変はらない。

266、二十日辛未、遣二使新羅一、小錦下高向麻呂為二大使一、小山下都努牛飼為二小使一、

本条は「紀」と殆ど変はらない。

267、閏月五日丙戌、詔令三百寮肆二進止威儀一、又詔曰、凡政之要在二軍事一、文武官務習二武芸一、其兵馬器械、儲蓄勿レ闕、有レ馬者為二騎士一、無レ馬者為二歩卒一、朕当二以レ時検閲一、若忤二詔旨一、習練不レ精者、親王以下至二諸臣一必罰、大山以下、当レ罰罰レ之、当レ杖杖レ之、其勤習精練者、雖二死罪一減二二等一、但恃二己才一而故犯者、不レ在二赦例一、

本条は「紀」の要約・趣意文である。

268、十一日壬辰、三野王等献二信濃国図一、

本条は「紀」と殆ど変はらない。

269、十六日丁酉、設二斎宮中一、因赦二有罪舎人等一、

270、五月十四日甲子、安二置百済帰化僧俗男女二十三人於武蔵一、

本条は「紀」と殆ど変はらない。

271、二十八日戊寅、遣二使高麗一、三輪引田難波麻呂為二大使一、桑原人足為二小使一、

本条は「紀」と殆ど変はらない。

272、六月四日甲申、雩、

273、秋七月四日癸丑、行二幸広瀬一、

本条は「紀」と殆ど変はらない。

274、二十三日壬申、彗星見二西北一、

本条は「紀」と殆ど変はらない。

275、冬十月己卯朔、詔改二天下諸氏族姓一、定為二八等一、
本条は「紀」の趣意文である。

276、三日辛巳、遣二伊勢王等一定二諸国疆域一、
本条は「紀」と殆ど変はらない。

277、是日、遣二使耽羅一、県犬養手繦為二大使一、川原加尼為二小使一、
本条は「紀」と殆ど変はらない。

278、十四日壬辰、京師諸国地大震、山崩川溢、人畜多死、伊予温泉壅、土左田圃五十余万頃陥為レ海、是夜、東方有レ声如レ鼓、伊豆島西北海中自成二一島一、長三百余丈、
本条は「紀」の趣意文である。

279、十一月三日庚戌、土左国司謂、海潮暴溢、貢運船多没、
本条は「紀」の要約である。

280、二十一日戊辰、隕二星于東北一、七、
本条は「紀」の趣意文である。

281、二十三日庚午、酉時、隕二星于東方一、大如レ盆、戌時、星隕如レ雨、
本条は「紀」の趣意文である。但し「本紀」は「庚午」について、

水鏡係二明年十月一、

と註記してゐる。

282、是月、有レ星孛二于昴一、
本条は「紀」の要約である。

283、十二月六日癸未、新羅送二入唐学生土師甥、白猪宝然、及百済之役没レ唐者、猪使子首、筑紫三宅得許一至二筑紫一、
本条は「紀」の要約である。

284、十三日庚寅、赦二死刑以下囚一、
本条は「紀」と殆ど変はらない。なほ「本紀」は、

水鏡、元亨釈書並曰、是冬、天皇不豫、皇太子奉レ敕率二百官一禱二大官大寺一、天皇感レ夢而愈、

との註記をしてゐる。

285、是歳、詔伊賀伊勢美濃尾張四国調役、自レ今以後、易レ歳而免レ之、倭言葛城下郡生二四足鶏一、丹波言氷上

郡生㆓十二角犢㆒、

本条は「紀」と殆ど変はらない。

286、十三年乙酉、春正月二日戊申、百寮拝朝、

本条は「紀」と殆ど変はらない。

287、二十一日丁卯、改㆓爵位号㆒、増㆓加階級㆒、諸王以上十二階、諸臣四十八階、

本条は「紀」の要約である。

288、是日、授㆓皇太子浄広壱、大津皇子浄大弐、高市皇子浄広弐、川島皇子忍壁皇子並浄大参㆒、諸王諸臣進㆓爵位㆒各有㆑差、

本条は草壁皇子を二重線とする以外殆ど「紀」と変はらない。

289、二月四日庚辰、賜㆓唐人百済人高麗人一百四十七人爵位㆒、

290、三月、信濃、雨㆑灰、草木皆枯、

本条は「紀」と殆ど変はらない。

291、夏四月四日己卯、紀伊言牟婁温泉壅、

本条は「紀」と殆ど変はらないが、「没而不㆑出也」を波線に変へてゐる。

292、五月五日庚戌、射㆓於南門㆒、車駕行㆓幸飛鳥寺㆒、

本条は「紀」と殆ど変はらない。

293、二十六日辛未、高向麻呂・都努牛飼等還㆑自㆓新羅㆒、

本条は「至」を点線とする以外「紀」と変はらない。

294、秋七月二十六日庚午、定㆓明位以下進位以上朝服色㆒、

295、二十七日辛未、詔免㆓東山道美濃以東東海道伊勢以東諸国有位者課役㆒、

296、八月十二日乙酉、行㆓幸浄土寺㆒、

本条は「紀」と殆ど変はらない。

297、十三日丙戌、行㆓幸川原寺㆒、賜㆓衆僧稲㆒、

本条は「施」を点線とする以外「紀」と変はらない。

298、二十日癸巳、県犬養手繦等還㆑自㆓耽羅㆒、

本条は「紀」の趣意文であるが、二重線の人名を補つてゐる。

299、九月九日壬子、宴㆓於旧宮安殿庭㆒、

本条は「紀」と殆ど変はらない。

300、是日、賜㆓皇太子以下諸皇子布㆒、各有㆑差、

本条は「紀」が「至二于忍壁皇子一」とするのを二重線に変へてゐる。

301、十日癸丑、始奉二神宝於伊勢両大神宮一、

本条は「紀」に見られない記事である。

302、十一日甲寅、分二遣宮処王、広瀬王、難波王、竹田王、弥努王於京畿一、検二民間兵器一、

本条は「紀」の趣意文である。

303、十五日戊午、遣二直広肆都努牛飼于東海、石川虫名于東山、佐味少麻呂于山陽、巨勢粟持于山陰、直広参路迹見于南海、直広肆佐伯広足于筑紫一、各副以二判官一人、史一人一、巡二省風俗一、問二察国司郡司治状一、

本条は「紀」の趣意文である。

304、十八日辛酉、御二大安殿一、召二王卿一、博二戯殿前一、

本条は「紀」と殆ど変はらない。

305、十九日壬戌、賜二皇太子及王卿等四十八人羆皮山羊皮一、各有レ差、

本条は「紀」と殆ど変はらない。

306、二十日癸亥、三輪引田難波麻呂等還レ自二高麗一、

本条は「紀」の趣意文であり、二重線の人名を補つてゐるが、この点については第二節に於いて述べることとしよう。

307、二十四日丁卯、天皇不豫、誦二経於大官川原飛鳥三寺一三日、賜レ稲有レ差、

本条は「紀」と殆ど変はらないが、「納」を点線に変更してゐる。

308、冬十月、将レ幸二于東間温泉一、

本条は「紀」では次条に続けて、

蓋擬幸二束間温湯一歟。

と記してゐるものを「是月」として独立して記したものであるが、その意図は不明である。

309、十日壬午、遣二軽部足瀬、高田新家、荒田尾麻呂於信濃一、造二行宮一、

本条は「紀」と殆ど変はらない。

310、十二日甲申、令三浄大肆泊瀬王、直広肆巨勢馬飼等監二掌畿内役一、

本条は「紀」の趣意文である。

311、十七日己丑、遣二伊勢王等於東国一、

本条は「紀」と殆ど変はらない。

312、十一月二日甲辰、輸二鉄一万斤於周芳総領所一、又輸二鉄一万斤、箭幹二千連及絁糸布於筑紫太宰一、以充二儲峙一、

本条は「紀」の要約である。

313、四日丙午、詔禁三諸国大角小角鼓吹幡旗弩抛類蔵二私家一、咸収入二郡廨一、

本条は「紀」と殆ど変はらない。

314、六日戊申、行二幸白錦後苑一、

本条は「紀」と殆ど変はらない。

315、二十七日己巳、新羅遣レ使貢献請レ政、

本条は「紀」の省略文である。

316、十二月十日辛巳、地震、

本条は「紀」の省略文である。

317、朱鳥元年丙戌、春正月二日癸卯、御二大極殿一、賜二宴王卿一、

本条は「紀」と殆ど変はらない。

318、九日庚戌、召二三綱律師及大官大寺知事佐官僧一、飯二于宮中一、

本条は「紀」の要約である。

309、十四日乙卯、難波宮火、

本条は「紀」の趣意文である。

320、十六日丁巳、御二大安殿一、宴二諸王卿一、賜二絁綿布一有レ差、

本条は「紀」と殆ど変はらない。

321、十七日戊午、宴二于後宮一、

322、十八日己未、大酺、

323、是日、御二御窟殿一、賜二倡優及歌謡者物一有レ差、

本条は「紀」と殆ど変はらない。

324、十九日庚申、地震、

325、二月五日乙亥、授二国司有レ功者九人勤位一、

326、三月十日庚戌雪、

327、夏四月十九日戊子、新羅貢調、

本条は「紀」と殆ど変はらない。

328、五月二十四日癸亥、天皇不豫、説二薬師経于川原寺一、

安二居于宮中一以禱焉、
本条は「紀」と殆ど変はらないが、波線を加へてゐる。
329、是月、大二赦天下一、
330、六月二日庚午、授二工匠陰陽師侍医入唐学生等三十四人爵位一、
本条は「紀」と殆ど変はらない。
331、七日乙亥、加二諸司有レ功者二十八人爵位一、
本条は「紀」と殆ど変はらない。
332、十日戊寅、卜二天皇疾一、草薙剣為レ祟、因還二納於尾張熱田社一、
本条は「紀」の趣意文である。
333、十二日庚辰、雩、
334、十六日甲申、遣二伊勢王等于飛鳥寺一、禱レ病、
本条は「紀」の趣意文である。
335、十九日丁亥、遣二百官于川原寺一、然燈供養、設二大斎一悔過、
本条は「紀」の要約である。
336、秋七月三日辛丑、詔二諸国一大祓、
本条は「紀」の「大解除」を点線に変へるのみである。
337、四日壬寅、減二天下戸調之半一、徭役悉蠲、
本条は「紀」と殆ど変はらない。
338、五日癸卯、奉二幣於国懸飛鳥住吉一、
本条は「紀」の省略文である。
339、八日丙午、召二一百僧於宮中一、読二金光明経一、
本条は「紀」と殆ど変はらない。
340、十日戊申、民部省災、
本条は「紀」趣意文である。
341、十五日癸丑、詔天下事無二大小一、悉啓二皇后及皇太子一、
本条は「紀」と殆ど変はらない。
342、是日、大赦、
343、十九日丁巳、詔天下貧民逋負、在二乙酉年十二月三十日以前一者、不レ問二公私一、一切蠲除、
本条は「紀」の趣意文である。

344、二十日戊午、建二元朱鳥一、因名レ宮曰二飛鳥淨見原宮一、

本条は「紀」と殆ど変はらない。

345、二十八日丙寅、度二浄行者七十人一、設二斎於見窟院一、

本条は「紀」の「出家」を点線に変へるのみである。

346、是月、諸王群臣造二観世音像一、説二観世音経於大官大寺一、以禱二天皇疾一、

本条は「紀」と変はらないが、二重線の部分を付け加へてゐる。

347、八月己巳朔、度二八十人一、

本条は「僧」を点線の「人」と変へる以外「紀」と同じである。

348、二日庚午、度二男女一百人一、安二百菩薩像於宮中一、読二観世音経二百巻一、

本条は「僧尼」「坐」をそれぞれ点線に変へる以外「紀」と殆ど変はらない。

349、九日丁丑、禱二天皇疾於神祇一、

本条は「紀」の趣意文である。

350、十三日辛巳、遣二秦石勝一、奉二幣於土左大神一、

351、九月九日丙午、天皇崩二于正殿一、

本条は「紀」の趣意文であるが、「本紀」は、

　本書享年闕。一代要記、皇胤紹運録並曰、寿六十五、

と註記してゐる。

352、二十四日辛酉、殯二于南庭一、葬二大内陵一、

本条の前半は「紀」と変はらないが、後半の二重線の部分は持統天皇紀元年十月壬子条により記されてゐる。また「本紀」は、

　延喜式曰、檜隈大内陵。

の註記をしてゐる。

353、追謚曰二天武天皇一、

本条は「本紀」の通例により天皇の漢風謚号を記したものである。

第四十一節　持統天皇本紀

1、持統天皇、小名鸕野讃良皇女、天智帝第二女也、母遠智娘、

本条は「紀」の省略文である。先帝を漢風諡号で記してゐることは従前の通りである。

2、斉明帝三年、為二天武帝妃一、

本条は「紀」の省略文である。

3、為レ人深沈有二大度一、節倹好レ礼、有二母儀徳一、

本条は天皇の性格を記した部分であり「紀」の要約である。

4、天智帝四年十月、従二天武帝一入二吉野一、及二帝挙レ兵、毎與定二謀議一、

本条は「紀」の要約である。

5、帝即レ位、立為二皇后一、毎議二政事一、多レ所二毗輔一、

本条は「紀」の要約である。

6、朱鳥元年、帝疾劇、勅二天皇及皇太子一、同決二機務一、

本条は天武天皇紀朱鳥元年七月癸丑条の趣意文である。

7、九月、帝崩、天皇臨レ朝称レ制、

本条は「紀」の「皇后」を二重線に変へるのみで「崩」以下変はらない。

8、冬十月二日己巳、大津皇子謀反発覚、勅捕二大津及其党三十余人一、

本条は「紀」の要約である。

9、三日庚午、大津皇子賜レ死、

本条は「紀」の省略文である。

10、丙申晦、詔曰、皇子大津謀反、今已伏レ誅、其被二詿誤一吏民、咸悉赦レ之、唯礪杵道作流二于伊豆一、又詔、新羅沙門行心與二皇子大津一謀反、不レ忍レ加レ法、徙二飛驒伽藍一、

本条は「紀」の趣意要約文である。

11、十一月十七日癸丑、地震、

本条は「紀」と変はらない（以下同文の場合は註記を

略す）。

12、十二月十九日乙酉、為二大行天皇一設二無遮大会於大官、飛鳥、川原、小墾田豊浦、坂田諸寺一、

本条の二重線の部分は「紀」では「天渟中原瀛真人天皇」となつてゐるところである。「本紀」はこれを二重線に変へてゐるのである。また波線の部分は「紀」では寺名の前に「五寺」として、大官大寺以下を挙げてゐるのであるが、「本紀」は末に「諸寺」と変更したのである。

13、二十六日壬辰、賜二京師高年孤独布帛一、各有レ差、

本条は「高年」と「孤独」の順を変へる以外変はらない。

14、閏月、筑紫太宰、献二三韓男女僧尼六十二人一、

本条は「三国」を二重線とし高麗以下の国名及び「百姓」を略す以外変はらない。なは太線の「太」は「大」と通用されるもので「本紀」は「太」を用ゐてゐる。

15、是歳、蛇犬相交而死、

本条は「紀」の省略文である。

16、元年丁亥、

『大日本史』は天皇即位の年を以て元年とするのが原則（例へば天智天皇七年を元年としてゐるやうに）であり、それよりすれば、即位年である四年庚寅年を元年とすべきである。しかるに「本紀」は「紀」の通りに丁亥年を元年としてゐる。

17、春正月丙寅朔、皇太子率二公卿百寮一、詣二殯宮一挙レ哀、

本条は「紀」の趣意文である。

18、五日庚午、復如レ之、

本条は前条と同様の内容であるところより「復如レ之」としたものである。

19、十五日庚辰、賜二京師年八十以上、及篤癃貧不レ能下自存上者絁綿一、各有レ差、

本条は「紀」と殆ど変はらないが、二重線の部分は新訂増補国史大系本では「緜」となつてゐる。

20、十九日甲申、遣二直広肆田中法麻呂、追大弐守刈田等於新羅一、赴二大喪一、

本条は「紀」と殆ど変らない。

21、三月十五日己卯、置二高麗投化者五十六人於常陸一、

本条は「紀」の趣意文である。

22、二十二日丙戌、置二新羅投化者十四人於下毛野一、

本条は「紀」の趣意文である。

23、夏四月十日癸卯、置二筑紫太宰所レ献新羅投化者二十二人於武蔵一、

本条は「紀」の趣意文である。

24、五月二十二日乙酉、皇太子率二公卿百僚一、挙二哀於殯宮一、隼人大隅阿多魁帥各領二其衆一奉レ誄、

本条は「紀」の趣意文である。

25、六月二十八日庚申、赦、

本条は「紀」の趣意文である。

26、秋七月二日甲子、詔曰、凡負債在二乙酉年以前一者、莫レ収レ息、若既役レ身者、勿二量レ息而役一レ之、

本条は「紀」の趣意文であり、太線は「物」を変へたのみであるが、二重線は「利」を変更したものである。

27、九日辛未、賞二賜隼人大隅阿多魁帥等三百三十七人一、各有レ差、

28、八月五日丙申、嘗二于殯宮一、

29、是日、御二青飯一、

二重線の部分は「紀」では「此日」となつてゐる。

30、二十八日己未、以二大行天皇御衣一裁為二袈裟三百一、遣二直大肆藤原大島、黄書大伴於飛鳥寺一、頒二賜三百僧一、

本条は「紀」の趣意文であり、二重線は「御服」を変更したものであり、太線は12条の理由から変更したものである。

31、九月九日庚午、設二国忌斎於京師諸寺一、

32、十日辛未、設二斎殯宮一、

33、二十三日甲申、新羅王遣二其子霜林等一、献二調賦一、請二国政一、

本条は「紀」の要約であるが、二重線の部分は姓の「金」を略してゐる。

34、冬十月二十二日壬子、皇太子率二公卿百寮国司国造

等一、築二大内陵一、

本条は「紀」と殆ど変はらない。

35、十二月三日癸巳、為二天智帝一設二法会於崇福寺一、永為二国忌一、

本条は、

十二月以下、江家次第、公事根源、

と註記してるやうに『公事根源』により記されてゐる。

36、二年戊子、春正月庚申朔、皇太子率二公卿百寮一、挙二哀殯宮一、

本条の二重線の部分は「適二殯宮一而慟哭焉。」を変更したものである。

37、八日丁卯、設二無遮大会于薬師寺一、

本条は「紀」と殆ど変はらない。

38、二月十六日乙巳、詔自レ今以後、国忌日設レ斎、

本条は「紀」の趣意文である。

39、夏六月十一日戊戌、詔天下極刑、減二罪一等一、軽罪悉赦、免二天下今年之調賦之半一、

本条は「紀」の趣意文である。

40、秋七月十一日丁卯、大雩、

本条は「紀」と殆ど変はらない。

41、二十日丙子、命二百済僧道蔵一請レ雨、是日大雨、

本条は「紀」の趣意文である。

42、八月十日丙申、嘗二於殯宮一挙レ哀、

本条は「而慟哭焉」を二重線に変へるのみである。

43、十一日丁酉、命二浄大肆伊勢王一、奉二宣葬儀一、

44、二十五日辛亥、耽羅貢献、

本条は「紀」の省略文である。

45、冬十一月十一日乙丑、葬二天武天皇一、

本条は「紀」の趣意文である。

46、十二月十二日丙申、賜二食蝦夷二百十三人於飛鳥寺一、授レ位賜レ物有レ差、

本条は「紀」の要約であるが、二重線の部分は「冠位」を変更したものである。

47、三年己丑、春正月甲寅朔、御二前殿一、受二朝賀一、

本条は「紀」の趣意文である。

48、二日乙卯、大学寮、献二杖八十一、

本条は「紀」と殆ど変はらない。

49、七日庚申、宴二公卿一、賜二袍袴一、

本条は「紀」と変はらない。但し「本紀」は、

七日節会、是歳至二九年一、本書毎年必書、蓋為二恒式一、故此後不レ書、

と註してゐる。

50、九日壬戌、詔使三出雲国司上二送蕃人遭下風浪上者一、

本条は「紀」と殆ど変はらない。

51、筑紫太宰粟田真人献二隼人一百七十四人一、

本条は「紀」と殆ど変はらない。

52、十六日己巳、饗二百官一、

本条は「紀」の趣意文である。

53、十八日辛未、行二幸吉野宮一、

本条は「紀」と殆ど変はらない。

54、二十一日庚戌、還レ宮、

本条は「紀」の趣意文である。

55、二月二十六日己酉、以二浄広肆竹田王、直広肆土師根麻呂、大宅麻呂、藤原史、務大肆当麻桜井、穂積山守、中臣麻呂、巨勢多益須、大三輪安麻呂一為二判事一、

本条は「紀」と殆ど変はらない。

56、三月二十四日丙子、大二赦天下一、但常赦所レ不レ免、不レ在二赦限一、

本条は「紀」と殆ど変はらないが、「例」を二重線に変へてゐる。

57、夏四月八日庚寅、置二新羅投化者於下毛野一、

本条は「紀」と殆ど変はらない。

58、十三日乙未、皇太子薨、

本条は「紀」の趣意文である。

59、二十日壬寅、新羅遣レ使弔レ喪、

本条は「紀」の要約文である。

60、五月二十二日甲戌、勅二土師根麻呂一、責二新羅失レ礼、部二其貢献一、

本条は「紀」の意訳文である。

61、六月壬午朔、賜二筑紫太宰衣裳一、

62、二日癸未、以二施基皇子、直広肆佐味宿那麻呂、羽田斉、勤広肆伊余部馬飼、調老人、務大参大伴手拍、

巨勢多益須等一、為二撰善言司一、

本条は「紀」と殆ど変はらない。

63、十九日庚子、賜二唐人続守言薩弘恪等稲一、有レ差、

本条は「大唐」の「大」を省き太線の「人」を加へる以外変はらない。

64、二十九日庚戌、班二令二十二巻於諸司一、

本条は「紀」と殆ど変はらない。

65、秋七月十五日丙寅、詔二左右京職及諸国司一築二射場一、

本条は「紀」と殆ど変はらない。

66、二十日辛未、河内人柏原広山、偽称二兵衛一、兵衛生部虎捕レ之、乃流二広山于土左一、授二虎位追広参一、

本条は「紀」と殆ど変はらない。

67、八月二日壬午、百官会二神祇官一、奉二宣天神地祇事一、

68、四日甲申、行二幸吉野宮一、

本条は天皇を略する以外「紀」と変はらない。

69、十六日丙申、摂津武庫海一千歩、紀伊阿提郡那耆野、伊賀伊賀郡身野、各二万頃、置レ吏禁二漁猟一、準二河内大鳥郡高脚海一、

本条は「守護人」を二重線に「准」を太線とする以外「紀」と変はらない。

70、十七日丁酉、賞二賜公卿一有レ差、

71、二十一日辛丑、詔二伊予総領田中法麻呂一、放二讃吉所レ献白燕一、

本条は「紀」と殆ど変はらない。

72、二十三日癸卯、観レ射、

73、閏月十日庚申、詔二諸国司一、以二今年冬一造二戸籍一、因糺二捕浮浪一、限以二九月一、毎国点二其民四分之一一、講二習武事一、

本条は「紀」と殆ど変はらない。

74、九月十日己丑、遣二直広参石上麻呂、直広肆石川虫名等於筑紫一、齎二位記一、且監二新城一、

本条は「紀」と殆ど変はらない。

75、冬十月十一日庚申、行二幸高安城一、

本条は「紀」と殆ど変はらない。

76、十一月丙戌、褒三追広弐高田石成閑二三兵一、賜レ物、

本条は「紀」と殆ど変はらないが、「本紀」は「丙戌」に日を記さずに、

本書曰、十一月己丑朔、推二甲子一是月無二丙戌一拠二十月庚戌朔一己丑蓋己卯之訛、丙戌八日也、

との註を付してゐる。

77、十二月八日丙辰、禁二双六一、

本条は「紀」と殆ど変はらない。

78、四年庚寅、春正月戊寅朔、天皇即レ位、是為二高天原広野姫天皇一、物部麻呂樹二大楯一、神祇伯中臣大島読二天神壽詞一、忌部色夫智上二神璽剣鏡一、百官列拝、

本条は「紀」の要約文であるが、二重線の部分は即位前紀により記されたものであり、太線の「島」「智」はそれぞれ「嶋」「知」を変へたものであり、また点線は「公卿百寮」を変更したものである。

79、二日己卯、公卿百寮拝朝、如二元会儀一、

80、三日庚辰、賜二宴公卿一、

本条は「紀」の省略文である。

81、十七日甲午、大二赦天下一、但常赦所レ不レ免、不レ在二赦例一、賜二有位人爵一級一、鰥寡孤独篤癃貧不レ能二自存一者、賜レ稲除二調役一、

本条は「紀」と殆ど変はらない。

82、二十日丁酉、以二解部一百人一并二刑部省一、

本条は「紀」と殆ど変はらないが、二重線の部分は新訂増補国史大系本では「拝」となってゐるところである。

83、二十三日庚子、班二幣於畿内神祇一、増二神戸田地一、

本条は「紀」と殆ど変はらない。

84、二月五日壬子、行二幸腋上陂一、観二公卿大夫馬一、

本条は「紀」と殆ど変はらない。

85、十一日戊午、新羅人五十口投化、

本条は「紀」の省略文であるが、「帰化」を太線に変へてゐる。なほ以下「帰化」を「投化」としてゐる点については触れない。

86、十七日甲子、行二幸吉野宮一、

本条は「紀」と殆ど変はらない。

87、十九日丙寅、設二斎禁内一、

本条は「内裡」を二重線に変へるのみである。

88、二十五日壬申、置二新羅投化者十二人於武蔵一、

本条は「紀」の趣意文である。

89、三月二十日丙申、賜二京畿年八十以上者稲一、人二十束、有位者加二布二端一、

90、夏四月七日癸丑、賜二京畿耆老男女五千余人稲一、人二十束、

本条は「紀」と変はらないが、「耆老耆女」を点線に変へてゐる。またその人数「五千三十一人」を二重線のやうに略してゐる。

91、十四日庚申、詔百官及畿内人、有位者限二六年一、無位者限二七年一、考二其上日一、定為二九等一、其四等以上、依二考仕令一、量二其功能殿最、氏姓大小一、以授二冠位一、定二服色八等一、

本条は「紀」の省略文であるが、二重線の部分は「紀」では「善最功能」とあるのであり、「善」を「殿」と誤つてゐる。

92、二十二日戊辰、祈レ雨、

本条は「紀」の省略文である。

93、五月三日戊寅、行二幸吉野宮一、

本条は「紀」と殆ど変はらない。

94、十日乙酉、百済男女二十一人投化、

本条は「紀」と殆ど変はらない。

95、十五日庚寅、始於二内裏一安居講説、

96、六月六日辛亥、行二幸泊瀬一、

本条は「紀」と殆ど変はらない。

97、二十五日庚午、召二有位者一、使レ言二其位次年歯一、

本条は「紀」と殆ど変はらない。

98、秋七月丙子朔、公卿百寮始著二新制朝服一、

99、三日戊寅、班二幣神祇一、

本条は「紀」と変はらない。

100、五日庚辰、以二高市皇子一為二太政大臣一、多治比島為二右大臣一、

101、十四日己丑、賜二糸綿布於七寺安居僧三千余人一、

本条は「紀」と殆ど変はらないが、絁を脱してゐる。

また僧侶の数三千三百六十三を二重線のやうに略して

ゐる。

102、八月四日戊申、行二幸吉野宮一、

本条は「紀」と殆ど変はらない。

103、十一日乙卯、置二新羅投化者於下毛野一、

本条は「紀」と殆ど変はらない。

104、九月乙亥朔、詔二諸国司一、凡造二戸籍一、一依二戸令一、

本条は「紀」と殆ど変はらない。

105、十一日乙酉、以レ将レ巡二狩紀伊一、下レ詔勿レ収二京師今年租賦一、

本条は「紀」と殆ど変はらない。

106、十三日丁亥、行二幸紀伊一、

本条は「紀」と殆ど変はらない。

107、二十三日丁酉、新羅遣レ使護二送遣唐学問僧、及軍丁筑紫人大伴部博麻一、至二筑紫一、

本条は「紀」の趣意文であるが、大伴部博麻に、

　類聚国史作二博麻呂一

と註してゐる。

108、二十四日戊戌、車駕還レ宮、

本条は「紀」の趣意文である。

109、冬十月五日戊申、行二幸吉野宮一、

本条は「紀」と殆ど変はらない。

110、二十二日乙丑、褒二大伴部博麻顕節一、授二位務大肆一、

本条は「紀」の趣意文である。

111、二十九日壬申、令三太政大臣高市皇子率下百官上相二藤原宮地一、

本条は「紀」の趣意文である。

112、十一月十一日甲申、始行三元嘉暦與二儀鳳暦一、

113、十二月十二日甲寅、行二幸吉野宮一、

本条は「紀」と殆ど変はらない。

114、十四日丙辰、還レ宮、

本条は「紀」の趣意文である。

115、十九日辛酉、行二幸藤原一、相二宮地一、公卿百寮皆従、

本条は「紀」と殆ど変はらない。

116、二十三日乙丑、賞二賜公卿以下一有レ差、

117、五年辛卯、春正月癸酉朔、授二位於親王諸臣内親王女王内命婦等一、

本条は「紀」と殆ど変はらないが、「本紀」は、

公事根源曰、女叙位蓋始二于此一、按帝王編年記、天武帝十三年乙酉、始授二婦女位階一、本書所レ不レ載、未レ知二何拠一、

と註してゐる。

118、十四日丙戌、直広肆筑紫史益、勤恪二十九年、詔褒二其労一、授二食封五十戸一、賜二綿布稲一、

本条は「紀」の趣意文であるが、絁が欠落してゐる。

119、十六日戊子、行二幸吉野宮一、

本条は「紀」と殆ど変はらない。

120、二十三日乙未、還レ宮、

本条は「紀」の趣意文である。

121、二月壬寅朔、授二宮人位記一、

122、三月五日丙子、観二馬御苑一、

123、夏四月辛丑朔、詔曰、凡祖先所レ免奴婢、既除レ籍者、其親族等不レ得三更訴為二奴婢一、

本条は「紀」と殆ど変はらない。

124、十六日丙辰、行二幸吉野宮一、

本条は「紀」と殆ど変はらない。

125、二十二日壬戌、還レ宮、

本条は「紀」の趣意文である。

126、六月戊子、詔曰、今夏淫雨過レ節、恐必傷レ稼、思二念厥愆一、夕惕迄レ朝、其令二公卿百寮、禁下断酒肉上、摂心悔過一、京畿諸寺僧、誦経五日、庶有レ応焉、

本条は「紀」と殆ど変はらないが、太線の「肉」は「完」を改めたものであり、二重線の「僧」は「梵衆」を改めたものである。そして点線の「応」は「補」を改めたものである。なほ「戊子」について「本紀」は、

今推二甲子一、是月庚子朔、無二戊子一、疑戊午之訛。
戊午十九日也、

と記してゐる。

127、二十日己未、大二赦天下一、但盗賊不レ在二赦例一、

本条は「紀」と同一である。

128、自二四月一雨、至二是月一不レ止、京師及郡国四十大水、

本条の後半、京師云々は127条の前の六月条の記事であり、前半は、127条に続けて記されてゐる記事である。

「本紀」がそれを六月の末に記載したのは、雨が四月より六月まで降り続いたことを示すために六月の末尾に記載したものと考へられる。

129、秋七月三日壬申、行二幸吉野宮一、

本条は「紀」と殆ど変はらない。

130、是日、伊予国司田中法麻呂、献二宇和郡所レ出白金及鉚、

本条は「紀」の省略文である。

131、七日丙子、宴二公卿一、賜二朝服一、

132、十二日辛巳、車駕還レ宮、

本条は「紀」の趣意文である。

133、八月二十三日辛酉、遣レ使祭二龍田風神、信濃須波水内等神一、

134、九月九日丁丑、浄大参川島皇子薨、

135、冬十月戊戌朔、日有レ食レ之、

本条は「蝕」を太線にする以外変はらない。

136、八日乙巳、詔曰、凡山陵置二五戸以上一、諸王有功者、置二守塚三戸一、若陵戸不レ足、充以二百姓一、免二其徭役一、三年一代、

本条は「先皇陵戸」を二重線に変へるとともに、点線を加へ、「替」を太線に変へる以外変はらない。

137、十三日庚戌、置二長生地於畿内及諸国一、

本条は「紀」と殆ど変はらない。

138、是日、行二幸吉野宮一、

本条は「紀」と殆ど変はらない。

139、二十日丁巳、還レ宮、

本条は「紀」の趣意文である。

140、二十七日甲子、遣レ使鎮二祭新益京一、

本条は「紀」と変はらないが、「本紀」は、

釈日本紀曰、新益京謂二藤原宮地一、

の註を加へてゐる。

141、十一月戊辰朔、大嘗、

本条は二重線を加へる以外「紀」と変はらない。

142、二十五日壬辰、賜二衾公卿一、

143、二十八日乙未、公卿以下至二主典一、賜レ宴、賚レ絹有レ差、

本条は「賜」を太線に変へる以外変はらない。

144、丁酉晦、神祇官諸子、及播磨因幡郡司以下至㆓百姓男女㆒、奉㆓事大嘗㆒者、賜㆑食、賚㆑絹、各有㆑差、

本条は波線の「晦」及び「奉㆓事大嘗㆒者、賜㆑食」を加へるとともに、「長上以下至㆓神部等㆒」を二重線に、また「賜」を太線に変へてゐる。

145、六年壬辰、春正月十二日戊寅、天皇観㆓新益京路㆒、

146、十六日壬午、饗㆓百官㆒、

本条は「公卿以下至㆓初位以上㆒」を二重線に変へてゐる。

147、二十七日癸巳、行㆓幸高宮㆒、

本条は「紀」と殆ど変はらない。

148、二十八日甲午、還㆑宮、

本条は「紀」の趣意文である。

149、二月十一日丁未、以㆑将㆑幸㆓伊勢㆒、詔㆓諸司㆒弁㆓備衣物㆒、

本条は「紀」と殆ど変はらない。

150、十九日乙卯、赦㆓軽繋㆒、

151、中納言直大弐三輪高市麻呂上表、諫㆓方㆘農事㆖遠幸㆒、

本条は「紀」と殆ど変はらないが、「是日」を脱してゐる。

152、三月三日戊申、以㆓浄広肆広瀬王、直広参当麻智徳、直広肆紀弓張等㆒為㆓留守㆒、高市麻呂詣㆑闕、免冠極諫、不㆑聴、

本条の前半は「紀」と変はらない。後半は趣意文であり、諫争に対する結果をも「不㆑聴」と記してゐる。

153、六日辛未、行㆓幸伊勢㆒、

本条は「紀」と殆ど変はらない。

154、十七日壬午、免㆓車駕所㆑過神郡、及伊賀伊勢志摩今年調役㆒、授㆓其国造等冠位㆒、従駕騎士、諸司荷丁、及造行宮役夫、亦免㆓今年調役㆒、大㆓赦天下㆒、但盗賊不㆑在㆓赦例㆒、

本条は「紀」の要約である。

155、十九日甲申、賜㆓所㆑過志摩百姓男女年八十以上稲、人五十束㆒、

156、二十日乙卯、車駕還レ宮、所レ過郡県会二吏民一、労賜作レ楽、

本条は殆ど変はらないが、二重線の「乙卯」は「乙酉」であり、「本紀」が何故誤つたのか不明である。

157、二十九日甲午、詔免二近江美濃尾張参河遠江等従駕騎士戸、及諸国荷丁、造行宮役夫今年調役一、賜二天下百姓男女困窮者稲一、

本条は「紀」と殆ど変はらない。

158、夏四月五日庚子、除二四畿内民為下荷丁上者今年調役一、

159、二十五日庚申、詔赦二繋囚一、

本条は「紀」の趣意文である。

160、五月七日辛未、相模献二赤烏雛一、

本条は「紀」の省略文である。

161、十二日丙子、行二幸吉野宮一、

本条は「紀」と殆ど変はらない。

162、十六日庚辰、還レ宮、

本条は「紀」の趣意文である。

163、十七日辛巳、遣二大夫謁者一祭二名山岳瀆一祈レ雨、

本条は「祠」「請」を二重線に変へるのみである。

164、二十三日丁亥、遣二浄広肆難波王等一鎮二祭藤原宮地一、

165、二十六日庚寅、遣レ使奉二幣伊勢、大倭、住吉、紀伊大神一、告レ造二新宮一、

本条は「紀」と殆ど変はらない。

166、閏月三日丁酉、大水、遣レ使巡二行郡国一、稟二貸遭レ災不レ能下自存上者一、弛二山林池沢禁一、詔二京畿一講二金光明経一、

本条は「紀」の要約趣意文である。

167、乙酉、詔二筑紫太宰率河内王等一、上二送唐使郭務悰為下天智帝上所レ造阿弥陀像一、

本条は「御近江大津宮天皇」を波線に変へる以外「紀」と変はらないが、「本紀」はその干支について、

今推二甲子一、是月無二乙酉一、乙蓋己之訛、己酉十五日也

と註してゐる。

168、六月九日壬申、勅二郡国長吏一禱二名山岳瀆一、
本条は「紀」と殆ど変はらない。

169、十一日甲戌、遣二大夫謁者於四畿内一祈レ雨、
本条は「請」を太線に変へるのみである。

170、癸巳晦、天皇、観二藤原宮地一、
本条は太線の「晦」を加へるのみで「紀」と変はらない。

171、秋七月二日乙未、大二赦天下一、但十悪盗賊不レ在二赦例一、

172、相模国司布勢色布智、御浦郡少領、（姓名闕）及獲二赤烏一者鹿島榛樟並授レ位賜レ物、免二本郡調役一三年、
本条は「紀」の趣意文である。

173、七日庚子、賜二宴公卿一、
本条は「紀」と殆ど変はらない。

174、九日壬寅、行二幸吉野宮一、
本条は「紀」と殆ど変はらない。

175、二十八日辛酉、還レ宮、
本条は「紀」の趣意文である。

176、是夜、熒惑歳星相闘、
本条は「紀」の趣意文である、

177、八月三日乙丑、赦、
本条は「紀」と殆ど変はらない。

178、十七日己卯、行二幸飛鳥皇女田荘一、即日還レ宮、
本条は「紀」と殆ど変はらない。

179、九月九日辛丑、遣二班田大夫於四畿内一、
本条は「紀」と殆ど変はらない。

180、十四日丙午、神祇官上二神宝書四巻、鑰九、木印一一、
本条は「紀」と殆ど変はらない。

181、二十一日癸丑、伊勢国司献二嘉禾一、越前国司献二白蛾一、
本条は「紀」の省略文である。

182、冬十月十二日癸酉、行二幸吉野宮一、
本条は「紀」と殆ど変はらない。

183、十九日庚辰、還レ宮、
本条は「紀」の趣意文である。

184、十一月八日戊戌、新羅貢調、

本条は「紀」の趣意文である。

185、十二月二十四日甲申、遣レ使奉二新羅調於伊勢、住吉、紀伊、大倭、菟名足五社一、

本条は「紀」と殆ど変はらない。

186、七年癸巳、春正月二日壬辰、詔令三天下百姓著二黄衣一、奴皂衣、

本条は「紀」と殆ど変はらない。

187、十三日癸卯、賜二京畿年八十已上有位者衾絁綿布一、

本条は「紀」の省略文である。

188、十六日丙午、賜二京師男女年八十以上、及窮乏者布一、有レ差、

本条は「紀」と殆ど変はらない。

189、是日、漢人奏二踏歌一、

本条は「紀」と殆ど変はらない。

190、二月三日壬戌、新羅遣レ使赴二其喪一、

本条は「紀」の省略文である。

191、十日己巳、詔二造京司衣縫王等一、瘞二其所下発掘上之骸一、

本条は「紀」の趣意文である。

192、三月庚寅朔、日有レ食レ之、

本条は蝕を二重線にする以外変はらない。

193、五日甲午、賜二大学博士上百済食封三十戸一、以優二儒道一、

本条は官位を略す以外「紀」と変はらない。

194、六日乙未、行二幸吉野宮一、

本条は「紀」と殆ど変はらない。

195、十三日壬寅、還レ宮、

本条は「紀」の趣意文である。

196、十六日乙巳、賜二新羅王賻一、

本条は「紀」と殆ど変はらないが、遣新羅使に対する賜物は略されてゐる。

197、十七日丙午、詔令三天下勧二植桑紵梨栗蕪菁一、

本条は「紀」と殆ど変はらない。

198、夏四月十七日丙子、遣二大夫謁者一、祈二雨諸社一、

本条は「紀」と殆ど変はらない。

199、五月己丑朔、行二幸吉野宮一、

本条は「紀」と殆ど変はらない。

200、七日乙未、還㆑宮、

本条は「紀」の趣意文である。

201、十五日癸卯、設㆓無遮大会於内裏㆒、

202、秋七月七日甲午、行㆓幸吉野宮㆒、

本条は「紀」と殆ど変はらない。

203、十四日辛丑、遣㆓大夫謁者㆒、祈㆓雨諸社㆒、

本条は「紀」と殆ど変はらない。

204、十六日癸卯、復如㆑之、

本条は「紀」の請雨記事を点線に変へたものであるが、それは辛丑の記事と連続するところから変更したものである。

205、是日、車駕還㆑宮、

本条は「紀」の趣意文である。

206、八月戊午朔、車駕巡㆓行藤原宮地㆒、

本条は「紀」の「幸」を二重線に変へたものである。

207、十七日甲戌、行㆓幸吉野宮㆒、

本条は「紀」と殆ど変はらない。

208、二十一日戊寅、還㆑宮、

本条は「紀」の趣意文である。

209、九月丁亥朔、日有㆑食㆑之、

本条は「紀」の蝕を太線に変へるのみである。

210、五日辛卯、行㆓幸多武峰㆒、

本条は「紀」と殆ど変はらないが、「本紀」は、

多武峰略紀引古記曰、七年九月、天皇敕㆓定慧和尚㆒為㆓先帝㆒講㆓妙経㆒五日、因幸㆓多武峰㆒、臨㆓其会㆒、

の記事を註記してゐる。

211、六日壬辰、還㆑宮、

本条は「紀」と殆ど変はらない。

212、十日丙申、為㆓天武帝㆒設㆓無遮大会於内裏㆒、悉赦㆓繋囚㆒、

本条は和風諡号を二重線のやうに漢風諡号に変へる以外殆ど変はらない。

213、冬十月二十三日己卯、始講㆓仁王経於諸国㆒四日、

本条は「百国」を点線に変へる他、「而畢」を略す

だけであるが、「本紀」は、

元亨釈書、濫觴鈔並曰、今年冬十月、講㆓仁王・最勝二経於宮中㆒、立為㆓恒式㆒、

と註記してゐる。

214、十一月五日庚寅、行㆓幸吉野宮㆒、

本条は「紀」と殆ど変はらない。

215、十日乙未、還㆑宮、

本条は「紀」の趣意文である。

216、十二月二十一日丙子、遣㆓陣法博士等㆒、講㆓武諸国㆒、

本条は「紀」の「教習」を二重線に変へてゐる。

217、是年、近江益須郡醴泉出、

本条は「紀」の十一月己亥条に、法員・善往・真義等に醴泉を飲ましめた記事を略し、八年三月己亥条に基づいて、このやうに記したものである。

218、八年甲午、春正月十六日庚子、饗㆓百官㆒、

本条は「紀」と殆ど変はらないが、「本紀」は

是歳至㆓十一年㆒、本書毎年必書、其為㆓恒例㆒、可㆑知、故是後不㆑書、

と註記してゐる。

219、二十一日乙巳、行㆓幸藤原宮㆒、即日還㆑宮、

本条は「紀」と殆ど変はらない。

220、二十四日戊申、行㆓幸吉野宮㆒、

本条は「紀」と殆ど変はらないが、「本紀」は

本書還㆑宮日闕

の註記をしてゐる。

221、三月甲申朔、日有㆑食㆑之、

本条は「紀」の蝕を太線に変へるのみである。

222、二日乙酉、以㆓直広肆大宅麻呂、勤大弐台八島、黄書本実㆒為㆓鋳銭司㆒、

本条は「紀」と殆ど変はらない。

223、十六日己亥、詔曰、粤以㆓七年歳次癸巳醴泉出㆓於近江益須郡都賀山㆒、諸病者宿㆓益須寺㆒、飲㆑之多差、其給㆓水田四町、布六十端㆒、免㆓益須郡今年調役雑徭㆒、国司頭以下至㆑目、進㆓位一階㆒、其先得㆓醴泉㆒者、葛野羽衛、百済土羅羅女賜㆓絁二匹、布十端、鍬十口㆒、

本条は「紀」の要約趣意文である。

224、二十二日乙巳、奉㆓幣諸社㆒、
　本条は「紀」と殆ど変はらない。
225、二十三日丙午、賜㆓神祇官頭至㆘祝部㆖一百六十四人絁布㆒、各有㆑差、
　本条は「紀」と殆ど変はらない。
226、夏四月七日庚申、行㆓幸吉野宮㆒、
　本条は「紀」と殆ど変はらない。
227、丁亥、還㆑宮、
　本条は「紀」の趣意文であるが、「本紀」は「丁亥」に註して、
　　本書一本作㆓丁未㆒。今推㆓甲子㆒、是月無㆓丁亥丁未㆒、疑丁卯之訛、丁卯十四日也、
と記してゐる。
228、五月六日戊子、賜㆓宴公卿大夫㆒、
　本条は「紀」の省略文である。
229、十一日癸巳、分㆓置金光明経一百部於諸国㆒、毎年正月上旬読㆑之、以㆓其国官物㆒為㆓布施㆒、
　本条は「紀」の要約趣意文である。
230、六月八日庚申、河内更荒郡人刑部韓国獲㆓白山鶏㆒献㆑之、因授㆓進広弐㆒賜㆑物、并授㆓本郡大少領位各一級㆒、
　本条は「紀」の趣意文である。
231、秋七月四日丙戌、遣㆓巡察使於諸国㆒、
232、九月壬午朔、日有㆑食㆑之、
　本条は「紀」の蝕を太線に変へるのみである。
233、四日乙酉、行㆓幸吉野宮㆒、
　本条は「紀」と殆ど変はらない。
234、冬十月二十日庚午、授㆓飛騨荒城郡獲㆘白蝙蝠㆖者弟国部弟日進大肆㆒、賜㆓絁綿布㆒、終身免㆓戸役㆒、
　本条は「紀」と殆ど変はらない。
235、十一月二十六日丙午、赦㆓殊死以下㆒、
236、十二月六日乙卯、遷㆓居藤原宮㆒、
237、九日戊午、百官拝朝、
238、十日己未、親王以下至㆓郡司㆒、賜㆓絁綿布㆒各有㆑差、
　本条は「紀」と殆ど変はらない。
239、十二日辛酉、宴㆓公卿大夫㆒、
240、九年乙未、春閏二月八日丙戌、行㆓幸吉野宮㆒、

本条は「紀」と殆ど変はらないが、太線の「春」は「本紀」が正月の記事を略した為に、この記事が年初の記事になるところからつけられたものである。

241、十五日癸巳、還レ宮、

本条は「紀」の趣意文である。

242、三月二日己酉、新羅王遣二其子良琳一貢献、請二国政一、

本条は「紀」の要約である。

243、十二日己未、行二幸吉野宮一、

本条は「紀」と殆ど変はらない。

244、十五日壬戌、還レ宮、

本条は「紀」の趣意文である。

245、二十三日庚午、遣二務広弐文博勢、進広参下諸田於多禰一、求二蛮所居一、

本条は「紀」と殆ど変はらない。

246、夏五月二十一日丁卯観二大隅隼人相撲一、

本条は「紀」と殆ど変はらないが、波線の「夏」は「本紀」が四月記事を略したところからつけたものであり、また二重線の「大隅」は「紀」の五月己未条に「隼人大隅」とあるところから付け加へたものである。

247、六月三日己卯、遣二大夫謁者一、祈二雨於京畿諸社一、

本条は「紀」と殆ど変はらない。

248、十六日壬辰、賜二諸臣年八十以上、及痼疾者一、各有レ差、

本条は「紀」と殆ど変はらない。

249、十八日甲午、行二幸吉野宮一、

本条は「紀」と殆ど変はらない。

250、二十六日壬寅、還レ宮、

本条は「紀」の趣意文である。

251、秋八月二十四日己亥、行二幸吉野宮一、

本条は「紀」と殆ど変はらないが、波線の「秋」は「本紀」が七月条を略したところから付けられたものである。

252、九月乙巳朔、還レ宮、

本条は「本紀」の独自記事である。

253、四日戊申、原二放繋徒一、

本条は「紀」の省略文である。

254、六日庚戌、遣㆓直広肆小野毛野、務大弐伊吉博徳于新羅㆒、

本条は「紀」が、

小野朝臣毛野等発㆓向新羅㆒。

とのみあるのを、七月辛未条によって二重線を補って記したものである。

255、冬十月十一日乙酉、行㆓幸菟田吉隠㆒、

本条は「紀」と殆ど変はらない。

256、十二日丙戌、還㆑宮、

本条は「紀」の趣意文である。

257、十二月五日戊寅、行㆓幸吉野宮㆒、

本条は「紀」と殆ど変はらない。

258、十三日丙戌、還㆑宮、

本条は「紀」の趣意文である。

259、十年丙辰、春二月三日乙亥、行㆓幸吉野㆒、

本条は「紀」と殆ど変はらないが、波線の「春」は「本紀」が正月条を略したところから付けられたものである。

260、十三日乙酉、還㆑宮、

本条は「紀」の趣意文である。

261、三月三日乙巳、行㆓幸二槻宮㆒、

本条は「紀」と殆ど変はらない。

262、夏四月二十七日戊戌、以㆔伊予風速郡物部薬、肥後皮石郡壬生諸石、久苦㆓于唐地㆒、並授㆓位追大弐㆒、免㆓調役㆒、賜㆓水田四町、稲一千束、絁糸布鍬㆒、

本条は「紀」の省略文である。

263、二十八日己亥、行㆓幸吉野㆒、

本条は「紀」と殆ど変はらない。

264、五月四日乙巳、還㆑宮、

本条は「紀」の趣意文である。

265、六月十八日戊子、行㆓幸吉野㆒、

本条は「紀」と殆ど変はらない。

266、二十六日丙申、還㆑宮、

本条は「紀」の趣意文である。

267、秋七月辛丑朔、日有㆑食㆑之、

本条は「紀」の蝕を太線に変へるのみである。

268、二日壬寅、赦、

本条は「紀」の省略文である。

269、十日庚戌、太政大臣高市皇子薨、

本条は「紀」の意訳文であり、二重線については「本紀」は、

本書書二後皇子尊一、今拠二公卿補任、釈日本紀一

と記してゐる。

270、十一年丁酉、春正月十一日戊申、賜二天下鰥寡孤独篤癃、貧不レ能下自存上者稲一、各有レ差、

271、二月十六日壬午、立二皇孫珂瑠一為二皇太子一、

本条は「本紀」が、

按文武帝為二皇太子一、続日本紀係二是年一、而無二月日一、今拠二釈日本紀引王子枝別記一、

と註記してゐるやうに『続日本紀』及び『釈日本紀』に基いて記されたものである。

272、二十八日甲午、以二直広壱当麻国見一為二東宮太傅一、直広参路跡見為二大夫一、直大肆巨勢粟持為二亮一、

本条は「紀」と殆ど変はらない。

273、三月八日甲辰、設二無遮大会於東宮一、

274、夏四月四日己巳、授三満選者浄位至二直位一各有レ差、

275、七日壬申、行二幸吉野宮一、

本条は「紀」と殆ど変はらない。

276、十四日己卯、還レ宮、

本条は「紀」の趣意文である。

277、五月八日癸卯、遣二大夫謁者一、祈二雨諸社一、

本条は「紀」と殆ど変はらない。

278、六月、天皇不豫、

本条は「本紀」の独自記事である。

279、二日丁卯、赦、

本条は「紀」の省略文である。

280、六日辛未、詔読二経於京畿諸寺一、

281、十九日甲申、班二幣神祇一、

本条は「紀」と殆ど変はらない。

282、秋七月七日辛丑、赦二常鏍盗賊一（常鏍盗賊不レ可レ解、按釈日本紀亦曰、鏍字可レ考、今従二旧文一）一百九人一、因賜

㆑布人四常、但畿外者稲人二十束、
本条は「紀」の趣意文である。

283、八月乙丑朔、禅㆓位於皇太子㆒、称曰㆓太上天皇㆒、太上天皇之号、始㆓于此㆒、
本条の「禅㆓位於皇太子㆒」は「紀」の省略文であるが、その日付については、
続日本紀作㆓甲子朔㆒、與㆓本書㆒異、今按㆓暦法㆒、実為㆓甲子㆒、今姑従㆓旧文㆒、水鏡、一代要記係㆓十年㆒、皆誤、
と註してゐる。また「称曰㆓太上天皇㆒」に、
太上天皇、拠㆓続日本紀、万葉集、水鏡㆒
と註記してゐるやうに『続日本紀』等の書に基いて記されたものであり、「太上天皇之号、始㆓于此㆒」は、
濫觴鈔、一代要記、歴代皇紀、
と註記してゐるやうに『濫觴鈔』等により記したものである。

284、大宝二年十二月二十二日甲寅、崩、遺詔停㆓素服挙㆒㆑哀、文武百官、視㆑事如㆑常、送終之儀、務従㆓倹約㆒、
本条の太線の部分は『続日本紀』により記されたものであり、二重線は同書の趣意文である。なほ「本紀」は「崩」について、
水鏡、皇代略紀為㆓十日㆒、○本書享年闕、皇胤紹運録、神皇正統記、一代要記並曰、年五十八、
と註記してゐる。

285、三年、火㆓葬于飛鳥岡㆒、祔㆓于大内山陵㆒、
本条は『続日本紀』十二月癸酉条及び壬午条により記されたものである。「本紀」が火葬と埋葬の日を記さなかつたのは両日の記事を一括して記したためである。

286、諡曰㆓大倭根子天之広野日女尊㆒、追諡曰㆓持統天皇㆒、
本条の太線の部分は「本紀」が、
続日本紀
と註記してゐるやうに大宝三年十二月癸酉条により記されたものであり、「追諡」以下は「本紀」の独自記事である。

第二章　各天皇紀と天皇本紀の比較表

同様の記述の場合は「本紀」は○で示すこととする。

第一節　崇神天皇紀と崇神天皇本紀

	【崇神天皇紀】	【崇神天皇本紀】
即位前紀	崇神天皇の系譜記事	○
	母の系譜記事	無し
	立太子記事	○
	天皇の性格記事	○、但し立太子記事の前に記載
	開花天皇崩御記事	○
元年条	即位記事	○
	皇太后呼称記事	○
	立后記事	○
	后の子女記事	無し
	妃と子女記事	無し
	太歳記事	無し
三年条	遷都記事	○
四年条	詔記事	○
五年条	疾疫記事	○

六年条	百姓流浪記事	○
	天照大神笠縫邑奉祀・大国魂神奉祀記事	○
七年条	詔と神拝記事	○
	大物主神託宣記事	○、但し倭迹迹日百襲姫については記述無し
	倭迹速神浅茅原目妙姫等の夢記事	無し
	大田田根子発見記事	○、但し天皇の浅茅原行幸、質問応答記事無し
	伊香色雄神班物者記事	○
	大田田根子・長尾市祭主記事	○
八年条	活日為大神掌酒記事	無し
	大神社祭祀記事	○、但し直会記事は簡潔
九年条	墨坂神・大坂神奉祭記事	○
一〇年条	四道将軍派遣記事	○
	武埴安彦謀反経緯記事	誅滅の事実のみ記載
	倭迹迹日百襲姫命関係記事	無し
	四道将軍発遣記事	○
一一年条	四道将軍奏上記事	○
	国内安寧記事	○
一二年条	課役記事	○

	天皇称号記事	○
一七年条	造船記事	○
四八年条	立太子記事	○、但し皇太子決定経過記事無し、ただ豊城命東国統治記事は有り
六〇年条	出雲神宝検校記事	○、但し簡略に振根の飯入根殺害の事実、及び振根討滅の事実のみを記載
	出雲大神奉祭記事	無し
六二年条	池溝造作記事	○
六五年条	任那朝貢記事	○、但し地理記載は無し
六八年条	崇神天皇崩御記事	○
明年条	葬送記事	○、但し年月記載無し
		漢風諡号記事

第二節　垂仁天皇紀と垂仁天皇本紀

	【垂仁天皇紀】	【垂仁天皇本紀】
即位前紀	垂仁天皇の系譜記事	○
	母の系譜記事	無し
	誕生記事	○
	天皇の性格記事	○
	立太子記事	○、但し、崇神天皇四十八年条に基づいて記されてゐるために「紀」より詳しい記事となつてゐる。
	崇神天皇崩御記事	○
元年条	即位記事	○
	崇神天皇葬送記事	○
	皇太后記事	○
	太歳記事	無し
二年条	狭穂姫立后記事	○
	誉津別命記事	無し
	纏向遷都記事	○
	蘇那曷叱智帰国記事	○
	都怒我阿羅斯等来日記事	無し
三年条	天日槍来日記事	○、但し、将来物や出石定住の経緯については無し
四・五年条	狭穂彦の謀反記事	○、但し、謀反と誅伐の事実、及び狭穂姫の死のみを記す。
七年条	当麻蹶速と、出雲人野見宿禰の相撲記事	○、野見宿禰の召集、相撲の内容は無し、天皇の観覧の事実を記す
一五年条	日葉酢媛立后記事	○
	妃記事	○、但し、竹野媛記事は無し
	后・妃子女記事	無し
二三年条	誉津別命記事	無し
二五年条	神祇敬拝記事	○
	神宮鎮座記事	○

	異説記事	○、但し、倭大神関係記事無し
二六年条	出雲神宝検校記事	○
二七年条	兵器神幣記事	○
	来目邑屯倉設置記事	○
二八年条	殉死禁止記事	○
三〇年条	皇位継承者決定記事	無し
三二年条	日葉酢媛薨去記事	○
	埴輪製作記事	○
三四年条	山背行幸記事	○、但し、苅幡戸辺・綺戸辺及びその子女については記載無し
三五年条	五十瓊敷命作池記事	○
	池溝開鑿記事	○
三七年条	大足彦尊立太子記事	○
三九年条	五十瓊敷命剣奉納記事	○
	五十瓊敷命石上神宮神宝管掌記事	○、但し、一説については記載無し
八七年条	石上神宮神宝管掌交代記事	○、但し、経緯については記載無し
八八年条	天日槍神宝献上記事	○、但し、具体的内容は記載無し
九〇年条	田道間守派遣記事	○
九九年条	天皇崩御記事	○
	葬送記事	○
		漢風諡号記事
明年条	田道間守帰国記事	無し

第三節　景行天皇紀と景行天皇本紀

	【景行天皇紀】	【景行天皇本紀】
即位前紀	景行天皇の系譜記事	○
	母の系譜記事	無し
		皇太子決定記事有り
	立太子記事	○
	垂仁天皇崩御記事	○
		垂仁天皇葬送記事有り
元年条	即位記事	○
		田道間守帰国記事有り
	太歳記事	無し
二年条	播磨稲日大郎姫立后記事	○、但し皇子女記事は無し
三年条	屋主忍男武雄心命紀伊派遣記事	○、但し武内宿禰系譜記事無し
四年条	美濃行幸記事	○、但し詳細記事無し
	纒向遷都記事	○
一二年条	熊襲反乱記事	○
	筑紫行幸記事	○
	神夏磯姫帰順記事	○
	碩田国土蜘蛛討伐記事	○
	高屋宮記事	○
	熊襲梟帥平定記事	○
一三年条	襲国平定記事	○
	御刀媛妃記事	無し
一七年条	子湯県行幸記事	○
	日向命名記事	無し
	思邦歌記事	○、但し歌は略
一八年条	筑紫巡狩記事	○
	弟熊誅殺記事	○
	水嶋記事	○
	火国行幸記事	○、但し、詳細は無し
	津頰誅殺記事	○
	阿蘇国行幸記事	無し
	筑後巡幸故事	○、但し各地の詳細記事は略
一九年条	大和還幸記事	○

二〇年条	五百野皇女神宮祭祀記事	○
二五年条	武内宿禰北陸・東方調査記事	○
二七年条	武内宿禰帰還記事	○、但し報告記事無し
	熊襲再叛日本武尊派遣記事	○
	日本武尊川上梟帥討伐記事	○、但し詳細は略
二八年条	日本武尊熊襲平定報告記事	○、但し報告の事実のみ
四〇年条	東夷叛乱記事	○
	日本武尊派遣故事	○、但し派遣の事実のみ
是歳条	日本武尊蝦夷平定経緯記事	無し
	日本武尊薨去記事	○、但し四三年条として記す
五一年条	群卿招宴記事	○、但し稚足彦尊・武内宿禰記事無し
	稚足彦尊立太子記事	○
	武内宿禰棟梁之臣記事	○
	草薙横刀記事	無し
	神宮奉献蝦夷記事	○
	日本武尊妃皇子女記事	無し
五二年条	皇后薨去記事	○
	八坂入媛命立后記事	○
五三年条	東国行幸記事	○
五四年条	還幸記事	○
五五年条	彦狭嶋王東山道十五国都督任命記事	○、但し詳細略
五六年条	御諸別王都督任命記事	○、但し詳細略
五七年条	坂手池造営、田部屯倉設置記事	○
五八年条	近江行幸記事	○
六〇年条	崩御記事	○
		葬送記事
		漢風諡号記事

第四節　成務天皇紀と成務天皇本紀

【成務天皇紀】		【成務天皇本紀】
即位前紀	成務天皇の系譜記事	○
	母の系譜記事	無し
		景行天皇五十一年条記事
	立太子記事	○、但し年代相違
	景行天皇崩御記事	○
元年条	即位記事	○
	太歳記事	無し
二年条	景行天皇葬送記事	○
	皇太后記事	○
三年条	武内宿禰大臣任命記事	○、但し天皇と同日誕生
		記事無し
四年条	詔記事	○
五年条	造長・稲置の設置	○
四八年条	足仲彦尊立太子記事	○
六〇年条	崩御記事	○
		葬送記事

漢風諡号記事

第五節　仲哀天皇紀と仲哀天皇本紀

	【仲哀天皇紀】	【仲哀天皇本紀】
即位前紀	仲哀天皇の系譜記事	○
	母の系譜記事	無し
	天皇の容姿	○
	立太子記事	○、但し理由無し
	成務天皇崩御記事	○
	葬送記事	○、但し陵名無し
元年条	即位記事	○
	皇太后記事	○
		大連任命記事
	白鳥献上記事	○、但し主意記事
	越国白鳥献上記事	○
	蘆髪蒲見別王誅殺記事	○
	太歳記事	無し
二年条	立后記事	○、但し妃と子の記事無し
	角鹿行幸記事	○
	淡路屯倉設置記事	○
	南国巡狩記事	○
	熊襲反乱、穴門行幸記事	○
	角鹿遣使記事	○
	豐浦津行幸記事	○
	皇后渟田門記事	○
	皇后豐浦津到着・如意珠獲得記事	○
	豐浦宮建設記事	○
八年条	筑紫行幸記事	○
	皇后崗津に泊る記事	○
	五十迹手奉迎記事	○
	橿日宮行幸記事	○
	熊襲討伐相談記事	○
		功満王帰化記事
九年条	天皇崩御記事	○
	宮中警備、屍豐浦宮移送記事	○

（神功皇后摂政前記）	神功皇后系譜記事	無し
	新羅征討決意記事	○
	皇后託宣記事	○
	羽白熊鷲討滅記事	○
	田油津媛誅伐記事	○
	松浦行幸記事	○
	神々祭祀記事	○
	橿日宮卜占記事	○
	兵召集記事	○
	船中住吉大神鎮祭記事	○
	新羅征討降伏記事	○
	新羅調献納記事	○
	高麗・百済服属記事	○
	応神天皇誕生記事	○
	新羅征討異伝記事	無し
	周防住吉社創祀記事	○
	仲哀天皇葬送記事	○
		漢風諡号記事

第六節　応神天皇紀と応神天皇本紀

	【応神天皇紀（含神功皇后紀）】	【応神天皇本紀】
（神功皇后摂政元年条）	穴門豊浦宮移動記事	○
	麛坂・忍熊王叉乱記事	○
	天皇紀伊行幸記事	○
	神功皇后向難波	○
	天照大神誨祭祀記事	○
	忍熊王退却記事	○
	皇后入小竹宮記事	○
	日中暗夜連日記事	○、但し事実のみ
	忍熊王平定記事	○、但し平定の事実のみ
	皇太后称号記事	○、但し大臣武内宿禰記事有り
	太歳記事	無し
	摂政記事	○
（摂政二年）	仲哀天皇葬送記事	○
（摂政三年）	立太子記事	○
	磐余遷都記事	○
（摂政五年）	新羅使記事	○、但し虚言の内容など無し
（摂政一三年）	角鹿行幸記事	○
（摂政三九年）	太歳記事	無し
	魏志記事	註記のみ
（摂政四〇年）	魏志記事	註記のみ
（摂政四三年）	魏志記事	註記のみ
（摂政四六年）	斯摩宿禰卓淳国派遣記事	○
（摂政四七年）	百済・新羅朝貢記事	○
（摂政四九年）	新羅再征討記事	○
（摂政五〇年）	将軍帰国記事	○
（摂政五一年）	百済使者来朝記事	○
（摂政五二年）	百済七枝刀等献上記事	○、但し献上の事実のみ
（摂政五五年）	百済肖古王死亡記事	○
（摂政五六年）	百済貴須王即位記事	○
（摂政六二年）	新羅討伐記事	○、但し「百済記」の記事無し

（摂政六四年）	百済貴須王死亡・枕流王即位記事	○
（摂政六五年）	百済枕流王死亡・辰斯簒奪記事	○
（摂政六六年）	晋起居注記事	註記のみ
（摂政六九年）	神功皇后崩御・葬送記事	○
	諡号記事	無し
	太歳記事	無し
即位前紀	系譜記事	○
	誕生記事	○
	人物記事	○
	名前の由来記事	○
	皇太后崩御記事	（摂政六十九年条に記載）
元年条	即位記事	○
	太歳記事	無し
二年条	仲姫立后記事	○、但し妃及び子女記事無し
三年条	蝦夷朝貢記事	○
	海人騒擾記事	○
	百済難詰記事	○
五年条	海人・山守部設置記事	○
	枯野造船記事	○
六年条	近江行幸記事	○

七年条	高麗・百済・任那・新羅来朝記事	○
八年条	百済使来朝記事	○
九年条	武内宿禰筑紫派遣記事	○、但し甘美内宿禰の讒言記事無し
一一年条	剣池等造営記事	○
一三年条	髪長媛記事	無し
一四年条	百済王縫衣工女貢上記事	○
	弓月君帰化記事	○
一五年条	阿直岐来日記事	○、但し良馬献上の事実のみ
一六年条	王仁来日記事	○
	百済阿花王死亡・直支帰国記事	○
	新羅討伐記事	○
一九年条	国樔献酒記事	○
二〇年条	阿知使主帰化記事	○
二二年条	兄媛の帰国及び吉備行幸記事	○
二五年条	百済直支王死亡・久爾王即位記事	○、但し王室内の問題は記さず
二八年条	高麗朝貢記事	○
三一年条	枯野船記事	○
三七年条	呉の工女来日記事	○

三九年条	百済王妹来日記事	〇
四〇年条	菟道稚郎子立太子記事	〇、但し正月戊申記事無し
四一年条	天皇崩御記事	〇
	阿知使主帰国記事	〇
		漢風諡号記事
		宇佐・石清水奉祀記事

第七節　仁徳天皇紀と仁徳天皇本紀

	【仁徳天皇紀】	【仁徳天皇本紀】
即位前紀	仁徳天皇の系譜記事	○
	母の系譜記事	無し
	天皇の性格記事	○
		皇太子決定記事
	応神天皇崩御記事	○
	皇位互譲記事	○
	倭の屯田記事	無し
	大山守皇子謀反記事	○
元年条	即位記事	○
	皇太后記事	○、但し武内宿禰記事有り
	難波遷都記事	○
	名前交換記事	即位前紀に記載
	太歳記事	無し
二年条	磐之媛命立后記事	○
四年条	課役免除記事	○
七年条	免除継続記事	○
	壬生部・葛城部設置記事	○
一〇年条	課役許可記事	○
一一年条	堀江開削・茨田築堤記事	○、但し、人身御供記事
		無し
	新羅朝貢記事	○
一二年条	高麗鉄盾・鉄的献上記事	○、但し、盾人宿禰記事
		無し
	大溝掘削記事	○
一三年条	茨田屯倉設置記事	○
	和珥池・横野堤作成記事	○
一四年条	猪甘津架橋記事	○
	大道建設記事	○
	開墾記事	○
一六年条	桑田玖賀媛記事	無し
一七年条	新羅朝貢記事	○
二二年条	皇后矢田皇女拒否記事	無し
三〇年条	皇后筒城宮居住記事	○、但し、詳細は無し

	口持臣記事	無し
	天皇山背行幸記事	○
三一年条	去来穂別尊立太子記事	○
三五年条	皇后薨去記事	○
三七年条	皇后葬送記事	○
三八年条	八田皇女立后記事	○
	菟餓野鹿記事	無し、但し末の「賛」に記載有り
四〇年条	隼別皇子・雌鳥皇女記事	○、但し、記事は簡単
	（後日譚）	無し
四一年条	紀角宿禰等百済派遣記事	○、但し酒君記事無し
四三年条	鷹甘部設置記事	○
五〇年条	雁記事	○、但し武内宿禰との歌問答無し
五三年条	竹葉瀬・田道新羅派遣記事	○
五五年条	蝦夷叛乱記事	○、但し、後日譚無し
		武内宿禰薨去記事
五八年条	歴木記事	○
	呉国・高麗朝貢記事	○
六二年条	造船記事	○
	氷室記事	○、但し簡単
六五年条	宿儺誅伐記事	○
六七年条	寿陵築造記事	○、但し、地名説話無し
	大虬殺害記事	無し、但し「賛」に記載有り
八七年条	天皇崩御記事	○
	葬送記事	○
		賛
		漢風諡号記事

第八節　履中天皇紀と履中天皇本紀

	【履中天皇紀】	【履中天皇本紀】
即位前紀	履中天皇の系譜記事	○
	母の系譜記事	無し
	立太子記事	○
	仁徳天皇崩御記事	○
	仲皇子反乱記事	○
	瑞歯別皇子の具体的行動記事	無し、但し誅記事あり
		仁徳天皇葬送記事
元年条	即位記事	○
	安曇連浜子記事	○
	皇妃記事	○、但し子女記事無し
	太歳記事	無し
二年条	立太子記事	○
	遷都記事	○
	執政者記事	○
	磐余池築造記事	○
三年条	磐余市磯池遊宴記事	○、但し物部長真胆記事
		無し
四年条	諸国史設置記事	○
	石上溝掘削記事	○
五年条	筑紫三神記事	無し
	淡路狩猟記事	○
	皇妃薨去記事	無し
	還幸記事	○
	皇妃葬送関連記事	無し
六年条	立后記事	○
	蔵職設置記事	○
	嬪記事	○
	崩御記事	○
	葬送記事	○
		漢風諡号記事

第九節　反正天皇紀と反正天皇本紀

	【反正天皇紀】	【反正天皇本紀】
即位前紀	反正天皇の系譜記事	○
	天皇容姿記事	○、身長記事有り
		仲皇子反乱記事（天皇関連記事）
		立太子記事
	履中天皇崩御記事	○
		履中天皇葬送記事
元年条	即位記事	○
	皇夫人記事	○、但し子女記事無し
	遷都記事	○
	治政記事	○、但し「賛」記事
	太歳記事	無し
六年条	崩御記事	○
		漢風諡号記事

第十節　允恭天皇紀と允恭天皇本紀

	【允恭天皇紀】	【允恭天皇本紀】
即位前紀	允恭天皇の系譜記事	○
	天皇性格体調記事	○、但し病弱記事無し
	反正天皇崩御記事	○
	群卿推戴記事	○
元年条	群臣再推戴記事	○
	即位記事	○
		遷都記事
	太歳記事	無し
二年条	立后記事	○、但し子女記事無し
	刑部設置記事	○
	闘雞国造記事	無し
三年条	天皇病気快癒記事	○
四年条	盟神探湯記事	○
五年条	地震記事	○
	葛城玉田宿禰誅滅記事	○、但し誅滅の事実のみ
	反正天皇葬送記事	○
七年条	弟姫記事	無し
八年条	衣通姫記事	○、但し簡略
九年条	茅渟行幸記事(一一・八・十月)	○
一〇年条	茅渟行幸減少記事	○、但し簡単
一一年条	茅渟行幸記事	○
	藤原部設置記事	○、但し八年条に記載
一四年条	淡路行幸記事	○、但し簡略
二三年条	立太子記事	○
二四年条	軽大娘皇女流罪記事	○
四二年条	崩御記事	○
	新羅弔問記事	無し
	新羅使帰国記事	無し
	葬送記事	○
		漢風諡号記事

第十一節　安康天皇紀と安康天皇本紀

	【安康天皇紀】	【安康天皇本紀】
即位前紀	安康天皇の系譜記事	○
	母の系譜記事	無し
	允恭天皇崩御記事	○
		新羅使弔問記事
		葬送記事
	木梨軽皇子暴虐記事	○
	即位記事	○
	皇太后記事	○
	遷都記事	○
	大泊瀬皇子求婚記事	無し
元年条	大草香皇子殺害記事	○、但し事実のみ
	中蒂姫妃記事	○
	大泊瀬皇子婚姻記事	無し
	太歳記事	無し
二年条	中蒂姫立后記事	○
三年条	崩御記事	○
	葬送記事	○
		漢風諡号記事

第十二節　雄略天皇紀と雄略天皇本紀

	【雄略天皇紀】	【雄略天皇本紀】
即位前紀	雄略天皇の系譜記事	○
	天皇の人物像	○
	安康天皇崩御記事	○
	兄皇子・眉輪王殺害記事	○
	市辺押磐皇子殺害記事	○
	御馬皇子殺害記事	○
	即位記事	○
	泊瀬朝倉宮記事	○
	大臣大連任命記事	○
元年条	立后記事	○
	三妃記事	○、但し二妃のみ
	太歳記事	無し
二年条	池津姫記事	無し、但し賛部分に記載
	吉野行幸記事	○
	御馬瀬狩猟記事	○
	宍人部・史戸・河上舎人部設置記事	○
	大悪天皇記事	無し、但し賛部分に記載
三年条	栲幡皇女自殺記事	無し
四年条	葛城山狩猟（一言主神）記事	○、但し狩猟の事実のみ、一言主神との邂逅は賛にあり
	吉野行幸記事	○
五年条	葛城山狩猟記事	○
	百済軍君来朝記事	○
六年条	泊瀬小野行幸記事	○
	后妃養蚕記事	○
	少子部蜾蠃嬰児献上記事	無し
	呉国遣使記事	○
七年条	少子部蜾蠃三諸岳大蛇捕獲記事	無し
	吉備臣誅殺記事	○
	吉備田狭謀反記事	○

八年条	身狭村主青、檜隈民使博徳呉国遣使記事	○
	新羅救援記事	○
九年条	凡河内直香賜死記事	○
	新羅征討記事	○
	埴輪馬記事	無し
一〇年条	身狭村主青等帰国記事	○、但し水間君鴻及び養鳥人献上記事無し
一一年条	近江国言上記事	○
	貴信帰化記事	○
	鳥養部記事	無し、但し賛にあり
一二年条	身狭村主青、檜隈民使博徳呉国遣使記事	○
	闘鶏御田記事	○
一三年条	歯田根命記事	無し
	文石小麻呂記事	○
	木工猪名部真根記事	無し、但し賛にあり
一四年条	身狭村主青等帰国記事	○
	呉坂建設記事	○、但し誤解
	呉使奉迎記事	○
	根使主旧悪露顕記事	○、但し簡単
一五年条	秦酒賜姓記事	○
一六年条	桑植樹記事	○
	漢部伴造決定記事	○
一七年条	贄土師部設置記事	○
一八年条	朝日郎討伐記事	○
一九年条	穴穂部設置記事	○
二〇年条	百済滅亡記事	○、但し十九年条
二一年条	百済再興記事	○
二二年条	立太子記事	○
	浦嶋子記事	無し
		外宮鎮座記事
二三年条	百済末多王帰国記事	○
	百済朝貢記事	無し
	高麗討伐記事	○
	天皇不豫記事	○
	天皇百寮会見記事	○、但し大臣
	遺詔記事	○、但し一書により記載
	吉備臣尾代記事	○
		賛
		葬送記事
		漢風諡号記事

第十三節　清寧天皇紀と清寧天皇本紀

	【清寧天皇紀】	【清寧天皇本紀】
即位前条	清寧天皇の系譜記事	○
	天皇の人となり	○
	立太子記事	○
	先帝崩御記事	○
	星川皇子叛乱記事	○
	大伴室屋等、璽献上記事	○
元年条	即位記事	○
	定都記事	○
	皇太夫人尊号記事	○
	大連・大臣記事	○
	官僚記事	無し
	先帝葬送記事	○
	太歳記事	無し
二年条	白髪部舎人・膳夫・靫負設置記事	○
	億計王・弘計王発見記事	○
	奉迎記事	○
三年条	二王入京記事	○
	億計王立太子記事	○
	飯豊皇女記事	無し
	風俗巡察記事	○
	犬・馬・器翫献上禁止記事	○
	賜宴記事	○
	諸蕃朝貢記事	○
四年条	諸蕃賜宴記事	○
	大餔記事	○
	囚徒記録記事	○
	蝦夷・隼人内附記事	○
	射殿記事	○
五年条	崩御記事	○
	葬送記事	○
		漢風諡号記事

第十四節　顕宗天皇紀と顕宗天皇本紀

	【顕宗天皇紀】	【顕宗天皇本紀】
即位前条	顕宗天皇の系譜記事	○
	天皇の人となり	○
	天皇の逃避行記事	○
	二王発見記事	○
	奉迎記事	○
	二王入京記事	○
	億計王立太子記事	○
	清寧天皇崩御記事	○
	億計王即位辞退記事	○
	飯豊青皇女称政記事	○
	飯豊青皇女崩御記事	○
	億計王璽奉献記事	○
元年条	即位記事	○
		立太子記事
	立后・恩赦記事	○
	市辺押磐皇子改葬記事	○
	曲水宴記事	○
	小楯褒賞記事	○
	狭狭城山君韓帒減刑記事	○
	避暑殿宴記事	○
	太歳記事	無し
二年条	曲水宴記事	無し
	雄略天皇陵破壊計画記事	無し
	置目帰郷記事	無し
	賜宴記事	無し、但し賛に是の時天下安平記事有り
三年条	阿閉臣事代任那派遣記事	○
	月神託宣記事	無し
	曲水宴記事	無し
	日神託宣記事	無し
	福草部設置記事	○
	崩御記事	○
	紀生磐百済交戦記事	無し
		葬送記事
		賛・漢風諡号記事

第十五節　仁賢天皇紀と仁賢天皇本紀

	【仁賢天皇紀】	【仁賢天皇本紀】
即位前紀	仁賢天皇の系譜記事	○
	天皇の人となり	○
	天皇の逃避行記事	○
	二王発見・奉迎・入京記事	○
	立太子記事	○
	清寧天皇崩御記事	○
	即位辞退記事	○
	皇太子記事	○
	顕宗天皇崩御記事	○
		紀大磐百済交戦記事
元年条	即位記事	○
	立后記事	○
	顕宗天皇葬送記事	○
	太歳記事	無し
二年条	難波小野皇后崩御記事	○、但し事実のみ
三年条	石上部舎人設置記事	○
四年条	的臣蚊嶋・穂瓮君下獄記事	○
五年条	佐伯部探索記事	○
六年条	日鷹吉士高麗派遣記事	○、但し女人記事無し
	日鷹吉士工匠献上記事	○
七年条	立太子記事	○
八年条	百姓言記事	無し、但し「賛」にあり
	五穀豊年記事	○
一一年条	天皇崩御記事	○
		葬送記事
		賛
		漢風諡号記事

第十六節　武烈天皇紀と武烈天皇本紀

	【武烈天皇紀】	【武烈天皇本紀】
即位前紀	武烈天皇の系譜記事	○
	立太子記事	○
	天皇の人となり	無し
	仁賢天皇崩御記事	○
	平群鮪討伐記事	○、但し景媛に関する記載無し
		仁賢天皇葬送記事
	平群真鳥誅伐記事	○
	即位記事	○
	大連任命記事	○
元年条	立后記事	○
	太歳記事	無し
二年条	孕婦記事	無し
三年条	指甲解記事	無し
	信濃男丁徴発記事	○
	百済意多郎卒記事	無し

四年条	昇梢伐本記事	無し
	百済嶋王即位記事	○
五年条	流出人刺殺記事	無し
六年条	小泊瀬舎人設置記事	○
	百済朝貢記事	○
七年条	射殺記事	無し
	百済朝貢記事	○
八年条	天皇暴虐雑事	無し
	天皇崩御記事	○
		葬送記事
		賛
		漢風諡号記事

第十七節　継体天皇紀と継体天皇本紀

	【継体天皇紀】	【継体天皇本紀】
即位前紀	継体天皇の系譜記事	○
	母の系譜記事	無し
	天皇の幼年時代記事	○
	武烈天皇の崩御記事	○
	倭彦王奉迎記事	○
元年条	天皇奉迎記事	○
	即位記事	○
	大連・大臣任命記事	○
	立后記事	○、但し嫡男記事無し
	農耕紡績を勧める詔記事	○
	八妃記事	○、但し皇子女記事無し
	太歳記事	無し
二年条	武烈葬送記事	○
	耽羅人百済国通交記事	無し
三年条	百済百姓附貫記事	○
五年条	山城筒城遷都	○
六年条	穂積押山百済遣使記事	○
	百済貢調記事	○
	（四県割譲記事）	○
七年条	百済、五経博士献上記事	○
	伴跛国、己汶略奪記事	○
	百済太子薨去記事	無し
	勾大兄皇子春日皇女娶る記事	無し
	己汶・滞沙百済割譲記事	○
	伴跛国、己汶要求記事	○
	勾大兄皇子補佐詔記事	立太子記事、詔掲載
八年条	春日皇女に匝布屯倉を賜る記事	○
	伴跛国防強化・新羅侵略記事	○
九年条	百済使帰国記事	○
	伴跛国暴虐記事	○
一〇年条	百済、物部連救出来朝記事	○

	五経博士交替記事	○
	百済来朝記事	○
一二年条	弟国遷都記事	○
一七年条	百済武寧王薨去記事	○
一八年条	百済太子明即位記事	○
二〇年条	磐余玉穂宮遷都記事	○
二一年条	近江毛野、任那派遣記事	○
	筑紫磐井叛乱記事	○
	物部麤鹿火叛乱平定派遣記事	○
二二年条	物部麤鹿火叛乱平定記事	○
	筑紫君葛子、糟屋屯倉献上記事	○
二三年条	百済、加羅多沙津割譲要求記事	○
	加羅王反発記事	○
	加羅、新羅同盟記事	無し
	近江毛野、安羅派遣記事	○
	任那王来朝記事	○
	近江毛野詔勅伝達命令記事	○
	毛野不宣勅記事	無し
	新羅、任那四村略奪記事	無し
	巨勢男人薨去記事	○

二四年条	賢人補佐詔記事	○
	任那使者小野毛野悪行奏上記事	○
	小野毛野召還命令記事	○
	任那小野毛野討伐記事	無し
	調吉士帰国奏上記事	無し
	小野毛野死亡記事	無し
二五年条		天皇譲位記事
	天皇崩御記事	○
	葬送記事	○
		漢風諡号記事

第十八節　安閑天皇紀と安閑天皇本紀

	【安閑天皇紀】	【安閑天皇本紀】
即位前紀	安閑天皇の系譜記事	○
	性格記事	○
		立太子記事
	譲位記事	○
	継体天皇崩御記事	○
	大連任命記事	○
元年条	遷都記事	○
	立后納妃記事	○、但し皇子女記載無し
	伊甚屯倉設置記事	○
	百済朝貢記事	○
	良田選定拒否記事	無し
	妃屯倉設置記事	○
	三嶋行幸記事	○
	田部設置記事	無し
	廬城部連屯倉献上記事	無し
	笠原使主、小杵対立記事	○
二年条	太歳記事	無し
	豊作詔記事	○
	勾舎人部・靫部設置記事	○
	各地屯倉設置記事	○
	犬養部設置記事	○
	屯倉税主掌記事	○
	放牧記事	○
	天皇崩御記事	○
	葬送記事	○
	皇后・神前皇女合葬記事	無し
		漢風諡号記事

第十九節　宣化天皇紀と宣化天皇本紀

	【宣化天皇紀】	【宣化天皇本紀】
即位前紀	宣化天皇の系譜記事	○
	即位記事	○
	性格記事	○
元年条	遷都記事	○
	大連任命記事	○、但し即位記事に続けて記載
	大臣・大夫任命記事	○
	立后記事	○、但し皇子女記載無し
	那津官家整備記事	○
	物部麤鹿火薨去記事	○
	太歳記事	無し
二年条	任那救助記事	○
四年条	天皇崩御記事	○
	葬送記事	○
		漢風謚号記事

第二十節　欽明天皇紀と欽明天皇本紀

	【欽明天皇紀】	【欽明天皇本紀】
即位前紀	欽明天皇の系譜記事	○
	継体天皇の寵愛記事	○
	天皇と秦大津父記事	○、但し末の「賛」部分
	宣化天皇崩御記事	○、但し宣化天皇紀に従う
	皇位辞譲記事	○
		葬送記事
	即位記事（十二月）	○
	皇太后記事（十二月）	○
	大連・大臣記事（十二月）	○
元年条	立后記事（正月）	○、但し子女記事無し
	百済人帰化記事（二月）	○
	蝦夷・隼人帰附記事（三月）	○
	遷都記事（七月）	○

	高麗・百済・新羅・任那朝貢記事（八月）	○
	難波祝津宮行幸記事（九月）	○
	大伴金村失脚記事（九月）	無し
	太歳記事（九月）	無し
二年条	妃記事（三月）	○、但し子女記事無し
	任那復建指示記事（四月）	○、但し簡略
	百済王使者任那派遣記事（七月）	無し
	百済任那政奏上記事（七月）	○
四年条	百済使者帰国記事（四月）	無し
	百済扶南財物献上記事（九月）	○
	津守連百済派遣記事（十一月）	○、但し簡略
	百済王任那復興指示記事（十二月）	無し

	百済任那官人招請記事（十二月）	無し
五年条	百済任那官人招請記事（正月）	無し
	百済任那官人招請記事（正月）	無し
	百済使者任那派遣記事（二月）	無し
	百済使者来朝記事（三月）	○、但し簡略
	百済使者帰国記事（十月）	無し
	百済任那復興計画記事（十一月）	無し
	粛慎人佐渡渡来記事（十二月）	○、但し事実のみ
六年条	膳巴提便遣使記事（三月）	○
	百済上表記事（五月）	○
	百済使者任那派遣記事（九月）	無し
	百済造像記事（九月）	無し
	膳巴提便帰国記事（十一月）	○、但し事実のみ
	高麗大乱記事（是年）	○
七年条	百済使帰国記事（正月）	○
	百済朝貢記事（六月）	○

	倭今来郡言上記事（七月）	無し
	高麗大乱記事（是歳）	○
八年条	百済援軍要請記事（四月）	○
九年条	百済使帰国記事（正月）	○
	百済援軍辞退記事（四月）	○、但し事実のみ
	使者百済派遣記事（六月）	○
	百済使帰国記事（閏七月）	無し
	軍勢派遣記事（十月）	○
一〇年条	百済使帰国記事（六月）	○
一一年条	使者百済派遣記事（二月）	○
	百済遣使帰国記事（四月）	○
	百済俘来朝（四月）	○
一二年条	麦種贈与記事（三月）	○
	百済故地回復記事（是歳）	○
一三年条	箭田珠勝大兄皇子薨去記事（四月）	○
	百済・加羅等援軍要請記事（五月）	○
	仏教公伝記事（十月）	○
	百済漢城・平壌放棄記事（是歳）	○
一四年条	百済援軍要請記事（正月）	○
	百済使帰国記事（正月）	無し

	河内国言上記事（五月）	○、但し仏像所在地記事無し
	内臣百済遣使記事（六月）	○
	樟勾宮行幸記事（七月）	○
	百済援軍要請記事（八月）	○
	百済王子高麗戦記事（十月）	○、但し事実のみ
一五年条	立太子記事（正月）	○
	百済援軍確認記事（正月）	○
	百済援軍要請・五経博士等交代記事（二月）	○
	百済使帰国記事（三月）	無し
	内臣百済救援記事（五月）	○
	百済王上表記事（十二月）	○
	百済聖明王戦死記事（十二月）	○、但し事実のみ
一六年条	百済王子恵来日記事（二月）	○、但し簡略
	白猪屯倉設置記事（七月）	○
	百済王子余昌出家希望記事（八月）	無し
一七年条	百済王子恵帰国記事（正月）	○
	備前児嶋屯倉設置記事（七月）	○
	倭高市郡屯倉記事（十月）	○
一八年条	百済余昌即位記事（三月）	○
二一年条	新羅朝貢記事（九月）	○
二二年条	新羅朝貢記事（是歳）	○
二三年条	任那滅亡記事（正月）	○
	任那復興詔記事（六月）	○
	馬飼首譏言記事（六月）	無し
	新羅朝貢記事（七月）	○
	対新羅攻防戦記事（七月）	○
	大伴狭手彦高麗遠征記事（八月）	○
	新羅朝貢記事（十一月）	○
二六年条	高麗人帰化記事（五月）	○
二八年条	洪水記事	○
三〇年条	白猪田部調査記事（正月・四月）	無し
三一年条	蘇我稲目薨去記事（三月）	○
	高麗人漂着記事（四月・五月・七月）	○、但し郡司の隠蔽記事無し
三二年条	坂田耳子新羅派遣記事（三月）	○

高麗朝貢奏上延期記事（三月）	無し
天皇不豫記事（四月）	○
天皇崩御記事（是月）	○
天皇殯記事（五月）	○
新羅使来日記事（八月）	無し
新羅使帰国記事（是月）	無し
天皇葬送記事（九月）	○
	漢風謚号記事
	賛

第二十一節　敏達天皇紀と敏達天皇本紀

	【敏達天皇紀】	【敏達天皇本紀】
即位前紀	敏達天皇の系譜記事	○
	仏法を信ぜず文史を愛す記事	○、但し十四年条
	立太子記事	○
	欽明天皇崩御記事	○
		新羅弔使記事
		欽明天皇葬送記事
元年条	即位記事	○
	皇太后尊称記事	○
	造都記事	○
	大連・大臣任命記事	○
	高麗使記事	○
	高麗表疏読解記事	無し
	高麗大使殺害記事	○、但し簡潔
	高麗使帰国記事	無し
	太歳記事	無し
二年条	高麗使越漂着記事	○
	吉備海部直難波高麗遣使記事	○
	難波偽報告記事	無し
三年条	高麗使越来泊記事	無し
	高麗使請問記事	○
	蘇我馬子白猪屯倉派遣記事	○
	津史賜姓記事	無し
	新羅朝貢記事	○
四年条	広姫立后記事	○、但し子女記事無し
	老女子夫人記事	○、但し子女記事無し
	蘇我馬子復命記事	無し
	百済朝貢記事	○
	任那回復指示記事	○
	新羅・任那・百済派遣記事	○
	新羅朝貢記事	○
	造宮記事	○

	広姫薨去記事	○
五年条	豊御食炊屋姫尊立后記事	○、但し子女記事無し
六年条	日祀部・私部設置記事	○
	百済遣使記事	○
	百済来朝記事	○
七年条	斎王任命・解任記事	○
八年条	新羅朝貢記事	○
九年条	新羅朝貢記事	○
一〇年条	蝦夷侵寇記事	○
一一年条	新羅朝貢記事	○
一二年条	百済遣使(日羅帰国)記事	○、但し簡潔
一三年条	新羅遣使記事	○
	蘇我馬子崇仏記事	○、但し簡潔
一四年条	蘇我馬子立塔記事	無し
	疫病流行記事	○
	仏法禁断記事	○
	任那再建命令記事	○
	馬子仏法信仰許可記事	○
	天皇崩御記事	○
	殯記事	○
	馬子・守屋対立記事	無し
	穴穂部皇子記事	無し
		葬送記事
		漢風謚号記事

第二十二節　用明天皇紀と用明天皇本紀

	【用明天皇紀】	【用明天皇本紀】
即位前紀	用明天皇の系譜記事	○
	仏法を信じ神道を尊ぶ記事	○
	敏達天皇崩御記事	○
	即位記事	○
	造宮記事	○
	大臣・大連任命記事	○
	斎王任命記事	○
元年条	穴補部間人皇女立后記事	○、但し子女記事無し
	石寸名為嬪記事	○、但し子女記事無し
	穴穂部皇子三輪君逆殺害記事	○、但し簡潔
	太歳記事	無し
二年条	新嘗祭記事	○
	天皇履病記事	○
	天皇仏法信仰記事	○
	天皇崩御記事	○
	天皇葬送記事	○
		漢風諡号記事

第二十三節　崇峻天皇紀と崇峻天皇本紀

	【崇峻天皇紀】	【崇峻天皇本紀】
即位前紀	崇峻天皇の系譜記事	○、但し母の系譜記事無し
	用明天皇崩御記事	○
	物部守屋穴穂部皇子擁立計画記事	○
	穴穂部皇子・宅部皇子誅殺記事	○
	百済朝貢記事	○
	物部守屋討伐記事	○
	厩戸皇子勝利祈願記事	無し
	四天王寺建立記事	無し
	跡見赤檮賜田記事	○
	法興寺建立記事	無し
	捕鳥部万奮戦記事	無し
	天皇即位記事	○
	大臣等任命記事	○
元年条	造宮記事	○
	小手子為妃記事	○
	百済朝貢記事	○
	太歳記事	無し
二年条	各地国境観察記事	○
三年条	尼善信等帰国記事	無し
	寺（法興寺）資材伐採記事	無し
	出家僧尼記事	無し
四年条	敏達天皇葬送記事	○
	任那復興策記事	○
	将軍筑紫派遣記事	○
	新羅・任那遣使派遣記事	○
五年条	山猪献上記事	○
	蘇我馬子弑逆計画記事	○、但し前半記事のみ
	弑逆記事	天皇崩御記事
	対将軍通告記事	○
	東漢直駒殺害記事	無し
		漢風諡号記事

第二十四節　推古天皇紀と推古天皇本紀

	【推古天皇紀】	【推古天皇本紀】
即位前紀	推古天皇の系譜記事	○
	人物記事	○
	立后記事	○
	群臣即位要請記事	○
	即位記事	○
		蘇我馬子大臣任命記事
元年条	仏舎利法興寺塔安置記事	無し
	刹柱建立記事	無し
	厩戸皇子立太子記事	○
	厩戸皇子系譜関係記事	無し
	用明天皇改葬記事	○
	四天王寺建立記事	無し
	太歳記事	無し
二年条	三宝興隆詔記事	○
三年条	沈水淡路島漂着記事	無し
	高麗僧慧慈帰化記事	○
	百済僧慧聡来日記事	○
	将軍等筑紫より至る記事	○
四年条	法興寺竣工記事	○
五年条	百済王子阿佐朝貢記事	○
	吉士磐金新羅派遣記事	○
六年条	吉士磐金帰国記事	○
	新羅孔雀献上記事	○
	越国白鹿献上記事	○
七年条	地震記事	○
	百済駱駝等献上記事	○
八年条	新羅任那交戦記事	○
	境部臣等派遣記事	○
九年条	皇太子斑鳩宮建設記事	無し
	任那救援記事	○
	耳梨行宮滞在記事	○
	新羅間諜捕縛記事	○
	新羅攻撃会議記事	○
一〇年条	来目皇子征新羅将軍任命記事	○

	来目皇子筑紫到着記事	無し
	大伴囓等帰国記事	○
	来目皇子病記事	○
	百済僧観勒来日記事	○
	高麗僧僧隆・雲聡来日記事	○
一一年条	来目皇子薨去記事	○
	当麻皇子征新羅将軍任命記事	○
	小墾田宮遷宮記事	○
一二年条	冠位十二階制定記事	○、但し冠位名称は略
	冠位授与記事	○
	憲法十七条制定記事	○、但し内容は略
	朝礼改制記事	○
	黄書画師・山背画師制定記事	無し
一三年条	丈六仏像製作記事	○
	褶著記事	○
	皇太子斑鳩宮居住記事	無し
一四年条	丈六仏像完成記事	○
	四月八日・七月十五日設斎記事	○
	坂田尼寺開創記事	無し
	皇太子勝鬘経講説記事	○

一五年条	皇太子法華経講説記事	無し
	壬生部設置記事	○
	神祇崇拝記事	○
	小野妹子遣随使派遣記事	○
	高市池等作成記事	○
一六年条	小野妹子帰国記事	○
	隋使接待記事（六月丙辰・八月癸卯・壬子・丙辰・九月乙亥）	○
	小野妹子再渡航記事	○、但し国書内容は無し
	新羅人投化記事	○
一七年条	百済人漂着記事	○、但し道人元興寺に住まわす記事略
	小野妹子帰国記事	○
一八年条	高麗僧曇徴等献上記事	○
	新羅・任那朝貢記事（七月・九月・十月八日・九日・十七日）	○、但し一括
一九年条	菟田野薬猟記事	○
	新羅・任那朝貢記事	○
二〇年条	群臣宴記事	○、但し、天皇と馬子の贈答歌無し
	堅塩媛改葬記事	○
	羽田薬猟記事	○

	百済人来日記事	無し
	百済人味摩之帰化記事	無し
二一年条	掖上池等作成記事	○
	太子片岡遊行記事	無し
二二年条	薬猟記事	○
	犬上御田鍬遣隋使派遣記事	○
	蘇我馬子罹病記事	無し
二三年条	遣随使帰国記事	○
	百済客饗記事	無し
	高麗僧慧慈帰国記事	無し
二四年条	桃李記事	○
	掖久人来朝記事	○
	新羅仏像献上記事	○
二五年条	出雲国瓜生育記事	○
	五穀豊堯記事	○
二六年条	高麗朝貢記事	○
	河辺臣造船記事	無し
二七年条	近江国奏言記事	○
	摂津国奏言記事	○
二八年条	掖玖人漂着記事	○
	檜隈陵修築記事	○
	天赤気記事	○
	天皇記等編纂記事	○

二九年条	厩戸皇子薨去記事	○
	皇太子葬送記事	無し
		穴穂部間人皇后薨去記事
	新羅朝貢記事	○
三一年条	新羅・任那朝貢記事	○
	新羅任那攻撃記事	○
	軍隊帰国記事	○
	霖雨記事	○
三二年条	僧祖父殺害記事	○
	僧正等設置記事	○
	僧正等任命記事	○
	僧侶等調査記事	○
	蘇我馬子葛城県譲渡要求記事	○
三三年条	高麗僧恵灌献上記事	○、但し僧正任命記事無し
三四年条	桃李記事	○
	霜記事	○
	蘇我馬子薨去記事	○、但し人となり等無し
		蘇我蝦夷大臣任命記事
	雪・霖雨・飢饉記事	○
三五年条	陸奥奏言記事	○
	蠅聚集記事	○
三六年条	天皇不豫記事	○

日蝕記事	○
田村皇子・山背大兄王遺詔記事	○
崩御記事	○
雹記事	○
殯記事	○
群臣遺詔記事	○、但し崩御記事に続けて記載
葬送記事	○
	漢風諡号記事

第二十五節　舒明天皇紀と舒明天皇本紀

	【舒明天皇紀】	【舒明天皇本紀】
即位前紀	舒明天皇の系譜記事	○
	聖徳太子薨去記事	無し
	推古天皇崩御記事	○
	皇位継承決定記事	○
元年条	即位記事	○
	田部連掖玖派遣記事	○
	太歳記事	無し
二年条	立后記事	○
	高麗・百済朝貢記事	○
	犬上三田耜ら遣唐使派遣記事	○
	高麗・百済使饗応記事	無し
	高麗・百済使帰国記事	無し
	田部連帰国記事	○
	岡本宮遷居記事	○
	難波大郡・三韓館修理記事	○
三年条	掖玖人帰化記事	○
	百済豊章入質記事	○
	有間温湯行幸記事	○
	帰京記事	○
四年条	唐使来日記事	○
	唐使奉迎記事	○
五年条	唐使帰国記事	○
六年条	長星記事	○
七年条	彗星記事	○
	百済朝貢記事	○
	百済使饗応記事	無し
	剣池瑞蓮記事	○
八年条	日蝕記事	○
	奸采女罪記事	○
	霖雨大水記事	○
	岡本宮災、田中宮遷居記事	○

九年条	大派王、出仕時刻提案記事	無し
	大旱記事	○
	流星記事	○
	日蝕記事	○
	蝦夷討伐記事	○
一〇年条	大風記事	○
	霖雨記事	○
	有間温湯行幸記事	○
	百済・新羅・任那朝貢記事	○
一一年条	帰京記事	○
	新嘗記事	○
	無雲雷鳴記事	○
	大風雨記事	○
	彗星記事	○
	百済宮・寺造営記事	○
	新羅恵隠・恵雲送使記事	○
	新羅使饗応記事	○
	伊予温湯行幸記事	○
	百済寺九重塔建立記事	○
一二年条	星入月記事	○
	帰京記事	○
	設斎記事	○
	百済・新羅朝貢、高向玄理・清安帰国記事	○
	百済宮遷居記事	○
一三年条	天皇崩御記事	○
	殯記事	○
	開別皇子誄記事	無し
		葬送記事
		漢風諡号記事

第二十六節　皇極天皇紀と皇極天皇本紀

	【皇極天皇紀】	【皇極天皇本紀】
即位前紀	皇極天皇の系譜記事	○
	順考古道為政記事	元年条記載 初婚記事
	立后記事	○
	舒明天皇崩御記事	○
元年条	即位記事	○
	大臣記事	○
	蘇我入鹿専政記事	○
	百済弔使来日記事	○
	百済消息報告記事	無し
	高麗朝貢記事	○
	高麗消息記事	無し
	百済使・高麗使饗応記事	無し
	使者、高麗・百済・任那派遣記事	○
	翹岐、阿曇山背宅安置記事	○
	高麗・百済使饗応記事	無し
	高麗・百済使帰国記事	無し
	無雲降雨記事	○
	新羅遣使記事	○
	新羅使帰国記事	無し
	三月霖雨記事	無し
	翹岐拝朝記事	○
	蘇我蝦夷招翹岐記事	無し
	四月霖雨記事	○
	翹岐等観射猟記事	○
	百済朝貢記事	○
	百済使進調記事	無し
	翹岐従者死亡記事	無し
	翹岐児死亡記事	無し
	熟稲記事	○
	翹岐百済大井移住記事	無し
	微雨記事	無し

大旱記事	○
客星入月記事	○
百済使饗応記事	無し
白雀記事	無し
群臣会議記事	無し
蝦夷祈雨記事	○
微雨記事	無し
天皇祈雨記事	○
百済使帰国記事	無し
百済長福入質記事	○
百済・新羅使再帰国記事	無し
百済大寺興隆及造船記事	○
百済宮造営記事	○
蝦夷内附記事	○
地震記事	○
地震記事	○
蝦夷饗応記事	○
蘇我蝦夷蝦夷慰問記事	無し
地震記事	○
無雲雨記事	○
大雨記事(一一月条)	無し
雷記事	無し
雷記事	無し
天暖如春記事	無し

二年条

新嘗記事	無し
天暖如春記事	無し
雷記事	無し
舒明天皇殯記事	○
雷記事	無し
雷記事	無し
舒明天皇葬送記事	○
小墾田宮遷移記事	○
雷記事	無し
	是冬雷雨暖如春記事
蘇我蝦夷専横記事	無し
太歳記事	無し
五色雲記事	○
大風記事	○
桃開花記事	無し
雹記事	○
風、雨氷記事	無し
巫覡神語記事	無し
難波百済館災記事	○
霜記事	○
風、雨氷記事	○
大風記事	○
風、寒記事	無し
西風、雹記事	○

	翹岐・百済朝貢使来日記事	百済使○
	板蓋宮遷移記事	○
	近江国雹記事	○
	月蝕記事	無し
	高麗使来日記事	○
	百済船難波入港記事	無し
	百済調物検査記事	○
	茨田池水大臭記事	○
	茨田池水如藍汁記事	○
	舒明天皇改葬記事	○
	吉備嶋皇祖母命薨去記事	○
	喪記事	○
	葬送記事	○
	大雨・雹記事	○
	群臣賜物記事	○
	茨田池水成白色記事	無し
	群臣饗応記事	○
	蘇我蝦夷紫冠私的授与記事	無し
	蘇我入鹿山背大兄王殺害意図記事	無し
	茨田池水還清記事	無し
	蘇我入鹿山背大兄王殺害記事	○
	余豊蜜蜂放養記事	無し
三年条	中臣鎌足神祇伯任命記事	○
	法興寺蹴鞠記事	無し
	休留産卵記事	無し
	芝草記事	○
	大伴長徳百合華献上記事	○
	志紀上郡言上記事	無し
	剣池蓮記事	○
	巫覡神語記事	無し
	常世神記事	無し
	蘇我氏専横記事	無し
四年条	伊勢大神使記事	○
	鞍作得志記事	無し
	蘇我氏滅亡記事	○
	三韓朝貢記事	○
	蘇我倉山田石川麻呂表文奉読記事	○
	中大兄皇子斬入鹿記事	無し
	入鹿言記事	無し
	中大兄皇子奉答記事	○
	天皇退出記事	○
	入鹿屍下賜記事	○

古人大兄皇子帰宅記事	無し
法興寺集結記事	無し
巨勢徳陀演説記事	無し
天皇記等焼失記事	無し
蝦夷自殺記事	○
謡歌記事	無し
天皇譲位記事	○

第二十七節　孝徳天皇紀と孝徳天皇本紀

	【孝徳天皇紀】	【孝徳天皇本紀】
即位前紀	孝徳天皇の系譜記事	○
	天皇の性格記事	○
	皇位互譲記事	○
	古人皇子出家記事	○
太化元年	即位記事	○
六月条	皇祖母尊称号贈与記事	○
	立太子記事	○
	左右大臣等任命記事	○
	左右大臣金策下賜記事	○
	大槻樹下群臣誓盟記事	○
七月条	太化年号制定記事	○
	皇后・妃記事	○
	高麗・百済・新羅朝貢記事	○
	遵上古聖王跡詔記事	○
	使民方法詔記事	○
	石川麻呂奏言記事	○
	倭漢直等尾張・美濃派遣記事	○
八月条	東国国司発遣記事	○
	鍾櫃設置記事	○
	男女法制定記事	○
	僧尼統制記事	無し
九月条	諸国兵器収納記事	○
	古人皇子謀反記事	○
	諸国民総数記録記事	○
一二月条	難波遷都記事	○
	越国奏言記事	無し
是年条	太歳記事	無し
	賀正記事	○
二年正月条	改新詔記事	○
	子代離宮行幸記事	○
	兵庫修営記事	○
	蝦夷帰順記事	○
二月条	雑役停止詔記事	○

	高麗・百済・任那・新羅朝貢記事	○
	帰京記事	○
三月条	東国国司論功行賞記事	○
	皇太子奏言記事	○
	薄葬令記事	○
	旧俗禁止記事	無し
八月条	品部廃止記事	百官新設のみ
九月条	高向黒麻呂新羅派遣記事	○
	蝦蟇行宮行幸記事	○
是歳条	越国鼠移動記事	○
三年正月条	射礼記事	○
	高麗・新羅朝貢記事	○
四月条	詔記事	無し
是歳条	小郡宮造営記事	○
	礼法制定記事	○
	荒田井比羅夫記事	○
一〇月条	有馬温湯行幸記事	○
一二月条	武庫行宮火災記事	○
	皇太子宮火災記事	○
是歳条	新冠位制施行記事	○
	高向黒麻呂帰国・新羅孔雀鸚鵡献上記事	○
	渟足柵設置記事	○

四年正月条	賀正記事	○
	難波碕宮行幸記事	○
二月条	学問僧三韓派遣記事	無し
	阿倍大臣仏像安置記事	無し
四月条	古冠廃止記事	○
是歳条	新羅朝貢記事	○
	磐舟柵設置記事	○
五年正月条	賀正記事	○
二月条	冠位十九階制定記事	○
三月条	阿倍大臣薨去記事	○
	蘇我倉山田石川麻呂自殺記事	○
四月条	巨勢徳陀古・大伴長徳左右大臣任命記事	○
五月条	三輪色夫等新羅派遣記事	○
是歳条	新羅質派遣記事	○
白雉元年正月条	味経宮行還幸記事	○
二月条	穴戸国司白雉献上記事	○
	天皇・皇太子拝礼記事	○
	巨勢大臣賀奏上記事	○
	改元記事	○
四月条	新羅朝貢記事	○
一〇月条	宮地確定記事	○

	丈六繡像等制作記事	無し
是歳条	漢山口直大口千仏像制作記事	無し
	百済船製作記事	無し
二年三月条	丈六繡像完成記事	無し
	皇祖母尊設斎記事	無し
六月条	百済・新羅朝貢記事	○
七月条		大伴長徳薨去記事
一二月条	味経宮読経記事	○
	新宮遷幸記事	○
是歳条	新羅朝貢使追放記事	○
	巨勢大臣奏言記事	無し
三年正月条	大郡宮行幸記事	○
是月条	班田記事	無し
三月条	還幸記事	○
四月条	恵隠無量寿経講義記事	無し
	雨水記事	○
是月条	造戸籍記事	○
	百済・新羅朝貢記事	○
九月条	宮完成記事	無し
一二月条	内裏設斎記事	○
四年五月条	遣唐使発遣記事	○
是月条	天皇僧旻見舞記事	○
六月条	百済・新羅朝貢記事	○

	大道修治記事	無し
	旻弔問記事	○
七月条	高田根麻呂等遭難記事	○
是歳条	皇太子等倭京移動記事	○
五年正月条	鼠移動記事	○
	紫冠中臣鎌子授与記事	○
二月条	遣唐使高向玄理等発遣記事	○
四月条	吐火羅人・舎衛人漂流来日記事	○
七月条	遣唐使(西海使)帰国記事	○
是月条	吉士長丹等授位記事	○
一〇月条	皇太子等天皇見舞い記事	○
	天皇崩御記事	○
	殯宮記事	○
一二月条	葬送記事	○
	皇太子等倭河辺行宮移動記事	無し
是歳条	高麗・百済・新羅弔問使記事	無し
		漢風謚号記事

第二十八節　斉明天皇紀と斉明天皇本紀の比較

	【斉明天皇紀】	【斉明天皇本紀】
即位前紀	斉明天皇の初婚記事	無し、但し皇極天皇本紀にあり
	再婚記事	無し、但し皇極天皇本紀にあり
	舒明天皇崩御記事	無し、但し皇極天皇本紀にあり
	即位記事	無し、但し皇極天皇本紀にあり
	禅譲記事	○
	皇祖母尊記事	○
		孝徳天皇不豫記事
		自河辺行宮至難波宮記事
	孝徳天皇崩御記事	○
		孝徳天皇葬送記事
		河辺行宮帰還記事
元年条	即位記事	○
		中大兄皇子皇太子記事
		左大臣・内臣記事
	乗龍者記事	○
	蝦夷饗応記事	○、但し百済使饗応記事
		無し
	河辺臣麻呂等帰国記事	○
	小墾田宮造営計画記事	無し
	板蓋宮火災、川原宮遷居記事	○
	高麗・百済・新羅朝貢記事	○
	蝦夷・隼人朝献記事	○
	新羅弥武質記事	○
	弥武死亡記事	無し
	太歳記事	無し
二年条	高麗朝貢記事	○
	高麗遣使記事	○
	岡本宮地定記事	○

	高麗・百済・新羅朝貢記事	○
	後飛鳥岡本宮遷居記事	○
	田身嶺周垣記事	○
	作事記事	無し、但し「賛」として掲載
	佐伯連栲縄等帰国記事	○
	岡本宮火災記事	○
三年条	覩貨邏人漂着記事	○
	須弥山像作製・盂蘭盆会・覩貨邏人饗応記事	○
	有間皇子記事	
	新羅遣唐使斡旋拒否記事	無し
	遣百済阿曇連頰垂等帰国記事	○
	石見国言上記事	○
四年条	巨勢徳太薨去記事	○
	阿倍臣蝦夷討伐記事	○
	皇孫建王薨去記事	○
	蝦夷朝献記事	無し
	沙門智通等留学記事	○
	紀温湯行幸記事	無し
	有間皇子謀反記事	○

	阿倍引田臣比羅夫粛慎討伐記事	○
	沙門智踰指南車製作記事	○
	出雲国言上記事	○
	遣百済阿曇連頰垂等帰国記事	○
五年条	天皇還幸記事	○
	吉野行幸記事	○
	近江平浦行幸	○
	吐火羅人来日記事	○
	須弥山築造蝦夷饗応記事	○
	阿倍臣蝦夷討伐記事	無し
	坂合部連石布等遣唐使派遣記事	○
	伊吉連博徳書記事	○
	盂蘭盆経読経記事	無し
	出雲神宮修厳記事	無し
六年条	高麗使来日記事	○
	阿倍臣粛慎討伐記事	○
	高麗使難波着記事	来朝○
	仁王般若会記事	○
	皇太子漏剋作製記事	○
	阿倍引田臣蝦夷献上記事	○
	須弥山製作粛慎饗応記事	無し

	百姓持兵往還記事	無し
	高麗使帰国記事	無し
	覩貨羅人帰国記事	無し
	百済使来日、百済滅亡報告記事	○
	百済鬼室福信救援依頼記事	○
	難波宮行幸記事	○
	駿河国造船記事	○
	科野国言上記事	○
七年条	征西記事	○
	大伯海着記事	○
	伊予熟田津着記事	○
	磐瀬行宮居記事	○
	福信遣使記事	○
	朝倉宮遷居記事	○
	朝倉宮怪奇記事	○
	耽羅朝貢記事	○
	伊勢王薨去記事	無し
	天皇崩御記事	○
	皇太子磐瀬宮移居記事	○
	朝倉山鬼記事	○
	天皇柩帰京記事	無し
	難波着記事	無し

殯記事（二年是歳条）	○
	葬送記事
	漢風諡号記事
	賛記事

第二十九節　天智天皇紀と天智天皇本紀

	【天智天皇紀】	【天智天皇本紀】
即位前紀	天智天皇の系譜記事	○
		蘇我氏討伐記事
	孝徳天皇即位記事	○
	立太子記事	○、朝政匡輔記事有り
	孝徳天皇崩御記事	無し
	斉明天皇即位記事	○、但し皇太子記事有り
		西征記事
斉明天皇七年	斉明天皇崩御記事	○
	称制記事	○
	唐の高麗攻撃記事	○
	長津宮遷居記事	○
	百済救援記事	○
	百済豊璋織冠授与、帰国記事	○
		長津宮出発記事
		難波到着記事
		斉明天皇殯記事
（壬戌＝元年紀）	唐、高麗に敗北記事	○
	岸田麻呂等宝剣献上記事	○
	百済福信に武器贈与記事	○
	百済王に布授与記事	○
	唐・新羅、高麗攻撃記事	○
	鼠子を馬の尾に産む記事	○、高麗滅亡予兆記事無し
	阿曇比邏夫等豊璋送付記事	○
	百済朝貢記事	○
	百済遷都記事	無し
	百済救援記事	○
	太歳記事	無し
（癸亥＝二年条）	百済朝貢記事	○
	百済、新羅に敗北記事	無し

	福信、唐俘送付記事	○
	新羅討伐記事	○
	犬上君、高麗通報記事	無し
	上毛野君稚子等、新羅攻撃記事	○
	豊璋、福信殺害記事	無し
	新羅、百済攻撃記事	○
	救援軍大敗記事	○
	豊璋、高麗逃亡記事	○
	日本軍帰国記事	○
	百済遺民来日記事	○
(甲子＝三年条)	冠位堦換記事	○
	隕石、地震記事	○
	唐郭務悰来日記事	○
	蘇我大臣薨去記事	○
	嶋皇祖母命薨去記事	○
	郭務悰宣勅記事	無し
	対郭務悰賜物記事	○、但し戊寅記事に合わせ記す
	郭務悰饗宴記事	○
	高麗大臣死亡記事	無し
	郭務悰帰国記事	無し
	淡海国祥瑞記事	○
	防烽設置記事	○
(乙丑＝四年条)	間人大后薨去記事	○
	鬼室集斯叙位、百済百姓近江居住記事	○
	為間人大后出家記事	無し
	百済人給田記事	○、但し居住記事に記載
	長門・大野・椽築城記事	○
	耽羅、来朝記事	○
	唐、劉徳高等来日記事	○
	菟道閲兵記事	○
	劉徳高等饗宴記事	○
	劉徳高等帰国記事	○
	守大石等遣唐使記事	○
(丙寅＝五年条)	高麗・耽羅朝貢記事	○
	佐伯子麻呂見舞記事	○
	高麗使帰国記事	無し
	大水記事	○
	高麗、朝貢記事	○
	鼠近江移動記事	○
	百済人東国移附記事	○
	僧智由指南車献上記事	○

（丁卯＝六年条）	斉明天皇・間人皇女合葬記事	○
	大田皇女陵前埋葬記事	無し
	皇太子言記事	○
	近江遷都記事	○
	葛野郡、白燕献上記事	○
	耽羅朝貢記事	○
	皇太子、倭京行幸記事	○
	高麗、内紛記事	無し
	劉仁願、司馬法聡等派遣記事	○
	司馬法聡等帰国記事	○
	高安・屋嶋・金田築城記事	○
	耽羅使者賜物記事	無し
元年（七年）条	即位記事	○
	群臣饗宴記事	○
	博徳等服命記事	○
	立后記事	○
	百済朝貢記事	○
	百済帰国記事	無し
	蒲生野縦猟記事	○
	伊勢王等薨去記事	無し
	高麗朝貢記事	○
	栗前王筑紫率任命記事	無し
	近江国講武記事	○
	越国燃土燃水献上記事	○
	浜台下魚集中記事	無し
	蝦夷饗宴記事	無し
	舎人饗宴記事	無し
	新羅朝貢記事	○
	中臣内臣、新羅金庾信に船贈与記事	無し
	新羅王に船贈与記事	○
	高麗滅亡記事	○
	新羅王に賜物記事	○
	道守臣麻呂等新羅派遣記事	○
	草薙剣盗難記事	○
二年（八年）条	蘇我赤兄筑紫率任命記事	無し
	耽羅朝貢記事	○
	耽羅王に五穀の種贈与	○
	王子帰国記事	無し
	山科野縦猟記事	○
	高安城修理中止記事	無し
	藤原内大臣家落雷記事	○

	新羅朝貢記事	○
	天皇、藤原内大臣病気見舞記事	○
	大海人皇子、藤原内大臣家派遣記事	○
	藤原鎌足薨去記事	○
	藤原鎌足家行幸記事	○
	大蔵火災記事	○
	高安城修理記事	○
	斑鳩寺火災記事	○
	遣唐使派遣記事	○
	百済余自信等、蒲生郡移住記事	○
	郭務宗等来日記事	○
三年(九年)条	大射記事	○
	礼儀宣勅記事	○
	戸籍作製記事	○
	蒲生郡行幸記事	○
	高安城修築記事	○
	長門・筑紫築城記事	○
	諸神奉祭記事	○、但し中臣金の祝詞奏上略
	法隆寺火災記事	○
	中字上黄下玄亀捕獲記事	○
	阿曇連頰垂新羅派遣記事	○
	治鉄記事	○
四年(十年)条	蘇我赤兄、巨勢人賀正記事	○
	中臣金神事記事	○
	大友皇子太政大臣任命記事	○
	大海人皇子冠位等施行記事	○
	高麗朝貢記事	○
	李守真等来朝記事	○
	百済余自信等叙位記事	○
	百済朝貢記事	○
	黄書本実、水臬献上記事	○
	常陸国中臣部若子献上記事	○
	漏刻設置記事	○
	筑紫国言上記事	○
	西小殿宴記事	○
	百済使宣勅記事	無し
	百済来朝記事	○
	栗隈王筑紫率任命記事	無し
	新羅朝貢記事	○

李守真等帰国記事	無し
高麗使帰国記事	無し
蝦夷饗応記事	無し
天皇不豫記事	○
新羅朝貢記事	○
百仏開眼儀式記事	○
法興寺施入記事	○
後事大海人皇子委託記事	○
大海人皇子吉野行記事	○
	大友皇子立太子記事
郭務悰等比智島来航記事	○
大友皇子等誓盟記事	○
近江宮火災記事	○
左右大臣等大友皇子を奉じ誓盟記事	○
新羅王に賜物記事	○
天皇崩御記事	○
殯宮記事	○
新羅使帰国記事	無し
讃岐国四足鶏誕生記事	○、但し崩御前
大炊八鼎鳴記事	○、但し崩御前
	葬送記事
	賛記事
	漢風諡号記事

第三章　『大日本史』本紀（神武天皇本紀より持統天皇本紀）の参考文献

はじめに

『大日本史』の神武天皇本紀から持統天皇本紀については『日本書紀』に基づいて記述されてゐる。それは『日本書紀』を称して、「本書」と称してゐることにより明らかであるが、その記述に当たつては、当時閲覧することができた書物をできるだけ参考して、正確な史実を明らかにしようとしたのであつた。本章に於いては、その執筆に際し参考とされた書物を各天皇本紀ごとに挙げていくことにしよう。

一　神武天皇本紀

『古事記』　書名の挙げられること八回。その内本書に基づいて記述された部分が一回ある。

『先代旧事本紀』　書名の挙げられること四回。その内本書に基づいて『日本書紀』の本文が訂正された部分が一回ある。

『水鏡』　書名の挙げられること二回。いづれも本書に基づいて記述されてゐる。

『歴代皇紀』　書名の挙げられること二回。いづれも本書に基づいて記述されてゐる。

『新撰姓氏録』　書名の挙げられること二回。その内本書に基づいて記述された部分が一回ある。

『釈日本紀』　書名の挙げられること二回。その内の一回は『釈日本紀』所引の「私記」である。

『古語拾遺』　書名の挙げられることは一回であるが、本書に基づいて『日本書紀』の本文が訂正されてゐる。

『愚管抄』・『皇年代略記』・『年中行事』[注]・『親長記』・『続日本紀』　書名の挙げられること一回。

註

『年中行事』は、正しくは『年中行事秘抄』と考へられる（第一部第二十章　天武天皇本紀参照）。

二　綏靖天皇本紀

『古事記』　書名の挙げられること三回。その内本書に基づいて『日本書紀』の本文が訂正された部分が一回ある。

『水鏡』・『皇代記』・『歴代皇紀』　書名の挙げられることは一回であるが、それぞれ本書に基づいて記述されてゐる。

『先代旧事本紀』　書名の挙げられること一回。

三　安寧天皇本紀

『水鏡』・『愚管抄』・『先代旧事本紀』　書名の挙げられること二回。

『皇代記』・『古事記』・『延喜式』　書名の挙げられること一回。

四　懿徳天皇本紀

『皇代記』　書名の挙げられること三回。その内本書に基づいて記述された部分が二回あるが、反対に否定された記事が一回ある。

『水鏡』　書名の挙げられること二回。その内本書に基づいて記述された部分が一回あるが、反対に否定された記事が一回ある。

『古事記』 書名の挙げられること二回。

『先代旧事本紀』 書名の挙げられること一回であるが、本書に基づいて『日本書紀』の本文が訂正されてゐる。

『皇年代略記』 書名の挙げられること一回であるが、本書に基づいて記述されてゐる。

『愚管抄』 書名の挙げられること一回であるが、その記事は否定されてゐる。

五 孝昭天皇本紀

『水鏡』 書名の挙げられること二回。その内本書に基づいて記述された部分が一回ある。

『帝王編年記』 書名の挙げられること一回であるが、本書に基づいて『日本書紀』の本文が訂正されてゐる。

『皇代記』（一説）・『皇年代略記』 書名の挙げられること一回であるが、本書に基づいて記述されてゐる。

『古事記』・『歴代皇紀』 書名の挙げられること一回。

六 孝安天皇本紀

『水鏡』 書名の挙げられること二回であるが、本書に基づいて記述されてゐる。

『先代旧事本紀』 書名の挙げられること二回。

『歴代皇紀』・『愚管抄』・『皇代記』・『皇年代略記』 書名の挙げられること一回であるが、本書に基づいて記述されてゐる。

『古事記』 書名の挙げられること一回。

七 孝霊天皇本紀

『愚管抄』 書名の挙げられること三回。その内本書に基づいて記述された部分が二回ある。

『水鏡』 書名の挙げられること二回。その内本書に基づいて記述された部分が一回ある。

『異本皇代記』・『皇年代略記』　書名の挙げられること一回であるが、本書に基づいて記述されてゐる。

『歴代皇紀』・『皇代記』・『先代旧事本紀』・『古事記』　書名の挙げられること一回。

八　孝元天皇本紀

『水鏡』・『皇代記』（一説）　書名の挙げられること三回。その内本書に基づいて記述された部分が一回ある。

『愚管抄』　書名の挙げられること二回。その内本書に基づいて記述された部分が一回ある。

『皇年代略記』・『古事記』　書名の挙げられること二回。

『異本愚管抄』　書名の挙げられること一回であるが、本書に基づいて記述されてゐる。

『歴代皇紀』・『先代旧事本紀』　書名の挙げられること一回。

九　開化天皇本紀

『水鏡』・『愚管抄』・『皇代記』・『皇年代略記』　書名の挙げられること一回であるが、本書に基づいて記述されてゐる。

『先代旧事本紀』　書名の挙げられること三回であるが、内容が否定された記事が一回ある。

『歴代皇紀』・『異本皇代記』・『延喜式』・『古事記』　書名の挙げられること一回。

十　崇神天皇本紀

『水鏡』　書名の挙げられること三回であるが、本書に基づいて『日本書紀』の本文が訂正されてゐるのが一回、本書に基づいて記述されてゐるのが一回ある。

『皇代記』　書名の挙げられること二回。その内本書に基づいて記述された部分が一回ある。

『愚管抄』・『古語拾遺』・『職原抄』・『神皇正統記』・『皇代記』 書名の挙げられること一回であるが、本書に基づいて記述されてゐる。

『古事記』 書名の挙げられること三回。

『先代旧事本紀』・『皇年代略記』・『水鏡』 書名の挙げられること二回。

『濫觴抄』・『歴代皇紀』・『熊野略記』 所引「古今皇代図」 書名の挙げられること一回。

十一 垂仁天皇本紀

『先代旧事本紀』 書名の挙げられること四回であるが、本書により『日本書紀』の本文が訂正されてゐるのが一回、内容が否定された記事が一回ある。

『古事記』 書名の挙げられること四回であるが、本書に基づいて記述されてゐるのが一回ある。

『水鏡』 書名の挙げられること二回であるが、内容が否定された記事が一回ある。

『新撰姓氏録』 書名の挙げられること一回であるが、本書に基づいて記述されてゐる。

『愚管抄』・『皇代記』・『歴代皇紀』・『濫觴抄』 書名の挙げられること一回であるが、その記事は否定されてゐる。

『後漢書』・『延喜式』・『続日本紀』 書名の挙げられること一回。

十二 景行天皇本紀

『先代旧事本紀』 書名の挙げられること四回であるが、本書により『日本書紀』の本文が訂正されてゐるのが一回ある。

『皇代記』・『皇年代略記』・『水鏡』・『古事記』 書名の挙げられること二回。

『愚管抄』・『歴代皇紀』・『濫觴抄』・『熊野略記』 所引「古今皇代図」・『帝王編年記』 書名の挙げられるこ

と一回。

十三　成務天皇本紀

『先代旧事本紀』　書名の挙げられること四回であるが、本書により『日本書紀』の本文が訂正されてゐるのが一回、本書に基づいて記述されてゐるのが一回ある。

『古事記』　書名の挙げられること四回であるが、本書により『日本書紀』の本文が訂正されてゐるのが一回、本書に基づいて記述されてゐるのが一回ある。

『公卿補任』　書名の挙げられること一回であるが、本書に基づいて記述されてゐる。

『水鏡』　書名の挙げられること四回。

『皇年代略記』　書名の挙げられること二回。

『愚管抄』・『皇代記』・『延喜式』　書名の挙げられること一回。

十四　仲哀天皇本紀

『古事記』　書名の挙げられること六回であるが、本書に基づいて記述されてゐるのが一回ある。

『先代旧事本紀』　書名の挙げられること三回であるが、本書により『日本書紀』の本文が訂正されてゐるのが一回ある。

『愚管抄』　書名の挙げられること二回であるが、本書に基づいて記述されてゐるのが一回、内容が否定された記事が一回ある。

『万葉集』・『新撰姓氏録』　書名の挙げられること二回であるが、本書に基づいて記述されてゐるのが一回ある。

『水鏡』・『皇代記』・『皇年代略記』　書名の挙げられること一回であるが、その記事は否定されてゐる。

『公卿補任』　書名の挙げられること一回であるが、本書に基づいて記述されてゐる。

『三代実録』・『釈日本紀』所引「筑紫風土記」「筑前風土記」・『本朝文粋』所引三善清行「意見封事」・『延喜式』　書名の挙げられること一回。

十五　応神天皇本紀

『古事記』　書名の挙げられること十回であるが、本書に基づいて記述されてゐるのが三回ある。

『先代旧事本紀』　書名の挙げられること四回であるが、本書に基づいて記述されてゐるのが一回ある。

『皇年代略記』　書名の挙げられること二回であるが、本書に基づいて記述されてゐるのが一回、その記事が否定されてゐるのが一回である。

『新撰姓氏録』　書名の挙げられること二回であるが、本書に基づいて記述されてゐるのが一回ある。

『帝王編年記』　書名の挙げられること二回であるが、その記事が否定されてゐるのが一回ある。

『水鏡』　書名の挙げられること二回であるが、その記事は否定されてゐる。

『神皇正統記』　書名の挙げられること二回であるが、両者共本書に基づいて記述されてゐる。

『公卿補任』・『百済記』・『延喜式』・『石清水八幡縁起』　書名の挙げられること一回であるが、本書に基づいて記述されてゐる。

『魏志』・『晋起居注』　書名の挙げられること一回であるが、その記事は否定されてゐる。

『東国通鑑』・『皇代記』・『愚管抄』・『宇佐託宣集』　書名の挙げられること一回。

十六　仁徳天皇本紀

『水鏡』　書名の挙げられること四回であるが、本書に基づいて記述されてゐるのが一回、その記事が否定されてゐるのが一回ある。

『皇年代略記』　書名の挙げられること三回であるが、本書に基づいて記述されてゐるのが一回、その記事が否定されてゐるのが一回ある。

『公卿補任』　書名の挙げられること二回であるが、両者共本書に基づいて記述されてゐる。

『神皇正統記』　書名の挙げられること二回であるが、その記事が否定されてゐるのが一回ある。

『古事記』　書名の挙げられること三回。

『日本紀竟宴和歌』・『新古今集』・『皇代記』・『延喜式』　書名の挙げられること一回。

『帝王編年記』　書名の挙げられること一回であるが、その記事は否定されてゐる。

十七　履中天皇本紀

『古事記』　書名の挙げられること四回。

『水鏡』・『歴代皇紀』・『先代旧事本紀』　書名の挙げられること二回。

『皇代記』・『皇年代略記』・『帝王編年記』・『神皇正統記』・『延喜式』　書名の挙げられること一回。

十八　反正天皇本紀

『古事記』　書名の挙げられること六回。

『新撰姓氏録』　書名の挙げられること二回であるが、本書に基づいて記述されてゐるのが一回ある。

『水鏡』・『先代旧事本紀』　書名の挙げられること二回。

『帝王編年記』・『歴代皇紀』・『皇年代略記』・『類聚国史』・『神皇正統記』・『延喜式』　書名の挙げられること一回。

十九　允恭天皇本紀

『古事記』　書名の挙げられること五回であるが、本書に基づいて記述されてゐるのが一回ある。

『先代旧事本紀』・『水鏡』　書名の挙げられること二回であるが、その記事が否定されてゐるのが一回ある。

『愚管抄』・『神皇正統記』　書名の挙げられること一回であるが、その記事は否定されてゐる。

『帝王編年記』・『皇年代略記』・『歴代皇紀』・『延喜式』　書名の挙げられること一回。

二十　安康天皇本紀

『古事記』　書名の挙げられること二回であるが、本書に基づいて記述されてゐるのが一回ある。

『先代旧事本紀』　書名の挙げられること二回。

『公卿補任』　書名の挙げられること一回であるが、本書に基づいて記述されてゐる。

『帝王編年記』・『歴代皇紀』・『皇年代略記』・『水鏡』・『延喜式』　書名の挙げられること一回。

二十一　雄略天皇本紀

『新撰姓氏録』　書名の挙げられること三回であるが、本書に基づいて記述されてゐるのが一回ある。

『神皇正統記』　書名の挙げられること二回であるが、本書に基づいて記述されてゐるのが一回ある。

『先代旧事本紀』・『水鏡』・『古事記』　書名の挙げられること二回。

『百済記』　書名の挙げられること一回であるが、本書により『日本書紀』の本文が訂正されてゐる

『皇代記』・『皇年代略記』・『歴代皇紀』・『一代要記』・『愚管抄』　書名の挙げられること一回。

二十二　清寧天皇本紀

『一代要記』　書名の挙げられること三回であるが、その記事が否定されてゐるのが一回ある。

『水鏡』　書名の挙げられること三回であるが、その記事が否定されてゐるのが一回ある。

『皇年代略記』　書名の挙げられること三回。

『古事記』・『神皇正統記』・『皇代記』・『歴代皇紀』・『帝王

編年記』　書名の挙げられること一回。

二十三　顕宗天皇本紀

『古事記』　書名の挙げられること三回。

『先代旧事本紀』・『水鏡』・『皇年代略記』・『歴代皇紀』　書名の挙げられること二回。

『公卿補任』　書名の挙げられること一回であるが、本書に基づいて記述されてゐる。

『続日本紀』・『年中行事』『公事根源』・『一代要記』・『延喜式』　書名の挙げられること一回。

二十四　仁賢天皇本紀

『水鏡』　書名の挙げられること二回。

『公卿補任』　書名の挙げられること一回であるが、本書に基づいて記述されてゐる。

『皇年代略記』・『神皇正統記』・『歴代皇紀』・『愚管抄』・『皇年代略記』・『一代要記』・『帝王編年記』・『古事記』　書名の挙げられること一回。

二十五　武烈天皇本紀

『水鏡』　書名の挙げられること二回であるが、その記事が否定されてゐるのが一回ある。

『歴代皇紀』・『皇年代略記』　書名の挙げられること二回。

『先代旧事本紀』・『延喜式』・『神皇正統記』　書名の挙げられること一回。

『皇代記』・『帝王編年記』　書名の挙げられること一回であるが、その記事は否定されてゐる。

二十六　継体天皇本紀

『先代旧事本紀』　書名の挙げられること五回。

『古事記』　書名の挙げられること四回。

『百済本紀』　書名の挙げられること三回。

『水鏡』　書名の挙げられること二回であるが、本書に基づいて記述されてゐるのが一回ある。

『愚管抄』・『皇代記』　書名の挙げられること一回であるが、本書に基づいて記述されてゐる。

『釈日本紀』所引「上宮記」・『新撰姓氏録』・『神皇正統記』・『皇胤紹運録』・『公卿補任』・『延喜式』　書名の挙げられること一回。

二十七　安閑(間)天皇本紀

『水鏡』・『愚管抄』・『歴代皇紀』　書名の挙げられること二回であるが、本書に基づいて記述されてゐる。

『公卿補任』　書名の挙げられること一回。

二十八　宣化天皇本紀

『水鏡』・『愚管抄』　書名の挙げられること一回であるが、本書に基づいて記述されてゐる。

『神皇正統記』　書名の挙げられること一回。

二十九　欽明天皇本紀

『一代要記』　書名の挙げられること四回であるが、その記事が否定されてゐるのが一回ある。

『釈日本紀』所引「天書」　書名の挙げられること二回であるが、本書に基づいて記述されてゐるのが一回ある。

『先代旧事本紀』　書名の挙げられること二回であるが、その記事は否定されてゐる。

『皇年代略記』　書名の挙げられること三回であるが、本書により『日本書紀』の本文が訂正されてゐるのが一回ある。

『公事根源』　書名の挙げられること二回であるが、本書に基づいて記述されてゐる。

『本朝月令』『年中行事』所引「秦氏本系帳」　書名の

挙げられること一回であるが、本書に基づいて記述されてゐる。

『皇年代略記』・『公卿補任』・『古事記』・『百済本紀』・『新撰姓氏録』・『皇代記』・『神皇正統記』　書名の挙げられること一回。

三十　敏達天皇本紀

『皇年代略記』　書名の挙げられること三回であるが、その記事が否定されてゐるのが一回ある。

『歴代皇紀』　書名の挙げられること二回であるが、その記事が否定されてゐるのが一回ある。

『先代旧事本紀』　書名の挙げられること二回。

『公卿補任』・『皇代略記』・『皇代記』・『神皇正統記』・『如是院年代記』・『皇胤紹運録』・『延喜式』　書名の挙げられること一回。

『水鏡』・『愚管抄』　書名の挙げられること一回であるが、その記事は否定されてゐる。

三十一　用明天皇本紀

『皇年代略記』　書名の挙げられること二回。

『延喜式』　書名の挙げられること一回であるが、本書に基づいて記述されてゐる。

『神皇正統記』・『如是院年代記』・『倭漢合符』・『皇代略記』・『古事記』　書名の挙げられること一回。

三十二　崇峻天皇本紀

『聖徳太子伝暦』　書名の挙げられること五回であるが、本書に基づいて記述されてゐるのが一回ある。

『皇年代略記』・『一代要記』　書名の挙げられること三回。

『歴代皇紀』・『水鏡』・『神皇正統記』　書名の挙げられること二回。

『先代旧事本紀』・『愚管抄』・『帝王編年記』・『古事記』・

『皇代記』・『皇胤紹運録』　書名の挙げられること一回。

三十三　推古天皇本紀

『聖徳太子伝暦』　書名の挙げられること五回であるが、本書により『日本書紀』の本文が訂正されてゐるのが一回ある。

『先代旧事本紀』　書名の挙げられること四回。

『愚管抄』・『一代要記』　書名の挙げられること三回であるが、本書に基づいて記述されてゐるのが一回ある。

「法隆寺金堂釈迦仏銘文」・『上宮聖徳法王帝説』　書名の挙げられること二回であるが、本書に基づいて記述されてゐるのが一回ある。

『皇代略記』・『皇年代略記』・『水鏡』・『帝王編年記』・『隋書』・『皇胤紹運録』　書名の挙げられること二回。

『公卿補任』　書名の挙げられること二回であるが、本書に基づいて記述されてゐる。

『神皇正統記』・『聖徳太子伝補闕記』・『元亨釈書』・『古事記』・『延喜式』　書名の挙げられること一回。

三十四　舒明天皇本紀

『一代要記』　書名の挙げられること三回。

『皇胤紹運録』・『水鏡』　書名の挙げられること二回。

『皇年代略記』・『三国史記』・『東国通鑑』・『類聚国史』・『公事根源』・『愚管抄』・『神皇正統記』・『皇代略記』　書名の挙げられること一回。

三十五　皇極天皇本紀

『一代要記』　一説・『釈日本紀』　書名の挙げられること一回。

三十六　孝徳天皇本紀

『公卿補任』　書名の挙げられること二回であるが、両者共本書に基づいて記述されてゐる。

『如是院年代記』　書名の挙げられること二回。

『歴運記』・『日本紀略』　書名の挙げられること一回であるが、本書に基づいて記述されてゐる。

『濫觴抄』・『倭漢合符』・『公事根源』・『管子』・『神皇正統記』・『二中暦』・『民戸口年紀』　書名の挙げられること一回。

三十七　斉明天皇本紀

『水鏡』・『神皇正統記』・『一代要記』・『皇胤紹運録』・『皇年代略記』・『公卿補任』・『百済伝』　書名の挙げられること一回。

三十八　天智天皇本紀

『一代要記』・『水鏡』・『懐風藻』　書名の挙げられること二回であるが、本書に基づいて記述されてゐるのが一回ある。

『唐書』・『続日本紀』　書名の挙げられること二回。

『愚管抄』・『延喜式』・『江家次第』・『弘仁格式』序・『本朝書籍目録』・『梁塵愚按抄』・『皇年代略記』・『神皇正統記』・『皇胤紹運録』・『公卿補任』　書名の挙げられること一回。

三十九　天皇大友本紀

『懐風藻』　書名の挙げられること六回であるが、本書により『日本書紀』の本文が訂正されてゐるのが一回、本書に基づいて記述されてゐるのが五回ある。

『水鏡』　書名の挙げられること二回であるが、両者共本書に基づいて記述されてゐる。

『皇代記』　書名の挙げられること二回。

『立坊次第』・『歴代皇紀』・『愚管抄』・『帝王編年記』・『皇年代略記』・『皇胤紹運録』・『続日本紀』・『大鏡』　書名の挙げられること一回。

四十　天武天皇本紀

『年中行事』　書名の挙げられること二回であるが、本書に基づいて記述されてゐるのが一回ある。

『一代要記』・『延喜式』　書名の挙げられること二回。

「薬師寺東塔銅檫銘」・『公事根源』・『帝王編年記』・『園太暦』　所引「神宮旧記」　書名の挙げられること一回であるが、本書に基づいて記述されてゐる。

『続日本紀』・『釈日本紀』　所引「安斗智徳日記」・『万葉集』・『公卿補任』・『水鏡』・『元亨釈書』・『宝基本記』・『延暦儀式帳』・『皇胤紹運録』　書名の挙げられること一回。

『宇治拾遺』・『源平盛衰記』　書名の挙げられること一回であるが、その記事は否定されてゐる。

四十一　持統天皇本紀

『続日本紀』　書名の挙げられること四回であるが、本書に基づいて記述されてゐるのが二回ある。

『水鏡』・『一代要記』　書名の挙げられること三回であるが、本書に基づいて記述されてゐるのが一回、その記事が否定されてゐるのが一回ある。

『釈日本紀』　書名の挙げられること三回であるが、本書に基づいて記述されてゐるのが一回ある。

『公事根源』　書名の挙げられること二回であるが、本書に基づいて記述されてゐるのが　一回ある。

『皇代略記』・『濫觴抄』　書名の挙げられること二回。

『江家次第』・『公卿補任』・『釈日本紀』　所引「王子枝別記」・『万葉集』・『歴代皇紀』　書名の挙げられるこ

と一回であるが、本書に基づいて記述されてゐる。

『愚管抄』・『類聚国史』・『帝王編年記』・『多武峰略記』所引「古記」・『元亨釈書』・『皇胤紹運録』・『神皇正統記』　書名の挙げられること一回。

引用書物一覧（五十音配列）

（ア行）

一代要記

石清水八幡縁起

宇治拾遺

延喜式

園太暦所引神宮旧記

延暦儀式帳

（カ行）

懐風藻

管子

魏志

愚管抄（含異本）

公卿補任

公事根源

百済記

百済本紀

熊野略記所引古今皇代図

元亨釈書

源平盛衰記

皇胤紹運録

江家次第

皇代記

皇代記（含一説・異本）

皇代略記

弘仁格式序

皇年代略記

後漢書

古語拾遺

古事記

（サ行）

三国史記

三代実録

釈日本紀

釈日本紀所引安斗智徳日記

釈日本紀所引王子枝別記

釈日本紀所引上宮記

釈日本紀所引筑紫風土記・筑前風土記

釈日本紀所引天書

職原抄

上宮聖徳法王帝説

聖徳太子伝暦

続日本紀

晋起居注

新古今集

新撰姓氏録

親長記

神皇正統記

隋書

先代旧事本紀

（タ行）

帝王編年記

東国通鑑

唐書

多武峰略記所引古記

（ナ行）

日本紀竟宴和歌

日本紀略

如是院年代記

年中行事

宝基本記

法隆寺金堂釈迦仏銘文

本朝月令・公事根源・年中行事所引秦氏本系帳

本朝書籍目録

本朝文粋所引三善清行意見封事

（マ行）
万葉集
水鏡
（ヤ行）
薬師寺東塔銅檫銘
（ラ行）
濫觴抄
立坊次第
梁塵愚按抄
類聚国史
歴運記
歴代皇紀
（ワ行）
倭漢合符

むすびにかへて

「神武天皇本紀」より「持統天皇本紀」までに掲げられてゐる書名を示してきたが、銘文や『釈日本紀』に引用されてゐるもの、また『日本書紀』自体が引用してゐるものを含め、書物の数にして六十九部にのぼる。それは今日のやうに活字化されて流布してゐるものではなく、各地を遍歴して蒐集されたものである。その蒐集の苦労については但野正弘氏の「大日本史の編纂と史料蒐集の苦労」（同氏著『水戸史学の各論的研究』所収）に詳しいが、『日本書紀』の記述部分に於いても、例へば『熊野略記』や『多武峰略記』のやうな一般的ではない書物が参考されてゐるのであり、その苦労が窺はれるところである。

しかしながらこれら参考とされた書物の記事について検討を加へ、その採用の是非を決定し、例へば「神武天皇本紀」の媛蹈鞴五十鈴媛を正妃とした日付について

「本書作二己巳一、推二甲子一、是月壬午朔、無二己巳一、今従二旧事紀一」のやうに採用すべきものは採用し、反対にその記述に間違ひがあるものに対しては、例へば「懿徳天皇本紀」の「按水鏡、皇代記、為二第三子一誤、」のやうに「誤り」として斥けるという実証的態度を貫いてゐるのである。

あとがき

本書は『大日本史』本紀の『日本書紀』の部分についての記述について検討を加へたものである。私が『大日本史』について研究を始める切掛けとなつたのは、平成二十年七月の水戸史学会に於いて、何か研究発表をするやうに命ぜられたことであつた。当時水戸史学について特別研究をしてゐたわけでは無かつたことから、苦し紛れに『大日本史』が神武天皇を如何に記述してゐるかを検討することにして発表することにし、一応の責を果たしたのであつた。その後、歴代天皇についての記述について検討を加へ、漸く実現を見たのが本書である。

本書が完成するまでには、水戸史学会の方々を始め、多くの方々の御協力、励ましを受けたが、殊に廣瀬明正先輩からは連年にわたり叱咤激励を頂戴し、漸く完成に漕ぎ付けることができたのであり、厚く感謝申し上げます。

また本書がこのやうな形で完成できたのは、錦正社の中藤政文会長、中藤正道社長のお蔭であり、さらに吉野史門氏には厳密な校正をして頂いた。合はせて感謝申し上げます。

平成二十八年十一月

堀井純二

初出一覧

本書は一篇を除いて以前に発表した論文を「研究篇」と「資料篇」に改変して纏めたものである。初出の雑誌は以下の通りである。

第一章　神武天皇本紀　「水戸史学に於ける神武天皇御事績の研究」『水戸史学』第六十九号（平成二十年十一月）
第二章　綏靖天皇本紀から開化天皇本紀　「『大日本史』に於ける御歴代天皇の研究―第二代綏靖天皇本紀より第九代開化天皇本紀について―」『水戸史学』第七十号（平成二十一年六月）
第三章　崇神天皇本紀　「水戸史学に於ける崇神天皇御事績の研究」『皇學館論叢』第四十二巻第三号（平成二十一年六月）
第四章　垂仁天皇本紀　「水戸史学に於ける垂仁天皇御事績の研究」『皇學館論叢』第四十二巻第六号（平成二十一年十二月）
第五章　景行・成務天皇本紀　「水戸史学に於ける景行・成務天皇御事績の研究」『水戸史学』第七十二号（平成二十二年六月）
第六章　仲哀・応神天皇本紀　「水戸史学に於ける仲哀・応神天皇御事績の研究」『日本文化大學　柏樹論叢』第七号

（平成二十一年十二月）

第七章　仁徳天皇本紀「水戸史学に於ける仁徳天皇御事績の研究」『水戸史学』第七十一号（平成二十一年十一月）

第八章　履中・反正・允恭天皇「『大日本史』履中・反正・允恭天皇本紀の基礎的研究」『皇學館論叢』第四十三巻第五号（平成二十二年十月）

第九章　安康・雄略天皇本紀「水戸史学に於ける安康・雄略天皇御事績の研究」『水戸史学』第七十三号（平成二十二年十一月）

第十章　清寧天皇本紀以下武烈天皇本紀「『大日本史』清寧天皇本紀以下武烈天皇本紀の基礎的研究」『日本文化大學　柏樹論叢』第八号（平成二十二年十二月）

第十一章　継体・安閑・宣化天皇本紀「『大日本史』継体・安閑・宣化天皇本紀の基礎的研究」『水戸史学』第七十五号（平成二十三年十一月）

第十二章　欽明天皇本紀「水戸史学に於ける欽明天皇御事績の研究」『日本文化大學　柏樹論叢』第九号（平成二十三年十二月）

第十三章　敏達・用明・崇峻天皇本紀「『大日本史』敏達・用明・崇峻天皇本紀の基礎的研究」『水戸史学』第七十六号（平成二十四年六月）

第十四章　推古天皇本紀「『大日本史』推古天皇本紀の基礎的研究」『日本文化大學　柏樹論叢』第十号（平成二十四年十二月）

第十五章　舒明・皇極天皇本紀「『大日本史』舒明・皇極天皇本紀の基礎的研究」『水戸史学』第七十七号（平成二十四年十一月）

第十六章　孝徳天皇本紀　「『大日本史』孝徳天皇本紀の基礎的研究」『水戸史学』第七十九号（平成二十五年十一月）
第十七章　斉明天皇本紀　「『大日本史』斉明天皇本紀の基礎的研究」『水戸史学』第七十八号（平成二十五年六月）
第十八章　天智天皇本紀　「『大日本史』天智天皇本紀の基礎的研究」『日本文化大學　柏樹論叢』第十一号（平成二十五年十二月）
第十九章　天皇大友本紀　「『大日本史』天皇大友本紀の基礎的研究」『水戸史学』第八十号（平成二十六年六月）
第二十章　天武天皇本紀　「『大日本史』天武天皇本紀の基礎的研究」『日本文化大學　柏樹論叢』第十二号（平成二十六年十二月）
補遺『日本書紀』天武天皇紀と『大日本史』天武天皇本紀の比較」「『日本書紀』天武天皇紀と『大日本史』天武天皇本紀の比較」『水戸史学』第八十一号（平成二十七年六月）
第二十一章　持統天皇本紀　「『大日本史』持統天皇本紀の基礎的研究」『日本文化大學　柏樹論叢』第十三号（平成二十七年十二月）
補遺　「『日本書紀』持統天皇紀と『大日本史』持統天皇本紀の比較」新稿
附論一　「水戸史学に於ける神武天皇敬仰とその影響」『水戸史学』第三十三号（平成二年十月）
附論二　「神功皇后・飯豊青皇女即位考」『皇學館論叢』第四十五巻第三号（平成二十四年六月）
附論三　「孝徳天皇朝の宮都を検証し日本紀の天皇評に及ぶ」『皇學館論叢』第四十六巻第四号（平成二十五年八月）
資料編第三章　「『大日本史』本紀の引用書物について」『水戸史学』第八十二号（平成二十七年十一月）

や行

ら行

わ行

は行

ま行

な行

た行

さ行

か行

件 名 索 引

あ行

ま行

や行

ら行

わ行

な行

は行

た行

さ行

わ行

書名索引

あ行

か行

や行

ら行

ま行

は行

な行

た行

さ行

か行

索　　引

凡例

一、本索引は第一部研究篇に於ける人名（含神名）・書名・件名索引である。
一、同訓異字の場合、概ね註記は省略に従った（例えば小と少、知と智など）。
一、異体字は一般的な文字に統一して表出した（例えば「愚管鈔」は「愚管抄」）。
一、天皇の名前及び和風謚号は、特別の場合を除き漢風謚号に含めた。
一、「天皇」・「帝」や「皇后」・「太子」などの表記の場合もその頁を表出した。但し章・節・項の該当部分は略した。
一、書名の内『古事記』『日本書紀』は便宜上略した。
一、第二十章及び二十一章の比較表の部分は省略した。
一、──►は、矢印の右側の項目を見よの意である。

人名・神名索引

あ行

著者略歴

堀《ほり》井《い》純《じゅん》二《じ》

昭和23年2月奈良県橿原市に生まれる
昭和45年3月皇學館大学文学部国史学科卒業
昭和47年3月皇學館大学大学院文学研究科修士課程修了（国史学専攻）
昭和46年9月より報徳学園高校勤務
平成 8年4月より日本文化大學勤務、現在教授

主要著書

『日本政治思想史』（日本文化大學）、『日本消滅』（錦正社）、『日本の復活』（兵庫県教師会）、『建武の中興―理想に殉じた人々―』（錦正社）、『訳註報徳外記』（錦正社）、『欧米の世界支配と現代』（錦正社）その他 論文多数

『大日本史《だいにほんし》』本紀《ほんぎ》の『日本書紀《にほんしょき》』研究《けんきゅう》

平成三十年一月　十五日　印刷
平成三十年一月二十五日　発行

※定価は表紙に表示してあります。

著　者　堀　井　純　二
発行者　中　藤　正　道
発行所　株式会社　錦　正　社
〒一六二―〇〇四一
東京都新宿区早稲田鶴巻町五四四―六
電　話　〇三（五二六一）二八九一
ＦＡＸ　〇三（五二六一）二八九二
ＵＲＬ　http://kinseisha.jp/
印刷所　株式会社平河工業社
製本所　株式会社ブロケード

ISBN978-4-7646-0134-5